Das Geographische Seminar

Herausgegeben von
Prof. Dr. Rainer Duttmann
Prof. Dr. Rainer Glawion
Prof. Dr. Herbert Popp
Prof. Dr. Rita Schneider-Sliwa

Jürgen Bähr
Ulrich Jürgens

Stadtgeographie II

Regionale Stadtgeographie

westermann

Prof. Dr. Jürgen Bähr, geb. 1940 in Kassel, Studium der Geographie und Mathematik an der Universität Marburg/L.; 1967 Staatsexamen für das höhere Lehramt und Promotion (Marburg/L.), 1973 Habilitation (Bonn); 1975-77 Professor an der Universität Mannheim, seit 1977 o. Professor an der Christian-Albrechts-Universität zu Kiel, Gastprofessor in Innsbruck und Santiago de Chile; Forschungsschwerpunkte: Stadt- und Bevölkerungsgeographie, Lateinamerika, Südliches Afrika.

Prof. Dr. Ulrich Jürgens, geb. 1962 in Wilhelmshaven, Studium der Geographie, Politikwissenschaften und Volkswirtschaftslehre an der TU Braunschweig; 1987 Diplom-Geograph (Braunschweig), 1991 Promotion (Kiel), 1998 Habilitation (Kiel); 2002 apl. Professor (Kiel), Vertretungsprofessuren in Bayreuth, Mannheim und Siegen; Forschungsssschwerpunkte: Stadtgeographie, Geographie des Einzelhandels, Migration, Neue Bundesländer, Südliches Afrika.

1. Auflage 2005

Kartographie: Petra Sinuraya
Verlagslektorat: Rainer Aschemeier, Sylke Haß
Herstellung: Barbara Thomas
Druck und Bindung: westermann druck GmbH, Braunschweig

ISBN 3-14-**16 0292**-1

Inhalt

1 Großräumige Gliederung der Erde

Städtische Strukturen und Entwicklungen in den verschiedenen Teilen der Erde weichen in vielfacher Hinsicht voneinander ab. Am auffälligsten sind physiognomische Unterschiede, die von der Grundrissgestaltung, dem Ausmaß der vertikalen Überhöhung bis hin zum Gegensatz zwischen formeller und informeller Stadt reichen. In demographischer Hinsicht stehen stagnierenden bzw. in ihrer Einwohnerzahl sogar zurückgehenden Städten solche gegenüber, die rasch an Bevölkerung zunehmen und dadurch auch räumlich immer weiter in ihr Umland hineinwachsen. Wirtschaftlich lässt sich differenzieren zwischen den „Städten der Reichen“, wo die überwiegende Zahl der Bewohner in mehr oder weniger großem Wohlstand lebt und eine Beschäftigung im formellen Industrie- und Dienstleistungsbereich gefunden hat, und den „Städten der Armen“, wo die Grundbedürfnisse ganz oder teilweise nicht befriedigt werden können und der informelle Wirtschaftssektor als Überlebenssicherung eine entscheidende Rolle spielt. Eng verknüpft damit sind soziale Kontraste: Städtische Sozial-, Wohn- und Lebensformen, wie wir sie in Europa kennen, sind in vielen Städten der Erde nur für eine Minderheit charakteristisch; die Mehrheit ist sozial marginalisiert, d. h. sie lebt am Rande der Gesellschaft. Besonders deutlich wird dies, wenn ländliche Lebens- und Wirtschaftsformen, wie Anbau von Nahrungsmitteln und Tierhaltung, in den Städten beibehalten werden, die Städte sich somit ruralisieren.

Der Versuch, diese Vielfalt zu ordnen und zu erklären, setzt eine Gliederung der Erde in Großregionen voraus, von denen man annehmen kann, dass sie durch eine vergleichsweise einheitliche Stadtentwicklung gekennzeichnet sind. Je nachdem, welche Kriterien dazu herangezogen werden, kommt man zu unterschiedlichen Typisierungen.

1.1 Gliederungen nach sozio-ökonomischen Gesichtspunkten

Am bekanntesten sind Gliederungen nach sozio-ökonomischen Gesichtspunkten in einem weitgefassten Sinne, die die Länder der Erde zu Typen ähnlichen Entwicklungsstandes zusammenfassen und gleichzeitig eine Abgrenzung zwischen Industrie- und Entwicklungsländern vornehmen. In den meisten Statistiken internationaler Organisationen wird das Problem der Merkmalsauswahl vermieden, und es wird eine Zweiteilung der Welt in *more developed countries* und *less developed countries* vorgenommen, ohne dass diese Begriffswahl näher begründet wird (z. B. UN 2004). Nach einer solchen statistischen Definition werden alle europäischen Staaten einschließlich Russland sowie Nordamerika, Japan und Australien/Neuseeland zu den entwickelten Ländern gerechnet. Demgemäß zählen zu den unterentwickelten Ländern alle Staaten Afrikas, Lateinamerikas, Asiens (bis auf Japan) sowie Ozeaniens (bis auf Australien und Neuseeland). Synonym dazu wird in der angelsächsischen Literatur häufig von *western* und *non-western societies* gesprochen. Mit *western societies* sind alle Regionen gemeint, die einen Industrialisierungsprozess nach europäischem Muster durchlaufen haben. Als Sonderfälle innerhalb dieser Gruppe lassen sich einerseits Japan, das einzige Industrieland außerhalb des von Europäern besiedelten und maßgeblich gestalteten Raumes, sowie andererseits die sozialistischen Staaten Europas herausstellen, deren Entwicklungspfad nach Einführung der Planwirtschaft einen anderen Verlauf nahm und sich erst in der Gegenwart wieder dem „westlichen" Verlauf annähert (vgl. Kap. 7.1 sowie DUTT u. a. 1994).

Unter den inhaltlichen Typisierungsversuchen dominierte lange Zeit ein rein ökonomischer Entwicklungsbegriff. In der einfachsten Form wurde Entwicklung mit „wirtschaftlichem Wachstum" im Sinne einer Steigerung der Produktionsleistung einer Volkswirtschaft gleichgesetzt und entsprechend der Entwicklungsstand anhand des Bruttosozialproduktes pro Kopf gemessen. Die Weltbank hält bis heute an einer solchen Definition fest und gliedert in *low income, middle income* (differenziert in *lower* und *upper middle*) und *high income countries* (World Bank 2004b). Trotz berechtigter Kritik an den Berechnungsmodalitäten (z. B. Beschränkung auf Marktvorgänge, Wechselkursproblem, Ungenauigkeit der Erhebung) veranschaulicht der Indikator sehr gut die extremen Unterschiede hinsichtlich Wohlstand und Einkommen. Am weltweiten Gross National Income in Höhe von ca. 34.500 Mrd. US $

Abb. 1: Gliederung der Erde nach sozio-ökonomischen Gesichtspunkten ▶
a. Industrie- und Entwicklungsländer in statistischer Definition
b. Klassifikation der Weltbank in low income, middle income and high income countries
c. Klassifikation nach „menschlicher Entwicklung" (Human Development Index)
Quelle: eigener Entwurf nach UN (2004); World Bank (2004b); UNDP (2004)

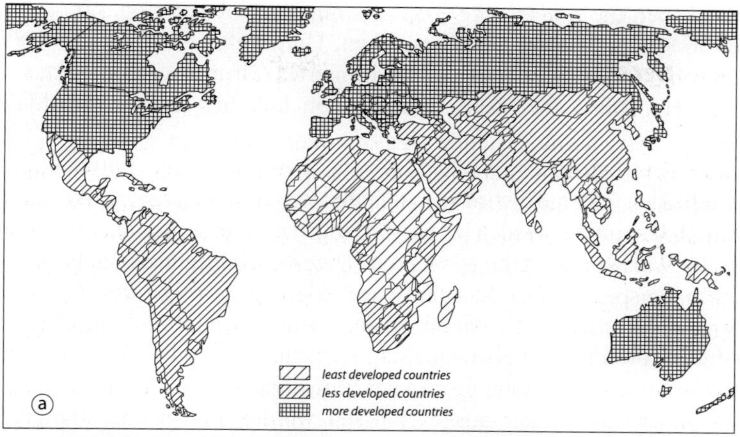
least developed countries
less developed countries
more developed countries
a

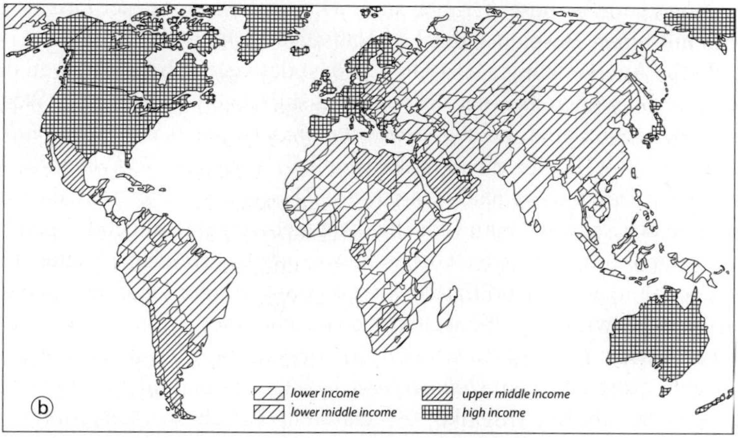
lower income
lower middle income
upper middle income
high income
b

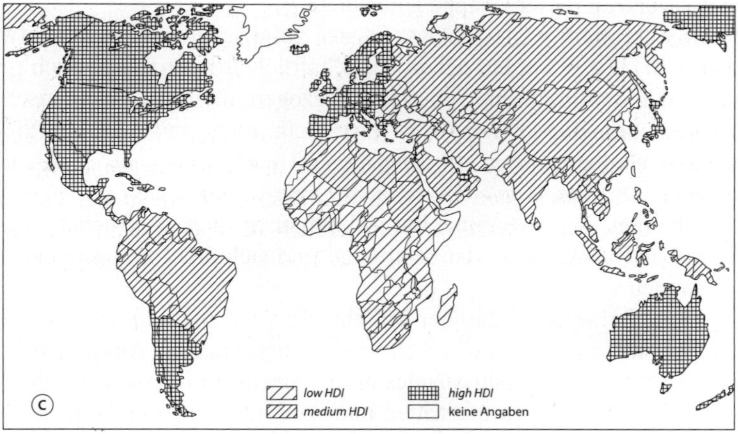
low HDI
medium HDI
high HDI
keine Angaben
c

(2003) haben die *low income countries* nur einen Anteil von 3,0%, obwohl darin 36,8% der Weltbevölkerung leben. Umgekehrt entfallen auf die *high income countries* 80,4% des aufsummierten Bruttosozialproduktes aller Staaten bei einem Bevölkerungsanteil von lediglich 15,5% (World Bank 2004b).

Um wirtschaftliches Wachstum von wirtschaftlicher Entwicklung zu unterscheiden, ist eine mehrdimensionale Definition notwendig. Als zusätzliche Gesichtspunkte werden z. B. Umfang der Armutsbevölkerung, Verteilung des Wachstums, Arbeitslosigkeit, Unterbeschäftigung u. a. berücksichtigt. Ein Beispiel dafür bildet die Ausgliederung der *least developed countries (LLDC)*, wobei seit 1990 neben dem Bruttosozialprodukt pro Kopf weitere Indikatoren (u. a. Lebensqualität, wirtschaftliche Diversifizierung) herangezogen und mittels Obergrenze der Einwohnerzahlen (75 Mio.) die bevölkerungsreichsten Länder ausgeschlossen werden (Ausnahme Bangladesh, das schon zuvor in dieser Gruppe war). Die Einführung dieser Gruppe geht bereits auf einen Beschluss der UN-Vollversammlung aus dem Jahre 1971 zurück; die Anerkennung als LLDC-Land ist deswegen „begehrt", weil damit Vorzugsbedingungen bei der Entwicklungshilfe verbunden sind. Weniger scharf abgegrenzt sind die sog. *Schwellenländer* oder *newly industrializing countries (NIC)*. Hinter dieser Begrifflichkeit steht das *Stufenmodell wirtschaftlicher Entwicklung* nach Rostow (1971). Es wird unterstellt, dass diese Länder an der Schwelle zum Industriestaat stehen und genügend Eigendynamik besitzen, um den wirtschaftlichen *take-off* zu erreichen. Später ist das Konzept dahingehend modifiziert worden, dass auch der Grad der sozio-ökonomischen Entwicklung, die weltwirtschaftliche Integration oder das geopolitische Gewicht einbezogen wurden (Messner 2003). Zu den bekanntesten Beispielen zählen die sog. *kleinen Tiger* in Südostasien und einzelne lateinamerikanische Staaten (Mexiko, Argentinien, Brasilien). Neuerdings wird auch Russland zu dieser Gruppe gerechnet.

Noch wesentlich weiter gefasst ist der gesellschaftspolitische Entwicklungsbegriff. Dabei werden neben wirtschaftlichen Kennziffern auch politische, soziale und kulturelle Aspekte einbezogen, die nicht automatisch mit wirtschaftlicher Entwicklung und erst recht nicht mit wirtschaftlichem Wachstum verbunden sind. In jüngster Zeit spielt dabei das Problem der *Nachhaltigkeit (sustainable development)* eine wichtige Rolle, d. h. es wird danach gefragt, ob bestimmte Entwicklungen in wirtschaftlicher, sozialer und ökologischer Hinsicht dauerhaft sind und sich nicht zu Lasten späterer Generationen vollziehen.

Wenn auch Einigkeit darüber besteht, dass ein mehrdimensionaler und nicht allein auf wirtschaftliche Sachverhalte beschränkter Ansatz zur Kennzeichnung des Entwicklungsstandes am geeignetsten ist, so bleibt die Auswahl der Merkmale doch umstritten und wird auch nicht einheitlich vorgenommen. Das hat den Nachteil, dass die Ergebnisse der einzelnen Analysen nicht direkt miteinander vergleichbar sind. Eine erste Typisierung dieser Art hat BERRY schon 1960 vorgelegt. Aus dem deutschen Sprachraum sind die komplexen statistischen Verfahren von BRATZEL und MÜLLER (1979) und STEINBACH (1991) bekannt, die eine Einteilung in *„Fünf Welten"* nahelegen. STEINBACH differenziert innerhalb jeder Gruppe zusätzlich nach der Position im demographischen Übergang, wodurch sich ein sehr differenziertes Muster aus 16 Typen ergibt. Wesentliche Kritikpunkte an solchen statistisch zwar aufwändigen, aber wenig anschaulichen Methoden hat GIESE (1985) vorgetragen. Er schlägt vor, die Zahl der Indikatoren auf drei wesentliche Größen zu reduzieren, die neben dem Bereich Wirtschaft die Aspekte Bildung und Gesundheit abdecken sollten. Der Informationsverlust sei gering, weil zwischen vielen Einzelvariablen hohe Korrelationen bestehen.

Ähnliche Überlegungen liegen dem von der UNDP vorgeschlagenen *„Human Development Index" (HDI)* zugrunde. Seit 1990 wird dieser für alle Länder der Erde jährlich errechnet und im *„Bericht über die menschliche Entwicklung"* publiziert (vgl. UNDP 2004). Der HDI setzt sich aus drei grundlegenden Komponenten menschlicher Entwicklung zusammen: Lebensdauer (Lebenserwartung bei Geburt), Wissen (Kombination aus Alphabetisierung Erwachsener und Schulbesuch) und Lebensstandard (Bruttosozialprodukt pro Kopf in Kaufkraftparität). Mittlerweile ist der HDI zu einem allgemein akzeptierten und weit verbreiteten Maß des Entwicklungsstandes geworden. Die drei ausgewiesenen Ländergruppen *high, medium* und *low human development* decken sich nur teilweise mit Gruppierungen, die allein auf wirtschaftlichen Kriterien basieren. So werden mehrere osteuropäische sowie mittel- und südamerikanische Staaten (Argentinien, Chile, Uruguay, Costa Rica) vor allem auf Grund hoher Werte bei den Indikatoren Bildung und Lebenserwartung in die oberste Gruppe eingeordnet, während umgekehrt die weite Verbreitung von AIDS und die dadurch deutlich gesunkene Lebenserwartung dazu geführt hat, dass die 19 untersten Plätze der Rangliste ausschließlich afrikanischen Ländern zugewiesen werden und sie damit noch schlechter gestellt sind, als es nach wirtschaftlichen Kennziffern der Fall wäre.

Die im deutschen Sprachgebrauch übliche Gegenüberstellung von *Industrie-* und *Entwicklungsländern* ist wenig aussagefähig. Zum einen wird die Wirtschafts- und Gesellschaftsstruktur der meisten Staaten, die zur Gruppe der Industrieländer zählen, heute gar nicht mehr überwiegend von der Industrie, sondern viel stärker vom Dienstleistungsbereich bestimmt; zum anderen beinhaltet der Begriff „Entwicklung" eine dynamische Komponente, d. h. es wird eine fortschreitende Veränderung in Richtung des Leitbildes „Industrieland" unterstellt. Solche Veränderungen finden in vielen Staaten aber nicht oder nur sehr langsam statt. Insgesamt hat sich die Kluft zwischen den Industrie- und Entwicklungsländern eher noch verschärft: Während das Durchschnittseinkommen in diesen beiden Ländergruppen sich 1870 wie 3:1 verhielt, beträgt das Verhältnis heute etwa 16:1 (BÄHR 2004, S. 115).

Als Synonym für „Entwicklungsländer" findet vielfach der Begriff *„Dritte Welt"* Verwendung. Dabei ist jedoch zu bedenken, dass dies ursprünglich ein politischer Begriff war, der die *Gesamtheit der blockfreien Staaten* bezeichnete und diese von der *„Ersten Welt"*, den *westlichen Industrieländern*, und der *„Zweiten Welt"*, den *sozialistischen, planwirtschaftlich organisierten Staaten*, abgrenzte. Sehr bald gab es jedoch auch in politischer Hinsicht keine einheitliche Dritte Welt mehr, sondern diese spaltete sich intern in „drei Welten" auf, die pro-westliche, die pro-östliche und die neutrale Ländergruppe. Seit Überwindung des Ost-West-Konfliktes und der Abkehr fast aller Staaten der „Zweiten Welt" von Kommunismus und Planwirtschaft ist diese Einteilung der Welt obsolet geworden. Nicht umsonst wird in vielen Aufsätzen und Buchpublikationen vom *„Ende der Dritten Welt"* gesprochen (z. B. MENZEL 1992). Auch die Alternative, den Ländern des „Nordens" die Länder des „Südens" gegenüber zu stellen, ist aus mehreren Gründen problematisch: Auf der Südhalbkugel liegen nicht nur arme, sondern auch wohlhabende Staaten; ein Ursachenzusammenhang, wie man ihn aus der Bezeichnung ableiten könnte, ist keinesfalls gegeben, und schließlich ist „der" Süden (wie auch „die" Dritte Welt oder „die" Entwicklungsländer) weniger einheitlich, als es eine solche Sammelbezeichnung nahe legt, und es muss innerhalb dieser Gruppe weiter differenziert werden. Trotz solcher Bedenken werden die Begriffe auch im Folgenden aus stilistischen Gründen und mangels besserer Vorschläge beibehalten. Zur großräumigen Differenzierung des Verstädterungsprozesses und der daraus ableitbaren Stadtstruktur finden vorzugsweise die Typisierungen der UN, der Weltbank und der UNDP Verwendung (Abb. 1).

1.2 Gliederung in Kulturräume

Die Hypothese, dass Stadtstruktur und Stadtentwicklung von sozio-ökonomischen Faktoren beeinflusst werden, ist naheliegend. Insofern macht ein großräumiger Vergleich zwischen Industrie- und Entwicklungsländern und ihren Untergruppierungen Sinn. Vielfach nachgewiesen sind die Auswirkungen von Sozialismus und Planwirtschaft auf die Ausgestaltung die Städte, die noch lange nachwirken werden, sodass eine gesonderte Betrachtung der (ehemals) sozialistischen oder Transformationsländer trotz der eingetretenen politischen und wirtschaftlichen Veränderungen auch heute noch notwendig ist. Eine Analyse des Verstädterungsprozesses in demographischer, räumlicher und sozio-ökonomischer Sicht (Kap. 3) wird zeigen, dass eine Differenzierung in Städte der Industrie- und solche der Entwicklungsländer, wie immer man diese auch definiert, zu kurz greift und zur Erklärung der weltweiten Unterschiede weitere Faktoren herangezogen werden müssen, die tiefer in der Vergangenheit wurzeln. Damit ist mehr gemeint als das historische Erbe der Städte und die mehr oder weniger lange Dauer der städtischen Entwicklung. Dem kulturgenetischen Konzept, das als Leitlinie der in Kap. 7 vorgenommenen Differenzierung dient, liegt die Auffassung zugrunde, dass die Voraussetzungen und Ausgangspositionen der Stadtentwicklung in jedem Kulturraum andere sind (HOFMEISTER 1996, S. 4), Stadtentwicklung also von Kultur als Ausdruck der typischen Lebens- und Organisationsformen einer Bevölkerung entscheidend beeinflusst wird. Zwischen Kultur und Stadt besteht eine enge Wechselwirkung: Kultur „macht" Stadt und Stadt „macht" Kultur, d. h. kulturelle Faktoren formen die Stadt und diese wiederum ist Bestandteil einer Kultur (HOLZNER 1967, S. 704). Ein solcher *„kulturräumlicher Ansatz"* stößt auf eine doppelte Schwierigkeit: Wie lässt sich der komplexe Begriff *„Kultur"* sinnvoll definieren und operationalisieren; wie lassen sich *„Kulturräume"* abgrenzen?

Kultur umfasst nicht nur eine Vielzahl materieller Tatbestände, von der Architektur über Werkzeuge und Geräte bis hin zu Kleidung und Ernährung, sondern beinhaltet auch soziale und geistige Aspekte, insbesondere wirtschaftliche Systeme und gesellschaftliche Organisationsformen, Denk- und Verhaltensweisen, Normen und Wertvorstellungen. Das Modell des Biologen HUXLEY, das HAGGETT (2004, S. 213ff.) zur Annäherung an den komplexen Kulturbegriff heranzieht, teilt „Kultur" in drei Komponenten auf, die *Mentifakte* (Religion, Sprache etc.), die *Soziofakte* (Familienstrukturen, gesellschaftliche und politische Systeme etc.) sowie die *Artefakte* (Bauformen, Verfahren der landwirtschaftlichen Produktion etc.). Noch umfassender ist die von RAY und SAYER (1999) gegebene weite Begriffsbildung von Kultur als *„whole way of life"* (zitiert nach BLOTEVOGEL 2003, S. 10).

Um kulturelle Unterschiede zu erfassen, reicht ein Merkmal nicht aus, sondern man wird sich auf *Merkmalskombinationen* beziehen müssen, die wiederum maßstabsabhängig sind. Für weltweite Vergleiche, wie sie hier angestrebt werden, sind Sprache, Religion (oder Ideologie) und ethnische Zugehörigkeit die wichtigsten Abgrenzungskriterien: Die Sprache, weil über sie das kulturelle Erbe von Generation zu Generation weitergereicht wird, die Religion, weil sie bis heute das Denken und Handeln vieler Menschen entscheidend bestimmt, und die ethnische Zugehörigkeit, weil viele Völker und Volksstämme ihre Identität nicht nur aus einer gemeinsamen Weltanschauung und Sprache ableiten, sondern auch aus einer gemeinsamen Siedlungs- und Wirtschaftsweise und einer gemeinsamen Herkunft und Abstammung (ähnlich HAGGETT 2004, S. 232).

1.2.1 Das Konzept der Kulturerdteile

Diese Überlegungen bilden die Grundlage für die bekannteste Aufteilung der Erde in Kulturräume subkontinentalen Ausmaßes, die *„Kulturerdteile"* nach KOLB (1962). Dabei beruht die Einheit eines Kulturraumes „auf dem individuellen Ursprung der Kultur, auf der besonderen einmaligen Verbindung der landschaftsgestaltenden Natur- und Kulturelemente, auf der eigenständigen, geistigen und gesellschaftlichen Ordnung und dem Zusammenhang des historischen Ablaufs" (KOLB 1962, S. 46). EHLERS (1996) sowie STÖBER und KREUTZMANN (2001) haben darauf aufmerksam gemacht, dass das KOLBsche Konzept verschiedene Vorläufer hatte, wie die „organische" Erd-Teilung von BANSE aus dem Jahre 1912 oder die Unterscheidung von aktiven und passiven Lebensräumen, die SCHMITTHENNER in den 1930er Jahren vorgenommen hat. Während in den älteren Arbeiten schon in den gewählten Bezeichnungen „das Postulat eines von Europa bzw. dem Westen dominierten Kulturbegriffes sowie einer dementsprechend als überlegen postulierten westlich-abendländischen Kultur" (EHLERS 1996, S. 340) deutlich zum Ausdruck kommt, wählt KOLB für die von ihm ausgegliederten 10 Kulturerdteile neutrale Bezeichnungen (vgl. Tab. 1, S. 16); lediglich in den näheren Erläuterungen wird eine Wertung in „aktive Räume höherer Kultur" und „periphere Räume niederer Kultur" vorgenommen (KOLB 1962, S. 47). Daran lässt sich belegen, dass auch er noch weitgehend einem traditionellen Weltbild und einer *Hierarchisierung von Kulturen* folgt. NEWIG (1986), der die Ideen KOLBS aufgegriffen und das Konzept der Kulturerdteile als didaktisches Prinzip im Schulunterricht populär gemacht hat, verwendet rein regionale Bezeichnungen, nicht zuletzt um dadurch die „Gleichberechtigung aller Kulturen" und die „Würde einer Kultur als einer Organisationsform von Menschen" zu betonen und jeder Gefahr einer Diskriminierung entgegenzuwirken (NEWIG 1986, S. 264; Tab. 1).

Die von HUNTINGTON (1993 u. 1996) vertretene, höchst umstrittene und viel diskutierte These vom *„clash of civilizations"*, d. h. neuer globaler Konflikte auf der Basis kulturell-religiös-geschichtlicher Antagonismen, hat die „Pluralität der Kulturen" im Weltmaßstab in den Blickpunkt einer breiteren Öffentlichkeit gerückt. Definitorisch deckt sich der neue Leitbegriff der *„Zivilisation"* weitgehend mit dem „Kulturerdteil" nach KOLB (1962), wenn HUNTINGTON (1993, S. 24 in Übersetzung von EHLERS 1996, S. 338) schreibt, dass *„eine Zivilisation sowohl durch gemeinsame Elemente wie Sprache, Geschichte, Religion, Gewohnheiten, Institutionen"* bestimmt wird, *„wie auch durch die subjektive Selbstidentifikation der Menschen"*. Ebenso ist das räumliche Verbreitungsmuster von Kulturerdteilen und Zivilisationen in großen Teilen deckungsgleich; lediglich Westeuropa, Nordamerika und Australien/Neuseeland werden zur „westlich-christlichen Kultur" zusammengefasst (vgl. Wolkersdorfer 2001, S. 148ff.). Huntington geht es jedoch weniger um das Verständnis der verschiedenen Kulturen, sein Augenmerk richtet sich insbesondere auf die *„Bruchlinien zwischen den Zivilisationen"* im Sinne einer *„kulturellen Plattentektonik"* (Kreutzmann 1997, S. 416). In Wiederbelebung alter und ebenfalls vom Westen geprägter Weltbilder (Ehlers 1996, S. 338) postuliert er den Zusammenprall der Kulturen an diesen Bruchlinien, die sich in großen Teilen mit dem „Limes" zwischen Norden und Süden nach Rufin (1993) decken. Dadurch sei die westliche Welt bedroht und müsse ihr Machtmonopol vor dem „Verblassen" schützen (Kreutzmann 1997, S. 416).

Es ist hier nicht der Ort, die Argumentation Huntingtons weiter zu verfolgen, weil die Kategorie „Kultur" nicht anders als zuvor bei Kolb recht diffus bleibt (Kreutzmann 1997, S. 417; Reuber und Wolkersdorfer 2002, S. 25) und auch die scharfe Abgrenzung der Kulturräume oder Zivilisationen allen Erkenntnissen gerade auch von Geographen zuwider läuft.

Eine Anwendung des Kulturraumkonzeptes auf Stadtstruktur und Stadtentwicklung ist von Holzner (1967) vorgenommen worden. Ohne sich auf Kolb (1962) zu beziehen, verfolgt er das Ziel, eine Untergliederung der Erde in *„kulturräumliche Stadttypen"* (Bezeichnung von den Verf.) vorzunehmen. Zur Abgrenzung zieht er sieben Einflussfelder heran, die historische, wirtschaftliche, technologische, demographische, religiös-philosophische, ethnische und sozio-politische Dimension, die jeweils durch mehrere Merkmale charakterisiert werden. Im Ergebnis werden 11 Großräume sowie Israel als Sonderfall ausgegliedert, in denen die Städte hinsichtlich der genannten Beschreibungsdimensionen vergleichsweise homogen sind (vgl. Tab. 1). Diese Untergliederung wird in Kap. 7.1 wieder aufgegriffen.

Das Konzept der Kulturräume und damit implizit auch das der daraus abgeleiteten kulturräumlichen Stadttypen ist vielfach kritisiert worden (zuletzt Popp 2003). Wenn es hier trotzdem weiter verfolgt und als geeigneter heuristischer Ansatz betrachtet wird, um die Unterschiedlichkeit städtischer Strukturen und Entwicklungen in großräumiger Perspektive zu verdeutlichen, so muss man sich der Grenzen und Beschränkungen aller darauf beruhender Aussagen bewusst sein. Diese sind insbesondere in den folgenden beiden Punkten zu sehen:

1. *Kulturräumliche Stadttypen* sind keine realen Gebilde, sondern abstrakte, *„gemachte"* (Popp 2003, S. 36) Kategorien. Eine scharfe Abgrenzung der zugrunde liegenden Kulturräume ist daher weder notwendig noch sinnvoll. Es genügt, von einem *„typenhaften Nebeneinander"* (Popp 2003, S. 38) auszugehen. Auf eine kartographische Fixierung von Grenzen wird deshalb hier verzichtet. Zelinski hat schon 1973 darauf hingewiesen, dass sich zwischen den Kulturräumen nur selten klare und eindeutige Grenzlinien festlegen lassen, und er hat aus diesem Grunde zwischen dem Kernraum einer

Tab. 1: Kulturerdteile, Kulturkreise und kulturräumliche Stadttypen

Kulturerdteile nach KOLB (1963)	Kulturerdteile nach NEWIG (1986)	*Culture worlds* nach SPENCER und THOMAS (1978)	Kulturkreise nach HUNTINGTON (1996)	kulturräumliche Stadttypen nach HOLZNER (1967)*
Abendländischer Kulturerdteil	Europa	West European	Westlicher Kulturkreis	Westeuropa
Russischer o. osteuropäischer Kulturerdteil	Sowjetunion	East European-Soviet	russisch-orthodoxer Kulturkreis	Osteuropa/ ehem. Sowjetunion
Sinischer o. ostasiatischer Kulturerdteil	Ostasien	Chinese	Sinischer Kulturkreis	Ostasien (China)
			Japanischer Kulturkreis	Japan
Indochinesischer, indopazifischer o. südostasiat. Kulturerdteil	Südostasien	South East Asian		Südostasien
Indischer Kulturerdteil	Südasien	South-Asian	hinduist. Kulturkreis	Südasien
Orientalischer Kulturerdteil	Orient	Arab.-Moslem-Dry	islamischer Kulturkreis	Orient
Negrider Kulturerdteil	Schwarzafrika	African	afrikan. Kulturkreis	Afrika südl. d. Sahara
Anglo-amerikanischer Kulturerdteil	Nordamerika	Anglo-America	zu: der Westen, wenn auch Differenzen zu Europa	Nordamerika
Indio-ibero-amerikanischer Kulturerdteil	Lateinamerika	Latin America	lateinamerikanischer Kulturkreis	Lateinamerika
Austral-pazifischer Kulturerdeil	Australien mit Ozeanien	Australian	zu: der Westen	Australien/ Ozeanien

**) ohne den Sonderfall Israel*

Quellen: HOLZNER (1967); SPENCER und THOMAS (1978); STÖBER und KREUTZMANN (2001)

Kultur (*core area*), dem Gebiet, in dem sie heute dominant ist (*domain*), und ihrer Einflusssphäre (*sphere*) unterschieden. Im Zeitalter von Globalisierung und weltweiter Mobilität ist die „Verräumlichung" von Kultur noch kritischer als in der Vergangenheit zu hinterfragen; vielfach wird bereits von *„Entterritorialisierung"* oder *„Entankerung"* von Kultur gesprochen (vgl. BOECKLER und LINDNER 2000, S. 122 ff.; SCHEFFLER 2003, S. 15 ff.).
2. Die Ausgliederung von ca. 10-12 großen *Kulturregionen*, wie sie den in Tab. 1 angeführten Vorschlägen zugrunde liegt, stellt eine sehr weitgehende Generalisierung dar, die immer mit einer gewissen Subjektivität behaftet ist. Der Komplexität von Kultur wird man aber nur gerecht werden, wenn man sich auch um das Erfassen und Verstehen von Gegensätzlichkeiten sowie widerstrebenden Interessenlagen innerhalb eines Kulturraumes bemüht (EHLERS 1996, S. 342). Nicht zuletzt deshalb differenzieren die meisten Autoren, die sich einer Untergliederung der Erde in Kulturräume widmen, innerhalb eines Großraumes noch weiter. So weisen SPENCER und THOMAS (1978) neben 11 großen Kulturregionen 49 Regionen zweiter und weitere 36 Regionen dritter Ordnung aus.

1.2.2 Die Thesen von Konvergenz und Divergenz städtischer Strukturen und Entwicklungen

Leitgedanke bei der Analyse der Stadtentwicklung in den verschiedenen Kulturräumen (Kap. 7) ist die seit den 1960er Jahren kontrovers diskutierte Frage, ob sich städtische Strukturen weltweit mehr und mehr angleichen und die unterschiedlichen Entwicklungspfade zukünftig im Typ der „postindustriellen Stadt" zusammenlaufen oder ob großräumige Unterschiede fortbestehen und sich auch in Zukunft nicht aufheben werden.

Die *Konvergenzthese* hat ihren Ursprung in einer vergleichenden Analyse anglo- und lateinamerikanischer Städte. Dies führte SCHNORE schon 1965 zu der modernisierungstheoretisch beeinflussten Hypothese, dass *„die Städte überall auf der Welt bestimmte Entwicklungsphasen durchlaufen und sich auf ein für alle gleichartiges Spätstadium hin entwickeln"* (HOFMEISTER 1996, S. 3). SCHNORE bezog sich dabei vor allem auf den *Sozialgradienten* und dessen Veränderungen im zeitlichen Verlauf. Das traditionelle lateinamerikanische Muster eines vom Zentrum nach außen abnehmenden Sozialstatus (*reverse Burgess-type*; vgl. Kap. 3.3.3) hat sich danach spätestens seit den 1940/1950er Jahren zu einer umgekehrt gerichteten Abfolge (*Burgess-type*) gewandelt, die für nordamerikanische Städte seit langem typisch ist. Auch in anderen Räumen der Dritten Welt findet sich dafür eine Reihe von Belegen. Zentrale Bestimmungsfaktoren des Wandels werden in der industriellen und technologischen Überformung der Städte gesehen, verbunden mit raschem Bevölkerungswachstum, zunehmender sozio-ökonomischer Heterogenität und ansteigender räumlicher Mobilität.

Zu einer ganz ähnlichen Auffassung gelangt HAWLEY (1971), der die Stadtentwicklung in westlichen und nicht-westlichen Gesellschaften vergleicht. Danach verwischen gleichartige Prozesse die unterschiedliche kulturelle Ausgangssituation mehr und mehr und führen letztlich zu gleichartigen Stadtstrukturen (HAWLEY 1971, S. 291 ff.). Gemäß dieser *„multilinearen Konvergenzhypothese"* beginnt Stadtentwicklung unter sehr verschiedenen kulturellen Rahmenbedingungen; durch zunehmende Teilhabe an gleichartigen Technologien und Märkten wird jedoch eine allgemeine Standardisierung und damit eine *weltweite Annäherung* herbeigeführt (HOFMEISTER 1996, S. 3; vgl. HAWLEY 1971, S. 311 ff.).

Im deutschen Sprachraum hat STEWIG (1983, S. 307 ff.) am entschiedensten eine Konvergenz städtischer Entwicklungen vertreten. Die bestehenden Unterschiede – und dabei wird nur zwischen Industrie- und Entwicklungsländern differenziert – werden als *„Abweichungen von einer allgemeinen, höheren Regelhaftigkeit aufgefasst"*. Diese sei in einer bestimmten zeitlichen Abfolge zu sehen, wie sie von den Industrieländern durchlaufen wurde. Es wird postuliert, dass auch die Entwicklungsländer im Hinblick auf die demographischen, ökonomischen und sozialen Verhältnisse dieser Transition folgen und deshalb deren Städte in Richtung auf Strukturen konvergieren, wie sie sich in den Städten der Industrieländer bereits herausgebildet haben.

Kritik an der Konvergenzthese hat erstmals, insbesondere auf SCHNORE (1965) Bezug nehmend, JOHNSTON (1972) geübt. Dabei stellt er zum einen heraus, dass auch die nordamerikanischen Städte hinsichtlich ihrer sozialräumlichen Entwicklung und Struktur keineswegs völlig einheitlich sind und dieses um so mehr gilt, wenn der übrige Teil der angelsächsischen Welt eingeschlossen wird. Zum zweiten verweist er auf die Ergebnisse vieler empirischer Untersuchungen in nordamerikanischen Städten, wonach das *Burgess-Modell* nur zur Beschreibung der räumlichen Anordnung von Lebenszyklus-Gruppen herangezogen werden kann, während die sozio-ökonomische Struktur eher dem *Sektorenmodell* nach HOYT entspricht (vgl. Kap. 3.3.3). Und drittens schließlich hebt er die anderen wirtschaftlichen und gesellschaftlichen Rahmenbedingungen in Lateinamerika hervor, die zu Abweichungen führen.

Noch sehr viel grundsätzlicher ist die von BERRY (1973) vorgetragene Kritik. Er unterstreicht die fundamentalen Unterschiede der Verstädterungsprozesse in den einzelnen Großregionen der Erde und nähert sich damit einer Auffassung, die in der deutschen geographischen Forschung eine lange Tradition hat, wenn auch dabei meist nicht so sehr der großräumige Vergleich im Mittelpunkt des Interesses steht, sondern die wechselseitigen Beziehungen von Stadt- und Kulturraum im Sinne von HOLZNER (1967) herausgearbeitet werden. In historischer Rückschau gelangt BERRY zu der Auffassung, dass die Verstädterung in den verschiedenen Weltregionen trotz gewisser Gemeinsamkeiten nicht einem, sondern *mehreren* Entwicklungspfaden folgt, d. h. seiner Auffassung nach bestehen sowohl hinsichtlich der Prozesse als auch der Ergebnisse fundamentale kulturräumliche Unterschiede. Dafür macht er vor allem die unterschiedlichen sozio-politischen Gegebenheiten verantwortlich, aus denen unterschiedliche Planungsstrategien resultieren. Allerdings werden dadurch eher die Industrieländer in verschiedene Gruppen unterteilt (freie Marktwirtschaften, Marktwirtschaften mit starkem staatlichen Einfluss, auf Umverteilung gerichtete Wohlfahrtsstaaten, sozialistische Staaten), während innerhalb der Dritten Welt nicht weiter differenziert wird.

Eine vermittelnde Position wird u. a. von HOLZNER (1981), LICHTENBERGER (1989), BÄHR und MERTINS (1995) sowie HOFMEISTER (1996) vertreten. LICHTENBERGER (1989) unterscheidet zwischen *varianten* (kulturraumspezifischen) und *invarianten* (kulturraumübergreifenden) Faktoren städtischer Strukturen und Prozesse (ähnlich GAEBE 2004, S. 315f.). Invarianzen bestehen im Hinblick auf die verfügbaren Technologien der Produktion, des Bauens, des Verkehrs, der Ver- und Entsorgung sowie von Information und Kommunikation. Bis zu einem gewissen Grade invariant ist auch die Abfolge der räumlichen Organisationssysteme der Gesellschaft von der arbeitsteiligen Gesellschaft über die Konsum- bis zur Freizeitgesellschaft, die sich weitgehend unabhängig von den politischen Systemen vollzieht, jedenfalls wenn man – wie es LICHTENBERGER getan hat – lediglich Europa mit Nordamerika vergleicht und die Dritte Welt nicht einbezieht.

Zu den varianten Faktoren zählen:

- die *Persistenz ererbter Strukturen*, wie Stadtmorphologie und Viertelsbildung, traditionelle Normen und Verhaltensweisen der Bevölkerung sowie politisch-administrative Organisationsformen,
- die *städtebaulichen Gestaltungsprinzipien*, darunter insbesondere die Wohnbauformen,
- die *politischen Systeme* einschließlich deren Vorstellungen und Maßnahmen bezüglich gesellschaftlicher und wirtschaftlicher Strukturen und Organisationsformen.

Für die Maßstabsebene der Kulturräume heißt dies: Universale Prozesse, wie Modernisierung, Urbanisierung oder Industrialisierung, rufen unterschiedliche Reaktionen der jeweiligen Gesellschaften hervor, woraus sich wiederum unterschiedliche städtische Formen und räumliche Ordnungen ergeben. Das schließt nicht aus, dass es auch regelmäßig wiederkehrende Elemente, Strukturen sowie innere und äußere Raumbezüge gibt, die allen Städten, zumal in ähnlichen Entwicklungsstufen, eigen sind. Diese sind jedoch eng mit den kulturspezifischen Besonderheiten verwoben, und erst aus dem Zusammenwirken von „Einmaligkeit“ und „überregionaler Gesetzmäßigkeit“ entsteht der für einen Kulturraum charakteristische *Stadttyp* (HOLZNER 1981, S. 173 ff.).

Selbst die in den 1970er Jahren einsetzende Umstrukturierung des Weltsystems auf Grund neuer „Technologien zur Entstehung globaler Flüsse und Netzwerke“, die mit dem Schlagwort der Globalisierung umschrieben wird, beeinflusst zwar in hohem Maße städtische Strukturen, führt jedoch nicht zu einer weltweiten Homogenisierung und Vereinheitlichung, sondern impliziert gerade *„lokale Diversität und Spezialität“* (KORFF 1993, S. 25), was in dem Schlagwort von der *„Glokalisierung“* seinen Ausdruck gefunden hat. Nach GAEBE (2004, S. 317) hat die Bedeutung regionaler Unterschiede trotz Globalisierung und allgemeiner „Entankerung“ wirtschaftlicher und sozialer Beziehungen eher noch zugenommen. Das liegt daran, dass im System weltweiter Arbeitsteilung die einzelnen Großräume, Länder und Städte eine höchst unterschiedliche Rolle spielen und damit die „internationalen Räume“, die Teil der globalen Gesellschaft sind und einen bestimmten Lebensstil widerspiegeln (z. B. Hotels, Büro- und Apartmenthäuser, Einkaufszentren, *fast food*-Ketten), ein quantitativ sehr verschiedenes Gewicht haben und auch die sozialräumliche Differenzierung unterschiedlich schnell voranschreitet und in unterschiedlichem Umfang von einer „Fragmentierung“ abgelöst wird. Damit ist gemeint, dass bestimmte Personengruppen und „Gebiete“ *funktional irrelevant* werden, keine und nur sehr geringe Zukunftsoptionen haben und daher an die ökonomische, räumliche und soziale Peripherie abgedrängt werden. CASTELLS (1991) hat diese Entwicklung mit dem Begriff der „zweigeteilten Stadt“ umschrieben. KRÄTKE (1995) spricht in Anlehnung an das Konzept der *quartered city* von MARCUSE (1989) von der „vielfach geteilten Stadt“. Man kann also sagen, dass der Globalisierungsprozess sowohl Konvergenzen als auch Divergenzen bewirkt und die jeweilige Stadtstruktur von einem spezifischen Muster dieser Erscheinungen bestimmt wird. Eine ähnliche Stellung im Weltsystem, wie es für die einzelnen Kulturräume im Großen und Ganzen angenommen werden kann, wird somit auch zu ähnlichen Stadtstrukturen führen. Diese These zu untermauern, ist ein zentrales Anliegen des Buches.

2 Stadtbegriffe im internationalen Vergleich

Stadt ist ein multidisziplinäres Forschungsfeld. Entsprechend vielfältig sind die Begriffsbestimmungen. Die Geographie als Querschnittswissenschaft bemüht sich seit langem darum, unterschiedliche Aspekte von *Stadtstruktur* und *Stadtentwicklung* in ihren Definitionskonzepten zu integrieren. Bei der Kriterienauswahl liegt der Schwerpunkt auf der gegenwärtigen Situation und den Verhältnissen in den Industrieländern. Die historische Entwicklung ist zwar zur Erklärung von Raummustern wichtig, eignet sich aber nur bedingt zur Abgrenzung der Stadt gegenüber einer ländlichen Siedlung. Das liegt zum einen daran, dass zahlreiche Siedlungen, denen in der Vergangenheit das Stadtrecht verliehen worden war und die dadurch über bestimmte Privilegien (z. B. Marktrecht, Münzrecht) verfügten, klein geblieben sind und heute keine städtischen Funktionen mehr ausüben; teilweise waren sie schon zur Zeit ihrer Gründung Städte minderen Rechts, und die Anlage erfolgte lediglich aus strategischen Gründen (Zwerg-, Minderstädte). Zum anderen bestehen zumindest in Deutschland keine rechtlichen Unterschiede zwischen Städten und Nicht-Städten (HEINEBERG 2001, S. 24). In anderen Ländern der Erde gilt dies nur bedingt, die Bezeichnung „Stadt“ ist hier häufig – auch unabhängig von anderen Kennzeichen – ausschließlich solchen Orten vorbehalten, die eine bestimmte Stellung in der administrativen Hierarchie einnehmen (z. B. Hauptort eines Distriktes, Status einer *municipality*).

2.1 Der geographische Stadtbegriff

Im gegenwartsbezogenen geographischen Stadtbegriff verbinden sich bauliche, demographische, soziale, wirtschaftliche und funktionale Gesichtspunkte (Bd. 1, Kap. B 1; HEINEBERG 2001, S. 25f.; ZEHNER 2001, S. 25 ff.):

1. Die *Geschlossenheit der Ortsform* war lange Zeit das augenfälligste Merkmal einer Stadt. Die Städte waren kompakt und durch Mauern scharf gegen das Umland abgegrenzt. Auch wenn die Befestigungsanlagen nicht geschleift worden sind, so bilden sie doch heute nur noch ein historisches Relikt innerhalb des Stadtkörpers; die Bebauung ist im Allgemeinen weit darüber hinaus gewachsen, und die Grenze zum Umland hat sich als Folge von Suburbanisierungs- und Deurbanisierungsprozessen (vgl. Kap. 3.2) mehr und mehr verwischt. Man sagt, aus dem *Stadt-Land-Gegensatz* ist ein *Stadt-Land-Kontinuum* geworden. Dennoch zeichnen sich Städte zumindest in den zentralen Bereichen durch hohe *Bebauungsdichten* und *Mehrstöckigkeit der Gebäude* aus, was sich teilweise in einer eindrucksvollen *Hochhaussilhouette* äußert. Aus der weitgehend „künstlichen" Umweltgestaltung und der „Bündelung" des Verkehrs, resultiert eine hohe Umweltbelastung.
2. Städte weisen ein *Mindestmaß an Bevölkerung und Fläche* auf. Aufgrund der vergleichsweise dichten Bebauung und der baulichen Überhöhung ist auch die *Bevölkerungsdichte* überdurchschnittlich hoch. Die Verdrängung der Wohnbevölkerung aus den zentralen Bereichen im Zuge der *Citybildung* (vgl. Bd. 1, Kap. D 1.1) hat zumindest in größeren Städten zu einer Modifizierung des von innen nach außen abfallenden Dichtegradienten beigetragen („Citykrater" im Zentrum). Bei der Abgrenzung von Agglomerationsräumen wird deshalb z. T. statt der reinen Bevölkerungsdichte die *Einwohner-Arbeitsplatzdichte* herangezogen (vgl. Kap. 2.3). Lange Zeit sind Städte aufgrund von Land-Stadt gerichteten Wanderungsbewegungen überdurchschnittlich schnell gewachsen. In den meisten Entwicklungsländern gilt dies bis heute; hingegen nehmen die Städte in fast allen Industriestaaten nur noch geringfügig an Einwohnern zu. Mit der Zuwanderung verbunden war und ist die *multiethnische Struktur* vieler Städte, die sich vielfach in geschlossenen Wohnquartieren einzelner ethnischer und religiöser Gruppen oder von Nationalitäten widerspiegelt.
3. Der weitaus größte Teil der Beschäftigten geht einer *Tätigkeit im Industrie- und Dienstleistungsbereich* nach. Dabei ist die Arbeitsteiligkeit sowohl im sekundären als auch im tertiären Sektor groß. Die Konzentration von Arbeitsplätzen in den Städten bedingt einen *Einpendlerüberschuss*, d. h. für einen beträchtlichen Teil der Beschäftigten liegt der Wohnort außerhalb der Stadt, und es wird täglich oder in größeren Zeitabständen zur städtischen Arbeitsstelle gependelt. Ein wesentlicher

Unterschied zwischen Städten in Industrie- und Entwicklungsländern besteht darin, dass in letzterer Ländergruppe viele, wenn nicht die Mehrzahl der Arbeitsplätze dem sog. *informellen Sektor* zuzuordnen sind. Darunter versteht man den nicht registrierten und auch nicht regulierten Wirtschaftsbereich, der keine größeren Zugangsbarrieren aufweist und überwiegend einheimische Ressourcen nutzt (Straßenverkauf, Garküchen, Handwerk am Straßenrand, Rikschafahrer, Müllrecycling u. a.). Nur vereinzelt gibt es Bevölkerungskonzentrationen mit höherer Einwohnerzahl, die von der Agrarwirtschaft bestimmt werden. Dafür hat sich der Begriff *„Agrostadt“* durchgesetzt (vgl. MONHEIM 1969).

4. Nicht nur der wirtschaftlich-technologische, auch der *soziale Wandel* ist von den Städten ausgegangen und zeigt sich hier am deutlichsten. Man spricht von *„städtischen Lebensformen“* und meint damit Besonderheiten der Lebensweise, die ursprünglich als Unterscheidungskriterium zwischen Stadt und ländlicher Siedlung herangezogen werden konnten, sich in den Industriestaaten aber – von den Städten ausgehend – mehr und mehr auch auf dem Lande durchgesetzt haben. Indikatoren dafür sind u. a. *Haushaltsgröße* und *Familienstruktur* (z. B. Einpersonenhaushalte und nicht-eheliche Lebensgemeinschaften), *Freizeitverhalten, Konsummuster* und *kulturelle Orientierung*. Eine hohe Intensität städtischer Lebensformen wird auch als *Urbanität* bezeichnet und der *Ruralität* gegenüber gestellt. Ein solches Begriffspaar kann in vielen Entwicklungsländern nach wie vor als Unterscheidungsmerkmal zwischen Stadt und Land dienen. Die Grenzen verwischen sich hier eher dadurch, dass ländliche Lebens- und Wirtschaftsformen auch nach dem Zuzug in die Stadt beibehalten werden (*Ruralisierung* von Städten). Hingegen ist in den Industriestaaten gerade die *Vielfalt der Kulturen und Lebensstile* (Muster der Lebensführung) ein Kennzeichen für Städte (HELBRECHT 1997). Demgemäss entsteht Urbanität aus der Begegnungsmöglichkeit verschiedener Lebensstile (KRÄTKE 2002, S. 225 f.).
5. Städte – zumal wenn sie eine gewisse Größe überschritten haben – zeichnen sich durch eine ausgeprägte innere Differenzierung (*Viertelsbildung*) aus. In funktionaler Hinsicht lässt sich zwischen der *City* mit dem Hauptgeschäftszentrum, *Industrie- und Gewerbegebieten*, Mischzonen sowie *Wohnvierteln* unterscheiden. Als Steuerungsgröße der räumlichen Anordnung kommt – wenn ein Bodenmarkt vorhanden ist – den jeweils unterschiedlichen Bodenpreisen eine herausragende Rolle zu; das Ausmaß und die Wirksamkeit planerischer Eingriffe hängen von den kulturellen und politischen Rahmenbedingungen ab. Die sozio-ökonomische Struktur bezieht sich auf die Differenzierung der Wohngebiete nach dem sozialen Status, d. h. Angehörige verschiedener sozialer Schichten (definiert anhand von Merkmalen zur Bildung, beruflichen Tätigkeit und zum Ein-

kommen) leben räumlich nicht nebeneinander, sondern in getrennten Stadtvierteln (*Wohnsegregation*). Das Ausmaß der „Abschottung" kann so weit gehen, dass einzelne Viertel von Zäunen und Mauern umgeben sind und der Zugang kontrolliert wird (*gated communities*). Überlagert wird die schichtenspezifische Gliederung von einer solchen nach Lebenszyklus und Lebensstil. Damit ist zunächst gemeint, dass größere Familien und insbesondere solche mit Kindern aufgrund der spezifischen Ansprüche an Wohnung und Wohnumfeld eher am Stadtrand wohnen, während kleinere Familien und insbesondere Einpersonenhaushalte in den zentralen Stadtbereichen dominieren. Oft kommt es auch zu einer räumlichen Konzentration bestimmter Lebensstil-Gruppen (z. B. *dinks* = double income no kids; *yuppies* = young urban professionals). In den Städten der Entwicklungsländer ist die soziale Polarisierung im Allgemeinen sehr viel ausgeprägter. Die verschiedenen Typen von *Marginalsiedlungen* und informell (d. h. in Selbsthilfe) errichtete Wohnviertel nehmen hier häufig mehr als 50% der städtischen Fläche ein. Der Begriff „marginal" ist dabei nicht nur räumlich im Sinne von randstädtisch, sondern auch wirtschaftlich und gesellschaftlich im Sinne von Armut und Unterprivilegierung, ja Diskriminierung und Ausgrenzung zu verstehen. Dementsprechend liegen Marginalsiedlungen nicht nur an der städtischen Peripherie, sondern finden sich auf minderwertigen Siedlungsflächen (z. B. überschwemmungsgefährdete Bereiche, Berghänge) auch in zentralen Lagen. Ebenso gehören baulich und sozial degradierte Wohnviertel (*Slums*) in diese Gruppe.

6. Kennzeichnend für Städte ist ein Mindestmaß an *Zentralität.* In aller Regel weisen sie einen *Bedeutungsüberschuss gegenüber dem Umland* auf. Damit wird ausgesagt, dass die sich in den Städten konzentrierenden zentralen Einrichtungen – worunter seit CHRISTALLER (1933) das Angebot an Waren und Dienstleistungen (z. B. Handel, Verwaltung, Bildung, Gesundheitswesen, Kultur) verstanden wird – nicht nur von der eigenen Stadtbevölkerung in Anspruch genommen werden, sondern auch zur Versorgung eines mehr oder weniger großen Umlandes dienen. Je nach Funktion ist die Reichweite unterschiedlich groß und kann im Falle der *global cities* (vgl. Kap. 3.1.3) die gesamte Welt umfassen. Der an die Städte angrenzende ländliche Raum erfüllt eine Vielzahl komplementärer Funktionen. Dabei spielt die unmittelbare Versorgung mit Nahrungsmitteln selbst in vielen Entwicklungsländern nur noch eine untergeordnete Rolle; wichtiger sind ökologische und soziale *Ausgleichsfunktionen* (unversiegelte Flächen bis hin zu Natur- und Wasserschutzgebieten, Naherholungsgebiete). Aber auch alle Infrastruktureinrichtungen, die einen hohen Platzbedarf haben (*„sperrige Infrastruktur"*), wie Mülldeponien oder Flughäfen können nur außerhalb der Städte einen Standort finden, obwohl sie überwiegend der

städtischen Bevölkerung dienen. Das macht derartige Standortentscheidungen so schwierig und konfliktbeladen.

2.2 Stadtdefinitionen in der internationalen Statistik

Aufgrund der Vielfalt der Gesichtspunkte, die bei der Definition von Städten heranzuziehen sind, stößt die Operationalisierung des Stadtbegriffes auf große Schwierigkeiten. Die meisten Staaten der Erde beschränken sich auf eine statistische Definition, wobei in aller Regel ausschließlich Einwohnerzahlen und weniger häufig zusätzlich Dichtewerte herangezogen werden. Noch seltener ist die Berücksichtigung weiterer Merkmale, die darüber hinaus meist nicht präzisiert werden. Aber auch bei der Abgrenzung von Städten mittels *Einwohnerschwellenwerten* besteht keinerlei Einigkeit über die Untergrenze. Diese liegt z. B. in Deutschland bei 2.000 Ew., und auch in vielen anderen Staaten ist ein Schwellenwert zwischen 1.500 und 2.500 Ew. üblich. Hingegen sind in Norwegen, Island und Spanien lediglich 200 Bewohner notwendig, um einen Ort als „Stadt" zu klassifizieren. Die Schwelle zur Stadt kann aber auch bei 10.000 Ew. (z. B. Schweiz, Griechenland, Malaysia, Senegal) oder bei 20.000 Ew. (Syrien) liegen. Im Extremfall Japan sind es sogar 50.000 Bewohner (UN 2002, S. 20 ff.). Ergänzend findet gelegentlich die *Bevölkerungsdichte* Verwendung (z. B. Kanada: mindestens 1.000 Ew. und eine Bevölkerungsdichte von mehr als 400 Personen/km^2), oder es wird gefordert, dass die Mehrzahl der Bewohner einer nicht-agrarischen Tätigkeit nachgeht (z. B. in Sambia in Kombination mit dem Einwohnerschwellenwert von 5.000). Viele Länder verzichten gänzlich auf die Festlegung einer Untergrenze und zählen alle Hauptorte der kleinsten Verwaltungseinheit zu den Städten (z. B. Costa Rica: *administrative centres of cantons*; Südafrika: *places with some form of local authority*) oder legen (meist nicht sehr scharf definierte) „städtische Charakteristika" zugrunde (z. B. Chile: *certain public and municipal services*). Gebräuchlich sind auch Kombinationen mehrerer Merkmale, insbesondere Einwohnerzahlen mit Verwaltungsfunktionen. Einer Auszählung von BROCKERHOFF (2000, S. 6) ist zu entnehmen, dass etwa die Hälfte der 228 Gebietseinheiten, für die die UN Daten ausweisen, lediglich administrative Kriterien benutzen, 51 Einwohnerzahlen heranziehen, 39 funktionale Gesichtspunkte verwenden und 30 entweder gar keine Kriterien angeben oder das gesamte Land als städtisch (z. B. Singapur) oder ländlich (z. B. mehrere Staaten Ozeaniens) erklären. Oftmals ändern sich auch die Kriterien im Laufe der Zeit. So galt z. B. in den USA zunächst ein Einwohnerschwellenwert von 8.000, ab 1880 von 4.000 und ab 1906 bis heute von 2.500. Seit 1970 werden zusätzlich auch noch kleinere Siedlungen berücksichtigt, sofern sie in *„urbanized zones"* größerer Städte liegen (BROCKERHOFF 2000, S. 6).

Eine Vereinheitlichung der Stadtdefinition, die auch mit einer stärkeren Differenzierung innerhalb der Kategorie „städtisch" verbunden werden könnte (vgl. HUGO, CHAMPION und LATTES 2003), wäre für weltweite Vergleiche zwar wünschenswert, scheitert aber an der Heterogenität der nationalen Festlegungen. In allen Publikationen internationaler Organisationen werden deshalb die nationalen Definitionen übernommen und daraus aggregierte Werte für größere Erdräume berechnet (UN 2004). Alle veröffentlichten Zahlenwerte können aus diesem Grunde nur Tendenzen anzeigen, und ihre Interpretation sollte mit großer Vorsicht und wissend um die Spannweite der Kriterien und Schwellenwerte erfolgen.

2.3 Ausgliederung von Verdichtungsräumen

Ein weiteres Problem besteht darin, Städte gegenüber ihrem Umland abzugrenzen. Vor allem die großen Städte sind meist über die ursprünglichen administrativen Grenzen hinausgewachsen, sodass es wünschenswert ist, die Kernstadt, d. h. die Stadt in ihren Verwaltungsgrenzen, mit einem Teil des Umlandes zu *Ballungs-, Agglomerations- oder Verdichtungsräumen* zusammenzufassen. Aber auch in diesem Falle besteht international keine Einigkeit über die Vorgehensweise. Es lässt sich zwischen zwei verschiedenen Konzepten unterscheiden, je nachdem, ob *strukturelle* oder *funktionale* Gesichtspunkte die Definitionsbasis bilden (vgl. dazu auch Bd. 1, Kap. B 3):

Beim *funktionalen Modell* wird von der Grundidee ausgegangen, dass zwischen einer Kernstadt (*central city*) und ihren Umlandgemeinden intensive Verflechtungen bestehen (Arbeitsplatz- und Versorgungsbeziehungen, Verkehrsströme), die eine Zusammenfassung zu einem Gesamtraum rechtfertigen. Das von BOUSTEDT für die Bundesrepublik Deutschland entwickelte Konzept der „Stadtregion" (Abb. 2) beruht auf solchen Überlegungen. Als Maß für die Stärke der Verflechtungen dienen Pendlerströme, die in Kombination mit Strukturmerkmalen (Agrarquote, Dichtewerte) sowohl zur Abgrenzung der Stadtregion nach außen als auch zur feineren Differenzierung des Umlandes in Ergänzungsgebiet, Verstädterte Zone sowie Randzone dienen (vgl. GAEBE 1987, S. 177ff.). Stadtregionen sind zuletzt für das Jahr 1970 ausgewiesen worden. Eine Fortschreibung unterblieb einerseits aus inhaltlichen Gründen (Agrarquote aufgrund des allgemeinen Rückgangs des primären Sektors wenig geeignet, starke Ausdehnung der Pendlerräume), andererseits aus Gründen der Datenverfügbarkeit (keine regelmäßige Erhebung von Pendlerdaten).

Beim *strukturellen Modell* werden Räume ausgegliedert, die in städtebaulich-morphologischer, demographischer, sozialer und wirtschaftlicher Hinsicht möglichst homogen sind (vgl. GAEBE 1987, S. 176 ff.). Dabei werden solche Bereiche des Umlandes mit einer oder mehreren Städten zusam-

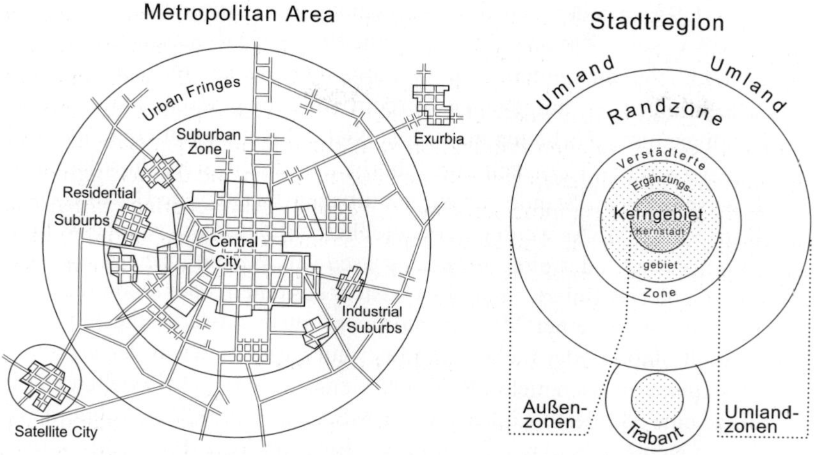

Abb. 2: Schematische Darstellung einer metropolitan area und einer Stadtregion
Quelle: FRIEDRICHS (1981)

mengefasst, die im Hinblick auf die ausgewählten Kriterien eine vergleichbare Struktur aufweisen. Die am häufigsten herangezogenen Merkmale beziehen sich auf die Ausdehnung des geschlossen bebauten Gebietes, Bevölkerungsdichte und -struktur, Verdichtung von Arbeitsplätzen, Beschäftigungsanteile im primären, sekundären und tertiären Sektor. Als Beispiel kann die Abgrenzung von „Verdichtungsräumen" in der Bundesrepublik Deutschland dienen, die nach einem Beschluss der Ministerkonferenz für Raumordnung seit den 1960er Jahren vorgenommen und regelmäßig fortgeschrieben wird. Seit 1993 weist man auch für die neuen Länder solche Verdichtungsräume aus. Neben einer Mindestgröße von 150.000 Ew. und 100 km^2 Fläche muss die Bevölkerungsdichte des Gesamtraumes 1.000 Ew./km^2 übersteigen. Zur Abgrenzung nach außen und zur inneren Differenzierung dient die *Einwohner-Arbeitsplatzdichte* (Summe aus Wohnbevölkerung und Zahl der Arbeitsplätze) auf Gemeindebasis. Auch die „Siedlungsstrukturellen Regions- und Kreistypen", die das Bundesamt für Bauwesen und Raumordnung (BBR) im Rahmen der „laufenden Raumbeobachtung" ausweist, basieren wesentlich auf Einwohnerdichten. Bei der Untergliederung in Agglomerationsräume, Verstädterte Räume und Ländliche Räume wird zusätzlich noch die Größe des Oberzentrums oder der kreisfreien Stadt herangezogen (vgl. HEINEBERG 2001, S. 60 ff.). Die Verdichtungsräume – ganz gleich wie man sie definiert – sind größtenteils statistische Einheiten geblieben; eine handlungsfähige Politik- und Verwaltungsebene dafür zu schaffen, ist bislang nur in Ansätzen gelungen (vgl. PRIEBS 2002).

In den USA gründet sich die Abgrenzung sog. *Metropolitan Statistical Areas* (MSA) seit 1990 ebenfalls ausschließlich auf Strukturmerkmale. Die bis dahin übliche Verwendung von funktionalen Kriterien (insbesondere Pendelverflechtungen) ist aufgegeben worden, um dem gewandelten Charakter der Ballungsräume Rechnung zu tragen. Nicht länger dominieren Pendelbeziehungen zwischen Kernstadt und suburbanem Raum, sondern solche zwischen verschiedenen Standorten im suburbanen Bereich (z. B. *edge cities*; vgl. Kap. 3.2.1). MSAs werden ausschließlich auf der Basis von Einwohnerzahlen einer Stadt oder einer *urbanized area* (im Wesentlichen geschlossen bebautes Gebiet) definiert. Eine MSA besteht aus einem oder mehreren *counties*; um ein *county* einer MSA zuzuordnen, muss entweder die hierin liegende Stadt 50.000 oder mehr Einwohner aufweisen, oder in der *urbanized area* des *county* müssen mehr als 50.000 Menschen leben. Im zweiten Fall ist allerdings eine Mindestbevölkerung der MSA von 100.000 Bewohnern notwendig (in Neu-England nur 75.000 Ew.). Eine MSA wird zur *Consolidated Metropolitan Statistical Area* (CMSA), wenn sie mehr als 1 Mio. Bewohner zählt und mindestens zwei *Primary Metropolitan Statistical Areas* (PMSA) enthält. Deren Definition ist weitgehend qualitativ; es wird von *„relative independence within the metro complex"* gesprochen (vgl. FREY und ZIMMER 2001, S. 28). Im Zensus des Jahres 2000 wurden 276 MSAs ausgewiesen. An der Spitze der Rangliste steht die New York-Northern New Jersey-Long Island CMSA mit 21,20 Mio. Ew. auf einer Fläche von 19.755 km^2; die kleinste MSA ist Enid/Ok. mit 57.813 Ew. Seit Juni 2003 werden zusätzlich sog. *Micropolitan Areas* für städtische *Cluster* zwischen 10.000 und 50.000 Ew. ausgewiesen (nach U. S. Census Bureau).

In anderen Ländern der Erde sind Verdichtungsräume, die neben der Kernstadt ein mehr oder weniger großes Umland umfassen, insbesondere für die größeren Städte der jeweiligen Länder definiert worden. So bilden z. B. im Falle von Mexiko-Stadt der *Distrito Federal* (Bundesdistrikt) und 54 angrenzende *municipios* die *Región Metropolitana*; in São Paulo werden das gleichnamige Munizip und 37 weitere *municipios* zur *Região Metropolitana* zusammengefasst, und die *Seoul Metropolitan Agglomeration* besteht aus den Städten Seoul und Inch'on sowie weiteren 37 Städten und Gemeinden. BRONGER (1995) hat darauf aufmerksam gemacht, dass internationale Vergleiche allein dadurch erschwert sind, dass die zugrunde gelegten Areale und damit naturgemäß auch die Bevölkerungsdichten außerordentlich verschieden sind. Vor allem japanische und philippinische, aber auch US-amerikanische Städte und Metropolitanregionen sind häufig *overbounded*, in den ersten beiden Fällen weil sie agrarisch genutzte Flächen einschließen, in letzterem aufgrund der sehr weitflächigen Bebauungsstruktur (BROCKERHOFF 2000, S. 7). So lebten z. B. im Jahre 2000 in der Região Metropolitana São Paulo 17,88 Mio. auf 8.051 km^2 (Dichte: 2.221 Ew./km^2), in der Los Angeles-

Riverside-Orange County CMSA hingegen 16,37 Mio. auf 87.972 km^2 (Dichte: 186 Ew./km^2) und in der Greater Bombay Urban Agglomeration 16,09 Mio. auf 1.178 km^2 (Dichte: 13.659 Ew./km^2).

Statistiken internationaler Organisationen übernehmen meist die jeweiligen nationalen Definitionen und Abgrenzungen. Das führt dazu, dass in manchen Staaten unter den Agglomerationsräumen nur Werte für die jeweilige Kernstadt angeführt werden, weil es keine darüber hinausgreifende Kategorie gibt; in anderen Ländern können innerhalb der städtischen Hierarchie dadurch Brüche auftreten, dass Verdichtungsräume nur für die größeren Siedlungskonzentrationen festgelegt sind. Eine Vergleichbarkeit aller genannten Zahlenwerte ist daher – ähnlich wie beim Stadtbegriff – nur sehr bedingt gegeben.

2.4 Der Begriff der Verstädterung

Auf die Stadt, wie immer sie auch definiert und gegen ihr Umland abgegrenzt ist, nimmt der Begriff *„Verstädterung"* Bezug (vgl. dazu Bd. 1, B 2). In quantitativer Betrachtung (Verstädterung in engerem Sinne) kann er zum einen als *demographischer Zustand* aufgefasst werden und meint dann den Anteil der Stadtbevölkerung an der Gesamtbevölkerung eines Landes bzw. einer Region (Verstädterungsgrad, Verstädterungsquote). Zum anderen dient er zur Kennzeichnung eines *demographischen Prozesses*, d. h. er beschreibt das Wachstum der Stadtbevölkerung eines Landes bzw. einer Region (*Verstädterungsrate*: Zuwachsrate der städtischen Bevölkerung oder des Verstädterungsgrades während eines bestimmten Zeitraumes). Etwas weniger üblich ist, auch den Prozess der Verdichtung des Städtenetzes (Erhöhung der Zahl der Städte innerhalb eines Landes bzw. einer Region) unter dem Begriff der Verstädterung zu subsumieren (BÄHR 2004, S. 67). Bezieht man qualitative Aspekte, wie insbesondere die Ausbreitung und Verstärkung städtischer Lebensformen, mit ein, spricht man von Verstädterung im weiteren Sinne oder *Urbanisierung*. Diese kann mit der quantitativen Verstädterung einhergehen, muss es aber nicht. Gelegentlich werden allerdings Verstädterung und Urbanisierung auch als Synonyme verwandt. Dies geschieht nicht zuletzt deshalb, weil im Englischen eine solche Unterscheidung sprachlich nicht möglich ist.

2.5 Stadttypen nach Größenklassen

Die große Spannweite von Siedlungen, die unter dem Stadtbegriff subsummiert werden, legt eine Differenzierung nach *Größenklassen* nahe. In Deutschland wird zwischen *Landstädten* (2-5.000 Ew.), *Kleinstädten* (5-20.000 Ew.), *Mittelstädten* (20-100.000 Ew.) und *Großstädten* (>100.000 Ew.) unterschieden. In internationaler Perspektive ist diese Abgrenzung wenig sinnvoll, weil sehr viele auch wenig bedeutsame Städte über die Grenze zur Großstadt hinaus angewachsen sind und innerhalb der Kategorie der Großstädte nicht weiter differenziert wird. So gab es im Jahre 2000 allein in China 90 Millionenstädte, in Indien waren es immerhin 32 (UN 2004). International eingebürgert hat sich daher die zusätzliche Ausgliederung von *Metropolen* und *Megastädten*, wobei gewöhnlich nicht auf die Stadt in ihren administrativen Grenzen, sondern auf die größeren Agglomerationsräume Bezug genommen wird.

Der Begriff *„Metropole"* kommt aus der griechischen Antike und bezeichnete ursprünglich eine „Mutterstadt", deren Stadtrecht auf koloniale Gründungen übertragen wurde. Später erhielt er die Bedeutung von „Hauptstadt" und speziell Hauptstadt einer Kirchenprovinz mit Sitz des *Metropolitans*. Erst Ende des 19. Jh. ging die kirchliche Konnotation verloren, und Metropole bezeichnet seitdem besonders große Städte bzw. Verdichtungsräume (BLOTEVOGEL 2001, S. 159 f.). Darüber hinaus verbindet man mit Metropole eine herausgehobene politische und wirtschaftliche Bedeutung, auch wenn die meisten Definitionsvorschläge ausschließlich auf die Einwohnerzahl abheben. Die gewählten Schwellenwerte schwanken zwischen 0,5 und 2 Mio. Ew.; am gebräuchlichsten ist die Gleichsetzung von Metropole bzw. Metropolitanregion mit *Millionenstadt*. Diese Mindestgröße befürwortet auch BRONGER (1997, S. 45 u. 2004, S. 31 ff.), der zusätzlich noch eine Dichte von mehr als 2.000 Ew./km^2, eine monozentrische Struktur (nur *eine* Kernstadt) und eine Über-Konzentration der politischen, administrativen, wirtschaftlichen, sozialen und kulturellen Aktivitäten des gesamten Landes auf die Metropole fordert. Danach wäre Metropole nicht nur strukturell, sondern auch funktional zu definieren. Dieser Gesichtspunkt spielt bei der Ausweisung von *„Europäischen Metropolregionen"* eine entscheidende Rolle. Auf Deutschland bezogen hat die Ministerkonferenz für Raumordnung sieben Europäische Metropolregionen benannt, nämlich Berlin/Brandenburg, Hamburg, München, Rhein-Main, Rhein-Ruhr, Stuttgart sowie Halle/Leipzig-Sachsendreieck (BLOTEVOGEL 2001, S. 162 ff.). Darunter finden sich sowohl monozentrische wie polyzentrische Agglomerationsräume. Gemeinsames Merkmal sind die herausragenden Funktionen im internationalen Maßstab. Weil die Bestimmung von Metropolen nach einem umfangreicheren Kriterienkatalog mit nicht unerheblichem Aufwand verbunden ist, bleibt man bei internationalen Vergleichen meist bei einer rein demographischen Abgrenzung und definiert eine Metropole als einen Agglomerationsraum mit mehr als 1 Mio. Ew.

Gibt es in einem Land nur eine oder einige wenige Metropolen, so geht damit in aller Regel eine sog. *Primatstruktur* einher. Seit JEFFERSON (1939) versteht man darunter das bevölkerungsmäßige (und damit verbunden auch funktionale) Übergewicht der größten Städte eines Landes. Quantitativ lässt sich dieser Sachverhalt durch den *Index of Primacy* erfassen. Je nachdem, ob man nur die Bevölkerungszahl der beiden größten Städte zueinander in Beziehung setzt oder zusätzlich auch noch die nächst kleineren Zentren berücksichtigt, kann man zu verschiedenen Indizes kommen. Im einfachsten Fall wird der *Index of Primacy* als Quotient aus der Einwohnerzahl der größten und zweitgrößten Stadt definiert. Von einer *primate city* spricht man dann, wenn der errechnete Wert erheblich über 2, dem „Normalwert" der Ranggrößenregel liegt. In den Ranggrößendiagrammen sind Primatstrukturen durch einen auffälligen „Knick" im Kurvenverlauf nach der rangersten Stadt zu erkennen (vgl. BÄHR 2004, S. 77 ff.).

Analog zum Verstädterungsbegriff kann auch *Metropolisierung* in doppelter Weise verstanden werden: als demographischer Zustand (*Metropolisierungsgrad/-quote*: Anteil der in den Metropolen lebenden Gesamt- oder städtischen Bevölkerung) oder als demographischer Prozess (*Metropolisierungsrate*: Zuwachsrate der metropolitanen Bevölkerung oder des Metropolisierungsgrades).

Während es um die Wende vom 19. zum 20. Jh. weltweit lediglich 13 Millionenstädte gab, hatte sich deren Zahl schon bis 1950 auf 86 und bis 1970 auf 174 vermehrt. Bis heute (2000) ist die Zahl der so definierten Metropolen auf 387 angewachsen (UN 2004). Deshalb ist es sinnvoll, innerhalb dieser Gruppen weiter zu differenzieren und die größten Städte der Erde als sog. *Megastädte* gesondert auszugliedern. Auch in diesem Fall wird die Abgrenzung nicht einheitlich vorgenommen (5, 8 oder 10 Mio. Ew.). Die ungeheure Dynamik in dieser Städtegruppe spricht dafür, nur Riesenmetropolen im Sinne von BRONGER (1997), d. h. Metropolen mit mehr als 10 Mio. Ew., zu den Megastädten zu zählen und *Megapolisierung* analog zu Metropolisierung sowohl als Zustand als auch als Prozess zu definieren.

Ist somit das Konzept der Megastädte ausschließlich quantitativ und auf Einwohnerzahlen bezogen, liegen dem Begriff der *global city* (*world city*) in erster Linie funktionale Gesichtspunkte zugrunde, auch wenn es sich bei den Städten dieser Kategorie meist um Millionenstädte oder – seltener – um Megastädte handelt. *Global cities* sind die *internationalen Steuerungszentralen* von Weltproduktion, Weltfinanz, Welthandel, -verkehr und -kommunikation sowie von Weltpolitik (REBITZER 1995; BRONGER 2004, S. 143ff.; Abb. 3). Eine ähnliche Definition hatte HALL schon 1966 vorgeschlagen und dabei eine ganze Reihe weiterer Gesichtspunkte genannt, die zumindest ergänzend zu berücksichtigen sind (z. B. Forschung und Ausbildung, Kunst und Kultur). Obwohl es mittlerweile eine umfangreiche Literatur zum Thema gibt (vgl. BEAVERSTOCK, TAYLOR und SMITH 1999; GERHARD 2004), besteht über die Abgrenzungskriterien keine Einigkeit. Es dominieren vor allem *wirtschaftliche Indikatoren*, wie überragendes Finanzzentrum, Hauptsitz transnationaler Unternehmen, bedeutender Standort unternehmensbezogener Dienstleistungen, Zentrum industrieller Produktion, wichtiger Knotenpunkt

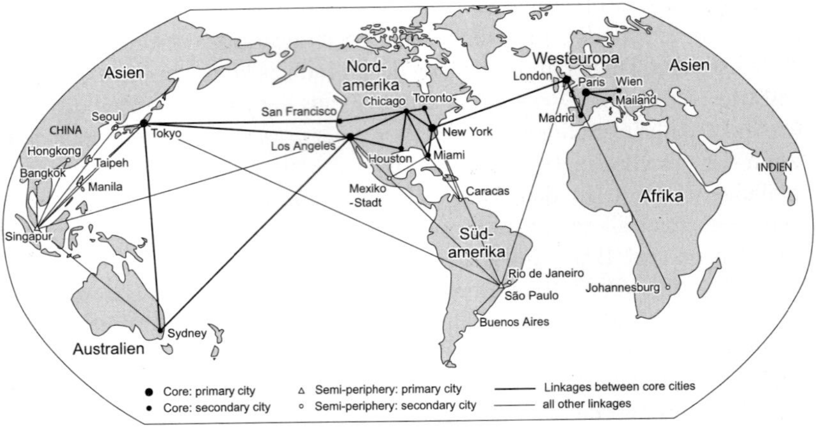

Abb. 3: Hierarchie der Weltstädte
Quelle: FRIEDMANN (1986)

von Verkehrs- und Transportlinien (vgl. FRIEDMANN 1986; SASSEN 1994). Hinzu kommen von Fall zu Fall demographische, politische und kulturelle Kriterien (z. B. Einwohnerzahl, Sitz internationaler Organisationen und führender Nicht-Regierungsorganisationen, Sitz mächtiger und weltweit agierender Medienunternehmen; vgl. KNOX 1995, S. 236 f.); verhältnismäßig selten werden – nicht zuletzt aus Gründen der Datenverfügbarkeit – Verflechtungsmerkmale herangezogen (vgl. aber TAYLOR u. a. 2001). Ausnahmen sind Flugverkehr und Telekommunikationsverbindungen (HALL 2002b, S. 115). Eindimensionale Typisierungen führen zu sehr unterschiedlichen Ranglisten (vgl. SHORT u. a. 1996); mehrdimensionale lassen eine klare Hierarchie erkennen. Am intensivsten hat sich in jüngerer Zeit die sog. Loughborough Group (*Globalization and World Study Group and Network at the University of Loughborough*) mit dem Phänomen der *global cities* beschäftigt und verschiedene Methoden ihrer Festlegung diskutiert (vgl. BEAVERSTOCK, TAYLOR und SMITH 1999).

3 Verstädterung der Erde

Verstädterung lässt sich sowohl als *demographischer* und *räumlicher* als auch als *sozialer* und *wirtschaftlicher* Prozess verstehen. Die demographische Verstädterung bezieht sich einerseits auf den Anteil der in Städten lebenden Bevölkerung zu einem bestimmten Zeitpunkt (*Verstädterungsquote*) und beschreibt damit einen Zustand. Andererseits ist die *Dynamik der Verstädterung* gemeint, die mit Hilfe der Zuwachsrate der städtischen Bevölkerung bzw. der Verstädterungsquote charakterisiert wird.

Die Zunahme der städtischen Bevölkerung kann ein sehr unterschiedliches Flächenwachstum nach sich ziehen. Historisch gesehen hat die Erhöhung der Einwohnerzahlen lange Zeit eher zu einer Verdichtung im bereits bebauten Gebiet und weniger zu einer Stadterweiterung nach außen geführt. Die weitgehend ungeregelte Expansion der städtischen Fläche (*urban sprawl*) wurde erst mit der allgemeinen Verbreitung des privaten Automobils ermöglicht. In den Entwicklungsländern ist diese Voraussetzung bis heute nicht gegeben. Neben solchen wirtschaftlichen Faktoren spielt auch der unterschiedliche Planungseinfluss für das Ausmaß des Flächenverbrauchs eine Rolle.

Unter *sozialer und wirtschaftlicher Verstädterung* fasst man die Veränderung sozialer und wirtschaftlicher Strukturen zusammen, wie sie mit der Entstehung und dem Wachstum von Städten einhergehen. Die Verschiebungen zwischen den Wirtschaftssektoren, die Ausdifferenzierung der sozialen Schichtung und das Aufkommen neuer Lebensstile sind Beispiele dafür.

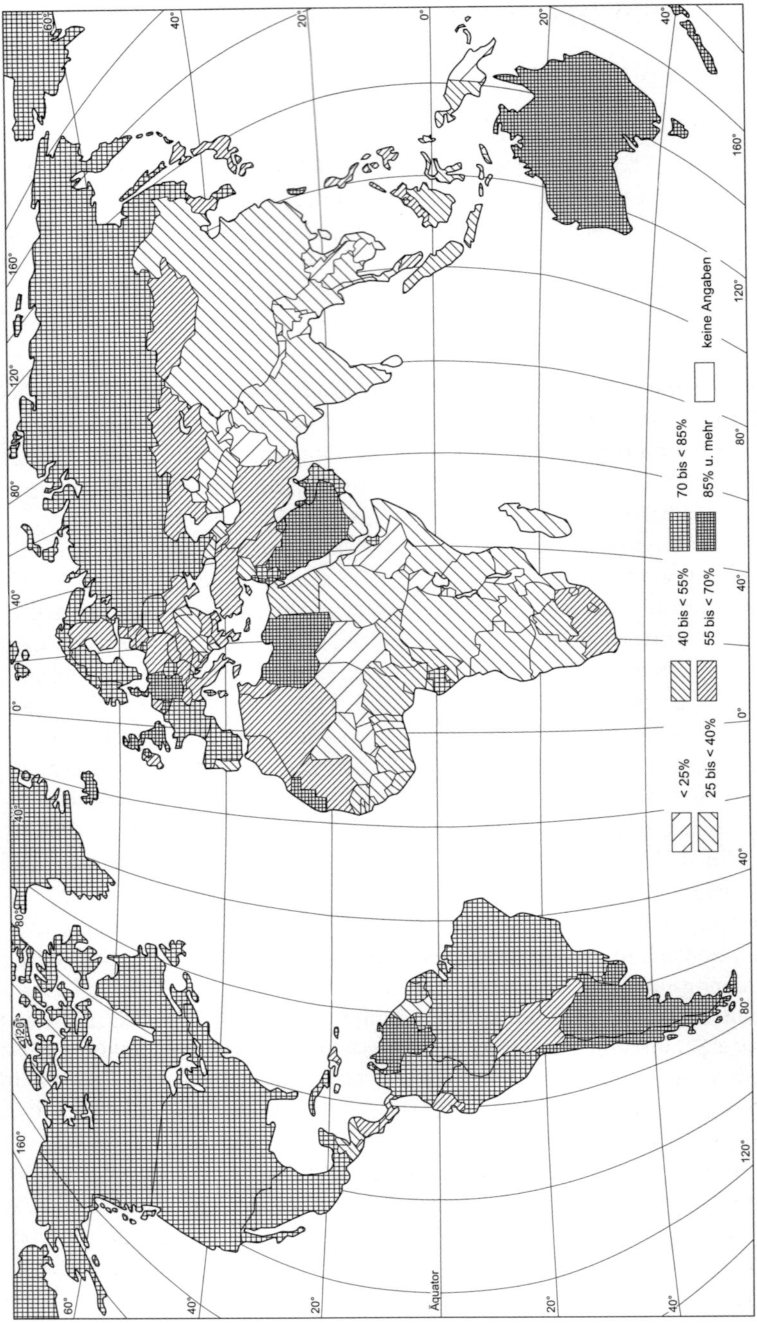

Abb. 4: Verstädterungsgrad in den Staaten der Erde 2003
Quelle: eigener Entwurf nach UN (2004)

3.1 Verstädterung als demographischer Prozess

3.1.1 Verstädterungsquoten in weltweitem Vergleich

Heute entfallen 48% der Weltbevölkerung auf städtische Siedlungen der verschiedenen Größenordnungen (2003 nach UN 2004), nach den Vorausschätzungen der UN dürfte die 50%-Schwelle im Jahre 2007 überschritten sein (vgl. Tab. 2). Die Unterschiede zwischen einzelnen Großräumen und Ländern sind allerdings nach wie vor erheblich (Abb. 4). Die Spannweite der Verstädterungsquoten reicht von mehr als 90% (z. B. Island, Australien, Uruguay) bis zu weniger als 10% (z. B. Burundi, Bhutan). Auf den ersten Blick scheint das weltweite Muster vor allem vom Gegensatz zwischen Industrie- und Entwicklungsländern geprägt zu werden; die Verstädterungsquote liegt im ersten Fall bei 75%, im zweiten bei 43%, und auch in der Häufigkeitsauszählung der Abb. 5 werden die unteren Klassen ausschließlich von Entwicklungsländern

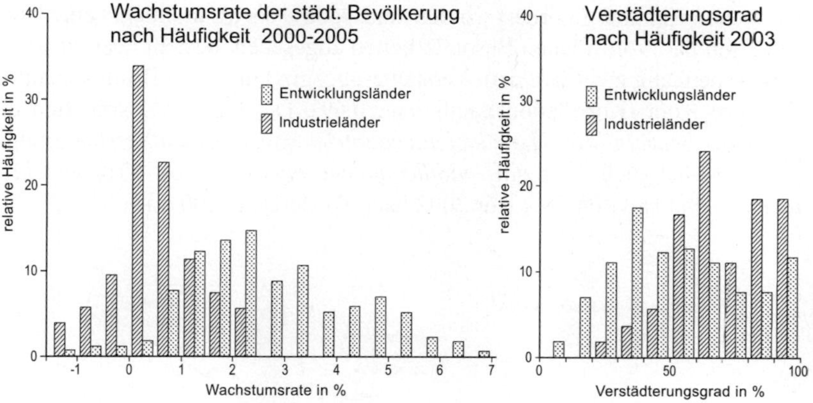

Abb. 5: Unterschiede des Verstädterungsprozesses in Industrie- und Entwicklungsländern
Quelle: eigener Entwurf nach UN (2004)

eingenommen. Eine Aufschlüsselung nach Kontinenten zeigt aber, dass dies nur bedingt zutrifft. Namentlich lateinamerikanische Staaten sind oft stärker verstädtert als europäische. Die Rangliste nach Kontinenten (für 2005) wird von Nordamerika (80,8%) angeführt; es folgen Lateinamerika (77,6%), Ozeanien (73,3%), Europa (73,3%), Asien (39,9%) und Afrika (39,7%).

Viele lateinamerikanische Staaten sind Beispiele für eine sog. *Hyperurbanisierung* oder *„urban inflation"* (POTTER und LLOYD-EVANS 1998, S. 14). Damit wird zum Ausdruck gebracht, dass ein Ungleichgewicht zwischen dem Verstädterungsgrad eines Landes und seiner wirtschaftlichen Entwicklung besteht.

Tab. 2: Entwicklung der städtischen Bevölkerung auf der Erde, 1800-2015

Jahr	Weltbev. (in Mrd.)	Städt. Bev. (%)	Bev. in Städten ≥ 1 Mio. Ew. (%)	Bev. in Städten ≥ 10 Mio. Ew. (%)
1800	0,9	3,2	-	-
1850	1,2	6,9	-	-
1900	1,6	13,6	1,6	-
1950	2,5	29,8	7,9	0,5
2000	6,1	47,1	17,7	4,1
2015	7,2	53,6	21,4	5,0

Quelle: BÄHR (2004); UN (2004)

Im Streuungsdiagramm von Abb. 6 sind es gerade lateinamerikanische Länder, die oberhalb der Regressionsgerade liegen, also einen – bezogen auf den wirtschaftlichen Entwicklungsstand – zu hohen Verstädterungsgrad aufweisen. Das hängt damit zusammen, dass Städte seit der frühen Kolonialzeit den Kontinent dominierten und auch später oftmals einseitig zu Lasten des ländlichen Raumes gefördert worden sind, sodass die „Landflucht" eine lange Tradition hat. Von solchen Besonderheiten abgesehen, besteht aber ein enger Zusammenhang zwischen dem Verstädterungsgrad und dem Bruttosozialprodukt pro Kopf (Korrelationskoeffizient: 0,69). Die Länderklassifikation der Weltbank bestätigt dies: *Low income countries* weisen einen Verstädterungsgrad von lediglich 31% auf, *middle income countries* von 53% und *high income countries* von 78% (für 2002 nach World Bank 2004a).

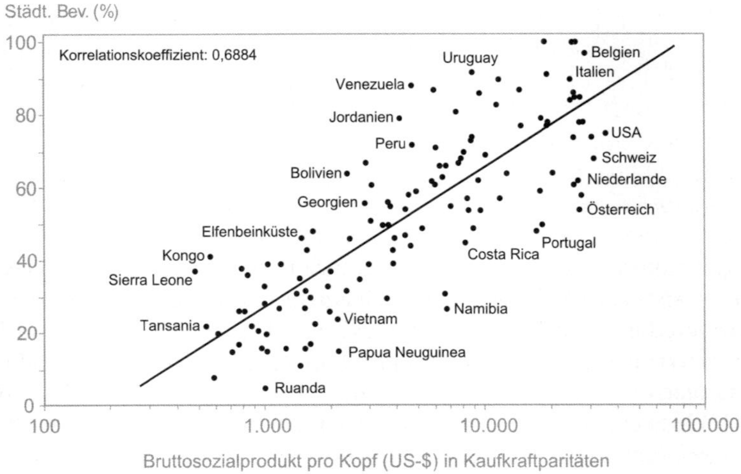

Abb. 6: Zusammenhang zwischen Verstädterungsgrad und wirtschaftlichem Entwicklungsstand 2002/03
Quelle: BÄHR (2004)

3.1.2 Dynamik des Verstädterungsprozesses

Die Dynamik des Verstädterungsprozesses zeigt ein konträres Bild. Die Häufigkeitsauszählung der jährlichen Wachstumsraten der städtischen Bevölkerung belegt, dass die Zahl der Stadtbewohner nicht in den Industrieländern mit ihren hohen Verstädterungsquoten, sondern in den Entwicklungsländern besonders rasch ansteigt (Abb. 5). Der Durchschnitt für die Staaten der Dritten Welt beträgt 2,8%/Jahr (2000-05), das Maximum der Häufigkeitsverteilung liegt zwischen 3,0 und 3,5%, und nicht selten kommen jährliche Zuwachsraten von mehr als 5% vor, was einer Verdoppelungszeit – bei auch in Zukunft konstanten Werten – von nur 14 Jahren entspricht. Beispiele für solche Länder sind: Somalia 5,9%, Liberia 5,3%, Niger 6,1%, Afghanistan 6,0%, Nepal 5,2%, Bhutan 6,3%, Kambodscha 5,5%. Hingegen nimmt die städtische Bevölkerung in den meisten Industriestaaten sehr viel langsamer zu: Die durchschnittliche Wachstumsrate beläuft sich auf 0,5%/Jahr, und das Maximum der Häufigkeitsverteilung liegt zwischen 0,0 und 0,5%. In vielen europäischen Ländern werden sogar negative Raten registriert (Italien, Schweiz sowie fast alle osteuropäischen Staaten). Kennzeichnend ist hier eher eine Verlagerung von Bevölkerung aus der Stadt in ihren administrativen Grenzen in das Umland (*Suburbanisierung*) sowie auch über die Grenzen des Agglomerationsraumes hinaus (*Exurbanisierung*; vgl. Kap. 3.2.1).

Die Zuwachsraten der städtischen Bevölkerung in den Staaten der Dritten Welt können auch dann noch als außergewöhnlich hoch gelten, wenn man sie mit entsprechenden Werten für die Industrieländer aus der zweiten Hälfte des 19. Jh. vergleicht. Nach Davis (1965, S. 49) nahm die Zahl der Stadtbewohner in neun europäischen Staaten damals nur um 2,1%/Jahr zu, und selbst ausgesprochene Einwanderungsländer, wie die Vereinigten Staaten, Kanada, Australien oder Argentinien, erreichten zur Zeit ihres schnellsten Wachstums im Mittel lediglich 4,2%/Jahr.

Aus der historischen Erfahrung der Industrieländer lassen sich gewisse *Regelhaftigkeiten* im Ablauf des Verstädterungsprozesses ableiten. Auf eine Phase nur langsamen Wachstums der Stadtbevölkerung folgt eine Phase stark beschleunigten Wachstums, die wiederum in eine Phase mit nur geringen oder stagnierenden Zuwachsraten übergeht. Entsprechend lässt sich die Zunahme des Verstädterungsgrades im zeitlichen Verlauf idealtypisch durch eine S-förmige Kurve charakterisieren. England und Wales, wo die Industrialisierung ihren Anfang nahm, aber auch Deutschland und die USA bilden gute Beispiele für diesen Verlauf. Die meisten hochentwickelten Staaten befinden sich heute in der *Stagnationsphase*, und der Anteil der in Städten lebenden Bevölkerung nimmt nur noch sehr langsam zu: Im Durchschnitt aller Industrieländer zwischen 1985 und 2005 lediglich von 71 auf 75%. Damit ist ein nur geringes Wachstum der Stadtbevölkerung verbunden (1985-

2005: 0,7%/Jahr). Demgegenüber befinden sich die meisten Staaten der Dritten Welt noch mitten in der Phase des schnellen Wachstums. Ihr Verstädterungsgrad entspricht mit etwas über 40% im Jahre 2000 gerade erst demjenigen der Industrieländer im Jahre 1925. Die *least developed countries* werden diesen Schwellenwert gar erst nach dem Jahre 2025 überschreiten (alle Werte nach UN 2004). Im Zeitraum von 1985-2005 hat die Zahl der Stadtbewohner in den Entwicklungsländern jährlich um 3,2% zugenommen, und ihr Verstädterungsgrad ist von 32% auf 43% angestiegen. Noch höher war die Wachstumsrate in den *least developed countries*, sie betrug im betrachteten Zeitraum 4,5%/Jahr. Aus der Tatsache, dass der Verstädterungsgrad in dieser Ländergruppe im Jahre 2005 erst 28% erreicht hat, lässt sich eine noch lang andauernde Phase stark beschleunigter Zunahme der Stadtbevölkerung ableiten. Länderbeispiele legen zwar die Vermutung nahe, dass die Phase des schnellen Städtewachstums umso kürzer ist, je später sie einsetzt, jedoch sind solche Prognosen mit vielen Fragezeichen behaftet und bedürfen zumindest einer genaueren Analyse der einzelnen Wachstumskomponenten (vgl. Kap. 3.1.4).

3.1.3 Entwicklung nach Größenklassen

Die demographische Verstädterung konzentriert sich immer stärker auf die großen städtischen Agglomerationen mit mehr als 1 Mio. Ew. (Metropolen). Lag der weltweite Metropolisierungsgrad (bezogen auf die städtische Bevölkerung) 1950 noch bei 26,5%, so leben heute (2005) bereits 38% der städtischen Bevölkerung in Millionenstädten und 9% in städtischen Ballungsräumen mit mehr als 10 Mio. Ew. (Megastädte). Dabei hat sich der ansonsten so typische Kontrast zwischen Industrie- und Entwicklungsländern vollständig verwischt. Einen hohen Metropolisierungsgrad weisen sowohl einzelne Industriestaaten auf (Australien 66,9%, Portugal 58,4%, Kanada 53,5%), insbesondere jedoch zahlreiche Staaten der Dritten Welt (Haiti 63,1%, Libyen 62,4%, Südkorea 60,1%, Kongo (Brazzaville) 54,1%, Angola 52,5%, Afghanistan 52,1%). Der weltweite Metropolisierungsgrad nimmt nicht allein deshalb so schnell zu, weil einzelne Millionenstädte außergewöhnlich hohe Wachstumsraten zeigen (z. B. Niamey, Lagos, Kabul, Sana'a mit 5,0%/Jahr und mehr in 2000-05), sondern vor allem auch, weil immer mehr Städte in die Kategorie der Metropolen hineinwachsen. Im Jahre 2015 werden sich wahrscheinlich 21% der Weltbevölkerung und 40% der städtischen Bevölkerung auf Millionenstädte konzentrieren (Tab. 2), wobei die überwiegende Mehrzahl der Metropolen auf Entwicklungsländer entfallen wird (416 von 541). Schon heute liegen hier 72% aller Millionenstädte der Erde (309 von 430).

Ein ähnliches Bild ergibt sich, wenn man Entwicklung und räumliche Verteilung von Städten mit mehr als 10 Mio. Ew. analysiert. Gab es 1960 welt-

1950			1975			2003			2015		
Rang	Agglomeration	Ew. in Mio.	Rang	Agglomeration	Ew. in Mio.	Rang	Agglomeration	Ew. in Mio.	Rang	Agglomeration	Ew. in Mio.
1	New York	12,3	1	Tokyo	26,6	1	Tokyo	35,0	1	Tokyo	36,2
2	Tokyo	11,3	2	New York	15,9	2	Mexiko-Stadt	18,7	2	Mumbai	22,6
3	London	8,4	3	Shanghai	11,4	3	New York	18,3	3	Delhi	20,9
4	Paris	5,4	4	Mexiko-Stadt	10,7	4	São Paulo	17,9	4	Mexiko-Stadt	20,6
5	Moskau	5,4	5	Osaka-Kobe	9,8	5	Mumbai	17,4	5	São Paulo	20,0
6	Shanghai	5,3	6	São Paulo	9,6	6	Delhi	14,1	6	New York	19,7
7	Rhein-Ruhr Nord	5,3	7	Buenos Aires	9,1	7	Kolkata	13,8	7	Dhaka	17,9
8	Buenos Aires	5,0	8	Los Angeles	8,9	8	Buenos Aires	13,0	8	Jakarta	17,5
9	Chicago	5,0	9	Paris	8,6	9	Shanghai	12,8	9	Lagos	17,0
10	Kolkata	4,4	10	Peking	8,5	10	Jakarta	12,3	10	Kolkata	16,8
11	Osaka-Kobe	4,1	11	Kolkata	7,9	11	Los Angeles	12,0	11	Karachi	16,2
12	Los Angeles	4,0	12	Moskau	7,6	12	Dhaka	11,6	12	Buenos Aires	14,6

Tab. 3: Die größten Städte der Erde, 1950-2015
Quelle: UN (2004)

weit erst zwei Megastädte (New York, Tokyo), so ist ihre Zahl bis 2005 auf 20 angestiegen. Nach wie vor zählen Tokyo und New York dazu, außerdem aus den Industriestaaten noch Los Angeles, Osaka und Moskau; alle übrigen Städte liegen aber in der Dritten Welt. Die Schätzungen der UN gehen davon aus, dass Tokyo bis 2015 den ersten Rangplatz halten wird, auf den nächsten Plätzen aber nicht mehr New York und Mexiko-Stadt folgen werden, sondern die sehr viel schneller wachsenden Städte des indischen Subkontinentes (Tab. 3).

In allen Megastädten ist eine gewisse Abschwächung der Wachstumsgeschwindigkeit feststellbar. Namentlich die Megastädte der Ersten Welt nehmen heute nur noch verhältnismäßig langsam an Einwohnern zu; so fiel die jährliche Zuwachsrate in Tokyo, Osaka und Los Angeles von ca. 4%, in New York von ca. 1,5% in den 1950er Jahren auf unter 1%. Aber auch in den großen lateinamerikanischen Ballungsräumen sind die Wachstumsraten aufgrund abnehmender Zuwanderungen deutlich rückläufig (in São Paulo von 5,4 auf 1,4% zwischen 1950-55 und 2000-05, in Mexiko-Stadt von 5,5 auf 1,0%, in Buenos Aires von 3,0 auf 1,2%), sodass schon von *„stagnierender Polarisation“* (MÜLLER 2002) oder gar *polarization reversal* gesprochen wird (BÄHR und WEHRHAHN 1995). Hingegen hält z. B. in Dhaka und Lagos die Wachstumsdynamik mit jährlichen Zunahmeraten von ca. 5% an, auch wenn das gegenüber den Spitzenwerten der jüngeren Vergangenheit fast eine Halbierung bedeutet.

3.1.4 Komponenten des Verstädterungsprozesses

Die Zunahme der städtischen Bevölkerung lässt sich in drei Komponenten aufgliedern:

1. die *Neugründung von Städten* sowie eine *Umklassifizierung* bisher als „ländlich“ eingestufter Siedlungen,
2. das *natürliche Wachstum* der Stadtbevölkerung (*Geburtenüberschüsse*),
3. die Land-Stadt gerichteten *Wanderungsbewegungen*, z. T. auch grenzüberschreitende Zuwanderungen (*Wanderungsgewinne*).

Die Bedeutsamkeit dieser drei Faktoren ist regional und zeitlich sehr verschieden. Normalerweise haben Neugründungen und Umklassifizierungen einen vergleichsweise geringen Einfluss. Auffällig ist, dass Geburtenüberschüsse in den Entwicklungsländern eine bedeutend größere Rolle spielen als in den Industriestaaten zur Zeit ihres raschen Städtewachstums um die Wende vom 19. zum 20. Jh. Zu Beginn des Industriezeitalters war die Sterblichkeit gerade in den Städten sehr hoch. So betrug die Lebenserwartung 1841 in Liverpool und Manchester lediglich 26 Jahre, und noch zu Beginn des 20. Jh. lagen die Sterberaten in englischen Städten um ein Drittel höher als auf dem Lande (DAVIS 1965, S. 44). Demgemäß blieb der natürliche Zuwachs der

Stadtbevölkerung lange Zeit sehr gering. Dass die Städte dennoch ganz erhebliche Wachstumsraten zu verzeichnen hatten, ist überwiegend auf Wanderungsüberschüsse zurückzuführen. So verhielt sich z. B. zwischen 1875 und 1905 das Verhältnis von Zuwanderung zu natürlichem Wachstum in preußischen Städten über 20.000 Ew. wie nahezu 2:1 (Laux 1984, S. 96). Dagegen machen in den Entwicklungsländern von heute Wanderungsgewinne selten mehr als 50% des städtischen Wachstums aus. Die Vereinten Nationen errechneten für die 1960er bis 1980er Jahre im Mittel der Länder, für die Werte vorlagen, ein Verhältnis von 40 (Wanderungen einschließlich Umklassifikationen) : 60 (UN 2001, S. 26 ff.); in Lateinamerika beläuft sich der Wanderungsanteil sogar nur auf ca. 35%. Lediglich in Asien liegen die Verhältnisse teilweise anders: Vor allem in China dominieren neuerdings eindeutig Wanderungen als Quelle des Städtewachstums. Der hohe natürliche Zuwachs der Städte ist darauf zurückzuführen, dass die Sterblichkeit meist geringer als auf dem Lande ist (u. a. bessere medizinische Versorgung), während die Geburtenraten – bedingt durch die jugendliche Altersstruktur – den Landesdurchschnitt übersteigen. Dass das Zuwanderungspotenzial in vielen Staaten der Dritten Welt, vor allem in Afrika und Asien, bei weitem noch nicht ausgeschöpft ist, lässt sich auch daran ablesen, dass die ländliche Bevölkerung trotz rascher Verstädterung ebenfalls noch wächst (2000-05 in Asien um 0,4%/Jahr, in Afrika sogar um 1,3%), was der historischen Erfahrung der meisten Industriestaaten widerspricht.

Der Hauptgrund für die unterschiedliche Dynamik des Verstädterungsprozesses in Industrie- und Entwicklungsländern liegt im gänzlich anderen Ablauf des *demographischen Übergangs*. Die Scherenöffnung zwischen Geburten- und Sterberaten ist in der Dritten Welt bei aller Differenzierung im Einzelnen gewöhnlich sehr viel größer (vgl. Bähr 2004, S. 224 ff.). Während sich z. B. die Geburtenüberschüsse in europäischen Ländern zur Zeit ihres schnellsten Wachstums selten auf mehr als 1,5%/Jahr beliefen, sind in Afrika, aber auch in einigen anderen Staaten der Dritten Welt Werte von 3,0%/Jahr und mehr bis heute keine Seltenheit. Das hat eine doppelte Konsequenz: Auch die städtische Bevölkerung wächst entsprechend schnell, und der Bevölkerungsdruck auf dem Lande nimmt zu, was die Abwanderungsbereitschaft erhöht. Am Beispiel Lateinamerikas wird in Abb. 7 der enge Zusammenhang zwischen Verstädterungsgrad, demographischem Übergang und Mobilitätsübergang erkennbar, wobei in diesem Fall die Einwanderung aus Europa verstärkend wirkte.

Unter den Entwicklungskontinenten stellt Afrika – insbesondere Afrika südlich der Sahara – insofern einen Sonderfall dar, weil der demographische Übergang einerseits zu einer extrem weiten Scherenöffnung geführt hat, andererseits das Schließen der Bevölkerungsschere sich stark verzögert. Auch wenn es vereinzelt Hinweise auf eine Abschwächung der vom Land in die

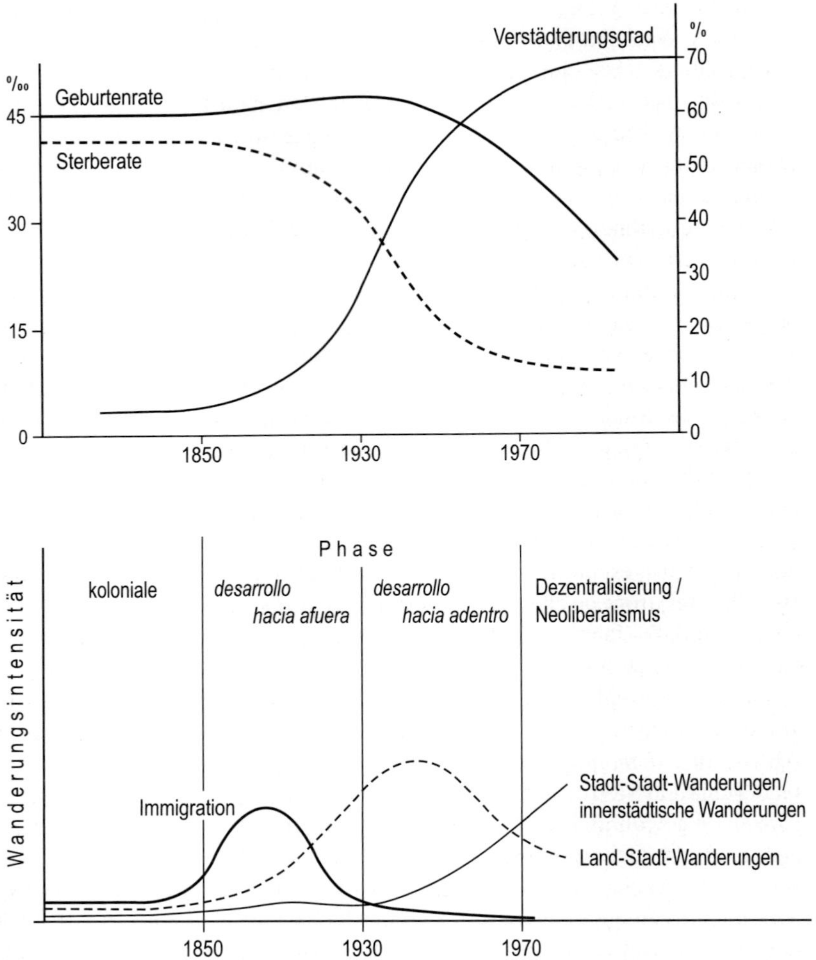

Abb. 7: Verstädterungsgrad in Abhängigkeit von demographischem Übergang und Mobilitätsübergang in Lateinamerika
Quelle: GANS (1992)

Städte gerichteten Wanderungen gibt und teilweise aufgrund der schwierigen Lebensbedingungen in den Städten sogar Rückwanderungen stattfinden (vgl. BÄHR 2003), so wird allein das natürliche Wachstum noch auf lange Sicht zu hohen Zunahmeraten in den Städten führen. Selbst für 2025-30 rechnen die UN in Afrika noch mit einer jährlichen Zunahme der städtischen Bevölkerung um 2,7%/Jahr, in Ost- und Zentralafrika gar 3,2 bis 3,4% (übrige Entwicklungsländer nur 1,8%). Ob sich die erhöhte Sterblichkeit infolge von AIDS, die die demographische Entwicklung großer Teile von Süd- und Ostafrika entscheidend bestimmen wird, auf das Wachstum der Städte auswirkt, lässt sich schwer sagen. Einerseits gibt es Hinweise, dass die gestiegene Sterblichkeit auch von Kindern durch eine höhere Zahl von Geburten jedenfalls teilweise kompensiert wird, andererseits könnten die Bevölkerungsverluste durch ansteigende Zuwanderungen ausgeglichen werden.

3.2 Verstädterung als räumlicher Prozess

Die Zunahme der städtischen Bevölkerung kann ein sehr unterschiedliches Flächenwachstum nach sich ziehen. Solange die meisten Wege innerhalb der Stadt zu Fuß zurückgelegt werden müssen (*„Fußgängerstadt"*), führt eine Erhöhung der Einwohnerzahlen eher zu einer *Verdichtung* im bereits bebauten Gebiet und weniger zu einer *Stadterweiterung* nach außen. Abgesehen von einem anfangs noch nicht sehr stark ausgeprägten *„Dichtekrater"* im Zentrum als Folge der Dominanz von Nicht-Wohnnutzungen werden die höchsten Dichtewerte in zentral gelegenen Wohngebieten erreicht; nach außen fällt die „Dichtekurve" dann verhältnismäßig steil ab. Städte mit hohem Dichtegradient werden als *kompakt* bezeichnet. BERRY, SIMMONS und TENNANT haben schon 1963 gezeigt, dass alle vorindustriellen Städte ihre Kompaktheit auch bei wachsenden Einwohnerzahlen bewahrt haben; d. h. die Bevölkerungsdichte nahm im gesamten Stadtgebiet zu, und die Flächenexpansion war äußerst gering. Selbst in der Frühzeit der Industrialisierung blieb dieses Wachstumsmuster erhalten. Zwar setzte sich in den Industriestädten eine Trennung von Wohnen und Arbeiten immer mehr durch, die Entfernungen zwischen Industriestandorten und Wohnbereichen mussten sich aber weiterhin nach den Gegebenheiten der Fußgängerstadt richten, weil Massentransportmittel erst in der zweiten Hälfte des 19. Jh. eine größere Bedeutung erlangten und die mit ihrer Benutzung verbundenen Kosten zunächst nur von wohlhabenderen Schichten getragen werden konnten. Wie kompakt die damaligen Städte waren, geht aus den Angaben von MULLER (1986) hervor, wonach vor 1850 jeder Punkt der (nordamerikanischen) Stadt vom Zentrum in höchstens 30 Minuten Fußweg zu erreichen war (vgl. Abb. 8).

Die Revolution im Transportwesen, die in ihrer Frühphase in erster Linie eine Revolution des öffentlichen Verkehrs war, ermöglichte größere Distanzen zwischen Wohnung und Arbeitsplatz und damit auch ein stärkeres peripheres Wachstum der Städte. Jedoch ließen Eisen- und Straßenbahnen, U-Bahnen und Busse die Städte bevorzugt entlang bestimmter *Achsen* nach außen wachsen. In vielen Städten ist dieses *Sektorenmuster* bis heute noch zu erkennen; das gilt vor allem für diejenigen Regionen und Staaten, in denen der ÖPNV eine größere Bedeutung behalten hat.

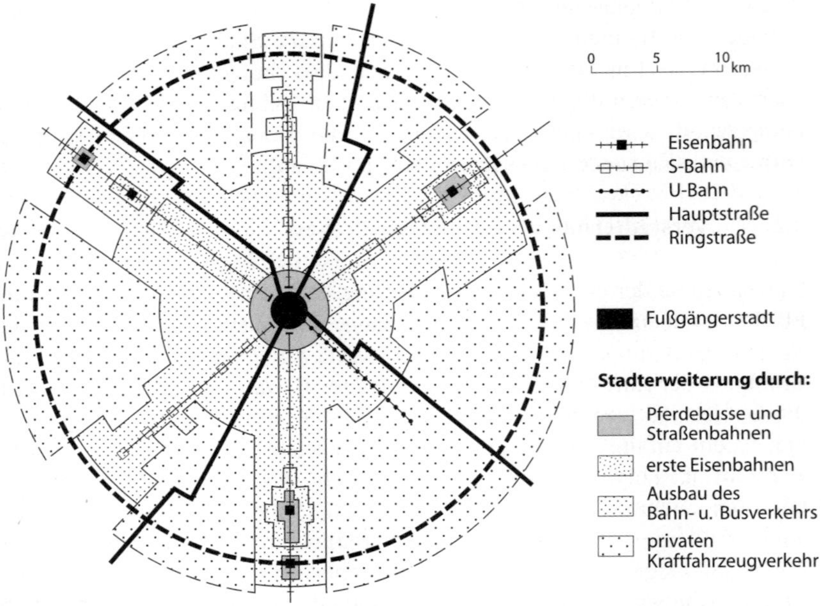

Abb. 8: Schematische Darstellung der Stadtentwicklung in Abhängigkeit von Veränderungen der Verkehrstechnologie
Quelle: BÄHR, JENTSCH UND KULS (1992)

Das, was wir als *urban sprawl* bezeichnen, d. h. die weitgehend ungeregelte Expansion der städtischen Fläche sowohl innerhalb der Achsenzwischenräume als auch nach außen, wurde erst mit steigendem Wohlstand und der damit einhergehenden allgemeinen Verbreitung des privaten Automobils ermöglicht. Diese Entwicklung setzte besonders früh in den Vereinigten Staaten ein, wo schon ab Mitte der 1920er Jahre das Auto in steigendem Maße zum täglichen Pendeln zwischen Wohnung und Arbeitsstätte benutzt wurde. Während in den USA im Jahre 1930 statistisch auf gut 5 Ew. ein Pkw kam, waren es in Deutschland ca. 150 Ew./Pkw, sodass die Eisenbahn- und Schnellbahnstrecken noch weit länger die Leitlinien des räumlichen Stadtwachstums blieben (BÄHR, JENTSCH und KULS 1992, S. 858 f.; Abb. 8). Überdies ist hier wie auch in anderen europäischen Staaten sowie in Australien/Neuseeland bis heute ein stärkerer Planungseinfluss auf die städtische Expansion unverkennbar, wodurch die Nachteile einer weitflächigen *Zersiedlung* zumindest abgemildert werden konnten.

3.2.1 *Intraregionale Veränderung von Bevölkerung und Arbeitsplätzen in den Agglomerationsräumen von Industriestaaten*

Solange Bevölkerungs- und Beschäftigtenzahlen in der Kernstadt stärker wachsen als im Umland, wird von der *Urbanisierungsphase* städtischer Entwicklung gesprochen. Diese wandelt sich zur *Suburbanisierungsphase*, sobald die Bevölkerungs- und Beschäftigtenzunahmen im Umland größer als in der Kernstadt sind (zur Abgrenzung vgl. Kap. 2.3). Differenziert man den Suburbanisierungsprozess genauer, so ist zwischen *Bevölkerungs-* und *Industriesuburbanisierung* sowie *Suburbanisierung des tertiären Sektors* zu unterscheiden (FRIEDRICHS und VON ROHR 1975, S. 29 f.). Die Frage nach dem zeitlichen und inhaltlichen Zusammenhang zwischen Suburbanisierung der Bevölkerung und der Beschäftigung lässt sich nicht eindeutig beantworten. Es sind Thesen mit unterschiedlichen und teilweise konträren Abhängigkeiten vertreten worden, ohne dass die empirischen Befunde eine klare Tendenz erkennen lassen. So wird man mit FRIEDRICHS (1981, S. 172 f.) lediglich feststellen können, dass die Suburbanisierung von Produktionsstätten etwa gleichzeitig zu der der Bevölkerung verlaufen ist, während die Suburbanisierung des tertiären Sektors erst mit einer zeitlichen Phasenverschiebung einsetzte. Zumindest in der ersten Phase der Suburbanisierung waren daher die stärksten Pendler- und sonstigen Verkehrsströme auf die Kernstadt ausgerichtet (Abb. 9).

Mit der Suburbanisierung geht ein zunehmender Flächenverbrauch einher. Für Deutschland gibt HAUBOLD (1997, zitiert in ZEHNER 2001, S. 139) an, dass sich der Zuwachs an Siedlungsflächen von 66 ha/Tag in den 1950er Jahren auf 120 ha/Tag in den 1980er Jahren erhöhte. Trotz stagnierender Bevölkerung sind es auch gegenwärtig noch ca. 100 ha/Tag (WIEGAND 2000, S. 8). Selbst in den ostdeutschen Regionen, die in erheblichem Maße von demographischen Schrumpfungsprozessen betroffen sind, wächst die Siedlungs- und Verkehrsfläche (SIEDENTOP und KAUSCH 2004). Die negativen ökologischen Folgen dieser Entwicklung sind vielfach belegt.

Die lange Zeit vorherrschenden Leitbilder der Stadtplanung haben den Suburbanisierungsprozess gefördert und beschleunigt. Die Forderung der sog. *Charta von Athen* (internationaler Städtebaukongress 1933) nach einer weitgehenden räumlichen Trennung der Funktionen Arbeiten, Wohnen, Freizeit und Verkehr hat sich in vielen Ländern der Erde als Grundprinzip der Stadtgestaltung durchgesetzt (vgl. Kap. 6.1.6). Räumlich klar getrennte Funktionsbereiche haben einerseits den Vorteil, dass wechselseitige „Störungen" weitgehend vermieden werden können, bringen andererseits aber den Nachteil tendenziell weiter Wege zwischen den verschiedenen Grunddaseinsfunktionen mit sich. Auch das periphere Flächenwachstum wird dadurch gefördert, weil Gebiete mit Funktionsmischung aufgelöst und am Stadtrand neue ausschließlich für eine bestimmte Funktion vorgesehene Zonen ausgewiesen werden. Die planerische Umsetzung des Leitbildes der „autogerechten Stadt“ sorgte dafür, dass die Verbindung zwischen den einzelnen Funktionsbereichen nicht länger vorwiegend mit öffentlichen Verkehrsmitteln, sondern teilweise ausschließlich mit dem privaten Pkw hergestellt wurde. Im Falle von Industrie- und Gewerbegebieten übernahm der Lkw und nur noch höchst selten die Eisenbahn die Anlieferung und den Abtransport der Waren.

Die Wohnsuburbanisierung wird aus zwei Quellen gespeist:

1. der *„direkten Randwanderung“*, d. h. der Verlagerung des Wohnstandortes aus der Kernstadt in das Umland. Die Gründe dafür sind vielfältig und lassen sich als Geflecht von *push-* und *pull-Faktoren* beschreiben: Einem unzureichenden und oft teuren Wohnungsangebot sowie ungünstigen Umweltbedingungen und Verkehrsbelästigungen in der Kernstadt stehen günstigere Angebote an Grundstücken, Häusern oder auch Mietwohnungen, geringere Bebauungs- und Wohndichten sowie die Nähe zu Freizeit- und Erholungseinrichtungen im Umland gegenüber. Weil die Kernstadt-Umland-Wanderungen insbesondere an eine Phase im Lebenszyklus gebunden sind (KEMPER 1985), die durch Familiengründung und tendenziell wachsende Familien gekennzeichnet ist, wird davon auch die natürliche Bevölkerungszunahme beeinflusst: Die Geburtenraten sind im Umland im Allgemeinen höher, die Sterberaten niedriger als in der Kernstadt, wodurch sich der Wachstumsvorsprung des Umlandes noch verstärkt.
2. der *„indirekten Randwanderung“*. Damit ist gemeint, dass bei Herkunftsgebieten außerhalb des Verdichtungsraumes vielfach nicht erst in die Kernstadt, sondern sofort in den suburbanen Raum gewandert wird. Die Motivstrukturen und die Alterszusammensetzung dieser Gruppe ähneln den zuvor genannten.

Auch bei Industrie- und Dienstleistungsunternehmen sprechen viele Gründe für eine Verlagerung aus der Kernstadt in das Umland. Ein steigender Flächenbedarf lässt sich normalerweise in der Kernstadt nur schwer realisieren bzw. ist mit hohen Grundstücks- oder Mietkosten verbunden. Dem gegenüber stehen im Umland große, gut erreichbare und dazu sehr viel preiswertere Gewerbe- und Industrieflächen zur Verfügung, d. h. die *„Ökonomie des Raumes“* (Flächenverfügbarkeit) und die *„Ökonomie der Zeit“* (Flexibilität, Erreichbarkeit, Schnelligkeit) treffen hier zusammen (HESSE und SCHMITZ 1998, S. 441). Im Falle des Handels und der immer mehr an Bedeutung gewinnenden „Freizeitindustrie“ kommt hinzu, dass die Bevölkerungssuburbanisierung zu einer veränderten Kunden- und Kaufkraftverteilung geführt hat, was zusätzlich für Standorte im suburbanen Raum spricht. Nur für höchstrangige Dienstleitungsfunktionen konnte das traditionelle Stadtzentrum, weil besonders prestigeträchtig, normalerweise seinen Rang als bevorzugter Standort behaupten (vgl. GAEBE 1987, S. 95 ff.).

Kommt es außerhalb oder am Rande von Verdichtungsräumen, häufig in der Nähe von Autobahnkreuzungen, zu Konzentrationen nicht nur des Handels in Form von *shopping center*, verbunden mit Industrie-, Großhandels- und Lagerkomplexen, sondern auch von größeren Bürostandorten und Wohnsiedlungen, so spricht man in Anlehnung an die in den USA übliche Bezeichnung von *edge cities* (GARREAU 1991). Diese multifunktionalen *„Außenstadtzentren"* (HEINEBERG 2001, S. 256) haben jedenfalls in den Vereinigten Staaten teilweise eine größere Bedeutung hinsichtlich Beschäftigung und Wirtschaftskraft als die *downtown*. HESSE und SCHMITZ (1998, S. 443) geben an, dass heute ca. 90% der gesamten Einzelhandelsumsätze in den Außenstadtzentren getätigt werden und zwei Drittel aller Büroarbeitsplätze hier angesiedelt sind. Davon sind Deutschland und andere europäische Länder noch weit entfernt, aber auch hier hat sich das Muster der Pendelverflechtungen und Verkehrsströme entscheidend geändert (Abb. 9).

In vielen Industriestaaten greift die Suburbanisierung von Bevölkerung und wirtschaftlichen Funktionen heute über den suburbanen Raum hinaus und erfasst auch außerhalb der Stadtregion oder des Verdichtungsraumes (zur Abgrenzung vgl. Kap. 2.3) gelegene noch überwiegend ländlich strukturierte, „zwischenstädtische" Gebiete. Dieser Prozess wird als *Exurbanisierung* bezeichnet (HEINEBERG 2001, S. 41). Der Begriff deckt sich mit dem der *Periurbanisierung*, worunter WEHRHAHN (2000) die inselhafte Entstehung neuer Siedlungen jenseits der geschlossen bebauten (suburbanen) Zone versteht, deren Bewohner Versorgungs- und Pendelbeziehungen zur Kernstadt oder zu suburbanen Zentren aufrecht erhalten.

Ex- und *Periurbanisierung* bei Fortdauer der Bevölkerungs- und Beschäftigtenabnahme in der Kernstadt können dazu führen, dass der Agglomerationsraum als Ganzes an Einwohnern und Arbeitsplätzen verliert. In diesem Fall spricht man von *Deurbanisierung* (Abb. 9). Es gibt aber noch zu wenig Belege dafür, ob die Suburbanisierung notwendigerweise von einer Deurbansierung abgelöst werden muss. In den meisten Industriestaaten verzeichnen „attraktive Agglomerationsräume" auch weiterhin wachsende Bevölkerungs- und Beschäftigtenzahlen, und Deurbanisierung scheint eher ein Kennzeichen von Verdichtungsräumen mit industrieller Monostruktur zu sein (GAEBE 2004, S. 153 f.).

Noch umstrittener ist das Konzept der *Reurbanisierung*. Als Beleg dafür wird im Allgemeinen die Tatsache angesehen, dass einzelne Kernstädte wieder an Bevölkerung zunehmen bzw. sich der Einwohnerverlust abschwächt. Dazu hat beigetragen, dass Verbesserungen der Wohnbedingungen und gewandelte Ansprüche an Wohnung und Wohnumfeld zur Aufwertung einzelner innerstädtischer Wohngebiete geführt und Zu- bzw. Rückwanderungen

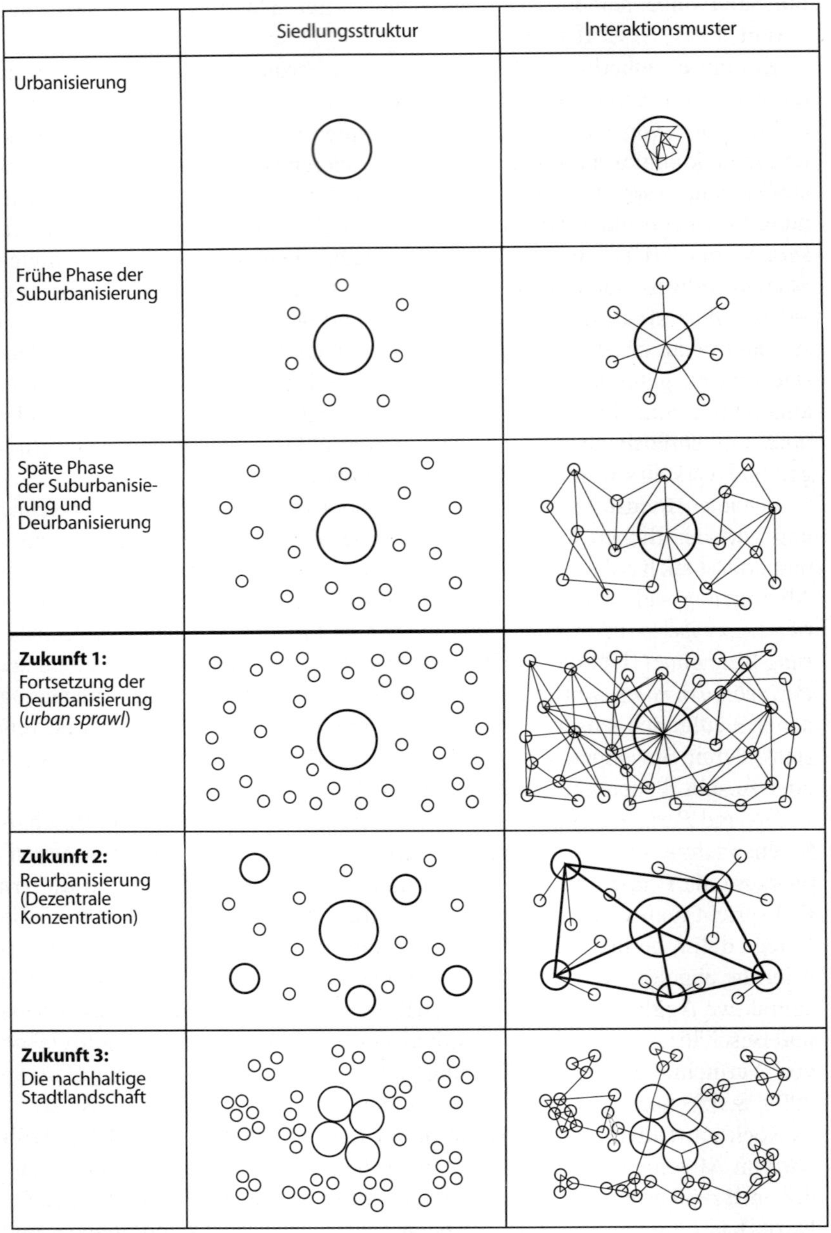

Abb. 9: Szenarien zukünftiger Siedlungsstrukturen und Interaktionsmuster in Verdichtungsräumen Deutschlands
Quelle: Hesse und Schmitz (1998)

von Mittel- und Oberschichthaushalten, namentlich junger Menschen mit akademischem Beruf und überdurchschnittlichem Einkommen, ausgelöst haben (*gentrification*). Von einer umfassenden *Revitalisierung* der Kernstädte kann aber in aller Regel nicht gesprochen werden.

Ex- und *Periurbanisierungen* überlagern sich mit der sog. *counterurbanization* (Counterurbanisierung). Erstmals hat BERRY (1976), ausgehend von Beobachtungen in den USA, von einem *urban turnaround* gesprochen, der dadurch gekennzeichnet ist, dass nicht mehr die großen Verdichtungsräume überdurchschnittlich an Bevölkerung zunehmen und die stärksten Wanderungsströme auf sich lenken, sondern kleinere Städte und der ländliche Raum an Einwohnern und auch an Arbeitsplätzen gewinnen. Der Begriff der Counterurbanisierung ist auch auf andere Großräume übertragen worden. Die Definitionen erfolgten dabei allerdings wenig einheitlich, und schon deshalb sind die Befunde nur schwer miteinander vergleichbar. In einer weit gefassten Definition schließt *counterurbanization* die über die Grenzen der Agglomerationsräume hinausreichende *Exurbanisierung* ein; in engerer Begriffsbildung meint Counterurbanisierung gerade das Wachstum solcher Siedlungen und Räume, die keine intensiven Verflechtungen mit größeren Agglomerationen aufweisen (vgl. BUTZIN 1986). Zeitliche Längsschnittanalysen in verschiedenen hochentwickelten Staaten haben ergeben, dass von einer grundsätzlichen Trendumkehr im Sinne der *counterurbanization*-These auch unabhängig von definitorischen Fragen nicht gesprochen werden kann. Es hat vielmehr den Anschein, dass die jüngeren Phasen des Verstädterungsprozesses durch kürzere zeitliche Schwankungen bestimmt werden (vgl. BÄHR 2004, S. 83).

Die Veränderung der Bevölkerungsverteilung innerhalb des Stadtgebietes und des Dichtegradienten vermag die geschilderte Entwicklung nachzuzeichnen (Abb. 10). Die schematische Darstellung für US-amerikanische Metropolen zeigt um 1900 noch das Bild der kompakten Stadt der Urbanisierungsphase. Seit 1940 wächst diese mehr und mehr in den suburbanen Raum hinein; gleichzeitig entsteht durch die Ausdehnung des *Central Business District* ein „Dichtekrater" im Zentrum. Die Entwicklung nach 1990 wird durch ein immer weiteres Ausgreifen der Städte gekennzeichnet; in der Kernstadt gehen die Dichtewerte zurück, neue Verdichtungen bilden sich um einzelne *edge cities* an der extremen Peripherie.

Die zukünftige Entwicklung der Agglomerationsräume und insbesondere die Dynamik ihres räumlichen Wachstums und des damit einhergehenden Flächenverbrauchs lassen sich in allgemeiner Form nur schwer vorhersagen (vgl. PACIONE 2001a). Für Deutschland haben HESSE und SCHMITZ (1998) drei mögliche Zukunftsszenarien skizziert, die sich im Großen und Ganzen auch auf andere europäische Staaten übertragen lassen (Abb. 9). Dahinter steht die Frage, inwieweit sich das nordamerikanische, speziell US-amerika-

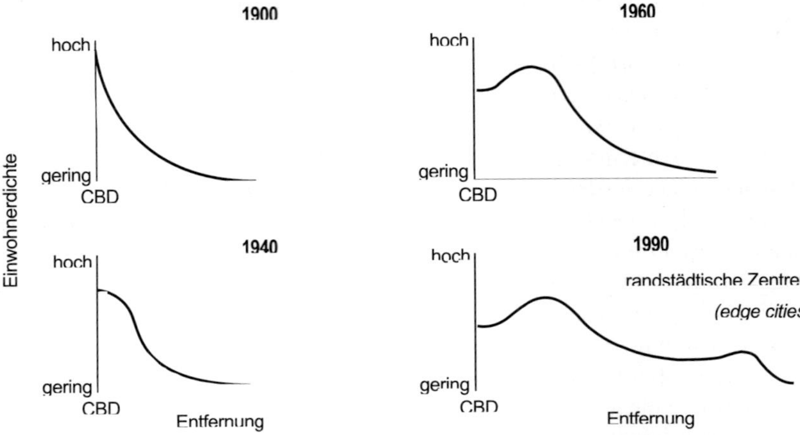

Abb. 10: Veränderung des Dichtegradienten in US-amerikanischen Städten
Quelle: Knox und Marston (2001)

nische „Vorbild" mit zeitlicher Phasenverschiebung auch in Europa durchsetzt. Das würde eine Fortsetzung von Sub- und Deurbanisierung in Form des *urban sprawl* bedeuten. Die Diskussion um die neuen planerischen Leitbilder einer *„nachhaltigen Stadtentwicklung"*, einer *„kompakten Stadt"* oder einer *„Stadt der kurzen Wege"* (vgl. dazu Heineberg 2001, S. 127 ff.) gibt zu der Hoffnung Anlass, dass sich eher eine Kombination aus den beiden anderen Zukunftsvisionen durchsetzen wird. Dann würde sich das Flächenwachstum der Agglomerationsräume in engen Grenzen halten. Reurbanisierung in Verbindung mit dezentraler Konzentration könnte den Siedlungsdruck im Umland abmildern und auf ausgewählte *Siedlungsschwerpunkte* lenken, die auch mittels ÖPNV gut erreichbar wären. Für eine nachhaltige, d. h. ressourcenschonende und umweltverträgliche Stadtentwicklung ist überdies eine stärkere *Nutzungsmischung* und damit eine weitgehende Abkehr von funktional homogenen und separierten Vierteln unumgänglich. Nur so können kürzere Wege und kleinräumigere Interaktionsmuster Realität werden.

3.2.2 Die Situation in der Dritten Welt

Die für die höher entwickelten Staaten erarbeiteten Wachstumsmodelle von Agglomerationsräumen können nur mit großen Einschränkungen auf Städte in Entwicklungsländern übertragen werden. In wesentlichen Punkten sind die Rahmenbedingungen hier anders (Bähr, Jentsch und Kuls 1992, S. 865 f.):

1. Auch den unterentwickelten Staaten steht eine moderne, aus den Industrieländern übertragene Verkehrstechnologie zur Verfügung. Die Städte wandeln sich daher meist unmittelbar von der „Fußgängerstadt" zur „Stadt des

Automobilzeitalters". Schienengebundene Verkehrsmittel spielen, von wenigen Ausnahmen abgesehen, nur eine untergeordnete Rolle. Allerdings sind Relikte der Fußgängerstadt fast überall erhalten geblieben, weil die Menschen nach Möglichkeit Transportkosten sparen müssen.
2. Die Industrialisierung hat mit dem Bevölkerungswachstum bei weitem nicht Schritt halten können. Der informelle, nicht-registrierte Sektor ist daher zur wichtigsten Auffangstelle für Arbeitssuchende geworden. Das ist mit ein Grund dafür, dass sich der größte Teil der Arbeitsplätze nach wie vor auf zentrumsnahe Bereiche konzentriert.
3. Die Sozialstruktur der Städte wird durch den Gegensatz zwischen einer kleinen Oberschicht und der großen Masse der Armutsbevölkerung bestimmt. Es fehlt normalerweise eine breitere Mittelschicht, die in den Industriestaaten nicht zuletzt auch das räumliche Wachstum der Städte und Verdichtungsräume entscheidend bestimmt hat.

Daraus lässt sich ableiten, dass eine *Industriesuburbanisierung* nur in begrenztem Rahmen erfolgt. Zwar sind überall am Stadtrand bzw. entlang wichtiger Ausfallstraßen moderne Industriebetriebe entstanden, der Anteil der hier Beschäftigten ist jedoch meist nicht sehr groß. Das aus den Industriestaaten bekannte Muster der *Wohnsuburbanisierung* wird nur von der wohlhabenden Bevölkerung nachvollzogen. Besonders in den Metropolen findet seit langem eine Verlagerung der bevorzugten Wohnstandorte an die Peripherie statt. Vielfach wird dabei auch die administrative Stadtgrenze übersprungen. Vor allem für Lateinamerika ist der Prozess gut belegt (vgl. BÄHR und MERTINS 1995, S. 111 ff.). In neuerer Zeit vollzieht sich die Erschließung neuer Wohngebiete nicht nur der Ober-, sondern auch der Mittelschichten häufig in Form von *gated communities.* Der Handel folgt in der Regel der Bevölkerung, sodass sich das hochwertigste Angebot nicht mehr in der alten City, sondern in neuen *shopping center* am Stadtrand findet. Oft sind große *shopping*-Komplexe auch vor der geschlossenen Siedlungsfront entstanden und haben ihrerseits die Wachstumsrichtung der vornehmen Wohngebiete beeinflusst.

In quantitativer Hinsicht bildet die Armutsbevölkerung den bedeutsamsten Träger des peripheren Städtewachstums. Diese spezielle Form der Suburbanisierung steht in engem Zusammenhang mit der Bildung, Ausweitung und gegebenenfalls auch Konsolidierung randstädtischer Hüttenviertel. Die These von der *squatter suburbanization* geht auf TURNER (1968) zurück, der sie in Verallgemeinerung von Beobachtungen in peruanischen Städten entwickelt hat. Danach besteht nur ein indirekter Zusammenhang zwischen Zuwanderung in die Städte und Entstehung von Hüttenvierteln an der Peripherie. Diese haben nur in geringem Umfang die Funktion einer ersten Auffangstelle für Migranten unterer Einkommensgruppen. Vielmehr sind die stärksten Wanderungsströme auf abgewertete Wohnquartiere in zentrumsnahen Bereichen gerichtet. Dazu zählen insbesondere ehemalige Wohnviertel der Ober- und Mittelschicht sowie ältere, teilweise schon aus dem 19. Jh. stammende einfache Massenquartiere für Arbeiter. Die Wanderung von dort an den Stadtrand erfolgt erst in einer späteren Lebensphase, wenn eine gewisse Vertrautheit mit der neuen städtischen Umgebung erworben ist. Die hier entstehenden Wohngebiete gehen entweder auf Landbesetzungen oder nicht genehmigte Parzellierungen zurück (Abb. 11).

Turner (1968) begründet dieses zweiphasige Wanderungsmodell „Provinz-Stadtzentrum-Stadtrand" damit, dass sich Wohnwünsche und damit auch die Anforderungen an den Wohnstandort im Laufe der Zeit und in Abhängigkeit von der sozio-ökonomischen Position sowie der Stellung im Lebenszyklus ändern können. Für neu in die Stadt gekommene Migranten spielt die Lage des Wohnstandortes zu möglichen Arbeitsstätten eine entscheidende Rolle. Als *„Brückenkopf"* in der Stadt werden daher bevorzugt Unterkünfte als Mieter bzw. Untermieter in slumartigen Wohnquartieren am Rande der City gewählt. Erst wenn ein einigermaßen sicherer Arbeitsplatz mit regelmäßigen, wenngleich noch immer niedrigen Einkünften gefunden ist, kann der Wunsch nach einer eigenen Wohnung erneut eine Wanderungsentscheidung auslösen. Dieser Motivationsbereich verstärkt sich u. a. nach der Familiengründung und der Geburt von Kindern. Dabei wird sogar in Kauf genommen, zunächst in einer behelfsmäßigen Hütte zu leben. Nach Sicherung der Eigentumsrechte an Grund und Boden beginnt in den Hüttenvierteln gewöhnlich ein Konsolidierungsprozess, der weitgehend auf der Eigeninitiative der Bewohner beruht (*self-help housing*). Um mit Turner (1968) zu sprechen, sind damit die *bridgeheaders* zu *consolidators* geworden. Von diesen schafft allerdings nur ein kleiner Teil den weiteren Sprung zum *status seeker*, mit dem in der Regel wiederum ein Umzug verbunden ist (z. B. in eine Siedlung des sozialen Wohnungsbaus).

Nach den Ergebnissen zahlreicher empirischer Untersuchungen ist dieses Wanderungsmodell jedoch in zweifacher Hinsicht zu modifizieren (Abb. 11):

1. Namentlich in den großen, sich dynamisch entwickelnden Städten sind heute alle Unterschichtquartiere, einschließlich konsolidierter Hüttenviertel und Siedlungen des sozialen Wohnungsbaus zu *„Brückenköpfen"* für Neuzuwanderer und damit zu Ausgangspunkten für spätere *intraurbane Wanderungen* geworden. Überdies nehmen nicht nur Immigranten an diesen Migrationen teil, sondern in erheblichem Umfang auch in der Großstadt selbst geborene Personen.
2. Die Wahl des Wohnstandortes wird nicht nur durch sich wandelnde Präferenzen bestimmt, wie in verhaltenstheoretischen Erklärungsansätzen besonders betont wird, sehr viel entscheidender sind häufig weitreichende Einschränkungen des Handlungsspielraums durch verschiedene Formen von *constraints*. Dazu zählen neben den *personal constraints* (z. B. finan-

zielle Situation) insbesondere die *authority constraints*, d. h. die verschiedenen Arten staatlicher Einflussnahme und Reglementierung (z. B. Ausmaß der Duldung illegaler und semilegaler Hüttenviertel und Häufigkeit von *forced evictions*, Mieterschutzbestimmungen, Art und Umfang des sozialen Wohnungsbaus).

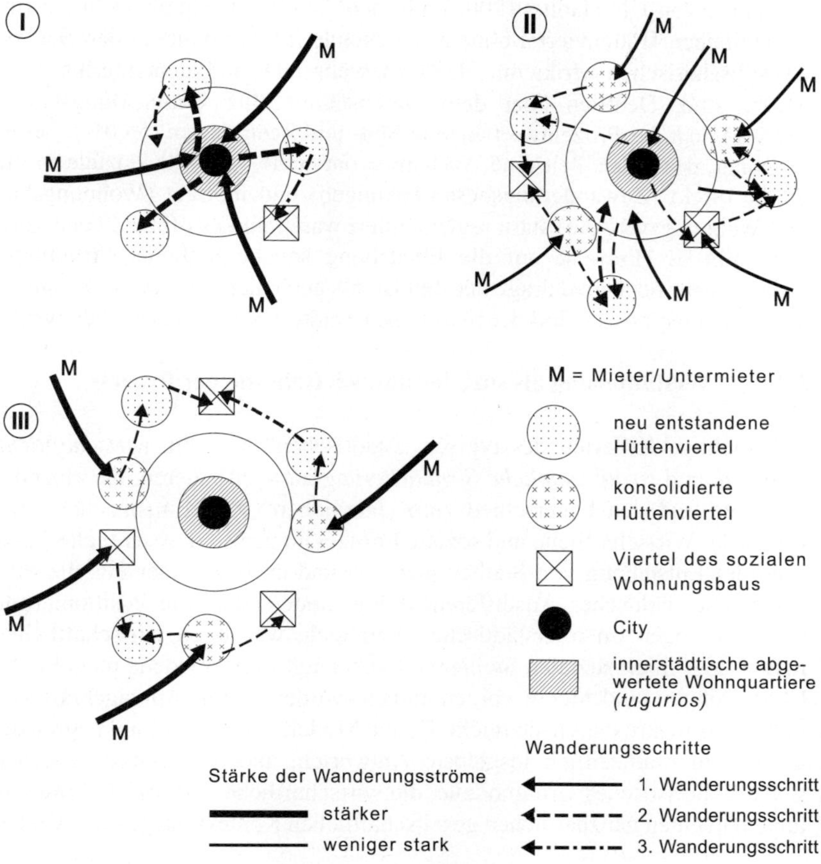

Abb. 11: Modellhafte Darstellung innerstädtischer Wanderungsmuster unterer Sozialschichten in Lateinamerika
Quelle: Bähr (1986)

Der Grundtyp der *squatter suburbanization* bestimmt auch das Flächenwachstum der großen Städte in anderen Entwicklungskontinenten (vgl. Bähr 2004, S. 331 ff.). Ihr Ausmaß ist immer dort besonders groß, wo der Bevölkerungsdruck stark und der Anteil der Armutsbevölkerung hoch ist, alternative Wohnangebote, z. B. im Einfachstwohnungsbau, nicht bestehen und die staatliche Kontrolle über die räumliche Siedlungsentwicklung minimal ist. In besonderem Maße gilt dies für das subsaharische Afrika, wo bis zu drei Viertel der Stadtbewohner in Hüttenvierteln leben, die sowohl aus Landbesetzungen als auch aus ungenehmigten Parzellierungen hervorgehen und teilweise aufgrund späterer Zuzüge extrem verdichtet sind. Eine Bestandsaufnahme von UN-Habitat (2003) gibt den Anteil von Slumbewohnern (im Wesentlichen Hüttenviertel ohne ausreichende Infrastruktur) in den Städten des subsaharischen Afrika mit 71,9% an, während es in Lateinamerika „nur" 31,9% sind. Deutlich über dem Durchschnitt aller Entwicklungsländer (43,0%) liegt der Prozentwert auch in Süd- und Zentralasien (58,0%). Selbst in China, das lange Zeit eine Ausnahme darstellte, weil die Zuzüge in die Städte direkt (Zuwanderungsbeschränkungen) und indirekt (Wohnungsbau und Wohnungsvergabe) stark reglementiert waren und es offiziell auch noch sind, gibt es Hinweise auf die Entstehung squatterähnlicher Strukturen, sodass es nur noch eine Frage der Zeit ist, bis auch hier die *squatter suburbanization* einen großen Teil der räumlichen Stadtexpansion ausmachen wird.

3.3 Verstädterung als sozialer und wirtschaftlicher Prozess

Als wichtige Kriterien des typisch „Städtischen" sind die *wirtschaftliche Dynamik* und *sozialräumliche Strukturierung* zu identifizieren, die einander bedingen und den Unterschied zum „ländlichen" Raum ausmachen (vgl. Kap. 2.1). Wirtschaftliche und soziale Entwicklungen sind wesentliche Ursachen der Entstehung von Städten gewesen und erklären einerseits die Prozesse innerstädtischer Ausdifferenzierung, andererseits die Positionierung von Siedlungen im interstädtischen Vergleich, was ihren wirtschaftlichen Erfolg oder ihren sozialen Stellenwert anbelangt. Verschiedene modellhafte Überlegungen sind hierzu vorgenommen worden, deren Aussagekraft von mikro- bis makroanalytisch reicht. Einige Modelle bieten sektoral begrenzte, gleichwohl raumzeitlich losgelöste Antworten, andere Ansätze verstehen sich als „holistische" Großmodelle, die wirtschaftliche und soziale Entwicklungen in einen ganzheitlichen gesellschaftlichen Kontext integrieren wollen.

3.3.1 Wirtschaft und Beschäftigung

Charakteristisch für die Stadt ist ihr *ausdifferenzierter Arbeitsmarkt*, der ein wesentliches Kriterium städtischer Zentralität ausmacht. Damit haben sich seit jeher perzipierte oder tatsächliche Erwerbsquellen, soziale Aufstiegschancen und Risikobereitschaft verbunden, die als entscheidende *pull-Faktoren* für den Zuzug von Bevölkerung wirkten. Typischerweise dominieren in den Städten andere Wirtschaftssektoren als im ländlichen Raum. Mit Ausnahme von *Ackerbürgerstädten* oder *Agrostädten* ist der primäre, von Land-

oder Forstwirtschaft geprägte Sektor von geringer Bedeutung für den städtischen Arbeitsmarkt. Sehr viel wichtiger sind der sekundäre (verarbeitende) und der tertiäre (Dienstleistungs-) Sektor sowie in neuester Zeit auch der von Forschung und Verwaltung bestimmte quartäre Sektor, die veränderte Raumansprüche und neue Baustrukturen erfordern. FOURASTIÉ (1954) versucht den Wandel von der primären zur *tertiären Gesellschaft*, der sich vor allem in den Städten herauskristallisiert, durch ein Modell zu prognostizieren (Abb. 12). Er unterscheidet zwischen präindustrieller, industrieller und post-

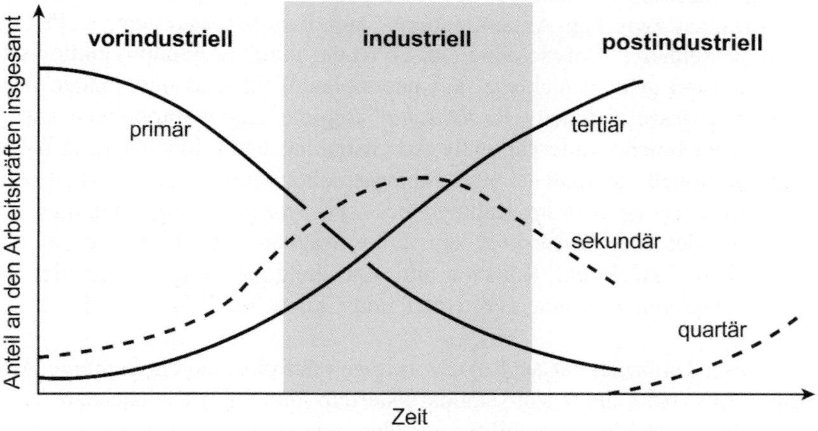

Abb. 12: Entwicklung der Wirtschaftssektoren im zeitlichen Verlauf
Quelle: HAGGETT (2004)

industrieller Phase, die von einem unterschiedlichen Maß an technischem Fortschritt bestimmt werden. Hierin sieht er die entscheidende Determinante, den Erwerbspersonenanteil der einzelnen Wirtschaftssektoren im Zeitverlauf zu verändern, letztendlich die Produktivität der Arbeit durch Mechanisierung und Automation zu steigern (BÄHR, JENTSCH und KULS 1992, S. 322) und aus dem sektoralen Wandel heraus sozialen Fortschritt und Aufstieg der Bevölkerung zu bewirken. Dass diese Prognose nur begrenzt Gültigkeit hat, zeigt die Situation in vielen Städten der Dritten Welt, in denen die *Tertiärisierung* für einen Großteil der Bevölkerung nicht zur Wohlstandsmehrung geführt hat. Die Entwicklung des Dienstleistungssektors ist hier vom technischen Fortschritt losgelöst, sodass die Produktivität im „informellen" Sektor ähnlich niedrig ist wie im primären Sektor.

Zwar hat bereits FOURASTIÉ (1954) den Zusammenhang zwischen gesellschaftlichen und wirtschaftlichen Veränderungen herausgestellt, jedoch gehen die Vertreter der sog. *Regulationstheorie* sehr viel weiter. Sie interessieren sich nicht mehr nur für die raumzeitlichen Veränderungen von Strukturen, sondern auch für das „Umfeld" in Form von Akteuren und Institutionen, die die Strukturen prägen, formen, verändern, d. h. „regulieren" können. Die Möglichkeiten der Regulation physischer, funktionaler und sozialer Strukturen im urbanen Raum sind dabei historisch veränderbar und ergeben sich aus dem Zusammenwirken wirtschaftlicher *„Akkumulationsregime"* von Produktions- und Konsumtionsmustern sowie politisch-institutionellen Regulationssystemen. Beide Systeme sind aufeinander abgestimmt durch kulturell und regional spezifische Organisationsweisen, informelle Abstimmungsprozesse und Standards sowie formelle Gesetze. Kommt es zu Inkompatibilitäten zwischen Akkumulations- und Regulationssystem, stellt sich eine „krisenhafte" Entwicklung ein. So ist das durch Massenproduktion und -konsumtion gekennzeichnete, auf nationalen Wohlstand und soziale Ausgleichsprozesse zielende *„fordistische"* Regime großen Problemen ausgesetzt: Zunehmende internationale Arbeitsteilung und Globalisierung haben die traditionell nationalen Entscheidungsspielräume entwertet. Anstelle von *Standardisierung* tritt im Rahmen des *„post-fordistischen"* Regimes das Konzept der *Flexibilisierung*, um auf unwägbare Veränderungen in den Bereichen Produktion, Konsum und Entscheidungsfindung schneller als zuvor reagieren zu können (BATHELT und GLÜCKLER 2002, S. 251 ff.; OTT 2004)

Dieser Umbruch hat auch Auswirkungen auf die Stadtentwicklung. War die *fordistische Stadt* von standardisiertem und industrialisiertem Wohnungsbau, von Massenmobilität per Pkw, von pragmatischen Baulösungen in Form von Kastenbauarchitektur und funktionaler Zonierung geprägt, änderten sich die Bedingungen in der *post-fordistischen Stadt.* Im Wettkampf um knappe Ressourcen, die im Zeitalter neuer Informationstechnologien sehr viel schneller als zuvor umgeleitet und damit an einer Kommune letztlich auch vorbeigelenkt werden können, müssen sich Städte einem vielfältigen lokalen, nationalen und globalen Wettbewerb stellen (BEGG 1999). *Growth coalitions* sind zu schmieden, damit eine Region von wirtschaftlichen Entwicklungen profitieren kann. In Zeiten knapper Kassen muss um Investoren geworben werden, die immer seltener *„harte"*, sondern für ihre Außendarstellung und ihre Mitarbeiter in einer Phase der Deindustrialisierung *„weiche" Standortfaktoren* nachfragen. Weil öffentliche Stellen zudem immer weniger Investitionsmittel zur Verfügung haben, versuchen sie, in Form einer *public private partnership* Kompromisse mit privaten Investoren einzugehen, um Stadtplanung und Profitdenken miteinander zu verbinden. Damit Entscheidungen beschleunigt werden, setzt man auf *Deregulierung*, *Entbürokratisierung* und *Privatisierung*, die zu einem komplexen Mosaik sich „lohnender" Immobilieninseln wie Einkaufszentren, *business parks* und *Wohncluster* einerseits und „abgeschriebener" Immobilien anderswo führen. Im Gegensatz zum wohlfahrtsstaatlichen gleichmacherischen Ansatz des

„fordistischen" Regimes differenziert sich die Stadt deutlicher als zuvor in Gewinner und Verlierer aus, was zu einer *sozialräumlichen Polarisierung* beiträgt (vgl. Kap. 7.1).

3.3.2 Soziale Schichtung - soziale Probleme

Nicht nur räumliche Elemente, sondern auch die Bevölkerung verändert sich in ihrer sozialen Struktur. Überholt ist die grobmaschige Einordnung in Ober-, Mittel- und Unterschicht, deren Grenzen zumindest in der Vergangenheit nur schwer übersprungen werden konnten und in die man hineingeboren schien. An deren Stelle sind andere Muster getreten, die die Bevölkerung sozio-ökonomisch und nach ihren Raumansprüchen charakterisieren und die in hohem Maße – abhängig von kurzfristigen Modeschwankungen – flexibel sind. Gemeint sind *Lebensstilkonzepte*, die Menschen unabhängig von ihrer Erwerbssituation, ihrem Einkommen und ihrem sozialen Hintergrund in Form von Familienstand, Anspruchsdenken, Freizeitgestaltung, Mobilitätsbereitschaft und Zeitbudget miteinander verbinden. Hieraus ergeben sich komplexe, zuweilen hochindividualisierte und nonkonforme *Konsummuster*, die die fordistische Krise des ursprünglichen Massenkonsums mit ausgelöst haben.

Sofern man die soziale Schichtung weiterhin nach Wohlstand, Kaufkraft und Statusmerkmalen charakterisieren will, ist die postmoderne Gesellschaft der Gefahr einer zunehmenden Wohlstandsschwankung ausgesetzt. Die forcierte Umstrukturierung des Arbeitsmarktes durch Rationalisierung, durch Deindustrialisierung und Tertiärisierung, durch neue Arbeitszeitmodelle sowie parallel der Verlust sozialpolitischer Gestaltungskraft des Staates führen dazu, dass sich durch die Gesellschaft eine Wohlstandsschwelle zieht, in der sich auf der einen Seite die Bevölkerung in Armut oder prekärem Wohlstand, auf der anderen Seite die Bevölkerung in gesichertem Wohlstand und entsprechend gesicherter Lebensperspektive befindet (HÜBINGER 1999). Das vertraute Bild, dass gerade in den westlichen Gesellschaften soziale Mobilität nur mehr „nach oben" zeigen kann, kehrt sich im Postfordismus um.

Der Unterschied an Lebenschancen spiegelt sich in vielfältigen urbanen Problemen wider, die von PACIONE (2001a, S. 290 ff.) als *geography of deprivation* (=Entbehrungen), von CARTER (1995) als *urban pathologies* thematisiert werden: Damit gemeint sind Muster von Armut, Kriminalität und Krankheitsbildern, die sich, zuweilen bedingt durch Diskriminierung der *mainstream*-Gesellschaft und Vorenthalten (*exclusion*) von Lebenschancen, in einem Teufelskreis verfestigen.

3.3.3 *Veränderungen der funktionalen und sozio-ökonomischen Differenzierung*

Die verschiedensten Autoren sind der Frage nachgegangen, ob sich Regeln ableiten lassen, um die Dynamik innerstädtischer Ausdifferenzierung über einzelne empirische Fallbeispiele und kulturelle Grenzen hinweg beschreiben, erklären und vorhersagen zu können. Den klassischen Ansatz hierfür stellte die sog. *Chicagoer Soziologenschule* seit den 1920er Jahren bereit (BERRY und HORTON 1970; ATTESLANDER und HAMM 1974; BÄHR 1977). Ursprünglich wollten Vertreter dieser Schule Antworten darauf finden, weshalb man auffällige Verteilungsmuster urbaner Pathologien in einer Großstadt wie Chicago beobachten konnte. Dabei ist zu bedenken, dass Vorgehensweise und gefundene Lösungen der Chicagoer Soziologen zunächst nur ein Spiegelbild der konkreten historischen Situation sein konnten. So war Chicago Ende des 19./Anfang des 20. Jh. einer der wichtigsten *port of entries* für Hunderttausende von europäischen Zuwanderern, die hier ihr Glück versuchen wollten und mit einem zuweilen unmenschlichen kapitalistischen System konfrontiert wurden. Es trafen Menschen aufeinander, die sich nach Herkunftsort, Sprache, Religion und Hautfarbe unterschieden und sich ohne Eingewöhnungszeit sozialer und wirtschaftlicher Konkurrenz gegenüber Früher- und Späterzugewanderten stellen mussten. Vor allem waren PARK, BURGESS und MCKENZIE, früheste Vertreter der Chicagoer Soziologenschule, daran interessiert, wie Gruppen von Menschen miteinander auskamen, ob sie sich einer Konkurrenz durch Fortzug entzogen oder sich in Harmonie oder Konflikt dem sozialräumlichen Wettbewerb stellten. Grundthese der Chicagoer Soziologen war, dass auf eine Phase demographisch-sozialen Ungleichgewichts eine neue zyklisch wiederkehrende Form räumlicher Harmonie und Balance folgt. Dies sahen PARK, BURGESS und MCKENZIE als naturgegeben. Sie begründeten hiermit die *Sozialökologie,* deren Terminologie aus der Pflanzenphysiologie und der DARWINschen Evolutionslehre abgeleitet ist, und die durch ihren *Biologismus* in den Folgejahrzehnten vielfältige Kritik auf sich gezogen hat. Fünf verschiedene *ökologische Hauptprozesse* unterschied MCKENZIE (1926):

1. *regionale Konzentration*, d. h. die Tendenz einer zunehmenden Zahl von Personen oder Nutzungen in einem Gebiet;
2. *Zentralisation*, d. h. Zentrenbildung infolge der Konzentration von Nutzungen in einem Teilgebiet;
3. *Segregation*, d. h. selektive Konzentration von Bevölkerungsgruppen oder Nutzungen in Teilgebieten einer Stadt;
4. *Invasion*, d. h. Eindringen einer Bevölkerungsgruppe oder einer Nutzung in ein Gebiet, das vorher keinen oder nur einen geringen Teil dieser Gruppe oder Nutzung aufwies;

5. *Dominanz*, d. h. wirtschaftlich stärkere Bevölkerungsgruppen oder Nutzungen dominieren alle anderen und können eine Invasion verhindern (nach Hartmann u. et al. 1986, S. 44 f.).

Dabei war es nicht die Absicht der Sozialökologen, einem *Sozialdarwinismus* zu huldigen, in dem der Stärkste sich im Wettbewerb durchsetzt (*survival of the fittest*). Vielmehr konnten sie mit ihren Erklärungen deutlich machen, dass eine als „Organ“ verstandene Stadt nicht ohne Regularien und Kontrollen auskommt, um urbane Pathologien aufzulösen.

Aus den Überlegungen der Sozialökologie heraus sind drei *klassische Modelle zur Stadtentwicklung* hervorgegangen, deren empirische Ableitung allesamt aus US-amerikanischen Beispielen stammt. Ein erstes kreisförmig angeordnetes Modell zum städtischen Wachstum und zur inneren Differenzierung einer Stadt wurde von Burgess (1924) vorgelegt. Vor dem Hintergrund eines freien Bodenmarktes und unbegrenzter Mobilität der Bevölkerung differenziert sich die Stadt nach Renditekriterien aus, die einige Gebiete für gewisse Funktionen interessanter machen als andere. 1964 wird Alonso mit seinen Untersuchungen zum städtischen Bodenmarkt ein ausgeprägtes Bodenpreisgefälle zwischen Zentrum und Peripherie empirisch belegen und hieraus die Entstehung verschiedener städtischer *Landnutzungsringe* erklären (vgl. auch Fritzsche 1977; Abb. 13). Im Kern der Stadt nach Burgess befin-

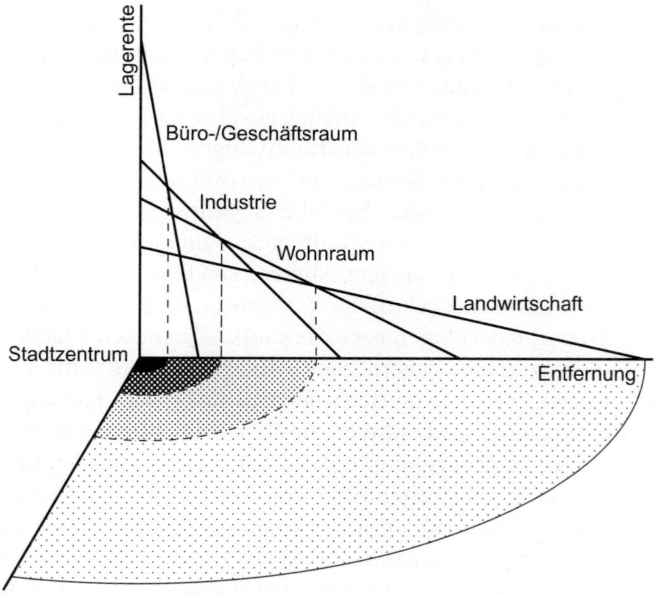

Abb. 13: Städtische Landnutzungszonen
Quelle: Bathelt und Glückler (2002)

det sich das Hauptgeschäftszentrum, das von einer durch Verwahrlosung gekennzeichneten *zone in transition* umgeben wird. Diese „Spekulations"-Zone ist gewissermaßen ein „Vorhaltebecken", sollten die gewinnträchtigen Cityfunktionen räumlich expandieren. Billiger und hochverdichteter Wohnraum bietet Neuankömmlingen den ersten Anlaufpunkt, sich in der neuen Gesellschaft einzuleben. Nicht selten orientieren sich die Zuwanderer in ihrer Wohnstandortwahl an bekannten kulturellen Umfeldern, sodass die *zone in transition* von auffälligen *ethnischen Clustern* bestimmt wird. Gerade hier beobachteten die Chicagoer Soziologen Prozesse wie Segregation, Invasion und Sukzession, die das Kreismodell von BURGESS zumindest rein graphisch nicht hinreichend veranschaulichen kann. Klar wird jedoch, dass die Ausdifferenzierung der Stadt nach vielfältigen Kriterien erfolgt: nach *Bodenpreisen*; nach *sozio-ökonomischen* und *-demographischen Merkmalen*, hinter denen sich unterschiedliche Wohnansprüche und Kaufkraft verbergen; nach *Mobilitätsfähigkeit*, um die räumlich expandierende Stadt vom suburbanen Gürtel in die Zentren von Arbeit und Versorgung zu durchmessen. Tendenziell zeichnet sich dieser Stadttypus durch ein zentral-peripheres soziales Gefälle aus, das auch als *Burgess-type* beschrieben wird. Dass dieses Muster zeiträumlich nicht zu verallgemeinern ist, ergibt sich aus der Identifizierung einer *reverse Burgess-type* Struktur, die z. B. in der frühen lateinamerikanischen Großstadt zu beobachten ist und sich durch ein umgekehrtes sozialräumliches Gefälle auszeichnet (vgl. Kap. 1.2.2).

Eine Weiterentwicklung des konzentrischen Modells von BURGESS (1924) erfolgte durch die Arbeiten von HOYT (1939), der auf der empirischen Basis von 142 US-amerikanischen Großstädten ein über die Besonderheiten Chicagos hinausgehendes verallgemeinerungsfähiges Modell zu städtischem Wachstum und städtischer Struktur ableiten wollte. Hierfür untersuchte er den Zusammenhang zwischen Bevölkerungsentwicklung und Wohnungsmarkt. Letzterer profitiert in wirtschaftlichen Boomphasen von der größeren Nachfrage, was nicht nur höhere Mieten, sondern auch einen *Bauboom* sowohl in die Fläche als auch in die Vertikale auslöst. Die Stadt expandiert, wobei die Wohnstandortpräferenzen der kaufkraftstärksten Klientel die funktionale Differenzierung steuern und „Anziehungskraft" für benachbarte Gebiete ausüben. Weil die von HOYT untersuchte Gesellschaft „automobiler" wird, werden verkehrliche Leitlinien für die innere Differenzierung der Stadt immer wichtiger. Das hat zur Folge, dass nicht mehr nur Kreise, sondern auch durch Straßen oder Eisenbahnlinien vorgezeichnete Entwicklungs*korridore* das Sozialgefüge einer Stadt in Form *räumlicher Sektoren* beschreiben.

1945 entwickeln HARRIS und ULLMAN ein letztes klassisches Stadtmodell, das sog. *Mehrkernemodell*. Sie unterscheiden drei Stadttypen, d. h. *zentrale Orte*, *Transportstädte* und sog. *spezialisierte Städte*, wie Bergbau-, Produktions- oder Erholungsstädte. In allen drei Fällen wird der ursprüngliche Kern von jeweils spezifischen wirtschaftlichen Nutzungen geprägt. Wächst die Stadt, steigt die Tendenz, dass sich weitere gegenüber dem ursprünglichen Zentrum spezialisierte (Sub-)Kerne herausbilden, um die sich die Stadt mit ihren sonstigen Funktionen organisiert. Nicht alle Funktionen, wie z. B. Arbeiten und Wohnen, sind dabei in ihrer räumlichen Nähe miteinander kompatibel, sondern ziehen sich auf der Suche nach Fühlungsvorteilen an oder stoßen sich ab (FRIEDRICHS 1981, S. 109; KNOX und MARSTON 2001, S. 540 f.).

Abb. 14 zeigt, wie in der heutigen Stadt die von BURGESS (1924), HOYT (1939) und HARRIS/ULLMAN (1945) identifizierten Raummuster einander ergänzen, sich überlagern und ein komplexes Mosaik ergeben, indem sie sich im zeitlichen Verlauf als Folge unterschiedlicher gesellschaftlicher Bedingungen verändern. Als grundlegende Faktoren, die die innere Differenzierung hierzu beschreiben können, werden nach MURDIE (1969 zitiert nach BÄHR 1977, S. 132) unterschieden:

- der *sozio-ökonomische Status* (äußert sich in *keilförmigen* Einkommenssektoren);
- der *Familienstatus*, der in engem Bezug zum Lebenszyklus und seinen unterschiedlichen Wohnansprüchen steht (äußert sich in *ringförmigen* Zonen um den CBD);
- die *ethnische Segregation* (äußert sich in der Konzentration von Minoritäten in räumlichen *Clustern*).

Die quantitative Revolution der 1950er Jahre erlaubte es, die Sozialökologie in eine sog. *Sozialraumanalyse* nach SHEVKY und BELL (1955) und eine *Faktorialökologie* zu überführen. Mit Hilfe von Zensusdaten und Computer wird es möglich, anhand ausgewählter Variablen in sich homogene Sozialräume zu konstruieren, voneinander zu unterscheiden und die sozialräumliche Struktur einer Stadt statistisch zu erschließen (HARTMANN u. a. 1986, S. 71; KNOX 1987). Grundsätzlich stellt sich die Frage, inwieweit die ausgewählten Merkmalsdimensionen tatsächlich relevant sind, um eine Stadt zu strukturieren. Als eine quantitative Methode, die „Bedeutung" von Faktoren für die Ausdifferenzierung einer Stadt zu „errechnen", hat sich die Faktorialökologie bewährt, die multivariate Verfahren heranzieht, um räumliche Muster in der Stadt erklären zu können. Wie bereits von SHEVKY und BELL (1955) vermutet, sind der ökonomische, der Familien- und der ethnische Status hierbei die entscheidenden Komponenten. Gleichwohl ist ihr Stellenwert weder gleichrangig, noch lassen sich die Ergebnisse ohne weiteres auf Städte unterschiedlicher Kulturräume sowie unterschiedlicher politischer und wirtschaftlicher Systeme übertragen.

Seit den 1970er Jahren wird die theoretische Diskussion vor allem von neomarxistischen Überlegungen geprägt. Hauptvertreter sind LEFEBVRE, CASTELLS und HARVEY, die den Zusammenhang von Stadtentwicklung und Kapitalismus bzw. der vorherrschenden Produktionsweise herausarbeiten. Ihr

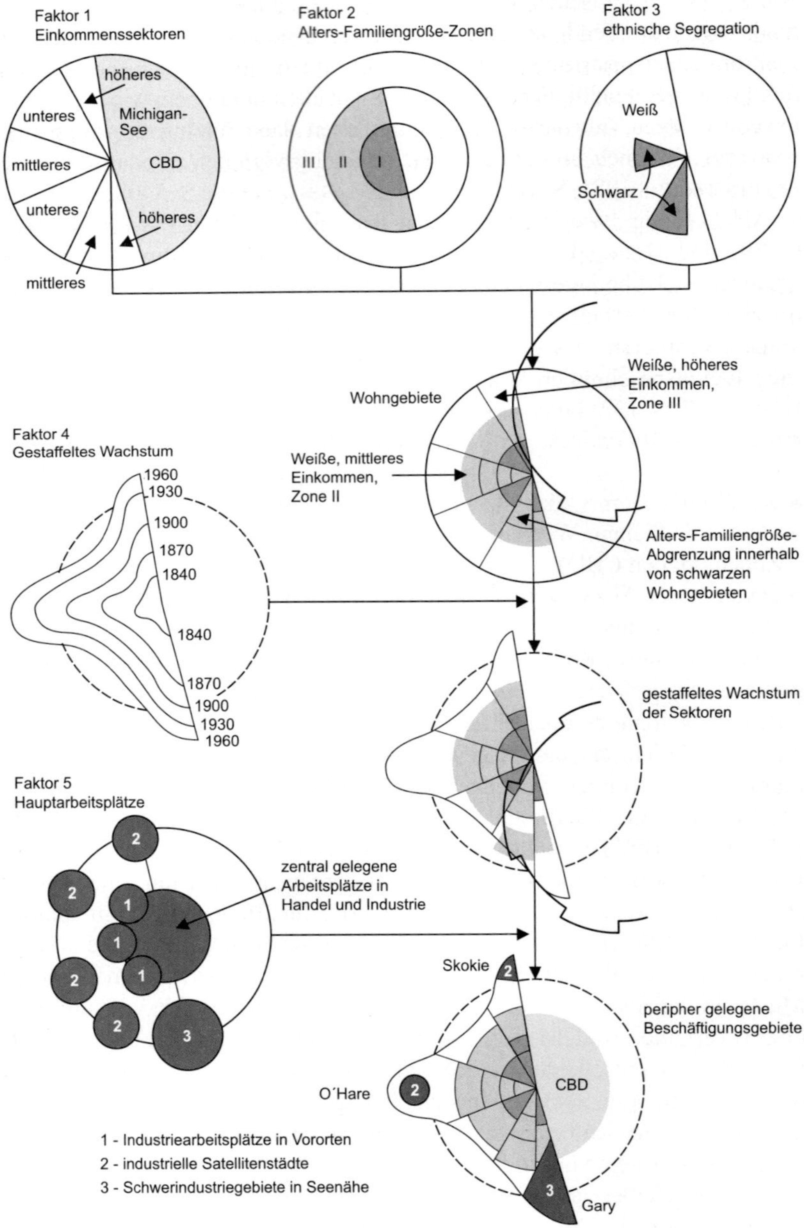

Abb. 14: Determinanten der innerstädtischen Differenzierungen am Beispiel Chicago
Quelle: Haggett (2004)

Anliegen ist es, städtische Entwicklungen in gesamtgesellschaftliche Zusammenhänge einzubetten. Die Autoren betonen, dass wirtschaftliche und politische Prozesse entscheidenden Einfluss haben auf die innere Differenzierung und Dynamik einer jeden Stadt. Welche Bedeutung besitzen Kapitalinteressen bei der Entwicklung einer Stadt? Welche Akteure lenken das Kapital, das sich selbst „restrukturiert" (vom Industriekapital zum Kapital des tertiären Sektors) und über die Suche nach neuen Formen von Investition und Bedarf auch Städte ständig umstrukturiert (HARTMANN u. a. 1986; PACIONE 2001a, S. 142 ff.)? Die Vertreter dieses polit-ökonomischen Ansatzes haben damit neue Fragestellungen aufgeworfen, die jedoch einseitig wirtschaftliche Interessen und Kreisläufe für die städtische Entwicklung betonen und damit den Menschen als lenkende und selbstbestimmende Kraft im städtischen Geschehen entwerten.

4 Die Anfänge der städtischen Entwicklung: Gestalt und innere Struktur der ältesten Städte

Die ersten Städte sind vor beinahe zehntausend Jahren im Vorderen Orient entstanden. Seitdem haben sich völlig unabhängig voneinander in unterschiedlichen Kulturkreisen und auf verschiedenen Kontinenten städtische Siedlungen ausgebreitet (Abb. 15). Städte wurden Sinnbild von „Hochkultur", in der die Zentrierung von Macht, die Entstehung von Verwaltung und arbeitsteiliger Wirtschaft neue Siedlungsformen möglich machten. Nicht in allen Fällen handelt es sich dabei um Gebilde, die den umfassenden Kriterien eines geographischen Stadtbegriffs entsprechen (vgl. Kap. 2.1). Vielmehr verschwimmen nach NARR (1985, S. 1) zuweilen geläufige Vorstellungen, begriffliche Inhalte und Abgrenzungen oder können überhaupt nicht angewendet werden. Außerhalb des sog. *Fruchtbaren Halbmondes* (Mesopotamien, Palästina, Ägypten) entstanden städtische Zentren im Industal seit 2500 v. Chr., in China seit 2000 v. Chr., im europäischen Mittelmeerraum seit 1500 v. Chr. sowie in Mittel- und Südamerika seit 500 n. Chr. Durch die räumliche Nähe konnten sich zumindest in der Alten Welt einzelne Hochkulturen gegenseitig beeinflussen oder vom Erbe einer älteren Kultur profitieren. In anderen Fällen wie in Mittel- und Südamerika war dies lange Zeit nicht der Fall. Obwohl sich viele städtische Strukturen aus heutiger Sicht ähneln, besitzen sie nicht immer dieselben Wurzeln. Vielmehr handelt es sich um Analogien, die vor unterschiedlichen kulturellen und naturräumlichen Hintergründen vergleichbare städtebauliche Lösungen hervorgebracht haben. Erst seit Beginn der Globalisierung der Welt durch den europäischen Kolonialismus im 15. Jh. vermischen sich die Kulturen auch städtebaulich und werden dominiert von europäischen Einflüssen.

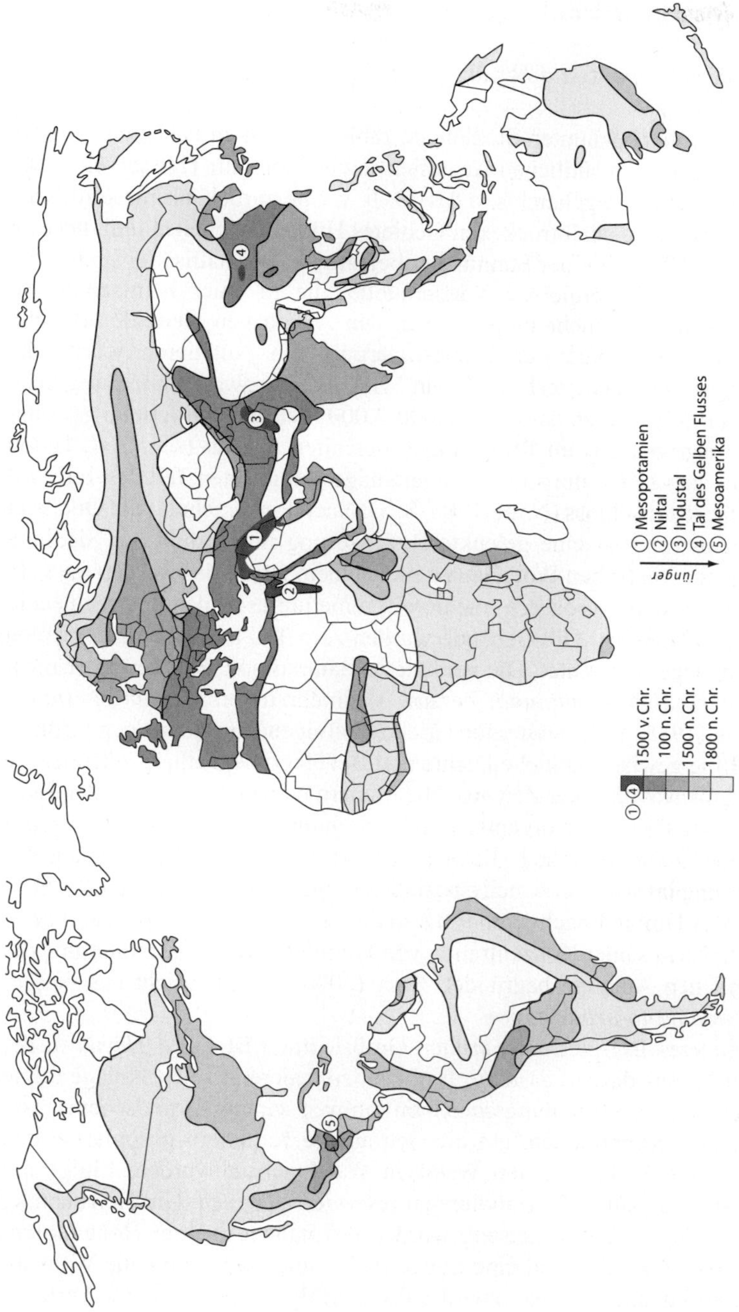

Abb. 15: Frühe Zentren der Stadtentstehung und Ausbreitung von Städten über die Erde
Quelle: Brunn, Williams *und* Zeigler *(2003)*

4.1 Der alte Orient

4.1.1 Jericho und Çatal Hüyük

Zu den frühesten bekannten Siedlungen zählen *Jericho* in Palästina, *Hacilar* und *Çatal Hüyük* im südlichen Anatolien sowie *Jarmo* im Tigrisbereich. Die Anfänge von *Jericho* gehen bis in das 10. Jt. v. Chr. zurück, als mesolithische Jäger inmitten eines halbtrockenen Gebietes Hütten errichteten und diese ab dem 9. Jt. v. Chr. mit einer Steinmauer befestigten. Kristallisationspunkt der Siedlung war eine ergiebige Wasserquelle, die in einer Klimazone, wo Regenfeldbau nicht mehr möglich war, den Anbau von Getreide erlaubte. Hierdurch und infolge der Domestizierung von Nutztieren wurde die Ernährungsbasis erweitert und ein Bevölkerungswachstum ausgelöst. KENYON (1957) schätzt, dass etwa 2.000-3.000 Menschen in Jericho gewohnt haben. Ausgrabungen im Ruinenhügel des alten Jericho (sog. *Tell*) lassen erkennen, dass schon die älteste Maueranlage den größten Teil des Tells auf 1,5 ha Fläche umschloss (NARR 1985, S. 3). Nach Einbeziehung der Quelle in die Ummauerung ist eine gelenkte Bewässerung im Umfeld der Siedlung naheliegend. Die frühen Wohnbauten mit rundem Grundriss wurden im 8. Jt. v. Chr. abgelöst von größeren, mehrere Räume umfassenden und rechteckig ausgelegten Häusern. Die Gebäude wurden zum Teil auf Steinfundamenten aus Lehmziegeln errichtet. Die veränderte Bautradition resultiert aber nicht aus einer *Siedlungskontinuität* heraus. Vielmehr traten *Wüstungsperioden* auf. NARR (1985, S. 8 f.) leitet für Jericho die folgenden stadtartigen Strukturen ab: Eine gewisse bauliche Dichte und Bevölkerungsballung zeichnet die Siedlung als Novität ihrer Zeit aus. Die Mauern dienen dem Schutz der Siedlung. Ihr Bau lässt einen organisierten Verteidigungswillen erkennen. Es gibt aber keine archäologischen Hinweise zur sozialen Ausdifferenzierung der Bevölkerung infolge von Arbeitsspezialisierung. Auch ist keine Marktzentralität für das Umland nachweisbar. Deshalb ist es vor allem das quantitative Element, das in seiner Konzentration von Wohnhäusern und Bevölkerung die stadtähnlichen Anfänge begründet; SOJA (2000, S. 23) spricht aus diesem Grunde von *proto-urbanization*.

Ein anderes Beispiel einer frühen Großsiedlung ist *Çatal Hüyük* in der heutigen Türkei, das auf das 7./6. Jt. v. Chr. zu datieren ist. Die Anlage folgte über verschiedene Siedlungsschichten hinweg einem Grundschema von rechteckigen Wohnräumen, um die sich andere Kammern gruppierten und die an andere Wohneinheiten Wand an Wand gebaut wurden. Einige der Räume sind für kultische Handlungen reserviert gewesen. Um Beleuchtung und Belüftung zu gewährleisten, wurden die Bauten in ihrer Höhe stufenweise versetzt. Es entstand eine treppenartige und *cluster*ähnliche Wohnanlage, deren Zugang offenbar über das Dach erfolgte. Steine für eine Verteidigungsmauer existierten im Umfeld nicht. Das *Cluster* funktionierte deshalb zugleich als Verteidigungsmaßnahme, denn sollte der Feind eine Mauer durchstoßen, war er von den Mauern benachbarter Häuser umgeben (MELLAART 1967, S. 85). Schätzungen verweisen auf 1.000 bis zu mehr als 3.000 Personen in der Siedlung (NARR 1985, S. 26). Trotz sehr viel besserer Ausstattung der Bevölkerung mit Geräten, Werkzeugen und Töpfereiwaren als in Jericho sind auch bei Çatal Hüyük keine nennenswerten Handelsbeziehungen nachweisbar, die eine *territoriale Zentralität* hätten begründen können. Aufgrund der umfangreichen Funde und der handwerklichen Qualität von Artefakten lässt dies im Umkehrschluss aber eine gewerbliche Arbeitsteilung vor Ort vermuten. Indizien für eine soziale Schichtung der Gesellschaft finden sich nicht. Das Ausmaß der Probleme bei Planung und Bau der Anlage (Verbindungsmöglichkeiten zwischen einzelnen Vierteln, Lichtzufuhr, Umrisse eines ovalen Hügels in Einklang bringen mit der Anlage rechteckiger Gebäude) zeugt jedoch von einem hohen Organisationsgrad (MELLAART 1967, S. 87). Immerhin umfasst die gesamte Oberfläche des noch nicht vollends erschlossenen Siedlungshügels bis zu 12 ha.

4.1.2 Zweistromland und Ägypten

Eine neue Phase städtischer Entwicklungen – nach SOJA (2000, S. 51) die *„second Urban Revolution"* – nahm ihren Anfang im Zweistromland. Ausgangspunkt war die zunehmende Inwertsetzung fruchtbarer alluvialer Ablagerungen an Euphrat und Tigris. Immer mehr Menschen zogen seit dem 6. Jt. v. Chr. in das Gebiet, das infolge hoher landwirtschaftlicher Produktivität auch von einer großen Bevölkerungsdichte gekennzeichnet war. Gemeinschaften entstanden, aus deren Reihen religiöse Führer hervorgingen, die das Gleichgewicht zwischen Kosmos, Klima und naturräumlichen Lebensgrundlagen zelebrierten. Schreine und Tempel wirkten als Magnet für weiteren Bevölkerungszuzug und förderten eine soziale Stratifizierung zwischen Priesterkaste und Tempeldienern auf der einen sowie Land- bzw. Handarbeitern auf der anderen Seite. *Arbeitsteiligkeit* steigerte die Produktivität, sodass *Handelsbeziehungen* auch zu entfernteren Plätzen unterhalten werden konnten, um Mangelwaren einzutauschen. Der Ausbau des Verkehrs- und Transportwesens, die Erfindung der Schrift sowie die Einführung eines numerischen Systems verbesserten ganz entscheidend die Planung und die Verwaltung von Handelsabläufen seit Ende des 4. Jt. v. Chr. Von diesen Entwicklungen profitierten besonders einige Kultstätten, die infolge ihrer Wasserreserven und ihrer Lage entlang von Handelsrouten überregionale Bedeutung erlangen konnten (BRÜCKNER 2003, S. 232).

Ein Beispiel ist *Uruk*, das im 3. Jt. v. Chr. zu einem Stadtstaat aufstieg. Der nicht mehr nur friedliche Wettbewerb mit anderen aufstrebenden Zentren drückte sich im Bau einer Festungsmauer um 2750 v. Chr. aus, die 40-50.000 Menschen Schutz bot und ein Gebiet von 400 ha umfasste (SOUTHALL 1998, S. 29). Damit waren nicht nur Gebäude, sondern wahrscheinlich auch Grün- und Gartenanlagen durch die Wallanlage geschützt, die eine Gesamtlänge von 11,5 km aufwies (BRÜCKNER 2003, S. 230). Allein das Bauvolumen erforderte eine effiziente Organisation von Verwaltung und Produktion. Bei Grabungen wurden gewaltige Ziegeleien freigelegt, die in Form von Groß-manufakturen organisiert gewesen sein müssen (VON SODEN 1985, S. 48). Uruk entwickelte sich um 3000 v. Chr. zu einer typischen sumerischen Tempelstadt. Von der Größe her wäre es zu seiner Zeit eine Weltstadt gewesen.

Städte, die folgten, waren deutlich kleiner. WIRTH (2001, S. 17) warnt deshalb davor, bei frühen Siedlungen im Alten Orient sogleich immer von „Städten" zu sprechen, handelt es sich zuweilen doch nur um Tempel- und Palastbezirke, ohne Kriterien wie *soziale Schichtung der Bevölkerung, Arbeitsteiligkeit* oder *Existenz eines städtischen Umlandes* zu erfüllen.

Die Besiedlungsdichte der Stadt *Ur* war wohl größer, doch die Stadtfläche betrug niemals mehr als ein Achtel derjenigen von Uruk (Abb. 16). Zum Zeit-

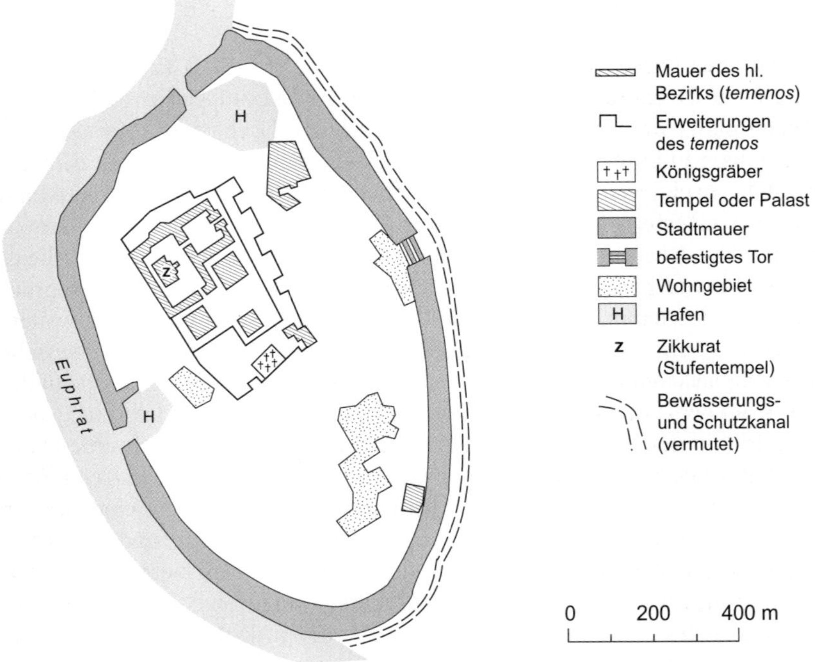

Abb. 16: Die frühsumerische Stadt Ur
Quelle: HOTZAN (1997)

punkt ihrer Hochblüte um 2000 v. Chr. hatte die Tempel- und Hafenstadt Ur eine Ausdehnung von ca. 75 ha. Ihre Bevölkerung wird auf 35.000 Personen geschätzt. Bekannt geworden durch die Ausgrabungen des britischen Archäologen SIR LEONARD WOOLLEY, lässt der Straßengrundriss mit Ausnahme eines Prozessionsweges keine formale Organisation erkennen. Vielmehr sind die Straßen eng, ungepflastert und nach keinem ordnenden Schema ausgerichtet. Der Verlauf der Gassen erfolgte eher zufällig nach Grundeigentum und Bauform. Um in dieser Umwelt seinen Lebensstil bewahren zu können (Abgeschiedenheit für die Frauen; Haltung von Haussklaven), wurden zweigeschossige Häuser angelegt, die bis zu 14 Räume um einen zentralen Hof besaßen, der dem Haus Licht und Luft zuführte. Eine *Wallanlage* schützte die Stadt militärisch; in der Stadt selbst war ein heiliger Bezirk (griech. *temenos*) definiert (CARTER 1983, S. 12), der nochmals von einer Mauer umgeben war. Die Grundausrichtung der Stadtanlage hatte eine SO-NW-Orientierung (Hauptrichtung der „guten" Winde aus NW) und passte sich in seiner Ovalform der Landschaft an (HOTZAN 1997, S. 23).

Auch andere Städte, die im 3. und 2. Jt. v. Chr. entstanden (*Nippur* und *Girsu* in Mittelbabylonien mit je etwa 125 ha; *Assur* mit ca. 53 ha; *Hattusas* als Hethiterhauptstadt mit ca. 150 ha), konnten die Größe von Uruk zunächst nicht überbieten (VON SODEN 1985, S. 52). Erst um 800 v. Chr. übertreffen Städte wie *Babylon* mit 8-10 km^2 und *Ninive* mit 7 km^2 Fläche die Größe von Uruk. *Ninive* als Reichshauptstadt *Assurbanipals* soll um 650 v. Chr. bis zu 100.000 Ew. gehabt haben. Die Bauleistungen wurden unter Einsatz von Zwangsarbeiterheeren vorangetrieben; es finden sich eine 25 m hohe Doppelmauer mit 15 Toren und zur Sicherung der Wasserversorgung ein 50 km langer Kanal samt Aquädukt. Das *Babylon* Nebukadnezars wird von einigen Autoren sogar als eine frühe Millionenstadt charakterisiert. Andere Schätzungen verweisen hingegen auf „nur" 250.000 Ew. (HERBERT und THOMAS 1997, S. 21). Allein für die Großbauten (Prozessionsstraße, Ischtartor, siebenstufiger „Turm zu Babel" mit 91 m Höhe) müssen zur Beschaffung der Ziegel über viele Jahre 15.000-20.000 Arbeitskräfte im Einsatz gewesen sein (VON SODEN 1985, S. 57).

Für Ägypten sind die archäologischen Befunde einer frühen Städteentwicklung infolge der Nilüberschwemmungen deutlich schwieriger auszumachen als im Zweistromland. *Hierankopolis* in Oberägypten wird bis in das 4. Jt. v. Chr. zurückdatiert und gilt als Beispiel einer Stadtstaatengründung, vergleichbar mit Uruk in Mesopotamien. Gründe für eine Konzentration der Bevölkerung in Städten vermutet man in abnehmenden Regenfällen, die die Bevölkerung zwangen, sich entlang des Nils und seinen fruchtbaren alluvialen Böden niederzulassen. Kenntnisse früher ägyptischer Städte sind hauptsächlich begrenzt auf Monumente politischer und ritueller Macht wie Paläste, Tempel und Gräber, die die ägyptischen Hauptstädte

Heliopolis, *Memphis*, *Hierankopolis* und *Theben* prägten (Southall 1998, S. 37).

4.1.3 Kleinasien

Bereits vor 2000 v. Chr. kam es zu Anfängen der Stadtentwickung in Kleinasien. Mit der Entstehung größerer Reiche und Fürstenhöfe und den hieraus erwachsenden Vorteilen für Handel und Handwerk entstanden im 2. Jt. v. Chr. auch größere Städte. Standorte, Formen und Strukturen zeichneten sich durch eine große Vielfalt aus, deren wichtigste städtebildende Kräfte militärischer, religiöser oder handelsbezogener Natur waren (Egli 1959, S. 95). Eine der klassischen Gründungen dieser Zeit war *Troia*, das durch die Epen Homers und die Ausgrabungen Heinrich Schliemanns weltberühmt geworden ist. Noch bis in die jüngste Zeit wurden umfangreiche Grabungen durchgeführt, um die Größe und Bedeutung von Troia für seine Region und den östlichen Mittelmeerraum zu untersuchen. Die Anfänge Troias gehen zurück bis ca. 3000 v. Chr. Beim Bau von Hausmauern verwendete man an der Luft getrocknete Lehmziegel. Über verschiedene Siedlungsperioden hinweg wurde immer wieder am selben Ort auf den älteren Fundamenten gebaut, sodass sich der *Hisarlik*, ein Siedlungshügel von letztlich 15 m Höhe, herausbildete. Dieser Typ von Siedlungshügel wird im Türkischen auch *höyük* bzw. im Arabischen *tall* genannt. Bis ca. 2350 v. Chr. entstand Troia als kleiner Ort mit verstärkten Umfassungsmauern. Erst ab Mitte des 3. Jt. v. Chr. entwickelte es sich zu einem Herrschersitz, der von einer 9.000 m^2 großen Zitadelle überragt wurde. Südlich der Burg schloss sich eine nach heutigem Wissensstand in ihrer Existenz und Größe nicht unumstrittene Unterstadt an, die von einem hölzernen Bollwerk umgeben war (Korfmann 2001a, S. 347). *Technische Innovationen* wie die Herstellung von Bronze und der Gebrauch der Töpferscheibe förderten den militärischen und wirtschaftlichen Aufstieg der Stadt. Bis 1700 v. Chr. dehnte sich die Siedlung am Burgberg auf ca. 18.000 m^2 aus. Die *Baudichte* wurde größer. Häuser teilten sich nunmehr gemeinsame Hauswände, auf denen die Flachdächer auflagen. Bis 1200 v. Chr. erweiterte sich das Siedlungsgebiet auf 270.000 m^2. Allein die Burganlage umfasste ca. 20.000 m^2. Eine rund 550 m lange Befestigung machte die militärische Bedrohung Troias deutlich. Die Bevölkerungszahl wird zu jener Zeit auf 5.000-10.000 geschätzt, wodurch Troia zu den größeren Handels- und Residenzstädten Kleinasiens und des Nahen Ostens zählte (Korfmann 2001b, S. 397). Trotz immer wiederkehrender Zerstörungen durch Kriege und Erdbeben verdoppelte sich die Flächengröße der Siedlung alle 1.000 Jahre auf über 600.000 m^2 zur Römerzeit (Jablonka 2001, S. 394). Die Bedeutung Troias war aber weniger in seiner Größe, sondern vor allem in seiner Funktion als *Handelsdrehscheibe* zwischen Mittelmeer und Schwarzem

Meer, Orient und Mitteleuropa begründet. Der Seehandel versprach exorbitante Verdienstspannen. Selbst zur Römerzeit war der Landweg noch ca. 62-mal teurer als der Seetransport, was erst recht für die troianische Periode mit ihren deutlich schlechteren Straßen zutreffen musste (Korfmann 2001c, S. 355). Der Reichtum Troias und seine Handelsverflechtungen über weite Distanzen lassen sich aus Artefakten rekonstruieren, die bis nach Afghanistan und in das Baltikum reichen.

4.2 Indien

Von Mesopotamien ausgehend, breitet sich die Stadt als neue Siedlungsform nach Osten aus. Bereits um die Mitte des 3. Jt. v. Chr. entstehen die Stadtkulturen des Indusgebietes mit den beiden großen, im heutigen Pakistan gelegenen Stadtanlagen *Harappa* und *Mohenjo Daro* (Pieper 1977, S. 12). Aufgrund von Ausgrabungen sind wir im Groben über die Strukturmerkmale der harappazeitlichen Stadt informiert (Krafft 1999, S. 12 ff.). Kennzeichnend sind eine Orientierung nach Himmelsrichtungen, sich rechtwinklig kreuzende Straßen (Hofmeister 1994, S. 48) und die Aufgliederung in eine Oberstadt im Westen als Sitz der weltlichen und religiösen Elite und eine wesentlich größere, in einzelne Wohnviertel aufgeteilte Unterstadt im Osten. Mit dem plötzlichen Niedergang der Harappakultur zwischen 1800 und 1700 v. Chr., dessen Gründe noch weitgehend unklar sind, bricht die Stadtentwicklung im Industal ab.

Eine „zweite Urbanisierung" geht nach 1000 v. Chr. von der Gangesebene aus. Hier entwickeln sich große befestigte Städte als Zentren einer „hydraulischen Kultur" und Mittelpunkte kleinerer Hindukönigreiche (Schlingloff 1969). Die Grundstruktur des Kastenwesens bestand bereits damals. Diese spiegelt sich in der Aufteilung der Stadtanlagen wider. Im Staatslehrbuch *Arthashastra* aus der Zeit um 300 v. Chr. finden sich Regeln zur idealen Stadtgestaltung (Kirk 1978). Danach haben Städte eine quadratische Form, sind aufwändig durch Graben, Wall und Mauer befestigt, verfügen über ein regelmäßiges Rasterstraßennetz und sind über 12 Tore – drei an jeder Seite – zugänglich. Der königliche Palast und verschiedene Tempel beherrschen das Zentrum. Die umliegenden Wohnquartiere sind nach den vier Hauptkasten aufgegliedert: im Norden die *Brahmanen* (Priester), im Osten die *Kshatriya* (Krieger), im Süden die *Vaisya* (Kaufleute) und im Westen – außerhalb der Stadtmauern – die *Sudra* (Knechte) sowie die *Harijans* (Unberührbaren) (Blenck 1977, S. 153).

Die Tempelstädte Südindiens, die seit Ende des 10. Jh. entstanden, spiegeln den Idealtyp der hinduistischen Stadt am reinsten wider (Abb. 17). Der Tempel repräsentiert den Welt- und Götterberg *Meru*, den Mittelpunkt des Kosmos; die Stadtanlage bildet den Kosmos ab (Bohle 1986, S. 114). Vom

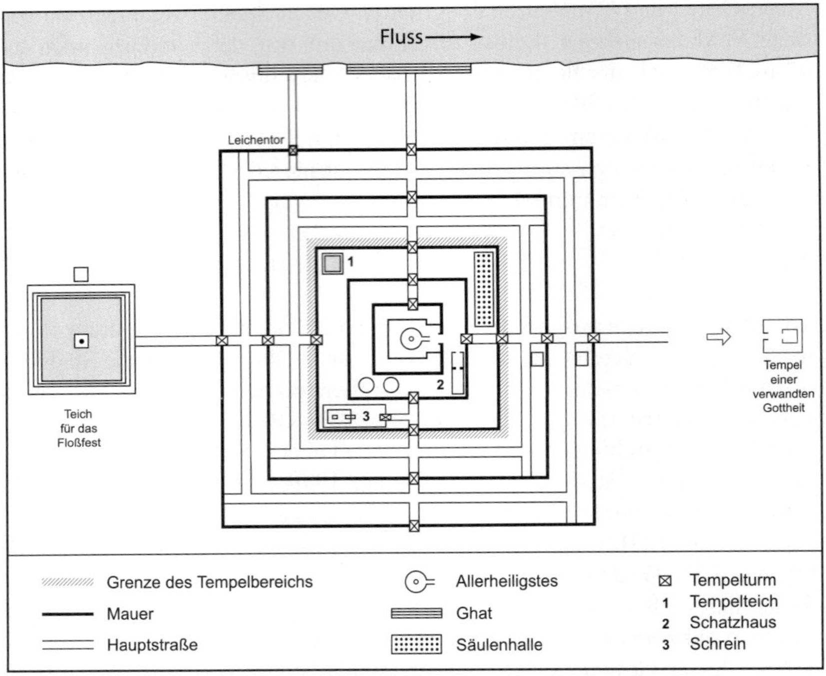

Abb. 17: Schematischer Plan einer südindischen Tempelstadt
Quelle: Bohle (1986); Fischer, Jansen und Pieper (1987)

Tempel aus führen große, von Tortürmen begleitete Achsen in alle Himmelsrichtungen. Besonders wichtig ist dabei die Achse zum Fluss, wo sich die Verbrennungs- und Badeghats befinden, und nach Osten, weil sich das Tempelinnerste nur in diese Richtung öffnet (vgl. im Einzelnen Fischer, Jansen und Pieper 1987, S. 30 ff.). Um den Tempel schließen sich die einzelnen Wohnviertel an, die um konzentrisch ineinander liegende Straßenzüge angeordnet sind und jeweils nur von einer Kaste bewohnt werden. Der sozialen Hierarchie entsprechend, grenzen die Viertel der *Brahmanen* mit meist größeren Parzellen direkt an die äußere Tempelmauer an, während diejenigen der anderen Kasten weiter außen liegen.

Der Einfluss dieser Raumkonzeption lässt sich für verschiedene südindische Tempel- und Pilgerstätten nachweisen und ist auch nach Südostasien exportiert worden (z. B. *Angkor* in Kambodscha; Pieper 1977, S. 42 f.). Als bestes Beispiel gilt *Srirangam*, dessen Anlage bis in alle Einzelheiten dem Idealplan entspricht (vgl. Pieper in Gutschow und Sieverts 1977, S. 82ff.). Das Grundmuster ist aber auch in zahleichen anderen Städten bis heute erhalten, wie die Kartierungen von Bohle (1986) zeigen. Ebenso bestimmen regelmäßige Anlagen mit Palastkomplex und Tempelzone im Schnittpunkt der beiden Achsen den Kern der Städte im Kathmandu-Tal Nepals (PIEPER 1977, S. 92 ff.). Das einzige Beispiel für eine neuzeitliche Stadtanlage in Nordindien, die streng der hinduistischen Tradition folgt, ist das 1727 gegründete *Jaipur* (ROY 1978). Der Palast im Zentrum, das regelmäßige Straßennetz, die Untergliederung der Wohnbereiche nach Kasten mit einer bevorzugten Lage des Brahmanenviertels erinnern stark an die Beschreibung der hinduistischen Idealstadt im *Arthashastra*. In anderen nord- und zentralindischen Städten aus jüngerer Zeit ist oft nur das orientierende Achsenkreuz Ausdruck der hinduistischen Tradition. Die Stadtmitte verkörpert so die Weltenmitte, was häufig durch ein im Schnittpunkt der Achsen errichtetes Mittelpunktsgebäude unterstrichen wird. In dieser Weise wurde z. B. das nach der islamischen Eroberung ab 1592 erbaute *Hyderabad* gestaltet. Das Achsenkreuz ist allerdings nicht nach Osten ausgerichtet, sondern so verschoben, dass die Westachse nach Mekka weist. Das imposante Gebäude im Zentrum, *Car Miner* genannt, wird in wesentlichen Teilen von einer Moschee eingenommen. Dies könnte als eine islamische Modifikation einer überlieferten hinduistischen Vorstellung gedeutet werden. Andere Elemente der Stadtgestaltung knüpfen jedoch eher an islamische Traditionen an, sodass FISCHER, JANSEN und PIEPER (1987, S. 27 ff.) vermuten, dass Hyderabad als Abbild des Koranparadieses angelegt wurde.

Die mit solchen Deutungen verbundene Frage, inwieweit die indo-islamische Stadt, die sich seit der Begründung des Sultanats von Delhi 1206 auf dem Subkontinent ausbreitete, im formalen wie funktionalen Aufbau von hinduistischen Raumvorstellungen mitgeprägt wurde, konnte bisher nicht befriedigend beantwortet werden (KRAFFT 1999, S. 41 f.). Das liegt vor allem daran – wie das Beispiel Hyderabad nachdrücklich unterstreicht –, dass einzelne Formelemente durchaus auch mehreren Kulturkreisen zugeordnet werden können.

Insgesamt ergeben sich für den indischen Subkontinent mehrere Wurzeln der Stadtentwicklung: Die weit in die Vergangenheit zurückreichende hinduistische Tradition hat sich nur in wenigen Fällen bis in die Kolonialzeit oder gar bis zur Gegenwart fortgesetzt. Sie wurde seit Beginn des 13. Jh. von islamischen Gründungen abgelöst, die z. T. ältere Strukturen überlagern, sodass sie häufig auch hinduistische Formelemente enthalten. Die Anlage von *Shahjahanabad* (*Old Delhi*) zeigt dies besonders deutlich (vgl. Kap. 7.3.1.2).

4.3 China

Archäologische Funde bezeugen eine mehr als dreitausendjährige städtische Geschichte in China. Die Stadt war dabei immer mehr als eine Konzentration von Menschen, sondern – wie SCHMITTHENNER schon 1930 (S. 47) schrieb – *„ein politisches und militärisches Zentrum eines Gebiete und damit auch* *dessen kulturelle und wirtschaftliche Herzkammer"*. Man nimmt an, dass die Anlage der Städte von Anfang an nach einem genauen Plan erfolgte. Schriftliche Überlieferungen dazu reichen bis in das 8. Jt. v. Chr. zurück (Wu 1986). Gemäß der konfuzianischen Ideologie soll die Stadt Symbol des Kosmos sein und die quadratische Erde repräsentieren, die dem kreisförmig gedachten Himmel gegenübersteht (Wright in Skinner 1977, S. 33 ff.). Jede Stadtgründung beginnt daher mit dem Bau einer Mauer, die eine quadratische, zumindest aber eine rechteckige Stadtfläche festlegt (Chang 1970, S. 72). Diese ist streng nach Himmelsrichtungen orientiert, die für die vier Jahreszeiten stehen und eine ganz unterschiedliche Bewertung erfahren. Osten ist die Richtung des Frühlings, Süden des Sommers, Westen des Herbstes und Norden des Winters. Die Jahreszeiten sind in das duale Kräftepaar *„yang-yin"* eingebettet. Während Süden und Osten mit *„yang"* assoziiert werden, der männlich-aktiven, positiven und hellen Kraft, verkörpern Westen und Norden *„yin"*, die weiblich-passive, negative und dunkle Kraft (Thilo 1977, S. 17). Die N-S-Achse wird dadurch zur dominierenden Leitlinie der Stadt. An ihr ordnen sich die wichtigsten Gebäude an, die sich sämtlich nach Süden, d. h. zum Licht öffnen. Der Zugang zur Stadt erfolgt über 12 Tore mit dem Haupttor im Süden, entsprechend den zwölf Monaten eines Jahres (Taubmann 1992, S. 110). Das Zentrum ist dem Palast des Herrschers vorbehalten, der von einer gesonderten Mauer umgeben ist. Darin kommt zum Ausdruck, dass der Herrscher als „Sohn des Himmels" die Spitze der hierarchischen konfuzianischen Gesellschaft einnimmt. Neben dem Palast heben sich einzelne Tempel und Pagoden von der ansonsten überwiegend ebenerdigen oder allenfalls zweigeschossigen Bebauung ab (Schmitthenner 1930). Die soziale Abstufung der Stadtbewohner drückt sich nicht nur in einer wachsenden Distanz ihrer Wohnbereiche zum Palast aus, sondern auch in der Abfolge vom größeren zum geringeren *yang*-Einfluss. Marktgebiete bleiben auf Bereiche im Norden des Palastes beschränkt, was mit der niederen gesellschaftlichen Stellung der Kaufleute zusammenhängt, die als unproduktiv gelten, weil sie nur mit Waren anderer Bevölkerungsgruppen handeln (Taubmann 1993, S. 423).

In der Realität ist das kosmische Prinzip der Stadtgestaltung selten in reiner Form zur Anwendung gekommen. Häufig wird es überlagert von der Asymmetrie des menschlichen Körpers, der nur vorn Augen hat. Der herausgehobene Platz in der Stadt und damit der Palast des Herrschers rückt dann an den Nordrand: So liegt der dunkle Raum des *yin* im Rücken, und der Blick geht in Richtung des bevorzugten Südens. Als Prototyp einer so geordneten Stadt gilt *Changan* (heute *Xian*), die um 600 n. Chr. gegründete Hauptstadt der *Sui-Dynastie* (Thilo 1977; Wu 1986; Abb. 18): Die Mauer umschließt eine Fläche von 9,7 km x 8,6 km, ohne dass dabei Rücksicht auf das Relief genommen wird. Der Kaiserpalast lehnt sich unmittelbar an die Nordmauer

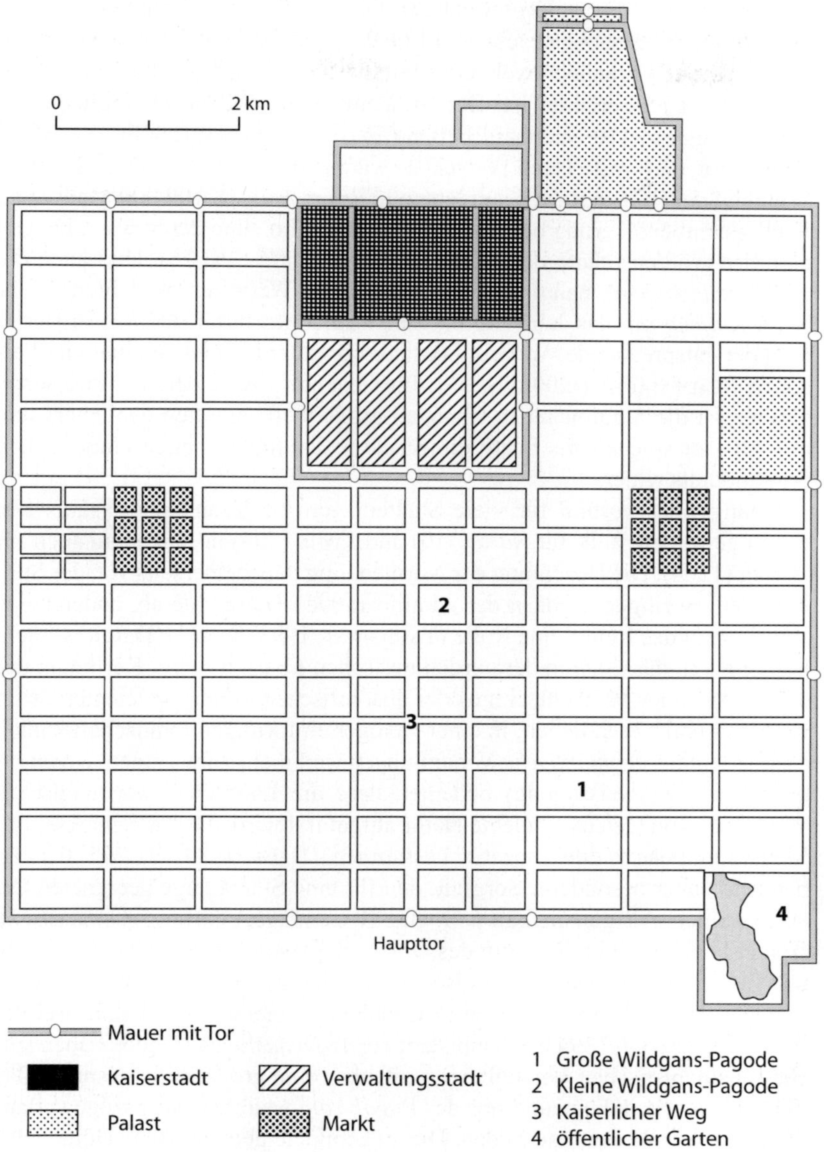

Abb. 18: Changan als Prototyp der traditionellen chinesischen Stadt
Quelle: Skinner (1977); Thilo (1977)

an. Dadurch ist im Norden kein Platz für den Markt, für den deshalb Flächen im Osten und Westen vorgesehen sind, während südlich des Palastes die Verwaltungsstadt (Kaiserstadt) anschließt. Die symmetrische Stadtanlage wird vom Straßennetz nachgezeichnet: 14 O-W-verlaufende Straßen stehen 11 in N-S-Richtung gegenüber, wobei die Mittelachse besonders breit und auf den Kaiserpalast ausgerichtet ist. Der Straßenverlauf gibt die Untergliederung von Changan in 110 Nachbarschaften (*fang*) vor, die ursprünglich ebenfalls ummauert und mit Toren versehen waren (EBERHARD 1956, S. 261). Während der Blütezeit der Stadt lebten in jedem *fang* ca. 100.000 Menschen. Die Gesamtbevölkerung belief sich auf etwa 1 Mio., und damit war Changan eine der größten Städte der Welt (TREWARTHA 1952, S. 76). Und auch die *Bevölkerungsdichte* nahm bereits extrem hohe Werte an: So lebten in der Stadt *Kaifeng* um das Jahr 900 bis zu 51 Personen auf 1.000 m^2; in Berlin liegt der entsprechende Wert ein Jahrtausend später bei nicht einmal vier Personen (RADEMACHER 2002, S. 53). Im Gegensatz zu anderen chinesischen Städten ist die Stadtmauer in Changan größtenteils erhalten geblieben, und die Altstadt spiegelt bis heute die Struktur des traditionellen chinesischen Stadtmodells wider.

Changan ist Vorbild für viele Stadtanlagen im gesamten ostasiatischen Raum geworden, z. B. für *Nara* (710) und *Kyoto* (794) in Japan und auch für *Peking* (1264). Die Beachtung der Normen hing dabei einerseits von der Stellung der jeweiligen Stadt in der administrativen Hierarchie ab, andererseits spielte auch das Relief eine Rolle (TAUBMANN 1993, S. 423). Damit ist nicht nur gemeint, dass sich in der nordchinesischen Ebene als dem Kernraum der chinesischen Kultur rechteckige oder quadratische Grundrisse leichter als im Bergland realisieren ließen; in einer weniger einförmigen Landschaft kamen darüber hinaus *geomantische* Vorstellungen weit mehr zum Tragen. *Geomantie* (griech. Erdweissagung) bedeutet, dass die Landschaft als magisches Wesen, als von Geistern belebte Natur aufgefasst wird, die das Schicksal des Menschen positiv oder negativ bestimmen (DEGE 1984, S. 275 ff.). Es bedurfte daher besonderer Sorgfalt, den für eine Stadtanlage geeigneten Ort auszuwählen. Als günstig galt z. B. eine Beckenlage, eine sog. *geomantische Höhle*: Hier taucht ein in Form des Drachens personifizierter Gebirgszug ab, und Lebensenergie tritt aus dem Boden. Damit diese nicht vom Wind weggetragen wird, sollte die Stadt von Bergrücken allseits geschützt sein. Bei der Anlage von *Seoul*, 1394 als Hauptstadt der *Yi-Dynastie* gegründet, haben solche schamanistischen Vorstellungen offenbar eine große Rolle gespielt. Das Zentrum der Stadt liegt am Fuße des *Pugak-san*; weitere Gebirgszüge verlaufen im Osten, Westen und Süden. Die so gebildete geomantische Höhle wird vom *Kyongbok*-Palast und der sich südlich anschließenden Verwaltungsstadt eingenommen. Im Gegensatz zum kosmischen Prinzip ist der Mauerring harmonisch in die Landschaft eingefügt, und auch die symmetrische Anlage ist stark abgewandelt. Die N-S-Achse, die auf den Palast zuläuft, ist weit nach Westen verschoben. Dadurch steht mehr Fläche in der höher bewerteten, vom *yang*-Einfluss bestimmten O-Richtung zur Verfügung, wo die Wohnviertel der höheren Regierungsbeamten liegen und auch die konfuzianische Universität ihren Sitz hat. Hier wie in anderen Städten wohnen untere Schichten eher randlich und in der Nähe der Mauern bzw. im weniger hoch bewerteten Westteil.

4.4 Mesoamerika

Auch in Mesoamerika, hierunter fasst man die durch gemeinsame Geschichte und Kultur verbundenen Räume Zentral- und Südmexiko sowie weite Teile Zentralamerikas zusammen, entstanden im Verlaufe der Domestizierung von Tieren und der Anlage von Feldern und Gärten seit dem 4. Jt. v. Chr. Dörfer mit Grubenhäusern, die dauernd bewohnt wurden. Eine der ersten Siedlungen, die ihren dörflichen Charakter verlor, war um 1100 v. Chr. *San Lorenzo* an der karibischen Küste Mexikos. Die Siedlung unterschied sich sowohl in ihrer Größe mit einer Dauerbevölkerung von etwa 1.000 Menschen als auch in ihrer Funktion als religiös-zeremonieller Kern von ihrem Umfeld. Der *vorolmekischen* Kultur zuzurechnen, veränderten und gestalteten die Menschen den von ihnen bewohnten Hügel, indem sie kleine Pyramiden und steinerne Großskulpturen errichteten. Die Pyramiden waren um eine *plaza* oder einen Zeremonialplatz angeordnet, der für alle späteren Städte Mesoamerikas typisch werden sollte (PLOETZ 2000, S. 1254). Bereits um 900 v. Chr. wurde die Siedlung jedoch wieder aufgegeben.

Zeitgleich entstand im Hochtal von Mexiko die Stadt *Cuicuilco*, die bereits 20 ha Grundfläche umfasste und Bewässerungsanlagen besaß. Ihr Mittelpunkt war eine Rundpyramide. Infolge eines Vulkanausbruchs um 150 v. Chr. musste die Bevölkerung fliehen. Viele dieser Menschen zogen nach *Teotihuacán*, das zu jener Zeit etwa 2.000 Ew. hatte und aufgrund von Obsidianvorkommen eine gewisse regionale Bedeutung aufwies. Um 100 n. Chr. schätzt man die Bevölkerung bereits auf etwa 60.000, 200 n. Chr. auf 125.000 Menschen. Der Entwicklung der Stadt scheint ein *Bebauungsplan* zugrunde gelegen zu haben. Der Grundriss zeichnete sich aus durch rechtwinklige Straßenführung, die 57 m breite Blocks abgrenzte. Insgesamt nahm die Stadt 200 n. Chr. eine Fläche von 22 km^2 ein. Die N-S-Achse war als sog. „Straße der Toten" Hauptprozessionsweg und verband in seiner Länge von über 6 km die wichtigsten religiösen Monumente (CARTER 1983, S. 16). Mittelpunkt der Stadt war die Kreuzung der N-S und O-W-Hauptachsen. Hier befanden sich das Verwaltungszentrum, der Hauptmarkt und ein wichtiger Tempel. In kleinerem Maßstab existierten über die gesamte Stadt verteilt 23 weitere Tempelkomplexe. Neben den auffälligen Palästen mit Innenhöfen und Nebengebäuden, von deren Flachdächern Regenwasser über Wasserspeicher und Abflussrohre in ein Kanalisationssystem geleitet wurde, wohnte ein Teil der

Bevölkerung in eingeschossigen, aus Stein gebauten *Mehrfamilienhäusern*. Diese besaßen zwischen 50 und 200 Räume, die jeweils einen Straßenblock einnahmen und sich zu einem Innenhof hin öffneten. Hiervon gab es etwa 2.300 Wohnkomplexe, in denen im Durchschnitt etwa 100 Personen wohnten (STUART 2003). Die Belegung innerhalb der Komplexe zeichnete sich durch ethno-berufliche Spezialisierung aus (SOUTHALL 1998, S. 48). Die funktionale Differenzierung der Stadt ähnelte damit den sehr viel später aufkommenden *Handwerkergassen* im mittelalterlichen Europa (PLOETZ 2000, S. 1257). Zur städtischen Peripherie hin, wo die breite Masse der Arbeiter wohnte, nahm die Bauqualität der Häuser ab. Zudem scheinen auch Ausländer in einzelnen Vierteln konzentriert gelebt zu haben. *Teotihuacán* fungierte als Zuzugsmagnet für die ländliche Bevölkerung, weshalb im Umfeld keine anderen Städte von Bedeutung entstanden. Die politische und wirtschaftliche Stabilität dieses Stadtstaates kommt darin zum Ausdruck, dass er bis in das 7. Jh. n. Chr. seine große Einwohnerzahl halten konnte. Es bildeten sich jedoch neue Machtzentren heraus, wie *Monte Alban* oder *Tikal*, das um 800 auf einer Fläche von 16 km^2 ca. 10.000 Ew. zählte. Hier fehlte die enge Bebauung wie in *Teotihuacán*. Das Zentrum der Stadt war von Tempeln und Palästen geprägt, die sich zu einem geschlossenen Verwaltungskomplex zusammenfügten. Die Stadt selbst war von einer Mauer umgeben, die die militärische Gefährdung zum Ausdruck brachte. Der Niedergang der Stadt bereits um 850 wird vor allem auf ökologische Gründe zurückgeführt, weil zu intensive Landwirtschaft die Böden ausgelaugt hatte und infolge von Missernten die Ernährung der Bevölkerung nicht mehr sichergestellt war (vgl. WILHELMY 1981).

Eine neue mittelamerikanische „Megastadt" sollte sich erst im 14. Jh. unter dem Einfluss der Azteken herausbilden, als diese *Tenochtitlán* – ca. 40 km Luftlinie vom früheren *Teotihuacán* entfernt – zu ihrer Hauptstadt ausbauten. Auf einer Insel im *Texcoco*-See gelegen, war die Stadt regelmäßig angelegt und verkehrlich durch Kanäle erschlossen. Sie umfasste 60.000 Feuerstellen (=Häuser) für ca. 300.000 Ew. (nach NEWIG 1977, S. 255 schwankte die Bevölkerung zwischen 60.000 und 300.000 Personen). Der zentrale Platz war von Tempeln und Palästen geprägt, auf den die über Dämme geführten Hauptstraßen aus Norden, Westen und Süden zuliefen. Wo die Straßen auf das Festland mündeten, entwickelten sich *Vorstädte*. Die gesamte Stadt war in Quartiere für insgesamt 20 Stämme untergliedert, die neben ihren eigenen Zentren das Zentrum in der innersten Stadt gemeinsam nutzten. Die infrastrukturelle Ausstattung zeichnete sich durch zwei Aquädukte aus, über die Trinkwasser in die Stadt geleitet wurde (EGLI 1962, S. 418 ff.). Die Stadt besaß viele öffentliche Plätze, auf denen Waren jeglicher Art angeboten wurden. Die Landwirtschaft der näheren Umgebung stellte sich hierauf ein und produzierte vor allem frisches Gemüse oder auch Blumen (SCHMIEDER 1962,

S. 140 f.). Trotz der Zerstörung der Stadt im Jahre 1521 durch spanische Eroberer zeichneten aztekisch angelegte Grundmuster wie Baublöcke und Straßenverläufe den späteren spanischen Wiederaufbau vor (NEWIG 1977).

Auch in Südamerika finden sich noch heute Reste früher Stadtentwicklungen. Eine der bekanntesten Anlagen ist *Cuzco*, die als Hauptstadt des Inkareiches fungierte und deren Ursprünge in das 10. und 11. Jh. zurückreichen. Die Stadt liegt in einer Höhe von 3.500 m in einem fruchtbaren Hochtal, in dem sich vier Hauptstraßen aus den vier Reichsteilen kreuzten. Die Stadtfläche umfasste ca. 40 ha dicht bebauten Areals und wurde von einer die Stadt überragenden Festung geschützt. Der unregelmäßige Stadtgrundriss ist der Form eines Pumas nachempfunden, in dessen Kopf die Festung und in dessen Körper die Unterstadt wiederzuerkennen sind. Schätzungen gehen dahin, dass zur Blütezeit im Zentrum der Stadt ca. 20.000, an der Peripherie 50.000 und im Umfeld weitere 80.000 Menschen lebten. Tempel, Paläste und Plätze gliederten das Zentrum, das von einem Ring von Vorstädten umgeben war, in denen Arbeiter und Zwangsverpflichtete wohnten, womit zugleich eine soziale (zentral-periphere) Ausdifferenzierung zum Ausdruck kam (WURSTER 2000).

5 Der Wandel der präindustriellen Stadt am Beispiel Europas

Am Beispiel Europa wird die *Stadtentwicklung* von der Antike bis zur einsetzenden *Industrialisierung* zu Beginn des 19. Jhs. diskutiert. Vermittelt werden grundlegende Stadtbegriffe, die aus der Struktur der antiken griechischen und römischen Stadt herleitbar sind. Welche *Bauideologien* – von denen sich einige bis in die heutige Stadtplanung und Bauarchitektur erhalten haben – standen dahinter?

Nach einer Phase des städtischen Verfalls setzte in mittelalterlicher Zeit eine neue Dynamik städtischer Entwicklungen ein, wobei nicht nur Strukturen oder Funktionen, sondern auch das Ausmaß von *Urbanität*, zunehmende Spezialisierung von Städten im Rahmen ihrer zentralen Einrichtungen und Vernetzung von Städten untereinander Berücksichtigung finden. Zusammengefasst werden diese Ergebnisse zu sog. *Städtetypen*. Das Kapitel schließt mit einer modellhaften Charakterisierung der *„präindustriellen" Stadt*.

5.1 Städte der Antike

5.1.1 Griechische Stadt

Seit der ersten Jahrtausendwende v. Chr. ist die Herausbildung von Städten im griechischen Einflussgebiet archäologisch nachweisbar. *Alt-Smyrna* im ionischen Kleinasien war zunächst die einzige bekannte Stadt, die im 9. Jh. v. Chr. eine Mauer besaß. Die verbesserte Qualität der Wohnhäuser und die Einführung rechtwinkliger Grundrisse ermöglichten bis in das 8. Jh. v. Chr. eine bauliche Verdichtung hin zu größeren Stadtanlagen (PLOETZ 2000, S. 121). Wirtschaftliche Basis der Städte (*polis*) war die Landwirtschaft, die im Umland und in der Regel noch zum Territorium der *polis* gehörend, betrieben wurde. Stadt und Territorium (*chora*) bildeten eine weitgehend autarke wirtschaftliche Einheit, wobei die Stadt als Marktflecken für die im Umland produzierten Güter fungierte. So waren Städte zugleich Stadtstaaten, in denen nur Vollbürger Eigentums- und Besitzrechte hatten. Wichtiger als die Summe ihrer Bauten war die *polis* im ursprünglichen Sinne eine politische Organisation gleichberechtigter Bürger (PEKÁRY 1985, S. 82).

In baulicher Hinsicht lassen sich zwei Phasen unterscheiden, die bis ca. 480 v. Chr. und zwischen 480-335 v. Chr. zu datieren sind. Die frühen Städte besaßen noch keine geometrische Form, weil ihre bauliche Gestalt häufig bereits gegeben war, ehe Griechen als Kolonisatoren und Eindringlinge im Mittelmeer- und Schwarzmeerraum auf der Suche nach Land und Nahrung ihren kulturellen Einfluss gegenüber fremden Völkerschaften geltend machten. Zuweilen fassten sie ältere Dörfer zu Städten zusammen, sicherten sie durch Mauern und statteten sie mit zentralen Einrichtungen der Politik, Wirtschaft und Kultur aus. Im Zentrum befanden sich die *agora* (Marktplatz) und öffentliche Versammlungsgebäude wie der *buleuterion* (Sitz des Stadtrates). Andere Ausstattungselemente der Stadt waren das *gymnasion* als Schule zur Ausbildung von Körper und Geist, das *Theater* und das *Stadion*. Waren Städte in einer sog. Burglage entstanden (*akropolis*), wurde dieser Bereich im Zuge der Stadterweiterung als „heiliger Bezirk" ausgebaut (HOTZAN 1997, S. 25). Künstlerische Raumvorstellungen spielten noch keine Rolle, sei es bei der Anlage von Plätzen oder von Straßen, die aus Fußwegen hervorgingen und einen unregelmäßigen Verlauf in Anpassung an die Geländesituation aufwiesen (EGLI 1959, S. 169).

Ein wichtiger Einschnitt für den Städtebau war die Zerstörung von *Milet* und die Deportation ihrer Bevölkerung 494 v. Chr. im Verlauf der Perserkriege. Der Neuaufbau wurde seit 479 v. Chr. nach den Grundsätzen des *hippodamischen Prinzips* (benannt nach HIPPODAMUS VON MILET) vorangetrieben. Die Besonderheit dieses Prinzips liegt dabei in der konsequenten Umsetzung eines regulierten Grundrisses. Frühere planmäßige Stadtanlagen wie das ägyptische *Heliopolis* mögen den Griechen als Vorbild gedient haben (HOFMEISTER 1994, S. 48). Dieser *Stadttyp* lässt sich nach EGLI (1959, S. 169ff.) folgendermaßen charakterisieren (vgl. Abb. 19):

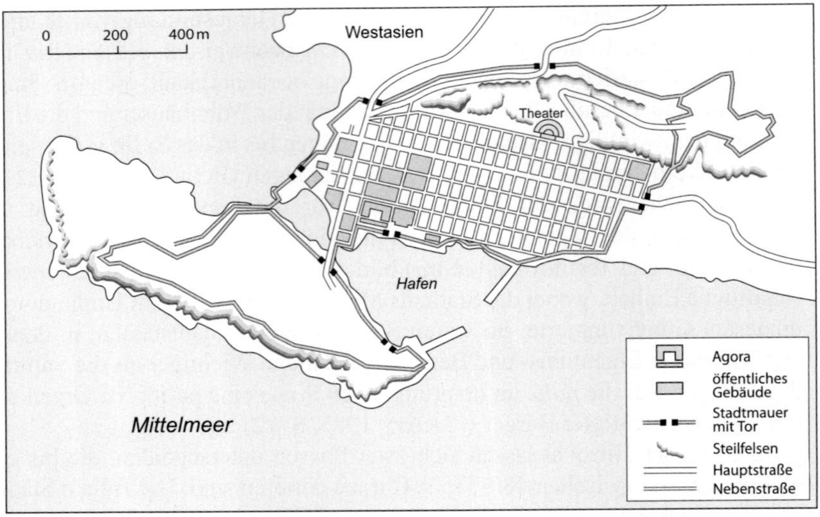

Abb. 19: Die griechische Stadt Knidos
Quelle: HOTZAN (1997)

1. Die Städte waren häufig *Hafenstädte* und hatten eine *Südhanglage*. Im Falle der Stadt *Knidos* wurde eine vorgelagerte Insel genutzt, um ein geschütztes Hafenbecken anzulegen und von den Windbedingungen bestmöglich zu profitieren. Stadttheoretiker wie HIPPOKRATES in seiner Schrift *„Luft, Wasser und Lage"* haben sich ab 400 v. Chr. der Frage einer „optimalen" Ausrichtung der Stadt angenommen. HIPPOKRATES kam zu dem Ergebnis, dass die Stadt am besten nach Osten, allenfalls nach Norden hin zu orientieren sei und beschrieb zudem die Auswirkungen des Standorts auf den Charakter der Bevölkerung.
2. Der Umriss der Stadt unterlag *keinen geometrischen Vorgaben*. Die Stadtmauer nutzte in ihrem Verlauf die Topographie aus und engte die bebaute Stadt nicht ein. Die Mauer schützte Stadt *und* Land.
3. Der Straßengrundriss war als *Rechteckraster* festgelegt. Es ergaben sich hieraus in der Regel *Baublöcke* zwischen 40-50 m und 80-90 m Seitenflächen. Diesen Baublöcken wurden im Sinne einer funktionalen Trennung *Nutzungen* wie Wohngebäude, öffentliche oder militärische Einrichtungen zugewiesen.
4. *Hauptstraßen* waren zwischen 9 und 11 m, *Wohnstraßen* zwischen 4,5 und 6 m breit. Die Hauptstraße verlief normalerweise vom West- zum Osttor.

Abweichungen vom strikten Schachbrettmuster gab es nur dort, wo ältere Vorgaben persistent wirkten oder das Terrain sehr uneben war.

5. Im System des Schachbrettmusters wurden – nicht unbedingt im Zentrum der Stadtanlage – zwei bis sechs Baublöcke ausgespart, um hier einen Marktplatz (*agora*) anzulegen. Andere Plätze existierten im Inneren einzelner Tempelbezirke (*temenos*), die sich in der Nähe der *agora* möglicherweise nach optisch-ästhetischen Gesetzen von Harmonie und Überschaubarkeit anordneten.
6. Wohnhäuser entwickelten sich zu einer Art *Gehöft*, dessen Hof als *peristyl* (Säulenhof) ausgebaut wurde. Auch bei öffentlichen Bauten spielten *Säulenhallen* eine große Rolle. Sie spendeten Schatten, schützten vor Regen, fungierten als Wandel- oder Verbindungsgänge bzw. begrenzten Plätze oder Straßen in repräsentativer Weise.

Metropole seiner Zeit war *Athen*, das im 5. Jh. v. Chr. ca. 100.000 Ew. hatte (Tietze 1968-72, Bd. 1, S. 257). Unter Berücksichtigung von sog. Fremden und Sklaven mag die Zahl auch deutlich höher gelegen haben (Ploetz 2000, S. 148). Die Stadtmauer von ca. 6,5 km Länge umschloss etwa 215 ha.

Ende des 4. Jh. v. Chr. änderten sich mit der Unterwerfung Griechenlands durch Alexander den Großen und der Einführung der Monarchie die politischen, wirtschaftlichen und kulturellen Rahmenbedingungen für den Städtebau. Inbegriff der *hellenistischen Stadt* wurde *Alexandria*. Die Stadt besaß eine O-W- und eine N-S-Hauptstraße, die mit ihren Parallelstraßen das bekannte Schachbrettmuster im Straßengrundriss bildeten. Die Richtung der Straßen war so angelegt, dass die *Etesien* (Sommernordwinde) als kühle Winde vom Meer durch die Straßen wehen konnten (Hemberger 2000, S. 52). Eine größere Bedeutung als zuvor erlangten die militärischen Befestigungen (Stadtmauer), deren Umriss regelmäßiger (rechteckig, quadratisch) wurde. Im Falle Alexandrias umschlossen sie im 1. Jh. v. Chr. 900 ha und boten Platz für bis zu 200.000 Menschen. Die Städte selbst zeugten von *Prachtentfaltung* bei der Anlage von Straßen, Plätzen und öffentlichen Gebäuden wie Bibliotheken, Rhetorenschulen oder Sportanlagen. Die gesteigerte Nachfrage nach Skulpturen und Baumaterialien führte zu *Massenproduktion*. Lokale Standortbesonderheiten wie persische oder jüdische Kultgebäude, Bazar-Straßen oder Kaufhöfe (*han*), aber auch ganze Wohnviertel fremder Ethnien wurden in die hellenistische Stadt baulich einbezogen. Allein die räumliche Ausdehnung des alexandrinischen Reiches bis weit in den Mittleren Osten machte es notwendig, nicht-griechische Bevölkerungsgruppen in die eigene Kultur zu integrieren. Nicht nur die horizontale Ausdifferenzierung der Stadt machte Fortschritte, sondern infolge der Neuentstehung der Monarchie auch die vertikale. Palastbauten auf beherrschenden Höhen, Terrassen und monumentale Aufgänge drückten zugleich den sozialen Aufbau der Stadt von unten nach oben aus (Egli 1959, S. 231). Vernetzt waren diese Städte im Gegensatz zu den früheren griechischen Hafen-Stadtstaaten nicht mehr über das Meer, sondern über Straßen. Viele lagen im Binnenland und kontrollierten militärisch und wirtschaftlich den Überlandverkehr und die Bodenressourcen.

5.1.2 Römische Stadt

Der römische Städtebau entwickelte sich mit der Ausweitung der politischen, militärischen und wirtschaftlichen Macht Roms. Man griff hierbei auf ältere etruskische und griechisch-hellenistische Traditionen zurück, ehe auch im engeren Sinne römische Innovationen hinzukamen. Diese zeigen sich insbesondere in den *Riten der Stadtgründungen*:

1. *inauguratio*: Der Standort wurde durch Vorzeichen festgelegt, z. B. durch Prüfung tierischer Eingeweide, die sofern sie gesund waren, auch für die Einwohner Gesundheit erwarten ließen.
2. *limitatio*: Festgelegt wurden die äußere Grenze und die innere Struktur der Anlage.
3. *orientatio*: Es wurde die Richtung des decumanus (O-W-Hauptstraße) festgelegt.
4. *consecratio*: Die Stadt wurde geweiht und unter den Schutz der Götter gestellt. Standortwahl und Flächennutzungsplanung wurden damit kodifiziert.

Neben dieser religiösen Wurzel war es das militärische Denken, das zur Vereinheitlichung städtischer Entwicklungen im Römischen Reich führte. So lässt sich das römische Heereslager (*castrum*) wahrscheinlich von den rechteckigen hellenistischen Militäreinrichtungen herleiten. Das Kastrum wurde zum Nukleus einer jeden römischen Stadtgründung. Carter (1983, S. 27 f.) charakterisiert diese Anlage anhand folgender Eigenschaften (vgl. Abb. 20):

1. *Orthogonalität*: Typisch für die innere Struktur ist eine *hippodamische*, schachbrettartige Auslegung der Straßen bzw. Baublöcke, die eine N-S bzw. W-O-Orientierung besaßen. Herausgehoben aus diesem Muster waren zwei Hauptstraßen, die als *cardo* vom Nord- zum Südtor und als *decumanus* vom West- zum Osttor verliefen.
2. *Rechteckigkeit*: Im Gegensatz zu dem unregelmäßigen, an landschaftliche Verhältnisse angepassten Verlauf von Wallanlagen griechischer Städte plante man das Kastrum als quadratische oder rechteckige Anlage. Hieraus ergab sich eine effiziente Kombination von Bauleistungen und Verteidigungsbereitschaft.
3. *Fokussierung*: *Cardo* und *decumanus* trafen sich in der Mitte des Kastrums. Weil der Westen als Seite des Sonnenuntergangs als unheilvoll galt, fehlte manchmal das Westtor, sodass der *cardo* erste und der *decumanus* zweite Hauptstraße war (Egli 1959, S. 279). Am Schnittpunkt der bei-

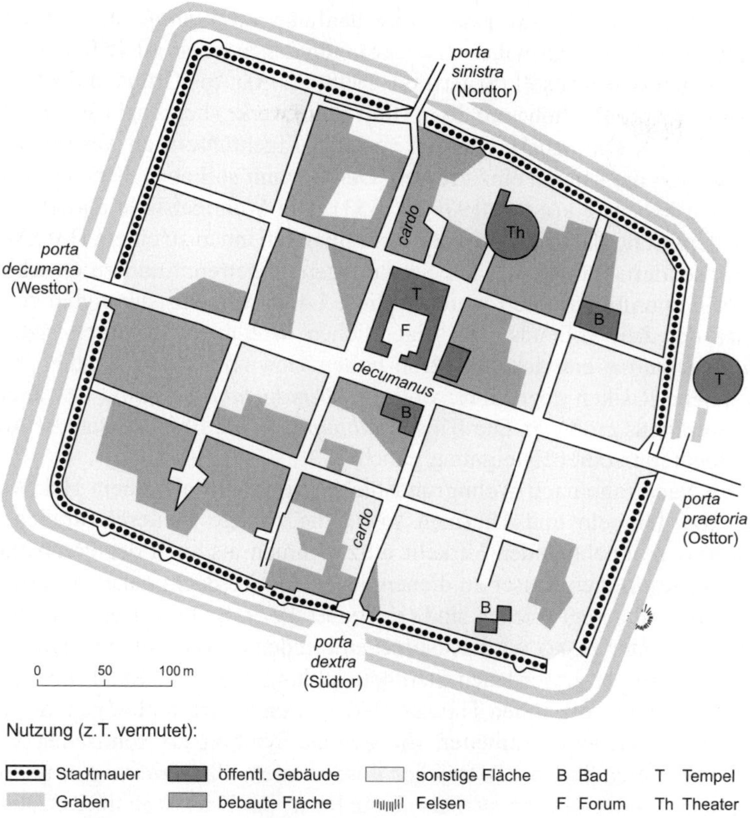

Abb. 20: Die Römerstadt Venta Silurum (Caerwent)
Quelle: Hotzan (1997)

den Hauptstraßen lagen das römische Forum, Gerichtsgebäude, *Quästorium* (Finanz-/Steuerbehörde) und andere öffentliche Einrichtungen, um als Symbole der römischen Macht und militärischer Disziplin zu wirken.

Die zivilen Anlagen (*canabae*) lagen vor den Toren der Militärlager. Hier entfaltete sich das eigentliche städtische Leben in Form von Gaststätten, Verkaufseinrichtungen und Theatern. Baupolizeiliche Verordnungen verhinderten zunächst eine ungeregelte Städteexpansion. Vorgeschrieben waren z. B. der *Mindestabstand* einer Bebauung von der Besitzgrenze, wodurch sich Zwischenwege ergaben, oder aber die Art und Weise von Hausreparaturen. Städte wurden zum Zuzugsmagneten für die unterschiedlichsten Gruppen vom Land, für (Kriegs-) Flüchtlinge oder Glücksritter. Sie suchten Zuflucht und Verdienstmöglichkeiten in einer zunehmend anonymisierten Lebenswelt, wie man sie erst wieder im 19. Jh. der (Früh-) Industrialisierung kennenlernen sollte. Ergebnis war eine starke bauliche *Verdichtung*. Es entstanden mehrgeschossige Mietshäuser (*insulae*), von denen es bis zu 45.000 allein in Rom gegeben haben soll (SOUTHALL 1998, S. 73). Aus Gründen der Sicherheit wurde ihre Bauhöhe auf 20 m (fünf Stockwerke) begrenzt (SCHNACKERS 2003, S. 27). Die *insulae* wurden von den Eigentümern an Verwalter verpachtet, um die Mieten einzutreiben. Der Gewinn soll etwa 30% der Mieten betragen haben (KRÖNERT 1979, S. 353). Die Wohngebäude änderten sich auch dergestalt, dass sie sich nicht mehr nur nach innen zu einem Hof hin öffneten, sondern Räume, die zur Straße lagen, abgetrennt und zu Geschäften (*tabernae*) umfunktioniert wurden. Diese Läden verselbstständigten sich im Laufe der Zeit vollends vom eigentlichen Wohnhaus, wodurch sich *Geschäftspassagen* entwickelten. Den hohen Gewinnchancen standen jedoch erhebliche Risiken gegenüber, weil die *Brandgefahr* aufgrund des leichten Fachwerkbaus groß war. Die *Wiederaufbaupflicht* bei Bränden kam bei weniger Begüterten einer Enteignung gleich.

Die Nachfrage nach Wohngrundstücken von mehr als einem Hektar, der Bau von Tempeln und Thermen sowie die Anlage breiterer Straßen, um sowohl den zunehmenden Verkehr aufzunehmen als auch der Prachtentfaltung der römischen Kaiser zu dienen, legen den Verdacht nahe, dass Brände auch bewusst gelegt worden sind (KRÖNERT 1979, S. 351). Der große Brand von Rom unter NERO wird entsprechend gedeutet, um auf den Trümmern einer chaotischer gewordenen Stadtentwicklung eine neue Stadt (*urbs nova*) zu errichten. Es entstanden Theater, Bäder, Arenen, Triumphbögen und Tempel für verschiedene Gottheiten, die sich als Symbole der römischen Macht auch in anderen Teilen des Reiches durchsetzten. *Wasserleitungen* und eine *Kanalisation* wurden gebaut. Das „Erste Rom" der Kaiserzeit im 2./3. Jh. entwickelte sich zu einer Weltstadt mit bis zu 1 Mio. Ew. (TIETZE 1968-72, Band 3, S. 1063), die eine ausgeprägte soziale Ausdifferenzierung in Kleinbürger, Kleinhändler, Ladenbesitzer und städtisches Proletariat erlebte. Andere Quellen kommen „nur" auf bis zu 700.000 Personen, weil die Hälfte der zugrundegelegten Fläche unbewohnt und aus topographischen Gründen vielfach auch unbebaubar war (WEGNER 1985, S. 107). Je mehr sich die Städte ausbreiteten, um so eher ging das Prinzip der Regelmäßigkeit verloren und löste sich in den Vorstädten, was *limitatio* oder *orientatio* anbelangte, vollends auf (EGLI 1959, S. 281). Es entstanden *Elendsviertel*, in denen die Menschen ohne Licht, Wasser, Wärme oder sanitäre Entsorgung leben mussten (vgl. THÜRY 2001). Die Lebenserwartung war niedrig, und Hunderttausende mussten von staatlicher Seite mit kostenlosen Lebensmitteln versorgt werden. Einen besonders lebendigen Eindruck, wie das Alltagsleben in einer römischen Stadt ablief, ergibt sich aus den Ausgrabungen in Pompeji, das 79 n.Chr. infolge des Ausbruchs des Vesuvs einerseits zerstört, andererseits aber bis in die Gegenwart konserviert worden ist (DICKMANN 2002).

Fast über ganz Süd- und Westeuropa (v. a. Gallien, Iberische Halbinsel, Britannien) breitete sich die römische Stadtkultur in Form von etwa 2.000 Städten als Neugründungen oder als Überprägungen älterer Siedlungen aus. Diese erfolgten

- als *Kolonien*, in denen die Einwohner die römische Bürgerschaft (z. B. Landzuweisung an Veteranen) besaßen,
- als *Romanisierung* der *oppida* einheimischer Bevölkerungen,
- als *militärische Einrichtungen*, die zivile Ansiedlungen nach sich zogen (Carter 1983, S. 32).

Durch die Römer wurde vielerorts das *städtische Fundament* begründet, auf dem die nachrömischen Stadtentwicklungen aufbauen konnten, wie es im deutschsprachigen Raum für Köln oder Trier der Fall war. Dennoch blieben die Städte in ihren Funktionen nach heutigen Maßstäben räumlich isoliert. Der Reichtum der Städte basierte lediglich auf dem nächsten Umland. Landtransport war langwierig und teuer, sodass nur wenige Städte als Handelsplätze fungierten. Wichtiger waren diese Städte als Wohnorte der Grundbesitzer, als lokale Märkte und Verwaltungszentren, die über das gut ausgebaute römische Straßennetz Instruktionen aus der Hauptstadt bekamen und als Schaltstelle zwischen Rom und Reich wirkten (Ploetz 2000, S. 270). Die Folgen der Völkerwanderung zerstörten dieses Städtenetz, und die Stadt Rom fiel auf weniger als 50.000 Ew. im 6. Jh. zurück.

5.2 Mittelalterliche Stadt

5.2.1 Städteexplosion

Seit dem Niedergang des Römischen Reiches war Europa in seiner städtischen Entwicklung von Verfall und Stagnation geprägt. Städte verloren ihre angestammten Verwaltungs- und heidnischen Kultfunktionen. Plünderungen und kriegerische Zerstörungen als Auswirkungen der Völkerwanderung sowie die Nutzung antiker Bausubstanz als Steinbrüche für Instandsetzung und Bau neuer Häuser verwandelten ursprüngliche Metropolen in unbedeutende Siedlungen.

Nicht die Verstädterung, sondern der Prozess der *Verländlichung* sollte vom 6.-10. Jh. vor dem Hintergrund einer zunehmenden territorialen Konsolidierung und Christianisierung das soziale Leben bestimmen. Vielerorts – wie im Oströmischen Reich – entstanden Probleme aus der Freibeweglichkeit landwirtschaftlicher Arbeitskräfte und dem Mangel an Sklaven, sodass für einzelne Berufszweige der *Erbzwang* eingeführt bzw. landwirtschaftliche Kräfte „an die Scholle“ gebunden wurden, damit sie vor Ort immer verfügbar blieben. Hieraus entwickelte sich eine rigide soziale Schichtung der Gesellschaft nach Ständen, deren Überschreiten in der mittelalterlichen Christenheit als Kapitalverbrechen angesehen wurde (Le Goff 1970, S. 71). Die sog. *Dreiständelehre* war seit Anfang des 11. Jh. in England und Frankreich allgemein akzeptiert und differenzierte die Bevölkerung nach Funktionen: zum Beten (*Klerus*), zum Kriegsdienst (*Adel*), zum Arbeiten (*„Dritter Stand“*).

Erst im 9. und 10. Jh. konsolidierten sich neue Machtstrukturen, die im Norden Europas wikingerzeitliche Handelsplätze entstehen ließen. *Birka* in Schweden, *Kaupang* in Norwegen und vor allem *Haithabu* im heutigen Schleswig-Holstein wurden als sog. *Wik-Orte* (Kaufmannsniederlassungen) angelegt. *Haithabu* ist unter den genannten Siedlungen die größte gewesen und zugleich die am besten erforschte. Sie lag in unmittelbarer Nähe zur heutigen Stadt Schleswig in geschützter Lage an der inneren Schlei. Umgeben war die Siedlung von einem Halbkreiswall, der eine dicht besiedelte Fläche von 24 ha umschloss. Sandiger Untergrund eignete sich gut als Baugrund. Vorgelagert war ein Naturhafen, der ohne Kaianlagen auskommen konnte und für die Wikingerschiffe mit niedrigem Tiefgang ausgelegt war (Zölitz 1987, S. 124). Das Siedlungsgelände wurde von einem Bach durchquert, der auch als Abwasserkanal diente. Die Trinkwasserversorgung wurde durch den Bau von *Brunnen* sichergestellt. Unterbrochen war der Halbkreiswall von insgesamt vier Öffnungen für den Bachdurchlass und für drei Tore nach Norden, Süden und Südwesten. Funktion der Wik-Orte war ihre Einbindung in einen (saisonweise) intensiver werdenden *Fernhandelsverkehr* (Capelle 1985, S. 113), der im Falle *Haithabus* von seiner strategisch günstigen Lage an einem Eckpunkt der sog. kimbrischen Landenge profitieren konnte. Hier war die Landenge nur 16 km breit und erlaubte einen profitablen Warenaustausch zwischen Ost- und Nordsee bis hin zur Rheinmündung. Umgeschlagen wurden sowohl Fertigwaren als auch Rohstoffe, die von Handwerkern in den Wik-Orten zu Exportartikeln verarbeitet wurden. Kaufleute und Handwerker waren damit die entscheidenden *Träger* der Siedlung (Capelle 1985, S. 116).

Typisch auch für andere Wik-(Markt-)Siedlungen wurde ihre Anlage am Ufer von Wasserwegen und am Fuße von Residenzen, Burgen oder Bischofssitzen. Vor allem *Bischöfe* sollten zum Wegbereiter städtischer Entwicklungen werden, weil ihnen bereits 325 im Konzil von Nicäa vorgeschrieben wurde, in Städten zu wohnen. Neben Bischofssitzen oder Klostergründungen waren aber auch weltliche Machtzentren wie *Kaiserpfalzen* Kristallisationskeime städtischer Siedlungen. Entweder handelte es sich um Neuansiedlungen, oder es lag ein *Siedlungskontinuum* zugrunde, das bis in die römische Zeit zurückreichte. Doch auch verkehrsgünstig gelegene Marktplätze und präindustrielle Bergbaustätten konnten Siedlungskerne für städtische Entwicklungen bilden (Hotzan 1997, S. 31). Deren Blüte hing vom Bevölkerungszuzug in der Regel aus dem ländlichen Raum ab, wodurch sich die Menschen der traditionellen Hörigkeit entziehen konnten, sofern sie sich ein

Jahr in der Stadt aufhielten und ihre bürgerlichen Pflichten erfüllten („*Stadtluft macht frei*") (VAVRA 1994, S. 11). Die neue Konzentration von Bevölkerung auf engstem Raum wurde auch möglich durch:

1. die *Intensivierung und Vergetreidung der Landwirtschaft*, insbesondere durch die (Wieder-)Einführung der römischen *Dreifelderwirtschaft* und die Verbesserung von Agrartechniken im 11. und 12. Jh. aufgrund des effizienteren Einsatzes von Pferden im Landbau, der Einführung des dreiteiligen Pfluges aus Eisen und der Verarbeitung des Getreides durch Wasser- und Windmühlen. Hinzu kam ein verändertes auf dem Christentum basierendes *Arbeitsethos*, das auf Produktivitätssteigerung zielte (HASSENPFLUG 2000, S. 23). Diese Veränderungen erlaubten es, eine immer größere Anzahl von Menschen in Städten zu ernähren.
2. die *Vergabe von Privilegien* durch den Stadtherrn, die den Bürgern ein *erhöhtes Maß an Freiheit* gewährten. Eine eigene *Gerichtsbarkeit* sah vor, dass alle Personen vor Gericht gleich zu behandeln waren. Im Laufe der Zeit ergab sich daraus aber die Gefahr, dass sich die städtischen Bürger zu sehr vom eigentlichen Stadtherrn (Adel, Klerus) emanzipierten.
3. *Sicherheit*, wie sie zur Ausübung von Handel und Handwerk innerhalb von *Stadtmauern* garantiert werden konnte. Städte waren hierdurch dem schutzlosen, zuweilen anarchischen Land überlegen.

Kennzeichen der mittelalterlichen Stadt waren damit sowohl funktionale, baulich-physiognomische als auch politisch-administrative Kriterien. Die frühen mittelalterlichen Städte waren zunächst eher klein und konnten wie im Fall Köln anfangs nicht einmal den ursprünglich ummauerten Bereich der alten Römerstadt ausfüllen. Dennoch wuchs die Stadt in ihrer Fläche binnen weniger Jahrzehnte von 96 auf 236 ha zu Beginn des 12. Jh. und auf ca. 400 ha im Jahre 1180 und war im Spätmittelalter mit ca. 40.000 Ew. die größte Stadt im Deutschen Reich. Straßburg als zweitgrößte Stadt umfaßte 193 ha, Lübeck 107 und München gar nur 90 ha (VAVRA 1994, S. 7). Im 14. Jh. existierten nur 10 Städte mit mehr als 20.000 Ew. Paris erreichte damals bereits mehr als 100.000 Ew. Die Ausbreitung der städtischen Kultur ging insbesondere von Flandern und Italien aus, wo sich zahlreiche größere Städte konzentrierten (z. B. Gent im 13. Jh. mit 644 ha und über 50.000 Ew.; PLANITZ 1997, S. 203). Im Regelfall zählten die Städte jedoch nur zwischen 2.000 und 10.000 Ew.; ihre räumliche Verteilung ist neben dem Fortwirken historischer Persistenzen, topographischen Vorzügen und verkehrlichen Gunstlagen auch aus dem Wettbewerb von Grundherren um ihre „eigenen" Städte zu erklären. Bis in das 14./15. Jh. hinein war das Städtenetz des vorindustriellen Europa und damit auch Deutschlands weitestgehend fixiert (POPP 2002, S. 80). Binnen 300 Jahren wurden mehr als 80% der heutigen Städte in West- und Mitteleuropa gegründet (HASSENPFLUG 2000, S. 22). Qualitative Kriterien wie städtische Verfassung, Privilegien, z. B. eigene Münze, Stadtsiegel und

Gerichtsbarkeit, oder die wehrhafte Ummauerung um eine Konzentrierung von Wohn- und Arbeitsstätten sagten jedoch nichts über die absolute Größe von Städten aus. Viele waren sogar beträchtlich kleiner als Bauerndörfer. Andere sog. *Minderstädte* konnten von ihrer Bevölkerung her größer sein, besaßen aber nur begrenzte städtische Privilegien und Funktionen. Von 138 Städten in Sachsen zählten 1550 48 weniger als 400 Ew., 52 Dörfer hatten hingegen eine größere Bevölkerung. Entscheidender Unterschied war, dass sich Städte im Gegensatz zu den Dörfern von landwirtschaftlicher Nutzfläche weitestgehend unabhängig machten und ihr Potenzial für ein Bevölkerungswachstum in der gewerblichen Wirtschaft fanden (BLASCHKE in JOHANEK 1997, S. 63).

5.2.2 Städtisches Leben

Kennzeichnend für das Leben in der mittelalterlichen Stadt war eine ausgeprägte *soziale Differenzierung*, die Möglichkeiten vertikaler Mobilität fast nur in der Form eines sozialen Abstiegs eröffnete. Die *Oberschicht* umfasste die Amtsträger, Fernkaufleute, „ratsfähige" angesehene und begüterte Familien sowie den in die Stadt ziehenden Landadel. Konzentrierte sich letzterer in den frühesten Phasen der Stadtanlage an der Peripherie im Bereich der Stadtbefestigung, um sich damit räumlich von den übrigen Stadtbewohnern abzuheben, änderte sich dieses Bild im 14. Jh. Von nun an dominierte die Oberschicht die Standorte im Zentrum des Stadtkerns am Markt (DENECKE 1980, S. 170).

Handwerker und Gewerbetreibende machten als *städtische Mittelschicht* das Gros der Bevölkerung aus. Sie besetzten ein immer breiter werdendes berufliches Spektrum. Die Ausübung eines Handwerks war von der Mitgliedschaft in sog. Zünften abhängig, die mit Hilfe von Zunftordnungen den Gewerbebesatz steuern, Qualitätsmaßstäbe für die geleisteten Arbeiten festlegen und auch ansonsten das Leben ihrer Mitglieder reglementieren konnten. Sowohl aus betriebstechnischen Gründen als auch wegen der Feuergefahr, Lärmintensität und Geruchsbelästigung konzentrierte sich das Gewerbe typischerweise in bestimmten Straßen. Für die Wollverarbeitung, Färberei und Wäscherei, für Metzger und Gerber war die direkte Nähe zu einem natürlichen oder künstlichen Wasserlauf notwendige Voraussetzung. Um die Stadtbewohner vor weiteren Belästigungen zu schützen, wurden bestimmte Handwerkergruppen an der städtischen Peripherie angesiedelt (DENECKE 1980, S. 172 f.). Wirtshäuser, Herbergen oder Kaufleute waren zwangsläufig auf stärker verkehrszentrale Standorte angewiesen. Sofern es sich um Gewerbe handelte, das hoher Investitionen bedurfte wie Schmiedewerkstätten, Kellereien und Bäckereien, war damit häufig eine Standortpersistenz über lange Zeiträume verbunden. Das Risiko, aber auch der mögliche Gewinn vieler Handwerker vergrößerte sich, weil sie nicht mehr nur auf feste Bestellung („Lohnwerk"), sondern auch für einen anonymen Markt produzierten („Preiswerk"). Hierfür errichteten sie Verkaufsmöglichkeiten außerhalb der Handwerkerstätte in Form von *Buden* und *Marktständen*, wodurch das städtische *„Verkaufstreiben"* an Dynamik gewann.

Die *Unterschicht* umfasste Tagelöhner, Hauspersonal in den Bürgerhäusern, Lehrlinge und Gesellen in den Handwerksbetrieben, die kein Bürgerrecht und häufig auch kein Grundeigentum besaßen (VAVRA 1994, S. 9). Als eine frühe Form des sozialen Wohnungsbaus können die zumeist nur aus zwei Räumen und einer kleinen Küche bestehenden *„Tropfhäuser"* gelten. Die Bezeichnung rührt daher, dass die Grundstücksgrenzen durch die vom Dach fallenden Regentropfen markiert wurden. Vollends am Rande der Gesellschaft lebten „unehrliche Berufe" wie Abdecker, Schäfer und Henker, aber auch Bettler, Prostituierte und Juden.

Die soziale Schichtung spiegelte sich weniger in der (inneren) Ausstattung von Häusern als in der (äußeren) *Verzierung des Baukörpers* wider. Wandmalereien, Kapitelle und Sockel zeichneten die Häuser reicher Familien aus, nicht hingegen die eher vergänglichen Baumaterialien wie Holz, Lehm und Flechtwerk, wie sie für alle Häuser im frühen Mittelalter typisch waren. Ab 1150 wurden ebenerdige Pfosten- oder Ständerbauten von mehrstöckigen *Fachwerkhäusern* abgelöst, deren Obergeschosse häufig „auskragten", um die Wohnfläche im Vergleich zum Untergeschoss zu vergrößern. Die Feuergefahr, die aus der Holz- und Fachwerkbauweise herrührte, sollte seit dem 13. Jh. durch aufwändigere und teurere *Steinbauten* und *Dachziegel* eingedämmt werden. Grundlage hierfür waren Bau- und Brandschutzordnungen der städtischen Verwaltung, um ein ursprünglich ungeordnetes Bauen zu regulieren (KORBMACHER 1994, S. 14). Die Gefahren für das städtische Gemeinwesen waren damit aber nur zum Teil gebannt, wie Seuchen – begünstigt durch offene Kloaken und Strohdächer, in denen sich der Rattenfloh einnisten konnte – und Feuersbrünste bis in das 19. Jh. hinein belegen.

Sowohl die Baudichte als auch die *Behausungsziffer* (Zahl der Wohnungen je Wohngebäude) der einzelnen Gebäude stiegen über die Zeit deutlich an. Vielerorts mussten neue Befestigungsmauern gezogen werden, um die expandierende Stadt in Form von Vorstädten, wie sie entlang von Hauptverkehrsstraßen entstanden waren, weiter zu schützen. Das Leben erfolgte auf engstem Raum, weshalb die Haushaltsgrößen entgegen *„romantischer Vorstellungen über die Großfamilie in alter Zeit"* (ENNEN 1987, S. 230) eher klein waren. Mehrgenerationenfamilien waren selten. Der Florentiner *catasto* von 1427 wies aus, dass nur 11,3% aller Haushalte mehr als zwei Generationen umfassten. Im Prinzip bestimmte die Kernfamilie das Bild und wurde in Bürgerhäusern und Handwerksbetrieben von Dienstpersonal und unverheirateten Gesellen ergänzt, die in Kammern nächtigten und strikter sozialer Kontrolle ihrer Herren unterworfen waren (KORBMACHER 1994, S. 15).

Das Haus im Mittelalter war eine Kombination von Wohn- und Arbeitsplatz, bei dem es sich um Werkstätten, Kontore, Warenlager oder Straßenverkaufsstätten handeln konnte. Die soziale Rangordnung von Handwerken und Gewerben spiegelte sich auch in der räumlichen Verteilung von Berufen ratsfähiger Gilden im Zentrum bis hin zu den unehrlichen Gewerben an der Peripherie wider. Dieses Muster löste sich auf, wo sich Schneider, Schuster oder Bäcker dispers über die Stadt verteilten und sich nicht in sog. Handwerkergassen konzentrierten. In diesen Fällen ist nicht die Rangfolge der Gilden nach Gildeverzeichnissen und Prozessionsordnungen für die räumliche Anordnung entscheidend gewesen, sondern die individuellen Vermögensverhältnisse. Sie erlaubten es, einen Standortwechsel hin zum prestigeträchtigeren Zentrum der Stadt vorzunehmen (DENECKE 1980, S. 181 ff.). Dabei handelte es sich hier eher um Hauseigentümer als um die wachsende Zahl von Untermietern/Mietern, die im 16. Jh. im Falle von Leipzig für einzelne Stadtteile schon bis zu 65% der Wohnbevölkerung ausmachten, jedoch im Allgemeinen kein Bürgerrecht besaßen. Hierdurch entstand ein städtisches *Mietproletariat* (DENECKE 1980, S. 189), das den Eigentümern finanzielle Anreize gab, Wirtschaftsgebäude in Wohngebäude umzugestalten oder Gartenflächen und Hinterhöfe zu überbauen. MUMFORD (1973, S. 334) beschreibt den typischen Ablauf der Verdichtung von der Nutzung einzelner Grundstücke als Garten, als Friedhof bis hin zur Wohnbebauung, nachdem die Toten innerhalb der Stadtmauern zu einem ernsthaften hygienischen Problem geworden waren. Doch aus der Mehrgeschossbauweise von Mietshäusern resultierten neue Schwierigkeiten, weil dadurch die Nutzung „sanitärer" Außenanlagen behindert und eine Entsorgung aus Fenstern und Türen heraus gefördert wurde. Trotz der Anlage öffentlicher Bäder und der Verlegung von Rohrleitungen, um öffentliche Brunnen mit Trinkwasser zu versorgen, war die Rückentwicklung häuslichen Komforts im Vergleich zu den römischen *insulae* mit ihren in die Wohnungen hineinführenden Wasserleitungen offensichtlich (HILGER 1984).

5.2.3 Wüstungsphase

Bis in das 13. und 14. Jh. hinein wuchsen die Städte europaweit. Neue Metropolen wie Mailand entstanden, dessen Bevölkerung 1288 auf mindestens 100.000 geschätzt wurde. Die *Verstädterungsquote* Europas lag im 15. Jh. bei 20-25%, in Brabant 1437 sogar bei einem Drittel, wobei der Großteil der Städter in Klein- und Minderstädten mit weniger als 2.000 Ew. lebte (ENNEN 1987, S. 228 f.). Technischer Fortschritt, Kapitalkonzentration in den Händen weniger Familien, die Einführung großbetrieblicher Produktion und von Warengeschäften veränderten die Dynamik wirtschaftlichen Handelns und förderten den Erfolg einzelner Städte in einem Netz wachsenden Wettbewerbs.

Im 14. Jh. stagnierte diese Entwicklung in weiten Teilen Europas für fast zwei Jahrhunderte, was in der Literatur als sog. *Wüstungsphase* beschrieben wird (ABEL 1943). Gekennzeichnet wird diese Zeitspanne von der zahlenmäßigen Abnahme neuer Stadtgründungen, der Schrumpfung von Einwohnerzahlen existierender Städte, vom Stillstand der sog. Ostkolonisation östlich der Elbe und der Aufgabe von Dörfern und ihren landwirtschaftlichen Nutzflächen. Zürich verlor z. B. in dieser Periode etwa zwei Drittel seiner Bevölkerung. Frankfurt/M. zählte 1420 165 wüste Häuser (ABEL 1943, S. 27). Insgesamt verloren die deutschen Städte mehr als ein Fünftel ihrer Bewohner. Der ländliche Raum war noch sehr viel stärker betroffen: In einigen Teilen Deutschlands fielen bis zu 80% aller Dörfer wüst. Folgende sich teilweise überlagernde und ergänzende Ursachen werden hierfür diskutiert:

- Einige Teile Europas wurden von *langjährigen Kriegen* wie z. B. dem Hundertjährigen Krieg in Frankreich heimgesucht. Die Landsknechte, die sich aus dem Land selbst heraus ernährten, verwüsteten weite Teile des ländlichen Raumes, vertrieben oder töteten die Wohnbevölkerung und zerstörten die landwirtschaftliche Basis.
- Die *Ausbreitung der Pestepidemie* über Europa im 14. Jh. führte zu einem geschätzten *Bevölkerungsrückgang* von 73 auf 45 Mio. Ew. Viele Menschen flüchteten vom Land in die Stadt, um sich hier in eine vermeintliche Sicherheit zu begeben. Überlebende Bauern verlegten ihren Wohnsitz hinter Stadtmauern und bewirtschafteten von dort aus die Fluren der verlassenen Dörfer. Städte wurden dadurch zu *Ackerbürgerstädten*, deren ursprüngliche Funktionen im Handel und Exportgewerbe gelegen hatten (STOOB in STOOB 1985, S. 156).
- *Hungersnöte* wie in den Jahren 1315/16, die vor allem Nordeuropa betrafen und vermutlich Ergebnis eines deutlich spürbaren *Klimawandels* hin zu trockeneren und kühleren Bedingungen waren, senkten die Fertilität und zugleich die Vitalkraft der Menschen gegenüber der nachfolgenden Pestwelle.
- Nach ABEL (1935) trat im Spätmittelalter eine umfassende *Wirtschaftskrise* ein, in der sich eine Schere zwischen steigenden Löhnen (für bäuerliche Hilfskräfte) und sinkenden Getreidepreisen auftat. Eine zu große Getreideproduktion bestimmte das Marktgeschehen, weshalb viele Bauern kein Auskommen mehr in der Landwirtschaft sahen und in die Städte abwanderten.

5.2.4 Städtenetze und Umland

Nur wenige der mittelalterlichen Städte besaßen neben ihrer wirtschaftlichen Bedeutung auch politische Macht, die über die Stadtgrenzen hinausreichte.

Hierunter sind vor allem die norditalienischen Stadtstaaten Venedig und Genua zu nennen, die bis in das späte Mittelalter hinein infolge ihres Seehandels einen größeren Reichtum in Händen einiger weniger Familien anhäufen konnten. Der Wohlstand fand seinen Ausdruck im Bau von Palästen. Basis dieses Erfolges waren private Handelsgesellschaften, hohe Löhne, um soziale Unruhen unter Werftarbeitern oder Seefahrern zu unterdrücken, und die Stellung Venedigs als Weltfinanz- und -börsenplatz seiner Zeit (SOUTHALL 1998, S. 119). Die Vergänglichkeit dieser Weltstädte resultierte aus der *Verschiebung globaler Handelsströme* (Vordringen der Osmanen; Erschließung Amerikas; Seeweg nach Indien), die das Mittelmeer ähnlich wie die Ostsee zu Randmeeren herabstuften und die Atlantik-/Nordseehäfen Antwerpen und Amsterdam zu den größten Handels- und zugleich Kulturmetropolen Europas werden ließen.

Verlierer dieser Entwicklungen war auch die *Hanse*, die als ein Interessenzusammenschluss von Kaufleuten und Städten seit dem 13. Jh. im nördlichen Europa vom Niederrhein bis zum Baltikum fungierte. Hieraus bildete sich ein ausgeprägtes Fernhandelssystem, das durch die Gründung von Handelskontoren in fremden Städten zusammengefügt wurde. Ziel dieses Systems war es, allen Mitgliedern Rechtsschutz, Zollfreiheit und die Sicherheit der Handelsverbindungen zu gewährleisten und Verhandlungsmacht gegenüber nichthansischen Städtegruppen und Flächenstaaten zu gewinnen. Innerhalb der Hanse existierten wiederum regionale *Städtebünde* wie der wendische, westfälische und sächsische Städtebund, die die Unabhängigkeit und Privilegien ihrer Mitglieder gegenüber den Landesherrn verteidigen und sich damit auch politisch emanzipieren wollten. Typisch für die älteren Hansestädte waren der vorherrschende Einfluss der Kaufleute, die Kontrolle des Stadtrats durch die reichsten Familien (*Patriziat*) und die wachsende städtische Autonomie gegenüber dem Stadtherrn (z. B. Fürst, Herzog, Bischof) (*http://www.susas.de/hanse.htm*). Das stadtplanerische Grundschema vieler Hansestädte lässt sich am Beispiel der Stadt Lübeck veranschaulichen (Abb. 21). Im Rahmen der deutschen Ostkolonisation seit dem 12. Jh. wurde diese Form auch bei Neugründungen östlich der Elbe mehr oder weniger nachgeahmt: Im Zentrum der Stadt lag ein viereckiger Marktplatz, der von Rathaus, Kirche und Ziegelbauten (*Patrizierhäuser*) geprägt war. Die Größe des Marktplatzes konnte dabei bis zu mehrere ha betragen (Krakau 4 ha). Insbesondere die Neugründungen zeichneten sich durch einen planmäßigen Straßengrundriss in Form eines Schachbrettmusters aus.

Eingebunden waren die Städte in ein immer dichter werdendes Netz von *Straßenverbindungen*, die, wo sie Kreuzungen bildeten oder der Verkehrsträger wechselte („gebrochener Verkehr"), Anlass zur Gründung von Märkten und Messen gaben (BÄHR, JENTSCH und KULS 1992, S. 906 ff.). In Nürnberg trafen z. B. Waren und Händler aus dem Orient, Italien, Burgund, Frankreich,

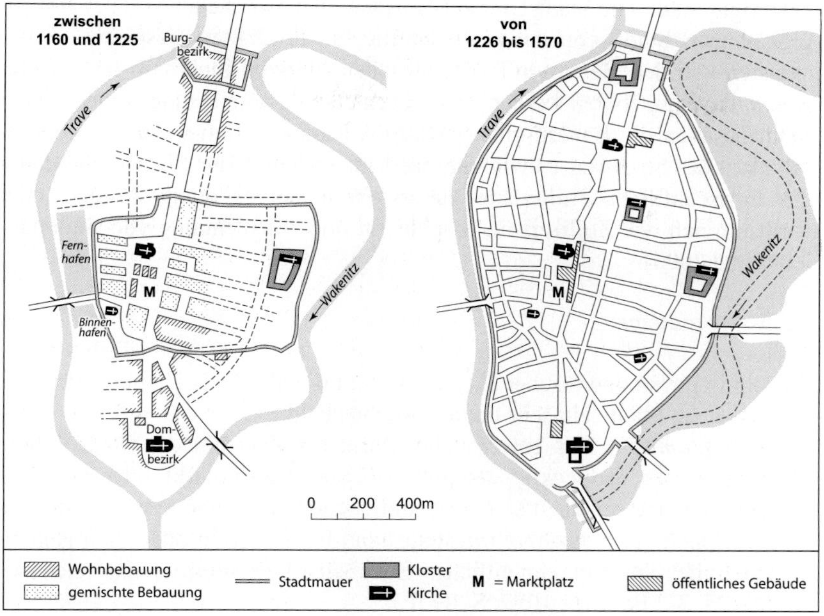

Abb. 21: Lübeck als Beispiel einer mittelalterlichen Stadtgründung
Quelle: HOTZAN (1997); ergänzt

den Niederlanden und aus dem Hanseraum zusammen. Die Stadt wurde deshalb ein wichtiger Transitplatz für den europäischen O-W-Handel, ehe sich andere Wettbewerber wie Leipzig etablieren konnten (STOOB in STOOB 1985, S. 163). Nicht immer war die Zurschaustellung von Waren für durchziehende Händler freiwillig. Das sog. *Stapelrecht* als Privileg einzelner Städte machte es den Händlern zur Pflicht, ihre Waren für eine gewisse Zeit anzubieten.

Diesen überregionalen Verflechtungen standen die eher kleinräumigen Beziehungen zum städtischen Umland gegenüber (LEISER 1985). Städte fungierten mit ihren Befestigungen nicht nur als eine Art Burg des Landesherrn gegenüber widerspenstigem Landadel und Klerus, sondern im Laufe der Zeit vermochten Städte selbst Herrschaft gegenüber ihrem Umland auszuüben. Viele deutsche Städte besaßen Dörfer und abhängige Bauern. Strikt wurde zwischen den Rechtsformen beider Herrschaftsgebiete unterschieden, sodass die Stadt als eine Art Grundherr über das Land regierte. Sofern das Umland als eine territoriale Erweiterung aufgewertet werden sollte, wurden Gerichtsbarkeit und Stadtrechte auf die Landbewohner ausgedehnt bzw. an sie als sog. *Pfahlbürger* verliehen (MACHALKA-FELSER 1979, S. 337). Dann konnten sie nach dem Stadtrecht leben und waren nicht mehr dem Grundherrn unterworfen, bildeten aber auch die erste Verteidigungslinie bei einem Angriff auf die befestigte Stadt. Die Stadt-Umland-Beziehungen waren auch von der Abhängigkeit der Stadt von landwirtschaftlichen Produkten bestimmt. Diese mussten von den Bauern auf zugewiesenen Märkten innerhalb festgelegter *Bannmeilen* angeboten werden. Als Gegenleistung zum Handelsmonopol der Stadt besaßen die Bauern eine gewisse Abnahmegarantie. Für die Lebensfähigkeit der Stadt war es wichtig, das Einzugsgebiet der Märkte und damit das wirtschaftliche Hinterland zu erweitern, sei es durch Anreize oder Restriktionen wie Zollfreiheit, Stapelrecht oder Ausdehnung von Bannmeilen (Hill 2000).

5.2.5 Stadttypen

Sowohl in physiognomischer als auch in funktionaler Hinsicht vermitteln die europäischen Städte ein sehr uneinheitliches Bild:

1. *physiognomisch*: Der gewerbliche Markt als Zentrum der Stadt konnte langgestreckt rechteckig, als planmäßiger Straßenmarkt oder auch als Dreiecksmarkt angelegt sein. Das umliegende Straßennetz schloss sich als Querrippentyp, Schachbrettmuster, radial-konzentrisch oder auch isohypsenparallel an. Ein einheitlicher Stadtbaustil existierte nicht (Hotzan 1997, S. 31; Planitz 1997, S. 89 ff.).
2. *funktional*: Viele Städte sind als Bischofsstädte, andere als Kaufmanns- und Bergbausiedlungen gegründet worden. Die Gründungen wurden in der frühesten Zeit vom König selbst und später von „weltlichen Großen" durchgeführt, denen der König die Genehmigung zur Stadtgründung erteilt hatte (Planitz 1997, S. 130). Manche dieser Siedlungen fungierten nur als Minderstädte, weil sie entweder zu klein waren, nur begrenzte finanzielle Möglichkeiten besaßen oder der Stadtherr nur geringe politische Macht hatte, alle Stadtprivilegien zu verleihen und auch zu realisieren. Ackerbürgerstädte entstanden dort, wo die ursprüngliche Kernbevölkerung aus Bürgern, Kaufleuten und Handwerkern von zuziehenden Bauern aus dem Umland ergänzt wurde.
3. *Trägerschaft*: In der deutschen Stadtgeschichte sind Gründungsphasen verschiedener Adelsgeschlechter zu unterscheiden. Mit Hilfe städtischer Befestigungen, der Kontrolle von Verkehrswegen und der Knüpfung eines Netzes von Handelsbeziehungen sollte die regionale Machtbasis gestärkt werden. Bedeutendstes Beispiel der zähringischen Städte war die Gründung von Freiburg im Breisgau um 1120, ehe weitere Tochterstädte (u. a. Bern) folgten. Die Anlage der Stadt war planmäßig. Die Mittelachse wurde zum Markt, zwei Plätze rechts und links von ihr für Kirche und Stadtgericht bestimmt. Der im Eigentum des Herzogs (als Stadtgründer) befindliche Boden wurde in Wohnstätten gleicher Größe von 100 Fuß Länge und 50 Fuß Breite aufgeteilt (Planitz 1997, S. 138). Die Freiburger Privile-

gien, die Rechte und Pflichten ihrer Bürger zusammenfassten, wurde auch von anderen Städten übernommen. Die Gründungen der Welfen sind vornehmlich mit dem Namen Heinrichs des Löwen verbunden, der München, Landsberg am Lech, aber vor allem Lübeck als Vorbereitung zur deutschen Ostkolonisation angelegt hatte. Das sog. *lübische Recht*, das seinen Bürgern große Freiheiten gewährte, wurde zur Basis für viele städtische Neugründungen. Andere Formen des Stadtrechts waren das sog. Magdeburger oder Nürnberger Recht, die spezifische Formen von Rechtssystemen darstellten, in denen das Privileg auf Selbstverwaltung, auf Gerichtsbarkeit, Verteidigung sowie auf Markt- und Stapelrechte konstituiert waren (Hotzan 1997, S. 33).

5.3 Neuzeitliche Städte vor der Industrialisierung

Ab dem 15. Jh. wirkten entscheidende Veränderungen auf die europäische Stadtkultur ein, die auf der einen Seite zum baulichen Verfall vieler Städte beitrugen, sie finanziell ruinierten und die Bevölkerung schrumpfen ließen. Auf der anderen Seite entstanden völlig neue Stadttypen, die mit der räumlichen Enge der mittelalterlichen Städte nichts mehr gemein hatten (vgl. Hotzan 1997, S. 37 ff.; Kinder und Hilgemann 2000).

1. *Wirtschaft*: Infolge von Monopolbildungen, von Bankplätzen und der Gründung von Handelskompanien bildeten sich Frühformen des *Kapitalismus* aus. Geld- und Erwerbswirtschaft, die ein neues Profitdenken unabhängig von Herkunft und Stand freisetzten, ermöglichten die Bildung einer *Geldaristokratie*. Familien wie die Medici und Fugger gründeten große Bank- und Handelshäuser, gewannen Macht über die Politik und agierten in der Ausstattung von Städten als Kunstmäzene oder als sozial verantwortliche Unternehmer (*Fuggerei*). Die erstmalige *Globalisierung* von Handelsströmen nach der Entdeckung Amerikas und des Seeweges nach Indien forcierte zugleich den Wettbewerbsdruck zwischen einzelnen Territorien und Städten um koloniale Rohstoffe. Der Wechsel in der Rangfolge einzelner Städte nach Bevölkerungszahl und wirtschaftlicher Macht war nicht mehr in Jahrhunderten, sondern in Jahrzehnten zu messen.
2. *Technik*: Das gesellschaftliche Leben veränderte sich entscheidend durch die *Einführung des Buchdrucks* um 1445, die *Ausbreitung von Schwarzpulver* und die *Verbesserung von Navigationsgeräten*, die die Küstenfahrt zur Hochseefahrt wandelte. Insgesamt war eine Verwissenschaftlichung des Weltbildes zu erkennen, die Auswirkungen auf die Stadtgestaltung und die Suche nach ihrem Idealplan haben sollte. Erstmalig entstanden wieder Anknüpfungspunkte an antike Vorbilder. Neue Kriegstechniken stellten die traditionelle Wehrhaftigkeit der Städte in Frage.

3. *Politik*: Die zunehmende territoriale Aufsplitterung Europas und neue Kriegsgeräte vergrößerten das Risiko der Zerstörung ganzer Städte oder ihres Hinterlandes. Die Auseinandersetzungen zwischen Reformation und Gegenreformation mündeten in den *Dreißigjährigen Krieg*; im Gefolge dessen wurden weite Teile Europas verwüstet. Hieraus hervor gingen *absolutistische Herrscher*, die den Adel entmachteten und sich in aufwändigen *Residenzstädten* als Symbol ihres Gottesgnadentums bauliche Denkmäler schufen.
4. *Soziale Strukturen*: In den Städten bildete sich zusehends ein *Proletariat* aus, das in handwerklicher *Lohnarbeit* Massenproduktion ausführte. Die MEDICI beschäftigten allein im Tuchgewerbe in ca. 300 Firmen 10.000 Arbeiter. Ein wachsender Konflikt zwischen Armen und Reichen um Löhne und Teilhabe an der städtischen Macht mündete in Bauernunruhen, Handwerker- und Zunftaufständen. Auf dem Land entstanden neue Grundherrschaftsformen wie die *Gutsherrschaft*, die in weiten Teilen Osteuropas die Hörigen in *Leibeigenschaft* einband und zur *Fronarbeit* zwang. Zwischen West- und Osteuropa war damit ein jahrhundertelanger Gegensatz vorgezeichnet, was die Land-Stadt-Mobilität ihrer Bevölkerung anbelangte.

5.3.1 Festungsstädte

Einer der bedeutendsten Vertreter barocker Festungsarchitektur war der französische Militäringenieur VAUBAN, der im 17. Jh. unter LUDWIG XIV. etwa 30 neue Städte als Festungen gründete und hunderte andere ausbaute, um sie neuen militärtechnischen Erfordernissen anzupassen. Bekannteste Neugründung war Neu-Breisach im Elsass, das in einer sternartigen Anlage gebaut wurde. Die Spitzen dieses Sternes ergaben sich aus vorgeschobenen *Bastionen*, mit deren Hilfe die Artillerie bei der Verteidigung der Stadt auch bisher tote Winkel erreichen konnte. Vorgelagert waren Wallanlagen und ein unbebautes Vorfeld (*Glacis*), um der Artillerie freies Schussfeld zu gewährleisten. Die Stadt besaß einen zentralen Platz, war in ihrem Grundriss schachbrettartig angelegt und verdrängte mit ihrer militärischen Zweckbestimmung jegliche *„bürgerliche Vitalität"* (STOOB in STOOB 1985, S. 208). Diese Städte waren – wie die venezianische Anlage Palmanova – nicht sehr groß, besaßen häufig nur wenig mehr als 1.000 Ew. und dienten vornehmlich als Söldnerlager. Militäreinrichtungen wie Kasernen, Arsenal, Kommandantur, Garnisonskirche und Spital dominierten die Stadt in baulicher Hinsicht. Die Bürger waren an den Außenrand der Anlage gedrängt. Handwerker arbeiteten vornehmlich für die Armee. Eine räumliche Ausweitung in Form von Vorstädten war nicht vorgesehen; die militärische Bedeutung der Anlagen hätte man damit auch entwertet. Dennoch waren diese Städte hochgradig abhängig von ihrem Hinterland, weil in ihnen fast nichts produziert oder gehandelt wurde.

5.3.2 Residenzstädte

Der aufkommende *Absolutismus* im 17. Jh., der den Herrscher unanfechtbar in den Mittelpunkt staatlicher Macht rückte, fand seinen baulichen Ausdruck im *Barockstil*. Dessen Merkmale zeichneten sich aus in der *Betonung von Hauptachsen und Fluchtlinien*, aufwändiger architektonischer Ausstattung und geometrischen Parkanlagen, die in ihrer radialen Ausrichtung auf das Schloss des Herrschers die Unterordnung aller Teile unter das Ganze symbolisierten (HOTZAN 1997, S. 39). Ausgehend vom Versailles LUDWIGS XIV. finden sich vor allem in Südwestdeutschland und Franken viele Beispiele von *Residenzstädten*. Seit 1715 wurde mit dem Baubeginn des Schlosses, das im geometrischen Zentrum der Gesamtanlage aus Schloss, Bürgerstadt und Gärten mit Wildgehegen lag, die Stadt Karlsruhe planmäßig entwickelt (Abb. 22;

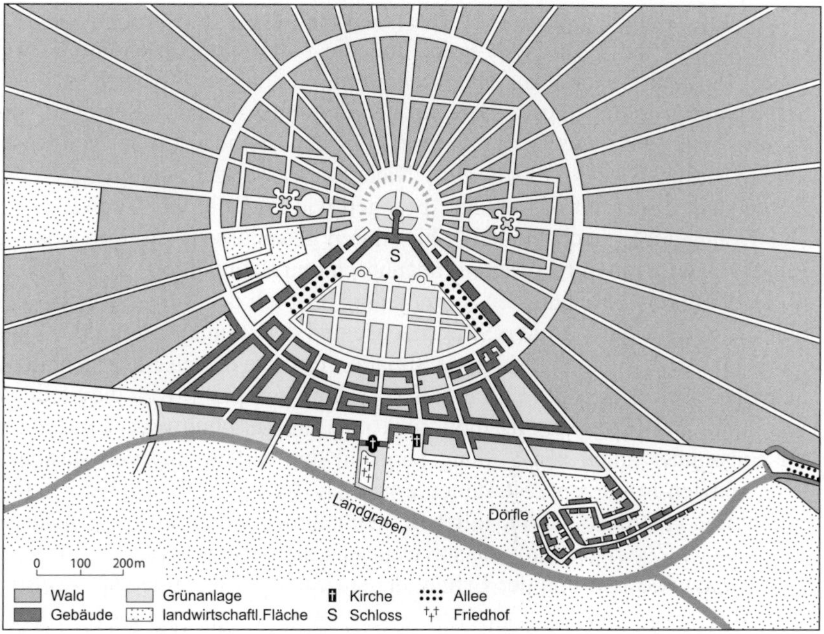

Abb. 22: Der Stadtplan von Karlsruhe 1739
Quelle: HOTZAN (1997)

KREMB 1999). Der Straßengrundriss zeichnete sich durch seine *Fächerförmigkeit* von 32 Radialstraßen aus, die auf den Schlossturm ausgerichtet waren. Die Stadtanlage hatte eine Ausdehnung zwischen 500 und 1.000 m, sodass sie vom Schlossturm gut überschaubar war. Innerhalb der Stadt waren Wohngebiete für den Adel und die hohe Beamtenschaft sowie für die eigentliche Bürgerschaft vorgesehen. Wohnhäuser dieser Bereiche waren in ihrem Grund- und Aufriss vorgeschrieben. Öffentliche Gebäude wurden nach Maßgabe des geometrischen Grundrissplans platziert. Tatsächlich setzte sich diese ständisch gegliederte Ansiedlung nicht durch. In größerer Nähe zum Fürstensitz wohnten letztlich auch Kaufleute und Gewerbetreibende, die sich die Grundstücke leisten konnten (Reinhard 1992, S. 275 ff.). Trotz zugestandener Privilegien für die Religions- und Berufsausübung lebten 1740 erst 2.652 Ew. in der Stadt. Außerhalb der eigentlichen *Planstadt* entstand eine in ihrem Grundriss unregelmäßige und in ihrem Aufriss von eingeschossigen Häusern geprägte Bebauung, in der Arbeiter, Tagelöhner, Hofdiener, verheiratete Soldaten und arme Juden lebten. Mitte des 18. Jh. wuchsen beide Städte infolge der Verlängerung der Radialstraßen zusammen. Bis Ende des 18. Jh. stieg die Einwohnerzahl auf ca. 4.500 Personen an.

Andere Residenzstädte dieser Zeit waren Mannheim und Ludwigsburg, Berlin und Erlangen (vgl. Hahn 2002) oder auch das Petersburg Peters des Großen. Auf die Peter-Pauls-Feste und die Admiralitätsinsel liefen zwei große Prospekte radial zu. Halbkreisförmig umgab ein Wohnviertel mit Schachbrettgrundriss diesen Bereich. Um den Ausbau seiner Residenz voranzutreiben, verbot Peter der Große 1714 den Steinbau im übrigen Russland (Stoob in Stoob 1985, S. 205). Nicht immer war der Stadtgrundriss der Bürgerstadt direkt auf das Schloss bezogen wie im Falle von Ludwigsburg. Die Wohngebiete zeichneten sich hier durch geschlossene zweigeschossige Randbebauung mit durchgrünten Innenhöfen und Baumalleen aus, denen ein N-S-orientiertes Straßenraster zugrunde lag. Östlich der Bürgerstadt lag das Schloss jenseits einer breiten Straßenachse und damit nicht in zentraler Lage zur Stadt. Auch die topographische Situation förderte diesen Anspruch nicht, denn das Schloss liegt etwa 20 m tiefer als der Marktplatz. Weil die Stadt als Residenz- und Garnisonssitz monofunktional ausgerichtet war, schwankten die Einwohnerzahlen von Ludwigsburg mit der Verlagerung von Residenz und Soldaten in kurzen Zeiträumen erheblich (Gothe 2000, S. 301 f.). Der Reichtum, um diese städtebaulichen Maßnahmen finanzieren zu können, stammte aus *Zöllen* und *Steuern* sowie aus der staatlichen Förderung gewerblicher Manufakturen und der Errichtung staatlicher Monopole (*Merkantilismus*).

5.3.3 Exulantenstädte

Die Verfolgung von Glaubensminderheiten europaweit führte im 17. Jh. zu umfangreichen Wanderungsbewegungen. Die am meisten betroffene Bevölkerungsgruppe waren die *Hugenotten*, die nach der Aufhebung des Ediktes von Nantes 1685, das ursprünglich ihre Tolerierung garantierte, in großer Zahl Frankreich verließen. Bis zu einer halben Million Menschen suchte

Zuflucht in Nachbarländern oder gar in Übersee. Ihre Kenntnisse in Gewerbe, Handwerk und Landbau wurden insbesondere von vielen protestantischen deutschen Herrschern geschätzt, die die Hugenotten mit Toleranzedikten, Steuerfreiheit und kostenlosen Siedlungsplätzen lockten (KLOHN 1999, S. 13). Aus dieser Zusammenarbeit entstanden verschiedene planmäßige Stadtanlagen wie Karlshafen an der Weser, Friedrichstadt in Schleswig-Holstein (VOLMERIG 1986) oder die Hugenottenstadt Christian Erlang in Erlangen. Häufig verbanden die Regenten mit der Gründung dieser neuen Städte große wirtschaftliche Hoffnungen, die sich jedoch nur in seltensten Fällen realisieren ließen. So sollte sich z. B. Friedrichstadt zur Fernhandelsmetropole zwischen Nord- und Ostsee entwickeln, jedoch zählte die mit einem rechteckigen Grundriss ausgelegte Siedlung, die Glaubensflüchtlinge aus den Niederlanden aufgenommen hatte, selbst zu ihrer Blütezeit nur wenig mehr als 2.000 Ew. Bauliche Spuren ihres Mutterlandes finden sich in Form von Kanälen (Grachten), die der Stadt bis heute einen holländischen Charakter verleihen. Auch anderswo in Europa gibt es Beispiele von *Exulantenstädten*, bei denen es sich aber nicht immer um Neugründungen handelte. Im Falle von Lissa in Böhmen nahm die Bevölkerung sprunghaft zu, als nach der Gegenreformation Nicht-Katholiken eine neue Heimstatt suchten. Binnen 100 Jahren wuchs die Bevölkerung von 500 auf 12.000, wodurch Lissa um 1650 zur größten polnischen Stadt aufstieg (STOOB in STOOB 1985, S. 214). Durch die Ansiedlung von Juden, Protestanten und Böhmischen Brüdern wurde es zugleich Zentrum der Tuchmacherei in Konkurrenz zu Posen. Auch Hanau in Hessen profitierte von der Aufnahme von Wallonen und Niederländern Ende des 16. Jh. Angesiedelt wurden sie am Rande einer älteren eher ländlichen Ackerbürgerstadt. Diese *Neustadt* war eine planmäßige überwiegend in Schachbrettform angelegte Siedlung, die in einem unvollständigen Achteck an die *Altstadt* angrenzte und deren N-S-Mittelachse zugleich Markt- und Kirchplatz war. Ähnlich wie Lissa profitierte die Stadt von den Gewerbekenntnissen, die die Immigranten mitbrachten. *Spezialisierungen* im textilen Bereich wie die Anfertigung von Strümpfen, Hüten und Teppichen, Seidenverarbeitung aufgrund einer Seidenraupenzucht und Edelmetallgewerbe (Goldschmiede) machten Hanau überregional bekannt.

5.3.4 Bergstädte

Nicht nur Handel und Gewerbe konnten städtebildend wirken, sondern auch der Bergbau, der infolge effizienter Abbautechniken „unter Tage“, Systeme zur Ableitung des Grundwassers und neuer Aufbereitungs- (Ausnutzung von Wasserkraft, Anlage von Stauseen) und Verhüttungsmethoden wachsende Erträge lieferte. Im Harz, im Erzgebirge, im Fichtelgebirge und Frankenwald sowie in Tirol wurden im 15./16. Jh. neue Erzlagerstätten erschlossen oder ältere bereits im früheren Mittelalter unrentabel gewordene Fundstätten nochmals ausgebeutet. Hierdurch setzte ein umfangreicher Zuzug von Arbeitskräften ein, für die Unterkünfte gebaut werden mussten. Beispiel hierfür war Altenberg im Osterzgebirge, in dessen Umgebung Zinnerze gefunden wurden und das 1451 städtische Privilegien erhielt. Die Dynamik dieser Entwicklungen zeichnet auch die Stadt Annaberg-Buchholz nach, in deren Nähe 1492 ein Silbergang entdeckt worden war. 1496 wurde Annaberg mit einem kreisrunden Umriss von 2.500 m planmäßig als herzogliche *Bergstadt* angelegt. Die Stadt besaß im Zentrum einen rechteckigen Markt, an dem das Rathaus lag. Eine eigene Silberprägung und die zunehmende Autonomie der Bürgergemeinde gegenüber dem herzoglichen Ortsherrn spiegelten den wirtschaftlichen Erfolg der Stadt wider. Um 1510 war es nach Freiberg und vor Leipzig die zweitgrößte Stadt Sachsens. Bereits 100 Jahre später nahm der Silberreichtum aber deutlich ab, sodass andere Erwerbszweige wie die Spitzenklöppelei – teilweise von Exulanten – aus Brabant eingeführt werden mussten. Nicht anders erging es Joachimsthal auf der böhmischen Seite des Erzgebirges, das um 1530 zur Blütezeit des Silberbergbaus ca. 18.000 Ew. hatte. In neuester Zeit sind es nur noch ca. 7.000. Während der Zeit des 15./16. Jh. wird von der Neugründung von etwa 180-200 Bergstädten ausgegangen (Stoob in Stoob 1985, S. 213). Im Harz entstand unter anderem die *Doppelstadt* Clausthal-Zellerfeld: 1531 wurde Zellerfeld vom Herzog von Braunschweig-Wolfenbüttel, 1554 Clausthal als „freie Bergstadt" vom Herzog von Grubenhagen gegründet. Bergleute aus dem Erzgebirge wanderten zu bzw. wurden angeworben, um den Abbau rentabel zu halten. Bis 1736 nahm die Bevölkerung von Clausthal auf 9.000 Ew. zu.

5.4 Fazit: Typ der vorindustriellen Stadt

Verschiedene Autoren haben versucht, strukturelle Gemeinsamkeiten zwischen den frühen Städten zu erkennen (Childe 1950 und Duncan 1961 zitiert nach Pacione 2001a, S. 38), ehe sich ihre Dynamik infolge der Industrialisierung gänzlich verändern sollte. So charakterisierte Sjoberg (1965, S. 321) die *präindustrielle Stadt* und spricht dabei bewusst von einem *„constructed type"*, weil präindustrielle Städte eine sehr unterschiedliche Größe, Gestalt und Struktur aufweisen können, jedoch durchaus einzelne Merkmale gemeinsam haben. Diese sind u. a.:

- eine herausgehobene Rolle des Zentrums als Standort von Regierungs- und religiösen Funktionen (und weniger des Handels),
- ein von innen nach außen gerichteter Sozialgradient (*reverse Burgess-type*; vgl. Kap. 3.2.3),
- eine Viertelsbildung nach ethnischen und Berufsgruppen,

- eine ausgeprägte Kompaktheit, weil die meisten Wege zu Fuß zurückgelegt werden mussten (*foot city*) und die Stadt vielfach nach außen durch Mauern und Wälle begrenzt war.

Dieses klassische erstmals 1960 publizierte Modell basierte noch auf relativ wenigen Quellen, die in den folgenden 40 Jahren durch umfangreiche Ausgrabungen und methodische Fortschritte ergänzt worden sind. Bereits BURKE (1975) relativierte deshalb jedes einzelne Kriterium des SJOBERG-Modells, weil er Beispiele fand, die den pauschalierenden Aussagen SJOBERGS nicht mehr gerecht wurden. Neue Aspekte waren heranzuziehen bzw. stärker zu betonen, um eine mehrere tausend Jahre alte Stadtgeschichte, die von Jericho bis zur mittelalterlichen Stadt reicht, zu einem Typus der vor- oder präindustriellen Stadt zu verdichten und innerhalb dieses Typus weiter zu differenzieren:

1. *Physiognomie*: Städte dehnen sich nicht mehr nur horizontal, sondern auch immer stärker vertikal aus, um einerseits eine wachsende Bevölkerung aufzunehmen, andererseits einer immer differenzierter werdende Funktionalität Rechnung zu tragen.
2. *Technik*: Städte profitieren in ihrer Entwicklung von technischen und kulturellen Errungenschaften, die die Bauformen und die urbane Infrastruktur verbessern sowie die soziale Organisation und das Management des Gemeinwesens erleichtern. Dabei ist dieser Prozess nicht nur einem ständigen Fortschritt, sondern auch Rückschritten unterworfen gewesen. So sind viele Leistungen der Antike erst im späteren Mittelalter „wiederentdeckt" worden.
3. *Funktion*: Städte konzentrieren immer mehr Zentralität auf sich, die sie aus ihrem Umfeld heraushebt. Deshalb muss nicht nur der *„Stadt als Raum"* bzw. ihrer innerstädtischen Differenzierung, sondern auch der *„Stadt im Raum"*, eingebunden in Handelsnetze, in denen sich die Städte spezialisieren, Rechnung getragen werden. Städte entwickeln sich zu *Verteilerzentren* von Waren, die nicht mehr nur vor Ort produziert werden. Dadurch steigen sie zu Zentren des Reichtums und Wohlstands auf, von denen jedoch nur eine kleine Machtelite profitieren kann.
4. *Wirtschaft*: Die Landwirtschaft verliert innerhalb der Stadt für den Einkommenserwerb massiv an Bedeutung, obwohl damit Gärten oder Felder nicht bereits gänzlich aus der Stadt verschwinden. Die Überschussproduktion der Landwirtschaft bleibt weiterhin Voraussetzung dafür, dass so viele Menschen konzentriert auf engstem Raum zusammenleben können, ohne zu verhungern.
5. *Soziales*: Arbeitsteilige Prozesse führen zu einer „filigranen" räumlichen und sozialen Ausdifferenzierung, wie sie in den frühen Städten noch unbekannt war. Die Stadt wird „Geburtsstätte" für immer neue Berufszweige, die unterschiedliche räumliche Anforderungen stellen und zur Viertelsbil-

dung beitragen (GILMAN 1996, S. 6). Zugleich ändern sich die Beziehungen der Menschen untereinander, die aufgrund der zunehmenden Anzahl städtischer Bewohner anonymer und abstrakter werden. Das dörfliche nach Familie oder Clanzugehörigkeit strukturierte Leben wird immer häufiger verdrängt von Beziehungen, die sich aus beruflicher Stellung oder sozialem Status herleiten.

6. *Politik*: Organisatorische Aufgaben sowie planerische Abstimmungen zwischen Menschen oder sozialen Gruppen gewinnen an Bedeutung, um gewisse Formen sozialen Friedens zu gewährleisten, bauliche Großprojekte umzusetzen oder gemeinsam für die Sicherheit der Stadt nach innen und außen einzutreten.

Viele dieser Aspekte haben sich graduell fortentwickelt, phasenweise auch zurückentwickelt, und lassen sich deshalb nicht für jeden hier diskutierten (Raum-Zeit-)Stadttypus ohne weiteres identifizieren. Doch handelt es sich bei den Kriterien um diejenige „kritische Masse", die es erlauben, die Besonderheit früher Städte der ländlichen Siedlung gegenüberzustellen. Dabei ist zu berücksichtigen, dass die städtische Bevölkerung bis weit in das 19. Jh. hinein eine Minderheit blieb.

Die aufgezeigten Kriterien charakterisieren letztlich auch die *industrielle Stadt,* jedoch treten völlig neue Dynamiken, Quantitäten, gesellschaftliche Umbrüche und technologische Innovationen hinzu, die den Übergang von der präindustriellen zur industriellen Stadt zum Ausdruck bringen. Trotz seiner vereinfachenden Aussagen ist deshalb das SJOBERG-Modell einschließlich seiner Erweiterungen der umfassende Versuch, von regionalen und lokalen Besonderheiten früher Stadtentwicklung zu abstrahieren und global verbreitete Prozesse und Strukturen in Städten zu identifizieren.

6 Industrialisierung und Stadtentwicklung

Schwerpunktmäßig wird die Expansion der Städte in die Höhe, in die Fläche und in der Vielfalt angeeigneter Funktionen im Verlauf der *Industrialisierung* behandelt. Vorgestellt werden „Determinanten“ aus den Bereichen Bevölkerungsentwicklung, technischer Fortschritt und soziale Ausdifferenzierung, die erklären sollen, wie die *Massenurbanisierung* der neuesten Zeit ausgelöst wurde und welche Konsequenzen sie für die städtische Bevölkerung beinhaltete. Auf der Suche nach „besseren“ und „sozialeren“ Lebensbedingungen, teilweise beeinflusst von politisch-ideologisch geprägten Menschenbildern, wird die Stadt (speziell in Europa) im 20. Jh. zum Experimentierfeld unterschiedlichster Formen von Stadtplanung und Architekturstilen. Diese inselartig realisierten Visionen oder Utopien erklären bis heute die Vielgestaltigkeit gerade der europäischen Stadt und haben sich zuweilen auch im außereuropäischen Bereich durchgesetzt.

6.1 Europa als Beispiel für Industrieländer

6.1.1 Determinanten des Wandels

Die sozialen und wirtschaftlichen Umbrüche in Europa, die sich seit Ende des 18. Jh. im Zuge der *Industrialisierung* vollzogen, veränderten die aus dem Mittelalter bekannte Stadtlandschaft. SOJA (2000, S. 71 ff.) fasst dies als *„third Urban Revolution"* zusammen:

1. Die Städte expandieren in die *Fläch*e. Sie durchbrechen die mittelalterlichen Begrenzungen (Niederlegen der Mauern = *Entfestung*), die militärstrategisch jegliche Bedeutung eingebüßt haben. Neben dem traditionellen Kern der Stadt entstehen *Vorstädte*, die die rapide anwachsende Bevölkerung aufnehmen.
2. Die Städte ordnen sich in neuen *Städtenetzen* und *-hierarchien*. Das territoriale Zusammenwachsen zu *Nationalstaaten* und die Entwicklung neuer *Verkehrsträger* (Eisenbahn) führen dazu, dass viele Städte mit Residenzen, Garnisonen, Manufakturen und Lagerstätten ihre angestammten Funktionen verlieren oder an die verkehrliche Peripherie gedrängt werden.
3. Die Beziehung zwischen Stadt und Land ändert sich. Die *Industrialisierung* vornehmlich der Städte schafft nicht mehr nur einige, sondern massenhaft neue Arbeitsplätze in Lohnarbeit an Maschinen, wodurch viele Menschen vom Lande in die Städte gezogen werden. Damit flüchten sie vor den einfachen Lebensverhältnissen und der Unterdrückung auf dem Land (Anfang 19. Jh. Bauernbefreiung), werden aber auch durch agrare Umwälzungen (Flurbereinigung, *enclosure-Bewegung*) in immer größeren Zahlen „freigesetzt". Entgegen der strikten sozialen Kontrolle in den Dörfern und auf den Gutshöfen verspricht die Stadt in einem anonymisierten Wohnumfeld nicht mehr nur politische Freiheiten wie im Mittelalter, sondern auch wirtschaftliche und soziale *Aufstiegsmöglichkeiten (Gewerbefreiheit)*.
4. Die Sozialgebundenheit der Menschen ändert sich. Im Zeitalter von Kapitalismus und Liberalismus entstehen aus den alten Ständen neue soziale Klassen, deren Grenzen übersprungen werden können. Das persönliche Schicksal ist durch Landflucht, Auswanderung und freie Arbeitsplatzwahl selbst steuerbar. Die Gesellschaft wird im Streben nach Rationalität, Gerechtigkeit und Partizipation demokratischer (*„Doppel-Revolution"*: Industrielle Revolution und Politische Revolution; SCHÄFERS 1977, S. 243). Aufgrund der Aufhebung von Mobilitätsbeschränkungen und der freien Arbeitsplatzwahl vergrößern sich die Hoffnungen auf eine Verbesserung des materiellen Lebensstandards.

6.1.2 Bevölkerungsexplosion

Die schnelle Zunahme der Bevölkerungszahlen in den Städten seit Mitte des 18. Jh. ergab sich aus verbesserten landwirtschaftlichen Anbaumethoden, hierdurch bedingten stabileren Ernten sowie aus zunehmenden Kenntnissen über Hygiene und medizinische Versorgung. Landflucht einerseits und natürliches Bevölkerungswachstum andererseits führten zur Explosion städtischer Einwohnerzahlen, wie sie als Ergebnis der Industrialisierung, erhöhter Kaufkraft und steigenden Lebensstandards weltweit zu beobachten war (BÄHR, JENTSCH und KULS 1992, S. 702 ff.). Städte vervielfachten binnen weniger Jahrzehnte ihre Einwohnerzahlen. Ende des 18. Jh. besaßen nur sieben Städte im Deutschen Reich mehr als 50.000 Ew. Größte Stadt war Wien mit 207.000 Ew.; hundert Jahre später war es eine Millionenstadt. Die jährlichen Wachstumsraten deutscher Großstädte betrugen zeitweise über 20%, weshalb sich die Wohnflächen ausdehnen und hochgradig verdichten mussten, um alle Menschen aufnehmen zu können. Umliegende Dörfer wurden *eingemeindet*, um Baugrund zu erwerben, wodurch auch Personen zu Städtern gemacht wurden, die es gar nicht werden wollten. Um 1910 lebten in Deutschland erstmals mehr Menschen in Gemeinden mit über 5.000 als in Gemeinden mit unter 5.000 Ew. (SCHÄFERS 1977, S. 261). Bis 1939 wohnte ein Drittel der deutschen Bevölkerung in Städten mit mehr als 100.000 Ew., wodurch sich die *Verstädterung* schließlich zu einer *Vergroßstädterung* wandelte. Die hohe Mobilität innerhalb der Bevölkerung spiegelte sich in den Zuwandererzahlen einzelner Städte wider: 1911 waren in Dresden von der ortsanwesenden Bevölkerung 152.000 dort geboren und 223.000 zugezogen. In München standen 180.000 Einheimischen 295.000 Zugezogene gegenüber. Damit ging auch die traditionelle Bindung an Grundbesitz verloren: Anfang des 19. Jh. besaßen etwa 60% der (deutschen) Bürger ein eigenes Grundstück; hundert Jahre später waren es nur noch 9% (KEYSER 1953, S. 34). Auch in Frankreich, England und Russland nahm die Bevölkerung deutlich zu und konzentrierte sich als Ergebnis eines historischen *Zentralismus* dieser Länder vor allem auf die traditionell wichtigsten Städte Paris, London und Moskau. 1851 war z. B. London sechsmal größer als die nächstgrößte englische Stadt (CARTER 1983, S. 105).

6.1.3 Leben in der Großstadt

Die Verstädterung im 19. Jh. eröffnete nicht nur die Möglichkeiten sozialen Aufstiegs, sondern brachte für den größten Teil der Bevölkerung auch neue Zwänge mit sich. Eine umfassende soziale Segregation trennte die wohlhabenden Mieter in Villen, Doppelwohnhäusern und repräsentativen Straßen von denjenigen, die in großen Mietskasernen, Keller- und Hinterhauswohnungen leben mussten. Teilweise wurde gar noch an sog. Schlafgänger untervermietet, die sich selbst keine Wohnung leisten konnten. *Bebauungspläne* wie der *Hobrecht-Plan* in Berlin von 1862, der sehr große Baublöcke auswies, förderten diese hochgradig verdichtete Bebauung, die weder eine hinreichende Durchgrünung und Luftzufuhr (im Extrem sog. *Berliner Zimmer* ohne jegliche Fenster) noch eine Ausstattung mit sanitären Einrichtungen und Heizung vorsah (GAEDKE 1999, S. 42f.). Nicht die Lebensqualität der Mieter, sondern kapitalistisches Streben nach Maximierung von Mieteinnahmen standen im Interesse der Vermieter. Eine andere Form standardisierten Billigwohnraums entstand in England in Form von *Reihenhäusern*, die entlang von Häuserzeilen *„back-to-back"* errichtet wurden und damit weder einen Hof noch eine Querlüftung besaßen (KRÖNERT 1979, S. 371).

Eine *funktionale Trennung* von Wohnen und Arbeiten existierte nur sehr kleinräumig, sodass sich Industrieanlagen, die fußläufig oder per Pferdebahn/Straßenbahn erreichbar sein mussten (*foot city*), mit Wohngebäuden vermischten bzw. in deren Hinterhöfen angesiedelt waren. Lärm- und Staubemissionen beeinträchtigten deshalb die Lebensqualität einzelner Wohngebiete ganz erheblich. Unzureichende hygienische Verhältnisse führten zu Seuchengefahr, hoher Kindersterblichkeit und geringer Lebenserwartung. Der Bau von Wasserleitungssystemen und einer Kanalisation (in Berlin 1892 abgeschlossen; HAUSER 1992) seit Mitte des 19. Jh. und die Neuorganisation der Hausmüllentsorgung (FRILLING und MISCHER 1996) sollten diesen Problemen Rechnung tragen. Die Konzentration von Bevölkerung und Kaufkraft führte aber auch zur *Ausweitung des Dienstleistungssektors* in Form von Banken, Versicherungen, Warenhäusern und kulturellen Einrichtungen, die für die Innenstädte in ihrer Vielfältigkeit, baulichen und funktionalen Dominanz charakteristisch wurden. Ein umfassender *Bodenmarkt* bildete sich heraus, dessen Preise sich in Abhängigkeit von neuer verkehrlicher Erreichbarkeit entwickelten. Am Beispiel von Bern lässt sich zeigen, dass die Bodenpreise in unmittelbarer Nähe zum neuen Bahnhof zwischen 1860-69 um 227% höher lagen als 1850-59 und mit abnehmender Intensität auch im weiteren Umfeld anstiegen (FRITZSCHE 1977, S. 42).

Der Umbau der mittelalterlichen Stadt hin zu einer modernen effizienten Metropole wurde von Technokraten vorangetrieben, deren bedeutendster Vertreter GEORGES HAUSSMANN, Präfekt von Paris 1853-1870, war. Ein „Gesetz über die Sanierung ungesunder Wohnungen" gab ihm die Möglichkeit, historische und „verslumte" Bausubstanz abzureißen, Straßendurchbrüche anzulegen und Paris mit einem System von Boulevards, mehrgeschossigen Wohngebäuden für die Mittelklasse sowie Einrichtungen für Handel und Gewerbe in den Erdgeschossen auszustatten (Abb. 23). Ziel war es, die verkehrlichen Anbindungen innerhalb der Stadt zu verbessern und Paris zu „verschönern". Verdrängt wurde hingegen die Altbevölkerung, die außer-

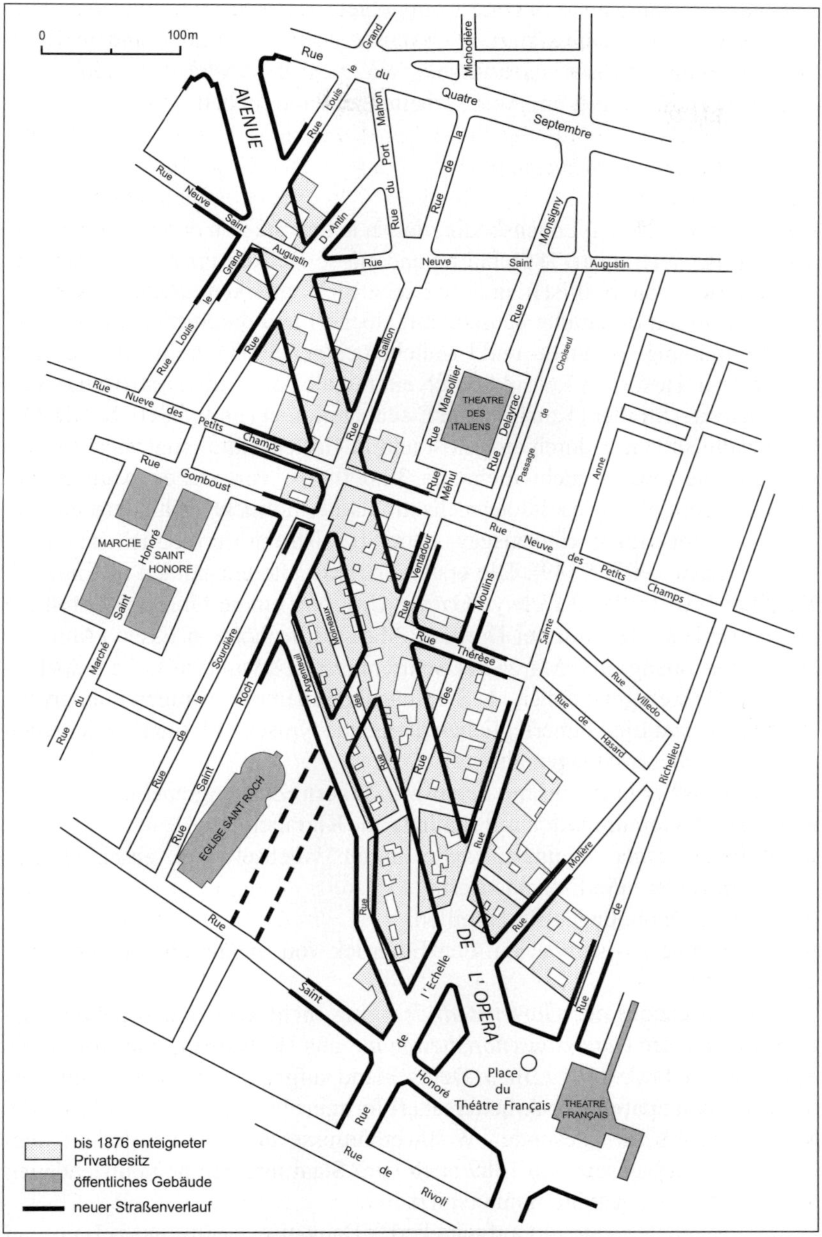

Abb. 23: Straßendurchbrüche in Paris nach dem Haussmann-Plan
Quelle: BENEVOLO (1983)

halb des Zentrums neue Arbeiterwohngebiete zugewiesen erhielt. Ähnliche Formen von *„Hausmannisierung"* (WHITE 1984, S. 27 ff.) sind in Rom, Stockholm oder Brüssel nachweisbar, wo auch das Mittel der *Landenteignung* Anwendung fand, um Abrissarbeiten zu ermöglichen.

6.1.4 Gartenstadtbewegung

Auf die bedrückenden Lebensbedingungen in den Städten des 19. Jh. antwortete EBENEZER HOWARD 1898 in England mit seiner Idee eines dezentralisierten Systems von politisch und wirtschaftlich autarken *„Gartenstädten"*. Dadurch sollten die Städte baulich aufgelockert und durchgrünt werden und eine Verbindung von Stadt- und Landleben eingehen. Untereinander vernetzt waren sie in HOWARDS Leitbild durch ein radiales und radio-zentrisches Verkehrsnetz aus Straßen, Kanälen und Eisenbahnlinien (FEHL 2000, S. 52). Die Großstädte sollten dadurch aufgelöst und in Gartenstädte umgewandelt werden, für die jeweils nicht mehr als 30.000 Ew. vorgesehen waren. Man glaubte, damit planloses Städtewachstum und Landflucht verhindern und bei sozialer Gerechtigkeit eine ausgewogene Sozialstruktur ermöglichen zu können (HOTZAN 1997, S. 49). Die ersten Gartenstädte entstanden in England: 1902 Letchworth, 1920 Welwyn Garden City. Nur einige Jahre später folgten in Deutschland Hellerau bei Dresden, Margarethenhöhe in Essen (Abb. 24, Farbkartenanhang) und Marga bei Senftenberg (JOSWIG 1994), die jedoch in ihrer Größe weniger Städten als Siedlungskolonien mit wenigen hundert bis einigen tausend Einwohnern glichen. Folgende typische Elemente zeichneten den Baustil dieser Anlagen aus:

- „Landhaus"-Architektur mit Fachwerk, Erkern, Zwerchgiebeln;
- Vorgarten, Gemüsegarten mit Stallung für Kleintiere;
- Vermitteln einer Kleinstadtidylle durch Wechsel von geschlossenen Straßenfronten und Einzelhäusern;
- geräumige Wohnungen für Familien;
- verschiedene Haustypen, um den Eindruck von Standardisierung zu vermeiden.

Die Umsetzung der *Gartenstadtidee* ging nicht von Bodenspekulanten, sondern von der *Genossenschaftsbewegung* aus (Entstehung von *Bauvereinen*), die sich Ende des 19. Jh. in Deutschland aufgrund der wachsenden politischen Emanzipation der Arbeiterschaft formiert hatte (GRAUL 1983, S. 61). Sie setzte sich für „gesunde" Wohnverhältnisse ein und wurde seit dem Genossenschaftsgesetz von 1889 auch vom Staat und den neu entstandenen Sozialversicherungsträgern unterstützt.

Gartenstadtelemente mit aufgelockerter Bauweise, wechselnden Bau- und Wohnungstypen und geschwungenem Straßenverlauf übernahmen seit Beginn des 20. Jh. auch sog. *Werkskolonien*, die aus sozialer Fürsorge für

Betriebsangehörige gebaut wurden. Bereits seit Mitte des 19. Jh. weiteten sich diese Kolonien aus – z. B. in Verbindung mit Bergbau als *Zechensiedlungen* (Abb. 25, Farbkartenanhang) –, wurden aber in ihrer ursprünglichen Form als triste Reihenhaussiedlungen von gestiegenen Wohnansprüchen eingeholt (HEINEBERG 2001, S. 216 f.).

6.1.5 Stadtgründungen

Neben dem stürmischen Wachstum bestehender Städte kam es auch im 19. Jh. noch vereinzelt zu städtischen Neugründungen (Übersichtskarte bei POPP 2002, S. 81). Möglichkeiten hierzu ergaben sich dadurch, dass kleinräumige Territorien zusammengefasst wurden und Zollgrenzen fielen, infolge veränderter Städtehierarchien bisher periphere Räume wirtschaftliche Bedeutung gewannen, neue Verkehrsleitlinien wie Chausseen, Kanäle und Eisenbahnlinien entstanden oder neue militärstrategische Überlegungen ausschlaggebend waren. So wurde Gütersloh erst 1825 zur Stadt und profitierte vom Anschluss an Preußen und dem Chausseebau Berlin-Koblenz sowie von der Eisenbahnanbindung an die Strecke Köln-Minden. Im Schnittbereich von Ruhrgebiet, Ravensberger Industrierevier und münsterländischem Textilbezirk verdreifachte sich die Bevölkerung von der Mitte des 19. Jh. bis 1910 auf 18.000 Ew.

Die Ausgangssituation für die Erhebung von Bremerhaven zur Stadt im Jahre 1851 lag etwas anders: Hier waren es Veränderungen im internationalen Handelssystem, die den Bereich der Außenweser zu Beginn des 19. Jh. als Hafenstandort interessant machten. Nach Unabhängigkeit der USA wollte Bremen Handelsbeziehungen zu diesem Raum aufnehmen. Versandung und Verschlickung der Unterweser sowie die zunehmenden Schiffsgrößen ließen es jedoch ratsam erscheinen, vom Königreich Hannover eine Exklave sumpfigen Außendeichlandes von 89 ha zu erwerben (WORTMANN 1989, S. 109). Hafenbecken wurden angelegt und 1847 eine regelmäßige Dampfschiffverbindung in die USA aufgenommen. Als Wohnstadt für die Beschäftigten der Bremerhavener Häfen und als Hafenkonkurrenz wuchsen auf hannoverschem Territorium die Orte Lehe und Geestendorf bzw. der Hafen Geestemünde, die 1914 von den gesamten 100.000 Ew. der drei Unterweserstädte allein beinahe 80.000 aufnahmen. Der „alte" Kern der Stadt Bremerhaven war letztlich so klein, dass in mehreren Schritten bis 1939 eine *Zusammenlegung* mit den Nachbarorten unter dem Namen Bremerhaven erfolgte.

Die Entstehung von Wilhelmshaven seit 1853 ging auf die Großmachtbestrebungen Preußens zurück, einen eisfreien Kriegshafen an der Nordsee zu besitzen. Dafür wurden ca. 300 ha Land vom Großherzogtum Oldenburg erworben. In einem Staatsvertrag verpflichtete sich Preußen, auf eine über die Bedürfnisse des Kriegshafens hinausgehende Siedlungsentwicklung zu verzichten. 1869 erfolgte die Stadtgründung mit schachbrettartigem Grundriss. Die eigentliche Bevölkerungsballung und in weiten Teilen ungeregelte Wohnbebauung setzte in den angrenzenden oldenburgischen Landgemeinden ein, die sich 1911 mit 50.000 Ew. zur Stadt Rüstringen zusammenschlossen. Hier entstanden Arbeiterwohnungen und Versorgungseinrichtungen, wie sie auf dem begrenzten Territorium der Stadt Wilhelmshaven mit ihren 20.000 Ew. (1911) keinen Platz fanden. Erst die Zusammenlegung beider Städte 1937 ermöglichte es, Stadtplanung und Verwaltungsfunktionen effizienter zu organisieren, als es in der Vergangenheit möglich war.

6.1.6 Technisierung und Regulierung

Bauvorhaben in den Städten des 19. Jh. unterlagen mit Ausnahme von Baupolizeiordnungen zur Minderung der Feuergefahr, der Einhaltung von Straßenfluchtlinien und gewissen Mindest- und Höchstabmessungen für Geschosse und Innenhöfe, um ein Feuerwehrsprungtuch aufspannen zu können, keiner weiteren Regulierung (HEINEBERG 2001, S. 214 f.). Die Problematik der *Funktionsmischung* wurde in Deutschland erst nach dem Ersten Weltkrieg in Form von *Bebauungsplänen* und *Wohnungsbaugesetzen* aufgegriffen. Demnach war es verboten, störendes Gewerbe in gewissen Gemeindeteilen zu betreiben. Diese Einsicht, Funktionen räumlich zu trennen, wurde auf dem CIAM IV (*Congrès International d'Architecture Moderne*) 1933 zum Leitbild der *„funktionalen Stadt"* im Rahmen der *„Charta von Athen"* erhoben. Die vor allem von LE CORBUSIER geprägten Vorstellungen zielten darauf, die moderne Stadt gemäß ihren Hauptfunktionen Wohnen, Arbeit, Freizeit und Verkehr in Zonen aufzuteilen.

Dieses Leitbild wurde ermöglicht von einer zunehmenden *Technisierung* der Gesellschaft, die erst die Bevölkerung in die Lage versetzte, sich zwischen den einzelnen „Zonen" ohne übermäßig großen Zeitaufwand hin- und herzubewegen. Die Versorgung mit *Elektrizität*, die Hoch- und Straßenbahnen antrieb, die Ausbreitung des *Pkw* und die *Trennung von Fuß- und Fahrverkehr* erleichterten das Pendeln über größere Entfernungen. Zugleich beschleunigten diese Innovationen die Ausdehnung der Städte in die Fläche. Und auch im unterirdischen Städtebau (Rohre, Kabel, Kanalisation, Telefonanschlüsse) expandierten die Investitionen (SCHÖLLER 1985, S. 304), um die Städte über der Erde von Formen der Bandinfrastruktur weitgehend frei zu halten.

6.2 Industrialisierung in Entwicklungsländern

Im Gegensatz zur Industrialisierung in Europa, Nordamerika und Japan, die seit Mitte des 19. Jh. Voraussetzung wurde für ein lang anhaltendes wirtschaftliches, demographisches, funktionales und flächenhaftes Wachstum von Städten, haben die meisten „Länder des Südens“ erst 100 Jahre später – einige von ihnen bis heute nicht – von dieser Entwicklungsphase profitieren können. Städte wuchsen, ohne sich dabei zu entwickeln. Als Peripherie der europäischen oder nordamerikanischen Metropolen wurden die heutigen Entwicklungsländer und ihre Städte ihres endogenen Wachstumspotenzials beraubt. Städte existierten vor allem als Verwaltungszentren und Marktplätze für lokale landwirtschaftliche und handwerkliche Produkte und im seltensten Fall als Produktionsstätten für industriell erzeugte Waren. Teilweise waren letztere seitens der Kolonialverwaltung sogar verboten worden, um die Arbeitsplätze in den Mutterländern nicht durch *Billigproduktion* in den Kolonien zu gefährden. Eines der bekanntesten Beispiele hierfür ist Indien, wo der Rohstoff Baumwolle zunächst nach Großbritannien verschifft wurde, um dann als Textilien aus dem Großraum Manchester nach Indien reimportiert zu werden. Grundsätzlich war die Industrialisierung in der Phase des Kolonialismus rudimentär und beschränkte sich auf eine erste Verarbeitungsstufe lokaler Produkte (STOCK 1995, S. 206), um sie für den Export und eine spätere „Veredelung“ in den Metropolen transportabel zu machen. Lediglich in Kolonien, die als *settler colonies* eine größere Anzahl von Europäern angezogen hatten, entstand eine Bevölkerungsschicht, die dem politischen Druck aus dem Mutterland nach Produktionsbeschränkungen in den Kolonien widerstand. Nur hier sollten industrielle Entwicklungen die städtische Physiognomie nachhaltig prägen und Auswirkungen auf das gesellschaftliche Gefüge haben (z. B. Entstehung einer Industriearbeiterschaft; Bildung von Gewerkschaften; Bildung einer Mittelschicht; Massenunterkünfte für Industriearbeiter).

Anderswo ebnete erst die *Dekolonisierung* ab den 1950er Jahren den Weg dafür, dass „Länder des Südens“ auf dem Weg nach gewisser nationaler *Autarkie* Anstrengungen unternahmen, eine eigene weiterverarbeitende Industrie aufzubauen. Mit Hilfe einer Politik der *Importsubstitution* sollten nationale Produkte die Importe möglichst weitgehend ersetzen. Von Anfang an funktionierte diese Strategie nicht ohne ausländische *Investoren*, sowohl staatlicher (im wachsenden O-W-Konflikt der Großmächte) als auch privater Natur (multinationale Konzerne). Differenziert man nach Kontinenten, sind die Erfolge jedoch sehr unterschiedlich gewesen.

In Afrika flossen diese Investitionen – wie schon zur Kolonialzeit – zum Nachteil einer regional ausgeglichenen Entwicklung in nur wenige Städte. Anfang der 1990er Jahre konzentrierte sich das produzierende Gewerbe in Simbabwe zu 75% auf nur zwei Städte (Harare, Bulawayo), in Kenia zu 54% auf die Hauptstadt Nairobi (McDADE 1997, S. 329), in Kongo-Brazzaville zu 35% auf die Hauptstadt Brazzaville (TIEPOLO 1996, S. 118). Obwohl sich die Wirtschaftspolitik ab den 1980er Jahren zu einer exportorientierten gewandelt hat, sind die Auswirkungen „formeller“ Industrialisierung auf die Städte Afrikas (mit Ausnahmen im südlichen und auch im nördlichen Afrika) eher punktuell. Abgesehen von den Hauptstädten oder einzelnen Bergbauinseln – und ohne Berücksichtigung einer im informellen Sektor angesiedelten „Industrie“-verarbeitung – gibt es keinen nennenswerten formellen verarbeitenden Sektor auf dem afrikanischen Kontinent. Wo er sich aber durchsetzen konnte, hat er als entscheidender *Zuwanderungsmagnet* gewirkt und z. B. im Falle von Sambia eine *soziale Emanzipation* in Form einer organisierten Arbeiterschaft hervorgerufen, wie es im autokratischen afrikanischen Kontext weitestgehend unbekannt ist.

Andere Erfahrungen lassen sich in Lateinamerika machen. Insbesondere die bereits ins 19. Jh. zurückgehende politische und wirtschaftliche Unabhängigkeit, die starke europäische Zuwanderung in Teile des südlichen Südamerika und die zeitweise Abschnürung von Europa infolge des Ersten und Zweiten Weltkrieges haben hier eine größere Dynamik entfacht, eine eigenständige Industrieproduktion voranzubringen. Wie groß diese Veränderung war, zeigt sich daran, dass sich Brasiliens Industrieproduktion in den ersten drei Jahrzehnten des 20. Jh. beinahe verfünffachte, in den 1930er Jahren nochmals verdoppelte und bis in die 1960er Jahre um jährlich über 5% stieg (*Die Zeit* 26.08.2004). Ergebnis war, dass in vielen größeren Städten ausgesprochene *Industrieviertel* entlang von Eisenbahnlinien oder Hauptausfallstraßen entstanden, die sich in ihrer räumlichen Konzentration augenfällig von der Streulage älterer Industrie- und Gewerbebetriebe unterschieden. Erstmalig wurden dabei auch Verordnungen erlassen, um, wie im Falle Buenos Aires, *„gefährliche und ungesunde Industrien“* von anderen Nutzungen zu separieren (Bähr und Mertins 1995, S. 163). Parallel zur Entwicklung größerer Industrieanlagen entstanden ausgedehnte *Vorstädte* für Arbeiter und ihre Familien, die von Mietwohnungen in Form ärmlicher Reihenhäuser und Mietskasernen dominiert wurden. Anderswo bildeten sich als Folge der Auslegung von Industriezonen ausgedehnte *informelle Hüttensiedlungen*, die nicht zwangsläufig die Arbeiterschaft beherbergten, sondern durch den unattraktiven ökologisch belasteten Standort begründet waren. In Einzelfällen konnten sie die Ausdehnung von Industriezonen blockieren. Das Ausmaß der industriellen Überprägung von Städten ist jedoch in Lateinamerika weiterhin sehr unterschiedlich: Lassen sich in den großen Metropolen umfangreiche Entwicklungen von *Industriesuburbanisierung* und *-dezentralisierung* in Form von *Industrieparks* auf der grünen Wiese beobachten, die industrielle Cluster haben entstehen lassen und zu einem zeitaufwändigen Pendlerverkehr der Arbeiterschaft beigetragen haben, sind andere Städte teilweise noch kleinräumig durchmischt von Wohnen und industriellem Arbeiten, was einerseits die Möglichkeit eröffnet, den Arbeitsplatz von der Wohnung zu Fuß zu erreichen, andererseits man mit kleinteiligen Lärm- und Luftemissionen zu leben hat (Bähr und Mertins 1995, S. 162 ff.). Im Gegensatz zum afrikanischen Kontinent hat jedoch die Industrialisierung in Lateinamerika zu einem gewissen Wohlstand zumindest eines Teils der Bevölkerung und zu ihrer räumlich sichtbaren *sozialen Stratifizierung* beigetragen.

Auch in Asien hat die industrielle Entwicklung erst spät nach der Dekolonisierung in den 1950er und 60er Jahren eingesetzt und ist damit jünger als in Lateinamerika. Die zunächst auf *Imitation* von europäischen und nordamerikanischen Waren zielende Produktion wurde typischerweise in kleinen Hinterhof- und Familienbetrieben vorgenommen, sodass sich Wohnen und Produktion, aber auch hierdurch bedingte ökologische Belastungen kleinräumig vermischten. Eine konzertierte Wirtschaftspolitik zwischen Staat und freien Unternehmern (am Beispiel der *„vier kleinen Tigerstaaten"*) sollte nicht nur das Problem unzureichender Wohnbedingungen lösen, sondern durch das internationale Anwerben exportorientierter, arbeitsintensiver, später auch hochqualifizierter Arbeitsplätze, das Einkommensniveau der Bevölkerung spürbar und nachhaltig anheben. Umfassende Flächensanierungen lösten das produzierende Gewerbe aus der Stadt heraus. An den Stadträndern entstanden *industrial estates*, deren wichtigster *pull-Faktor* ihre im weltweiten Vergleich exzellente Infrastruktur sein sollte. Für einige der Metropolen wie Singapur oder Hongkong, deren Kaufkraft bis heute zu den höchsten weltweit gehören, wurde die Phase der Industrialisierung nur zu einer relativen kurzen Etappe hin zu global agierenden Dienstleistungszentren (Cullinane und Cullinane 2003). Dabei fällt auf, dass am neu entstandenen Reichtum in den sog. NICs (*newly industrializing countries*) trotz oder aufgrund autokratischer Regierungsformen die große Masse der Bevölkerung partizipieren konnte (Robison und Goodman 1996). Die „Demokratisierung" des Wohlstandes zeigt sich im umfangreichen Wohnungsneubau an der Peripherie der Städte und ihrer Anbindung an die City durch Massenverkehrsmittel. Die geradezu explodierende Form von Industrialisierung, die erst seit einem Jahrzehnt in China zu beobachten ist, haben den alten Städten eine neue, teilweise postmoderne Skyline gegeben.

Andere Länder, Regionen und Städte Asiens haben bis heute das präindustrielle Stadium nicht überschritten. Manuelles, zuweilen manufakturartiges Produzieren in Kinderarbeit kontrastiert mit *high-tech*-Clustern in *white collar jobs* wie in Bangalore, Indien. Auf der einen Seite handelt es sich um „gewachsene" und unkoordinierte, auf der anderen Seite um staatlich „gelenkte" Entwicklungen, ohne dass man schon von Planwirtschaft sprechen kann. Der unterschiedliche Erfolg asiatischer Industrialisierung ist nicht zuletzt das Ergebnis vor allem des chinesischen Wirtschaftsgeistes, der sich als eine Form unbedingter Erfolgsmentalität kulturhistorisch von anderen Teilen Asiens unterscheidet. Und im Gegensatz zu Afrika oder Lateinamerika darf das Erreichte, sei es in Form von exklusiver Wohnung oder Luxusauto, als Individualleistung der Öffentlichkeit unbeschadet präsentiert werden.

6.3 Einflüsse von Ideologien

Architektur und Stadtplanung *als Ausdruck politischer Macht* war bereits in den antiken Städten und auch in den Residenzstädten des 17. Jh. klar zu erkennen. Doch im Zuge der Industrialisierung wurde politische immer stärker von wirtschaftlicher Erfolgsideologie als stadtgestaltende Antriebskraft verdrängt. Profanbauten wie Fabriken und Wohngebäude prägten das Bild. Erst die Phase des *Imperialismus* seit Ende des 19. Jh. und die Entstehung von *Nationalstaaten* in Europa führten dazu, dass man globale Machtansprüche auch in der Ausgestaltung von Städten oder zumindest in *Schlüsselgebäuden* versinnbildlichen wollte, sei es in der Anlage großer Boulevards oder repräsentativer Monumente und Regierungsinstitutionen. Architektonisch geprägt waren die Gebäude häufig von einem *Neoklassizismus*, der sich z. B. in Italien an römischen Vorbildern orientierte, um auch baulich eine Beziehung zwischen klassischem und modernem italienischen Imperialismus herzustellen (DRIVER und GILBERT 1999).

6.3.1 Sozialismus

Die Durchsetzung der marxistisch-leninistischen Ideologie in der Sowjetunion sollte sich auch in der Stadtplanung niederschlagen, um Individualismus und Privatheit durch das proletarische Prinzip des *Kollektivismus* abzulösen. Der Städtebau und die Stadtentwicklung hatten sich dem Primat der Politik unterzuordnen (ALTROCK, BODENSCHATZ und POST 2003). Dazu wurden *Kontrollelemente* eingeführt, um die Zuwanderung der Bevölkerung vom Land besser kanalisieren und in der Wohnungsbaupolitik planmäßig reagieren zu können. Neben diesem Versuch, das Städtewachstum einzudämmen, existierten Pläne, alte und neue Städte nach sozialistischen Prinzipien umzugestalten (FLIERL 1991; MEDVEDKOV in BRUNN und WILLIAMS 1993, S. 151 ff.):

1. Die *sozialistische Stadt* sollte *klassenlos* sein. Geplant waren in der Theorie keine unterschiedlichen Wohntypen für einzelne soziale Gruppen. Das eröffnete die Möglichkeit eines *standardisierten und industrialisierten Wohnungsbaus*. In der Realität existierten „bessere" Wohnbereiche für die sog. *Nomenklatura*, die auch ihre eigene Versorgung in Form von *Devisengeschäften* besaß.
2. Die Zentralität der Stadt spiegelte sich in der City nicht vornehmlich in Form kommerzieller Zentralität wider, sondern diese war vor allem Ort *kommunikativer* Zentralität. Das zeigte sich daran, dass die Innenstädte im Gegensatz zu den westlichen CBDs einen hohen Anteil an Wohnbevölke-

rung aufwiesen und sich hier *Kultur-* und *Bildungseinrichtungen* konzentrierten. Zusammen mit Rathaus und Parteiämtern fand man sie in der Regel an großen Plätzen, die – teils älter angelegt – für Militärparaden und Massenaufmärsche genutzt wurden. Der Innenstadt maß man eine politisch-ideologische Bedeutung zu, die mit der traditionellen kapitalistischen „Krämerfunktion" nicht in Übereinstimmung zu bringen war. Gedacht war die Innenstadt somit als sozialistische *„Stadtkrone"*.

3. Das Prinzip der „Ganzheitlichkeit" betonte den Bau von Städten in Ensembles, die nicht funktionale Trennung, sondern kleinräumige *Funktionsmischung* beinhalteten. Dies bedeutete im Idealfall, dass Wohnung und Arbeitsplatz relativ nahe beieinander lagen und die nähere Wohnumgebung mit Geschäften, Schule, Postamt und Freizeiteinrichtungen ausgestattet war. Hierdurch sollten sog. *mikrorayons* entstehen, die mit ca.

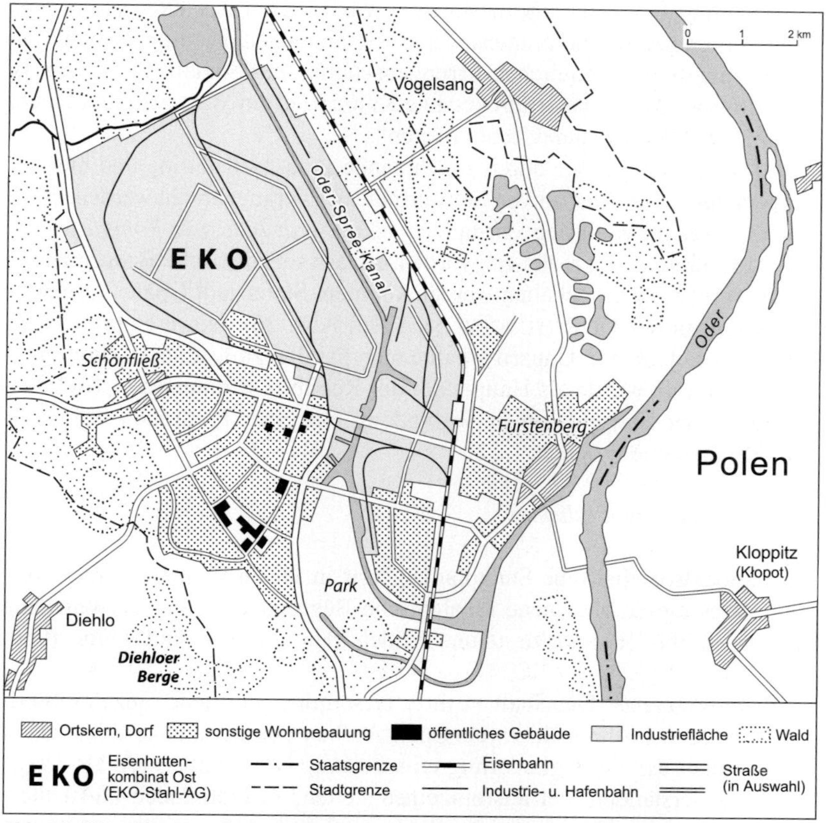

Abb. 26: Eisenhüttenstadt um 1995 als Beispiel einer sozialistischen Stadtplanung
Quelle: Junghanns (1995)

15.000 Ew. die kleinste Zelle der Stadtplanung darstellten. Wohndistrikte mit bis zu 50.000 Ew., die sich aus mehreren *mikrorayons* zusammensetzten, füllten die nächst höhere zentrale Stufe innerhalb der Gesamtstadt mit Theatern, Büchereien, Einkaufszentren und Krankenhäusern aus. Die geringe individuelle Motorisierung machte es notwendig, Versorgungseinrichtungen zu dezentralisieren, um Zeitverluste, die sich bereits zwangsläufig in der Mangelwirtschaft ergaben, nicht noch durch aufwändiges Pendeln zu vergrößern.

4. Die sozialistische Umgestaltung der Gesellschaft sollte auch durch eine „sozialistische" Bauweise oder „Rekonstruktion" der Stadt spektakulär zum Ausdruck kommen. Die „Dominanz" von höheren, größeren und funktionaleren Türmen und Gebäuden (wie z. B. bei sog. *Kulturpalästen*) gegenüber dem architektonischen Erbe der „bürgerlichen" Zeit hatte diese Aufgabe zu erfüllen. Stadtbildprägende Gebäude wie Kirchen wurden hierfür abgebrochen (z. B. in Moskau). Wo die Kriegsschäden des Zweiten Weltkrieges jedoch so immens waren wie in einigen osteuropäischen Ländern, mussten die baulichen Errungenschaften des Sozialismus wie z. B. der im sog. *Zuckerbäckerstil* gebaute Kulturpalast in Warschau nicht mehr mit älterer Bausubstanz „konkurrieren".
5. Der Sozialismus sollte durch zunehmende Industrialisierung und hier vor allem durch den Ausbau von Schwerindustrie vorangebracht werden. Nach dem Zweiten Weltkrieg entstanden neue *Stadt-Industrie-Komplexe*, die vom Reißbrett weg realisiert wurden, sodass sozialistische Bauprinzipien von vornherein eingehalten werden konnten. Stalinstadt (später Eisenhüttenstadt) in der DDR (Junghanns 1995; Abb. 26), Nowa Huta in Polen und Dunaujvaros in Ungarn erbaute man parallel zu Eisenhüttenkombinaten. Titograd wurde als Hauptstadt der Republik Montenegro, Togliattistadt in der Sowjetunion in Verbindung mit einer Produktionsstätte für Kraftfahrzeuge errichtet.

6.3.2 Nationalsozialismus

Die nationalsozialistische Stadtplanung war in vielen Elementen nicht originär, wies diesen aber neue ideologische Begründungen zu. Verschiedene Siedlungsleitbilder sind zu unterscheiden (Harlander und Fehl 1986, S. 50 ff.):

1. *Siedlungskörper*: Die Stadt in ihrer Gesamtheit und jede einzelne Siedlung sollten in ihrem hierarchischen Aufbau den nationalsozialistischen Prinzipien der Parteigliederung entsprechen. Die Stadt wurde als *Organismus* verstanden, der aus einzelnen Zellen, Zellverbänden und Unterkernen besteht und sich um den Stadtmittelpunkt herum gruppiert. Verarbeitet wurde hier die auch in den USA und Großbritannien diskutierte

Vision der Nachbarschaftsidee, die zur „Entballung“ und „Auflockerung der Städte“ führen sollte. Neu war die ideologische Begründung dieser Vision nach *„sozialer Gesundung“* und *„Entfaltung des Gemeinsinnes“* (SCHUBERT 1998, S. 161), die sich in der Errichtung von *Gemeinschaftshäusern* niederschlug.

2. *Funktionale Gliederung*: In Übereinstimmung mit städtebaulichen Leitbildern ihrer Zeit (Charta von Athen) sowie aus Luftschutzgründen sollte die Stadt nach *Funktionen* gegliedert werden. Arbeiten und Wohnen wurden voneinander getrennt, Straßenzüge nach verkehrlicher Bedeutung gestaffelt und entsprechend unterschiedlich ausgebaut. Beispielhaft ist diese funktionale Trennung in Wolfsburg zu erkennen, das 1938 mit dem Bau des Volkswagenwerkes gegründet wurde und Anfang der 1940er Jahre ca. 14.000 Ew. hatte (Abb. 27, Farbkartenanhang).
3. *Auflockerung*: Eine *Stadtlandschaft* sollte dadurch entstehen, dass die Stadt mit *Grünanlagen* durchzogen war. Einerseits orientierte man sich an den Grundsätzen der *Gartenstadt*, andererseits trug man dem Luftschutz Rechnung, indem große Abstände zwischen den Gebäuden eingehalten wurden, um Bombenschäden zu vermindern. Auch die Ausstattung von Wohnungen mit Vor- und Kleingärten diente sowohl dem Zweck als „Abstandsgrün“ als auch der Bindung des Städters an die Scholle (*„Blut und Boden“*) und der Förderung des wirtschaftlichen Autarkiegedankens auf der Mikroebene.
4. *Zeilenbebauung*: Abgelehnt wurde die Blockbebauung als unökonomisch und unzeitgemäß. An die *Zeilenbebauung* waren auch die stärkere Durchgrünung von Siedlungen und der verbesserte Luftschutz gekoppelt. Zugleich ermöglichte die Zeilenbebauung eine umfassendere Belüftung und Belichtung der Wohnungen und damit ein „gesunderes“ Wohnen, als es in den gründerzeitlichen Baublocks der Fall war.
5. *Malerische Straßenführung*: Straßen wurden nicht standardisiert und gerade geführt, sondern sollten sich an die Landschaft anpassen, was den Forderungen des zeitgemäßen *Landschaftsschutzes* entsprach. Die Staffelung der Straßen nach verkehrlicher Bedeutung führte dazu, dass sie unterschiedlich breit angelegt wurden. Die vom Staat geförderte *Automobilisierung* der Gesellschaft musste bei der Anlage von Straßen und dem Bau von *Sammelgaragen* eingeplant werden.
6. Ähnlich wie in der sozialistischen Stadt ergab sich *„soziale Mischung“* aus der Ideologie der *„deutschen Volksgemeinschaft“*. Villenviertel oder Arbeitersiedlung wurden als *„Klassensiedlungen“* abqualifiziert, die von *Heimstättensiedlungen* und *Massenmietwohnungsbau* abgelöst werden sollten (HARLANDER 2000, S. 111).

Wichtige Städte im Deutschen Reich erfuhren 1937 durch das *„Gesetz über die Neugestaltung deutscher Städte“* besondere Aufmerksamkeit. Fünf

Städte wurden darüber hinaus zu sog. „*Führerstädten*“ proklamiert (Berlin, München, Hamburg, Linz, Nürnberg), deren Ausbau vorrangig erfolgen sollte (LAFRENZ 1987, S. 387 f.). Charakteristika dieser Planungen waren *Gigantomanie, Massivität, Versteinerung* und die *fehlende Rücksichtnahme* auf historisches Erbe. Zentrales Bauelement der Führerstädte war ein sog. *Forum*, das aus einer *Aufmarschstraße* von ca. 100 m Breite, einer *Versammlungshalle* für 50.000-100.000 Menschen, einem *Appellplatz*, einem *Glockenturm* und abschließenden *Verwaltungsblöcken* bestehen sollte. Große Straßenachsen von mehreren Kilometern waren für München und Linz geplant. Für Nürnberg war ein riesiges *Parteitagsgelände* von 10 km x 6 km Ausdehnung vorgesehen. Hier sollten die *Massenerlebnisse* stattfinden, die einerseits einschüchternd, andererseits solidarisierend wirken sollten (THIES 1978, S. 31 ff.). Auch in kleineren Städten wie Heidelberg sollten monumentale Staats- und Parteiarchitektur repräsentativ und auf den Betrachter einschüchternd entstehen, die zuweilen *monolithischen* Charakter besaßen und deren Baumaterial typischerweise aus quaderförmigem Werkstein bestand (WEINMANN 2000, S. 192). Noch heute kann man hieraus bei vielen repräsentativen Bauten die Entstehungszeit ableiten.

7 Die Stadt der Gegenwart in den Kulturräumen

Die großräumige Differenzierung städtischer Strukturen und Entwicklungen orientiert sich am Konzept der *Kulturräume*. Für jeden *kulturräumlichen Stadttyp* wird der spezifische „*Entwicklungspfad*" nachgezeichnet, wie er in idealtypischer Weise mit der Abfolge von der *präindustriellen* über die *industrielle* zur *postindustriellen* Stadt umschrieben werden kann, jedoch nicht von allen Städten in gleicher Weise durchlaufen wurde.

Ein Schwerpunkt der Darstellung liegt auf denjenigen Prozessen und Veränderungen der Gegenwart und jüngeren Vergangenheit, die als kennzeichnend für den jeweiligen Typ erachtet werden. Die Besonderheiten der innerstädtischen Differenzierung werden in modellhafter Weise zusammengefasst und erläutert. Die jeweils ausgewählten Fallstudien, die sich auf ein bis zwei der bedeutendsten und größten Städte der Region beziehen, dienen einerseits dazu, bestimmte Entwicklungen zu konkretisieren, andererseits lassen sich daran auch Abweichungen vom stark verallgemeinernden Modell festmachen.

Zusammenfassend wird die großräumige Differenzierung von Stadtstrukturen aus einer Überlagerung von drei Ordnungsmustern erklärt. Kulturraumspezifische Strukturen, die vor allem in den Altstädten fortleben, werden einerseits überformt von Strukturen, die aus den höchst unterschiedlichen ökonomischen Rahmenbedingungen resultieren, andererseits von einzelnen Elementen der postmodernen Stadt, die weltweit verbreitet und auch einheitlich gestaltet sind.

7.1 Typisierung der Kulturräume nach Entwicklungspfaden

Ausgangspunkt für die großräumige Differenzierung städtischer Strukturen und Entwicklungen bilden die 11 von HOLZNER (1967) ausgewiesenen kulturräumlichen Stadttypen (Tab. 1, S. 16), wobei der von ihm als 12. Typ genannte Sonderfall Israel als Untertyp der orientalischen Stadt behandelt wird. In historischer Perspektive haben die Städte in den verschiedenen Kulturräumen ganz unterschiedliche Entwicklungspfade durchlaufen, wie sie in dem in Anlehnung an DUTT u. a. (1994) entworfenen Schema der Abb. 28 zum Ausdruck kommen. Bevor die verschiedenen Pfade im Einzelnen verfolgt werden, um die Gliederung der weiteren Darstellung abzuleiten, sind die gewählten Bezeichnungen näher zu erläutern.

Tab. 4: Entwicklungspfade von Städten in den Kulturräumen

1. Westlicher Entwicklungspfad

1.1 Variante Westeuropa
präindustriell 1 ➔ *industriell* ➔ *postindustriell*

1.2 Variante sozialistische Überformung (Osteuropa, ehemalige Sowjetunion)
präindustriell 1➔ *industriell* ➔ *sozialistisch* ➔ *postindustriell*

1.3 Variante europäische Siedlungskolonien in Übersee
(präindustriell 1) ➔ *industriell* (Nordamerika früher, Australien/Neuseeland später) ➔ *postindustriell*

1.4 Variante Japan
präindustriell 2 ➔ *industriell* ➔ *postindustriell*

2. Nicht-westlicher Entwicklungspfad

2.1 Variante alte städtische Tradition (Orient, Südasien)
präindustriell 2 ➔ *kolonial/dual* (Südasien früher, Orient später) ➔ *postkolonial* ➔ *postindustriell*

2.2 Variante jüngere städtische Tradition (Lateinamerika, Südostasien, Afrika südl. d. Sahara)
(präindustriell 2) ➔ *kolonial/dual* (Südostasien, Lateinamerika früh, Afrika südl. d. Sahara spät) ➔ *postkolonial* (Lateinamerika früh, Südostasien spät, Afrika südl. d. Sahara zuletzt) ➔ *postindustriell*

2.3 Variante sozialistische Überformung (China)
präindustriell 2 ➔ *(kolonial/dual)* ➔ *sozialistisch* ➔ *postindustriell*

Quelle: eigener Entwurf (Erläuterung siehe Abb. 28)

Unter dem Begriff der *„präindustriellen Stadt"* werden in Anlehnung an SJOBERG (1965) wesentliche Kennzeichen von Städten zusammengefasst, die vor der industriellen Revolution entstanden sind und noch nicht durch diese

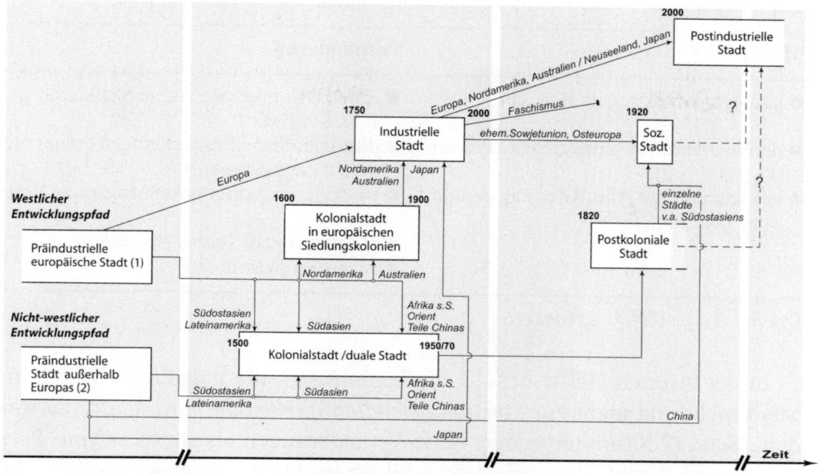

Abb. 28: Schematische Darstellung der Entwicklungspfade von Städten in den Kulturräumen
Quelle: eigener Entwurf in Anlehnung an DUTT *u. a. (1994)*

und begleitende technologische Veränderungen (z. B. Bauen, Verkehr) überformt wurden (vgl. Kap 5.4).

Vielfach haben sich einzelne Elemente der präindustriellen Stadt bis in die Gegenwart erhalten. Das gilt insbesondere für Städte der Dritten Welt. Diese wandelten ihr Gesicht und ihre Struktur meist weniger dadurch, dass sie zu bedeutenden Industriestandorten wurden, sondern dass aus anderen Räumen übertragene Innovationen der Bau- und Verkehrstechnologie zur Anwendung kamen. Von *„industrieller Stadt"* im engeren Sinne soll deshalb nur in Bezug auf Europa, Nordamerika, Australien/Neuseeland und Japan gesprochen werden, weil sich nur hier – wenn auch phasenverschoben und mit regionsspezifischen Besonderheiten – eine wirkliche *industrielle Revolution* vollzogen hat und die Industrie sowohl hinsichtlich Wertschöpfung als auch Beschäftigung – jedenfalls zeitweilig – die städtische Wirtschaft dominierte (vgl. ZEIGLER, BRUNN und WILLIAMS in BRUNN, WILLIAMS und ZEIGLER 2003, S. 17). Die innere Struktur der „industriellen (modernen) Stadt" lässt sich durch homogene funktionale Bereiche, ein dominierendes funktionales Zentrum sowie einen kontinuierlichen Abfall der Lagerenten von innen nach außen kennzeichnen, wie sie in abstrahierter Form von den *humanökologischen* Modellen der *Chicagoer Soziologenschule* beschrieben wird (Tab. 5; WOOD 2003, S. 134).

Tab. 5: Strukturen moderner und postmoderner Städte

Moderne	**Postmoderne**
● homogene funktionale Bereiche	● chaotische multizentrische Strukturen („*Heteropolis*“)
● dominierendes kommerzielles Zentrum	● post-suburbane Entwicklungen (*shopping malls, edge cities*)
● kontinuierlicher Abfall der Lagerenten vom Zentrum	● weite durch Armut gekennzeichnete Bereiche
	● „Einhegungen“ (*gated communities*)
	● *high-tech*-Korridore

Quelle: WOOD (2003), verändert

In der zweiten Hälfte des 20. Jh. beginnt sich die industrielle (moderne) Stadt mehr und mehr zur *„postindustriellen (postmodernen) Stadt“* zu wandeln. SOJA (2000) interpretiert diese Veränderungen als *vierte urbane Revolution* und nennt die sich herausbildende Stadt *„Postmetropolis“*. Die Restrukturierung der modernen Stadt zeigt sich zunächst daran, dass der sekundäre Sektor entsprechend dem Modell von FOURASTIÉ an Bedeutung abnimmt und der tertiäre, der Dienstleistungssektor, die städtische Wirtschaft immer stärker beherrscht. Auch nimmt die globale Vernetzung der Städte zu, dank hochentwickelter Kommunikationstechnologien und weltweitem Austausch von Kapital und Wirtschaftsgütern. Ebenso ist die weltweite Mobilität im Steigen begriffen, auch wenn hier noch größere Barrieren und Reglementierungen bestehen. Dieser Prozess der Globalisierung wird von wenigen Führungsstädten, den *global cities*, gesteuert (vgl. Bd. 1, Kap. D 3 und Abb. 3). Es ist bezeichnend, dass die *global cities* der „ersten Reihe“ allesamt in den Industriestaaten liegen: London, New York, Tokyo zählen in allen Ranglisten dazu; zusätzlich wird meist noch Paris genannt (vgl. z. B. HALL 2002b). Nur im Kulturraum Australien/Ozeanien ist keine Stadt in diese Gruppe aufgestiegen. Zur postindustriellen (postmodernen) Stadt, die sich in der Gegenwart erst in ihren Konturen abzuzeichnen beginnt, werden hier aber nicht nur die wenigen globalen Steuerungszentralen gezählt, sondern der Begriff wird als Typ sehr viel weiter gefasst: Wirtschaftlich wandelt sich die *fordistische* zur *post-fordistischen* Produktion und es dominiert der Dienstleistungssektor, demographisch machen sich eine Reduzierung der Familien- und Haushaltsgröße sowie eine zunehmende *Überalterung* bemerkbar, gesellschaftlich werden einerseits die Gegensätze größer, andererseits gleichen sich die Lebensstile und Konsummuster mehr und mehr an, und raumstrukturell schreiten *Suburbanisierung* und *Exurbanisierung* fort, begleitet von einer *Fragmentierung* der Stadtlandschaft, wie sie sich im Entstehen bewachter und geschützter, privatwirtschaftlich organisierter Inseln des Wohnens, Einkaufens und z. T. auch des Arbeitens zeigt (vgl. PACIONE 2001b, S. 104 ff.; Bd. 1, Abb. 19,

S. 82). Wenn die postmoderne Stadt vielfach mit dem Schlagwort *„Heteropolis"* gekennzeichnet wird, so ist damit gemeint, dass die homogenen funktionalen Bereiche der modernen Stadt von chaotisch anmutenden *multizentrischen* Strukturen abgelöst werden (Tab. 5). Die *Regulationstheorie* deutet die zunehmende Fragmentierung als Ergebnis einer spezifischen Entwicklungsphase kapitalistischer Staaten (WOOD 2003, S. 133 f.; vgl. Kap. 3.3.1). Als Prototyp der postmodernen Stadt gilt Los Angeles (vgl. SOJA 1995 u. 2000).

Lange bevor in Europa, zuerst zwischen 1760 und 1780 in Großbritannien, die industrielle Revolution einsetzte, sind von Europa aus in vielen Teilen der Welt neue Städte gegründet und bestehende sehr weitgehend überprägt und neu gestaltet worden. Diese Entwicklung beginnt mit der Wiederentdeckung Amerikas durch KOLUMBUS (1492) und der Umsegelung des Kaps der Guten Hoffnung durch VASCO DA GAMA (1497), verbunden mit der Eröffnung des Seeweges nach Indien und Ostasien. Unter „Kolonialstadt" werden Städte als Typ zusammengefasst, die im Zuge des neuzeitlichen europäischen Expansionismus als administrative oder kommerzielle Zentren (häufig planmäßig) gegründet worden sind (POTTER und LLOYD-EVANS 1998, S. 123; KNOX und MARSTON 2001, S. 549; zur Begriffsbildung vgl. POST 2001), schon Ende des 15. und zu Beginn des 16. Jh. in Lateinamerika, Südostasien, der südlichen Mittelmeer- und Atlantikküste Nordafrikas und zuletzt während des 19. Jh. in Afrika südlich der Sahara, in Teilen des Orients und Chinas. Ein Teil dieser Städte knüpft nicht an Vorläufersiedlungen an, wie namentlich in den Siedlungskolonien Nordamerikas und Australien/Neuseelands (*„colonization cities"* nach DUTT u. a. 1994, S. 27), oder diese sind, wie in Lateinamerika, vollständig zerstört worden; ein anderer Teil lagert sich an mehr oder weniger große bestehende Siedlungen an. In diesen Fällen, wie typischerweise in Südasien und im Orient, wird von *„dualer Stadt"* gesprochen (vgl. z. B. ESCHER 1982). *Duale Städte* bilden sich aber auch dann heraus, wenn sich an eine Siedlungsneugründung der Europäer im Laufe der Zeit – häufig durch einen *cordon sanitaire* getrennt – Siedlungen der einheimischen Bevölkerung anlagern, wie es in Afrika südlich der Sahara vielfach der Fall war. ZEIGLER, BRUNN und WILLIAMS (in BRUNN, WILLIAMS und ZEIGLER 2003, S. 20) sprechen daher immer dann von einer dualen Stadt, wenn ein „*European part*" und ein „*traditional, indigenous part*" zusammenkommen.

Europäische und später auch nordamerikanische Einflüsse haben aber nicht nur Städte in Kolonialreichen überformt, sondern auch solche, die keine koloniale Eroberung erfahren haben. Der weiter gefasste Begriff der „*Verwestlichung*" schließt diesen Fall ein und bezieht sich ganz allgemein auf die Übernahme von Innovationen, Leitbildern, Lebensformen und auch Wertungen aus „westlichen Ländern", d. h. die Anpassung an die als überlegen empfundene „westliche Kultur" (vgl. WIRTH 1968, S. 101 f. für das Beispiel orientalischer Städte).

Weil die Kolonialherrschaft in den einzelnen Ländern und Regionen zu ganz verschiedenen Zeitpunkten zu Ende ging, reicht auch die *„postkoloniale Stadt“* unterschiedlich weit in die Vergangenheit zurück. Einen Sonderfall bilden die meisten lateinamerikanischen Staaten, die ihre staatliche Unabhängigkeit bereits zu Beginn des 19. Jh. erlangten; ansonsten begann die Phase der postkolonialen Stadt erst nach dem Zweiten Weltkrieg, in einigen wenigen afrikanischen Staaten sogar erst seit den 1970er Jahren. Im außertropischen Südamerika (Argentinien, Uruguay, Chile, Südbrasilien) setzt sich der direkte europäische Einfluss auf die Stadtentwicklung dank massiver Einwanderungen aus Europa in der postkolonialen Epoche fort. Dagegen haben sich die wenigen Siedlungskolonien in Afrika weitgehend aufgelöst; lediglich in Namibia, Simbabwe und Südafrika lebt in den Städten noch eine größere Anzahl von Menschen europäischer Abstammung. Nur in wenigen Fällen hat sich die postkoloniale Stadt zur industriellen Stadt weiterentwickelt (z. B. *newly industrializing countries*). Einen größeren Stellenwert hat die Industrie vor allem in einzelnen lateinamerikanischen und südostasiatischen Staaten erlangt, ohne allerdings die Dominanz des Dienstleistungssektors aufbrechen zu können.

Seit der *russischen Revolution* (1917) und der Ausweitung des sowjetischen Machtbereiches nach dem Zweiten Weltkrieg bildet sich der Typ der *„sozialistischen Stadt“* heraus. Zwar sind die Wurzeln dieser Städte teilweise älter, die *Umgestaltung* durch Sozialismus und Planwirtschaft ist aber so stark, dass es gerechtfertigt erscheint, von einem gesonderten Typ zu sprechen (vgl. Kap. 6.4.1). Außerhalb der ehemaligen Sowjetunion und Osteuropas gehören nur die Städte Chinas sowie weniger anderer, vornehmlich südostasiatischer Staaten dieser Kategorie an, allerdings mit einer sehr unterschiedlichen vorsozialistischen Entwicklung. Seit den Veränderungen in Osteuropa und dem Zusammenbruch der Sowjetunion ist die sozialistische Stadt in Auflösung begriffen; in Südostasien und China wird man dafür weniger einen politischen Systemwandel verantwortlich machen, sondern in erster Linie die – zumindest partielle – Hinwendung zu Kapitalismus und Marktwirtschaft.

Als Leitlinie und Vergleichsmaßstab der weiteren Überlegungen wird der *„(west-)europäische Entwicklungspfad“* herangezogen (vgl. Tab. 4). Diese Vorgehensweise ist nicht als eurozentrische Perspektive misszuverstehen, sondern sie ist darin begründet, dass sich der Übergang von der präindustriellen zur industriellen Stadt zuerst in Europa vollzogen hat und der europäische Kolonialismus seit dem 16. Jh. die Städte in den meisten Teilen der Welt nachhaltig überformte und diese Überprägung bis heute sichtbar ist. Die europäische Stadt wird in zwei Untergruppen aufgegliedert, um der Tatsache Rechnung zu tragen, dass Osteuropa und die ehemalige Sowjetunion in jüngerer Zeit vorübergehend dem *„sozialistischen Pfad“* gefolgt sind. Die

Städte der europäischen Siedlungskolonien in Nordamerika und Ozeanien entwickelten sich mit zeitlicher Phasenverzögerung ebenfalls zu industriellen Städten, ohne jedoch eine mit Europa vergleichbare historische Tiefe aufzuweisen. Außerhalb Europas und der europäischen Siedlungskolonien hat nur Japan einen ähnlichen Entwicklungsverlauf genommen, allerdings bei einer von Europa gänzlich verschiedenen Ausgangssituation. Als zusammenfassende Bezeichnung der bisher diskutierten Abläufe wird vom *„westlichen Entwicklungspfad"* gesprochen.

Ihm steht der *„nicht-westliche Entwicklungspfad"* gegenüber. Dieser weist drei Varianten auf, die sich nochmals im Hinblick auf die zeitlichen Verschiebungen zwischen den einzelnen Phasen untergliedern lassen. Der idealtypische Ablauf von präindustriell über kolonial/dual zu postkolonial trifft am besten für die Städte Südasiens und des Orients zu. In beiden Regionen reicht die städtische Entwicklung weit in die Vergangenheit zurück, die koloniale Überformung setzte in Südasien aber sehr viel früher ein. Im Vergleich dazu ist die präkoloniale Vergangenheit der Städte Lateinamerikas, Südostasiens und Afrikas südlich der Sahara entweder gar nicht vorhanden oder beschränkt sich auf Einzelfälle. In Lateinamerika sind die bestehenden Vorläufersiedlungen z. B. in Mexiko-Stadt oder Cuzco bewusst zerstört worden, um den Bruch mit der Vergangenheit zu unterstreichen. Die Dauer der kolonialen Überprägung sowie Beginn und Ende der Kolonialzeit sind in den drei Kulturräumen sehr verschieden. Ein weiterer Unterschied ist darin zu sehen, dass duale Strukturen sich in Lateinamerika überhaupt nicht und in Südostasien nur begrenzt herausgebildet haben, während sie in Afrika südlich der Sahara als koloniales Erbe bis in die Gegenwart sichtbar sind.

Der Entwicklungspfad Chinas weicht von den bisher genannten am deutlichsten ab: Zum einen hat lediglich eine sehr begrenzte koloniale Überprägung stattgefunden, sodass von einer postkolonialen Phase nur mit großen Einschränkungen gesprochen werden kann; zum anderen ist hier die sozialistische Umgestaltung, abgesehen von Osteuropa, am größten. Als weiteren Sonderfall nennen DUTT u. a. (1994, S. 30) die Städte in den ölreichen Staaten der Arabischen Halbinsel, weil diese auf dem Weg zur postindustriellen Stadt besonders weit vorangeschritten sind.

7.2 Westlicher Entwicklungspfad

Zum *westlichen Entwicklungspfad* (vgl. Kap. 7.1) zählen die Städte Europas, Nordamerikas, Australien/Neuseelands und Japans. Zeichnen sich die ersten drei Räume durch ähnliche kulturell-historische, wirtschaftliche und ethnische Wurzeln aus, die auch für Nordamerika sowie Australien/Neuseeland ursprünglich in Europa zu suchen sind, hat Japan erst im 20. Jh. viele „westliche" Strukturen zunächst *imitiert* und dann weiter entwickelt. Grundlage hierfür war der Aufstieg Japans zur wirtschaftlichen Großmacht nach dem Zweiten Weltkrieg, der zu physiognomischen und funktionalen Angleichungsprozessen japanischer gegenüber anderen „westlichen" Städten führen sollte.

Aufgrund ihrer insularen und von nur wenigen oder gar nur einem Staat geprägten Entwicklung sind die nordamerikanische, die australisch-neuseeländische und die japanische Stadt im Sinne der traditionellen kultur-räumlichen Gliederung relativ einfach abgrenzbar. Im Gegensatz dazu wird der Typus der europäischen Stadt in den gängigen Geographie-Lehrbüchern fast nirgendwo explizit diskutiert. Eher unterscheiden die Autoren nach regionalen Untertypen wie nordeuropäischer oder südeuropäischer Stadt oder verweisen auf länderbezogene Besonderheiten. Überhaupt scheint es schwierig zu sein, aufgrund der kulturellen, ethnischen und territorialen Ausdifferenzierung Europas im Laufe einer ca. dreitausendjährigen Stadtgeschichte einen gemeinsamen Nenner zu finden, der die kontinentale Stadtentwicklung und deren Strukturen in einem einzigen Modell erfassen könnte. Damit unterscheidet sich Europa grundsätzlich von einem Typus wie dem der nordamerikanischen Stadt, der innerhalb seines Verbreitungsgebietes einen deutlich homogeneren Eindruck vermittelt. Angesichts der „Gefahren", die von der weltweiten *Amerikanisierung* der Städte ausgehen, taucht jedoch die *„europäische Stadt"* als *„Kampfbegriff und positives Leitbild"* (SCHUBERT 2001, S. 271) in den letzten Jahren zumindest in der soziologischen Literatur wieder auf, nachdem sich MAX WEBER fast 100 Jahre zuvor mit dem Wesen der *„Stadt im Okzident"* befasst hatte (HÄUßERMANN 2001). So ist es zunächst eher die Vielfalt als die Einheitlichkeit städtischer Muster, die Europa bei der Diskussion kulturgenetischer Modelle auszeichnet. Nachdem in den Kap. 5 und 6 die europäische Stadtgenese in ihrer raumzeitlichen „Kleinkammerung" diskutiert worden ist, sollen nunmehr die grundsätzlichen Determinanten, Entwicklungsstränge und gesellschaftlichen wie architektonischen Ausprägungen identifiziert werden, die die europäische Stadtentwicklung ausmachen. Dabei ist es sinnvoll, diese Diskussion zumindest zweizuteilen, nämlich in die Modellierung eines privatwirtschaftlich und kapitalistisch geprägten *westeuropäischen Pfades* und die eines im Laufe des 20. Jh. staatswirtschaftlich und sozialistisch geprägten *osteuropäischen Pfades*, wobei letztere Entwicklungen noch im Postsozialismus räumliche Persistenzen zeigen.

7.2.1 Westeuropa

Die *westeuropäische Stadt* zeichnet sich stärker als andere Stadttypen durch Vielfalt und weniger durch Einheitlichkeit aus. Sie ist in der weltweiten Betrachtung der regionalen Stadttypen eher eine Residualgröße, um die kleinterritorialen Entwicklungen Europas einem gemeinsamen Nenner zuzuordnen. Nur wenige Autoren wie WHITE (1984) haben es gewagt, eine „westeuropäische“ Stadt zu definieren. Wo kann man deshalb ansetzen, um einen entsprechenden Typ zu rechtfertigen?

Tradition

1. Die europäische Stadtgeschichte besitzt eine *jahrhundertelange Tradition*, die in einigen Fällen bis in die Antike zurückreicht. Viele Städte haben daher eine präindustrielle Vergangenheit, wie es sich auch in ihrem Grundriss und Aufriss zeigt. Ein baulich kompakter Kern (*Altstadt*) prägt die heutigen Innenstädte, deren Straßenmuster die wirtschaftlichen, sozialen und technologischen Besonderheiten ihrer Zeit widerspiegelt. Eine eher enge noch auf Fußgänger- und Lastkarrenverkehr ausgerichtete Straßenführung einerseits und Gebäude, die Arbeits- und Wohnfunktionen miteinander verbanden, andererseits sind morphologische Hinterlassenschaften. Eine Durchgrünung dieses Zentrums hatte dabei keine Priorität. Bauliche Überhöhung war eher selten und konzentrierte sich auf Repräsentativbauten geistlicher und weltlicher Macht wie Rathäuser vor großen Marktplätzen, Kirchen und Schlösser. Auch heute sind diese Bereiche – trotz Suburbanisierung – vor allem als Zentrum des Handels (*City*) mehr oder weniger „lebendiger“ Mittelpunkt der Stadt, in der die für den Pkw-Verkehr viel zu engen Straßen wie weiland im Mittelalter wieder zu Fußgängerzonen umgewidmet worden sind (vgl. MONHEIM 2000; PEZ 2000). Sie stehen für das heutige *planerische Ideal* einer kompakten, fußläufigen und funktional durchmischten Stadt.
2. Die Vertikalität der Städte ist traditionell wenig ausgeprägt. Unzureichende Bautechniken, aber auch rechtliche Höhenbegrenzungen, die z. B. darauf zielten, dass das größte Gebäude nicht höher sein durfte als die ortsprägende Kirche, können als Gründe genannt werden. Obwohl die Mehrgeschossbauweise seit der Industrialisierung sprunghaft zunahm, sind Wolkenkratzerentwicklungen wie in Nordamerika ganz selten. Nach dem Bau eines einzigen Wolkenkratzers in Paris sind weitere Planungen dieser Art ausdrücklich unzulässig, um die traditionelle Silhouette der Stadt nicht zu zerstören. Mit seinem Staffelbauplan für München verfolgte THEODOR FISCHER bereits 1904 die Idee einer abgestuften, sich nach außen abflachenden und auflockernden Stadt.
3. Die Städte entwickelten sich von Beginn an nicht unkontrolliert. Sowohl was die Auslegung des Stadtgrundrisses als auch den Bau und die Fassadengestaltung von Häusern oder die Zuweisung von Flächennutzungen anbelangte, war die europäische Stadt Typus einer *geplanten Siedlung*. Hoheitliche Eingriffe und kommunale Planungen regulierten Grundeigentum, um das Interesse des gesamten städtischen Gemeinwesens zu bewah-

ren (z. B. bei Feuerschutzbestimmungen). Damit wurde baulicher Wildwuchs selbst noch zu Zeiten des Manchester-Liberalismus im 19. Jh. kanalisiert. Mit dieser Planung verbanden sich auch soziale Motive, die die Lebensverhältnisse der Bevölkerung durch (Massen-)Wohnungsbau und Stadtsanierung verbessern wollten. Der ungezügelte Kapitalismus, der nur auf die Maximierung von Bodenprofiten zielte, wandelte sich durch gesellschaftlichen Druck von Parteien und Gewerkschaften zu einem sozial verantwortlichen, in dem erstmalig auch *ökologische Aspekte* wie hygienisches, durchgrüntes und baulich aufgelockertes Wohnen im Städtebau berücksichtigt wurden. Aufgrund der gewaltigen finanziellen Vorleistungen waren es in der Regel Staat und Kommune, die die Städte infrastrukturell erschlossen, sei es oberirdisch durch Straßenbahnen oder unterirdisch durch die Kanalisation.

4. Das Muster der Landnutzung ist infolge der langfristigen genetischen Anlage „durchwürfelt", d. h. kleinräumiger untergliedert, als es das System von BURGESS zum Ausdruck bringt. WHITE (1984) weist bei der Diskussion um das Modell der westeuropäischen Stadt darauf hin, dass sich Wohn- und Gewerbegebiete noch weit bis in das 20. Jh. hinein miteinander vermischen und sich damit auch kleinräumige *Standortvorteile* von Wohngebieten in ihrer Lage zu Gewerbe- und Industriestätten ergeben konnten. *Sozialräumliche Segregation*, die sich bis zu Beginn des 20. Jh. eher in der Vertikalen eines Wohnhauses abzeichnete (teuerste Wohnung im Erdgeschoss, billigste Wohnung unter dem Dach), wurde erst durch die wachsende Mobilität der Bevölkerung (Straßenbahn, Pkw) zu einem Element, die Stadt auch flächig zu differenzieren. Gemäß dem sozialen Hintergrund der Bevölkerung entstanden Wohngebiete mit unterschiedlichen baulichen Ansprüchen, die typischerweise eher auf Mehrgeschosswohnungen als auf das Wohnen in einem Einfamilienhaus zielten. Administrative Vorschriften und Kontrollen (Baupolizei), die „schiere" Begrenztheit an Baufläche im Gegensatz zu anderen Kulturkreisen und die traditionelle Verwendung von eher höherwertigen und teuren Baumaterialien begrenzten den „Traum" vom Eigenheim und damit einen *urban sprawl*. Man ist nicht bereits dadurch stigmatisiert, dass man in einem Mehrfamilienhaus und zur Miete wohnt (vgl. BEHRING und HELBRECHT 2002; LICHTENBERGER 2002). Obwohl sich ab dem 19. Jh. in einigen Teilen Europas eine ausgeprägte *Klassengesellschaft* entwickelt hatte, blieben der europäischen Stadt charakteristische Slumbildungen erspart, weil trotz der sozialen Gegensätze die Bevölkerung in sich immer noch homogener war und ist als in anderen Teilen der Welt. MCCARTHY und DANTA (in BRUNN, WILLIAMS und ZEIGLER 2003, S. 183) erkennen gleichwohl *ghettoartige Entwicklungen*, in denen vor allem ethnische Minderheiten aus früheren Kolonien oder „Gastarbeiter" segregiert leben.

5. Die *Verstädterung* setzte in Europa früh ein und wurde zu einem gesellschaftlichen Massenphänomen. Lebten in England 1820 nur 20% der Bevölkerung in Städten, waren es 1900 bereits 77% (JESSEN 2000, S. 201). Verstädterung war die Begleiterscheinung der Industrialisierung und basierte auf wirtschaftlichem Wachstum und Entwicklung. Die *Land-Stadt-Umverteilung* der Bevölkerung spielte sich dabei weitestgehend im nationalen Kontext ab und kannte noch keine grenzübergreifende ethnische Fremdzuwanderung. Schon vor diesem Hintergrund sind *ethnische Ghettobildungen* erst nach dem Zweiten Weltkrieg stärker zu beobachten.
6. JESSEN (2000, S. 210) betont die Tradition eines *stadtbürgerlichen Bewusstseins*, das die Stadt als etwas Erhaltenswertes sieht. Diese Wertschätzung äußert sich im Bestreben, das Zentrum der Stadt mit seinen Funktionen zu bewahren oder durch *Revitalisierungsmaßnahmen* zu erneuern. Leitbilder von lokaler bis supranationaler Seite postulieren die (europäische) Stadt als Synonym für Tradition, Urbanität, Kompaktheit, Dichte, Nutzungsmischung und Begegnungsstätte im öffentlichen Raum (SCHUBERT 2001, S. 270). Dieses planerische Ideal hat lange Zeit verhindert, dass sich die Städte unkontrolliert in die Fläche ausdehnen. Oder in Aushandlungsprozessen wird versucht, die negativen Konsequenzen von Stadtrandentwicklungen für das Stadtzentrum zu mildern. Die europäische Stadt setzt sich damit der Kritik aus, zuweilen „gemütlich", museal und innovationshemmend zu wirken. Die Tradition der baulichen Bewahrung und des *Denkmalschutzes* widerspricht der „schöpferischen Zerstörung" anderer Kulturkreise, die durch Flächensanierung Platz schaffen für die Errichtung neuer Wolkenkratzer. Das geschieht auch vor dem mentalen Schock, den die großflächigen Zerstörungen des Zweiten Weltkriegs hinterlassen haben, die mit Ausnahme von Japan keine Parallele in anderen Kulturräumen finden. Um so wichtiger ist für die europäische Stadt die Erhaltung ihres originalen baulich-kulturellen Erbes.
7. Innerhalb Westeuropas zeichnet sich die *„deutsche Stadt"* durch eine gewisse Sonderstellung aus, wie POPP (2004) anhand historisch-genetischer und physiognomischer Kriterien verdeutlicht. Aufgrund der jahrhundertelangen territorialen Kleinkammerung und der Verwendung nur lokal verfügbarer Baumaterialien konnte man lange Zeit weniger von einem einzigen Typus, sondern eher von einer Vielzahl *„regionaler Stadtlandschaften"* sprechen. Viele davon werden bis heute von auffällig kleinen Städten geprägt (teilweise sog. Minderstädte), die damit die ursprünglich geringe Territorialmacht ihrer Gründungsherren widerspiegeln. Erst aus dem Zusammenschluss der deutschen Territorien zum Deutschen Reich im 19. Jh. und der hieraus resultierenden rechtlichen und politischen Vereinheitlichung, aber auch aus der Zerstörung vieler Städte infolge des Zweiten Weltkrieges ist das Potenzial erwachsen, aus „deutschen Städten" eine sich

in Funktion, Physiognomie, Baumaterialien und Aufriss ähnelnde „deutsche“ Stadt zu schaffen. Diese umfasst Baustile, die auch in anderen westeuropäischen Städten zur Anwendung kommen, hat aber infolge nationalsozialistischer oder sozialistischer Bauideologien einen unverwechselbaren *„Baumix“* erleben müssen.

Amerikanisierung?

Im Kontrast zu den vor allem auf Tradition beruhenden Charakteristika und Raummustern der westeuropäischen Stadt sind in den letzten Jahrzehnten Entwicklungen zu beobachten gewesen, die als *„Amerikanisierung“* der Städte empfunden werden:

1. Trotz aufwändiger ÖPNV-Systeme, deren Anlage teilweise bis in das 19. Jh. zurückreicht, nahm der motorisierte Individualverkehr seit den 1950er Jahren rapide zu. Es entstanden Leitbilder einer *autogerechten Stadt*, die in der baulichen Ausgestaltung weniger den Fußgänger als den zügig fließenden Verkehr im Sinn hatten. Aufbauleistungen und wachsender Wohlstand, zunehmende Mobilität und gestiegene Lebensansprüche sowie der Nachkriegsbabyboom waren Ursache dafür, dass sich die Städte in ihrer Fläche nunmehr auszudehnen begannen. Die Menschen zogen in den suburbanen Raum in einer gewissen *Pendlerentfernung* zur alten Innenstadt, die früher „die“ Stadt schlechthin oder zumindest „Kern“ der Stadt war (HEINRITZ und LICHTENBERGER 1984). Es entwickelte sich der *„Traum von einem Eigenheim“*, den der Staat durch Gesetze und Finanzhilfen förderte, um damit den Druck auf den sozialen Wohnungsmarkt zu begrenzen. Auch andere Funktionen neben dem Wohnen, die traditionell im Herzen der Stadt angesiedelt waren, wurden immer häufiger entwertet. Das zentripetal orientierte Standortprinzip, nach dem sich Geschäftsstraßen mit dem Wachstum der Stadt zentral-peripher ausdehnen und Kaufhäuser in zentrumsnahen Lagen zu finden sind, änderte sich (LICHTENBERGER 1998, S. 231). Käuferströme richteten sich partiell neu auf *randstädtische Standorte* aus, die per Pkw gut zu erreichen sind. Obwohl der Funktionsverlust der Kernstädte von Bevölkerung, Interessenverbänden und Planung nicht unwidersprochen bleibt und durch gesetzgeberische Maßnahmen aufgehalten werden soll, setzt sich dieser aufgrund der Suburbanisierung von Einzelhandel, Bürostandorten sowie von Kultur- und Freizeiteinrichtungen schleichend weiter fort (BRAKE u. a. 2001). *Edge city* ähnliche Strukturen entstehen als Rand- oder Entlastungscity oder werden als *„Zwischenstadt“* bezeichnet (SIEVERTS 1997). Letztere sind Klein-Agglomerationen von Wohn- und Arbeitsstätten, von denen aus keine Pendlerbeziehungen mehr zur gewachsenen Kernstadt bestehen. Umgekehrt pendeln sogar Personen aus der Kernstadt in die Peripherie der neuen unhistorischen „künstlichen“

Zentren. Die Konkurrenzsituation zwischen Kernstadt und *„grüner Wiese"* vor dem Hintergrund der wachsenden Motorisierung wird europaweit diskutiert, weil sie die Gefahr einer „ausblutenden" Innenstadt und von *urban blight* beinhaltet. Hieraus ergeben sich stadtstrukturelle Angleichungen, weil die eher kurzfristig und profitorientiert geplanten Einrichtungen an der städtischen Peripherie (Einkaufszentren, Systemgastronomie oder Kinostandorte), finanziert und gebaut von *global players*, architektonisch und funktional austauschbar werden (Burdack und Herfert 1998).

2. Bautypologien werden importiert (Jessen 2000, S. 212), vornehmlich aus Nordamerika, die den Städten neue Funktionen, Symbolik und Ästhetik der sog. Postmoderne zuweisen. *Shopping Center, Urban Entertainment Center, Fast Food*-Ketten oder *Drive-Ins* spiegeln allein mit der Übernahme dieser Anglizismen in die deutsche, französische oder italienische Sprache nicht nur die funktionelle Vereinheitlichung, sondern auch die Homogenisierung von Lebensstilen und Zeitbudgets in den Städten Europas wider.
3. Die europäischen Städte sind unter den Vorgaben von *Mobilitätszwang* in einer sich globalisierenden Wirtschaft Zuwanderungsmagneten geworden. Nicht nur vermischen sich Menschen unterschiedlicher europäischer Nationalität, sondern auch außereuropäische Migranten prägen immer häufiger das Bild von Wohngebieten. Viele dieser Migranten konzentrieren sich freiwillig oder unfreiwillig in ausgewählten Wohnquartieren. Dies hat zu *ghettoähnlichen Strukturen* geführt, die bisher unbekannte ethnisch-sozial-kulturelle Spannungen zwischen autochthoner und zugewanderter Bevölkerung ausgelöst haben. Obwohl die Herkunftsgebiete der Migranten für die einzelnen europäischen Länder sehr unterschiedlich ausfallen – Gründe hierfür gehen bis in die Kolonialzeit zurück (Dominanz von Maghrebiniern in Frankreich, Indern und Pakistanis in Großbritannien) –, hat das multikulturelle Gepräge der Städte in den letzten Jahren stark zugenommen (vgl. Kesteloot, van Weesep und White 1997). Um das Verständnis unterschiedlicher Kulturen und Religionen, die kleinräumig aufeinander treffen, zu stärken, sind vielfältige Maßnahmen wie Städtevernetzung im Rahmen von Städtepartnerschaften und von *social engineering* z. B. in Form von *Quartiersmanagement* erforderlich geworden. Politik und Planung wollen die Probleme „lösen" und verlassen sich damit nicht auf Selbstheilungskräfte, um die zunehmende sozial-ethnische Fragmentierung der Städte zu überwinden.
4. Aufgrund knapper Kassen nehmen die Gestaltungsspielräume der Städte ab. Revitalisierung oder Konversion von Brachen infolge Deindustrialisierung oder Demilitarisierung, großflächige Sanierungen wie *gentrification* (=Aufwertung innenstadtnaher Wohngebiete; Friedrich 2000) oder *waterfront revitalization* (=funktionale Umwertung von Hafenbrachen;

PRIEBS 1998) werden immer häufiger in einer konzertierten Aktion öffentlicher Interessen und privater Finanzmittel realisiert. Ähnlich wie die direkte Privatisierung öffentlicher Einrichtungen und Dienstleistungen ist *public private partnership* damit ein Instrument, das zu mehr Marktorientierung in der Stadtgestaltung führt. Entwicklungsgesellschaften gewinnen an Bedeutung, die ganze Wohngebiete planen und bauen. Andere *developer* „überplanen“ Räume, indem sie hocheffiziente überdachte *Bauinseln* wie Einkaufs- und Freizeitzentren errichten. In neuester Zeit entstehen auch in Europas Städten (Frankreich, Großbritannien, Spanien) erste abgeschlossene private und kontrollierte Wohngebiete (*gated communities*; GLASZE u. a. 2003). Damit schrumpft der öffentliche zugunsten des privaten, durch Hausordnung oder sonstige Bestimmungen regulierten Raumes. Die *„Unwirtlichkeit der Städte“*, wie sie in den 1960er Jahren erstmalig diskutiert wurde (MITSCHERLICH 1965), wird „gelöst“ mit der Errichtung privater *„Kathedralen für Freizeit und Konsum“*. Weil nicht die gesamten Städte zu privatisieren sind, werden Marketinginstrumente auch auf die bisher öffentlich gebliebenen Teile der Stadt übertragen. Städte und Stadtteile treten dabei in einen nationalen und internationalen Wettbewerb um staatliche und suprastaatliche Finanzmittel. Mit deren Hilfe sollen soziale Probleme entschärft und der Bekanntheitsgrad gegenüber potenziellen Besuchern und Investoren erhöht werden. Die zum Teil auf sehr kurzfristige wirtschaftliche Erfolge zielende Strategie, über Kultur- oder Sportveranstaltungen Publizität zu bewirken, wurde als *„Festivalisierung“* der Stadtpolitik gebrandmarkt (HÄUßERMANN und SIEBEL 1993).

Strukturmodell

Die Vielfalt des (west)europäischen Städtewesens hat dazu geführt, dass Generalisierungen und modellhafte Darstellungen der Stadtstruktur vielfach nur für einzelne Teilräume Europas vorgenommen werden, so z. B. von HAVERSATH (1997) für griechische Mittelstädte, MEYER (2001) für kastilische Städte oder von SABELBERG (1984), der zwischen Nord- und Süditalien differenziert. MCCARTHY und DANTA (in BRUNN, WILLIAMS und ZEIGLER 2003, S. 198 ff.) gliedern zwei Typen westeuropäischer Städte aus und unterscheiden zwischen *nordwesteuropäischer* und *mediterraner Stadt*. LICHTENBERGER (1972) orientiert sich bei ihrem Stadtmodell hauptsächlich am Fallbeispiel Wien. STEWIG (1983) hat dieses Modell gegenüber dem Original stark vereinfacht und auf wenige Aspekte beschränkt. WHITE (1984) hingegen verschmilzt dominante Charakteristika unterschiedlicher Städte in einem Modell, ohne dass sie für jede einzelne westeuropäische Stadt in Gänze zutreffen müssten (Abb. 29):

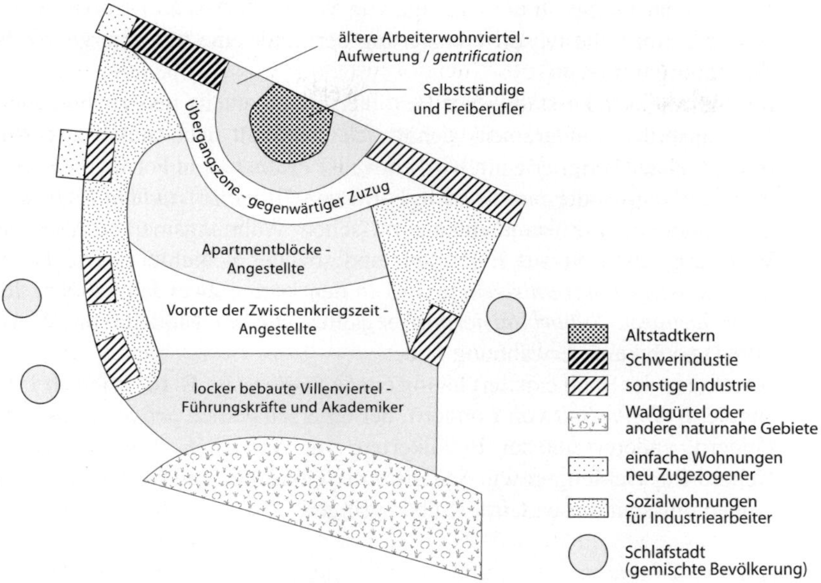

Abb. 29: Strukturmodell der westeuropäischen Stadt
Quelle: WHITE *(1984);* KNOX *und* MARSTON *(2001)*

1. Das Zentrum wird typischerweise geprägt von einem historischen *Altstadtkern*, der eine präindustrielle Vergangenheit aufweist. Sofern nicht in neuerer Zeit durch *Tertiärisierung* und *gentrification* verdrängt, findet man hier Wohnraum für Selbstständige und Handwerker. Die Ausbreitung von Fußgängerzonen seit Mitte der 1960er Jahre (MONHEIM 1980) hat dazu geführt, dass die Altstadtkerne eine wichtige Rolle im Geschäfts- und Alltagsleben einnehmen. Nach außen wird diese Zone von ehemaligen Befestigungen oder von Grüngürteln auf „entfesteten" Anlagen begrenzt.
2. Es schließen sich *gründerzeitliche Wohn- und Gewerbegebiete* ab den 1870er Jahren an, die vor allem für Arbeiter angelegt wurden. Daraus ergibt sich ein typisches *frühindustrielles Ambiente*, das von einer hohen wohnräumlichen Verdichtung und kleinräumigen Vermischung von Wohnen und Arbeiten gekennzeichnet ist. Nicht selten handelt es sich um bauliche und soziale Problemgebiete, die durch *Sanierung* oder *gentrification* eine Aufwertung erfahren. Produzierendes Gewerbe zieht sich zugunsten von *Tertiärisierung* aus diesem Bereich zurück.
3. Wo die Wohnbedingungen weder durch ihren Standard noch durch ihre Zentralität besonders attraktiv sind, existiert eine *zone in transition*. Hier trifft ältere angestammte Arbeiterbevölkerung (*ageing in place*) auf ein hohes mobiles Bevölkerungselement wie Studierende und Migran-

ten. Unklar bleibt, ob die Aussage von WHITE (1984) zu relativieren ist, dass die ethnische Ausdifferenzierung der Stadt eine nur untergeordnete Bedeutung besitzt.

4. Infolge wachsender städtischer Bevölkerung einerseits und zunehmender Wohnansprüche andererseits dehnt sich die Stadt nach außen aus: Ihre Bebauung zur Peripherie hin wird entweder *extensiver* in Form von *Einzelhaussiedlungen* oder *intensiver* in Form von *Trabantenstädten*. Es besteht kein eindeutiger Zusammenhang zwischen Wohnungsmarkt (Alter der Wohnung, Miete versus Eigentum) und sozialer Schichtung. Die *Wohn-* und *Industriesuburbanisierung* wird in den letzten zwei Jahrzehnten von einer *tertiären Suburbanisierung* begleitet, die im Modell von WHITE (1984) noch keine Erwähnung findet.
5. Am Rande der Stadt existiert häufig ein *Grüngürtel* (z. B. für Wien ab 1904 angelegt; *Green Belt* von London), der einerseits einen *urban sprawl* verhindern, andererseits der Bevölkerung zur *Naherholung* dienen sollte. Neuere Entwicklungen wie *Schlafstädte*, Gewerbe- und Verkehrseinrichtungen mussten diesen Gürtel „überspringen".

Das Beispiel London

Viele Charakteristika der europäischen Stadt spiegeln sich in der Entwicklung einer Metropole wie London wider. Die Stadt besitzt ein langes historisches Erbe und hat spätestens seit dem 19. Jh. infolge der Industriellen Revolution eine Dynamik erfahren, die sie zu einer der mächtigsten *global cities* hat aufsteigen lassen.

Die Siedlungsanfänge gehen zurück bis in die Römerzeit des 1. Jh. Anlass zur Entstehung einer Siedlung im südlichen Zentrum Britanniens war der Bau einer hölzernen Brücke über die Themse, wo sich nördlich des Flusses zwei kleine Hügel erhoben, die relativ gut zu verteidigen waren. Baumaterialien und Wasserversorgung im lokalen Umfeld sowie der Anschluss der Siedlung über die schiffbare von den Gezeiten bestimmte Themse an die Nordsee erklärten die Standortwahl (MCCARTHY und DANTA in BRUNN, WILLIAMS und ZEIGLER 2003, S. 202 f.). Mehrfach zerstört wurde das römische *Londinium* wiederrichtet und um 200 mit einer Stadtmauer befestigt, die fast 5 km lang, 6 m hoch und 2,40 m dick war und deren Bausteine aus dem gesamten südlichen Britannien herangeschafft werden mussten. Als Kreuzungspunkt verschiedener Römerstraßen gewann *Londinium* überregionale Bedeutung und wurde mit seinen Kais und Lagerhäusern Handelszentrum des römischen Britannien. Wie alle typischen Römerstädte zeichnete sich *Londinium* in seinem Grundriss durch ein Schachbrettmuster aus und besaß zentrale Funktionen, die sich in repräsentativen Bauten niederschlugen. Mitte des 3. Jh. lebten hier 50.000 Menschen auf einer Fläche von über 130 ha, was der Ausdehnung der heutigen Londoner City entsprach (ANTONIOU 1994, S. 88). Damit war *Londinium* zur fünftgrößten Stadt im westlichen Teil des Römischen Reiches aufgestiegen.

Wie in weiten Teilen Europas schloss sich nach dem Niedergang des Römischen Reiches eine Phase des städtischen Verfalls an. *Londinium* wandelte sich zu *Lundenwic*, das sich während des 6. Jh. zu einer Hafenstadt unter der Herrschaft von Angeln und Sachsen entwickelte. Immer wieder war die Siedlung auch von kriegerischen Auseinandersetzungen betroffen, wodurch das bauliche Erbe der Römer nach und nach verschwand. 861 wurde die Stadt durch die Wikinger vollständig zerstört. Nach Eroberung durch die Normannen im 11. Jh. wurde sie Sitz des Königs und der Regierung, breitete sich auch südlich der Themse aus und erhielt königliche Sonderprivilegien. 1176 wurde die *London Bridge* erstmalig aus Stein gebaut. Ende des 12. Jh. lebten im ursprünglichen Bereich der römischen Stadtmauern ca. 40.000 Menschen. Damit gehörte London bereits zu den größten Städten Europas, obwohl es noch nicht wieder die Bevölkerungszahlen der Römerzeit erreicht hatte. Mit seinem Hafen war London das wichtigste Wirtschafts- und Finanzzentrum des Landes. Damit einher gingen katastrophale Wohnverhältnisse infolge des ungebremsten Zuzuges. Dekrete, die die Errichtung neuer Häuser im Umkreis der Stadttore untersagten (ANTONIOU 1994, S. 89), förderten den hygienischen Kollaps, in dessen Verlauf im 14. Jh. zwei Drittel der Bevölkerung durch die Pest getötet wurden. Dennoch erholte sich die Stadt davon, und bis 1600 wuchs die Bevölkerung auf 200.000, bis 1700 bereits auf 675.000 Menschen. Ein städteplanerisches Konzept war während dieser Expansionsphase nicht zu erkennen, obwohl es Bestrebungen zur Slum-Beseitigung oder zur Kontrolle von Baumaterialien gab (HEBBERT 1998, S. 21).

Möglichkeiten zur Neugestaltung der Stadt ergaben sich erst aus dem Großen Brand von 1666, in dessen Verlauf vier Fünftel der ursprünglich ummauerten Altstadt zerstört wurden. Insbesondere im Vergleich zum neu gestalteten Paris des 17. Jh. wirkte London wie ein Dorf. Die Pläne von SIR CHRISTOPHER WREN, Stararchitekt seiner Zeit, zielten auf großformatige Umgestaltung der Altstadt durch breite Straßen und sternförmige Plätze, flankiert von mehrgeschossigen repräsentativen Gebäuden. Die Notwendigkeit, schnell neuen Wohnraum zu schaffen, verhinderte jedoch einen barocken *Masterplan* für den Wiederaufbau. Fünf Jahre nach dem Großen Feuer waren 12.000 neue Häuser errichtet, an 51 Kirchen wurde gebaut, die London erstmals eine *Skyline* geben sollten. Dass der Wiederaufbau nicht eins-zu-eins erfolgte, zeigte sich in einer *Bevölkerungsverlagerung*: Mindestens ein Viertel aller Flüchtlinge kehrte nicht zurück, sondern bevorzugte entweder neue teilweise durchgrünte Bereiche im Westen (Adel und Bürgertum) oder im Norden und Osten der Stadt (Gewerbetreibende) (HEBBERT 1998,

S. 28). Der Beginn einer großräumigeren *sozialen Segregation* war durch diese ersten Formen von *Suburbanisierung* eingeleitet, die von privaten Landentwicklern, seien es Aristokraten oder Spekulanten, vorangetrieben wurde. Folge des Großen Brandes waren auch *Gebäudecodes*, die Baumaterialien und Bauhöhen regulierten.

Die neue dualistische sozialräumliche Struktur drückte sich aus in dem Gegensatz eleganter Straßen, Grün- und Parkanlagen sowie repräsentativer Stadthäuser auf der einen sowie baulich hochverdichteter und hygienisch belasteter Stadtteile auf der anderen Seite. Die ausgeprägte *Klassengesellschaft* Großbritanniens spiegelte sich in ihren Stadtvierteln wider (HEINEBERG 1997, S. 269 ff.), deren soziale Schichtung von der Höhenlage, der Entfernung zu Industrieanlagen und ihren Emissionen sowie von Modetrends bestimmt wurde. Diese *Polarisierung* erfolgte vor allem mit der fortschreitenden Industrialisierung seit Beginn des 19. Jh., die zu einer Explosion der Bevölkerungszahlen führte. 1850 wohnten fast 2,4 Mio. Menschen im Großraum London, der durch Neuausweisung von Siedlungsfläche, aber auch durch *Eingemeindung* stetig wuchs. Standardisierter Massenwohnungsbau in Form sog. *back-to-back houses*, an der Firstlinie zusammengebaute Doppelhäuser in Reihenhausanordnung, nahm die wachsende Anzahl von Industriearbeitern auf. Obwohl es sich hierbei nicht um Mehrfamilien- oder Mehrgeschossbauwohnungen handelte, war die Bauweise außerordentlich kompakt, so dass Wohndichten bis zu 150 Wohneinheiten pro ha erreicht wurden (HEINEBERG 1997, S. 273). Der Praxis zusätzlicher Untervermietung an Einzelpersonen waren die sanitären Bedingungen dieser Stadtbereiche nicht gewachsen. Trotzdem waren *back-to-back houses* bereits ein baulicher Fortschritt, weil sie die ursprüngliche Mischung von Wohn- und Gewerbefunktion aufhoben.

1811 betrug die Lebenserwartung in London nur 30 Jahre und lag damit um 11 Jahre niedriger als im ländlichen Raum. Bis 1911 nahm die Lebenserwartung auf 52 Jahre zu (BALL und SUNDERLAND 2001, S. 44). Dieser Erfolg war das Ergebnis neuerer Bautypen, *bye-law houses* und *semi-detached houses*, die die Nutzfläche der Häuser vergrößerten, eine Durchgrünung des Umfeldes durch Vorgärten erlaubten, neuen sanitären Bestimmungen entsprachen und insgesamt die Wohndichte auf 50-75 Wohnungen pro ha verringerten (vgl. LEISTER 1970). Der Bau der Londoner *Kanalisation* tat ein übriges, die hygienischen Bedingungen in der Stadt zu verbessern. Dieser Anspruch auf gesunde Lebensbedingungen spiegelte sich auch im *Gartenstadtkonzept* von EBENEZER HOWARD 1901 (vgl. Kap. 6.1.4) und im sog. *Abercrombie-Plan* für Groß-London von 1944 wider. Mit Hilfe von Grüngürteln und von Entlastungsstädten (*new towns* der Nachkriegszeit) sollte der Moloch London (1921: 7,4 Mio. Ew.) kontrolliert dezentralisiert werden. Bereits seit Jahrzehnten war die Stadt in die Fläche gewachsen, weil die Menschen durch die Einführung von Omnibussen 1829, der Eisenbahn 1839, der Straßenbahn 1859 und der ersten Untergrundbahn 1863 immer mobiler wurden und auch über längere Distanzen zur Arbeit pendeln konnten. Auch im weiteren Umland nahm die Bevölkerungsdichte deutlich zu, ohne dass damit bis in die 1950er Jahre ein dramatischer Einbruch der Dichte und ein sog. *Bevölkerungskrater* in der Innenstadt zu verzeichnen gewesen wäre (BALL und SUNDERLAND 2001, S. 176 f.).

In London konzentrierte sich politische, wirtschaftliche und finanzielle Macht, die die Stadt im 19. Jh. zur ersten *global city* machte. Die Reichtümer aus dem weltumspannenden Kolonialreich wurden hier weiter verarbeitet, vermarktet und an der 1801 eröffneten Börse gehandelt. Hier kamen Banken (z. B. *Rothschild*), Versicherungen (z. B. *Lloyds*-Schiffsversicherungen) und Großhandelseinrichtungen zusammen, die durch neu aufkommende Telekommunikationsformen wie *Telegraph* und *Telefon* auch international vernetzt wurden. Wichtige Entscheidungen über Kredite oder Direktinvestitionen hatten internationale Auswirkungen. Bis in neueste Zeit ist diese Bedeutung stetig gewachsen: Im Rahmen von Untersuchungen zu einem sog. *Weltstadtnetzwerk*, in deren Verlauf 100 global agierende Dienstleistungsunternehmen aus den Bereichen Banken und Versicherungen, Werbeagenturen, Unternehmensberatern, Wirtschaftsprüfungsagenturen und Wirtschaftskanzleien in 315 Städten analysiert wurden, erzielte London den ersten Platz vor New York. London profitiert auch von seinem *Primatstadtcharakter*, d. h. von seiner demographischen und funktionalen Dominanz im britischen Städtesystem (HOYLER 2004, S. 26f.). Damit verbunden ist eine ausgeprägte *funktionale Quartiersbildung* in der Innenstadt (Abb. 30).

Neben seiner Bedeutung als Dienstleistungszentrum ist London seit langem wichtigster Hafen Großbritanniens. Um sich für den Schiffsbau von der Tide der Themse unabhängig zu machen, wurde 1696 das erste Dock errichtet, dem eine ganze Reihe weiterer Docks folgen sollten. Im Umfeld der Schiffbauindustrie entstanden weitere verarbeitende Sektoren wie Lokomotivbau, Textil- und Möbelindustrie, die dem East End von London einen gewaltigen Bevölkerungszuwachs bescherten. Dieser speiste sich nicht mehr allein aus Binnenwanderungsgewinnen und der demographischen Transformation, sondern auch aus *internationaler Zuwanderung*. Im 18. Jh. flüchteten Hugenotten aus Frankreich und brachten ihre handwerklichen Kenntnisse z. B. als Seidenweber nach England. Weitere Migrantenwellen aus Irland oder unter der jüdischen Bevölkerung Kontinentaleuropas folgten im 19. Jh., ehe nach dem Zweiten Weltkrieg und der Auflösung des britischen Kolonialreiches Einwanderer aus Südasien, Afrika oder der Karibik die ethnische Zusammensetzung ganzer Stadtteile nachhaltig verändert haben. Es ließe sich ein *ethnischer Stadtplan* von London erstellen, weil einzelne Stadtteile von bestimmten Volksgruppen dominiert werden.

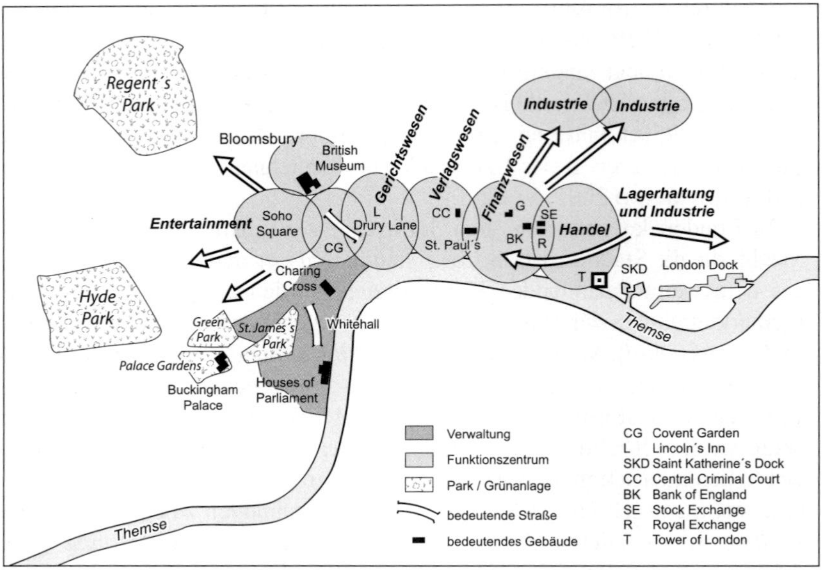

Abb. 30: Schematische Darstellung der funktionalen Differenzierung im Zentrum von London
Quelle: CARTER (1995)

Ab den 1960er Jahren gewann London und insbesondere die Inner-City ein neues Gesicht (vgl. Abb. 30). Die *Bevölkerungsdichte* nahm rapide ab. Ein Boom von Büroflächen und Hotels wies der Innenstadt neue Funktionen zu. Zentrale Wohngebiete wurden sozialräumlich abgewertet. Soziale und ethnische Spannungen wuchsen. Der verarbeitende Sektor verlor sein ursprüngliches Gewicht: Arbeiteten 1961 1,45 Mio. Menschen im industriellen Bereich (oder 32,4% aller Beschäftigten), waren es 2001 nur noch 253.000 oder 8%. An Bedeutung zugenommen hat hingegen der Finanz- und Handelssektor, der sich in den letzten zwei Jahrzehnten vervielfachte (CLOUT 1978; HAMNETT 2003, S. 2404). Ihre Funktion verloren haben riesige Industrie- und Dockflächen, die seit Beginn der 1970er Jahre durch den Bau von Büroflächen, Wohnungen und Freizeiteinrichtungen revitalisiert wurden. Diese Pläne waren politisch sehr umstritten, weil die Baumaßnahmen (Wohnen und Arbeiten am Wasser, Yachthäfen, Penthousewohnungen) in den Händen privatwirtschaftlicher Entwickler lagen, die den lokalen Bedürfnissen zuweilen nicht gerecht wurden und die ursprünglich noch vorhandene Bevölkerung gleich mit „wegsanierten". Einen ähnlichen Verdrängungseffekt haben abgewertete innerstädtische Wohnbereiche wie z. B. Notting Hill durch *gentrification* erlebt. Sie sind heute Magnet für ein internationales Publikum, das die wirtschaftlichen und kulturellen Vorzüge der zum transatlantischen „Nylon" verwebten Städte London und New York nutzen will. Ende der 1990er Jahre lebten in der Großstadtregion London ca. 20 Mio. Menschen, deren Anziehungskraft immer noch durch Zuwanderung aus der Europäischen Union und den postsozialistischen Staaten ungebrochen ist. Für die eigentliche Stadt London weist die UN für 2003 7,62 Mio. Ew. aus (UN 2004).

7.2.2 Sozialistische Überformung

Über viele Jahrhunderte entwickelten sich die osteuropäischen Städte vor dem gleichen gesellschaftlichen Hintergrund wie die westeuropäischen. Feudales und bürgerliches Erbe prägten sowohl die Planung als auch die innere Struktur und die funktionalen Zuweisungen der Städte. Ihr innerster zuweilen befestigter Baukern reicht bis ins Mittelalter oder zumindest in die Renaissance zurück. Nach dem Modell von HAMILTON (1979) schließen Wohn-, Handels- und Industriebereiche an, die ab Mitte bis Ende des 19.Jh. noch zu Zeiten des Kapitalismus und einer damit verbundenen privaten Eigentumsverfassung entstanden waren. Die *Differenzierung* von Ost und West setzte ab den 1920er Jahren in der Sowjetunion und ab Ende der 1940er Jahre in Osteuropa ein. Die Einführung des *Sozialismus*, die *Vergesellschaftung von Grund und Boden*, die *Zentralisierung von Planung und die absolute Kontrolle der Bevölkerung in ihrer Migration* ermöglichten es, das „bürgerliche Erbe" durch eine „neue" Architektur und neue Funktionszuweisungen zurückzudrängen. Die damit verbundenen Ideale wurden bereits in Kap. 6.4.1 diskutiert. Die bauliche Umgestaltung profitierte von den extensiven Zerstörungen des Zweiten Weltkrieges, die weite Teile Ostmitteleuropas betrafen, sodass *sozialistischer Städtebau* manchmal weniger einer Umgestaltung alter Bausubstanz als pragmatischem „Wiederaufbau" entsprach. Besonders prägend wurden sog. *Plattenbausiedlungen*, die aus der industriellen Massenproduktion von Betonelementen hervorgingen. Auf dem staatlich dirigierten Wohnungsmarkt entsprachen sie einer Form von zentrumsnaher Suburbanisierung, die in der „kapitalistischen" Stadt von Pkw-Mobilität und Eigenheimbau bestimmt war. Hierin existierten auch soziale und ethnische Segregation, obwohl sie nach ideologischem Kalkül gar nicht vorkommen dürften (CARTER 1995, S. 332).

Startbedingungen der Transformation

Erst mit der *postsozialistischen Transformation* seit Anfang der 1990er Jahre und der *Demokratisierung* und *Privatisierung* von Eigentum ist ein dem westeuropäischen Entwicklungspfad nachholender Prozess zu beobachten, dessen Startbedingungen am Beispiel der Neuen Bundesländer folgendermaßen aussahen:

1. Die Bausubstanz vieler Innenstädte war alt und verfallen. Selbst die vom Staat zugrundegelegten Höchstmieten, die über Jahrzehnte eingefroren waren, wurden nicht in die Bauunterhaltung reinvestiert. Wohnungen am Cityrand, die häufig sehr groß waren (5- oder Mehr-Zimmer-Wohnungen), unterlagen einer *Mindernutzung*, indem man einzelne Räume z. B. als Abstellkammern nutzte. Die teils noch vor dem Ersten Weltkrieg gebauten Häuser besaßen eine unzureichende Heiz-, Strom- und Entsorgungsinfrastruktur.
2. Viele dieser Wohnhäuser wiesen *funktionale „Unterlagerungen"* in Form von Ladengeschäften und sonstigen Dienstleistern auf, die eher klein und verschachtelt angelegt waren und in der Regel den nicht-Pkw-motorisierten Kunden ansprachen. Weil ein *Verdrängungswettbewerb* im Rahmen der *Planwirtschaft* nicht existierte, war die Anordnung der Geschäfte ausschließlich von sozial-politischen Kriterien und nicht von Gewinnmaximierung gesteuert. Das System der *Mangelwirtschaft* machte es zudem notwendig, dass viel zu große Lagerflächen innerhalb der bereits recht kleinen Geschäfte vorgehalten werden mussten, um ein kontinuierliches Warenangebot bei unzureichender Nachlieferung zu sichern.
3. Die Stadt zeichnete sich durch eine hochverdichtete und kleinräumige *Durchmischung verschiedenster Funktionen* aus. Auch Einrichtungen des produzierenden Gewerbes waren häufig in fußgängerfreundlicher Entfernung oder über ein enges und infolge staatlicher Subventionen sehr günstiges ÖPNV-Angebot schnell zu erreichen. Mit Ausnahme industrieller Großeinrichtungen am Stadtrand konzentrierten sich alle Funktionen auf die *Kernstadt*, die sich in wesentlichen Zügen seit dem Zweiten Weltkrieg nicht verändert hatte und in einigen Stadtteilen sogar noch frühindustrielle Züge besaß. *Sozialistische Flächensanierung*, um kriegsbedingte Zerstörungen auszugleichen oder das noch intakte „bürgerliche" Erbe zu beseitigen, war vor allem im engeren Stadtzentrum zu beobachten, um hier eine neue Form von *„Stadtkrone"* als eine Mischung von Ideologie, Kultur, Versorgungseinrichtungen und architektonischen Landmarken zu schaffen.
4. Es handelte sich (eher ungewollt) um eine *„Stadt der kurzen Wege"*, die das heute wieder aktuelle planerische Leitbild von *„Urbanität durch Dichte"* widerspiegelte und Formen flächiger wohnräumlicher Segregation verhindern sollte. Letztere gab es sehr wohl, wie neuere Untersuchungen zeigen (HÄUßERMANN 1997, S. 24). Doch sie war eher kleinräumig zuweilen nur auf Gebäude- oder Baublockebene zu beobachten, weil staatliche Wohnzuweisungen nach Partei- und Berufszugehörigkeit, im Falle von Neubausiedlungen nach Familienstand und Alter erfolgten.
5. Eine fehlende private Eigentumsordnung, unzureichende Finanzmittel infolge niedriger Einkommen und fehlender Bankkredite sowie die

begrenzte Motorisierung der Bevölkerung verhinderten eine flächenextensive Suburbanisierung.

Transformation in den Neuen Bundesländern

Nach dem Zerfall der DDR und dem Ende der Planwirtschaft in Osteuropa veränderten sich diese Ausgangsbedingungen. Die Pkw-Mobilität nahm Anfang der 1990er Jahre sprunghaft zu. Ähnlich verhielt es sich mit den Realeinkommen, die neue *Konsumperspektiven* eröffneten. Ein System privater Kundenbanken entstand, die Baukredite zur Verfügung stellten. Für viele innerstädtische Immobilien waren sie jedoch nicht erhältlich, weil die *Eigentumsfrage*, die bis in die Vorkriegszeit zurückreichen konnte, kurzfristig nicht zu klären war. Entsprechend trostlos präsentierten sich ostdeutsche Innenstädte zu Beginn der 1990er Jahre, weil die DDR-Verkaufsketten zu existieren aufgehört und viele Leerstände hinterlassen hatten. Wo Modernisierungen vorgenommen wurden, setzten sie so inselartig ein, dass sie den jahrzehntelangen baulichen Verfall deutlicher als zuvor zur Geltung brachten. Entsprechend größer war das Interesse verschiedener Akteursgruppen, Neubauten an der städtischen Peripherie zu realisieren, als umfangreiche und zumeist noch teurere Renovierungen bzw. Umbauten in den Kernstädten durchzuführen. Darüber hinaus war die Eigentumssituation an Grund und Boden am Stadtrand klar geregelt (z. B. landwirtschaftliche Flächen ehemaliger *LPGs*), sodass *Restitutionsansprüche* von noch unbekannten Erben und Erbengemeinschaften nicht zu erwarten waren. Neue Gesetze förderten das Baugeschehen, weil hiermit steuerliche Vergünstigungen entstanden. Kontrollen der (aus westdeutschen Erfahrungen übertragenen) *Raumplanung*, die zur DDR-Zeit noch gar nicht existierten, wurden erst verzögert mit dem Aufbau eines neuen *Verwaltungsnetzes* implementiert. Für Investoren, die in der Regel aus Westdeutschland stammten, eröffnete sich eine kurze Phase, in der sie Großbauten an der städtischen Peripherie errichten konnten, wie es zu jener Zeit in Westdeutschland ohne langfristige rechtliche Abwägungen nicht mehr möglich gewesen wäre.

Das Bauinteresse richtete sich dabei zunächst auf Einrichtungen des tertiären Sektors (Einkaufszentren, Hotels, Freizeiteinrichtungen) und erst dann auf den gewerblichen Sektor (Gewerbeparks) und den Wohnungsneubau (nach Burdack und Herfert 1998, S. 35: *„kein Nacheinander, sondern überlappendes Nebeneinander"*). So kehrte sich das für Westdeutschland bekannte Suburbanisierungsmuster in der Reihenfolge um, wo der „Fortzug ins Grüne" von der Wohnbevölkerung eingeleitet worden war. Die *tertiäre Suburbanisierung* in den Neuen Bundesländern zielte darauf, die entstandenen Versorgungslücken infolge des Zusammenbruchs der DDR-staatlichen HO- und Konsumgeschäfte durch den Bau großflächiger Einzelhandelsbetriebe zu schließen. Für die unter Konkurrenzdruck stehenden Investoren war es notwendig, sich so kurzfristig wie möglich am Markt zu etablieren. Dabei spekulierten sie richtigerweise auf die „nachholenden“ Konsumbedürfnisse der ostdeutschen Bevölkerung und auf ihre neugewonnene individuelle Motorisierung, die das Erreichen der Einkaufszentren an der städtischen Peripherie erleichterte. Viele Ausfallstraßen der größeren Städte ähneln heute *„amerikanischen Strips“* (RONNEBERGER, LANZ und JAHN 1999, S. 61 ff.). Das Angebot kostenfreier Parkplätze und ein multifunktionaler Branchenmix eröffneten bis dahin unbekannte *Verkaufswelten*. Auch für die gewerblich häufig monofunktional ausgerichteten Umlandgemeinden wurden diese Einrichtungen immer interessanter, weil sie in Zeiten zunehmender Arbeitslosigkeit Gewerbesteuereinnahmen versprachen. Ein *interkommunaler Wettbewerb* mit der Kernstadt oder anderen Gemeinden um Großinvestoren war die Folge. Erst die Raumplanung, die seit Mitte der 1990er Jahre zu wirken begann, gebot einer weiteren Expansion tertiärer Einrichtungen Einhalt, um so der funktionalen „Aushöhlung“ von Kernstädten entgegenzuwirken und historisch gewachsene Zentralitätsmuster zu schützen. Im Wettbewerb der Städte untereinander wurden Maßnahmen von *City-Marketing* umgesetzt, um einerseits Investoren aus den Bereichen Handel und Freizeit in die Innenstädte zu ziehen und andererseits an der *Festivalisierung* durch die Ausrichtung kleinerer oder *mega-events* mitzuwirken.

Erhebliche Konsequenzen hat auch die *Wohnsuburbanisierung* mit sich gebracht. Sie setzte 1992/93 ein und boomte Mitte der 1990er Jahre, bis diese Entwicklung ab 1998 deutlich zurückging (ARING und HERFERT 2001, S. 48). Bedingt durch Wohnungsbauförderungsmaßnahmen des Bundes, steuerliche Sonderabschreibungen und Planungsvereinfachungen flossen hohe Investitionen in den Bau mehrgeschossiger Wohnparks, die zunächst – völlig untypisch für Wohnsuburbanisierung – kinderlose Haushalte, aber auch Singles und aus Westdeutschland zuziehende Personen aufnahmen, die vor allem als Mieter und nicht als Eigentümer einzogen (SAILER-FLIEGE 1998, S. 107). Dieses Muster ist prägend für das Umland großer Städte wie Erfurt oder Leipzig (HERFERT 1998, S. 772), wo zwei Drittel der neuen Wohnungen vermietet sind. Ein anderes Extrem – bedingt durch die *Eigenheimförderung* im Land Mecklenburg-Vorpommern – ergibt sich im Schweriner Umland, das fast ausschließlich von selbstgenutzten Eigenheimen bestimmt wird. Die Städte sowohl in Verdichtungsräumen als auch in ländlichen Bereichen haben hierdurch umfassende *Bevölkerungsverluste* in Form von *Stadt-Umland-Wanderungen* erfahren müssen. Wenig bedeutsam sind interregionale Zuzüge gewesen, weil die angespannte Situation auf dem ostdeutschen Arbeitsmarkt hierzu keine Anreize bot. Ergebnis ist eine *intraregionale Dekonzentration* der Bevölkerung, die infolge einer gleichzeitigen *„demographischen Revolution“* auch in natürlicher Weise zu schrumpfen begann (dramatische

Abnahme der Geburten; Anstieg des Heiratsalters). Binnen weniger Jahre verloren die Innenstädte von Leipzig und Cottbus bis zu 30% ihrer Bevölkerung, was zu großen Leerständen, ja zu ganzen Blocks „entwohnter" Gebäude geführt hat, die zudem Vandalismus ausgesetzt waren. So ging es manchen Fortziehenden nicht nur darum, „im Grünen" zu wohnen, sondern auch um eine Verbesserung von Wohnqualität und -umfeld.

Die Struktur der Bevölkerung zeichnet sich durch verschiedene Elemente sozialer und demographischer Segregation aus. Hohe Haushaltseinkommen weisen insbesondere die sog. *Modernisierungsgewinner* auf, die von Doppeleinkommen, von selbstständiger Arbeit oder von hohen Rentenzahlungen nach der Wiedervereinigung profitiert haben (SAILER-FLIEGE 1998, S. 107). In demographischer Hinsicht charakterisieren ARING und HERFERT (2001, S. 52 f.) die typische Haushaltsstruktur der Stadt-Umland-Wanderer als eine *dichotome*: Wird der Eigentumsmarkt auf in der Regel größerer Wohnfläche von wachsenden als auch bereits wieder schrumpfenden Familien mit Kindern dominiert, ist der Mietwohnungsmarkt sehr heterogen. Hier wohnen jüngere Familien meistens mit einem Kind, aber auch Singles und Rentnerhaushalte, deren Zufriedenheitsgrad jedoch eher gering ist und die nur aufgrund fehlender Alternativen in der Kernstadt hierher gezogen sind. Ergebnis in der Vergangenheit war bereits, dass ganze Wohnblöcke schon von Beginn an keine Mieter fanden, wie das Negativbeispiel Großkugel zwischen Leipzig und Halle zeigt, das zu einer „Geisterstadt" geworden ist. Nachteilige ökologische Entwicklungen aus der Bautätigkeit an der städtischen Peripherie ergeben sich insbesondere aufgrund *zunehmender Verkehrsbelastung*, die aus dem Pendeln zum Arbeitsplatz, zum Einkaufen oder des Bring- und Holdienstes zum Kindergarten oder zur Schule resultiert. Bereits bis 1995 nahm der Anteil an Mehr-Pkw-Haushalten im Schweriner Umland von 27 auf 62% zu (HERFERT 1996, S. 43). In der Regel entstehen an der Peripherie *„Schlafgemeinden"*, die nur dann eine funktionale Ausdifferenzierung erfahren, wenn sie im direkten Einzugsbereich eines Einkaufszentrums liegen, das für sie zum *„Nachbarschaftsladen"* wird (JÜRGENS 1998).

Auch die Entwicklungen im gewerblichen Sektor zielten auf suburbane Verlagerungen und hier vor allem auf mittelständische Neugründungen. Innerstädtische Altstandorte waren entweder stark kontaminiert, baulich unzureichend geschnitten bzw. infrastrukturell ausgestattet und verkehrlich schlecht angebunden. Erst in neuerer Zeit unterliegen diese einer umfangreichen Flächenkonversion. Die Kommunen bemühten sich deshalb, neue Gewerbegebiete zu planen und infrastrukturell auszustatten, um damit dem einheimischen Gewerbe eine preisgünstige Ansiedlung an der Peripherie zu ermöglichen. Doch haben diese den katastrophalen Rückgang an Arbeitsplätzen im produzierenden Gewerbe nicht ausgleichen können (*Deindustrialisierung* am Beispiel Leipzig: Rückgang um 90%). Vor allem der Ausbau von

Verkehrseinrichtungen wie Autobahnen, Flughäfen und Güterverkehrszentren erleichterte im Nachfolgenden die Suburbanisierung. In Verbindung mit Hotels, Ausstellungszentren, Bürogebäuden und Einrichtungen des Handels sind in einigen Fällen ausgesprochene *Versorgungscluster* entstanden, die den Kernstädten ihre angestammte Zentralität streitig machen.

Andere Transformationsländer

Die Veränderungen in den *Neuen Bundesländern* sind sowohl von ihrer zeitlichen Dynamik als auch von ihrer „exogen" bestimmten (westdeutschen) finanziellen und administrativen Lenkung nur sehr begrenzt mit den Erfahrungen in anderen Transformationsländern zu vergleichen. Obwohl auch in Russland ein freier Grundstücksmarkt entstanden ist und kommunale Pläne existieren, den Bau von Einfamilienhäusern zu fördern, fehlt allen beteiligten Akteuren ausreichendes Kapital. Mit Ausnahme weniger „Neureicher", die in sog. *cottages* zu einem Preis von über 1 Mio. US$ und immer häufiger auch in *gated communities* wohnen (KORBY 2002, S. 20), fehlen einer breiteren Schicht von Privathaushalten die finanziellen Mittel bzw. der Zugang zu rückzahlbaren Privatkrediten. Nicht ungewöhnlich ist, dass Menschen immer noch in *kommunalkas* wohnen, in denen sich mehrere Haushalte eine große Wohnung teilen und dabei Küche oder sanitäre Einrichtungen gemeinsam nutzen. Die *soziale Polarisierung* ist in den letzten Jahren immens geworden.

Die Bindung der Bevölkerung an *Suburbia* bestand traditionell nur aus laubenartigen Einrichtungen, die von ca. 60% aller russischen Stadtbewohner als „Sommersitz" in Verbindung mit Gartenwirtschaft genutzt wurden (IOFFE und NEFEDOVA 1998, S. 1328). Das Umland bleibt bis heute infrastrukturell weitestgehend unerschlossen, und die Wohnungsbauförderung erfährt gegenüber dem Ausbau von Produktionsstätten immer noch eine geringe Aufmerksamkeit (BURDACK und HERFERT 1998, S. 37). Im Fall Moskau handelt es sich bei den Zuziehenden deshalb vor allem um „reiche" Personen aus anderen Regionen oder früheren Sowjetrepubliken und nicht um *Stadt-Umland-Wanderer*. Ganz unterschiedlich hierzu stellt sich die Situation in Ungarn dar, die bereits vor der politischen Wende von einer gewissen *Wohnsuburbanisierung* gekennzeichnet war. Aufgrund von *Zuzugsbeschränkungen* nach Budapest seit den 1960er Jahren bis 1990 siedelten sich Zuwanderer in den peripheren Vorstädten an und förderten eine Suburbanisierung „von außen", um verkehrsgünstig nach Budapest einpendeln zu können (BURDACK, DÖVÉNYI und KOVACS 2004, S. 33). In den 1980er Jahren verstärkten sich intraregionale Wanderungen, die auf Wochenendhaus-Siedlungen, aber auch auf suburbane Mehr- und Einfamilienhäuser zielten, die staatlicherseits errichtet bzw. über Baukredite ermöglicht wurden. Erst nach der Wende setzte sich die Wohnsuburbanisierung in großem Umfang durch, sodass Budapest zwischen 1990 und 1996 mehr als 50.000 Einwohner an das Umland verlor. Hierunter fallen einerseits soziale Aufsteiger wie in den Neuen Bundesländern, andererseits aber ärmere Bevölkerung, die infolge explodierender Wohnungsmieten aus der Innenstadt in wenig attraktive suburbane Gemeinden verdrängt worden ist (Burdack und Herfert 1998, S. 38). Im Gegensatz zu den Neuen Bundesländern existieren relativ wenig private *township developer*, weil die Möglichkeit steuerlicher Abschreibungen nicht angeboten wird, sodass die Kommunen selbst die Aufgabe/Chance wahrnehmen, Suburbanisierung zu steuern. In neuerer Zeit haben auch Prozesse der *Gewerbesuburbanisierung* zugenommen, in deren Verlauf sowohl Produktionsbetriebe als auch großflächiger Einzelhandel an der Budapester Peripherie entstanden sind (Wießner 2002, S. 26). Analoge Entwicklungen sind auch für polnische Städte beobachtet worden (Pütz 1998).

Strukturmodell

Modellhafte Darstellungen der sozialistischen und postsozialistischen Stadt finden sich bei Hamilton (1979) und Danta (in Brunn, Williams und Zeigler 2003, S. 201) sowie bei Lichtenberger (1998, S. 79) am Beispiel von Budapest und Ott (1997, S. 271) am Beispiel von Erfurt (vgl. Abb. 31).

Folgende Charakteristika werden für die sozialistische Stadt herausgearbeitet:

1. Sofern die Stadt nicht als *sozialistische Planstadt* und somit aus der Retorte entstanden ist (z. B. Eisenhüttenstadt; vgl. Abb. 26, S. 118), existiert ein alter *„bürgerlicher" Kern* samt gründerzeitlicher Stadterweiterung (Beispiel Erfurt) wie in der westeuropäischen Stadt.
2. Die *sozialistische Überformung* setzt in der Sowjetunion früher und in weiten Teilen Osteuropas ab den 1950er Jahren ein. Die Möglichkeiten sozialistischer Stadtplanung sind umso größer, je mehr die Städte während des Zweiten Weltkriegs zerstört worden sind. Architektonische Landmarken oder Denkmäler aus *Feudalismus* und *Kapitalismus* wie Schlösser, Kirchen oder herrschaftliche Gebäude werden abgetragen, bewusst zerstört oder einer neuen Nutzung zugeführt. Entweder werden sie von staatlichen Institutionen belegt, Kirchen zu Lagerhallen abgewertet oder Wohnungen des Großbürgertums sozialisiert und neuen Mietern zugeführt. Die Anlage von großen Versammlungsplätzen und Aufmarschstraßen zu Massendemonstrationen sowie die Errichtung von Denkmälern und revolutionären Symbolen im Straßenbild verändern nicht nur die Silhouette, sondern auch den Grundriss der Stadt. Rücksichtnahmen auf *Privateigentum* und *Grundstücksgrenzen* existieren nicht mehr.
3. Die Stadt des Sozialismus dehnt sich in ihrer Fläche kaum aus, weil die Planwirtschaft *keine individuellen Wohnansprüche* befriedigt. Zudem ist

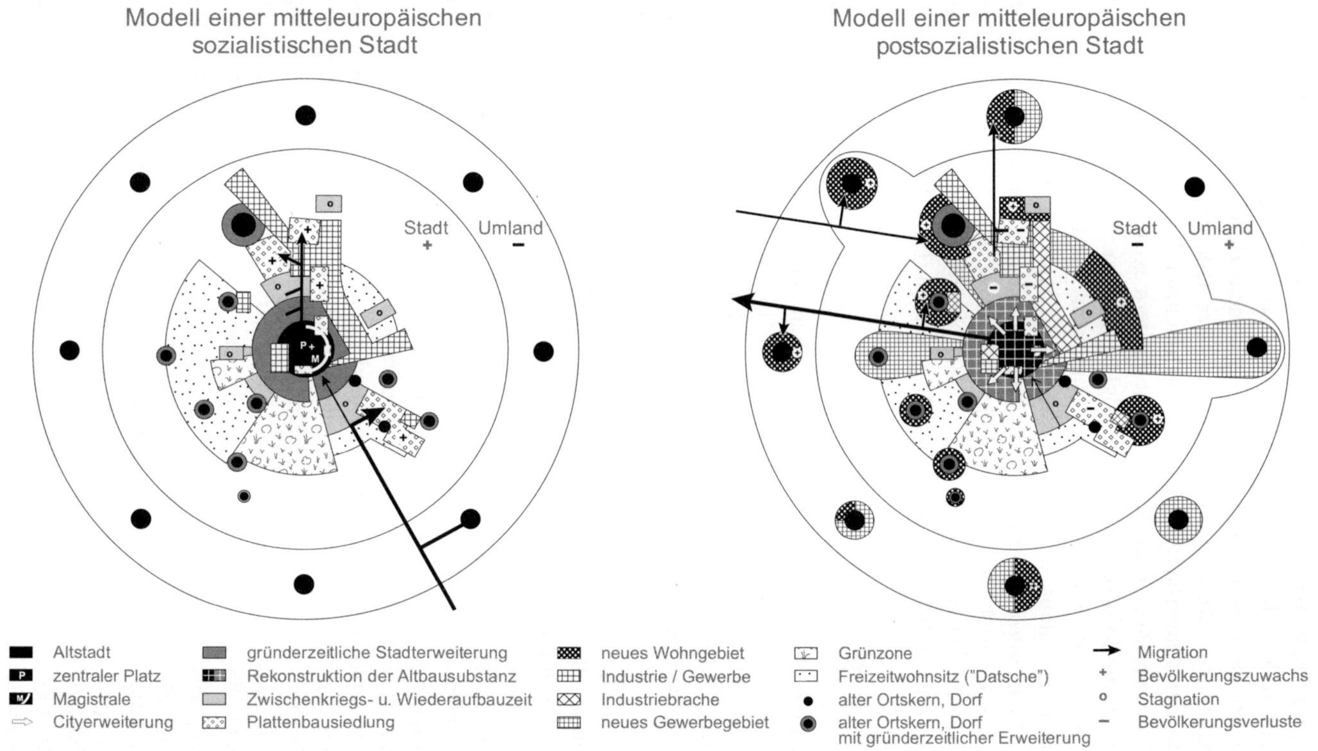

Abb. 31: Modell der Stadt in den Transformationsstaaten am Beispiel Erfurt
Quelle: Ott (1997)

die Bevölkerung eher in Ausnahmefällen individuell motorisiert. Von zentraler Bedeutung ist der *ÖPNV-Verkehr*, der die Bevölkerung zur Arbeit oder in das Geschäftszentrum bringt. Eine Ausweitung der Stadt ist auch deshalb kontrollierbar, weil Wohnzuweisungen *zentral* erfolgen und ein Zuzug von außerhalb der Stadt reglementiert wird.

4. Die Wohnbevölkerung differenziert sich nach sozialen, demographischen und politisch-ideologischen Kriterien. Es existieren elitäre Wohngebiete für die sog. *Nomenklatura*, Bereiche, in denen sich bestimmte Berufsgruppen konzentrieren, und Neubauwohnungen, die vor allem jungen Familien zugewiesen werden. Neue Wohnungen entstehen industriell vorgefertigt sowohl an der Peripherie der Städte als *suburbane Plattenbauten* als auch mitten im *Zentrum*, wo sie ältere Bausubstanz verdrängen. Dementsprechend hoch ist der Anteil an Wohnbevölkerung in Citylagen im Vergleich zu westeuropäischen Städten.
5. Obwohl einige Industriebetriebe neu an der Peripherie der Städte entstehen, die in einzelnen Fällen *Kristallisationskeime* für die Gründung von Planstädten sind, existieren viele andere trotz hoher Emissions- und Verkehrsbelastung mitten in der Stadt fort. Arbeitsplätze sind fußläufig erreichbar, doch die hieraus resultierenden ökologischen Belastungen werden nicht diskutiert.
6. Als Nische privaten Lebensglücks zieht sich die Bevölkerung am Wochenende in ihre Freizeitwohnsitze (*„Datschen"*) zurück. Sie finden sich am Stadtrand oder im ländlichen Raum, sind eine Art von Suburbanisierung, weil man hier häufig auch wohnen kann. Zugleich dient der Kleingartenanbau dazu, das mangelhafte Angebot von Obst und Gemüse im staatlichen Handelssystem durch Eigeninitiative auszugleichen.

Seit 1990 setzt sich eine *kommerzielle Stadtentwicklung* durch, die sich folgendermaßen äußert:

1. Analog zur westeuropäischen Stadt nimmt die *Tertiärisierung der Innenstädte* zu. Flächen, Gebäude und Nutzungen werden *(re-)privatisiert*, sofern nicht komplexere Restitutionsansprüche von mehreren Alteigentümern diesen Vorgang verzögern. Im Rückzug begriffen sind deshalb Funktionen wie Wohnen und industrielle Nutzungen, weil sie nur geringe *Bodenrenditen* erwirtschaften und der Logik einer kapitalistisch strukturierten Stadt nicht entsprechen. Weil diese Flächen und Gebäude nicht ohne weiteres schnell einer neuen Nutzung zuzuführen sind, entstehen umfangreiche *Brachflächen* in günstigster Citylage.
2. Der Wohnungsmarkt strukturiert sich vollkommen um. Zu beobachten ist eine umfangreiche *Wohnsuburbanisierung*, in der bisher unterdrückte Wohnansprüche realisiert werden können. Diese Entwicklung wird unterstützt durch eine zunehmende *individuelle Pkw-Motorisierung*. Entweder erfolgt die Suburbanisierung am Stadtrand oder in benachbarten ländli-

chen Gemeinden. Parallel oder nur kurzzeitig versetzt, entstehen neue *Gewerbegebiete* und *Dienstleistungszentren* am Rande der Stadt.

3. Von diesem *„Turbokapitalismus“*, der auf die strikte Planwirtschaft folgt und viel zu wenig staatliche Aufsicht erfährt, profitiert nur eine Minderheit der Gesellschaft. Ergebnis ist eine *wachsende soziale Segregation* der Wohnbevölkerung, die sich als Gewinner oder Verlierer der Transformation fühlen muss. Auf der einen Seite entstehen Eigenheimgebiete und sogar *gated communities*, auf der anderen Seite breitet sich *urban blight* in den Gebieten aus, die kommerziell uninteressant sind (LICHTENBERGER 2002, S. 86 f.). Stadterneuerung als öffentliche Aufgabe existiert de facto nicht mehr. Privatinteressen dominieren das Investitionsgeschehen.
4. Als Besonderheit der Städte in den *Neuen Bundesländern* ergibt sich ein *massiver Bevölkerungsverlust* vor allem durch *Abwanderung*, weil erstmals Alternativen auf dem Wohnungs- und Arbeitsmarkt existieren. Hieraus resultiert das Problem, wie Städte „zurückgebaut“ werden können. Das betrifft vor allem Plattenbauten, die große Leerstände aufweisen und einer Bestandsreduzierung unterliegen (HALLER 2002).

Das Beispiel Moskau

Anhand der Entwicklungen Moskaus werden die städtebaulichen Konsequenzen und Perspektiven aufgezeigt, die aus der bisherigen Transformation abzuleiten sind. Im Vergleich zu vielen kleineren und mittleren Städten Osteuropas – ROWLAND (2000) diskutiert z. B. den (wirtschaftlichen) Niedergang der Städte in der Ukraine, RILEY, NIZNK und BURDACK (1999) die Probleme einer altindustriellen Stadt wie dem polnischen Łódź – sind die Umbrüche in Moskau nicht in jeder Hinsicht typisch. Die Veränderungen spiegeln eher das Potenzial als das außerhalb dieser Metropole „Machbare“ wider (BRADE und SCHULZE 2003).

Moskau wurde erstmals 1147 schriftlich erwähnt. Die Anlage erfolgte auf einer Anhöhe am Flussufer der Moskva und war, umgeben von einem hölzernen Fort, gut zu verteidigen (Abb. 32, Farbkartenanhang). Die Siedlung lag darüber hinaus verkehrlich zentral im Einzugsbereich verschiedener Flüsse, die als wichtige Handelsrouten ihrer Zeit alle Himmelsrichtungen erschlossen. Durch den Zuzug der Fürstenfamilie und die Verlegung des Metropolitensitzes von Wladimir nach Moskau wuchsen Macht und Ansehen der Stadt. Der *Kreml* (das ursprüngliche hölzerne Fort) als *Machtzentrum* wurde ummauert. Um ihn herum entstanden in *konzentrischen Kreisen* jeweils ummauerte Vorstädte, die speziellen Funktionen dienten:

1. *Kitaj Gorod* als Stadt für Händler und Handwerker östlich des *Kreml*, die auf dem zentralen Marktplatz (*torg*), dem späteren *Roten Platz*, ihre Waren ausstellten;

2. *Bely Gorod* als Stadtteil von reichen Händlern und Adligen;
3. *Zemlyanoy Gorod* als Stadtteil, der von Kasernen und befestigten Klöstern geprägt wurde, um die Stadt zu verteidigen.

Im 15. Jh. erhielt Moskau erstmals Hauptstadtstatus. Politischer und wirtschaftlicher Aufschwung der Stadt manifestierten sich auch dadurch, dass ausländische Handwerkerspezialisten angeworben wurden, die sich z. B. in der „Deutschen Vorstadt" niederließen. Im 16. Jh. schätzt man die Bevölkerung auf 100.000 Menschen, 200 Jahre später auf 150.000-200.000, ehe die Anzahl durch die Verlagerung der Hauptstadt nach St. Petersburg 1712 um ca. 50.000 abnahm. Zeitgleich konnte Moskau seine kulturelle Bedeutung vergrößern, indem hier 1702 das erste öffentliche Theater Russlands entstand, 1703 die erste gedruckte Zeitung erschien und 1755 eine Universität gegründet wurde (STADELBAUER 1989).

Wie alle mittelalterlichen Städte war Moskau durch die *Holzbauweise* der meisten Gebäude hochgradig feuergefährdet. Im September 1812 wurde die Stadt beim Einzug der französischen Armee zu 75% zerstört. Erst mit der aufkeimenden *Industrialisierung* seit Mitte des 19. Jh. ergaben sich völlig neue Entwicklungsdimensionen: Infolge des Eisenbahnbaus stieg Moskau 1851 zum verkehrstechnischen Mittelpunkt Russlands mit Verbindungen nach St. Petersburg und zur Wolga auf. Die Aufhebung der Leibeigenschaft führte dazu, dass eine ausreichende Anzahl von Arbeitskräften für die industrielle Produktion bereitstand, die sich zunächst auf Baumwoll- und Textilindustrie und in deren Gefolge dann auf Tuchfärberei und Maschinenindustrie konzentrierte, obwohl lokale Rohstoffe kaum vorhanden waren. Vor diesem Hintergrund wuchs die Bevölkerung rasch und übersprang 1902 erstmals die Millionengrenze. 1914 lebten 1,7 Mio. und 1917 bereits 2 Mio. Menschen in Moskau, und zwar unter ähnlich katastrophalen hygienischen Wohnbedingungen, wie sie aus westeuropäischen Städten – jedoch einige Jahrzehnte früher – bekannt waren. Das autoritäre Gefüge im zaristischen Russland verhinderte, dass sich eine breitere auch sozial verantwortliche *Mittelschicht* bilden konnte. Während des russischen Bürgerkrieges sank die Bevölkerung zeitweise bis auf 800.000, ehe sie 1923 auf 1,5 Mio., 1929 auf 2,3 Mio., 1932 auf 3,6 Mio. und 1939 bereits auf 4,1 Mio. wuchs. Moskau entwickelte sich infolge der ungebremsten Nachfrage nach Industriearbeitern, aber auch infolge von *Zwangskollektivierung* und Hungersnöten im ländlichen Raum zu einem gewaltigen Zuwanderungsmagneten. Zugleich stieg die Stadt 1918 zur Hauptstadt der neu gegründeten *Sowjetunion* auf. Das machte eine Umgestaltung notwendig, die in mehreren *Generalbebauungsplänen* ihren Ausdruck fand. Ziel war es einerseits, die Funktion Moskaus als Hauptstadt gemäß den Vorgaben des neuen sozialistischen Städtebaus zu stärken: Die Innenstadt wurde rekonstruiert, Straßen wurden zu *Prachtanlagen* umgestaltet, erste *Hochhäuser* entstanden, Bauten im neoklassizistischen Stil wurden errichtet. Ab 1935 wurde zudem die *Metro-Untergrundbahn* (256 km Länge) eröffnet, die die flächenhafte Expansion der Stadt und die räumliche Mobilität ihrer weitestgehend Pkw-losen Bevölkerung förderte. Andererseits entstanden in den Außenbezirken *großflächige Wohngebiete*, um die wachsende Bevölkerung aufzunehmen, sowie *Arbeiterclubs*, um die Menschen nach neuen sozialistischen Idealen kulturell und politisch zu formen (KARGER 1965; LEUPOLT 1988).

Obwohl während des Zweiten Weltkrieges etwa 2 Mio. Einwohner evakuiert und Produktionsanlagen ausgelagert werden mussten, erholte sich Moskau nach Kriegsende relativ schnell und besaß 1959 5 Mio., 1985 bereits 8 Mio. Einwohner. Die Stadt profitierte auch davon, dass sie von Kriegseinwirkungen weitestgehend unberührt geblieben war – im Gegensatz zu den ca. 1.700 Städten, die landesweit zerstört oder schwer beschädigt wurden. Seit Mitte der 1950er Jahre erfolgte der Wohnungsbau auf industrieller Basis. Mehrere *high-rise*-Gebäude entstanden zu jener Zeit und schufen eine *skyline*, die nicht mehr nur von *Kreml* und Kirchen geprägt war. Kommerzielle und kulturelle Großkomplexe wurden errichtet. Einer der Auslöser hierfür waren die Vorbereitungen für die Olympischen Spiele 1980. Moskau entwickelte sich zum alles entscheidenden Wirtschaftszentrum, Messestandort und Verkehrsknotenpunkt des Landes. Infolge administrativer Erweiterungen vergrößerte sich die städtische Fläche von 17.600 ha (1912) über 32.600 ha (1941) auf 35.600 ha (1959). Der starken *Urbanisierung* landesweit von 18% 1926, auf 33% 1940 und 62% 1977, die insbesondere auf die großen Städte zielte, wollte man Einhalt gebieten durch die Einführung von *Zuzugskontrollen* und *Arbeitsbescheinigungen* oder durch Wartelisten bei der Zuweisung von Wohnraum. Obwohl sich die sog. *Nomenklatura* in ausgewählten Wohnbereichen oder Apartmentblocks segregierte, war für das Gros der Bevölkerung das Ideal der *klassenlosen Gesellschaft* durch den unfreien Wohnungsmarkt beinahe erreicht.

Seit Auflösung der Sowjetunion hat sich Moskau zu einer *post-sozialistischen* Megastadt entwickelt (STADELBAUER 1996). Nach Angaben der UN (2004) wohnten 2003 10,47 Mio. Ew. in Moskau. KOLOSSOV, VENDINA und O'LOUGHLIN (2002) charakterisieren Moskau gar als aufstrebende *Weltstadt*. Physiognomisch und strukturell lassen sich seit Anfang der 1990er Jahre erhebliche Veränderungen zum ursprünglich sozialistischen Erbe beobachten. Hauptursache hierfür ist die marktwirtschaftliche Umgestaltung der Gesellschaft, in der vor allem die *freie Bodenpreisbildung* zu einer funktionalen Ausdifferenzierung der Stadt geführt hat:

1. Seit 1991 bildet sich ein *freier Wohnungsmarkt* aus, der binnen kurzer Zeit zu einer umfassenden sozialen Ausdifferenzierung einzelner Wohngebiete nach Lage und Prestige geführt hat. Ursprünglich *bourgeoise* und viel zu große Wohnungen, die vor der Revolution von oberen sozialen Schichten

bewohnt und danach als Gemeinschaftswohnungen (*kommunalkas*) von mehreren Familien der unteren sozialen Schichten belegt worden waren, sind für eine kaufkräftige Klientel wieder interessant geworden. Den ursprünglichen Mietern werden Alternativwohnungen angeboten und ihre Altwohnungen *„gentrifiziert"* (WENDINA und BRADE 1996). Doch auch mafiöse Gewalt hat dafür gesorgt, dass Altmieter verdrängt und Luxussanierungen vorgenommen werden. Weil das Wohnangebot über Jahrzehnte sehr restriktiv war und viele Häuserblocks „verwohnt" sind, können höhere Wohnansprüche aber zumeist nur in Neubaugebieten realisiert werden, entweder in Form von Eigenheimen oder in geschlossenen Wohnanlagen, sei es in mehrgeschossigen Gebäuden oder Reihenhäusern (LENTZ und LINDNER 2003), um nach jahrzehntelanger ideologischer Gängelung den „Rückzug ins Private" anzutreten. Doch diese Möglichkeiten stehen nur einer sehr kleinen Bevölkerungsgruppe offen. Das Wirtschaftssystem entspricht eher noch dem *Manchester-Liberalismus* als einer *sozial verpflichteten Marktwirtschaft*, weshalb nur eine Minderheit Zugang zu ausreichenden Bankkrediten für privaten Wohnungsbau besitzt. Ergebnis ist eine umfassende *sozialräumliche Polarisierung* zwischen Wohngebieten von unterschiedlicher Reputation, Wohnungsgröße, zentraler Lage und ökologischen Beeinträchtigungen (Industrieemissionen). Eine weitergehende, breite Bevölkerungsschichten betreffende Suburbanisierung ist damit noch nicht verbunden. Weil Moskau auch immer mehr internationale Zuwanderer vor allem aus den ehemaligen GUS-Staaten und aus China anzieht, lassen sich erste Formen ethnischer Segregation nachweisen (VENDINA 2002).

2. Infolge der *Öffnungspolitik für ausländische Firmen* und der Einbindung Russlands in den Weltmarkt ist auch die Nachfrage nach Büroraum, Einzelhandelsflächen und Hotelangeboten rapide gewachsen. Moskau ist hierdurch zu einer der teuersten Städte weltweit geworden. Vielfach werden Wohnungen in Büros umgewidmet, um den steigenden Bedarf zu decken. Fast 170.000 Menschen sind deshalb allein zwischen 1992 und 1996 aus dem Stadtzentrum verdrängt worden, das, wie es in der sozialistischen Stadt typisch war, noch stark von Wohnbevölkerung dominiert wurde (STADELBAUER 2002b, S. 137). An deren Stelle ist eine umfangreiche *Tertiärisierung* getreten, die zu einer ausgeprägteren, ursprünglich unbekannten *Citybildung* beigetragen hat. Vielfältig neue – auch internationale – Angebote im Einzelhandel und in der Gastronomie sowohl in Neubauten als auch in aufwändig rekonstruierten Altgebäuden haben die Physiognomie und die Ausstrahlung der City verändert (LENTZ 2000). Mit der Transformation hat auch das Spektrum der Organisationsformen im Einzelhandel zugenommen, das vom informellen Sektor bis hin zu Einkaufszentren reicht (STADELBAUER 2002a, S. 6). Weil es nicht genügend (Büro-) Flächen

in der Innenstadt gibt, entstehen auch an der Peripherie erste moderne *Subzentren*.

3. Am entgegengesetzten Ende von *Prada*-Boutiquen und *McDonald's*-Schnellrestaurants hat sich der *informelle Sektor* quantitativ ausgeweitet, der sich als Verlängerung der schon zur Sowjetzeit bestehenden *Kolchosmärkte* zu einem komplexen Netz von Handelseinrichtungen entwickelt hat. Bei diesen handelt es sich sowohl um spontane Privatangebote auf der Straße als auch um *formalisierte* informelle Verkäufe aus *Kiosken* und *Marktbuden* heraus. Vor allem ist der informelle Handel zum Spiegelbild ausgeprägter Armut weiter Teile der Bevölkerung geworden, die durch die Freigabe von Preisen, mehrere Währungskrisen und Arbeitslosigkeit aufgrund von *Deindustrialisierung* an den Rand der Gesellschaft gedrängt worden sind (STADELBAUER 2002b, S. 139). In jüngster Zeit sind Kioske als Ausdruck von *urban blight* vielfach abgerissen worden. Im Jahr 2000 soll es noch etwa 10.600 gegeben haben (KOLOSSOV, VENDINA und O'LOUGHLIN 2002, S. 183).
4. Moskau konzentriert stärker denn je die wirtschaftliche Macht Russlands auf sich. Verschiedene aus ehemaligen *Kombinaten* hervorgegangene transnationale Unternehmen haben hier ihren Sitz. 73% des Flugaufkommens wurden 1998/99 über Moskau abgewickelt. Fast 14% des BIP Russlands und 29% des Einzelhandelsumsatzes entfallen auf Moskau. Trotz seiner wirtschaftlichen Transformation vom Industrie- zum Dienstleistungszentrum hinkt Moskau in seiner Beschäftigungsstruktur 15-20 Jahre hinter den größten Weltstädten hinterher (KOLOSSOV, VENDINA und O'LOUGHLIN 2002, S. 176).

7.2.3 Europäische Siedlungskolonien in Übersee

Der Entwicklungspfad der Städte in den *überseeischen europäischen Siedlungskolonien* lässt sich ähnlich wie derjenige europäischer Städte durch die Abfolge *„präindustriell – industriell – postindustriell"* charakterisieren. Einige Besonderheiten des zeitlichen Ablaufs rechtfertigen jedoch die Ausgliederung zweier getrennter Typen. Das historische Erbe reicht nicht sehr weit in die Vergangenheit zurück: Die ersten Städte in Nordamerika entstanden um 1600, in Australien/Neuseeland gar erst um 1800. Die *präindustriellen Strukturen* sind daher nicht sehr vielfältig und ausdifferenziert. Verhältnismäßig schnell setzte die *Überformung* durch Industrialisierungsprozesse und deren Begleiterscheinungen ein, oder die Städte sind sogar erst im Industriezeitalter gegründet worden. Dem späten Beginn der städtischen Entwicklung steht – namentlich in Nordamerika – ein früher Übergang von der *industriellen* zur *postindustriellen Stadt* gegenüber. Viele Merkmale der postindustriellen Stadt, die in Europa erst in Ansätzen sichtbar werden, sind hier bereits voll ausgebildet und strahlen auf andere Räume aus.

7.2.3.1 Nordamerika

Die *nordamerikanische Stadt* gilt als Prototyp moderner und postmoderner städtischer Entwicklungen. Als Synonym für Blüte und Niedergang stehen einerseits die Wolkenkratzer in den Citys, wo sich das Geschäftsleben vertikal bündelt, andererseits Ghettos des Verfalls und die suburbane Peripherie von Eigenheimen, in denen sich die sozialen Kontraste der Stadt manifestieren. Allein die schiere Fläche des Landes hat dabei zu räumlichen Entwicklungen geführt, die als *urban sprawl*, d. h. das bauliche *Auseinanderfließen* der Stadt in die Fläche, charakterisiert worden sind. Die Wohnadresse wird zum Spiegelbild sozialen und wirtschaftlichen Erfolges, der nur durch individuelle und nicht etwa staatliche Leistungen erreicht wird. Hohe räumliche Mobilität – die individuelle Pkw-Mobilität war in den 1920er Jahren bereits so hoch wie in der BRD zu Beginn der 1960er Jahre – und schneller sozialer Auf- oder Abstieg (*hire and fire*-Prinzip) sind der Grund dafür, dass die US-amerikanische Gesellschaft räumlich sehr viel flexibler als die Bevölkerung anderer Kulturbereiche auftritt. Sozialer Wettbewerb geht dabei einher mit der Konkurrenz um Räume, wie es vor dem Hintergrund ständiger Einwanderungswellen zu Beginn des 20. Jh. für Chicago beispielhaft diskutiert worden ist. Emotionale Bindungen zu Kernstädten, die in der Regel ein sehr kurzes baulich-historisches Erbe vorweisen können, oder demographische Muster von *ageing in place* sind eher von geringer Bedeutung.

Weil die Bevölkerung räumlich mobiler wurde und ein umfangreiches Netz staatlich finanzierter *highways* hierbei half, verlagerten sich immer mehr Kapitalinteressen (Einkaufszentren, Freizeiteinrichtungen) an die Peripherie der Städte (Garreau 1991). Hierdurch wurde der Trend wohnräumlicher Suburbanisierung noch verstärkt, was in den 1960er und 1970er Jahren zum finanzpolitischen und infrastrukturellen Kollaps US-amerikanischer Innenstädte führen sollte. Leerstehende Wohngebäude oder brachgefallene Gewerbe- und Hafenflächen bestimmten das Bild und warfen erstmals Fragen einer *innerstädtischen Revitalisierung* auf (Schneider-Sliwa 1996b). Antworten in Form von *gentrification* oder *waterfront revitalization*, d. h. die Wiederentdeckung einer *Stadt der Dichte*, der *Kompaktheit* und der *kurzen Wege*, geben bis heute wohnbauliche Trends auch in Städten außerhalb Nordamerikas vor.

Und noch in einem weiteren Punkt bieten nordamerikanische Städte Baulösungen an, die erst seit wenigen Jahren weltweite Nachahmung finden. Analog zum Bau anderer kapitalträchtiger Gewerbeimmobilien wie Einkaufszentren entstanden *gated communities* (Blakeley und Snyder 1997), die als private bauliche und infrastrukturelle Inseln von der traditionellen Stadt durch Zäune oder Mauern abgegrenzt sind.

Historische Entwicklung

Die Entwicklung städtischer Strukturen in Nordamerika verlief bedeutend vielfältiger, als ihre modellhafte Zusammenfassung unter dem Begriff „nordamerikanische Stadt" suggeriert. So wurde der Raum von unterschiedlichen europäisch-kolonialen Einflüssen geprägt, die sich seitens der Engländer, Franzosen, Niederländer, Spanier und Russen in verschiedenartigen städtischen Anlagen oder Baustilen niederschlugen. Hierzu trug auch die gewissermaßen arbeitsteilige Erschließung des Subkontinents bei, weil spanische Einflüsse ausschließlich im Süden und Westen, französische an der Golfküste und in Kanada und niederländisch-britische an der Ostküste sowie in Kanada zu verzeichnen waren. Die Anfänge dieser Inbesitznahme gehen bis in das frühe 17. Jh. zurück, als sich nach den Erfahrungen gewinnträchtiger Eroberung durch Spanier und Portugiesen auch andere europäische Mächte anschickten, einerseits *Siedler-*, andererseits *Handelskolonien* in Übersee zu erwerben. Zwangsläufig ging es dabei zunächst um die Identifizierung geeigneter Hafenplätze entlang der Küsten oder großer Flüsse, denen sich eine Siedlungstätigkeit anschloss. Träger und Finanzier dieser Maßnahmen waren bei Holländern und Briten im Gegensatz zu Spaniern und Franzosen private Handelskompanien, die auf eigenes Risiko handelten. Die Anfänge dieser Besiedlung waren nicht sehr bedeutsam, es mögen einige wenige hundert Personen gewesen sein, von denen die bekanntesten die sog. *Pilgerväter* waren. Immerhin wanderten bis 1776 ca. 2 Mio. Personen nach Nordamerika (ohne Kanada) aus (VOIGTS 1976, S. 5). Vor allem die von ihnen verfolgten gesellschaftlichen Ideen wie *Prädestination, Sendungsbewusstsein* und *Selbstverwaltung/-bestimmung*, wie sie ihnen von Adel und Klerus in Europa vorenthalten worden waren, wirken in ihrem Handeln bis heute nach. Emigriert infolge ihrer Unzufriedenheit mit dem Mutterland, machten sie sich binnen weniger Jahrzehnte „selbstständig": einerseits gegenüber den frühen Handelskompanien, deren Wirtschaftsinteressen eher see- als landwärts gerichtet waren, um in Europa die kolonialen Rohstoffe umzuschlagen, andererseits gegenüber verwaltungsbedingten Restriktionen des Mutterlandes, die in den frühen Städten immer stärker spürbar wurden. Dort war der Zugriff des Mutterlandes insbesondere bei der Eintreibung von Steuern am größten. Die Stadt wurde deshalb für viele Siedler einerseits zum Symbol von Urbarmachung, Zivilisation und Organisation, die den Gegensatz zum häufig feindseligen Umland bedeutete, andererseits steht sie auch für Zwänge und Unfreiheiten, denen man zu entfliehen versuchte (HOLZNER 1996, S. 21). Obwohl die Stadt mit ihrer Konzentration von Bevölkerung und Infrastruktur sowohl die persönliche Sicherheit als auch den sozialen und wirtschaftlichen Erfolg eines jeden Einzelnen sehr viel eher garantieren konnte, verhinderte sie zugleich die Art erstrebenswerter Freiheit, Privatheit und räumlicher Mobilität, wie sie in der *„Weite des Landes"* zu finden war (HOLZNER 1996, S. 26). Der größte Teil der nordamerikanischen Bevölkerung lebt heute *„urban"*, und dennoch ist es kein Paradoxon, dass Nordamerika – basierend auf den Idealen des 17.-19. Jh. – von einem weitverbreiteten *Antiurbanismus* geprägt ist.

Die frühen Städte entlang der Ostküste entstanden infolge mehrerer Einwanderungswellen vor allem aus Großbritannien, aber auch aus anderen Teilen Europas wie Deutschland und Frankreich. Der unterschiedliche soziale oder religiöse Hintergrund der Siedler kann erklären, warum einzelne Regionen und Städte von gesellschaftlichen und funktionalen Besonderheiten geprägt wurden. Bürgertum, Handwerk und Manufakturwesen dominierten stärker in den nördlichen, landwirtschaftliche Interessen eher in den südlicheren Kolonien, in denen die Städte vor allem Verwaltungszentren, aber auch Sommerwohnsitze eines neuen Landadels waren (HOLZNER 1996, S. 22). Zu den räumlichen Unterschieden trugen auch klimatische Ursachen bei, wenn man bedenkt, dass Virginia auf der geographischen Breite von Malaga und Tunis liegt und damit ein subtropisch-feuchtes Klima aufweist. Um unter diesen Bedingungen schwere Arbeiten leisten zu können, wurden 1619 erstmals afrikanische *Sklaven* eingeführt. Sie differenzierten die Gesellschaft nicht mehr nur sozial, sondern auch ethnisch aus. Wohnräumliche Trennung, sei sie großräumig in Form von Viertelsbildungen (*suburbs*) oder kleinräumig in Form von *backyard houses* für Hausbedienstete, bestimmte seitdem die Stadtentwicklung. Diese Städte waren über Land noch weitestgehend unvernetzt, und für viele Zuwanderer blieben sie nur *port of entry*, um weiter ins Binnenland zu ziehen. Selbst 1830 lebten nur ca. 9% der Bevölkerung in städtischen Siedlungen von mehr als 5.000 Ew. (BRUNN, YEATES und ZEIGLER in BRUNN und WILLIAMS 1993, S. 44).

Bis zu Beginn des 19. Jh. blieben die Städte räumlich isoliert und Zentren für den Umschlag landwirtschaftlicher Güter und von Rohstoffen für den Export nach Übersee. Die größten Städte lagen mit New York (202.600), Philadelphia (161.400), Baltimore (80.600) und Boston (61.400) an der Atlantikküste und hatten vor allem als Hafen eine Bedeutung (BRUNN, YEATES und ZEIGLER in BRUNN und WILLIAMS 1993, S. 44). Größte Stadt im Binnenland war 1830 Cincinnati am Ohio mit 24.000 Ew. Städtebildend waren zunächst nur jene Standorte, die (Segel-) Schiffsverkehr ermöglichten. Dieses Muster sollte sich mit der Entwicklung der *Dampfmaschine* und der flächigen Erschließung des Landes mittels *Eisenbahn* dramatisch ändern. Die Lagevorteile entlang von Eisenbahnlinien und an Eisenbahnknotenpunkten ließen neue Siedlungen entstehen: Umfasste das Eisenbahnnetz 1850 14.480 km, waren es 1870 85.277 km (Brunn, Yeates und Zeigler in Brunn und Williams 1993, S. 46). Nicht nur wuchsen die bereits großen Städte zu Metropolen heran – 1870 wohnten ca. 1,2 Mio. Menschen in New York/Brooklyn –, sondern infolge neuer Städtegründungen verdreifachte sich auch die städtische Bevölkerung von 1830 bis 1870 und erreichte einen Anteil von 23%. Die großen Städte entwickelten sich zu Zentren des Handels, der industriellen Produktion und der Finanzen und profitierten vom Zufluss europäischen Kapitals und billiger Arbeitskräfte, die in verschiedenen Herkunftswellen zu Hunderttausenden aus Europa kamen. Bis 1921 war die Einwanderung (mit Ausnahme für Chinesen und Japaner) praktisch uneingeschränkt. Zwischen 1820 und 1974 sollen 47 Mio. Menschen, davon 38 Mio. aus Europa, in die USA eingewandert sein (Voigts 1976, S. 11).

Die Interkontinentalverbindungen der Eisenbahn führten dazu, dass sich Stadtgründungen gen Westen ausbreiteten. Neben technischen Innovationen profitierte diese Entwicklung aber auch davon, dass sich – nach ihrer Unabhängigkeit – die USA territorial ständig vergrößerten und damit Rechtssicherheit versprachen, der Bürgerkrieg einen gewaltigen Industrialisierungsschub für die Städte im Nordosten bedeutete und der „Goldrausch" an der Pazifikküste umfangreiche Investitionen nach sich zog.

Um die Wende vom 19. zum 20. Jh. entstand in Nordamerika der Typ von *Goldgräberstädten*, der binnen kürzester Zeit Goldwäscher, Händler und Abenteurer in beachtlicher Zahl zusammenführte. Bereits zwei Jahre nach der Gründung zählte Dawson City im kanadischen Yukon-Territorium 1898 16.000 bis 17.000 Ew. Viele dieser Städte waren in ihrer Entwicklung von Bodenspekulation geprägt. Doch gab es auch andere Gründungen, denen ein planmäßig gitterförmiges Siedlungsmuster zugrunde lag. Aufgrund eines förmlichen Gründungsbeschlusses von Goldgräbern und Bewohnern – eine staatliche Obrigkeit existierte noch nicht – wurde in kollektiver Selbstverwaltung ein schachbrettartiges Straßennetz mit einheitlicher Block- und Parzellengröße und geregelter Straßenbreite ausgearbeitet. Dabei orientierte man sich offensichtlich an Erfahrungen, die man aus den Herkunftsgebieten mitbrachte. Parzellen wurden rechtswirksam abgesteckt mit der Auflage, sie binnen eines Jahres zu bebauen. Bodenspekulation sollte auch dadurch verhindert werden, dass Siedlungswillige nur ein Grundstück erwerben durften (Becker 1981).

Die Standardisierung der Bahnspurbreiten und die Senkung der Transportkosten forcierten die *Vernetzung von Material und Mensch*, die jedoch eine völlig neue Dimension durch die *Fließbandproduktion* des Automobils erhalten sollte. Waren 1900 8.000 Automobile in den USA registriert, stieg ihre Zahl bis 1930 auf 23 Mio. (Brunn, Yeates und Zeigler in Brunn und Williams 1993, S. 50). Ein System von Autoschnellstraßen (*highways*) führte seit den 1930er Jahren zu einer neuen Form verkehrlicher Überlandvernetzung und sollte weitreichende Auswirkungen auf die horizontale Ausbreitung der Städte haben. Obwohl diese auch schon vor der individuellen Motorisierung eingesetzt hatte und sich in den größten Städten zu Beginn des 20. Jh. an der Ausweitung des U-Bahnnetzes messen ließ, waren die Städte noch weitestgehend kompakt und architektonisch sowie baulich-repräsentativ europäischen Vorbildern ähnlich.

Die *Überhöhung von Gebäuden in die Vertikale*, die dem Zeitgeist entsprach, um das Technisch-Machbare auch architektonisch umzusetzen – weniger wichtig war offensichtlich ein objektiver Mangel an Wohn- oder Gewerbefläche (Ford 1994, S. 20) –, sollte der nordamerikanischen Stadt eine völlig neue und für andere Stadttypen bislang unbekannte Silhouette schaffen. Voraussetzung hierfür waren technologische Neuerungen wie die *Stahlskelett-Bauweise*, die „Erfindung" des elektrischen Stroms, der Fahrstuhl und Lüftungstechniken, weil ein Öffnen von Fenstern in großer Höhe nicht ohne Gefahren ist. Der große Brand in Chicago von 1871 zerstörte einen erheblichen Teil des CBD (= Central Business District). Bei dessen Wiederaufbau fungierte Chicago zugleich als Prototyp, um die neue Stahlskelett-Bauweise in die Realität umzusetzen. 1883 entstand ein erstes 10-geschossiges Gebäude nach diesem Muster. Weitere 15-18-geschossige Gebäude folgten bis in die 1890er Jahre. Erst 1888 wurde ein entsprechendes 11-geschossiges Gebäude in New York errichtet (Ford 1994, S. 22). Aus Furcht vor ästhetischer Verschandelung führten verschiedene Städte *Höhenrestriktionen* ein. Doch die Nachfrage nach *office towers* florierte und profitierte von einer zunehmenden Spezialisierung des Dienstleistungssektors. Hierzu trug vor allem die Ausweitung des Versicherungs- und Bankgewerbes bei.

Eingepasst sind die Gebäude in eine für die US-amerikanischen Städte typische, nach den Himmelsrichtungen orientierte Straßenführung in Form eines Schachbrettmusters (*gridiron pattern*). Dieses System teilte 1785 im Rahmen des sog. *Township and Range System* das gesamte Bundesland westlich der Appalachen in *Siedlungsparzellen* auf, und zwar in Form unterschiedlich grober Raster von *townships* (sechs mal sechs Meilen), *subdivisions* (eine mal eine Meile) bis hin zur individuellen Parzelle (*lot*). In den Städten existieren typischerweise Straßenblöcke von 100 m x 100 m, die ihnen einerseits eine gewisse Monotonie, andererseits große verkehrliche Übersichtlichkeit verleihen. Dieses Konzept der Landaufteilung bildete nicht nur die Grundlage für ein überaus effizientes Grundbuchsystem, sondern hatte auch zum Ziel, eine „demokratische Gesellschaft von Klein-Grundbesitzern" zu schaffen und Großgrundbesitz z. B. in Form von Plantagen des alten Südens zu verhindern (Holzner 1996, S. 30 f.). Auch in einer Stadt wie New York, die außerhalb der *Land Ordinance* lag, wurde 1811 nachträglich ein Rasterplan beschlossen, der eine geregelte Expansion entlang von enger beieinander liegenden O-W-Straßen und großzügiger angelegten N-S-verlaufenden *avenues* vorsah. Die sich ergebenden Straßenblöcke wurden in 8 m breite und 30 m tiefe Parzellen unterteilt (METZGER 2000, S. 89). Die *„räumliche Demokratisierung“* im Sinne der Gründungsväter endete dort, wo in den Städten eine ausgreifende funktionale Differenzierung zu beobachten war, mit der unterschiedliche Lagegunst und unterschiedliche Bodenpreise verbunden waren. Für viele in das Land eingereiste Migranten lag es außerhalb ihrer finanziellen Möglichkeiten, Grundbesitz – zumal bei steigenden Preisen – in Städten zu erwerben. Hausbesitzer nutzten die Armut ihrer potenziellen Klientel als auch die Wohnungsnot in Zeiten der Massenimmigration. Sog. *tenements* entstanden in großem Stil, bei denen es sich um einfach ausgestattete Mietskasernen handelte, die von *overcrowding* und sanitären Problemen gekennzeichnet waren. Hier herrschten Slum-Bedingungen, die von Armut, Krankheit und Hoffnungslosigkeit geprägt waren und Sinnbild für eine wachsende soziale Kluft werden sollten. Diese Gebiete wurden Vorreiter für die Entwicklung sog. *Ghettos* im 20. Jh., deren Bevölkerung nach sozialen und ethnischen Kriterien vom gesellschaftlichen *mainstream* ausgeschlossen ist.

Urban sprawl

Der Erwerb von Grundeigentum wurde Sinnbild für sozialen Aufstieg, Selbstständigkeit, Freiheit und demokratische Emanzipation. Man setzte sich ab vom anonymisierten Massendasein in der kompakten Stadt, wie sie entlang der Ostküste nach europäischen Vorbildern entstanden war. Vom Staat ideologisch und finanziell gefördert sowie von Seiten privater Städtebauer (*developer*) umworben, entwickelte sich das Einfamilienhaus zur beliebtesten Wohnart, und zwar schon lange vor der „eigentlichen“ Suburbanisierung nach dem Zweiten Weltkrieg. MORTON (2002) verweist auf das Beispiel *Cleveland Heights,* Ohio, etwa acht Meilen östlich der *downtown*, das in seinen Anfängen bis in die 1870er Jahre zurückreicht. Bereits 1930 lag der Anteil von Einfamilienhäusern in Los Angeles bei 94% und selbst in einer „kompakten“ Stadt wie Boston oder New York bei ca. 50% (HOLZNER 1996, S. 43). Abb. 33 zeigt am Beispiel Chicago, wie die Stadt über ca. 150 Jahre in die Peripherie baulich „zerfließt“. Die Trennung von Wohnen und Arbeiten war ein sozialer Fortschritt und bedeutete die Koppelung von Wohnen und Freizeit an der Peripherie bzw. die Abkoppelung des Wohnens von *social disorder* in den Innenstädten. Es stellte sich ein *Stadt-Land-Kontinuum* ein, wobei die Stadt an ihren Rändern immer ländlicher und das „Land“ im Lebensstil seiner Bevölkerung immer städtischer wurde. Eine in der baulichen Physiognomie erkennbare scharfe Stadtgrenze war nicht mehr auszumachen bzw. existierte in den westlicher gelegenen und „amerikanischeren“ Städten von Beginn an nicht. Traditionell ist das Wohnen in der Kernstadt deshalb eher mit negativen Bildern besetzt. Sie wurde vor allem *transit area* für

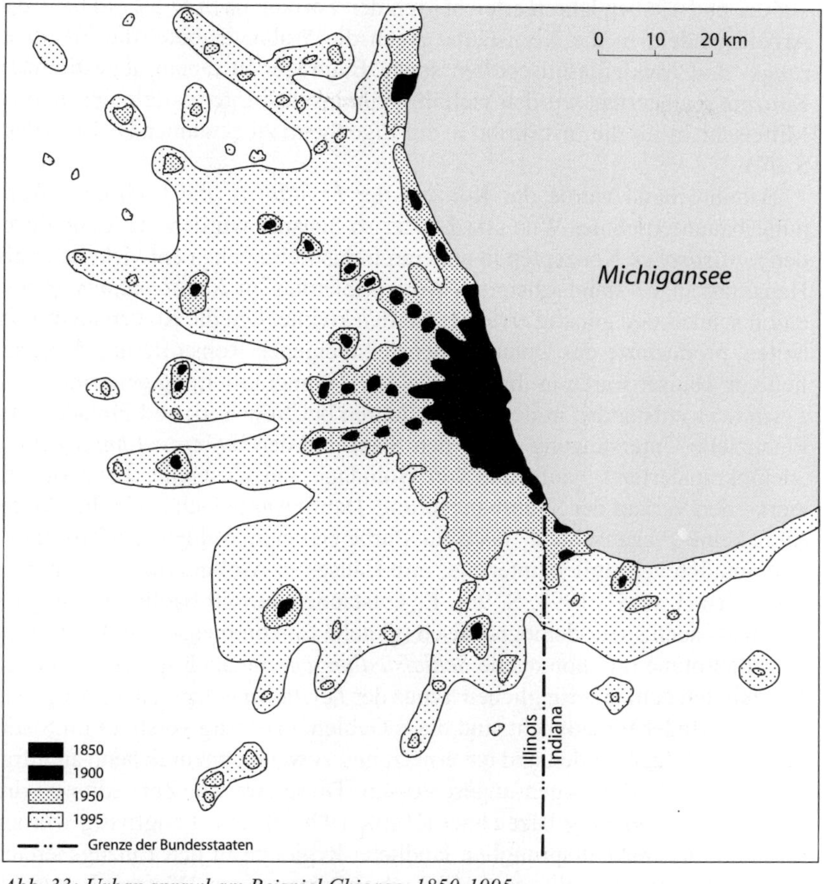

Abb. 33: Urban sprawl am Beispiel Chicago, 1850-1995
Quelle: Yeates (1998)

Neuankömmlinge und Fremde oder aber Wohngebiet derjenigen, die es nicht „schafften", aus diesen Gebieten fortzuziehen. Aufgrund der privaten Motorisierung gewann der Umzug in stadtnahe Bereiche nach 1920 eine völlig neue Dynamik. Besser Verdienende und damit potente Steuerzahler zogen in die Vororte und machten in den Kernstädten Platz für weniger gut Situierte, die keine andere Wohnalternative bezahlen konnten. Ein langfristiger Prozess von *sozialer Degradation* und *urban blight* setzte ein, der über mehrere Jahrzehnte kulminierte. Zum Massenphänomen wurde die Suburbanisierung nach dem Zweiten Weltkrieg, als die Bundesregierung mit Hilfe von zinsgünstigen Darlehen und Einkommenssteuerermäßigungen den privaten Wohnungsbau förderte. Bundesprogramme zum Ausbau von *highways* in den

1950er und 1960er Jahren erleichterten den Fortzug nach *Suburbia* bzw. das Arbeitspendeln in die Kernstädte. Auch die Wohnangebote, die Finanzierungs- und Maklergesellschaften sowie Bauträger in einem abgestimmten Konzept realisierten, wurden vielfältiger, um selbst Interessierte der unteren Mittelschicht für die Investition in ein Eigenheim zu gewinnen (HAHN 1990, S. 74).

Bahnbrechend wurde das Konzept der *Levittowns*, die nach dem Wohnungsbauunternehmer WILLIAM LEVITT so benannt wurden. In Analogie zu den *fordistischen* Konzepten in anderen Industriebranchen entwickelte er ein Haus, das in 27 standardisierten Arbeitsabläufen im *Fließbandprinzip* und damit schnell und günstig errichtet werden konnte. Um die Kosten niedrig zu halten, produzierte das Unternehmen seine eigenen Rohstoffe und Materialien vor. Häuser waren in ihrer Größe und Zimmeraufteilung genormt. Erste *Levittowns* entstanden in den 1950er Jahren bei New York und Philadelphia. Finanzielle Unterstützung durch den Staat und der *Veterans Administration* „demokratisierten" – aufgrund von Wohnlage und -zuschnitt sozial stratifiziert – den Verlauf der Suburbanisierung. Damit war jedoch bis in die 1960er Jahre keine „Vermischung" nach Hautfarbe gemeint: Weißen Käufern war es ursprünglich vertraglich untersagt, ihre Häuser an Afroamerikaner weiterzuverkaufen (LACAYO 1998, S. 96). Es entstanden sowohl baulich-physiognomisch als auch sozio-demographisch (gleiche Einkommens- und Altersgruppen) monotone und homogene *Schlafsiedlungen*, die auch in den folgenden Jahrzehnten dem ursprünglichen Typus der *Levittown* entsprachen. Aufgrund unzureichender Bauaufsicht sind diese Gebiete inselartig verstreut im Stadtumland angelegt worden und unvernetzt und zuweilen unzureichend an infrastrukturelle Einrichtungen angeschlossen. Diese Art von Zersiedlung wird auch als *leap-frogging* bezeichnet (HAHN 1990, S. 75). Langfristig wurden damit immer mehr ursprünglich ländliche Regionen in den Einzugsbereich großer Metropolen einbezogen. Ohne dass Personen aus Dörfern, Landstädten oder Farmen immer hätten umziehen müssen, nahm die prozentuale Bedeutung der ländlichen Bevölkerung zwischen 1940 (52,2%) und 2000 (19,7%) rapide ab, und zwar ausschließlich zugunsten der Vorortentwicklungen, deren Bevölkerungsanteil sich im selben Zeitraum mehr als verdreifachte. Die Kernstädte selbst konnten keinen relativen Zuwachs verzeichnen (HOLZNER 1996, S. 66 f.).

Infolge des dispersen Siedlungsmusters zogen Dienstleistungsfunktionen der suburbanen Bevölkerung hinterher, die in ihrer Standortwahl gleichermaßen von der wachsenden Motorisierung der Gesellschaft profitieren wollten. Es entstanden *commercial strips*, die sich entlang der Ausfallstraßen zwischen Schlafstädten und Citys herausbildeten. Entlang dieser *strips*, die sich über mehrere Kilometer erstrecken können, siedelten sich Supermärkte, *fast food*-Restaurants, Tankstellen, sonstige Versorgungscenter, aber auch kleinere Dienstleister wie Rechtsanwälte oder Ärzte an, was zu einer langfristigen Verödung der Innenstädte führte (KLOHN 1998, S. 205). Forciert wurde diese Entwicklung, als sich Anfang der 1950er Jahre sog. *shopping malls*, d. h. Einzelhandelsagglomerationen mit durchdachtem Branchenmix, über die gesamte USA ausbreiteten (KOWINSKI 1985). Auch diese Großinvestitionen waren verkehrsstrategisch entlang von *highways* an der städtischen Peripherie platziert. Neben der Tatsache, dass man hier einkaufen kann, erfüllen diese Zentren vielfältige andere soziale Funktionen vor allem im Bereich der Freizeit. Die *Verweilqualitäten* sind konkurrenzlos gegenüber vielen Innenstädten (GOSS 1993). Dazu haben nicht zuletzt auch diejenigen Anbieter beigetragen, die als Kaufhäuser ursprünglich eine monopolartige Stellung hatten, geradezu Synonym für die Attraktivität der Innenstädte waren. Sie selbst finanzierten oder bauten Einkaufszentren bzw. boten sich als neue Einkaufsmagneten in den *malls* an. Die Umsatzzahlen gaben ihnen Recht: Betrug der Umsatz innerstädtischer Stammgeschäfte von Kaufhäusern im Vergleich zu ihren Filialen 1951 noch 96%, waren es 1959 68% und 1976 nur noch 22% (HAHN 2002, S. 36).

Erst seit den 1980er Jahren wird eine weitere Form der Suburbanisierung offenbar, die neue Zentren in den Verdichtungsräumen der USA geschaffen hat. Immer mehr Arbeitsplätze entstehen neu im suburbanen Raum oder werden aus der Kernstadt hierher verlagert. Waren 1980 noch fast 60% aller Büroflächen in den Kernstädten und damit vor allem in den CBDs zu finden, sank dieser Anteil bis 1990 auf etwa ein Drittel (MÜLLER und ROHR-ZÄNKER 1995, S. 437). Neue Bürogebäude, zuweilen als flächenextensive *„liegende Wolkenkratzer"*, werden nunmehr in sog. *edge cities* gebaut, bei denen es sich um randstädtische Siedlungen handelt, die nicht mehr nur Wohnfunktion besitzen, sondern als wirtschaftlicher Wachstumspol agieren und erstmals von GARREAU (1991, S. 6 f.) systematisch diskutiert und definiert worden sind: Die Anzahl der Arbeitsplätze übersteigt die Wohnbevölkerung; über 70% der Arbeitsplätze entfallen auf Bürotätigkeiten (insbesondere im sog. *FIRE*-Sektor: *financial, insurance, real estate*), die vor allem von hochqualifizierten Arbeitskräften ausgefüllt werden. Diese Zentren sind keine nachgeordnete Ergänzung der CBDs, sondern haben diese in Spezialisierung und Qualifizierung ihrer Arbeitnehmer sowie im Mietpreisgefüge teilweise überholt. Veränderte Pendlerstrukturen haben sich daraufhin eingestellt. Sie zielen nicht mehr bevorzugt von der Peripherie in das Zentrum der Kernstadt, sondern tangential von einem eher noch „klassischen" Wohnvorort in eine benachbarte *edge city* oder in sog. *office parks* oder *industrial parks* (MÜLLER und ROHR-ZÄNKER 1995, S. 442). Letztere bevorzugen die Nähe zu Auf- und Abfahrten von Umgehungsautobahnen, um neben den Mitarbeitern auch Geschäftsreisende und den Lieferverkehr optimal anzubinden (KLOHN 1998, S. 207).

Kernstadt: Verfall und Urban Renewal

„Verlierer" der in die Peripherie „zerfließenden" Stadt (*urban sprawl*) wurden die Kern- und vor allem die Innenstädte. Sie unterliegen einem demographischen, sozialen und ethnischen Ausdünnungs- bzw. Ausdifferenzierungsprozess, der vor allem in den 1960er und 1970er Jahren in eine Spirale des Verfalls mündete. So kehrten jüngere Personen, besser Verdienende und vor allem Personen weißer Hautfarbe der Kernstadt den Rücken und transferierten zugleich ihre Kaufkraft und Steuerzahlfähigkeit in die Randgemeinden. Der Fortzug zunächst einzelner Haushalte legte den Keim fortschreitender tatsächlicher oder perzipierter Unzufriedenheit auch bei denjenigen, die noch in den Kernstädten wohnten. Das sich verschlechternde *Wohnimage* der Kernstadt führte dazu, dass infolge fallender Mieten Personen angezogen wurden, die dem Bild der ursprünglich gelebten sozialen oder ethnischen Harmonie bzw. Homogenität nicht mehr entsprachen. *White flight* war zu beobachten, wobei es sich weniger um eine Flucht, sondern um die Stigmatisierung von Wohngebieten handelte: Man vermied es, in gewisse Wohnviertel zu ziehen, oder Makler, Banken und Versicherungen rieten entsprechend ab. Wie die *Chicagoer Soziologenschule* um PARK und BURGESS bereits für das frühe 20. Jh. aufzeigte, sind *sozialökologische* Wandlungsprozesse zu beobachten gewesen, die zu einer wohnräumlichen Konzentration nichtweißer Bevölkerungsgruppen (Afro-Amerikaner und *Hispanics*) in den Kernstädten beigetragen haben. Nachdem Afro-Amerikaner als Folge ihrer gesellschaftlichen Emanzipierung Ende der 1960er Jahre bessere Möglichkeiten hatten, sozial aufzusteigen und ihren Wohnort frei von (zumindest offener) Diskriminierung zu wählen, schloss sich auch die aufstrebende schwarze Mittelschicht der Suburbanisierung an (SCHNEIDER und PHELAN 1993), sodass in den Kernstädten vielerorts eine *black urban underclass* aufgrund fehlender Wohnalternativen zurückblieb. Die von Armut, Arbeits- und Perspektivlosigkeit geprägte Bevölkerung war einerseits Hauseigentümern ausgesetzt, die Mieterträge maximieren wollten, ohne in die Gebäudesubstanz zu investieren. Hinzu kam *redlining* von Banken und Versicherungen, wodurch einzelne Wohngebiete bei der Vergabe von Krediten und Schutzbriefen ausgeschlossen wurden (MCCARTHY 1999). Andererseits breitete sich Kriminalität aus, die informellen Lebenserwerb (z. B. Drogenhandel, Schutzgelderpressung) und innerhalb von *gangs* soziale und räumliche Zusammengehörigkeit (*territoriality*) versprach. Diese Gebiete sind zu *Ghettos* geworden, die ihre eigene Kultur und ihren eigenen *sense of belonging* entwickelt haben (WACQUANT 1998). Aufgrund ihrer Großflächigkeit und der Dynamik ihrer Ausbreitung ist der Begriff *hyper-ghettos* geprägt worden (SCHNEIDER-SLIWA 1996a). Unzureichende Steuereinnahmen führen auch zum Verfall der öffentlichen Infrastruktur. Karitative und kirchliche Einrichtungen füllen diese Lücken in einer Gesellschaft aus, die von dem Leitbild des individuellen Erfolgs und der Selbstinitiative geprägt ist. Neben dieser Form von *residential blight* („Pilzbefall") ist *commercial blight* zu beobachten: Handel und Gewerbe passen sich der sinkenden Kaufkraft und den veränderten Nachfragemustern an. Zudem nehmen *blue collar jobs* in kernstädtischen Produktionsbereichen ab und führen in Form von Gewerbebrachen zu *industrial blight*. Analog zu Bürotätigkeiten entstehen neue Produktionsstätten immer häufiger an der Peripherie und sind nicht ohne weiteres von der *urban underclass* zu erreichen.

Als Antwort auf den Niedergang der Kernstädte bewilligte der Staat erstmals 1949 Bundesmittel für *Stadterneuerungsprogramme*. Ziel war es, nicht das Auto, sondern den Menschen wieder in den Mittelpunkt der Planung zu stellen. Dies glaubte man vor allem mit der Errichtung multifunktionaler innerstädtischer Großbauten erreichen zu können, die eine Kombination von Fußgängerzonen, Konsum, Freizeit, Kultur und Verwaltung eingehen sollten (VOIGTS 1976, S. 20). In der Regel handelt es sich hierbei um Wolkenkratzer, die große Verweilflächen bieten. Weil letztere aber nur semi-öffentlich sind (unter dem Schutz des privaten Managements dieser Gebäude), kann man sich in der Kernstadt aufhalten und sich dennoch ihrer „Unwirtlichkeit" entziehen. Eine andere Form von *urban renewal* wurde bei der Beseitigung früher Slumgebiete verfolgt. In den 1950er und 1960er Jahren wurden diese Bereiche durch *slum removal* dem Erdboden gleich gemacht, ohne – bis zu einem Bundesgesetz von 1971 – den betroffenen Menschen eine Wohnalternative anbieten zu müssen. Eine ähnliche „Kahlschlagpolitik" wurde mit dem Ausbau von Stadtautobahnen verfolgt, die der Staat zu 90% finanzierte. Die Stadtverwaltungen nahmen diese Finanzierung unter Vernachlässigung des Ausbaus eines ÖPNV-Netzes gerne an, ohne zu jener Zeit zu erkennen, dass die neuen Verkehrsarterien einen Großteil der Bevölkerung aus der Stadt „heraussaugen" würden. In den 1970er Jahren verlor New York City über 1 Mio. Ew. oder 10,4% seiner Bevölkerung. 900.000 Ew. in Detroit City standen 1990 3,7 Mio. Menschen in den Außenstädten gegenüber (HOLZNER 1996, S. 75).

Neben diesen von der öffentlichen Hand durchgeführten Flächensanierungsprojekten gab es auch privatwirtschaftliche Initiativen, die eine Aufwertung innerstädtischer Wohnbereiche oder Brachen durch Modernisierung oder Umnutzung erreichen wollten (in neuerer Zeit Umwandlung von Büro- in Wohnhäuser in New York City; PRIES 2001, S. 31; vgl. SCHNEIDER-SLIWA 1996b). Ein Prozess sog. *gentrification* (Veredelung) ist zumindest punktuell in einigen Kernstädten spürbar: Junge dynamische Personen, die mit dem Leben in der Kern- und Innenstadt vertraut sind, investieren in die Renovierung von Gebäuden, die eine gewisse Individualität verspüren lassen. Weitere private Investoren und später auch Kapitalgesellschaften werden angezogen und beschleunigen den Prozess der Aufwertung, wenn ein gewisses Stadium der Modernisierung seitens der ursprünglichen Pioniere erreicht ist. Beispiele für eine solche Aufwertung finden sich in Greenwich Village und Soho in New York City, wo alte Wohn- und Fabrikgebäude in *lofts* umgestaltet sind (ZUKIN 1982), die heute eine internationale Künstlerszene anziehen, aber auch in Harlem, wo Modernisierung und Schwarzenghetto zuweilen noch schroff aufeinanderstoßen (SMITH 1996, S. 140 ff.). Der *residential gentrification* folgte eine *commercial gentrification* in Form von Galerien, Antiquariaten, Buchläden usw. Diese Entwicklung führt jedoch vielfach zu einer Verdrängung der ursprünglich dort lebenden Bevölkerung. Zudem sind die *gentrifier* häufig keine Rückkehrer aus den Außenstädten, sondern eine traditionell mit der Kernstadt verbundene Klientel, die damit für die breite Bevölkerung untypisch ist. Es handelt sich deshalb eher um eine *stay-in-the-city-* als um eine *back-to-the*-city-Bewegung (CONZEN 1983; WEITZ 1994, S. 16). Ähnliche punktuelle Erfolge von *urban renewal* ergeben sich bei der *waterfront revitalization*, wo Großinvestoren in Städten wie Boston, Baltimore oder San Francisco brachgefallene Hafenflächen einer neuen attraktiven Wohn- und Gewerbenutzung zugeführt haben. Als eine Kombination von Wohnen vor maritimem Ambiente, von Hotels, Restaurants, Museen und Einkaufszentren sind hier einerseits neue städtische Landmarken, andererseits renditeträchtige Großprojekte entstanden, die weltweit Nachahmer gefunden haben.

In neuerer Zeit werden in Form von *Business Improvement Districts (BID)* und *Empowerment Zones (EZ)* Konzepte verfolgt, mit denen Stadtplanung, wirtschaftliche Kräfte und Bürgerinteressen in ein „holistisches“ Konzept von Problemlösung und Gefahrenabwehr eingebunden sind. Es gibt weder *top-down* noch *bottom-up*-Lösungsansätze, sondern ein kompliziertes und zuweilen zeitraubendes Suchen unterschiedlicher Akteure nach „der“ richtigen Strategie, um z. B. lokale Arbeitsplätze zu schaffen, Nachbarschaftszentren zu revitalisieren oder soziale und ethnische Spannungen zu überwinden (MCCARTHY 1999).

Ein ganz anderes Konzept von *urban renewal* verfolgen die Anhänger des *New Urbanism*. Sie verstehen sich als eine Reformbewegung, in der die amerikanische Stadt „neu erfunden“ wird. *New Urbanism* ist Antithese zum *suburban sprawl* und fordert *Nutzungsmischung* und keine funktionale Monotonie, *soziale Mischung* und nicht ausgeprägte soziale Segregation, *größere bauliche Dichte* und keine extensive Bauweise, einen ausgewogenen *modal split* und keine ausschließlich autogerechte Stadt, *architektonische Vielfalt* und keine abstoßende bauliche Monotonie (BODENSCHATZ 2000, S. 24). Diese Leitbilder bleiben für die gewachsenen Städte häufig Utopien, sodass man zur Umsetzung des Konzeptes *„Modellstädte“* gebaut hat. *Seaside* (seit 1980) und das vom Disney-Konzern erichtete *Celebration* (gegründet 1994) in Florida sind solche Beispiele (MIDDLETON 1997), die in ihrer funktionalen und morphologischen Anlage die Idee der Kleinstadt aufnehmen. Elemente wie Main Street, Marktplatz, Alleen, Wohn- und Innenhöfe sowie eine individualisierte, gleichwohl durch einen Gestaltungscode gelenkte historisierende Wohnarchitektur tragen hierzu bei. Im Gegensatz zu den in *gated communities* verfolgten Prinzipien wird öffentlichem Raum im *New Urbanism* insbesondere in Form von Grünflächen, Gewässern und Plätzen gehuldigt (BODENSCHATZ 2000, S. 25). „Urban" ist eine positiv besetzte Eigenschaft und steht hier für kleinräumig erfahrbaren Gemeinschaftssinn, wo Harmonie und nicht *social pathologies* die Diskussion bestimmen und Menschen (auch als Fußgänger) im öffentlichen Raum zusammentreffen können. Unterschiedlich attraktive Wohnlagen und Wohntypen bzw. -preise eröffnen zudem die Möglichkeit, dass sich in den Wohngebieten ein sozialer Mix einstellt.

Die Vision einer „besseren Stadt" wird auch in Kernstädten punktuell verfolgt. Auch hier zielen die Projekte darauf, eine soziale Mischung innerhalb der Bevölkerung zu erreichen. Darüber hinaus sollen Innenstädte durch ein Netz von Wegen fußläufig erschlossen werden. Und neuere Ideen des *New Urbanism* rücken ab vom Kleinstadtgedanken und finden ihre Verwirklichung im Bau von Hochhäusern, die in ein multifunktionales Umfeld (u. a. Schulen, Kindergärten, Läden) eingepasst und an ÖPNV-Angebote angeschlossen sind, um die Abhängigkeit vom motorisierten Individualverkehr zu lockern (BODENSCHATZ und KEGLER 2000).

Wo diese Vision einer „besseren" Stadt kein Gehör findet, entstehen *gated communities*, und zwar im Gegensatz zu Formen des *New Urbanism* als Massenphänomen. BLAKELY und SNYDER (1997) haben mit ihrer Typisierung in *prestige, lifestyle* und *security communities* aufgezeigt, dass dieser Wohntyp gewissermaßen eine soziale Diffusion von der Ober- bis in die untere Mittelschicht durchlaufen hat. Auch hier ist man auf der Suche nach der „besseren" Stadt. Man will sich aber wohnräumlich in Form von Schranken und Mauern gegenüber der „schlechten" Außenwelt isolieren (FRANTZ 2001). Die Popularität dieses Wohntyps wird dadurch belegt, dass Ende der 1990er Jahre in den USA über 20.000 *gated communities* mit mehr als 9 Mio. Ew. existierten (WEHRHEIM 1999, S. 249), die den *urban sprawl* weiter fördern. Dieser Trend zur *Abkapselung*, d. h. die Schaffung eines *„Zellenmosaiks der Privatsphären"* (HOLZNER 1996, S. 105), erfolgt nicht nur sozial und baulich, sondern auch verwaltungs- und fiskaltechnisch. In einem ausgeprägten Hang der Bevölkerung zu Gemeindeselbstverwaltung und Eigenbestimmung schafft man sich seine eigenen Strukturen, Distrikte und Verwaltungseinheiten, die auf einer Steuerbasis „Gleichgesinnter" beruhen und nicht mit Problemgebieten zu teilen sind. Ergebnis dieser ausgeprägten kommunalen Zersplitterung ist ein sehr unterschiedliches Qualitätsniveau infrastruktureller Einrichtungen zwischen Kern- und Außenstadt, weshalb eine mittelfristige „Rückkehr“ größeren Stils von Bewohnern der Außen- in die Kernstadt eher unwahrscheinlich ist.

Ghetto und Enklave

Im Modell der nordamerikanischen Stadt nimmt das *Ghetto* als Strukturmuster einen festen Platz ein (Wirth 1928). Begriffsprägend waren jedoch nicht die verschiedenen europäischen „weißen“ Einwanderungswellen seit Ende des 19. Jh., die in Städten wie Chicago oder New York ethnisch homogene Wohncluster schufen, sondern erst der Zuzug von Schwarzen seit den 1920er Jahren aus den von Diskriminierung geprägten Südstaaten in den Norden der USA. Auf der Suche nach Arbeitsplätzen in *blue collar jobs* sowie auf der Flucht auch vor körperlicher Gewaltandrohung zog man in Stadtteile, die man sich gerade noch leisten konnte und wo der Druck von Anwohnern und Bodenmarkt nicht groß genug war, diesen Invasionsprozess zu behindern.

Ein Beispiel ist die *South Side* in Chicago, die bis Anfang der 1920er Jahre Wohngebiet der oberen und weißen Mittelschicht war. Mit dem erstmaligen Zuzug einer *visible ethnic group* setzte die von der *Chicagoer Soziologenschule* typischerweise beschriebene *Dynamik der Sozialökologie* ein, die den raumzeitlichen Ablauf der Verdrängung einer in sich homogenen Bevölkerungsgruppe durch eine andere erklärt. Binnen weniger Jahre vollzog sich ein fast vollständiger Auszug der weißen Bevölkerung (*white flight*), die Platz machte für eine sozial deutlich niedriger stehende schwarze Bevölkerung. Zudem nahm die *Wohndichte* rapide zu, weil die Vermieter die ursprünglichen Häuser in kleinere Wohneinheiten unterteilten, um Mieteinnahmen bei ausbleibenden Investitionen für Instandhaltung zu maximieren (Kaiser 1999). Nur etwa 10 Jahre später war das Gebiet zu einem *Slum* heruntergekommen und wurde als Auslöser für sinkende Immobilienpreise in angrenzenden Wohnbereichen gesehen. Gemäß dem *nimby*-Grundsatz (*not in my backyard*) vermochte sich die Politik nicht darauf zu einigen, die schwarze Bevölkerung im Rahmen einer *Slumsanierung* anderswo anzusiedeln. Anstelle der alten Häuser entstanden auf derelben Fläche bis 1962 28 Hochhäuser mit 4.321 Wohnungen für ungefähr 11.000 Bewohner, die als sog. *Robert Taylor Homes* zum damaligen Zeitpunkt den größten Komplex an Sozialwohnungen weltweit darstellten (Kaiser 1999). Charakteristisch für die Bevölkerung war von Anfang an, dass sie zu 100% schwarz und arm war, jedoch auch Personen dort wohnten, die infolge regelmäßiger Arbeit einer bereits elitären „oberen Unterschicht“ zugerechnet werden konnten. Seit 1969 beschied ein neues Gesetz, dass die ursprünglich fixierten Mieten im Sozialwohnungsbau nunmehr von der Höhe des ohnehin niedrigen Einkommens abhängen sollten. Hierdurch wurden diejenigen bestraft, die ein Arbeitseinkommen vorweisen konnten, und zogen fort. Im Rahmen einer *negativen Selektion* blieben die „hoffnungslosen Fälle" wie Arbeitsverweigerer, Kranke, Alte und alleinerziehende Mütter zurück, die weitestgehend von staatlichen Zuwendungen abhängig waren. Informelle „Verwaltungsstrukturen" breiteten sich über die Wohnkomplexe aus, die sich zu Territorien verschiedener *gangs* entwickelten. Seit den 1990er Jahren werden die von baulichem Verfall gezeichneten Sozialwohnungen im Massenwohnungsbau bundesweit abgerissen bzw. „wiederbelebt", um die im Sinne MARCUSES entstandenen *outcast ghettos* der 1950er Jahre zu überwinden. In Form einer Bürgerbeteiligung werden die betroffenen Personen sowohl in Herkunfts- als auch Zielgebieten der Umsiedlung nach ihren Ansprüchen bzw. Bedenken befragt. Damit ist zunächst die *gang landscape* zerbrochen, was jedoch nicht ausschließt, dass die Dealer ihren früheren Kunden folgen. Für viele Bewohner von *South Side* ergibt sich nicht nur die Hoffnung, in einem sauberen und sicheren neuen Umfeld zu leben, sondern auch Ungewissheit und der Verlust alter Regelwerke (KAISER 1999, S. 18).

Auch in New York oder Los Angeles wurden Gebiete wie *Harlem, South Bronx* oder *South Central L.A.* zum Inbegriff urbanen Verfalls. Am Beispiel von Milwaukee (Abb. 34) wird zudem deutlich, dass Ghettos räumlich expan-

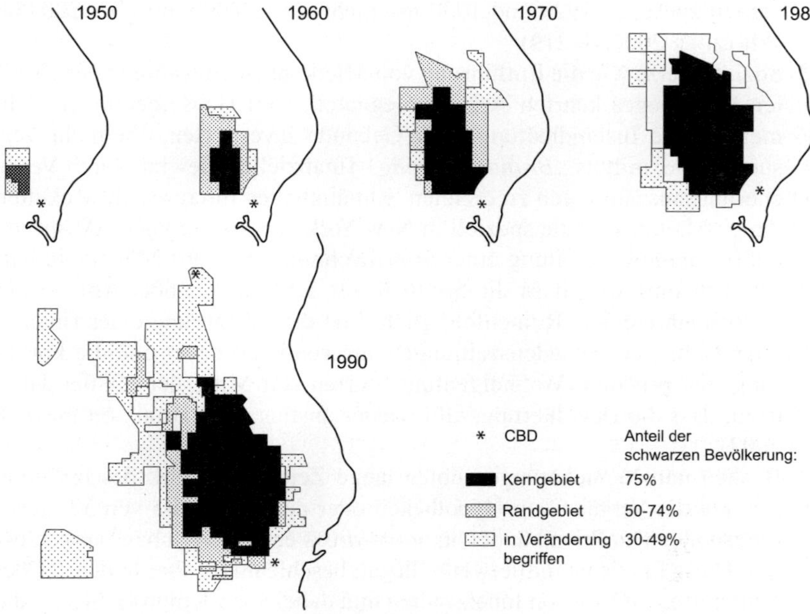

Abb. 34: Ausdehnung des Schwarzenghettos in Milwaukee, 1950-1990
Quelle: YEATES *(1998)*

dieren können und nicht auf gewisse Kernzellen fixiert bleiben. Die ursprünglich von weißer Bevölkerung – vielfach segregiert in Iren, Deutsche, Italiener oder Juden – geprägten Bereiche wandelten sich binnen weniger Jahre. Als Vorboten der späteren Suburbanisierung sind *Harlem* oder *die Bronx* baulich aufgelockert, mit Grün durchsetzt und im Pendlereinzugsbereich der City infolge von U-Bahn-Verbindungen gelegen. *Die Bronx* war bis in die 1950er Jahre die Erfüllung des *american dream* für die aufstrebende weiße Mittelschicht (METZGER 2000, S. 185). Folgende Entwicklungen veränderten das *Image* ganzer Stadtteile:

1. Infolge des Ersten Weltkrieges wurden Afro-Amerikaner aus dem eher ländlichen Süden als Arbeiter in der Rüstungsindustrie des Nordens benötigt. An der Westküste setzte diese Entwicklung verzögert mit dem Zweiten Weltkrieg ein. In der Phase der *„Great Migration"* zwischen 1915 und 1940 wanderten mehr als 1 Mio. Menschen aus dem Süden ab.
2. Sie zogen in Gebiete, in denen sich der Immobilienmarkt verspekuliert hatte (*Harlem*) oder die beginnende Suburbanisierung der weißen Mittelschicht neue Wohnperspektiven eröffnete (*Bronx*). In beiden Fällen ergaben sich Leerstände, die von interessierten Maklern kurzfristig geschlossen wurden. *Overcrowding* war erwünscht, weil es die Mieteinnahmen der Eigentümer erhöhte. Allein in *Harlem* wuchs die Anzahl von Afro-Amerikanern zwischen 1920 und 1930 um mehr als 120.000 auf über 200.000 (METZGER 2000, S. 219).
3. Sozialgesetze wie die Einführung von Mietkontrollen während des Zweiten Weltkrieges kehrten sich ins Gegenteil, weil Hauseigentümer nicht mehr in die Instandhaltung ihrer Gebäude investierten. Vielmehr versuchten sie, mittels *„Brandsanierung"* finanziellen Gewinn durch Versicherungsauszahlungen zu erzielen. Ein ähnliches Interesse entwickelten einige Mieter, weil sie speziell in New York als *„Brandopfer"* Anspruch auf bevorzugte Zuteilung einer Sozialwohnung bzw. auf Möbelgeld hatten. Ergebnis war, dass die *South Bronx* Ende der 1960er/Anfang der 1970er Jahre einem Ruinenfeld glich. Erst die Einführung eines finanziellen Limits bei Schadenszahlungen aufgrund von Feuer und die Förderung von privatem Wohneigentum führten seit Mitte der 1980er Jahre dazu, dass die Bevölkerungszahl wieder anstieg (The Bronx on the web 2002).
4. Banken und Versicherungen übten lange Zeit eine Politik des *redlining* aus, die die Vergabe von Hypotheken oder den Abschluss von Versicherungspolicen an Privatkunden in *no-go-areas* erschwerten bzw. ausschlossen. Diese Praxis ist mittlerweile illegal, beschleunigte aber in den 1970er Jahren *urban decay* von Innenstädten und dabei vor allem in Gebieten, die von Schwarzen und armen Bevölkerungsgruppen bewohnt waren (CONZEN 1983, S. 147).

5. Neben Formen gesetzlicher (bis in die 1960er Jahre) oder informeller *Diskriminierung* gegenüber schwarzen Personen (HOWENSTINE 1996, S. 33) existieren bis heute auffällige soziale Unterschiede zwischen den verschiedenen Ethnien. Vom post-fordistischen Wandel des Arbeitsmarktes, der zu einem Abbau von *blue collar jobs* in der Industrie und einem Wachstum von Arbeitsplätzen im tertiären Sektor führte, konnte die nicht-weiße Bevölkerung der Innenstädte nur in seltenen Fällen profitieren. Dieses Wachstum konzentrierte sich eher auf den suburbanen Raum bzw. in den Innenstädten auf Hochqualifizierte. Billiglohnjobs, instabile Arbeitsverhältnisse und ein sinkendes Realeinkommen prägen bis heute die Bevölkerung in den Ghettos, die in engster Nachbarschaft zu den Zentralen der *global city* existieren. So stieg z.B. in *Bronx County* der Anteil von Asiaten und Hispanics allein zwischen 1990 und 2000 von 46,4 auf 51,5%. Ihr Anteil am gesamten Bevölkerungsanstieg des Counties umfasste ca. 99%. Als Beispiel für den radikalen sozialräumlichen Bruch eines Ghettos gegenüber seiner Außenwelt steht *East 96th Street*, die die südliche Grenze von *East Harlem* bildet: Sie trennt nicht nur Weiße von Nicht-Weißen, sondern auch eines der ärmsten von einem der reichsten Gebiete der Stadt. *„The street is nothing less ... than Manhattan's Berlin Wall ... You are staring into the Caribbean and Africa"* (STERN u. a. 1997, S. 864), ohne dass sich zwischen den Luxuseigentumswohnungen einerseits und Sozialwohnungbau andererseits eine Mittelklasseschicht als *räumlicher Puffer* schieben würde. Man sollte sich auch darüber klar werden, dass sich die Ghettos selbst auf mikroräumlicher Ebene keineswegs als homogene Einheiten darstellen, sodass sich Einkommensniveaus, Arbeitslosenraten und ethnische Zusammensetzung auf Baublockebene rapide unterscheiden können (http://www.usc.edu/isd/archives/cityinstress/medical/part11.html zu *South Central* Los Angeles). Und obwohl neuere Zensusergebnisse für Chicago belegen, dass Schwarze eher häufiger als in den Jahrzehnten zuvor mit Personen anderer ethnischer Zugehörigkeit zusammenleben, ist dies kein Zeichen größerer Integration in die *mainstream culture*, denn Weiße ziehen weiterhin fort und werden wie die an der Suburbanisierung teilhabenden Afroamerikaner von zuziehenden *Hispanics* ersetzt.

Entstehen Ghettos infolge von Diskriminierung und struktureller Benachteiligung, sind *Enklaven* Ausdruck *selbst gewählter* räumlicher Segregation, um soziale und kulturelle Eigenheiten zu stärken und zu verteidigen (MARCUSE 1997). So zeigt die Tradition der Zuwanderung in die USA, dass zunächst Pioniere (häufig Einzelwanderer) ins Land kamen, um über ihre Kenntnisse und Netzwerke das Terrain für spätere Nachzügler aus demselben Sprach- und Kulturkreis zu bereiten. Wirtschaftlichen Erfolg haben einzelne Ethnien durch ihre Spezialisierung auf bestimmte Produkte und Dienstleistungen erzielt. Ethnische Nischenökonomien sind entstanden, die sich durch die Vernetzung einzelner Unternehmen, die Arbeitsorganisation (Selbstausbeutung; Hierarchie; verwandtschaftliche Bindungen) und Rekrutierung von Arbeitssuchenden (ethnische Solidarität) auszeichnen (HILLMANN 1998, S. 158). Beispiel eines *ethnic business* ist *Koreatown* in Los Angeles (LAUX und THIEME 1992), dem sich nach Süden *South Central L.A.* anschließt. In *Koreatown* konzentrieren sich koreanische Händler, Dienstleister und produzierendes Gewerbe, die nicht unerhebliche Beschäftigungseffekte vor allem unter *Hispanics* auslösen, zugleich aber in der Vergangenheit rassische Ressentiments unter Afro-Amerikanern gegenüber koreanischem Eigentum verursacht haben (THIEME und LAUX 1995; LEE 1995, S. 192). Ein anderes von MIYARES (1998) untersuchtes Enklaven-Beispiel ist *Little-Odessa* in Brooklyn, New York. Entstanden ist das Viertel seit den 1970er Jahren, als es russischen Juden erlaubt war auszuwandern und sie sich bevorzugt in New York mit Hilfe der *Hebrew Immigrant Aid Society* niederließen. Diese vermittelte die Wohnungen und steuerte damit nicht unwesentlich die räumliche Konzentration der russisch-jüdischen Einwanderer. In deren Umfeld entstanden russische Restaurants, Spezialitäten- und Buchläden. Von 165 Gewerben machten Mitte der 1990er Jahre 29 vollständig und 30 teilweise in Russisch auf sich aufmerksam (MIYARES 1998, S. 523 f.). Der geschäftliche Erfolg ist umso bemerkenswerter, weil die russischen Zuwanderer keinerlei Erfahrungen mit kapitalistischer Unternehmenskultur hatten und sich dennoch zügig im Schutz der eigenen ethnischen Zugehörigkeit in den amerikanischen Arbeitsmarkt integrieren konnten (METZGER 2000, S. 49 f.).

Dass die Entwicklung von Enklaven innerhalb derselben Bevölkerungsgruppe sehr unterschiedlich verlaufen kann, zeigen ZHOU (1998) und LI (1998) anhand chinesischer Wohn- und Gewerbegebiete in New York und Los Angeles. So lebten 1990 in *Chinatown*, Manhattan, mehr als 20% der New Yorker Chinesen. In den 1960er Jahren waren es sogar noch mehr als ein Drittel. Der Unterschied zur zentralen *Chinatown* von Los Angeles, wo nur etwa 4-5% der chinesischen Bevölkerung leben, ist deutlich. Diese frappierende Differenz erklärt ZHOU (1998) aus unterschiedlichen Bevölkerungs- und Sozialstrukturen, Herkunftsgebieten und Ansprüchen „an den Raum". So handelte es sich bei den New Yorker Chinesen vor allem um Einwanderer der ersten Generation und ihre Nachfahren, deren sozialer Hintergrund vielfach bäuerlich war. Ihre Zuwanderung geht bis in die Mitte des 19. Jh. zurück, die sowohl von rassischer Diskriminierung als auch von Krieg und Kaltem Krieg zwischen China und den USA behindert war. Bis in die 1960er Jahre dominierten Einpersonenhaushalte, ehe Familienangehörige aus Festlandchina in Form von *Kettenwanderungen* nachzogen und von den bereits bestehenden *verwandtschaftlichen Netzwerken* profitieren konnten. Ohne größere Probleme wurden die Neuankömmlinge als billige Arbeitskräfte in die von Chinesen beherrschte Bekleidungsindustrie absorbiert. Ganz andere räumliche Ansprüche stellt die eher aus dem städtischen Umfeld stammende, sehr viel später eingewanderte Bevölkerung aus China, Taiwan und Hongkong in Los Angeles. Für sie sind weniger das verwandtschaftliche Umfeld oder die Familienzusammenführung Gründe gewesen, nach Los Angeles zu ziehen, sondern wirtschaftliche Aspekte. Als in der Regel hochqualifizierte Geschäftsleute, die häufig bereits mit ihrer gesamten Familie immigriert sind, war die räumliche Nähe von Los Angeles zu Ostasien der entscheidende Grund, sich hier niederzulassen. Ein Großteil der Chinesen konzentriert sich auf nur wenige Vororte von Los Angeles. Ihr Zuzug wurde von der verkehrsgünstigen Lage des Wohngebietes, von einer begleitenden chinesischen Infrastruktur (Geschäfte, Restaurants), von *Feng Shui* (guter Ausblick von einer hügeligen Landschaft bringt Glück), aber auch von Immobilienmaklern kanalisiert (Li 1998, S. 506 f.). Ethnische Solidarität spielt eine deutlich geringere Rolle als in New York. Im Vordergrund steht der wirtschaftliche Erfolg; deshalb werden eher billigere und jüngere (zuweilen ohne Arbeitserlaubnis tätige) *Latinos* als Chinesen eingestellt (Zhou 1998, S. 541; vgl. auch Hillmann 1998, S. 159). Die Zugangsbarrieren in den formellen Arbeitsmarkt sind für Neuankömmlinge zudem deutlich höher gesteckt als in New York, wo sich das Zentrum chinesischer Billiglohnjobs in der gut erreichbaren City befindet.

Strukturmodell

Insbesondere in der deutschsprachigen Geographie haben verschiedene Autoren den Versuch unternommen, die wesentlichen sozialen, demographischen, wirtschaftlichen, technischen und baulich-architektonischen *Grundzüge* der nordamerikanischen Stadt – einerseits *statisch*, andererseits *dynamisierend* durch Verwendung von Richtungspfeilen (vgl. Abb. 35) – graphisch darzustellen (Stewig 1983; Hahn 1990 u. 2002; Hofmeister 1992; Holzner 1996; Klohn 1998; Zehner 2001). Folgende Kriterien machen demnach das *„Typische“* aus:

1. Der Aufriss der Stadt wird von einer auffälligen baulichen *Konzentration* und *Überhöhung der City* geprägt; er wird zur Peripherie hin tendenziell extensiver und niedriggeschossiger (*urban sprawl*). Dieses Muster wird dann durchbrochen, wenn im sub- oder exurbanen Raum neue „Citys“ entstanden sind, die – aber nicht vergleichbar mit den CBDs – eine Betonung der baulichen Vertikalen aufweisen und damit wachsende Bodenrenditen widerspiegeln. Weil die Städte ohnehin relativ jung sind, existiert keine Tradition, ältere Bausubstanz zu erhalten.
2. Der Grundriss wird typischerweise von einem *Schachbrettmuster* bestimmt, das nur dort unterbrochen ist, wo historisch persistente Strukturen erhalten geblieben sind (Beispiel Broadway in Manhattan), bzw. dort nicht mehr verfolgt wird, wo sich neue Bauideologien (*New Urbanism*) durchgesetzt haben.

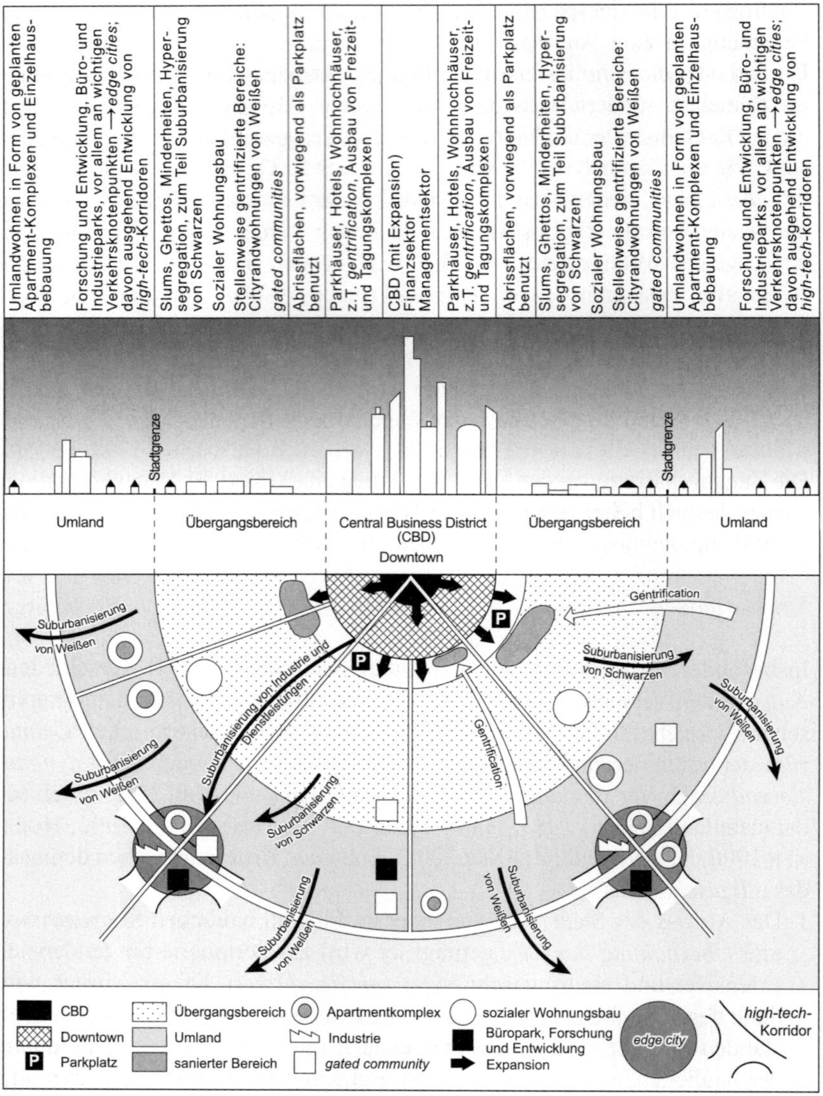

Abb. 35: Modell der nordamerikanischen Stadt
Quelle: HAHN *(2002)*

3. Die Stadt zeichnet sich aus durch eine ausgeprägte *funktionale Ausdifferenzierung*, sei es in Form von *Quartiersbildungen* im CBD (Banken, Einzelhandel, Hotels), sei es im Gegensatz von Wohnen und Arbeiten oder Wohnen und Versorgung/Freizeit zwischen *Suburbia* und Innenstadt bzw.

Ersatzzentren. Hier entstehen *office* oder *industrial parks, commercial strips* und *shopping malls*.

4. *Edge citys,* d. h. verkehrlich optimal gelegene randstädtische Zentren führen zu einer polynuklearen dezentralen Stadtstruktur (ZEHNER 2001, S. 173) und einem gleichzeitigen Bedeutungsverlust des traditionellen CBD.
5. Die extensive Ausweitung (Stadt-Land-Kontinuum; Suburbanisierung und *counterurbanization* in den ländlichen Raum hinein) und die funktionale Zergliederung der Stadt haben ihre Ursache in der Dominanz des Individualverkehrs, der über ein dichtes Netz von *highways* gelenkt wird. Mit Ausnahme derjenigen Städte, die eine Untergrundbahn besitzen, ist das ÖPNV-Angebot unterentwickelt.
6. Die Wohnstandortwahl – bedingt durch Lage, Image, Boden- und Häuserpreise – spiegelt ein hohes Maß an sozialer und ethnischer *Segregation* wider. Im Mittelpunkt des Interesses steht weniger die Suche nach *sozialer Mischung* als nach *sozialer Homogenität*. Neben sozialen Kriterien können die unterschiedlichsten Formen freiwilliger oder unfreiwilliger Diskriminierung dazu führen, dass sich die Stadt einerseits in *Ghettos* der Unterschicht, andererseits in *gilded ghettos* der Mittel- und Oberschicht fragmentiert. Für letztere ist vor allem die Bildung von Wohneigentum Ausdruck dafür, sozialen Aufstieg zu dokumentieren. Damit einher – und nicht im Widerspruch hierzu – geht eine extrem hohe (sowohl räumliche, zuweilen auch soziale) Mobilität der Bevölkerung. 1999 wechselte ein Sechstel der amerikanischen Bevölkerung den Wohnstandort (LICHTENBERGER 2002a, S. 35).
7. Ist die sozio-demographische Ausdifferenzierung durch ring- und sektorenförmige Raumelemente zu beschreiben, lässt sich das Zusammenleben verschiedener Ethnien als *cluster*ähnliches Muster charakterisieren.
8. Vornehmlich bestimmen private Wirtschaftsinteressen die städtischen Entwicklungen, einerseits in Form von *public private partnership* in Innenstädten, andererseits als *developer* von Retortenstädten im suburbanen Raum, seien es früher die *Levittowns* oder aktuell die *gated communities*. Profitinteressen dominieren vor der Lösung sozialer oder städtebaulicher Probleme, was z. B. die bauliche Monotonie vieler Vorstädte erklärt.
9. Die Dominanz von Marktinteressen führt dazu, dass – auch infolge der zunehmenden Perzeption von Unsicherheit – der öffentliche zugunsten des privaten Raumes zurückgedrängt wird (LICHTENBERGER 2002b, S. 121 ff.). Davon betroffen sind alle Lebensfunktionen, die neue Wohnformen (*gated communities*), aber auch neue bauliche Elemente wie Foren, Galerien, *skyways* und *malls* haben entstehen lassen.

10. *Gentrification, waterfront approach* sowie *neighbourhood regeneration* haben die Möglichkeit einer Revitalisierung der Innenstädte eröffnet. Renovierung, Umnutzung und partizipative Planung, um Bewohner vor Ort mit ihren Problemen und Wünschen oder mit organisierter Selbsthilfe in Bauprojekte einzubinden (ILS 1999), haben punktuell *urban decay* in Innenstädten stoppen können.

Graduelle Abschwächungen der Charakteristika sind bei der *kanadischen* gegenüber der US-amerikanischen Stadt angebracht. In einer multivariaten Analyse von Variablen zur städtischen Lebensqualität kommt ZOLNIK (2004, S. 217) sogar zu dem Schluss: *„the Canadian City is indeed distinct from the U. S. City"*. Obwohl ähnlich wie in den USA die „europäischen" Einflüsse einer baulich kompakten Stadt von Osten nach Westen abnehmen, sind die kanadischen Innenstädte „lebendiger" und besitzen ein *„distinct shopping environment"* (HELBRECHT 1996, S. 240). Bauelemente, die die Privatisierung der Städte vorangetrieben haben (*skyways*, ober- und unterirdische *malls*), sind weniger die Folge wachsender sozialer „Unwirtlichkeit" der Städte gewesen, sondern technologische Innovationen, um auf klimatische Besonderheiten zu reagieren (sog. *Winterstädte*; HAHN 1992). Auch in seiner Politik des *Multikulturalismus* hat sich Kanada von der US-Ideologie des *melting pot of nations* abgesetzt: Zumindest in der Vergangenheit zielte man weniger auf die Assimilation von Einwanderern in die *mainstream*-Gesellschaft, sondern auf einen *Pluralismus* von Ethnien, deren kulturelle Werte akzeptiert werden (LENZ 1996, S. 246). Dabei ist die Tatsache hilfreich, dass die ethnischen Strukturen weniger ausdifferenziert sind und nicht-weiße Bevölkerungsgruppen einen deutlich geringeren Anteil als in den Städten der USA stellen. Ghettoähnliche Entwicklungen sind weitestgehend unbekannt (BAUDER und SHARPE 2002, S. 219). Konvergenzen in der Entwicklung kanadischer und US-amerikanischer Städte sind jedoch vor dem Hintergrund ähnlicher post-fordistischer Entwicklungen unübersehbar: zunehmende Bedeutung von *edge cities*, wachsende soziale Ungleichheit und ethnische Ausdifferenzierung, Einzelhandels- und Freizeitimmobilien als neue Landmarken (OTT 2004).

Das Beispiel New York

Will man New York als typische nordamerikanische Stadt charakterisieren, so ist das von vornherein abwegig,

- weil es eine der ältesten Städte der USA und damit zugleich Quelle von Tradition und Innovation ist;
- weil hier eine ethnische Vielschichtigkeit und Vermischung herrscht, die New York als *melting pot of nations* und kosmopolitisches Zentrum der USA und der Welt gleichermaßen erscheinen lassen;

- weil New York *global city* ist, deren *headquarters* noch immer in der Innenstadt und nicht in *edge cities* zu finden sind.

Und dennoch symbolisiert New York als „Einfallstor" von Millionen Einwanderern in die „Neue Welt" den Beginn großstädtischer Entwicklung in Nordamerika, wenngleich es neben den typischen Elementen nordamerikanischer Städte auch eine Vielzahl von Besonderheiten aufweist.

Die Anfänge New Yorks gehen in das frühe 17. Jh. zurück, als Holländer auf der Suche nach der NW-Passage auf der später Manhattan genannten Insel landeten. 1626 kaufte die *Holländisch-Westindische Compagnie* heimischen Indianern die Insel ab und gründete hier die Siedlung *Neu-Amsterdam*, die 1653 Stadtrecht erhielt. Zur Sicherung wurde die Siedlung mit einer Befestigungsanlage umgeben, deren nördlicher Verlauf sich bis heute im Namen der *Wall Street* widerspiegelt. Um die Insel bewohnbar zu machen, wurden Kanäle angelegt und Hügel abgetragen. 1664 fiel die Stadt an die Engländer, die sie in New York umbenannten, die Kanäle zuschütteten und die kommerzielle Ausrichtung dieses Handelsstützpunktes von Amsterdam nach London verschoben. 1690 lebten etwa 3.900 Menschen in New York. Sie machten die Stadt nach Boston und Philadelphia zur drittgrößten Siedlung in Nordamerika. Im Gegensatz zu den von Puritanern und Quäkern gegründeten Nachbarstädten war der Lebensstil in New York schon damals deutlich freizügiger (METZGER 2000, S. 9). 1771 betrug die Einwohnerzahl ca. 22.000 und stieg bis zum ersten Zensus der USA 1790 auf ca. 50.000. New York profitierte vor allem von seinem *natürlichen Hafen* und 1825 von der Eröffnung des *Erie-Kanals*, was einerseits für die Handelsverbindungen mit Europa und andererseits für die Expansion in das Binnenland von größter Bedeutung war (BRUNN, YEATES und ZEIGLER in BRUNN und WILLIAMS 1993, S. 64). Seitdem explodierten die Bevölkerungszahlen. Um 1880 lebten mehr als 1 Mio. Menschen allein in Manhattan, weitere 600.000 in der *Parallelstadt* Brooklyn (METZGER 2000, S. 11).

New York wurde wichtigster *port of entry* für eine Vielzahl von Auswanderern, die in *drei Hauptwellen* in die USA kamen und die Stadt häufig als *transit area* vor dem weiteren Zug gen Westen nutzten: Vor 1890 stammten die Immigranten vor allem aus Irland, Deutschland und Nordwesteuropa, nach 1900 insbesondere aus Süd- und Osteuropa, ehe ab den 1950er Jahren eine binnenländische Migration von Afroamerikanern und Puertoricanern dominierte (KNAUF 1998). Typische *Einwandererviertel* entstanden, die sich nach Sprache, Kultur/Religion, später auch nach Hautfarbe segregierten. Verschiedene unterschiedlich lang andauernde Invasions-Sukzessionszyklen führten vielfach dazu, dass die „ursprüngliche" Bevölkerungsgruppe von einer nachziehenden vollständig verdrängt wurde, wodurch sich die soziale Wertschätzung eines Wohngebietes veränderte. Beispiel hierfür ist die *Lower East Side* zwischen *East River* und *Broadway*: Bis ca. 1880 lebten hier mehrere hunderttausend Deutsche, deren Zahl bis vor dem Ersten Weltkrieg auf wenige Tausend zurückfiel. Abgelöst wurden die Deutschen von jüdischen Einwanderern, die um 1910 mehr als 1,2 Mio. Personen ausmachten, deren Zahl jedoch bis heute auf ca. 13.000 zurückgegangen ist, abgelöst nunmehr von chinesischer Zuwanderung, sodass 1995 etwa 500.000 Chinesen hier lebten (KNAUF 1998, S. 61; METZGER 2000, S. 27 f.). Viele dieser Minoritäten brachten spezifische Produktions- und Dienstleistungskenntnisse ins Land und prägen damit bis heute die Gewerbestruktur einzelner Viertel (HILLMANN 1998). Trotz des Trends zur Suburbanisierung seit den 1920er Jahren verbinden sich vielerorts kleinräumig noch die Funktionen Wohnen und Arbeiten wie vor hundert Jahren, als die Menschen in ihren Wohnungen oder in Werkstätten unter ausbeuterischen Bedingungen, gleichwohl in „moderner" fließbandähnlicher Art und Weise, produzierten (METZGER 2000, S. 28 f.).

Die ethnische Differenzierung spiegelt sich auch in *sozialen Disparitäten* wider, die in den letzten Jahrzehnten eher noch zugenommen haben. Die Unterschiede, die sich aus den regelmäßig alle 10 Jahre stattfindenden Bevölkerungszählungen erkennen lassen, machen deutlich, dass New York weniger einen sozio-ökonomischen oder -demographischen Gegensatz seiner fünf *boroughs* (Bronx, Brooklyn, Manhattan, Queens, Staten Island) als ein sehr viel kleinräumigeres *Mosaik* innerurbaner Disparitäten aufweist. Letztere haben sich im Vergleich von 1960 zu 1990 verschärft: So stieg das Einkommen in den von *gentrification* geprägten Gebieten im südlichen Manhattan unter Verdrängung sozial benachteiligter Schichten um das Siebenfache, wohingegen die Bevölkerung der nördlich an Manhattan angrenzenden Bronx relativ ärmer geworden ist. Dieser Umstand ergibt sich vor allem aus der signifikant zugespitzten ethnischen Segregation: So wies die *South Bronx* 1960 einen Anteil von 64%, hingegen 1990 von 98% Schwarzen und *Latinos* auf (Abb. 36, Farbkartenanhang). Weil diese Gruppen traditionell schwierig vom Arbeitsmarkt absorbiert werden, konzentrieren sich hier die Probleme wie Armut und Kriminalität und führen zu einer ausgeprägten *sozialräumlichen Polarisierung und Fragmentierung* (BRONGER 2001, S. 33 ff.). Das zeigt sich z. B. daran, dass 1998 nur etwa 200.000 New Yorker oder 2,5% der Stadtbevölkerung 50% der persönlichen Einkommenssteuer aufbrachten, während 24% der Bevölkerung unter der Armutsgrenze lagen (WIKTORIN 2001, S. 22). 70.000-100.000 Personen sollen in New York City als Obdachlose leben. Die arme Bevölkerung ist ansonsten auf das Niedrigpreissegment des Wohnungsmarktes angewiesen, der hauptsächlich von kommunalen Sozialwohnungen geprägt wird (GAMERITH 1999, S. 201).

Die *soziale Polarisierung* hat sich vor allem infolge der Entwicklung New Yorks zur *global city* verschärft. Indikator hierfür ist die Konzentration von 24 der 100 Top-US-Unternehmen, die ihren Firmensitz in der Region und in der Kernstadt New York haben (Hahn 2004, S. 16). Dabei hat die Stadt ihre industrielle Basis weitestgehend zugunsten einer diversifizierten *Dienstleistungsökonomie* verloren. Zwischen 1953 und 1996 gingen die Beschäftigtenzahlen im sekundären Sektor von über 1 Mio. Arbeitsplätzen auf weniger als 300.000 zurück (Warf 2000, S. 494). Der Prozess der *Tertiärisierung* „füllte" diese Lücken nur scheinbar auf, weil vor allem *white collar* anstelle von *blue collar jobs* entstanden. Zudem erfuhren diese Jobs eine verstärkte qualitative Polarisierung, einerseits in Personen, die als Spezialisten im Banken- und Versicherungsgewerbe arbeiteten, andererseits in Menschen, die schlecht entlohnte „Fließband"-Arbeiten im tertiären Sektor leisteten (Gastronomie, Bewachung, Reinigung). Ein ausgeprägter *job-skills mismatch* führt dazu, dass trotz der höchsten US-Konzentration von Arbeitsplätzen die Arbeitslosigkeit in der Innenstadt teilweise sehr hoch ist (Warf 2000, S. 496).

Größte *Arbeitszentralität* besitzt Manhattan. Fast 29% aller Beschäftigten der *New York Region* oder 1,86 Mio. Arbeitsplätze entfielen 1996 auf Manhattan, wobei die Konzentration einzelner Branchen, z. B. der Werbeindustrie, der Printmedien und Fernsehsender, auf diesen Stadtbereich bis zu 76% beträgt (Hahn 2004, S. 16). Trotz dieser Bedeutung, in der sich auch mittels Wolkenkratzern die ökonomische und kulturelle Macht Manhattans manifestiert (Wiktorin 2001, S. 21; Seabrook 2003), ist New York City einer gewissen Form von Dezentralisierung der Arbeitsplätze Richtung New Jersey und New York State ausgesetzt, wie es andere Städte durch *edge city*-Entwicklungen erfahren haben. So ging der relative Beschäftigtenanteil von 1980 bis 1996 von 33 auf 28% zurück (z. B. durch die Auslagerung von Banken, Druckgewerbe), doch im Bereich des Entertainment konnte Manhattan als *event-city* an Bedeutung hinzugewinnen (Warf 2000, S. 496), was seinen Grund auch in der konsequenten Kriminalitätsbekämpfung (*zero tolerance*) und im positiven Imagewandel einzelner Stadtbereiche (z. B. *Times Square*) hatte.

Die Zerstörung von über 1 Mio. m^2 Bürofläche (= 12,5% der Flächen in Lower Manhattan; Pries 2005) infolge der Terroranschläge des 11. September 2001 hat teilweise zu einer *„Zwangssuburbanisierung"* von Arbeitsplätzen (insbesondere nach New Jersey) geführt, wobei die Vorteile niedrigerer Mieten und besserer verkehrlicher Anbindung an der Peripherie es zumindest zweifelhaft erscheinen lassen, dass alle Mieter den Weg zurück nach Manhattan beschreiten werden. Die Erfahrungen des 11. September machen neue Überlegungen zur Standsicherheit von Hochhäusern, zu verwendeten Baustoffen und Maßnahmen zur Gebäudeevakuierung erforderlich (Sobek und Rehle 2003, S. 52 f.).

Ohne Zweifel ist New York in vielerlei Hinsicht weltweiter Trendsetter in Mode, Lebensstilen, sozialen Entwicklungen und technologischen Neuerungen sowie Zentrum weltpolitischer Entscheidungen (Gamerith 1999) und ist gerade deshalb die *untypischste* aller nordamerikanischen Städte, in deren Einzugsbereich um die Jahrtausendwende ca. 20 Mio. Ew. lebten.

Das Beispiel Los Angeles

Los Angeles, zweitgrößte Metropole der USA nach New York, hat eine völlig andere städtebauliche Entwicklung eingeschlagen als sein Pendant an der Ostküste und steht als Sinnbild für die „Stadt des 21. Jahrhunderts", die scheinbar unbegrenzt räumlich wachsen kann und eine *hypertrophe* autogerechte Stadt darstellt. Es handelt sich um eine relativ junge Stadt. 1771 hatten die Spanier hier eine Mission und 1781 die Siedlung Los Angeles gegründet. 1850 zählte die Stadt nur 1.610 Ew., nachdem sie nach dem Mexikanisch-Amerikanischen Krieg von 1848 unter die Kontrolle der USA geraten war (BRUNN, YEATES und ZEIGLER in BRUNN und WILLIAMS 1993, S. 67). Wirtschaftliche Basis war zunächst die Landwirtschaft. Gold- und Erdölfunde in Kalifornien sowie der Anschluss an die transkontinentale Eisenbahn in den Jahren 1876/1885 lockten jedoch Tausende von Siedlern aus dem Nordosten sowie von der westwärts vordringenden *frontier* an. Die Bevölkerung stieg rapide von 20.000 (1870) auf 151.000 (1890) und 250.000 um 1900. Bereits 1920 umfasste die Großregion 1,15 Mio. Ew. (SOJA 2000, S. 123). Von Beginn an folgte die Ausdehnung der Stadt einem ganz eigenen Muster: Es entwickelte sich keine Kernstadt mit nur einem Hauptzentrum, sondern es entstand ein *Netz vieler mittelgroßer Städte*, die verwaltungstechnisch und insbesondere von ihrer steuerlichen Basis her voneinander unabhängig waren. 20 neue *municipalities* wurden allein bis Ende des 19. Jh. gegründet. So bildete sich ein *polyzentrisches Gefüge* heraus, das in seiner Zellenstruktur dem *„Stadtland"* HOLZNERS (1996) entsprach (Abb. 37, Farbkartenanhang). Im Gegensatz zum Osten der USA, wo ererbte persistente Strukturen einer flächigen Ausdehnung von Siedlungen Probleme bereiteten, war Grund und Boden hier „reichlich" vorhanden. Zudem brachte man bereits neue Bauideologien mit, die verdichtetes Wohnen eher mit *social pathologies* gleichsetzten und deshalb auf *Suburbanisierung* und *Dezentralisierung* zielten. Dieses horizontale Wachstum (*urban sprawl*) profitierte zunächst von der Anlage von Pferdebahnen bzw. eines weit verzweigten Netzes elektrischer Eisenbahnen seit den 1890er Jahren und der damit verbundenen *spekulativen Landerschließung*, ehe die Ausbreitung des Pkw seit den 1920er Jahren die räumliche Mobilität der Menschen bestimmte (THIEME und LAUX 1996, S. 82). Die *Stadtregion* besaß Anfang der 1990er Jahre eine O-W-Erstreckung von 129 Kilometern auf einer Fläche von 1.200 km^2 (BRUNN, YEATES und ZEIGLER in BRUNN und WILLIAMS 1993, S. 64).

Zwischen 1900 und 1930 verdreizehnfachte sich die Bevölkerungszahl. Im Gegensatz zur Ostküste wuchs Los Angeles vor allem durch Binnenwanderer und nicht so sehr durch (Übersee-)Einwanderer. In der Regel gehörten sie der weißen Bevölkerungsgruppe an. Größte Minderheit war 1930 die mexikanische Bevölkerung mit einem Anteil von 8-9%. Afroamerikaner und Japaner machten jeweils nur 1-2% an der Gesamtbevölkerung aus (ABU-LUGHOD 1999, S. 142 f.). Die Wohnansprüche der weißen Binnenwanderer waren vor allem „mittelständisch“ geprägt und, ausgestattet mit der finanziellen Unterstützung seitens staatlicher Einrichtungen, auf den Erwerb eines Eigenheimes ausgerichtet. Los Angeles besitzt heute den höchsten *Eigenheimanteil* aller nordamerikanischen Städte. Die Grundstücksbreite wurde ursprünglich auf 15 m angesetzt und später als Mindestbreite gesetzlich festgeschrieben. Von allen Millionenstädten der USA weist Los Angeles deshalb die weitständigste Bebauung und geringste Wohndichte auf. Anfang der 1970er Jahre war die Wohndichte in Chicago drei- bis viermal so hoch (TIETZE 1968-72, Bd. 3, S. 130).

Entsprechend jung ist die Bausubstanz: 1950 waren 85% der Gebäude jünger als 30 Jahre und 30% jünger als zehn Jahre. Das geringe Maß an *Vertikalisierung* spiegelte sich selbst im CBD wider, der 1975 nur fünf Wolkenkratzer aufwies und erst in neuerer Zeit als Folge der Internationalisierung von Kapital, aber auch aufgrund erdbebensicherer Bauweisen, ca. 50 Hochhäuser umfasst. Dessen funktionale Entwertung als Folge der Entstehung von *edge cities* kommt darin zum Ausdruck, dass 1990 nur noch 21,5% der im Großraum Los Angeles genutzten Bürofläche auf den traditionellen CBD entfielen (THIEME und LAUX 1996, S. 82 u. 85).

Bis in die 1930er Jahre hinein war Los Angeles im Vergleich zu anderen Städten eher von einem ungewöhnlichen Beschäftigtenprofil geprägt: Fast 8% der Erwerbstätigen arbeiteten noch im Bereich der Landwirtschaft und Fischerei, im Handelssektor weitere 24%, im übrigen Dienstleistungssektor 28% und weniger als 20% im produzierenden – *städtebildenden* – „industriellen“ Sektor. Hafenwirtschaft, Tourismus und *Filmindustrie* (die 1939 21.500 Menschen beschäftigte) besaßen für den Arbeitsmarkt eine ähnlich große Bedeutung wie Pkw-, Flugzeug- oder Reifenproduktion. Die Große Depression in den 1930er Jahren verstärkte noch den *Zuwanderungssog* vieler Arbeitsloser. Zwischen 1930 und 1940 wuchs die Bevölkerung um fast 600.000 Menschen auf 2,9 Mio. (ABU-LUGHOD 1999, S. 152 ff. u. 245). Eine umfassende industrielle Entwicklung setzte erst mit dem Zweiten Weltkrieg ein, als binnen kurzer Zeit fast 500 neue Industriebetriebe, insbesondere in der Rüstungsindustrie, entstanden. Neben *sunbelt* im Süden und *rustbelt* im Osten der USA entwickelte sich hier ein *gunbelt*, in dessen Gefolge sich bis in neueste Zeit eine Agglomeration von Technik und Hochtechnologie (Luft- und Raumfahrt, Mikroelektronik) herausbildete.

Die Magnetwirkung der Region als Jobmaschine für *blue collar jobs* führte dazu, dass sich in den 1940er Jahren auch die ethnische Zusammensetzung rapide änderte. Zwischen 1940 und 1960 wuchs die afroamerikanische Bevölkerung um 500% (ALLEN und TURNER 1996, S. 8), desgleichen die Zahl von *Latinos* bzw. *Hispanics* in *Los Angeles County* von weniger als 150.000 im Jahr 1940 auf ca. 3,5 Mio. in 1990 (THIEME und LAUX 1996, S. 85). Auch viele Personen anderer ethnischer Zugehörigkeit fühlten sich von Los Angeles angezogen, von denen ein Großteil bereits in den USA geboren war. Doch erst aufgrund der Suburbanisierung ist der Anteil der weißen Bevölkerung zugunsten von *Latinos* und Asiaten seit 1960 stark rückläufig. *Los Angeles County* verlor allein zwischen 1975 und 1980 mehr als 200.000 *non-Hispanic whites* und gewann ca. 177.000 *Hispanics* (v. a. Mexikaner) hinzu. Im Gegensatz zu früher handelt es sich hierbei nunmehr hauptsächlich um internationale Zuwanderer. So stieg der Anteil der im Ausland geborenen Personen in *Los Angeles County* zwischen 1970 und 1990 von 11 auf 32% (ABU-LUGHOD 1999, S. 371). Trotz ihres *multi-ethnischen* Charakters lebt die Bevölkerung wohnräumlich weitestgehend voneinander segregiert. Viele dieser Ethnien haben sich ihre eigenen Wohngebiete geschaffen, die insbesondere bei der afroamerikanischen Bevölkerung *Ghettocharakter* tragen. Ethnisch-soziale Spannungen haben sich in der Vergangenheit bereits häufiger gewalttätig entladen. Diejenigen, die es sich leisten können, entziehen sich den sozialen Problemen durch räumliche und bauliche Abkapselung. DAVIS (1992 u. 1999) spricht von *„Fortress L.A.“*, in der sich vornehmlich die weiße Bevölkerung in *gated communities, shopping malls* und videoüberwachten Einrichtungen aufhält.

In den letzten drei Jahrzehnten hat sich Los Angeles von einer amerikanischen Metropole (mit 12,0 Mio. Ew. im Großraum *Los Angeles-Long Beach-Santa Ana* im Jahre 2003) zur *global city* gewandelt (UN 2004). Nach New York ist es zum bedeutendsten Finanzzentrum der USA geworden, das sich auf den pazifischen Markt konzentriert. Der Bedeutungsunterschied zu New York ist aber mehr als deutlich, weil 2003 nur vier (im Gegensatz zu 24) der 100 Top-US-Unternehmen in der *metropolitan area* Los Angeles ansässig waren (HAHN 2004, S. 16). Als einer der weltweit größten Flug- und Seehäfen bildet es eine entscheidende *Transportdrehscheibe* für Passagiere und Güter. Als *Zentrum der Filmindustrie* hat es sich bereits seit Jahrzehnten zum Trendsetter für den kulturellen *mainstream* entwickelt. Und auch in der Veränderung seiner wirtschaftlichen Struktur hin zu einer umfassenden *Tertiärisierung* der Gesellschaft spiegelt diese Stadt den Wandel von *fordistischer* Vergangenheit in eine *post-fordistische* Zukunft wider. Verlierer sind sowohl die von *Deindustrialisierung* betroffenen Personen (v. a. Afroamerikaner) als auch diejenigen, die nur in *Nischenökonomien* überleben können.

In seiner „fremdartigen" Struktur, keine eigentliche Kernstadt zu besitzen, wurde Los Angeles im wissenschaftlichen Diskurs zum *Prototyp der postmodernen Stadt*. Analog zur *Chicagoer Schule* hat sich seit Mitte der 1980er

Jahre eine *„Los Angeles Schule"* herausgebildet, die die Entwicklungen der Stadt (fälschlicherweise) zu einem neuen global anwendbaren *„urban paradigm"* erhoben hat (SOJA 2000; FRÖHLICH 2004; DEAR 2005).

7.2.3.2 Australien/Neuseeland

Die These einer weitreichenden Ähnlichkeit der Städte Australiens und Neuseelands mit denjenigen Nordamerikas wird mit einer vergleichbaren Besiedlungsgeschichte und Bevölkerungsstruktur und einem auch später weitgehend ähnlichen *Entwicklungspfad* (Abb. 26, S. 118) begründet. Beide Großräume sind von Europa aus besiedelt worden, und Europäer haben auch die heute bedeutsamsten Städte angelegt. Im Zuge der europäischen Eroberung sind die einheimischen Bevölkerungsgruppen stark dezimiert und auf *„Reservate"* zurückgedrängt worden. Die *Aborigenes* und *Maoris* lebten als Sammler und Jäger, z. T. auch als Pflanzenbauer, als die ersten städtischen Siedlungen in Australien (Sydney als Sträflingskolonie 1788) und Neuseeland (Auckland 1840) entstanden und haben deren weitere Entwicklung nur unwesentlich beeinflusst.

Australien und Neuseeland verstanden sich wie die USA und Kanada immer als *Einwanderungsländer*, und bis heute wird das Bevölkerungswachstum zu einem beträchtlichen Teil von der Einwanderung getragen. Lange Zeit war das Werben um Einwanderer ausschließlich bzw. bevorzugt auf Europa gerichtet. In Australien und Neuseeland hat sich diese Politik – später als in Nordamerika – erst in der allerjüngsten Vergangenheit geändert. Noch 1965-70 standen in Australien in der Einwanderungsstatistik Großbritannien und Irland mit 46% bei weitem an erster Stelle, bis 1999-2004 ist dieser Anteil auf nur 12% gefallen, und entsprechend hat die Einwanderung aus Asien zugenommen (vgl. GROTZ 1995; SCHÜTTEMEYER 2005).

Vergleichbar mit den beiden nordamerikanischen Staaten ist auch der Wohlstand, der sowohl Australien als auch Neuseeland auszeichnet und sich u. a. in einem hohen *Motorisierungsgrad* und *Eigenheimbesitz* widerspiegelt. Das Durchschnittseinkommen nach Kaufkraft belief sich 2003 in Australien auf 28.290 US $, in Neuseeland auf 21.120 US $. Damit wurden zwar nicht die Werte der USA (37.500 US $) und Kanadas (29.740 US $) erreicht (WORLD BANK 2004); nach dem *Human Development Index*, der zusätzlich Bildung und Lebenserwartung einbezieht, rangierte aber Australien im Jahre 2002 noch vor den USA und Kanada auf Platz 3 der Rangliste; Neuseeland folgte auf Platz 18 (UNDP 2004). Ebenso hat sich die Wirtschaftsstruktur derjenigen Nordamerikas weitgehend angenähert. Seitdem die lange Zeit vorherrschende protektionistische Politik der *Importsubstitution* ab den 1980er Jahren mehr und mehr aufgegeben wurde, ist der Trend zur Tertiärisierung und *post-Fordist transition* (BADCOCK 2000) unverkennbar. Einem massiven Abbau von Arbeitsplätzen im produzierenden Gewerbe standen bedeutsame Gewinne im Dienstleistungsbereich gegenüber, und die *internationale Verflechtung* nahm zu.

Auf den ersten Blick scheint es in der Tat nur wenig Unterschiede zwischen den Städten Australien/Neuseelands und Nordamerikas zu geben. Verglichen mit den meisten anderen Kulturräumen reicht die städtische Tradition nicht sehr weit in die Vergangenheit zurück. Australiens und Neuseelands Städte sind sogar noch deutlich jünger als diejenigen Nordamerikas. In beiden Fällen ist die planmäßige Anlage bis heute im regelmäßigen Grundrissbild erkennbar. Nur der älteste Teil Sydneys *„The Rocks"* weist teilweise auch gewundene Straßen auf, weil einerseits das hügelige Gelände die Anlage eines rechtwinkligen Straßennetzes erschwerte, andererseits die Bauvorschriften des ersten Gouverneurs nicht stringent beachtet wurden (HOFMEISTER 1995, S. 331).

Trotz der nur kurzen städtischen Geschichte ist der *Verstädterungsgrad* Australien/Neuseelands sogar noch größer als derjenige Nordamerikas (2005: 91,6 im Vergleich zu 80,8%; UN 2004). Das liegt sicherlich auch daran, dass in Australien die Hauptstädte und Haupthafenplätze der einzelnen Territorien, die sich erst 1961 zum *Commonwealth of Australia* zusammenschlossen, von Anfang an das Städtesystem und die Wirtschaft der jeweiligen Teilstaaten beherrschten und es keine mit den USA vergleichbare *Städtefrontier* gab, die den Küstenorten hätte Konkurrenz machen können (HOFMEISTER 1995, S. 330).

Neben dem regelmäßigen Grundriss in den älteren Stadtbereichen sind es vor allem Ähnlichkeiten des Aufrisses, die den Vergleich mit den Städten Nordamerikas nahe legen. Der Gegensatz zwischen Hochhauskern im CBD und *urban sprawl* an der Peripherie bestimmt den ersten Eindruck. Dies ist allerdings das Ergebnis einer vergleichsweise jungen Entwicklung. Bis Mitte des 20. Jh. bestanden Beschränkungen in der Gebäudehöhe; Hochhäuser waren deshalb verhältnismäßig selten, und die Zahl der Stockwerke blieb im Vergleich zu den USA sehr bescheiden (HOFMEISTER 1996, S. 138). Zwar hielten in den folgenden Jahrzehnten Wolkenkratzer Einzug in die Stadtzentren, und die ältere Bausubstanz wurde größtenteils abgerissen, jedoch erkannte man bereits in den 1970er Jahren z. B. in Melbourne die Nachteile einer massiven Hochhausüberbauung und immer stärkeren Konzentration der Büroarbeitsplätze auf einen sehr kleinen Teil der Stadt. Um übermäßige Verkehrsprobleme zu vermeiden und die Zentren für Fußgänger attraktiv zu halten, ist deshalb der flächenhafte Hochhausbau eingeschränkt worden (HOFMEISTER 1988, S. 193 f.). Dennoch wird die Silhouette zumindest in den sechs Millionenstädten Sydney (4,63 Mio.) Melbourne (3,85 Mio.), Brisbane (1,89 Mio.), Perth (1,58 Mio.), Adelaide (1,17) und Auckland (1,11 Mio.; Werte für 2005 nach UN 2004) von hoch aufragenden *Bürotürmen* geprägt.

Im Ring der inneren, überwiegend im 19. Jh. entstandenen Vororte dominieren *terrace houses* (zweigeschossige Reihenhäuser) – in Sydney stärker noch als in den anderen australischen Metropolen. Deren kompakte Bauweise lässt recht hohe Bevölkerungsdichten zu. Die englische Bautradition ist hier am deutlichsten spürbar. Der Erhalt vieler dieser Viertel ist nicht zuletzt der für Australien typischen Einflussnahme der *Gewerkschaften* auf das Baugeschehen zu verdanken (Hofmeister 1982, S. 15 f.). Das hölzerne Blockhaus, das nord- und osteuropäische Einwanderer in die *Neue Welt* brachten, hat in Australien keine Verbreitung gefunden. Seit Mitte des 19. Jh. ist vorwiegend mit Ziegeln und Naturstein gebaut worden, auch weil z. B. in Sydney schon 1855 die Verwendung von Holz für die Außenwände verboten worden war, um die Brandgefahr einzudämmen. Nur in den subtropisch-tropischen Landesteilen konnte sich die Holzbauweise durchsetzen (Hofmeister 1995, S. 319 f.). Für 1976 beziffert Hofmeister (1988, S. 181) den Anteil der Ziegel- und Steinbauten in Sydney und Melbourne auf ca. 62%, in Adelaide und Perth sogar auf über 80%, dagegen in Brisbane nur auf knapp 30%.

Die beschleunigte Suburbanisierung und Ausbildung des *urban sprawl* beginnt verstärkt erst in den 1950er Jahren (Aplin in Connell 2000, S. 73). Ein schnelles Bevölkerungswachstum – nicht zuletzt durch Einwanderungen bedingt –, eine langanhaltende Phase wirtschaftlicher Prosperität und der Siegeszug des Automobils führten zu einer massiven Ausdehnung der Siedlungsfläche (Braun 1995, S. 662 u. 1996, S. 29; Davison 1995). Grotz (1987, S. 312) berichtet, dass sich die bebaute Fläche in Sydney zwischen 1945 und 1981 fast verdreifachte, während die Einwohnerzahl auf weniger als das Doppelte anstieg. Der ÖPNV, bis dahin der dominierende Träger im Verkehrssystem, verlor seine Vorrangstellung. In Sydney stieg z. B. der Anteil des Individualverkehrs am gesamten Personenverkehr von 13% in der unmittelbaren Nachkriegszeit auf 86% Ende der 1980er Jahre. Damit büßten die radial auf die *City* ausgerichteten Verkehrsträger ihre Funktion als strukturierendes und ordnendes Element der Stadtlandschaft ein. Der Ausbau von *Entlastungsstädten*, der bereits in den 1950er Jahren begann, war nur begrenzt erfolgreich, weil insbesondere die Arbeitsplatzentwicklung hinter den Erwartungen zurückblieb und die neuen Städte meist recht schnell von der „Bebauungsfront" eingeholt und somit selbst Teile der *suburbanen Zone* wurden (Braun 1996, S. 30 f.).

In den äußeren Vororten bestimmen frei stehende Einfamilienhäuser im Bungalowstil auf großzügig zugeschnittenen Grundstücken das Bild (Braun, Grotz und Schüttemeyer 2001, S. 56f.). Die durchschnittliche *Einwohnerdichte* im Stadtgebiet ist daher außerordentlich gering. Für Auckland gibt Blumberg (2003, S. 157) 2000 Ew./km^2 an, während z. B. Paris immerhin 5.500 Ew./km^2 zählt. Die jüngere Entwicklung wird zumindest in Sydney teilweise durch *gated communities* bestimmt (CONNELL und THOM in CONNELL 2000, S. 334), obwohl die australischen Metropolen im weltweiten Vergleich zu den eher „sicheren" Städten zählen. Das Wohneigentum ist in Australien mit ca. 70% sogar noch weiter verbreitet als in den USA und erst recht in Europa (FORSTER 2004, S. 80). Lange Zeit hat der Staat den Erwerb des eigenen Hauses durch steuerliche Vergünstigungen und zinsgünstige Kredite stark gefördert, sodass z. B. in Sydney der Anteil der Bevölkerung, der im eigenen Haus lebt, von ca. 50% in der Nachkriegszeit auf über 80% in der Gegenwart anstieg (SCHÜTTEMEYER und GROTZ 2002, S. 519). Selbst staatliche Wohnungsbaugesellschaften (*housing commissions*) haben nur selten mehrgeschossige Apartmentgebäude errichtet, sondern bevorzugt an der Peripherie einfache und vergleichsweise billige Siedlungshäuser erbaut (HOFMEISTER 1988, S. 191), die jedoch den Nachteil haben, dass sie 30-40 km von der Innenstadt entfernt liegen und der Zugang zu Infrastruktureinrichtungen nicht sonderlich gut ist (GROTZ 1987, S. 324).

Erst in der Gegenwart wird der extreme *Flächenverbrauch* dieser Siedlungsweise sowie die damit verknüpfte *Automobilabhängigkeit*, der hohe *Energieverbrauch* und die *Umweltbelastung* eher kritisch gesehen, denn der Pro-Kopf-Benzinverbrauch ist in australischen Metropolen um mehr als 50% höher, die Länge der städtischen Straßen pro Ew. sogar mehr als dreimal so groß wie in den Verdichtungsräumen Westeuropas (NEWMAN und KENWORTHY zitiert nach BRAUN, GROTZ und SCHÜTTEMEYER 2001, S. 59). Die Hinweise von BLUMBERG (2003, S. 159), wonach sich in Neuseeland der Energieverbrauch pro Kopf zwischen 1975 und 1996 um 49% erhöht hat, deuten in die gleiche Richtung. Mittels *Nachverdichtung* bestehender Siedlungen, städtischer Revitalisierungsmaßnahmen, Wieder- und Umnutzung städtischer Brachflächen und kleinerer Grundstücksgrößen in Neubaugebieten versuchen Stadt- und Regionalplanung sich dem Leitbild der kompakten und durchmischten Stadt zu nähern (BRAUN, GROTZ und SCHÜTTEMEYER 2001, S. 59 ff.; BLUMBERG 2003, S. 161 f.). Erste Erfolge zeichnen sich z. B. in Sydney ab: Mittels Nachverdichtung ist es in einzelnen Stadtbereichen gelungen, die Automobilabhängigkeit abzumildern (SCHÜTTEMEYER und GROTZ 2002; SCHÜTTEMEYER 2005).

Trotz unbestreitbarer Gemeinsamkeiten der Städte Australien/Neuseelands und Nordamerikas gibt es jedoch auch eine Reihe von Unterschieden, die insbesondere im Vergleich zwischen Australien und den USA thematisiert wurden (HOFMEISTER 1982):

1. Die *City* konnte ihre Stellung im städtischen Gefüge weit besser behaupten.

In den Agglomerationsräumen der USA ist seit den 1930er Jahren die monozentrische Struktur mit dem CBD als dominierenden Kern immer stärker durch *multizentrische Strukturen* abgelöst worden. Einzelne *edge cities* an der Peripherie haben mittlerweile den CBD an Bedeutung übertroffen (vgl.

Kap. 7.2.3.1.). Im Gegensatz zur frühen und starken Bevölkerungssuburbanisierung blieben in Australien Arbeitsstätten und Versorgungseinrichtungen lange Zeit auf das traditionelle Stadtzentrum konzentriert (BRAUN 1995 u. 1996); noch 1982 sprach HOFMEISTER (S. 8) davon, dass es keine nennenswerte Suburbanisierung des tertiären Wirtschaftssektors gab. Das hat sich zwar in den folgenden Jahrzehnten geändert, die Dynamik der *Dezentralisierung* von Einzelhandel und Büroflächen ist allerdings – ähnlich wie in Kanada – deutlich geringer als in den USA (vgl. zum Folgenden BRAUN 2002). Während der CBD-Anteil am gesamten Einzelhandelsumsatz in den größeren US-amerikanischen Metropolen heute deutlich unter 5% liegt, erreichen die Innenstädte Australiens zwischen 8 und 19%, vergleichbar mit den Werten für Kanada, die zwischen 10 und 15% schwanken. Die *shopping center*, die die dezentrale Einzelhandelsstruktur in besonderem Maße prägen, entstanden in Australien mehr als 20 Jahre später als in den USA (ab 1957 in Sydney, 1958 in Brisbane, 1960 in Melbourne) und sind durchweg auch kleiner. Vielfach haben es Stadt- und Regionalplanung erreichen können, dass neue Einkaufszentren in bereits bestehende suburbane Geschäftsbereiche integriert wurden. Gleichzeitig ist es gelungen, die Attraktivität des CBD als Einkaufsstandort zu bewahren oder sogar noch zu steigern (z. B. Erhalt eines intakten baulichen und sozialen Umfeldes, Stärkung des auf das Zentrum ausgerichteten ÖPNV, *gentrification* innerstädtischer Wohnbereiche, neue große und geschlossene *shopping center*).

Auch die Dezentralisierung des Bürosektors ist in Australien – wiederum ähnlich wie in Kanada – aufs Ganze gesehen wesentlich weniger weit fortgeschritten als in den USA. Während z. B. in Adelaide, Brisbane und Perth deutlich über die Hälfte des Gesamtbüroflächenbestandes auf die Innenstädte entfällt und auch in Sydney und Melbourne 40% überschritten werden, sind es beispielsweise in Los Angeles, Dallas oder Houston weniger als 30%. Ausnahmen bilden kleinere Ballungsräume sowie die Finanzzentren New York und San Francisco, wo die Bürokonzentration auf den CBD deutlich größer ist. Echte *edge cities* sind daher in australischen Metropolen nach wie vor selten (vgl. BADCOCK 2000, S. 225). Nur der Ballungsraum Sydney zählt mehrere bedeutsame suburbane Geschäfts- und Bürozentren (z. B. *Parramatta* mit „*Sydney's second CBD*"; APLIN in CONNELL 2001, S. 74), von denen zwei als *edge cities* klassifiziert werden (BRAUN 2002, S. 204). Allerdings weist der CBD unter allen Zentren des Verdichtungsraumes bis heute die bei weitem größte Zahl von Arbeitsplätzen auf und konnte seine Attraktivität in der ersten Hälfte der 1990er Jahre sogar wieder steigern, nachdem in den 1980er Jahren ein Rückgang der Arbeitsplätze zu verzeichnen war (PFISTER, FREESTONE und MURPHY 2000). In den anderen australischen Millionenstädten gibt es überhaupt keine *edge cities*. Der Gegensatz zu den großen Ballungszentren der USA ist offensichtlich, wenn man bedenkt, dass

z. B. Los Angeles 29, Washington 18, New York 17 und San Francisco 11 *edge cities* zählen.

Die Gründe für diese Unterschiede sind vielfältig. Sie reichen von gesellschaftlichen Werten und Normen über das Finanz- und Steuersystem bis hin zu Stadt- und Regionalplanung. Insbesondere der *Verkehrsplanung* kommt dabei eine entscheidende Bedeutung zu. Während ein gut ausgebautes ÖPNV-System tendenziell den Stadtkern stärkt, begünstigt ein enges Netz an Autobahnen eine *Dezentralisierung*. In Australien ist der Bau von *Stadtautobahnen* schon in den 1970er Jahren auf Grund mangelnder Finanzmittel, wachsenden Umweltbewusstseins und Widerspruchs von Bürgerinitiativen weitgehend aufgegeben und stattdessen eher der ÖPNV gefördert worden. 1971 gab es in ganz Australien nicht mehr als 109 km Stadtautobahnen (HOFMEISTER 1982, S. 22; ROSE in BRUNN und WILLIAMS 1993, S. 207). Dagegen werden die Prioritäten in den USA bis heute anders gesetzt. Somit weisen die australischen *metropolitan areas* zwar deutliche Ansätze einer *polyzentrischen Struktur* auf, erreichen aber bislang nicht das Ausmaß der Fragmentierung US-amerikanischer Verdichtungsräume. BRAUN (1996, S. 286) nimmt an, dass dieser eigenständige Entwicklungspfad zwischen den beiden Polen US-amerikanischer und westeuropäischer Zentrenentwicklung auch in Zukunft Bestand haben wird.

2. Die ethnische Viertelsbildung ist weniger ausgeprägt.

Bis in die Zeit nach dem Zweiten Weltkrieg waren alle *Einwanderungsprogramme* auf Großbritannien und Irland ausgerichtet (vgl. zum Folgenden GROTZ 1995). Erst die positiven Erfahrungen, die man 1947 mit der Integration sog. *displaced persons* aus anderen europäischen Staaten gemacht hatte, sorgte für eine gewisse Öffnung, sodass in den 1950er und 1960er Jahren vermehrt Zuwanderer aus den Mittelmeeranrainerstaaten kamen. Das hatte eine Konzentration besonders von Griechen und Italienern in einzelnen Vorstädten der Metropolen zur Folge. Von ghettoartigen Strukturen kann man aber allein deshalb nicht sprechen, weil viele Einwanderer wirtschaftlich erfolgreich waren und später diese Wohnquartiere wieder verlassen haben (HOFMEISTER 1988, S. 230 u. 1996, S. 140), um in die äußeren Vororte zu ziehen, wo sich vielfach *second concentrations* bildeten, ohne dabei allerdings das erste Konzentrationsniveau wieder zu erreichen (GROTZ 1987, S. 320).

Bis in die 1960er Jahre hielt man an der *White Australia Policy* fest, die seit 1901 gesetzlich verankert war. Selbst Flüchtlinge asiatischer Herkunft, die während des Zweiten Weltkrieges vor den Japanern nach Australien geflohen waren, wurden bereits 1946 wieder deportiert. Erst als der Zuwanderungsbedarf allein aus Europa nicht mehr gedeckt werden konnte, wurden die Einwanderungsbeschränkungen für Nichteuropäer allmählich gelockert, und 1973 wurde die *White Australia Policy* offiziell aufgegeben. Seitdem dominiert die

Zuwanderung aus Asien, wobei aber sichergestellt wird, dass vorwiegend gut ausgebildete Personen aus ehemals britischen Besitzungen einwandern, die vergleichsweise leichter in die australische Gesellschaft zu integrieren sind.

Chinesen sind zwar erstmals schon 1855 als *Kulis* für die Goldfelder Victorias angeworben worden, die Zuwanderung kam aber seit der Jahrhundertwende auf Grund restriktiver Bestimmungen zum Erliegen, sodass ihre Zahl von einem Maximum um 57.000 in den 1860er/1870er Jahren auf 33.000 um die Jahrhundertwende und lediglich 12.000 in 1947 fiel (HOFMEISTER 1988, S. 212). Erst nach 1973 hat es einen neuen Einwanderungsschub gegeben; 80% der jüngeren Einwanderungsgruppe stammen nun mehr aus Hongkong, Taiwan und südostasiatischen Staaten, sprechen in der Regel Englisch und verursachen auch auf Grund ihres überdurchschnittlichen Ausbildungsstandes keine größeren Integrationsprobleme. Obwohl es z. B. in Sydney eine kleine *Chinatown* gibt und immerhin ca. 250.000 Chinesen dort leben, lässt sich keine sehr ausgeprägte räumliche Konzentration feststellen (JOHNSTON, FORREST und POULSEN 2001; BURNLEY 2002). In Melbourne, wo POULSEN und JOHNSTON (2000) das Ausmaß der Segregation auf der Basis der 4.799 Zensusdistrikte untersuchten, machen nur die Vietnamesen in einer nennenswerten Anzahl von Distrikten mehr als ein Drittel der Bewohner aus. Von einer ghettoartigen Struktur kann aber keinesfalls gesprochen werden, weil in diesen 16 Distrikten lediglich 7% der Bewohner mit Geburtsort in Vietnam leben.

3. Eine bauliche Abwertung und *Verslumung* citynaher Wohnviertel konnte weitgehend verhindert werden.

Dafür sind wenigstens drei Gründe verantwortlich zu machen (HOFMEISTER 1996, S. 139 f.):

- Erstens ist die Bausubstanz besser und langlebiger, und die aus Stein und Ziegel erbauten *terrace houses* haben in jüngerer Zeit das Interesse wohlhabender Bevölkerungsgruppen gefunden, sodass es eher Tendenzen einer *gentrification* dieser älteren Wohngebiete gibt (vgl. ROFE 2000; FORSTER 2004, S. 32 ff.). Nach ROSE (in BRUNN und WILLIAMS 1993, S. 209) ist in Sydney die Überformung inzwischen so weit fortgeschritten, dass man von einer *„transition from blue collar and immigrant occupancy to a predominance of white collars and the native born"* sprechen kann. Die australische *gentry* setzt sich bevorzugt aus kinderlosen Doppelverdienern zusammen, die städtischen Lebensstil und den architektonischen Charme der älteren Häuser liebt (GROTZ 1987, S. 322). CONNELL und THOM (in CONNELL 2000, S. 332) sprechen in Bezug auf diese Gebiete auch von *„cappuccino-led recovery"* und *„champagne city"*, um am Beispiel Sydney auf die auffällige Konzentration vornehmer Restaurants, Bistros und Bars hinzuweisen.
- Zweitens richtet sich die *Besteuerung* nicht wie in den USA nach dem Gebäude-, sondern nach dem Grundstückswert. Das Interesse der Eigentümer an einer Instandhaltung ist daher in Australien deutlich größer.

- Drittens befinden sich auf Grund der gesteuerten und auf berufliche und bildungsmäßige Qualifikationen bezogenen Einwanderungspolitik nur wenig Problemgruppen unter den Einwanderern; ein illegaler Zustrom, vergleichbar mit demjenigen der *Hispanics* in den USA, gibt es nicht. Problematisch erwies sich nur die Integration der *Aborigines*, die z. B. in Sydney ca. 1% der Bevölkerung ausmachen und in ganz Australien auf ca. 300.000 Personen geschätzt werden (LAMPING 1999, S. 209). Diese konzentrieren sich insbesondere auf einige heruntergekommene Straßenzüge der Innenstadt und einzelne Siedlungen des sozialen Wohnungsbaus (KOHEN in CONNELL 2000, S. 86 ff.). Nur in diesen Fällen kann man von baulichen und sozialen *Problemgebieten* sprechen (BRAUN und SCHÜTTEMEYER 2001, S. 196). Obwohl der Anteil der *Maoris* in der neuseeländischen Metropole Auckland höher ist (ca. 7,5% der Bevölkerung), sind die Integrationsprobleme geringer; hier nehmen eher die zugewanderten Polynesier (ca. 5% der Bevölkerung) die unterste Stufe der sozialen Hierarchie ein, und ihre Segregation ist ausgeprägter als die anderer ethnischer Gruppen. In Teilen der inneren Vororte erreicht ihr Bevölkerungsanteil – wie auch in anderen Städten der Nordinsel – ca. 50%, das Umfeld ist aber nicht mit den *Ghettos* der USA vergleichbar (ROSE in BRUNN und WILLIAMS 1993, S. 217); JOHNSTON, POULSEN und FORREST (2002, S. 35) sprechen von *„ghetto-like concentrations"*.

Auch die Städte Australiens und Neuseelands sind auf dem Weg in die *Postmoderne*, allen voran Sydney, das zu einem der führenden Wirtschafts- und Finanzzentren des asiatisch-pazifischen Raumes aufgestiegen ist (BRAUN, KRAAS und SCHÜTTEMEYER 2004). Seit langem ist der Dienstleistungssektor der dominierende Wirtschaftszweig der Städte; die Industrie konnte zu keinem Zeitpunkt die Bedeutung wie in Westeuropa und Nordamerika erlangen (FORSTER 2004, S. 29 ff.. Ein stärkerer planerischer Einfluss auf die Stadtentwicklung hat bislang die negativen Begleiterscheinungen einer zunehmenden Fragmentierung verhindert. Das gilt sowohl in funktionaler Hinsicht, weil der CBD noch immer das stärkste Gewicht unter den städtischen Zentren hat, als auch in sozialer Hinsicht, weil die Armutsbereiche nicht flächenhaft ausgebildet sind und sich die *Selbstsegregation* wohlhabender Schichten in Form von *gated communities* in engen Grenzen hält.

7.2.4 Japan

Historische Grundlagen

Der Entwicklungspfad Japans ist dadurch gekennzeichnet, dass der direkte europäische Einfluss auf Stadtgründungen und Stadterweiterungen minimal war. Eher kann von einer *nachholenden Entwicklung* in Richtung *Industrie-*

stadt aufgrund westlicher Vorbilder gesprochen werden, was sich auch in der Gestaltung einzelner Stadtbereiche zeigt.

1854 musste Japan auf Druck der USA seine jahrhundertelange Abgeschlossenheit aufgeben, mehrere Häfen für den Welthandel öffnen und ausländische Handelsstützpunkte zulassen. Zuvor war es den Japanern mehr als 200 Jahre lang verwehrt gewesen, das Land zu verlassen, und die kleine niederländische Faktorei bei Nagasaki bildete das einzige winzige *Fenster zur Welt*. Wenig später ging mit der sog. *meiji-Restauration* (1868) auch die Herrschaft der *shogune* zu Ende, die seit 1192 das Land als Militärmachthaber regiert und den Kaiser entmachtet hatten. Der Kern des japanischen *Städtesystems* bestand damals aus den *Burgstädten*, die teilweise auf das 15. und 16. Jh. zurückgingen. Hinzu kamen einige, allerdings nicht sehr bedeutsame Hafenplätze sowie Rast- und Stationsorte, Schrein- und Kurorte (HOFMEISTER 1996, S. 142 f.). Die Burgstadt war Abbild der damaligen feudalen Klassengesellschaft (HALL 1968; GUTTSCHOW 1976). Ihre innere Gliederung mit der Abfolge vom Palast des *daimyo* (Provinzherrscher) über die Wohnbereiche der *samurai* (Krieger) bis zu den Vierteln der *chonin* (Kaufleute und Handwerker) entsprach dem Typ der *vorindustriellen Stadt*.

Umgestaltungen nach der meiji-Restauration

Die grundlegende *Modernisierung* von Stadt, Gesellschaft und Wirtschaft seit 1868 hatte auch für die *Stadtentwicklung* entscheidende Konsequenzen (SCHÖLLER 1969, S. 15 ff.). Bereits im ersten Jahr der *meiji-Restauration* ist der städtische Grundbesitz der *daimyo* und *samurai* fast vollständig enteignet worden. Insbesondere in Tokyo, das seit 1603 Sitz der *Shogunat-Regierung* war, aber auch in anderen Städten standen dadurch mehr oder weniger große, zentral gelegene Areale für militärische Einrichtungen, hochrangige Behördenfunktionen und Bildungsstätten zur Verfügung. Z. T. siedelte sich auch Industrie an, die allerdings später meist durch den Handel verdrängt wurde (SCHÖLLER 1969, S. 38). Bei Architektur und planerischer Gestaltung standen westliche Vorbilder Pate. Zugleich wurde die Stadtplanung zur Demonstration staatlicher Macht und zur Förderung ökonomischer Modernisierung *instrumentalisiert* (HOHN 2000, S. 41 f.). Teilweise haben sich in den ehemaligen Palastbezirken auch Grünanlagen erhalten, sodass vielerorts die Innenstädte mehr Grünflächen als die jüngeren Randzonen besitzen (HOFMEISTER 1996, S. 143).

Wenig verändert haben sich die extrem dicht bebauten *chonin*-Viertel mit ihren brandanfälligen, ein- oder allenfalls zweigeschossigen Holzhäusern und engen, ungepflasterten Straßen. Nur nach Großbränden, z. T. in Folge von Erdbeben, sind hier Sanierungsmaßnahmen eingeleitet worden. Die – trotz niedriger Bauhöhe – erhebliche Bevölkerungsdichte dieser Viertel erklärt sich aus der *Enge* der einzelnen Wohnungen. Dies war nur deswegen erträglich, weil die Japaner bis ins 20. Jh. hinein unmöbliert wohnten (HOFMEISTER 1996, S. 144).

Die beginnende *Industrialisierung*, die bald nach 1868 mit dem Aufschwung der Seiden- und Textilindustrie einsetzte und sich nach den siegreichen Kriegen gegen China (1894/95) und Russland (1904/05) in Richtung Bergbau, Schwer- und Rüstungsindustrie sowie Schiffbau wandelte, hat einerseits zur Verdichtung namentlich in den Wohngebieten ärmerer Bevölkerungsgruppen geführt, andererseits weitete sich das „Labyrinth kleiner Holzhäuser" entlang schmaler, mit Sackgassen durchsetzter Wege nach außen aus und ist größtenteils bis heute als Gürtel mit einem hohen Anteil erneuerungsbedürftiger Mietwohnungen in Holzbauweise vorhanden (HOHN 2000, S. 48).

Die zunächst ganz fehlende, 1919 mit dem Stadtplanungs- und Baugesetz zwar installierte, aber doch sehr grobkörnige *Flächennutzungszonierung* hat eine *Funktionsmischung* innerhalb des Stadtraumes begünstigt (SORENSEN 2003, S. 523). Noch 1952 hatten in Tokyo 11%, in Osaka sogar 20% aller Wohnhäuser zugleich eine Funktion als Handels- oder Gewerbestandort (SCHÖLLER 1962, S. 211). Dies ist solange als Nachteil gewertet worden, als sich das Leitbild der Stadtplanung nahezu überall auf der Welt an der *Funktionstrennung* gemäß der *Charta von Athen* orientierte. Heute wird diese *Vielfalt der Funktionen* auch in dicht bevölkerten Wohnquartieren eher als Zeichen von *Urbanität* gesehen, zumal es gelungen ist, die Industrieansiedlungen zu kontrollieren und auf neu ausgewiesene Areale zu lenken (HOHN 2000, S. 50).

Das desakota-Phänomen

Die erfolgreiche nachholende Industrialisierung verbunden mit langanhaltendem Wirtschaftswachstum hat – trotz hoher Wohndichten in zentralen Stadtteilen – zu einer raschen Ausdehnung der städtischen Ballungsräume geführt. Jedoch trägt der Suburbanisierungsprozess in japanischen Metropolen ganz eigene Züge. Er setzte verstärkt nach dem Zweiten Weltkrieg ein und ist mit dem Ausbau schienengebundener *Massenverkehrsmittel* verknüpft. Das vom Zentrum ausgehende „Spinnennetz" des Schienenverkehrs markiert die Leitlinien des städtischen Wachstums, der Bodenpreise und auch des Pendelverkehrs. Die Nähe der Wohnung zum Bahnhof ist ein wichtiger *Lagevorteil*, weil das Auto allein aufgrund mangelnder Parkmöglichkeiten als Transportmittel zum Arbeitsplatz untauglich ist. Die Metropolen wachsen daher entlang der Eisenbahnstrecken fingerförmig nach außen (FLÜCHTER 1997, S. 31).

Lange Zeit verlief die *Zersiedlung* des suburbanen Raumes weitgehend ungelenkt, weil kaum geeignete Instrumente der *Flächennutzungskontrolle* zur Verfügung standen. Getragen von kleinmaßstäblichen privaten Bauprojekten bildete sich ein *patchwork*artiges Ineinandergreifen von Landwirtschafts- und Siedlungsflächen heraus (HOHN 2000, S. 123 ff.). Diese Zone reicht von den Vorstadtarealen der Nachkriegszeit bis weit in das Umland. Der kanadische Geograph MCGEE hat dafür den Begriff *desakota* eingeführt, abgeleitet aus den indonesischen Worten für Dorf (*desa*) und Stadt (*kota*). Obwohl das Stadtplanungsgesetz von 1968 eine stärkere Kontrolle der Stadterweiterungen vorsah, schritt die *desakota-Urbanisierung* u. a. deshalb fort, weil Genehmigungsverfahren durch Mini-Erschließungen umgangen werden konnten und Baumaßnahmen landwirtschaftlicher Haushalte kaum beschränkt waren. Die extrem hohen Bodenpreise der *bubble economy* bis Ende der 1980er Jahre haben diesen Prozess noch beschleunigt. Um sich ein Eigenheim leisten zu können, musste auf immer größere Distanzen zum Zentrum ausgewichen werden. So konnte in Tokyo für das fünffache Jahreseinkommen 1970 ein Haus in einer Entfernung von 10 km erworben werden, dagegen waren 1993 bei gleicher Investition fast 50 km Anfahrt in Kauf zu nehmen (FLÜCHTER 1997, S. 32). Die außergewöhnlich hohe Erbschaftssteuer führt im Erbfall besonders in besseren Wohnlagen meistens zum Verkauf des Hauses und Umzug an den Stadtrand (MEUSBURGER 2000, S. 76).

Mehrkernige Struktur

Jedem Besucher japanischer Metropolen fällt der Wechsel zwischen geplanten und ungeplanten Arealen selbst in den zentralen Stadtbereichen besonders auf. Großzügige, moderne Hochhauskomplexe mit breiten Straßen grenzen oft unmittelbar an Viertel aus eng stehenden (Holz-) Häusern unterschiedlicher Stockwerkshöhe, die nur von schmalen Straßen durchzogen werden und wo die Versorgungsleitungen nach wie vor oberirdisch verlaufen. Diese Struktur ist das Ergebnis von *Bodenumlegungen*, die in der japanischen Stadtplanung seit einem entsprechenden Gesetz von 1954 eine besondere Rolle spielen. Das Ausweichen in die Höhe mittels großzügig festgesetzter *Geschossflächenzahlen* (GFZ; Summe der *Geschossflächen* bezogen auf die *Grundstücksfläche*) ermöglichte nicht nur die Flächensanierung bzw. -umnutzung und Neuordnung der Verkehrsführung, sondern auch die Bereitstellung von öffentlichem Raum, der rund um die Uhr zugänglich und häufig von hoher Aufenthaltsqualität ist (HOHN 2000, S. 28). Der Stadtumbau wurde bereits seit den 1960er Jahren vorwiegend von privaten *developers* getragen; die Finanzierung war durch die planungsrechtlich abgesicherte Erhöhung der GFZ möglich. Diese Zusammenarbeit zwischen Privatwirtschaft und Öffentlicher Hand ist in Japan besonders weit entwickelt, sodass in Bezug auf *public private partnership* schon von dem *„third sector"* gesprochen wird (BONGENAAR 2001). Als Stadt der Bodenumlegung par excellence gilt

Nagoya, wo 1991 65% des Stadtgebietes als Bodenumlegungsareal festgeschrieben war (Hohn 2000, S. 221). Ein gutes Beispiel für Umnutzungen bildet der Aufbau eines Nebenzentrums um den *Shinkansen-Bahnhof* in Osaka, das sog. *Shin-Osaka-Projekt*. Ausgangspunkt war die im Jahre 1960 getroffene Entscheidung der Stadt, den *Shinkansen-Bahnhof* nicht im Zentrum, sondern in peripherer Lage zu errichten. Im Umfeld des neuen Bahnhofs sollte ein *Nebenzentrum* mit überwiegender Büronutzung die hier stehenden Fabriken und Lagerhäuser ersetzen. Insgesamt mussten über 6.000 Gebäude abgerissen werden. Es entstanden neue *„Superblocks"* mit 16-20m breiten Achsen. Dabei sind die Straßenflächen von 7,3 auf 31,9% erhöht worden. Die Hochhausüberbauung ließ auch eine beträchtliche Vermehrung der öffentlichen Freiflächen zu (Hohn 2000, S. 235 f.).

Gegenwärtig verfolgt die Stadtplanung mithilfe von Bodenumlegungen insbesondere folgende Ziele:

- Umnutzung von Brachflächen in Form ehemaliger Güter- und Rangierbahnhöfe sowie stillgelegter Industrie- und Militärflächen;
- Aufwertung von Flächen im Umfeld von Bahnhöfen, vor allem auf den Bahnhofsrückseiten;
- Revitalisierung innerstädtischer Geschäftsstraßen;
- Förderung des innerstädtischen Wohnens.

Beispiele dafür sind bei Hohn (2000) ausführlich dargestellt. Genannt seien die Umnutzung des ehemaligen Containerbahnhofsgeländes zum multifunktionalen Handels- und Dienstleistungszentrum *Nishi-Umeda* westlich des Hauptbahnhofes von Osaka (S. 315 ff.), die Umgestaltung einer traditionellen Geschäftsstraße als *„Mall"* und Fußgängerzone in Nagoya (S. 470 ff.), die Umnutzung innerstädtischer großflächiger Industrie- und Verkehrsbrachen für den Bau von Großwohnsiedlungen in Osaka (S. 340 ff.). Relativ selten gibt es Projekte der Flächensanierung in den übervölkerten Wohnquartieren, die mit Totalabriss und Neuaufbau verbunden sind. Heute wird eher eine behutsame, kleinmaßstäbige *Wohn-* und *Wohnumfeldbesserung* (*machizukuri*-Projekte) verfolgt, in die die Bewohner stärker als bei den *top-down*-Konzepten der Vergangenheit einbezogen sind (Vogt 2002).

Das Beispiel Tokyo

In Tokyo treten Besonderheiten und Strukturmerkmale der japanischen Stadt deutlicher als anderswo in Erscheinung. Auch der überwiegende Teil der stadtgeographischen Literatur bezieht sich auf die Hauptstadt.

Unter den großen Städten Ostasiens und selbst Japans ist Tokyo ein *„latecomer"* (Williams in Brunn und Williams 1993, S. 442). Die Anfänge der Stadtentwicklung gehen auf den Bau einer Burg im damals unbedeutenden Fischerdorf *Edo* zurück (1457). Heute steht an dieser Stelle der Kaiserpalast, was die bis in unsere Tage reichende Funktion als Herrschafts- und Regierungssitz unterstreicht. Größere Bedeutung erlangte die Stadt aber erst, als sie 1603 als Sitz der *Shogunat*-Regierung gewählt wurde, während der Kaiserhof in Kyoto verblieb (vgl. CYBRIWSKY 1998, S. 57 ff.). Damit war ein wirtschaftlicher Aufstieg und ein Bevölkerungswachstum verbunden, weil sich auch die Vasallen der *shogune* sowie viele Kaufleute und Händler hier niederließen und die Viertelsgliederung der Stadt bestimmten. Die auf einem pleistozänen Plateau gelegene *Oberstadt* war der Burg des *shogun* sowie den Residenzen der *daimyo* und den Wohnquartieren der höherrangigen *samurai* vorbehalten, während in der dicht bebauten, größtenteils durch Landaufschüttungen dem Meer abgerungenen und von Kanälen durchzogenen *Unterstadt* die niederen Schichten der Gesellschaft lebten (MEUSEBURGER 2000, S. 62). Bereits im frühen 18. Jh. war die Einwohnerzahl auf über 1,1 Mio. angewachsen – davon 65% Männer –, und Tokyo stand an der Spitze der weltgrößten Städte (BOGNAR 1997, S. 45). Die *meiji*-Restauration bedeutete zunächst einen Rückschlag, obwohl *Edo* unter dem neuen Namen Tokyo (=Hauptstadt des Ostens) die Hauptstadtfunktion erhielt und auch die kaiserliche Residenz nach hier verlegt wurde. Tokyo sah sich aber mit der Abwanderung von ca. 500.000 Menschen konfrontiert, was daraus resultierte, dass die *daimyo*, die Residenzen in Edo unterhalten mussten, ihre Stellung verloren und mit ihnen auch viele *samurai* sowie Kaufleute und Handwerker Tokyo verließen (SCHÖLLER 1969, S. 15; HOHN 2000, S. 41). Erst 1887 wurde die Einwohnerzahl von 1 Mio. wieder überschritten, und in den 1930er Jahren ging dann auch die wirtschaftliche Vormachtstellung, die Osaka während der ganzen Edo-Zeit (1603-1868) inne gehabt hatte (vgl. EDGINGTON 2000; HOHN 2001), auf Tokyo über. Die überragende Position Tokyos hat sich durch das zentralistische Verwaltungssystem, kriegsbedingte Zwangsverlagerungen führender Unternehmen in die Hauptstadt, Sitz der Besatzungsmacht USA nach Ende des Zweiten Weltkrieges, die Olympischen Spiele 1964 und die zunehmende *Globalisierung* der japanischen Wirtschaft weiter verstärkt. Dabei ist die funktionale *primacy* noch bedeutender als die demographische, die sich in einem Anteil von 27% an der japanischen Bevölkerung ausdrückt (2003). Etwa 60% der größten japanischen Unternehmen haben in Tokyo ihre Zentrale, ebenso 87% der in Japan tätigen ausländischen Firmen. Die in Tokyo ansässigen Banken verwalten mehr als ein Drittel aller japanischen Geldanlagen; nach New York ist Tokyo der wichtigste *internationale Finanzplatz.* Aber auch mehr als 80% der japanischen Verlage sind hier beheimatet, und fast die Hälfte aller japanischen Studierenden besucht eine Universität in der Hauptstadt (SASAKI 1992, S. 21; NEUMANN 2001, S. 7 f.). Der nationale und internationale Flugverkehr ist ebenfalls ein guter Indikator für die Dominanz Tokyos im japanischen Städtesystem (FELDHOFF 2002). Trotz dieser Funktionen einer *global city* ist die Region Tokyo zudem bis heute Japans *„industrial heartland“* geblieben (WALEY 2000, S. 132)

Nur unterbrochen durch den Zweiten Weltkrieg, als die Zahl der Bewohner auf 2,8 Mio. und damit auf etwa die Hälfte des Vorkriegsstandes abgesunken war, setzte sich das Bevölkerungswachstum der *Metropolitanregion* bis heute fort. Schon 1955 wird New York in der Rangliste der größten Städte der Welt abgelöst. Diese Position dürfte sich in den nächsten ein bis zwei Jahrzehnten nicht ändern, auch wenn in den UN-Prognosen davon ausgegangen wird, dass die Einwohnerzahl des Jahres 2003 von 35,0 Mio. zukünftig nicht mehr wesentlich überschritten werden dürfte. Tokyo ist heute mehr als dreimal so groß wie der in der Hierarchie folgende Ballungsraum Osaka-Kobe (UN 2004). Außerdem sind mittlerweile die großen Metropolen Tokyo-Nagoya-Osaka zu einem *Städteband* zusammengewachsen, das als *Tokaido Megalopolis* bezeichnet wird.

Der Stadtaus- und -umbau hat große Teile des historischen Erbes verdeckt. Geblieben ist der Kaiserpalast mit weitläufigen Parkanlagen als eine Oase der Ruhe im Zentrum, geblieben sind auch ausgedehnte Bereiche mit dicht aneinander gedrängten ein- bis zweigeschossigen Holzhäusern und engen Straßen. Aus der *meiji*-Zeit stammt der Bau des *Ginza*-Backsteinviertels, das als Beginn der modernen japanischen Stadtgestaltung gilt und den Einfluss westlicher Planer und Architekten erkennen lässt (HEIN und ISHIDA 1998, S. 192 f.). Zwar ist das Projekt nie ganz abgeschlossen worden, der breite *Ginza*-Boulevard und dessen Parallel- und Nebenstraßen entwickelten sich jedoch in der Folgezeit zu einem florierenden Einkaufsdistrikt (HOHN 2000, S. 44), was er bis heute geblieben ist.

Schon das verheerende Erdbeben von 1923, das über 100.000 Todesopfer forderte und 28% der überbauten Stadtfläche zerstörte, führte zur *Neuordnung* städtischer Areale und zu großflächigen *Bodenumlegungen*. Im *Wiederaufbaugebiet*, das die gesamte heutige Innenstadt umfasste, wurden Straßen verbreitert und neue geschaffen; zudem entstanden 55 größere und kleinere Parks (HOHN 2000, S. 52).

Wie in anderen japanischen Städten auch, wird die Raumstruktur der Gegenwart durch das Nebeneinander oft chaotisch gewachsener, eng bebauter Bereiche unterschiedlicher, meist jedoch recht niedriger Stockwerkshöhe mit typisch japanischem Flair und genau geplanten, westlich-international anmutenden Arealen mit breiten Straßen, Freiflächen und Hochhäusern bestimmt. Zur ersten Gruppe zählen nicht nur Mietshäuser aus der Vorkriegszeit und ebenfalls noch weitgehend aus Holz errichtete mehrgeschossige sog. *apatos (apatomento-hausu)*, die aus der Notlage nach dem Krieg heraus entstanden waren. Bomben hatten 53% der Wohneinheiten zerstört, die schnell wieder aufgebaut werden sollten, was größtenteils spontan, ungeplant und auf private Initiative erfolgte und häufig zu Lasten der Bauqualität ging (MEUSBURGER 2000, S. 69). Selbst 1953 waren noch 95% aller Wohnhäuser Tokyos reine Holzbauten (SCHÖLLER 1962, S. 211 ff.). Bis Ende der 1960er

Jahre hat sich der *Holzhausgürtel* sowohl verdichtet als auch räumlich ausgedehnt. Noch heute gibt es in Tokyo ca. 800.000 Holzbauten (KARAN in KARAN und STAPLETON 1998, S. 36). Jedoch verlief auch die nachfolgend einsetzende *Suburbanisierungswelle* weitgehend ungeordnet (*desakota*-Phänomen). Die vergleichsweise wenigen planmäßig angelegten Wohnkomplexe (*danchi*), die teilweise schon auf den Wiederaufbau nach dem Erdbeben von 1923 zurückgehen (HOHN 2000, S. 53 ff.), vermögen den Eindruck einer weitgehend ungeordneten Siedlungsentwicklung nur unwesentlich abzuschwächen.

Als Kontrast dazu fallen die geplanten Hochhauskomplexe mit breiten Straßen und öffentlichen Freiflächen besonders auf, die sich oft unmittelbar aus dem *„Siedlungsbrei"* erheben. Zumindest drei Typen lassen sich unterscheiden:

1. Die *Citybildung* hat in Tokyo ein Ausmaß erreicht, das selbst im Vergleich mit anderen Weltstädten außergewöhnlich ist. Die Beschäftigungsdichte liegt in den 23 Stadtbezirken der Kernstadt Tokyo mehr als doppelt so hoch als in anderen *global cities* (FLÜCHTER 1997, S. 34). Dazu hat auch beigetragen, dass schon 1959 beschlossen worden ist, *„inefficient users of land"* (WALEY 2000, S. 129), z. B. große Fabriken, Universitäten, aus den zentralen Bereichen zu verlagern. Gleichzeitig ist die Bevölkerung in den zentralen Stadtteilen drastisch zurückgegangen, der *Dichtekrater* (*doghnut*-Phänomen) sehr ausgeprägt. Die Deindustrialisierung der 23 inneren Stadtbezirke drückt sich im Rückgang der Industriebeschäftigten um 29% zwischen 1985 und 2000 aus (HOHN 2002b, S. 229); entsprechend haben die Büroflächen zugenommen. Längst sind neben den Hauptzentren mehrere innerstädtische Nebenzentren entstanden, die größtenteils um wichtige Bahnhöfe der Ringlinie angeordnet sind und sich in der Regel unterirdisch fortsetzen, seitdem 1957 in Nagoya die erste Untergrund-Geschäftsstraße eröffnet wurde (vgl. SCHÖLLER 1976; Abb. 38). *Nishi-Shinjuku*, westlich des Bahnhofes *Shinjuku*, bildet ein frühes Paradebeispiel für eine großmaßstäbliche *Stadtumbaumaßnahme*, wobei die *Lagegunst* eines Verkehrsknotenpunktes und eines östlich des Bahnhofs vorhandenen Geschäfts- und Vergnügungszentrums genutzt wurde (CYBRIWSKY in KARAN und STAPLETON 1998, S. 66 ff.; HOHN 2000, S. 275 ff.). Die ersten der neu geschaffenen *„Superblocks"* sind schon in den 1960er Jahren bebaut worden. Heute bildet *West-Shinjuku* mit den Zwillingstürmen des *Tokyo Metropolitan Government* ein Wahrzeichen der Stadt (BOGNAR 1997, S. 86 f.).
2. Um dem Bevölkerungsverlust der zentralen Stadtbereiche und der zunehmenden *Tertiärisierung* entgegenzuwirken, sind im Rahmen von *public private partnerships* verschiedene Wohnungsbauprojekte verwirklicht worden, wobei auf Brachflächen zurückgegriffen werden konnte. Ein Bei-

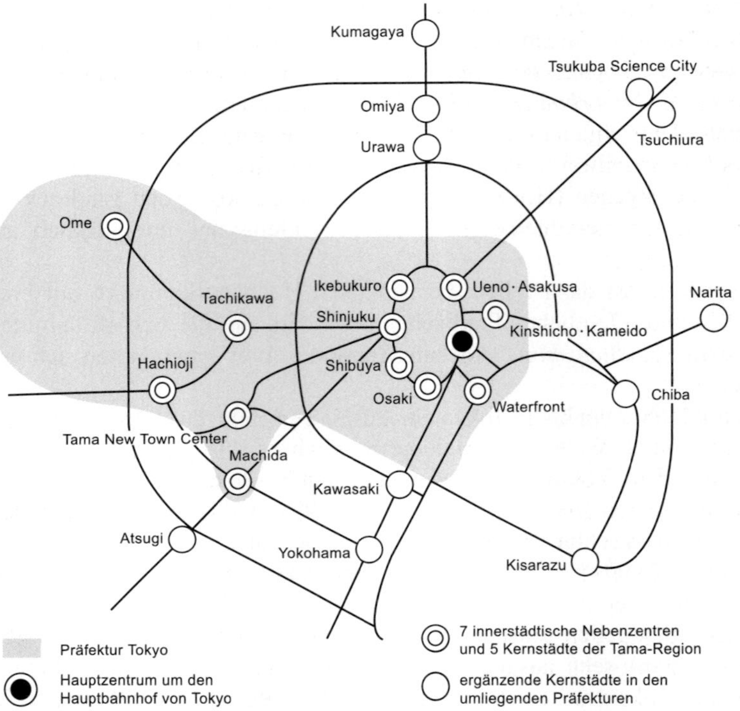

Abb. 38: Mehrkerne-Struktur des Ballungsraumes Tokyo
Quelle: Hohn (2000)

spiel bildet die *Okawabata River City 21*, gut 2 km südlich des Hauptbahnhofes und damit sehr zentral gelegen. Die Bevölkerung des Stadtbezirks *Chuo-Ku,* einem der 23 Bezirke der Kernstadt, war von 1960 noch 160.000 auf nur 64.000 Ew. in 1995 zurückgegangen. Das *River 21-Projekt* mit 4.000 Wohneinheiten unter Einschluss von Versorgungs-, Bildungs-, Sport- und Kultureinrichtungen verbindet hohe Lebensqualität mit bester Erreichbarkeit des Zentrums (Hohn 2000, S. 333 ff.). Die neuen Wohntürme sind zu einer *„Landmarke"* geworden. Durch dieses und andere Projekte konnte die Entleerung der Innenstadt gestoppt werden. Hohn (2002a) spricht seit 1997 von einer *Reurbanisierung*.

3. Schon in den 1960er und 1970er Jahren sind in der Bucht von Tokyo – ähnlich wie in den Buchten von Osaka und Nagoya – umfangreiche Neulandflächen aufgespült worden (Cybriwsky 1998, S. 209 ff.). Damals wurden vorwiegend Großkomplexe der Eisen-, Stahl- und Petrochemie-Industrie angesiedelt sowie Klein- und Mittelbetriebe aus anderen Stadtteilen nach hier ausgelagert. Auch baute man die Hafeneinrichtungen für den moder-

nen Containerverkehr aus. In neuerer Zeit sind es eher *multifunktionale Großprojekte*, Themenparks (z. B. 1983: *Disneyland*; 2001: *Disney Sea*) sowie *urban entertainment center*, die die *waterfront* prägen (SASAKI 1992, S. 24; HOHN und HOHN 2000; HOHN 2002b). Die von öffentlicher Hand und Privatwirtschaft gemeinsam getragenen Großprojekte sind gekennzeichnet durch ihre Ausrichtung auf wirtschaftliches Wachstum im *tertiären* und *quartären Sektor*, was Ausdruck in der Dominanz von Büroflächen und internationalen Messezentren sowie der imageträchtigen Gestaltung der *skyline* findet (z. B. *Landmark Tower* als höchstes Gebäude Japans).

Vor- und Nachteile der extremen Ballung

Mit der Frage *„Monster"* oder *„Modell"*, die FLÜCHTER (1997) in Bezug auf Tokyo stellte, werden Problembereiche der Stadtentwicklung einerseits und ein überraschend hohes Maß an Lebensqualität andererseits einander gegenübergestellt. In anderen japanischen Metropolen mag zwar die *Problemdimension* etwas abgeschwächt sein, Vor- und Nachteile des städtischen Lebens stellen sich jedoch nicht wesentlich anders dar. Als *Ballungsnachteile* sind anzuführen (FLÜCHTER 1997, S. 32 ff.):

- *Flächenknappheit und Raumenge*: Außerhalb der Innenstadt sind die Wohndichten außergewöhnlich hoch. SCHÖLLER (1962, S. 212) berichtet, dass zu Beginn der 1960er Jahre in Tokyo auf eine Person nur 4,5 m^2 Wohnfläche kamen und die durchschnittliche Wohnungsgröße lediglich 23,5 m^2 betrug. Auch heute sind die Verhältnisse nur unwesentlich günstiger. Selbst Eigenheimgrundstücke am Stadtrand sind oft nur 100 m^2 groß; der Garten weist dann – sofern es ihn überhaupt gibt – nur ein Miniaturformat auf. Die Hochhausüberbauung im Stadtkern und in wichtigen Nebenzentren hatte eine extrem hohe Dichte der Tagbevölkerung zur Folge. Aufgrund der Flächenengpässe ist die Nutzungskonkurrenz überall enorm. Für expandierende Industrieunternehmen sind Betriebserweiterungen vor Ort kaum möglich, und städtisches Grün ist auf minimale Restbestände zurückgedrängt. Statistisch entfallen auf einen Einwohner Tokyos nur 4,5 m^2 Grünfläche, in London sind es 30,4 m^2, in New York 19,2 m^2. Allerdings hat das Zusammenleben auf engem Raum in Japan eine lange Tradition und wird von der Bevölkerung weniger negativ empfunden, denn schon vor der Industrialisierung waren die Städte außergewöhnlich dicht besiedelt.
- *Extrem hohe Boden-, Immobilien- und Mietpreise*: In der Boomphase der *bubble economy* erreichten die Bodenpreise im Zentrum von Tokyo Spitzenwerte bis zu 0,5 Mio. €/m^2, und auch heute werden noch mehr als 100.000 € erzielt. Rein rechnerisch galten damals die 23 Stadtbezirke Tokyos als genau so teuer wie das gesamte Territorium der USA. Selbst in

Wohngebieten sind Bodenpreise von weit über 5.000 €/m^2 Normalität. Daraus resultieren extrem hohe Geschäfts-, Büro- und Wohnmieten. Im Vergleich zu anderen *global cities* sind in Tokyo doppelt so viele Arbeitsstunden notwendig, um sich ein Eigenheim leisten zu können.

- *Langes und aufreibendes Pendeln* (vgl. dazu insbesondere EICHHORN 1996; FELDHOFF 1998): Im Durchschnitt benötigen die über 3 Mio. Pendler in die Kernstadt 75 Minuten Fahrzeit für eine Wegstrecke; ein Drittel braucht sogar über 90 Minuten. Damit ist vor allem deshalb eine besonders hohe Belastung verbunden, weil die zwar leistungsfähigen, effizienten und pünktlichen Massenverkehrsmittel zur *rush hour* extrem überfüllt sind und häufig mit „Sardinenbüchsen" oder „Gefängniszellen" verglichen werden (FLÜCHTER 1997, S. 33). Nicht zuletzt deshalb liegen die besseren Wohnviertel vergleichsweise zentrumsnah (HOHN 2002a). So grenzt z. B. in Tokyo der *Minato*-Distrikt mit vielen Botschaften und einem kosmopolitischen Unterhaltungsangebot fast unmittelbar an Kaiserpalast und *City* an (SASSEN 1991, S. 273 ff.).
- *Zeit- und kostenaufwändiger Straßenverkehr*: Das Pendeln im Pkw ist keine Alternative, auch abgesehen von der ökologischen Problematik. Zähflüssiger Verkehr und stundenlange Staus sind selbst auf den Stadtautobahnen die Regel. Überdies ist die Kostenbelastung hoch (Maut, exorbitante Parkgebühren). Auf den meisten städtischen Straßen ist Parken aufgrund der Enge gar nicht möglich. Deshalb wird ohne Nachweis eines Einstellplatzes keine Zulassung erteilt. Im Ergebnis führt das dazu, dass mehr als 7 von 10 Pendlern schienengebundene Verkehrsmittel benutzen (EICHHORN 1996, S. 31).
- *Verspäteter und kostspieliger Ausbau der Infrastruktur*: Der verzögerte Ausbau der materiellen Infrastruktur war mit enormen Kosten verbunden. Das trifft nicht nur für das Straßennetz zu, sondern auch für Wasserver- und -entsorgung, Bereitstellung von Elektrizität, Müllentsorgung u. a. Noch Anfang der 1970er Jahre waren 85% der Häuser Tokyos nicht an die Kanalisation angeschlossen (HOFMEISTER 1996, S. 144).
- *Hohe Umweltbelastungen*: Das ballungsbedingte Nebeneinander von Großindustrie- und Gewerbekomplexen, über das ganze Stadtgebiet verstreuten Klein- und Mittelbetrieben, stark befahrenen Verkehrstrassen und dicht besiedelten Wohngebieten aus leicht gebauten Häusern haben übermäßige Belastungen durch Lärm, Luftverschmutzung, Erschütterungen, Wasser- und Bodenverschmutzung, Bodenabsenkungen, Sinken des Grundwasserspiegels zur Folge. Seit den 1970er Jahren eingeleitete Umweltschutzmaßnahmen haben die negativen Effekte nur z. T. relativieren können, wenn auch z. B. bei der Luftbelastung ein eindrucksvoller Rückgang gelungen ist (Auflagen für die Industrie, hohe Kfz-Abgasstandards).

- *Hohe Anfälligkeit gegenüber menschlichem Versagen und Naturkatastrophen*: Menschliches Versagen oder technische Defekte können innerhalb kurzer Zeit zu chaotischen Zuständen führen. Dazu reicht bereits ein kurzzeitiger Stromausfall aus, der die Massenverkehrsmittel stilllegt. Vor Gewalttätigkeit kann man sich nur bedingt schützen, wie der Giftgasanschlag 1995 im U-Bahn-System Tokyos nachdrücklich unter Beweis stellte. Nicht absehbar sind auch die Folgen von Erdbeben. Eine Wiederholung des großen Bebens von 1923 würde aufgrund des fortgeschrittenen Verstädterungsprozesses zu einer ungleich größeren Zahl von Opfern führen, und der volkswirtschaftliche Schaden wäre kaum bezifferbar. Zwar hat der präventive Katastrophenschutz große Fortschritte gemacht und nimmt weltweit eine technologische Spitzenstellung ein (FLÜCHTER 2000), die Verwundbarkeit der Ballungszentren bleibt aber allein aufgrund der nach wie vor weit verbreiteten Holzbauweise, der vielfach engen Straßen, der überschwemmungsgefährdeten Küstenzonen und generell der extremen Ballung von Menschen und Industrie sehr hoch.

Diesen Nachteilen der extremen Ballung, wie sie sich insbesondere aus europäischer Perspektive darstellen, stehen Vorzüge an Lebensqualität gegenüber, die in keiner anderen *global city* erreicht werden (FLÜCHTER 1997, S. 36 ff.). Erst dieses Zusammenspiel macht die Besonderheit der japanischen Stadt aus:

- *Soziale und ethnisch homogene metropolitane Gesellschaft*: Die Polarisierung des Arbeitsmarktes und Sozialgefüges ist in japanischen Städten sehr viel geringer als anderswo. Zwar existiert eine „Zweiklassengesellschaft" aus Haus- und Grundeigentümern einerseits und Grundbesitzlosen andererseits, gibt es in geringem Umfang stigmatisierte und marginalisierte Bevölkerungsgruppen, wie die der Tagelöhner als „Reservearmee" für die Bauwirtschaft (WALEY 2000, S. 149 f.), und ist die Obdachlosigkeit aufgrund der wirtschaftlichen Krise der 1990er Jahre gewachsen (CYBRIWSKY 1998, S. 180ff.), jedoch resultieren daraus keine größeren gesellschaftlichen Spannungen, die *soziale Segregation* ist sehr viel geringer als in den USA (KARAN in KARAN und STAPLETON 1998, S. 5), und eine Abschottung der wohlhabenden Bevölkerung in *gated communities* ist nicht notwendig (HOHN 2002a). Die relative Homogenität der Gesellschaft resultiert auch daraus, dass der Ausländeranteil (vorwiegend Koreaner) nur bei knapp 1,5% liegt und selbst in Tokyo 3% nicht überschreitet (LÜTZELER 2002).
- *Öffentliche Sicherheit und Sauberkeit*: In japanischen Städten stellt die Aufrechterhaltung der öffentlichen Sicherheit kein Problem dar. Die Kriminalitätsziffern sind im internationalen Vergleich außerordentlich niedrig; z. B. verhält sich die Zahl der Raubüberfälle in New York und Tokyo wie 191:1 (CYBRIWSKY 1998, S. 46). Überall in den Städten ist sowohl am Tag als auch in der Nacht die persönliche Sicherheit gewährleistet. Überdies

sind japanische Städte im Straßenbild, in Verkehrsmitteln und öffentlichen Gebäuden weitaus sauberer, als man es selbst von Europa gewöhnt ist, und Vandalismus ist unbekannt (Takeuchi 2000, S. 158).

- *Leistungsfähiger ÖPNV*: Das Schienenverkehrssystem erschließt das Stadtgebiet flächendeckend. Die erste U-Bahn Japans und ganz Asiens wurde 1927 in Tokyo eröffnet. Die Züge verkehren im Kurztakt, sind schnell, pünktlich, sauber und preiswert. Die Auslastung ist auch deswegen hoch, weil die Benutzung des eigenen Pkw keine Alternative darstellt und die Bevölkerungsdichte im Umkreis des Schienennetzes extreme Werte annimmt. Der ÖPNV ist weitgehend privatisiert, sodass die öffentlichen Kassen kaum belastet werden.
- *Urbane Vielfalt und weltstädtische Lebensqualität*: Die Raumenge der privaten Wohnungen und die großen Distanzen innerhalb des Stadtgebietes haben dazu beigetragen, dass man auch einen großen Teil der Freizeit außerhalb der „eigenen vier Wände“ verbringt. Die Menschen treffen sich in Einkaufs-, Ausgeh- und Vergnügungszentren, die eine große Dynamik und Vitalität ausstrahlen. Weltstädtisch sind auch die Möglichkeiten für Information und Innovation, Bildung und Kultur.

7.2.4.7 Strukturmodell für das 21. Jahrhundert

Die Zukunft wird mit Sicherheit eine Abschwächung, wenn nicht gar einen Rückgang des städtischen Wachstums bringen, weil auch in Japan die Geburtenzahlen drastisch abgenommen haben und das Binnenwanderungspotenzial weitgehend ausgeschöpft ist bzw. nur noch den natürlichen Bevölkerungsrückgang kompensieren kann. Allerdings werden die Bevölkerungsverlagerungen innerhalb der Metropolen weitergehen, solange die Sogkraft des Kerns einschließlich der Nebenzentren groß ist und die Wohnbevölkerung nach außen verdrängt wird. Da sich die Differenz der Bodenpreise zwischen zentralen und peripheren Lagen in den letzten Jahren verkleinert hat, bestehen allerdings gute Chancen, dass sich der *urban sprawl* zumindest abmildert und sich die Tendenzen der *Reurbanisierung* verstärken (Hohn 2002a). Das Modell des Ballungsraumes Tokyo für das 21. Jh. zeigt eine *polyzentrische Struktur* (Abb. 39). Die neuen Zentren werden in einer Entfernung von 20 bis 50 km, z. T. – wie die *Tama New Town* – noch darüber hinaus liegen. Ihre Entwicklung soll gezielt gefördert werden, um den Kernraum zu entlasten (vgl. Eichhorn 1996, S. 101 ff.). Dabei stehen sich jedoch unterschiedliche Konzepte gegenüber. So strebt das *Tokyo Metropolitan Government* eher die weitere Zentrierung höchstrangiger Funktionen innerhalb der Präfektur mit Hilfe von *Stadtkern-Nebenzentren* an, während die nationale Raumordnungsbehörde *Dienstleistungskernstädte* mit eigenen Pendlereinzugsbereichen in einem größeren Abstand zu Tokyo entwickeln will. Dazu zählt auch das Pro-

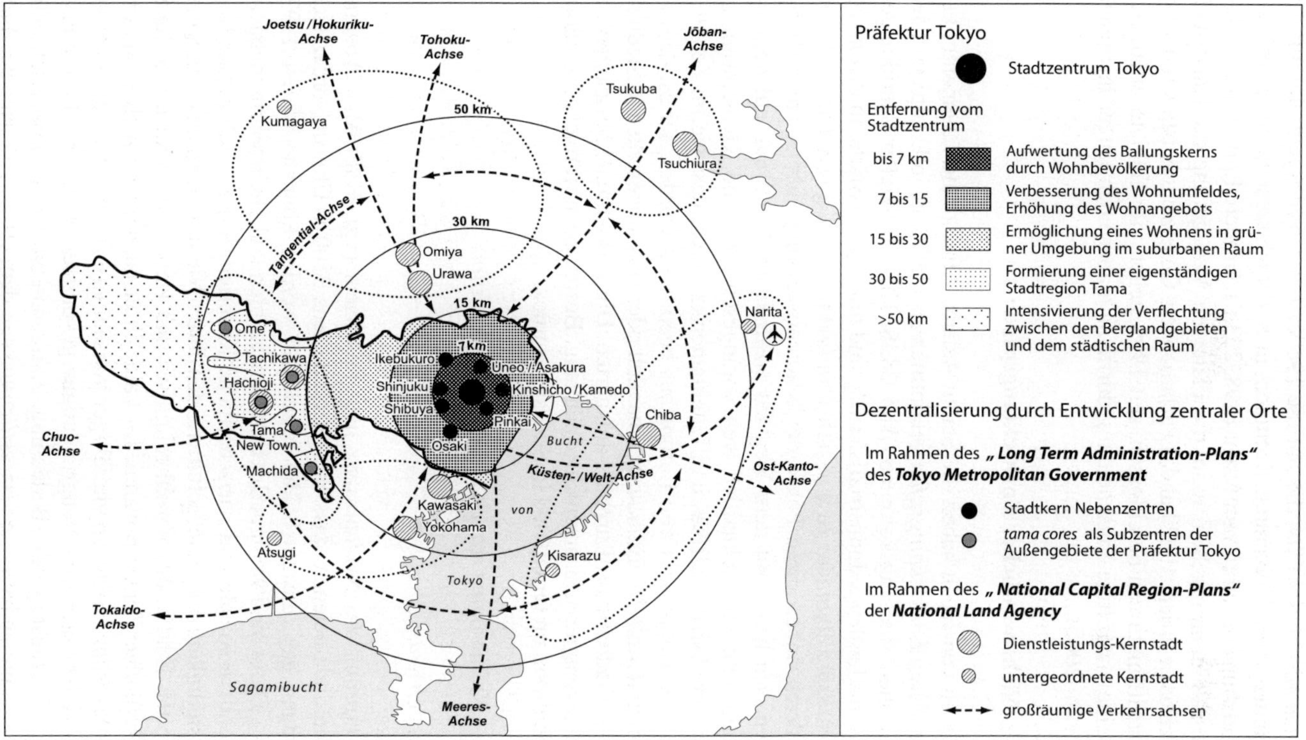

Abb. 39: Modell des Ballungsraumes Tokyo für das 21. Jh.
Quelle: FLÜCHTER (2001)

jekt *Tsukuba Science City*, das auf die 1960er Jahre zurückgeht und mit der Verlagerung von Universitätsinstituten und Forschungseinrichtungen aus Tokyo verbunden war (CYBRIWSKY 1998, 223 f.). Größere Entlastungseffekte dürften sich dann ergeben, wenn die Pläne zur Verlagerung der Hauptstadt Wirklichkeit werden. 1992 hat das Parlament ein Gesetz zur Auslagerung von Hauptstadtfunktionen beschlossen, seit 1999 stehen vier Gebiete in engerer Wahl, eine endgültige Entscheidung dürfte sich aber noch länger hinziehen (FLÜCHTER 2002).

7.3 Nicht-westlicher Entwicklungspfad

Abgesehen von Japan haben die Städte Asiens, Afrikas und Lateinamerikas einen anderen *Entwicklungspfad* genommen als die Städte in Europa und den europäischen Siedlungskolonien (Abb. 28, S. 123). Trotz aller Bemühungen um eine nachholende Industrialisierung sind nur wenige Städte in den *newly industrializing countries* zu wirklichen *Industriestädten* geworden; die meisten anderen haben diese Phase der Stadtentwicklung „übersprungen“ und befinden sich heute auf dem Weg zur *postindustriellen Stadt*, auf dem sie allerdings sehr unterschiedlich weit vorangeschritten sind. Gemeinsam ist den Städten Asiens, Afrikas und Lateinamerikas auch, dass sie im Zeitalter des *Kolonialismus* stark von Europa aus beeinflusst wurden, sei es, dass es sich um *koloniale Neugründungen* handelt oder sich an bestehende Siedlungen neue Stadtteile für Europäer anlagerten. Die vorkoloniale Vergangenheit ist demgegenüber sehr unterschiedlich lang. Besonders weit reicht die städtische Tradition im Orient und in Südasien zurück.

7.3.1 Kulturräume mit alter städtischer Tradition

7.3.1.1 Orient

Der *Ursprung des Städtewesens* liegt im Orient (vgl. Kap. 4.1). Ausgrabungsbefunde belegen, dass es seit mindestens 3500 v. Chr. in Vorderasien Siedlungen gab, die als Städte bezeichnet werden können (WIRTH 1997, S. 5 ff.). Dafür sind weniger die Einwohnerzahlen und Dichtewerte maßgeblich, sondern soziale und wirtschaftliche Kriterien. Soziale Schichtung und Arbeitsteiligkeit der Gesellschaft fanden ihren Niederschlag im räumlichen Gefüge der Städte, die sowohl religiöses und Herrschaftszentrum als auch wirtschaftliches Zentrum waren. Im Laufe ihrer langen Geschichte sind die Städte des Alten Orients in vielfältiger Weise *überformt* worden, und es ist zu Stadterweiterungen und Neugründungen gekommen. Dabei sind zwei Prozesse von herausragender Bedeutung: zum einen die *Islamisierung* seit dem 7. Jh. und zum anderen die *Verwestlichung* seit dem 19. Jh., die zu einer *dua-*

len Stadtstruktur mit dem Gegensatz von *Alt-* und *Neustadt* geführt hat. Dementsprechend wird die Frage nach der „Einmaligkeit" der orientalischen Stadt in zwei Richtungen gestellt:

1. *In historischer Perspektive*: Können die Gemeinsamkeiten der Städte im Orient und ihre Abgrenzung zu Städten in anderen Kulturräumen auf die vereinheitlichende Kraft des *Islam* zurückgeführt werden? Ist somit die Gleichsetzung von orientalischer und islamischer Stadt gerechtfertigt, oder sind wesentliche Elemente der Städte im Orient altorientalisch?
2. *In gegenwartsbezogener Perspektive*: Welche Kriterien sprechen auch heute noch für die Sonderstellung der orientalischen Stadt? Inwieweit ist das historische Erbe bis in die Gegenwart spürbar? Gibt es orientalische Merkmale der Moderne (Wirth 2001, S. 162)?

Die Persistenz altorientalischer Strukturelemente

In seinem groß angelegten Werk über die orientalische Stadt bekennt sich Wirth (2001) als Anhänger der *Kontinuitätshypothese* und stellt dafür überzeugende Argumente zusammen. Viele Merkmale des Baubestandes und des räumlichen Gefüges, die die Besonderheit der Städte Nordafrikas und Vorderasiens ausmachen, sind bereits in den Städten des Alten Orients angelegt. Nur der zentrale Geschäftsbereich, der *Bazar* oder *Suq*, ist eine eigenständige Kulturleistung des islamischen Mittelalters und war weder Bestandteil der Städte im Alten Orient noch in der klassischen Antike oder im europäischen Mittelalter (Wirth 2001, S. 520). Grundrissstruktur, Haustyp und Quartierstrennung reichen hingegen in vorislamische Zeit zurück.

Der unregelmäßige *Sackgassengrundriss* wird sehr häufig als typisch für die orientalische Stadt herausgestellt. Insgesamt gesehen ist das Grundrissbild aber komplexer und zeichnet sich durch eine klare *Zweiteilung* aus: Auf der einen Seite stehen die *Hauptstraßen* und die *Verkehrsleitlinien*, die das Stadtzentrum mit den Toren verbinden und die einzelnen Wohnquartiere erschließen, auf der anderen Seite die oft abwinkelnden *Sackgassen*, die die weiten Maschen des Hauptstraßennetzes ausfüllen (Wirth 2001, S. 346). Aus Grabungsbefunden wird ersichtlich, dass dieses Muster schon in der altorientalischen Stadt vorhanden war. Über seine Entstehung gibt es unterschiedliche Hypothesen: Nach Schmidt (zitiert nach Wirth 2001, S. 350) haben sich die Sackgassen schon beim Übergang von dörflicher zu städtischer Siedlung herausgebildet, als die oft ausgedehnten Freiflächen zwischen den Häusern allmählich bebaut wurden und sich dabei zu Sackgassen verengten. Am Beispiel von Istanbul hat Stewig (1966, S. 45) wahrscheinlich gemacht, dass sich der *Sackgassengrundriss* schon in vorislamischer Zeit zu bilden begann. Als Ursache nennt er *„die ungeplante, der Privatinitiative überlassene Entwicklung der städtischen Grundbesitzstruktur"*. Dem steht allerdings entgegen, dass für viele einheitlich geplante Stadterweiterungen des 19. Jh. z. B. in Marrakesch, Tunis oder Teheran der *Sackgassengrundriss* von Anfang an vorgegeben war (WIRTH 2001, S. 348).

Geht man von der unterschiedlichen *Rechtsqualität* von Sackgasse und Durchgangsstraße im islamischen Recht aus, so kommt man zu einem anderen Erklärungsansatz, den WIRTH (2001, S. 525) mit *„Privatheit als das dominante Grundprinzip sozialer Interaktionen"* zusammenfasst. Er sieht darin sogar das wichtigste und auffallendste Kennzeichen der orientalischen Stadt. Durchgangsstraßen sind danach *öffentlicher Bereich*, dem die individuelle *Intimsphäre des privaten Hauses* gegenübersteht. Sackgassen nehmen eine *Mittelstellung* dazwischen ein; sie gelten als *gemeinsamer Privatbesitz* der Anlieger mit entsprechenden Benutzungsbeschränkungen. *„Privatheit als eine Grundkategorie städtischen Lebens"* (WIRTH 2001, S. 332 f.), besagt, *„dass das Schwergewicht der sozialen und räumlichen Beziehungen auf dem gesellschaftlichen Nah-Bereich liegt – auf Nachbarschaft, Familie oder Sippe, Sprach-, Herkunfts-, Berufs- oder Glaubensgemeinschaft"*. Die Bedeutsamkeit von Privatheit (*privacy*) zeigt sich nicht nur am Sackgassengrundriss, auch das traditionelle ein- bis höchstens zweigeschossige *Innenhofhaus* mit fensterlosen und entsprechend abweisenden Außenwänden, die strenge *Quartierstrennung* nach Sippen, Nationen, Religionen, Konfessionen und Sprachgemeinschaften (vgl. Abb. 40) sowie die Möglichkeit, die einzelnen Quartiere durch Türen oder Tore absperren zu können, um Feinden den Zutritt zu verwehren und sich im Falle innerstädtischer Konflikte schützen zu können, sind Ausdruck eines kulturraumspezifischen Lebensstils, der in vorislamische Zeit zurückreicht. Es gibt Hinweise, dass die in jüngster Zeit aufkommenden *gated communities* als Fortsetzung dieses Trends interpretiert werden können (GLASZE und ALKHAYYAL 2002).

Der Bazar als wirtschaftlicher Mittelpunkt

Die Ausbildung des *Bazars* (persisch) oder *Suq* (arabisch) mit seiner oft monumentalen *Handelsarchitektur* ist eindeutig eine der großen eigenständigen Kulturleistungen des islamischen Mittelalters (WIRTH 2001, S. 520). In einigen Städten sind Bazare bis ins 11. Jh. nachweisbar (HOFMEISTER 1996, S. 99), einzelne Ladenstraßen als Vorläufer sogar bis in die Antike (SCHWEIZER 1990, S. 219 ff.; WIRTH 2001, S. 198).

Folgende Merkmale kennzeichnen den *Bazar* in seiner weltweiten Einmaligkeit (Abb. 41; WIRTH 1974/75 u. 2001, S. 105 ff.):

1. Der *Bazar* ist der *zentrale Geschäftsbereich der Stadt*: Er ist Einkaufs- und Gewerbezentrum, wirtschaftliches Organisationszentrum sowie Finanzierungs- und Kreditplatz. Die einzelnen Wirtschaftsektoren sind dabei eng miteinander verzahnt und werden durch religiöse, politische und soziale

Funktionen ergänzt (z. B. Moschee, Brunnen, Bäder, Kaffeehäuser, Garküchen).

2. Die *Wohnfunktion* wurde schon früh vollständig aus dem Bazarbereich *verdrängt*, nicht zuletzt, um ihn nachts und feiertags ganz oder teilweise abschließen zu können. Nach Laden- bzw. Geschäftsschluss sind die Bazare deshalb menschenleer und haben keinerlei Freizeitwert.
3. Der *Baubestand* ist vielfältig und unterschiedlichen Alters: Zu den meist überdachten Gassen für Einzelhandel und Handwerk treten *Khane* (Karawansereien), d. h. absperrbare Gebäudekomplexe für den Groß- und Fernhandel, die sich meist um einen Innenhof anordnen, sowie *Bedesten*, kuppelüberdachte Hallen zur Lagerung besonders wertvoller, aber auch sperriger Güter.
4. Die *Branchensortierung* sowohl beim Handel als auch beim Handwerk ist besonders streng. Darüber hinaus gibt es eine enge Nachbarschaft zwischen dem Einzelhandelsverkauf und dem Großhandel mit denselben Waren wie auch zwischen Bazarhandwerk und den Einzelhändlern der entsprechenden Erzeugnisse.
5. Es besteht eine *regelhafte räumliche Ordnung* nach Standorten unterschiedlicher Wertigkeit. Bevorzugte Lagen werden weniger durch die Nähe bzw. Ferne zur Hauptmoschee (Freitagsmoschee) bestimmt (vgl. z. B. Hahn 1972, S. 18 für Kabul), sondern durch Richtung und Stärke der Passantenströme: In den am meisten frequentierten Hauptbazargassen findet sich überwiegend der Einzelhandel, abgestuft von Waren für den gehobenen Bedarf zu einem einfacheren und billigeren Angebot. In den Seitengassen nimmt der Anteil der Handwerker zu, und der Großhandel sitzt zwischen den Bazargassen oder schließt sich nach außen an den Einzelhandel an. In vielen Städten sorgen bindende Vorschriften dafür, dass Gewerbe mit Lärm- oder Geruchsbelästigung bzw. Brandgefahr nur an peripheren Standorten zu finden oder auf den Bereich außerhalb der Stadtmauern verwiesen ist.

Zwar hat es in den meisten Bazarvierteln im Laufe der Zeit Verschiebungen in der Angebotsstruktur gegeben, zumal wenn ausländische Touristen als kaufkraftstarke Nachfragegruppe auftreten, und das Handwerk ist aus den zentralen Teilen des Bazars weitgehend verdrängt worden (vgl. Meyer 1990, S. 95ff. für Kairo; Wagner 1996 für Tunis), geblieben ist jedoch die starke Stellung der Bazarwirtschaft im Gefüge der Gesamtstadt.

Wandlungen seit dem 19. Jahrhundert

Die Grundstruktur der traditionellen *orientalisch-islamischen Stadt* hat Dettmann (1969) zusammenfassend beschrieben (Abb. 40). In seinem Modell tritt die zentrale Lage des *Bazars*, oft um die *Hauptmoschee* angeord-

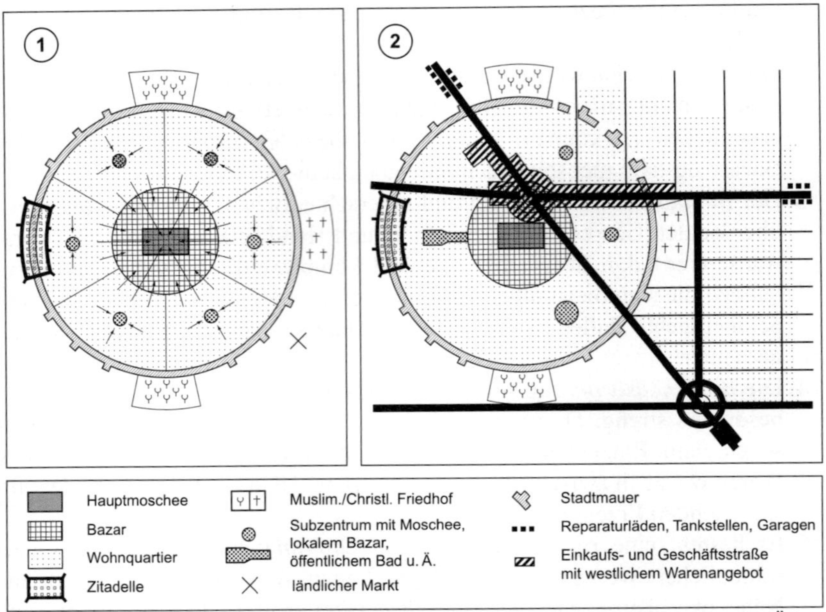

Abb. 40: Grundstruktur der traditionellen orientalischen Stadt (1) und deren frühe Überformung (2)
Quelle: DETTMANN (1969); EHLERS (1993)

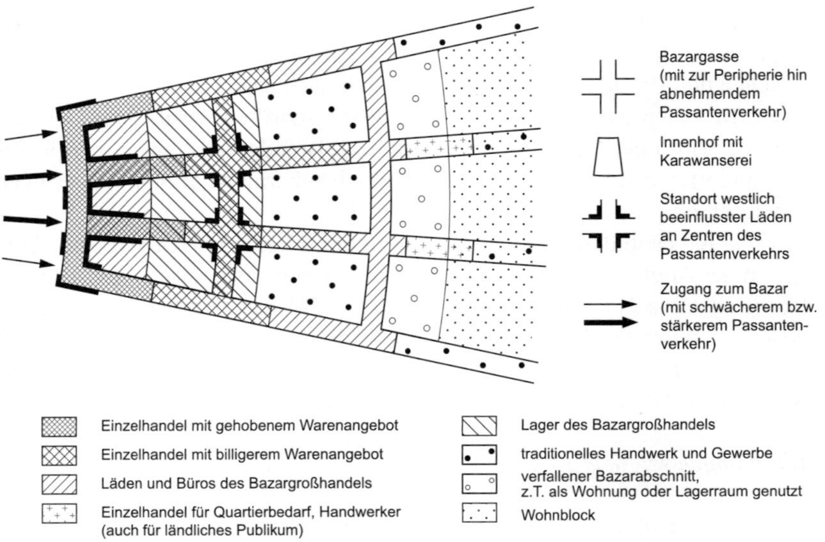

Abb. 41: Schematische Darstellung der räumlichen Ordnung im Bazar
Quelle: WIRTH (1974/75)

net, klar hervor; deutlich wird auch die *Quartiersgliederung* mit internem (nicht dargestelltem) *Sackgassengrundriss*, wobei die einzelnen Wohnbereiche jeweils mit eigener *Moschee*, einem kleinen *Bazar*, einem *öffentlichen Bad* oder ähnlichen Einrichtungen ausgestattet sind. Konstitutiv für die orientalische Stadt sind darüber hinaus *Stadtmauer* mit *Stadttoren* und *Zitadelle* sowie die damit verbundene Trennung zwischen dem Stadtgebiet *intra* und *extra muros*. Als Unterscheidungskriterium zu Städten anderer Kulturräume sind diese Bauwerke allerdings nicht geeignet, da sie in vielen Teilen der Welt die herausgehobene Stellung der Stadt gegenüber der ländlichen Siedlung betonen. In Vorderasien und Nordafrika sind Mauerringe und Festungsbauten allerdings sehr viel häufiger als z. B. in Europa erhalten geblieben und verstärken den Gegensatz zwischen Altstadt (in Nordafrika meist als *medina* bezeichnet) und jüngeren Erweiterungen.

Dass auch der bauliche Wandel innerhalb der Altstädte verhältnismäßig gering blieb, liegt nicht zuletzt daran, dass sich viele Immobilien im Eigentum religiöser Stiftungen (*waqf* oder *habous*) befinden, die staatlichem Zugriff weitgehend entzogen sind (Ehlers 1993, S. 38). Diese islamische Institution hat eine lange Tradition. Erworbenes Vermögen wird auf diese Weise in Land und Gebäuden (vorzugsweise Mietshäuser, Läden, Herbergen, Gewerbebetriebe) angelegt, wobei die Erträge wohltätigen Zwecken zugute kommen, aber auch dem Stifter und dessen Erben Einkommen verschaffen (z. B. als Verwalter der Stiftung). In manchen Städten ist ein nicht unbeträchtlicher Teil der Bausubstanz in der Altstadt und angrenzenden Bereichen, aber auch in umliegenden Dörfern an Stiftungen geknüpft und damit praktisch unveräußerlich (vgl. Gaube und Wirth 1984; Stöber 1986; Ehlers und Momeni 1989 u. 2002).

Seit dem 19. Jh. hat sich der Prototyp der orientalischen Stadt grundlegend verändert und in Raum und Zeit vielfältig differenziert (Ehlers 1993, S. 33 ff.). Die Hauptursache des Wandels ist das städtische Wachstum und der damit einhergehende *Modernisierungs-* und *Verwestlichungsprozess*. Besonders früh setzten die Veränderungen dort ein, wo französischer, britischer und russischer *Kolonialismus* und *Imperialismus* die traditionellen Städte *überprägte* (Abb. 42). Der Dualismus von *autochthoner Altstadt* und *kolonialer Neustadt* – nach Abu-Lughod (1980) Ausdruck von *„urban Apartheid"* – hat hier seinen Ursprung. Während Franzosen und Engländer ihre *ville nouvelle* bzw. *cantonments* und *civil lines* in deutlichem Abstand zur bestehenden Stadt errichteten (vgl. Escher 1982), grenzt die *„Russenstadt"* Mittel- und Zentralasiens meist unmittelbar an die vorhandene Siedlung. Nach der sowjetischen Machtübernahme ist diese durch Elemente des *sozialistischen Städtebaus* nochmals überformt worden (Giese 1980).

Im nichtkolonial beeinflussten Kernraum der Islamischen Welt blieb die ererbte Stadtstruktur bis in die ersten Jahrzehnte des 20. Jh. unangetastet.

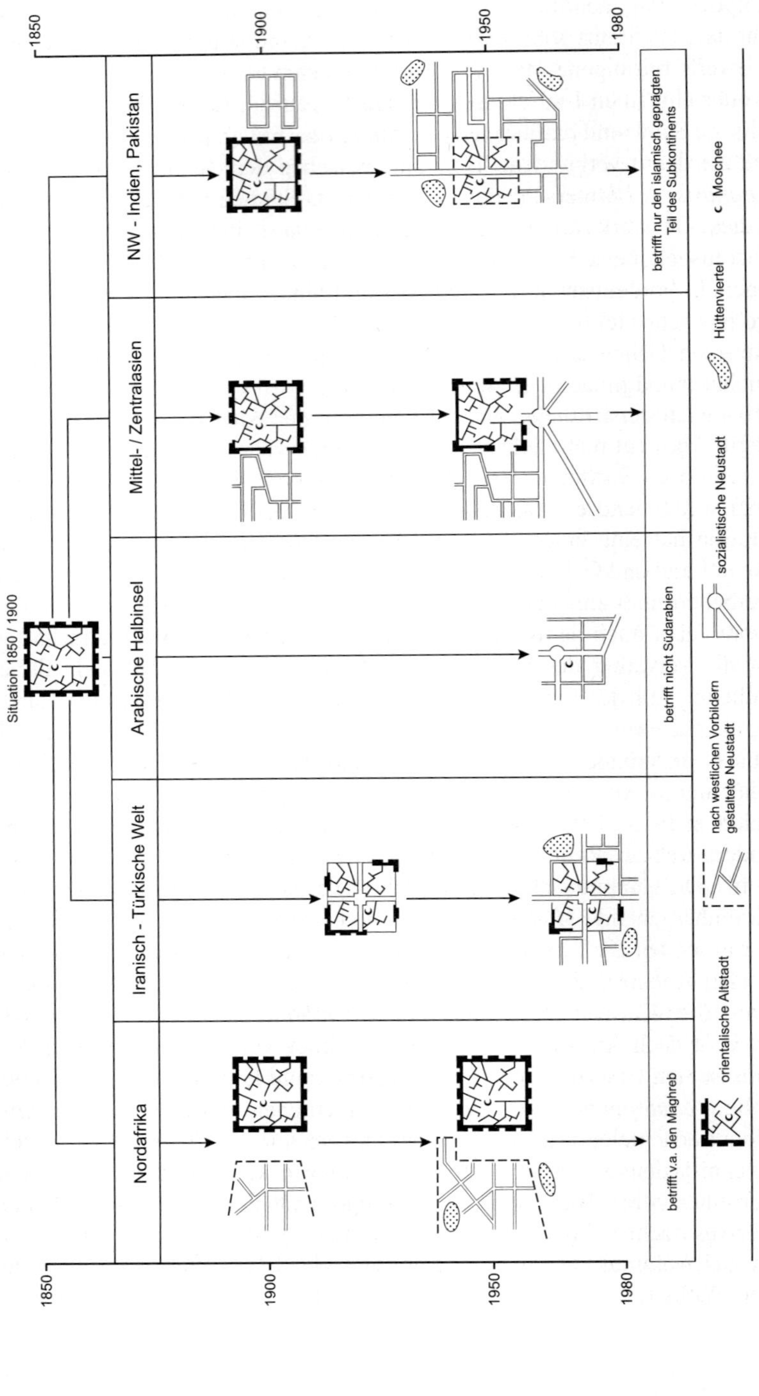

Abb. 42: Der baulich-formale Wandel der islamisch-orientalischen Stadt in raum-zeitlicher Differenzierung
Quelle: Ehlers (1993)

Abgesehen von Istanbul, Izmir oder Teheran, wo sich westliche Einflüsse schon früher im Stadtbild bemerkbar machten, setzte der Veränderungsprozess in der Türkei erst seit ca. 1920, im Iran seit etwa 1930 (EHLERS 1993, S. 35) und in Afghanistan nochmals deutlich später ein (vgl. HAHN 1964/65; WIEBE 1978). Sowohl KEMAL PASHA ATATÜRK als auch REZA SHA verfolgten eine Politik, die bestehende Stadt radikal umzugestalten. Stadtmauern wurden geschleift, Bazare und altstädtische Wohngebiete teilweise abgerissen, um Raum für breite Durchgangsstraßen und große Plätze zu schaffen, die von Neubauten westlicher Architektur gesäumt waren. Nach außen schlossen sich junge Stadterweiterungen mit ebenfalls regelmäßigem Grundriss an (Abb. 42).

Noch länger unangetastet blieb die städtische Struktur auf der Arabischen Halbinsel. In Südarabien sind die Zeugnisse hochentwickelter *Stadtkulturen* z. T. bis heute erhalten (vgl. z. B. KOPP und WIRTH 1990 für *Sana*; SCHOLZ 1990 für *Muscat*). Vor allem im Jemen geben die Turmhäuser, spektakuläre Hochbauten von bis zu acht Stockwerken, den Städten ihr besonderes Gepräge (SCHWEIZER 1990, S. 201). Dagegen werden die ölreichen Stadtstaaten an der Golfküste fast vollständig von einer an westlichen Vorbildern orientierten Stadtentwicklung bestimmt, die BONINE und CORDES (1983) als *„oil urbanization"* bezeichnet haben (vgl. WIRTH 1988 sowie LAVERGNE und DUMORTIER 2000 für Dubai). Eine Sonderstellung nehmen die Städte Israels selbst dort ein, wo die arabisch-muslimischen Bewohner einen größeren Bevölkerungsanteil ausmachen (vgl. SABBAGH 1993; BRIK 1996 sowie NEWMAN 2002 für Jerusalem).

Der Dualismus zwischen Alt- und Neustadt bezieht sich sowohl auf Geschäfts- als auch auf Wohnviertel. Unabhängig von der kolonialen Überformung ist es in vielen Städten schon früh zur Ergänzung des Bazars durch Geschäftsstraßen und -viertel westlicher Prägung gekommen, deren Angebot sich an die bessergestellten, westlich orientierten Bevölkerungsschichten richtete (Abb. 40). Das erste Beispiel einer solchen Geschäftsstraße ist die *Muski* in Kairo, die 1845-49 in west-östliche Richtung durch die Altstadt geschlagen wurde und an der sich Läden mit Industriewaren und Konsumgütern aus Europa sowie Speiselokale und Kaffeehäuser etablierten (WIRTH 2001, S. 152). Später wurden insbesondere die *villes nouvelles* zu bevorzugten Standorten der Geschäftsviertel westlichen Stils. Oft lassen sich dabei mehrere „Generationen" eines solchen modernen CBD mit jeweils unterschiedlicher sozialer Wertigkeit unterscheiden, wie sie RUPPERT (1968) am Beispiel Beiruts herausgearbeitet hat. Die jüngste Generation wird hier auf den Trümmern der Bürgerkriegszerstörungen entstehen: 80% der Gebäude im Zentrum sollen abgerissen werden und einer postmodernen Stadt, einem *„Hongkong am Mittelmeer"*, weichen (GEBHARDT und SCHMID 1999; SCHMID 2002).

Obwohl die modernen Geschäftsviertel europäischen Vorbildern nachempfunden wurden, gibt es einzelne Elemente, die auf ein Weiterleben alter, einheimischer Traditionen hindeuten. Als *„orientalische Merkmale der Moderne"* stellt WIRTH (2001, S. 162 ff.) heraus:

1. Auch moderne Ladenzentren und Geschäftsquartiere werden oft als Innenhof-Strukturen gebaut. Diese sind meist mehrstöckig und öffnen sich mit umlaufenden Galerien hin zum Hof.
2. Eine bazar-ähnliche Branchensortierung ist weit verbreitet und ergänzt die Sortierung nach Waren unterschiedlicher Wertigkeit.
3. Einzelne Bereiche sind überwiegend Männern, andere Frauen vorbehalten. Zwar gibt es naturgemäß keine Zutrittsverbote, aber Männer wie Frauen akzeptieren stillschweigend solche überlieferten Regeln. Aber auch darüber hinaus unterscheiden sich die „Aktionsräume" von Frauen und Männern beträchtlich (PFAFFENBACH 1992).

Insgesamt gesehen konstatiert aber auch WIRTH (2001, S. 13), dass bei den modernen Entwicklungen das „Orient-Spezifische" immer mehr zurücktritt. MEYER (2003, S. 82) möchte deshalb den Typ „orientalische Stadt" auf die konkrete historische Zeit des islamischen Mittelalters bis zur beginnenden europäischen Penetration im 19. Jh. beschränkt wissen. Darauf weist auch die häufig gewählte Bezeichnung „traditionelle islamisch-orientalische Stadt" hin (STÖBER 1995, S. 286).

Im Allgemeinen nehmen „moderne" Wohnviertel ein Vielfaches des Areals der Altstadtbezirke ein. Insbesondere in den schnell wachsenden Metropolen wie Casablanca, Algier, Tunis, Kairo, Istanbul, Damaskus, Bagdad und Teheran ist der Flächenanteil der Altstadt verschwindend gering (EHLERS 1993, S. 34); in Teheran beträgt er z. B. nur ca. 4% (MADANIPOUR 1998, S. 144). Aber nicht nur Grundriss und Baubestand der jüngeren Viertel gleichen sich an westliche Vorbilder an, auch die sozialräumliche Differenzierung unterscheidet sich grundlegend vom traditionellen Ordnungsprinzip der Altstädte. Nicht mehr Religion oder Volksgruppe führen die Menschen in einem Viertel zusammen, sondern vergleichbare Einkommen und Konsumgewohnheiten (WIRTH 2001, S. 398). Dabei sind Klimagunst und landschaftliche Schönheit zu wichtigen Standortfaktoren für die sozial hochwertigen Wohnviertel geworden: In Bagdad liegen sie in direkter Nähe des Tigrisufers, in Damaskus und Teheran in den oberen Bereichen des Berghanges und in Istanbul entlang des Bosporus. Das hat die Ausbildung *sektoraler Strukturmuster* gefördert. Diese werden am Stadtrand durch die zellenförmigen Komplexe der Hüttenquartiere ergänzt, die überwiegend auf Landbesetzungen zurückgehen. Wie WIRTH schon 1954 in einer Studie über die Lehmhüttenquartiere von Bagdad herausarbeiten konnte, sind sie in ihrer Mehrzahl keine Elendsviertel, sondern *slums of hope* im Sinne von STOKES (1962), die sich im Laufe der Zeit zu zwar einfachen, aber mit einer Basisinfrastruktur ausgestatteten Vororten entwickeln. Diese Ergebnisse sind später z. B. von Ritter (1972, S. 186 ff.) und »EN (1972) für die *geçekondus* der Türkei im wesentlichen bestätigt worden. Im Laufe der Zeit sind allerdings neue Landbesetzungen immer schwieriger geworden; aufgrund rascher Bevölkerungszunahme haben die bestehenden *geçekondus* ihren „dörflichen Charakter“ (Höhfeld 1984) verloren, sind stark verdichtet und werden mehr und mehr von höheren Bauten bestimmt (Stewig 2000, S. 249 ff.). Auch in Kairo lebt die überwiegende Mehrheit der unteren und mittleren Einkommensgruppen in *informellen Siedlungen*. Diese sind jedoch ganz überwiegend nicht aus Landbesetzungen, sondern aus Parzellierungen und nachfolgender nicht genehmigter Bebauung hervorgegangen. Im Laufe der Zeit erfahren sie oft ein enormes Höhenwachstum, wodurch es zu extremen Bevölkerungskonzentrationen und Dichtewerten kommt, wie sie kaum in einem anderen Entwicklungsland zu finden sind (Yousry und Atta 1997, S. 134 f.; Meyer in Meyer 2004, S. 136 f.). Während es baulich und auch hinsichtlich der Entwicklungsabläufe keine wesentlichen Unterschiede zu den entsprechenden Vierteln am Rande lateinamerikanischer und afrikanischer Metropolen gibt, sind die sozialen Verhältnisse im Orient wie auch in großen Teilen Asiens weniger problematisch. Wirth (2001, S. 397) führt dies auf die religiöse und gesellschaftliche Ordnung des Islam zurück, die selbst unter schwierigen äußeren Lebensumständen Zusammenhalt, Solidarität und ein gesittet-friedliches Miteinander gewährleistet.

Über die Auswirkungen der *Globalisierung* auf die Entwicklung der Metropolen liegen nur wenige wissenschaftliche Untersuchungen vor. Am Beispiel von Kairo hat Gertel (2002) herausgearbeitet, dass es auch in den großen Städten des Orients ausgeprägte *Fragmentierungstendenzen* gibt: Eine neue Konsumkultur (*fast food*) setzt sich bei der jungen, wohlhabenden Bevölkerung durch, die sozialen Konflikte nehmen zu, insbesondere auch dadurch, dass das *face lifting* der Innenstadt (Unterbindung informeller Aktivitäten, *upgrading* innerstädtischer Slums) zu einer Verdrängung alteingesessener Bewohner führt. Dadurch löst sich die *„historisch gewachsene ökonomische und kulturell verwobene Stadtstruktur“* zusehends auf (Gertel 2002, S. 36). Vergleichbare Entwicklungen werden von Seger und Palencsar (2003) für Istanbul dokumentiert. Die neue *skyline* aus modernen Hochhäusern unterstreicht die gewonnene Bedeutung als *global city* der dritten Reihe und als führender Wirtschaftsstandort nicht nur der Türkei, sondern einer größeren, von Südosteuropa bis Zentralasien reichenden Region.

Besonderheiten der Stadt-Land-Beziehungen

Der spezifische Charakter der *Stadt-Umland-Beziehungen* ist ein weiteres Element, das die Einmaligkeit und Eigenart der orientalischen Stadt ausmacht (Ehlers 1993, S. 36). Bobek hat 1959 und auch schon zuvor als einer der Ersten die These von der *parasitären Rolle* der Stadt im Verhältnis zum umgebenden Land vertreten. Ihm haben sich später u. a. Hahn (1964/65), Wirth (1973) und Ehlers (1978) im Grundsätzlichen angeschlossen. Gemäß dem Konzept des *Rentenkapitalismus* nach Bobek schöpfen die in der Stadt ansässigen *„Kapitalisten“* (Groß- und Einzelhändler, Gewerbeunternehmer, Geldverleiher, Grundbesitzer) aus den abhängigen Betrieben auf dem Lande (Bauern, Handwerker) alle Ertragsanteile (*„Renten“*) ab, die über das bloße Existenzminimum hinausgehen; dadurch sauge die Stadt wie ein Schmarotzer ihr Umland aus. Neuere Untersuchungen, die Wirth (2001, S. 223) zusammenfassend referiert, kommen zu dem Ergebnis, dass ein solches *parasitäres Verhältnis* vor allem in der Agrarproduktion und dem ländlichen Heimgewerbe lange Zeit bestanden hat, in der Gegenwart aber nur noch bedingt zutrifft. Als Gegenbeispiel führt Wirth die Rolle der Stadt als *Innovationszentrum* und Ausgangspunkt von *Modernisierungsprozessen* an. Von der Stadt dringen elektrisches Licht und fließendes Wasser, Volksschule und Sanitärstation auf das flache Land vor. Dadurch erhalten die stadtnahen Teile des ländlichen Raumes einen *Entwicklungsvorsprung* vor peripheren Regionen, und städtische Lebensformen beginnen sich durchzusetzen. Überdies haben soziale Veränderungen wie Bodenreform und Umverteilung des Landes viele Bauern aus ihrer Abhängigkeit geführt. Auch Ehlers (1993, S. 37) räumt ein, dass das eng mit dem rentenkapitalistischen Abhängigkeitsverhältnis zwischen Stadt und Land verbundene *„central place system of dominance“* (Bonine 1980) im Sinne einer stark ausgeprägten Hierarchisierung wirtschaftlicher, sozialer und politischer Funktionen heute nur für traditionelle wirtschaftliche Aktivitäten und Organisationsformen gilt.

Das Modell der orientalisch-islamischen Stadt

Die meisten Vorschläge zur modellhaften Beschreibung wesentlicher Strukturmuster der islamischen Stadt im Orient, wie sie Ehlers (1993, S. 32 f.) zusammengestellt hat, beschränken sich auf die bauliche, wirtschaftliche und soziale Differenzierung innerhalb der Altstadt und deuten den *Dualismus* zwischen *traditioneller Altstadt* und *moderner Neustadt* allenfalls an. Erstmals hat Seger (1975) am Beispiel Teherans das Modell einer *zweipoligen Stadt* vorgestellt (Abb. 43). Mit diesem Konzept wird der Tatsache Rechnung getragen, dass das Zentrum der Stadt *zwei* Kerne besitzt: die *traditionelle Mitte* um den *Bazar* sowie den *modernen CBD*. Letzterer weist zwei sehr verschiedene Randzonen aus: Die eine in Richtung Altstadt entspricht den ersten, z. T. innerhalb, z. T. außerhalb der Mauern entstandenen modernen Geschäftsstraßen, die im Laufe der Zeit ihre „führende Stellung“ eingebüßt haben, die andere in Richtung der hochwertigen Wohnviertel markiert die „Wachstumsfront“ des CBD mit Oberschicht-Einkaufsstraßen, führenden Hotels und imageträchtigen Büroadressen. Zweigeteilt sind aber auch die Wohngebiete: Die Viertel der Ober- und Mittelschicht, z. T. als große Apartmenthauskomplexe ausgebildet, konzentrieren sich auf den landschaftlich und ökologisch bevorzugten Sektor der Stadt. Dagegen leben ärmere Schichten vorzugsweise in der Altstadt und angrenzenden Stadtbezirken. In diesen Quartieren ist es im Laufe der Zeit zu erheblichen Bevölkerungsverdichtungen und teilweise auch zu baulichen Abwertungen gekommen (HELLER 1989 für Istanbul; PACIONE 2001, S. 203 für Kairo). Die Abwanderung der alten städtischen Oberschicht und der besser bezahlten Angehörigen „moderner“ Berufe aus der Altstadt und das Eindringen von Zuwanderern in die frei werdenden Wohnräume hat einerseits zu einer Nivellierung der Altstadtbevölkerung auf niedriger Sozialstufe geführt und hatte andererseits eine Durchmischung und damit eine Auflösung der traditionell von Nationalität, Sprache und Religion bestimmten Wohnquartiere zur Folge (HAHN 1972, S. 26 f. für Kabul). In einzelnen, sich dynamisch entwickelnden Altstädten ist die Wohnfunktion zu Lasten des produzierenden und des Dienstleistungssektors zurückgedrängt worden, sodass die Bevölkerungszahlen insgesamt abnahmen (MEYER 1990 für Kairo; WAGNER 1996 für Tunis; SEGER und PALENCSAR 1999 für Istanbul). Teilweise haben Flächensanierungen sowie die Umsiedlung von Großhandel, Handwerk und Industrie die Voraussetzungen für eine *Tertiärisierung* der Altstädte geschaffen (HELLER und GERDES 1991; STANDL 1994). Vereinzelt wird auch von *gentrification* innerhalb der Altstädte und angrenzender Bereiche berichtet (vgl. ESCHER, PETERMANN und CLOS 2001 für Marrakesch; UZUN 2001 für Istanbul; PFAFFENBACH in MEYER 2004 für Damaskus).

Die islamischen Städte des indischen Subkontinents unterscheiden sich deutlich von denjenigen des islamischen Kernraums. DETTMANN (1970, S. 489f.) nennt wesentliche Abweichungen, die insgesamt die These einer *indischen Variante* der islamisch-orientalischen Stadt stützen (vgl. EHLERS und KRAFFT 1993, S. 9 ff.):

1. Eine räumliche Trennung von Wohnen und Wirtschaften wird nicht vollzogen. In den Bazaren wohnen Handwerker und Händler mit ihren Familien hinter oder über den Läden und Werkstätten.
2. Der Bazar stellt keinen geschlossenen Baukörper dar, der überdacht und gegebenenfalls sogar abschließbar ist. Vielmehr ist er überwiegend linear angelegt; Bazargassen durchziehen wie Äste ein dicht bevölkertes Wohngebiet.
3. Die meist mehrgeschossigen Wohnhäuser der Altstädte weisen oft *Zierelemente* auf und sind stärker nach außen geöffnet, während sich in der traditionellen orientalischen Stadt die Häuser durch betonte Schmucklosigkeit

und Abgeschlossenheit auszeichnen. Überdies ist das Sackgassensystem weniger ausgeprägt, sondern durch Verbindungsgassen und Durchbrüche aufgelöst. PIEPER (1977, S. 41) führt das auf die *Kastengliederung* der indischen Gesellschaft zurück, die eine über der Großfamilie stehende Organisationsform darstellt und die Untergliederung der Städte in größere Einheiten nahe legt.

Das Beispiel Teheran

Zwar reicht die Geschichte Teherans weit in die Vergangenheit zurück – die älteste sichere Quelle datiert von 1116 (BRAUN 1974, S. 47) –, die Stadt blieb jedoch bis Ende des 18. Jh. recht unbedeutend. Teheran zählt zum Siedlungstyp der *„Gebirgsfußoasen"* (SEGER 1979, S. 131), deren Wasserversorgung mit Hilfe unterirdischer Kanäle (*Qanate*) erfolgt. Noch bis Anfang der 1960er Jahre blieben einzelne dieser *Qanate* intakt (BRAUN 1974, S. 57). Die Höhenlage der verschiedenen Stadtviertel schwankt heute zwischen 1.000 und 1.800 m (MADANIPOUR 1998, S. 103).

Erst als eine neue Herrscherdynastie, die der *Kadjaren*, 1786 die Macht ergriff, begann sich die Kleinstadt mit vielleicht 15.000 Ew. zur Residenz- und Hauptstadt eines größeren Landes zu wandeln (MADANIPOUR 1998, S. 29 ff.). Seitdem sind drei grundlegende Entwicklungsphasen zu unterscheiden, wobei die Brüche jeweils von einschneidenden politischen Veränderungen markiert werden:

1. Teheran als *traditionelle orientalisch-islamische Stadt* von der Machtergreifung der *Kadjaren* bis zum Militärputsch durch RAZA KHAN (1921);
2. Teheran als *zweipolige Metropole*, die die duale Gesellschaft der *Schah*-Epoche (bis 1979) widerspiegelt;
3. Teheran als *Hauptstadt* der Islamischen Republik Iran.

Bis Mitte des 19. Jh. entsprach die Struktur Teherans weitgehend dem Modell der *orientalisch-islamischen Stadt* (SEGER 1997, S. 236f.):

- Die Stadt war ummauert; der Bezirk des Herrschers lehnte sich an diesen Mauerring an, war zugleich aber durch eine eigene Mauer von der übrigen Stadt abgegrenzt.
- Hauptmoschee und Bazarbezirk lagen im Zentrum der Stadt.
- Mit Ausnahme der Haupt- und Durchgangsstraßen wurde das Straßennetz von Sackgassen bestimmt.
- Innenhofhäuser in Lehmbauweise kennzeichneten die Wohnquartiere.

Der *Säkularisierungs-* und *Modernisierungsprozess*, in dem sich Teheran zu einer Stadt „westlicher Prägung" wandelte, begann zwar schon im letzten Drittel des 19. Jh. (vgl. EHLERS und MOMENI 2002, S. 289 f.), ist dann aber von der Dynastie der *Pahlevi* (1925-79) besonders gefördert worden: In den 1930er Jahren wurde das bestehende Straßennetz erheblich verändert

(Straßenverbreiterungen, Anlagen neuer, sich rechtwinklig kreuzender Straßen; MADANIPOUR 1998, S. 36 ff.), ebenfalls auf diese Zeit zurück gehen die Anfänge der *zweipoligen Struktur,* wie sie im *Modell von* SEGER aus dem Jahre 1975 beschrieben worden ist (Abb. 43). Die Zweipoligkeit zeigt sich sowohl in der Aufspaltung des Geschäftslebens als auch in einer zunehmenden Segregation der Wohnbevölkerung nach sozio-ökonomischem Niveau.

Ein erster westlicher CBD entsteht am Rande der Altstadt noch innerhalb der Stadterweiterung von 1868 und dem damals angelegten zweiten, 1930 geschleiften Mauerring (SEGER 1975, S. 33) und wächst in ihr Gartenumland hinein. Die Wachstumsrichtung nach Norden wird bei den späteren CBD-Erweiterungen beibehalten (WIRTH 2001, S. 156); die jüngste Cityausweitung datiert aus der Hochphase des westlich-amerikanischen Einflusses (SEGER 1997, S. 239). Nur die Regierungs- und Verwaltungsdienststellen haben das „Wandern" des CBD nicht mitgemacht und sind im ehemaligen *Palastbezirk* der Altstadt verblieben. Das Projekt eines „neuen Stadtzentrums" ganz im Norden, das auch die wichtigsten Regierungsstellen aufnehmen sollte, ist nach den politischen Veränderungen hin zur *Islamischen Republik* nicht weiter verfolgt worden (SEGER 1997, S. 243).

Die *gesellschaftlichen Umschichtungen* sind dadurch gekennzeichnet, dass der traditionelle Gegensatz zwischen einer kleinen Oberschicht und der breiten Masse der armen Bevölkerung sich in vielfältiger Hinsicht differenziert hat. Die von den reichen Öleinnahmen finanzierte *Modernisierung der Verwaltung* und der Aufbau staatlicher Bildungs- und Dienstleistungsorganisationen sowie die forcierten Industrialisierungsbemühungen brachten eine westlich orientierte Mittelklasse und eine Industriearbeiterschicht hervor (SEGER 1975, S. 25 ff.). Somit lebten in Teheran westlich orientierte und traditionelle Gesellschaftsgruppen zusammen, wenn auch anders als es dem Modell der traditionellen Stadt entsprechen würde, nicht innerhalb desselben Wohnquartiers, sondern scharf segregiert. Aus Gärten und Landhäusern der vornehmen Familien entwickelte sich schon in der Zwischenkriegszeit am klimatisch bevorzugten Gebirgshang ein *Oberschichtwohngebiet*, in das später tertiäre Funktionen eindrangen und das sich in den 1970er Jahren zum CBD mit den Hauptgeschäftsstraßen wandelte, während sich die hochwertigsten Wohngebiete weiter nach Norden verlagerten (SEGER 1979, S. 147). Die größere Höhenlage gewährleistet eine gewisse Abkühlung im Sommer, und auch die Luftverschmutzung ist hier, fernab der Industriezonen, deutlich geringer. Benachbart zu den Villenvororten entstanden *Mittelschichtquartiere*, während der südliche Stadtteil zum ausschließlichen *Wohngebiet ärmerer Bevölkerungsgruppen* wurde. Die Wohndichten sind hier hoch, die Infrastruktur ist unterentwickelt und die Belastung durch Industrie und Gewerbe erheblich (SEGER 1997, S. 243). Die industrielle Durchmischung der südlichen Stadtteile reicht in die Zeit der ersten Ansiedlungen von Manufakturen und kleineren Industriebetrieben um die Jahrhundertwende zurück; seit den frühen 1960er Jahren treten regelrechte Industriegassen entlang einzelner Ausfallstraßen hinzu (EHLERS 1980, S. 485 ff.).

Die Islamische Revolution von 1979 hat zwar weitreichende gesellschaftliche und wirtschaftliche Veränderungen nach sich gezogen, die Grundstruktur des Stadtgefüges aber nicht wesentlich tangiert, was auch damit zusammenhängt, dass die iranische Hauptstadt, deren Einwohnerzahl für 2003 auf 7,2 Mio. geschätzt wird, nur noch vergleichsweise langsam wächst (2000-05: 1,0%/Jahr nach UN 2004). Dennoch gibt es eine Reihe qualitativer Besonderheiten und Modifikationen des Grundmusters (Abb. 43; SEGER 1997, S. 252 f; EHLERS und MOMENI 2002, S. 307f.):

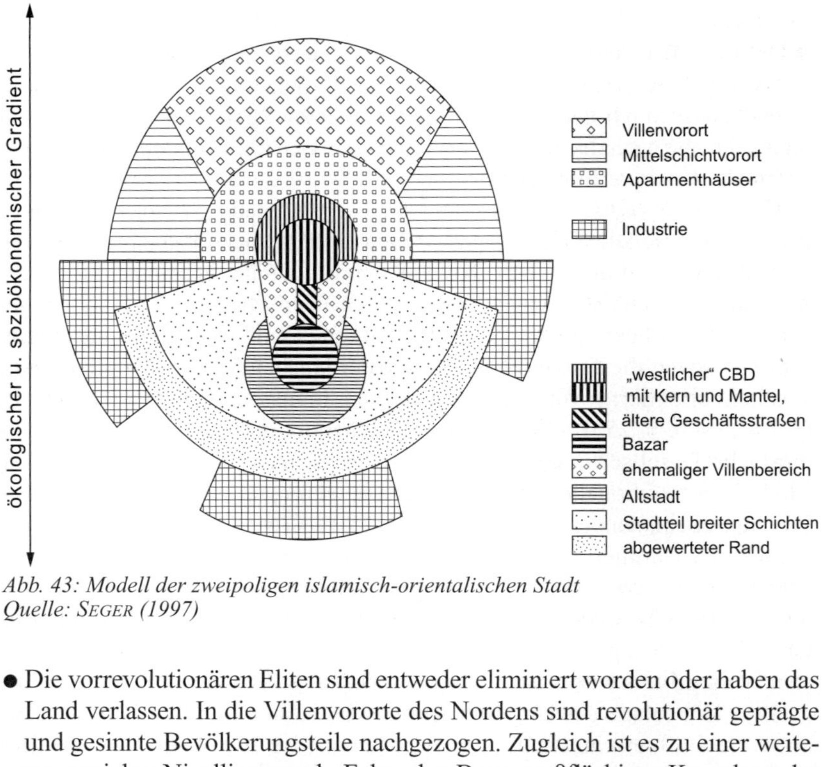

Abb. 43: Modell der zweipoligen islamisch-orientalischen Stadt
Quelle: SEGER (1997)

- Die vorrevolutionären Eliten sind entweder eliminiert worden oder haben das Land verlassen. In die Villenvororte des Nordens sind revolutionär geprägte und gesinnte Bevölkerungsteile nachgezogen. Zugleich ist es zu einer weiteren sozialen Nivellierung als Folge des Baus großflächiger Komplexe des religiös-ideologisch fundierten sozialen Wohnungsbaus gekommen. Die verbliebene alte und neue Oberklasse kapselte sich mehr und mehr ab, wie an der rapiden Ausweitung von *gated communities* abzulesen ist.
- Der traditionell benachteiligte Süden wurde durch die Anlage religiöser Großprojekte (z. B. *Khomeini-Mausoleum*) sowie massive Investitionen in

den sozialen Wohnungsbau aufgewertet. Allerdings sind die beschränkten Geldmittel des Staates eher den Stadterweiterungen als dem Stadterhalt zugute gekommen. Deshalb hat sich die Tendenz zum Verfall älterer Stadtteile verstärkt; vereinzelt besteht die Gefahr, dass diese zu Slums absinken.

- Im Gegensatz zu den Metropolen anderer Entwicklungsländer sind Hüttenviertel an der Peripherie weniger verbreitet. Einzelne *„pockets of extreme disadvantage and social exclusion"* (MADANIPOUR 1998, S. 143) finden sich am südlichen und östlichen Stadtrand auf ungenutzten, wüstenhaften Flächen. Das Fehlen großflächiger Landbesetzungen, die die städtischen Autoritäten sowohl vor als auch nach der Islamischen Revolution z. T. mit Gewalt verhindert haben, ist ein entscheidender Grund dafür, dass das Flächenwachstum deutlich hinter der Bevölkerungszunahme zurückbleibt (MADANIPOUR 1998, S. 109).
- Der westliche CBD wird durch Erscheinungen von *commercial blight* geprägt, weil viele hochwertige Waren entweder nicht mehr angeboten oder weniger nachgefragt werden. Das liegt auch daran, dass viele ausländische Organisationen und Firmen sich aus Teheran zurückgezogen haben. Die Stellung des Bazars ist dadurch eher aufgewertet worden. Dennoch schreitet die Umgestaltung des Teheraner Nordens voran, was sich an einer *„teilweise spektakulären, kosmopolitisch-globalen Hochhausarchitektur"* (EHLERS und MOMENI 2002, S. 308) zeigt.
- Trotz des neu entstandenen Netzes von Stadtautobahnen bestehen die Verkehrs- und Umweltprobleme fort (MADANIPOUR 1998, S. 128 ff.). Zufahrtsbeschränkungen im Stadtzentrum haben die *Dezentralisierung* von wirtschaftlichen Aktivitäten und Bevölkerung beschleunigt. Das bereits seit den 1970er Jahren verfolgte Metro-Projekt kommt aus finanziellen Gründen nur langsam voran.

7.3.1.2 Südasien

Die Städte des indischen Subkontinentes erhalten ihre Besonderheit aus dem Zusammenwirken von wenigstens drei *strukturbildenden Entwicklungsphasen*:

- eine weit in die Vergangenheit zurückreichende hinduistische Tradition der Stadtgestaltung, die jedoch schon in voreuropäischer Zeit islamisch überformt bzw. von islamischen Gründungen abgelöst wurde (vgl. Kap. 4.2);
- einem starken Einfluss der britischen Kolonialherrschaft mit typischen Erweiterungen bestehender Städte durch *cantonments* und *civil lines* bzw. Stadtneugründungen;
- dem Bemühen um eine eigenständige, insgesamt aber nur begrenzt erfolgreiche wirtschaftliche Entwicklung nach der Unabhängigkeit und einer eher zögernden Öffnung gegenüber globalen Einflüssen, was mit massivem

Bevölkerungs- und Flächenwachstum der Städte, Ausbreitung informeller Strukturen und Verschärfung der sozialen Gegensätze einherging.

Koloniale Überformung

Seit VASCO DA GAMA 1498 das Kap umrundet hatte, bemühten sich alle führenden europäischen Mächte jener Zeit um den Aufbau von Handelsbeziehungen mit Südasien, verbunden mit der Einrichtung von Stützpunkten. Längerfristig erfolgreich waren aber nur die Briten: Bombay, Madras und Kalkutta entwickelten sich zu Ausgangspunkten der britischen Herrschaft über den gesamten Subkontinent. Die *British East India Company* gelangte schon 1639 in den Besitz eines kleinen Landstücks an der Stelle des heutigen Madras, 1664 kamen Bombay und 1690 Kalkutta am Hoogly, einem Nebenarm des Ganges, hinzu. Die Übertragung erfolgte auf der Basis von Verträgen mit einheimischen Machthabern bzw. im Falle von Bombay mit Portugal, das sich zunächst hier festgesetzt hatte. Vorläufersiedlungen gab es nicht oder nur in Form unbedeutender Dörfer. Zum Ausgangspunkt der Stadtentwicklung wurden somit Hafen und Fort. Alle drei Städte waren zunächst Mittelpunkte getrennter Verwaltungseinheiten, erst 1772 wurden die *presidencies* von Bombay und Madras Kalkutta untergeordnet. Seit Auflösung der *Ostindischen Kompanie* (1858) wurde die britische Krone von einem Vizekönig mit Sitz in Kalkutta, seit 1911 in Delhi vertreten (vgl. STANG 1993, S. 4ff.).

Die neu gegründeten Städte waren ganz auf die Bedürfnisse der Kolonialherren ausgerichtet. Von Fort und Hafen durch eine unbebaute Fläche (*maidan*) getrennt, entwickelte sich ein CBD in westlichem Stil, der sowohl Handels- und Dienstleistungen (Einzelhandel, Banken, Hotels, Kinos u. a.) sowie Verwaltungseinrichtungen (Regierungsgebäude, Gericht, Post, Zoll u. a.) umfasste, aber keine Wohnfunktion hatte. Die Wohnbereiche schlossen sich nach außen an und waren deutlich zweigeteilt: Breite Straßen, gepflegte Häuser mit großen Gärten kennzeichneten das Europäerviertel, während die einheimische Bevölkerung auf engem Raum zusammengedrängt war. Hier lebten wohlhabende Inder – z. B. Kaufleute, Geldverleiher, Landbesitzer –, die wachsende Mittelschicht der Verwaltungsbediensteten und die Masse der armen Bevölkerung zusammen, wenn sich auch ihre Häuser im Hinblick auf Größe und Ausgestaltung deutlich unterschieden. Seit Beginn des 19. Jh. kamen Industriearbeiter hinzu, die in den Jutemühlen Kalkuttas, den Baumwollspinnereien und -webereien Bombays und der Leder- und Textilindustrie von Madras eine Beschäftigung fanden. Der Eisenbahnbau, der 1852 mit der Fertigstellung einer 34 km langen Linie bei Bombay begann und in den folgenden 20 Jahren alle wichtigen Zentren miteinander verband, erschloss den Städten ein großes Hinterland und ermöglichte eine gewaltige Ausdehnung des kolonialen Systems. Jetzt konnten in großem Stil Rohstoffe in das Mutterland exportiert und im Austausch einfache Industriegüter importiert werden. Während die britischen Metropolen an der Küste rasch an Bevölkerung und wirtschaftlicher Bedeutung zunahmen, erlebten viele im Binnenland gelegene Städte und auch kleinere Hafenplätze einen Niedergang (Stang 2002, S. 111).

Viele öffentliche Gebäude, die im viktorianischen Stil, z. T. mit Anlehnungen an die *Mogul*-Architektur errichtet wurden, spiegeln diese Phase der britischen Kolonialherrschaft wider. Das wohl beste Beispiel stellt das aus weißem Marmor erbaute *Victoria Memorial Building* (1906-21) in Kalkutta dar, das den *Taj Mahal* in Größe und Eindruck übertreffen sollte; es nimmt den südlichen Teil des *maidan* ein, der ansonsten bis heute als „grüne Lunge" für die dicht bebaute Stadt fungiert und Platz für sportliche Aktivitäten und Massenveranstaltungen bietet.

In den älteren Städten des indischen Subkontinents drückt sich der koloniale Einfluss am deutlichsten in der Anlagerung neuer Funktionen und Quartiere aus. Als zusammenfassende Bezeichnung dafür ist der Begriff *„anglo-indische Station"* (Pieper 1977, S. 129 ff.; Hofmeister 1996, S. 106) gebräuchlich. Diese ist deutlich von der bestehenden Altstadt getrennt, wobei der Freiraum später oft zur Trassierung der Eisenbahn genutzt wurde. Die Absonderung erklärt sich sowohl aus hygienischen Gründen als auch aus einem Sicherheitsbedürfnis heraus.

Die Station bestand aus dem *cantonment*, den militärischen Anlagen mit den Wohnungen der Offiziere, und den *civil lines*, den Verwaltungsgebäuden und Häusern für Beamte und Angestellte. Mitte des 19. Jh. gab es insgesamt 114 *cantonments*, in denen 227.000 Soldaten untergebracht waren, davon etwa ein Drittel Europäer (Dutt in Brunn und Williams 1993, S. 362). Kasernen und andere Einrichtungen (z. B. Kantinen, Sportstätten) für Briten und Inder waren streng getrennt und unterschieden sich auch im Hinblick auf ihre Qualität. Von der Altstadt hob sich die Station durch ihre rechtwinklige Straßenführung, die großen Grundstücke und eine um das 50-fache geringere Einwohnerdichte ab. An der breiten, baumbestandenen Hauptstraße, meist *„The Mall"* genannt, lagen nicht nur die wichtigsten öffentlichen Gebäude (Verwaltung, Post, Krankenhaus, Schule), sondern auch auf den europäischen Bedarf ausgerichtete Geschäfte, Banken, Hotels, Kinos (Blenck 1977, S. 160).

Im Eisenbahnzeitalter ist die Station durch *railway colonies* erweitert worden, die ebenfalls regelmäßig angelegt waren und getrennte Wohnbereiche für die verschiedenen Klassen von Beschäftigten aufwiesen (Dutt in Brunn und Williams 1993, S. 362). Obwohl räumlich entfernt, sind auch die *hill stations* zur „Europäerstadt" hinzuzurechnen. Diese im Gebirge zwischen 1.000 und 2.500 m gelegenen Siedlungen ermöglichten es den Europäern, dem heißen Sommer in der Ebene zu entfliehen und sich in exklusiver Atmosphäre zu erholen (vgl. Pieper 1977, S. 183 ff.).

Um die *native town* kümmerten sich die Briten bis in die zweite Hälfte des 19. Jh. kaum. Erst nach Ausbruch einer Pestepidemie in Bengalen setzte ein Umdenken ein: Nicht nur Stadtmauern wurden geschleift und breite Straßen zur besseren Durchlüftung und zur Verkehrserleichterung durch die Altstädte geschlagen, auch überfüllte Wohnviertel wurden abgerissen, um Platz für die Anlage von Parks und einzelne Prachtbauten zu erhalten. Dafür entstanden außerhalb der Altstadt neue Wohnviertel für die einheimische Bevölkerung (STANG 2002, S. 111).

Stadterweiterungen und -überformungen nach der Unabhängigkeit

Die Stadtentwicklung nach der Unabhängigkeit wird in erster Linie durch die Folgewirkungen des rasch ansteigenden *Bevölkerungsdruckes* bestimmt. Das Öffnen der *Bevölkerungsschere* (GANS und TYAGI 1999) und der Anstieg der *Zuwanderungen* (anfangs noch verstärkt durch Flüchtlingsströme aufgrund der Teilung) fallen weitgehend zusammen, sodass Wachstumsraten von 5%/Jahr und mehr keine Seltenheit sind. Aufgrund einer importsubstituierenden Wirtschaftsentwicklung sind die großen Städte im Binnenland, die Ansatzpunkte für den Aufbau einer *Agroindustrie* boten (z. B. Lahore, Hyderabad, Bangalore, Dhaka) oder als *„growth centers"* vom Staat besonders gefördert wurden (z. B. Rourkela), meist schneller gewachsen als die außenwirtschaftlich orientierten Küstenstädte (DUTT in BRUNN und WILLIAMS 1993, S. 368), die erst nach der Kehrtwende in der Wirtschaftspolitik ab 1991 als Standorte für ausländische Investitionen eine neue Attraktivität gewannen (NISSEL 1997, S. 98 ff.). Daneben hat die südindische Metropole Bangalore in besonderem Maße von der Einbindung in die Weltwirtschaft profitiert. Heute gibt es hier mehr als 700 IT-Firmen, und die Einwohnerzahl hat sich innerhalb von 20 Jahren auf 5,7 Mio. (2001) verdoppelt (DITTRICH 2003). Auch die wenigen Stadtneugründungen, wie die pakistanische Hauptstadt Islamabad (DETTMANN 1974; KREUTZMANN 1992) und Chandigarh als Hauptstadt der indischen Bundesstaaten Punjab und Haryana (STANG 1983 u. 2002, S. 133 ff.), haben schnell an Einwohnern zugenommen und dürften sich heute der Millionengrenze nähern (DUTT und POMEROY in BRUNN, WILLIAMS und ZEIGLER 2003, S. 368 f.; UN 2004).

Aufs Ganze gesehen konnten wirtschaftliche Entwicklung, infrastruktureller Ausbau und die Bereitstellung von Wohnraum bei weitem nicht mit dem Bevölkerungswachstum Schritt halten. Eine weitgehende *Informalisierung* der städtischen Wirtschaft, chaotische Verkehrsverhältnisse – allein in Dhaka soll es 300.000 Rikschas geben –, enorme Luft- und Wasserbelastung mit gravierenden Auswirkungen auf die menschliche Gesundheit sowie eine immense Wohnungsnot sind Folgen dieser Dynamik.

Der nicht gedeckte Wohnungsbedarf zeigt sich sowohl in einem anhaltenden innerstädtischen Verdichtungsprozess als auch einer unkontrollierten Zunahme von Hüttensiedlungen. In Mumbai (vor 1995 Bombay) müssen 83% aller Haushalte mit nur einem Zimmer auskommen, in Kolkata (vor 2000 *Kalkutta*) 67% (DUTT und POMEROY in BRUNN, WILLIAMS und ZEIGLER 2003, S. 364). Die Dichtewerte einzelner Altstadtbezirke erreichen im Vergleich zu Europa unvorstellbare Größenordnungen. So werden in zahlreichen *wards* von Mumbai und Kolkata 150.000 Ew./km^2 überschritten (BRONGER 1996, S. 141; TRETTIN und CHAKRABORTY 2001, S. 58). Dagegen sind in London *wards* mit einer Dichte von über 10.000 Ew./km^2 schon eine Seltenheit. Heruntergekommene Häuser, schmutzige Straßen, an deren Rändern sich der Müll türmt und durch die sich der Verkehr drängt, kennzeichnen solche übervölkerten Stadtbezirke, die in großen Teilen als Slums bezeichnet werden müssen. Dazu zählen auch mehrgeschossige Wohnblocks aus winzigen Wohnzellen, die z. T. schon in der Zwischenkriegszeit von staatlichen Stellen für arme Bevölkerungsschichten errichtet worden sind. Diese werden in Mumbai als *chawls* bezeichnet (STANG 2002, S. 118 f.). Nicht nur die Wohnverhältnisse sind sehr beengt, sondern auch die Ver- und Entsorgung ist prekär, wenn sich z. B. mehr als ein Dutzend Familien einen Wasserhahn oder eine Toilette teilen muss (vgl. BLENCK 1974, S. 313). Dennoch ist die Kriminalität insbesondere in südindischen Städten sehr viel geringer als unter vergleichbaren Bedingungen in anderen Entwicklungskontinenten. Eine Ausnahme scheint nach Informationen von SCHOLZ (2003, S. 24) Karachi zu sein, wo sich als Folge innenpolitischer Wirrnisse regelrechte *no-go-areas* herausgebildet haben, in denen mafiose Gruppen und *gangs* die Gewalt ausüben.

Noch schlechter gestellt sind nur die *pavement dwellers*, die sich ebenfalls bevorzugt auf zentrale Stadtbereiche konzentrieren, weil hier die Möglichkeiten für eine Beschäftigung im informellen Sektor größer als an der Peripherie sind. Ihre Zahl ist in indischen Städten so hoch wie nirgendwo auf der Welt. Allein in Bombay sollen 4-5% der Bevölkerung als Obdachlose auf den Bürgersteigen leben (NISSEL 2004, S. 57). Zahlreich sind sie ebenfalls in Kolkata, die auch als *„city of pavement dwellers"* bezeichnet wird (DUTT und POMEROY in BRUNN, WILLIAMS und ZEIGLER 2003, S. 350).

Der *Verdichtungsprozess* in der Altstadt hat die Abwanderung besser gestellter Haushalte begünstigt, die zunächst in die ehemaligen Europäersiedlungen der *civil lines*, später in Neubauviertel am Stadtrand gezogen sind. Für Karachi berichtet SCHOLZ (2003, S. 22), dass die Luxuswohnviertel neuerdings vorwiegend als *no-entrance-areas* gestaltet werden. Vielfach haben auch der Staat oder die Kommunen sowie staatliche und private Unternehmen neue Wohnkolonien (*colonies*) errichtet, um ihre Bediensteten mit preiswertem Wohnraum zu versorgen (STANG 2002, S. 114).

Auch viele Hüttenquartiere der Peripherie (vgl. Abb. 46, S. 232 für Delhi) müssen als *Slums* klassifiziert werden. Dafür sind verschiedene Lokalbezeichnungen üblich: z. B. *bustee* in Kolkata und Dhaka, *katahar* in Karachi oder *jhuggi* in Delhi. In den großen Städten leben ca. 40% der Bewohner in slumartigen Wohnquartieren. Die aus Lateinamerika bekannten *„slums of hope"*, worunter Hüttenviertel zu verstehen sind, die mithilfe von *self-help housing* einen Konsolidierungsprozess erfahren, sind in indischen Städten eher selten, und damit ist auch die innerstädtische Mobilität geringer (Schenk 1986). Das liegt vor allem an der Rechtsunsicherheit, d. h. den ungeklärten Eigentumsverhältnissen des Grund und Bodens, auf dem die Behausungen errichtet sind. Da jederzeit die Gefahr einer Vertreibung besteht, werden die Bewohner, selbst wenn sie es könnten, nicht in die Verbesserung der Unterkünfte investieren. Überdies existieren häufig nur Pacht- oder Unterpachtverhältnisse. Eine Vertreibung ist immer dann die Regel, wenn die Parzellen in höchst profitables Bauland umgewandelt werden können. Nach neueren Untersuchungen von Mistelbacher (2004) konzentrieren sich die konsolidierten Hüttenviertel auf die *unauthorized colonies* an der städtischen Peripherie (*semilegale* Siedlungen, die aus nicht genehmigten Parzellierungen hervorgehen), weil hier meist ein *Bleiberecht* gewährt wird.

Schon 1956 ist von der Zentralregierung der *Slum Areas (Improvement and Clearance) Act* erlassen worden, in dem u. a. so genannte *clearance areas* ausgewiesen wurden, die flächensaniert werden sollten. Es war vorgesehen, die Bewohner in *low-cost housing*- oder *site-and-service*-Projekte umzusiedeln (Bronger 1996, S. 321). Abgesehen von der Tatsache, dass selbst primitive Wohnungen in mehrgeschossigen Wohnblocks für die meisten armen Familien nicht erschwinglich sind und sie deshalb sehr schnell von relativ wohlhabenderen Schichten verdrängt werden, sind alle Maßnahmen, gemessen an der Wohnungsnot, völlig unzureichend gewesen. Überdies setzte durch Zuzug von außen sehr schnell ein *Abwertungsprozess* ein. Ähnlich erfolglos waren die meisten *upgrading*-Programme, mit denen an Ort und Stelle eine Verbesserung von Bausubstanz und Infrastruktur angestrebt wird.

Eine ähnliche Politik ist auch in Pakistan verfolgt worden. So sind in Karachi viele Slum- und Hüttenviertel in Innenstadtnähe oder angrenzend an gehobene Wohnviertel abgerissen und durch anspruchsvolle Apartmentblocks ersetzt worden. Die meist unentschädigten Hüttenbewohner wurden in *„new illegal subdivisions"* an der extremen Peripherie fernab ihrer bisherigen Mögichkeiten zur Überlebenssicherung verdrängt (Scholz 2003, S. 26).

In Mumbai ist der Bau „wilder Siedlungen" seit Kurzem verboten. Nur vor 1988 entstandene Hüttenviertel sollen toleriert und ihr Ausbau unterstützt werden; neuere Siedlungen sollen hingegen abgerissen werden (*DSW Newsletter* 4/2002, S. 2). Angesichts der nach wie vor raschen Bevölkerungszunahme der Stadt muss der Erfolg derartiger Zwangsmaßnahmen aber bezweifelt werden, zumal dies auch nur eine „Scheinlösung" des Wohnungsproblems darstellen würde. Selbst das als *Entlastungsstadt* für etwa 1 Mio. Bewohner geplante *Navi Mumbai*, an dem seit 1971 gebaut wird, ist mittlerweile von Hüttenvierteln und Slumgebieten durchsetzt, von denen einige bereits 30 Jahre alt sind (SHAW 2003). Eine vollständige *Umsiedlung* erscheint vollkommen unrealistisch.

So sind die Wohnverhältnisse der sichtbarste Indikator einer extremen gesellschaftlichen Polarisierung. Viele Hüttenviertel entstehen in der Nähe großer Neubauprojekte für finanzkräftige Schichten, weil Beschäftigungsmöglichkeiten in der Bauwirtschaft als *pull*-Faktor wirken. Deshalb finden sich häufig klimatisierte Luxusapartments in Hochhäusern und Nobelvillen unmittelbar neben slumartigen Quartieren (vgl. DUPONT 2004 für Delhi). Das trägt jedoch keineswegs dazu bei, dass sich die Eliten um eine ökonomische und soziale Integration der Unterprivilegierten bemühen. Die Armensiedlungen werden noch immer in erster Linie als Schandfleck einer modernen, aufstrebenden Stadt gesehen, und ein *soziales Gewissen* gegenüber Millionen von Menschen, die um ihr tägliches Überleben ringen, existiert nicht. Dies sieht BRONGER (1996, S. 325) mit Recht als eine schwerwiegende Hypothek für die weitere Entwicklung des Landes.

Die zukünftige Struktur der indischen Städte zeichnet sich noch nicht sehr klar ab. Erst in den 1990er Jahren öffnete sich die Wirtschaft des Landes stärker dem Weltmarkt, und es ist daher noch nicht sicher, ob eine erfolgreiche Integration gelingt. Am Beispiel Kolkatas entwirft daher CHAKRAVORTY (2000, S. 73 f.) zwei Zukunftsszenarien: Scheitert die neue Wirtschaftspolitik, werden sich die Raumstrukturen nur geringfügig ändern, die Lebensbedingungen der städtischen Armen aber drastisch verschlechtern. Bei länger anhaltendem wirtschaftlichen Erfolg werden sich *high-tech* und *high-income enclaves* herausbilden, und damit wird eine Annäherung an Strukturen der *fragmentierten Stadt* stattfinden. Stärker noch als in Kolkata zeichnet sich in Mumbai, dem indischen *„Anker der Globalisierung"* (NISSEL 2004), dieses zweite Szenario schon jetzt ab.

Genetische Modelle

Die meisten Versuche, die Struktur der indischen Stadt zu erfassen, gehen von einem *genetischen Ansatz* aus. Die jüngeren Entwicklungen, obwohl flächenmäßig dominierend, werden dabei in aller Regel nur unzureichend wiedergegeben (vgl. SMAILES 1969; DUTT und POMEROY in BRUNN, WILLIAMS und ZEIGLER 2003, S. 340 ff.). Stärker differenzieren z. B. BLENCK (1974) und JOHNSON (1979). Der Detailreichtum der Darstellungen lässt jedoch grundlegende Ordnungsmuster nur schwer erkennen.

Geht man von der genetischen Perspektive aus, so sind drei *Entwicklungstypen* zu unterscheiden: die traditionelle Stadt (*indigenous town*), die kolonial überformte Stadt (*anglicized town*) und die neu gegründete Kolonialstadt (*colony town*). Letztere spiegelt die Dominanz der Kolonialmacht am eindeutigsten wider (Abb. 44): Ausgangspunkt sind Hafen und Fort (mit

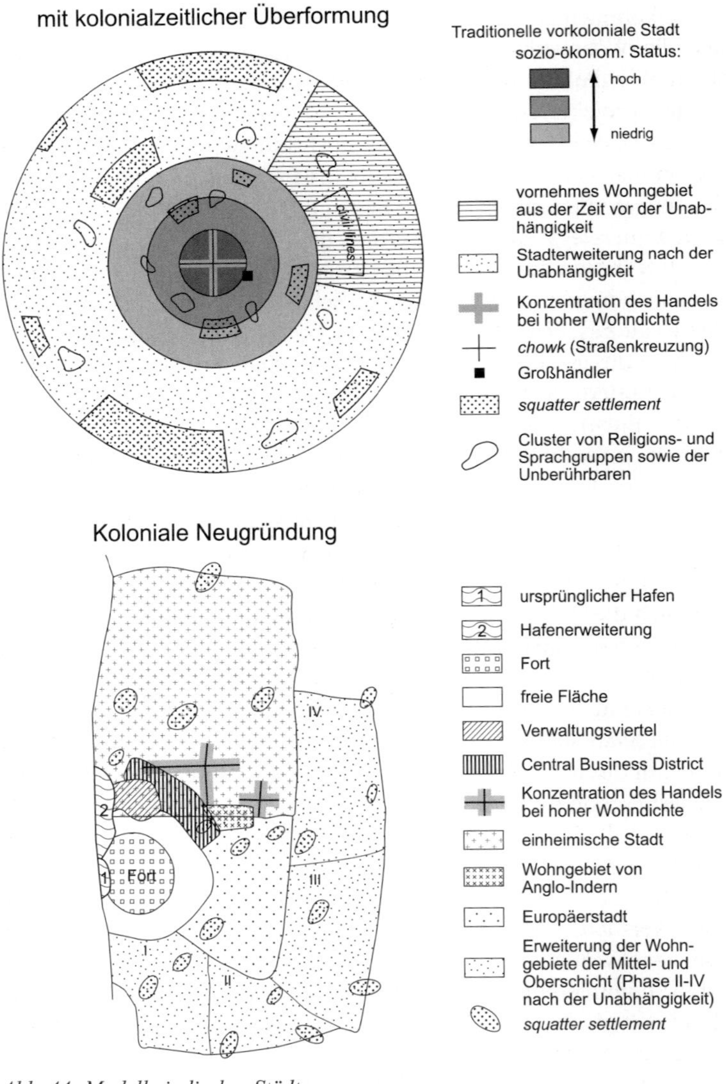

Abb. 44: Modelle indischer Städte
Quelle: Dutt u. a. (1994)

Kasernen, z. T. auch mit Verarbeitungsanlagen für Agrarprodukte). Jenseits des *maidan* schließen sich Verwaltungsviertel (mit Sitz des Gouverneurs) und westlicher CBD an. Auch die Wohnviertel der einheimischen Bevölkerung wurden erst zur Kolonialzeit angelegt bzw. haben sich ungeplant entwickelt. Sie sind durch *overcrowding* sowie unhygienische Bedingungen gekennzeichnet und räumlich deutlich von der *European town* getrennt. Als zusätzliche „Pufferzone" dienen basarartige Geschäftsbereiche sowie Wohnviertel der *Anglo-Indians*, die aus Verbindungen von Europäern und Einheimischen hervorgegangen sind und von beiden Gruppen nicht voll akzeptiert wurden (DUTT und POMEROY in BRUNN, WILLIAMS und ZEIGLER 2003, S. 342). Das Außenwachstum der Wohngebiete erfolgte sektoral, sodass die Trennung der beiden großen Bereiche erhalten blieb. Der *„Dichtekrater"* im Zentrum tritt besonders auffällig in Richtung der *native town* in Erscheinung.

Ganz andere Verhältnisse herrschen in der historisch gewachsenen, während der Kolonialzeit lediglich in Form von Anlagerungen überformten Stadt (Abb. 44). Dafür ist eine *bipolare Struktur* kennzeichnend. Im Zentrum, meist um ein Straßenkreuz (*chowk*) angeordnet, konzentrieren sich traditioneller Einzel- und Großhandel sowie Dienstleistungen, jedoch ist auch die Wohndichte in diesem Viertel hoch. Der Sozialgradient folgt dem Typ der „vorindustriellen Stadt" und fällt von innen nach außen ab, wobei einzelne durch Sprache, Religion und Kaste bestimmte Wohnquartiere als *Cluster* innerhalb der konzentrisch angeordneten sozial bestimmten Viertel liegen. *Civil lines* und hochwertige Wohngebiete für Europäer lagern sich außen an die bebaute Fläche an. Abgesehen von Mumbai (NISSEL 1977 u. 1997), Kolkata (TRETTIN und CHAKRABORTY 2001; TRETTIN 2002, S. 28 ff.), Madras und Colombo, gehören alle Metropolen Indiens sowie auch Karachi (SCHOLZ 2003) und Dhaka (SCHOLZ, FEUCHTE und SCHÄFER 2001) zu diesem Typ.

In der *„indischen Epoche"*, wie BRONGER (1996, S. 132) die Zeit nach 1947 nennt, erfolgt ein stürmisches Flächenwachstum der Städte. Es werden zwar viele Planungskonzepte entwickelt, diese jedoch in aller Regel durch das explosive Bevölkerungswachstum wieder zunichte gemacht. In den Modellen von Abb. 44 werden deshalb nur wenige räumliche Ordnungselemente erkennbar (DUTT u. a. in DUTT u. a. 1994):

- Die jüngeren sozial hochwertigen Wohngebiete schließen sich an die „Europäerstadt" an, wodurch sich der zentral-periphere Sozialgradient teilweise auflöst.
- Nahezu alle Wachstumszonen sind von Hüttenvierteln (*squatter settlements*) durchsetzt, deren Größe zwischen wenigen Hütten und ausgedehnten Arealen schwankt.
- Eingelagert in ältere und neuere Strukturen sind *Cluster* religiöser und sprachlicher Minderheiten sowie der *Unberührbaren*. Insgesamt jedoch

wird die Segregation heute weniger durch Kasten als durch Klassengegensätze bestimmt (DUTT in BRUNN und WILLIAMS 1993, S. 377).

Nicht dargestellt sind *Industriezonen*, die sich teilweise auf die Altstädte konzentrieren und dort mit anderen Nutzungen mischen, teilweise aber auch größere geschlossene Bereiche einnehmen, z. B. im Falle von Kolkata auf dem rechten Ufer des *Hoogly*. Ebenfalls nur unzureichend kommen die Überformung, Ausdehnung und teilweise Verlagerung des CBD sowie das Entstehen einzelner *high-tech* Enklaven und Industrieparks zum Ausdruck. So hat der CBD in Mumbai seine Lage vollständig verändert und ist aus dem Hafenbereich an den südwestlichsten Punkt der Halbinsel „gewandert". Aufgrund der auffälligen Hochhausüberbauung wird die *skyline* von Mumbai teilweise mit Manhattan verglichen (DUTT und POMEROY in BRUNN, WILLIAMS und ZEIGLER 2003, S. 354).

Das Beispiel Delhi

Die dreitausendjährige Siedlungsgeschichte Delhis zeugt von der *historischen Tiefe* und *fortwährenden Umgestaltung* der indischen Stadt. Delhi kann als Symbol für Vielschichtigkeit und Variationsbreite der kulturellen Tradition des Subkontinents gelten (KRAFFT 1996, S. 104). Dabei verlief die Stadtentwicklung nicht einheitlich, sondern entlang von historischen Brüchen und Stagnationsphasen.

Die frühesten Hinweise auf eine Siedlung im Raum des heutigen Delhi finden sich im indischen Nationalepos *Mahabharata*, wo ein Herrschaftssitz *Indraprastha* aus der Zeit um 1000 v. Chr. erwähnt wird, der sich nach anderen Schriftquellen und Grabungsbefunden südlich des heutigen *Old Delhi* an der Jamuna befunden hat (KRAFFT 1999, S. 46). Ob es eine *Siedlungskontinuität* bis zur islamischen Eroberung gegeben hat, ist umstritten. Im heutigen Stadtbild ist diese frühe Epoche nicht mehr auszumachen, jedoch reichen einzelne Bauwerke, vorwiegend *Moscheen*, bis in die Frühzeit der islamischen Dominanz ab dem 13. Jh. zurück, als auf dem Gebiet des heutigen Delhi mehrere Städte entstanden (KRAFFT 1999, S. 47). Teilweise sind diese Bauten in die Gestaltung von *Shahjahanabad*, der Hauptstadt des *Mogul*-Reiches, einbezogen worden, die *Shah* JOHAN 1638-48 erbauen ließ (Abb. 45). Palastbezirk (*Red Fort*), Stadtmauer, Freitagsmoschee sowie weitere Moscheen, Hauptverkehrsachsen mit Basaren und Karawansereien sowie große Gartenanlagen sind Zeugnisse der islamischen Städtebaukunst. Auf den freien Flächen wies *Shah* JOHAN der Nobilität des Reiches Bauplätze zu, auf denen diese ihre Stadtpaläste errichteten. Dadurch und die spätere Ansiedlung von Gefolgsleuten und Bediensteten haben sich die einzelnen Stadtviertel (*mahallas*) mehr und mehr verdichtet. Immerhin beherbergte *Shahjahanabad* zu seiner Blütezeit vermutlich mehrere hunderttausend Einwohner.

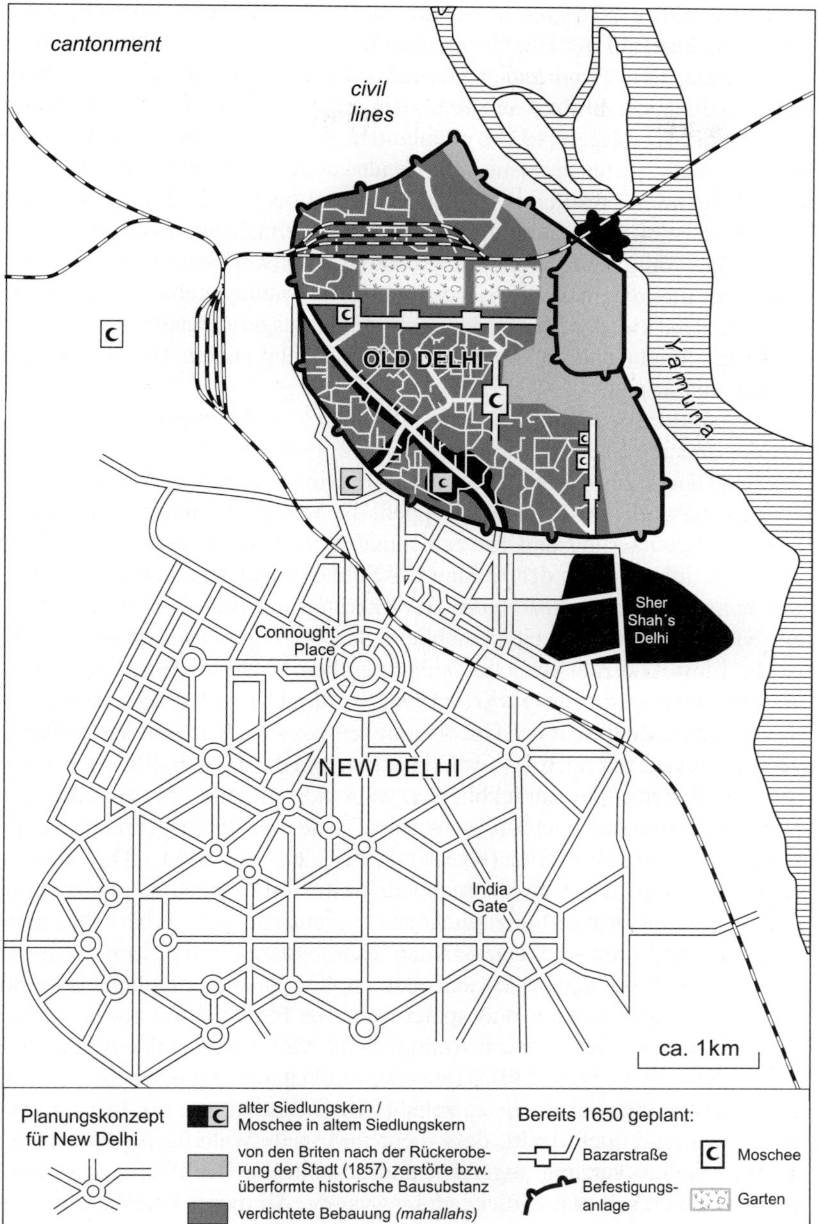

Abb. 45: Old und New Delhi um 1930
Quelle: Krafft (1999)

Der Verfall der *Mogul*-Herrschaft im 18. Jh. lässt auch Wirtschaftskraft und Bewohnerzahl der Hauptstadt sinken. Bis in die erste Hälfte des 20. Jh. bleibt Delhi eine Provinzstadt von nur regionaler Bedeutung. Erst mit der Entscheidung der britischen Krone, den Sitz des Vizekönigs von Kalkutta nach Delhi zu verlegen (1911), erhält die Stadt neue Wachstumsimpulse. Das Planungskonzept für die neue Hauptstadt knüpft dabei nicht an ältere koloniale Strukturen nördlich der Altstadt an und bezieht auch die bestehende Stadt nicht mit in die Gesamtgestaltung ein. Vielmehr wird südlich der Altstadt eine völlig neue Stadt für 60.000 Ew. entworfen. Als *Anglo-Indian Rome* mit monumentalen Regierungs- und Verwaltungsgebäuden und einem hexagonalen, auf den Palast des Vizekönigs ausgerichteten Straßensystem sollte sie Macht und Zukunft des *Empire* symbolisieren (IIZUKA in GUTSCHOW und SIEVERTS 1977, S. 27).

Die *bipolare Struktur* Delhis mit *Old Delhi* auf der einen und *New Delhi* auf der anderen Seite hat sich bis in unsere Tage erhalten, auch wenn beide Bereiche längst zusammengewachsen sind. Die gewaltsamen Auseinandersetzungen zwischen den Religionsgruppen, die Massenabwanderung der muslimischen Bevölkerung und der zahlenmäßig noch größere Zuzug hinduistischer Flüchtlinge nach der Teilung des Subkontinentes hatte nicht nur einen fast vollständigen *Austausch* der Bevölkerung in weiten Teilen der Altstadt zur Folge, sondern auch eine erhebliche *Bevölkerungsverdichtung*. Immerhin ist die Einwohnerzahl von Old Delhi zwischen 1941 und 1951 von 176.000 auf 381.000 angestiegen (KRAFFT 1996, S. 106). Der Anteil der Muslime, der in Delhi zum Zeitpunkt der Unabhängigkeit ca. 40% betragen hat, sank binnen kurzem auf nur noch 7%, wobei vorwiegend die wirtschaftlich schwächeren Bevölkerungsteile zurückblieben, während sich unter den zuströmenden Hindu-Flüchtlingen überdurchschnittlich viele besser ausgebildete Mittelschichtangehörige befanden (KRAFFT 1999, S. 63 bzw. 105 f.). Dies hatte für die Altstadt eine doppelte Konsequenz: Weite Teile sanken zu *Slums* ab, die durch *overcrowding* und unzureichende hygienische und sanitäre Bedingungen gekennzeichnet sind. Dazu zählen insbesondere die sog. *katras*, das sind um einen Innenhof angelegte Gebäudekomplexe, die ursprünglich als Märkte oder Warenlager dienten und später von den Flüchtlingen als Wohnraum genutzt wurden, oder aber von Anfang an als Mehrfamilienhäuser konzipiert waren (KRAFFT 1999, S. 109). Trotz aller Maßnahmen zur *de-congestion* sind die Bevölkerungsdichten in einzelnen Altstadtquartieren bis heute extrem hoch. Das liegt auch daran, dass mehr und mehr Wohnfläche einer neuen, kommerziellen Nutzung zugeführt und deshalb die Bevölkerung auf einen immer kleineren Raum zurückgedrängt wurde. An dieser Überformung hatten ebenfalls die Flüchtlinge entscheidenden Anteil. Die Zahl der Handelsbetriebe schnellte zwischen 1961 und 1991 von ca. 22.000 auf über 180.000 empor, das produzierende Gewerbe vermehrte sich von ca. 2.200 auf über

8.000 Einheiten. Insbesondere entwickelte sich *Old Delhi* zu Nordindiens bedeutendstem Großhandelszentrum (KRAFFT 1999, S. 132 ff.). Seit den 1980er Jahren kann der damit verbundene Flächenbedarf nicht mehr allein durch Verdichtung der verbleibenden Wohnbereiche bereitgestellt werden. Mehr und mehr kommt es zur Abwanderung sozial höher stehender Bevölkerungsgruppen aus *Old* nach *New Delhi*. Dagegen ist das *Beharrungsvermögen* der Muslime stärker ausgeprägt, die innerhalb der Altstadt mittlerweile über 35% der Bewohner stellen und sich auf einzelne *Cluster* konzentrieren.

Dem hoffnungslos überfüllten *Old Delhi* mit seinen heruntergekommenen Häusern und schmutzigen Straßen, wo Einwohnerdichten von mehr als 200.000 pro km^2 erreicht werden, steht *New Delhi* gegenüber, wo sich nicht nur das moderne Geschäftsleben um den *Connaught Place* konzentriert und moderne, vollklimatisierte Verwaltungshochbauten und Hotels der Luxusklasse neu entstanden sind, sondern nach wie vor aufgelockerte Wohnbereiche den Typ der Gartenstadt repräsentieren. Heute leben hier vor allem hohe Regierungsmitglieder und Wirtschaftsmagnaten; die Einwohnerdichte erreicht kaum 3.000 pro km^2 (BRONGER 1996, S. 141). Das Wachstum der Oberschichtgebiete vollzieht sich im Anschluss an das kolonialzeitliche *New Delhi* vorwiegend sektoral in südlicher Richtung bis über die Grenzen des *National Capital Territory* hinaus. Die zunehmenden Abschottungstendenzen der Wohlhabenden zeigen sich auch hier im Aufkommen von *gated communities* (MISTELBACHER 2005).

Die Wohngebiete, die sich um *Old* und *New Delhi* herumlagern (vgl. Abb. 46), sind größtenteils erst nach der Unabhängigkeit entstanden. Sie sind Ausdruck des immensen Bevölkerungswachstums der Stadt, wobei mehr als die Hälfte des Zuwachses aus Wanderungsgewinnen resultiert (KRAFFT 1996, S. 107). Hatte Delhi 1950 erst 1,4 Mio. Bewohner, so war die 5-Mio.-Grenze Ende der 1970er Jahre überschritten, und für 2003 werden 14,1 Mio. Ew. angegeben (UN 2004). Damit zählt Delhi wie Kolkata (13,8 Mio.) und Mumbai (17,4 Mio.) zu den Megastädten. Im Vergleich zu den beiden anderen Großmetropolen ist Delhi sehr viel schneller gewachsen, denn 1950 hatte die Hauptstadt weniger als die Hälfte der Einwohner Bombays und weniger als ein Drittel derjenigen von Kalkutta. Nach NISSEL (2001) gehört die *National Capital Region Delhi* neben dem Korridor Pune-Mumbai-Ahmedabad und dem südindischen Metropolendreieck Chennai (Madras), Bangalore und Hyderabad zu den Gewinnern der *New Economic Policy*, während Kolkata eher zu den Verlierern zählt. Im Gegensatz zur Zuwanderungswelle nach der Unabhängigkeit strömen heute vorwiegend ärmere Bevölkerungsgruppen (darunter viele Analphabeten) nach Delhi, die größtenteils nur im informellen Sektor, in der Bauwirtschaft, bei gefährlichen Tätigkeiten im verarbeitenden Gewerbe sowie bei Dienstleistungen mit niederen Qualifikationsanforderungen eine Beschäftigung finden (KRAFFT 1996, S. 107).

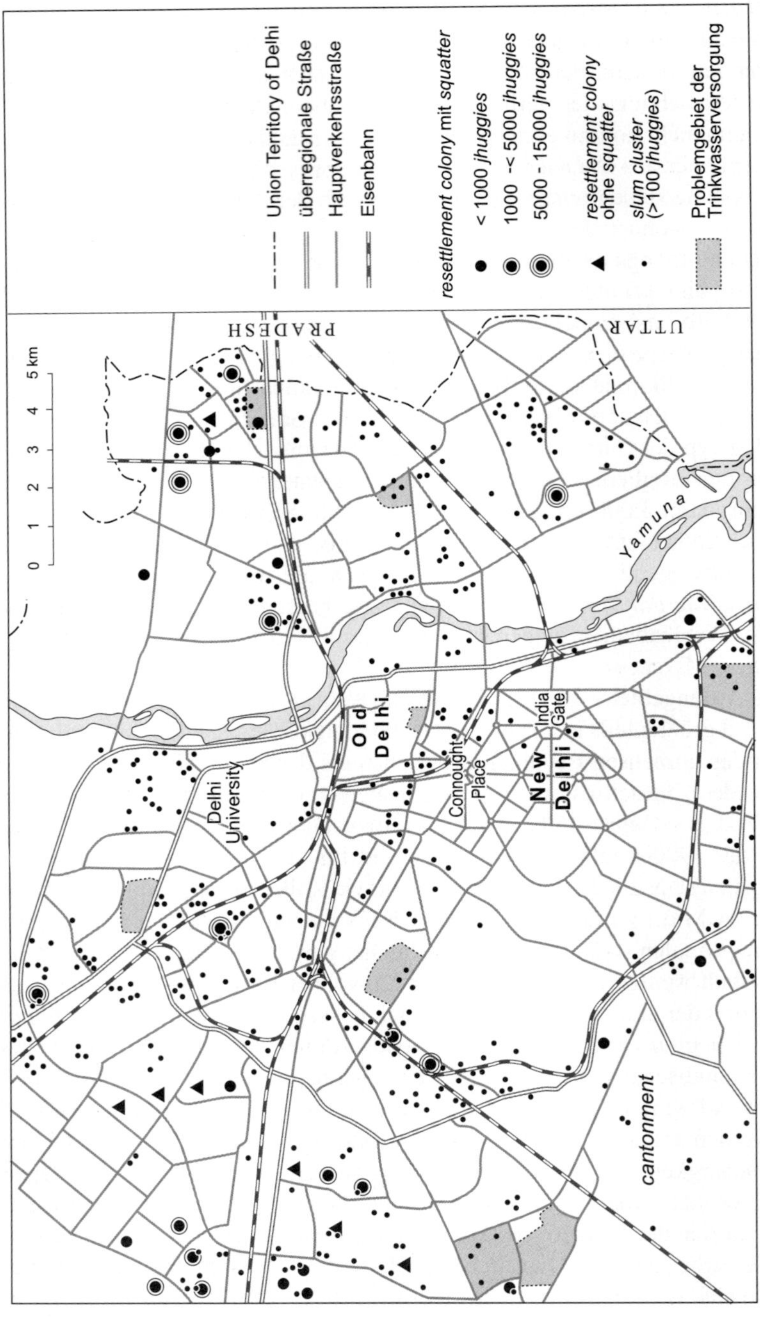

Abb. 46: Raumstruktur von Delhi Mitte der 1990er Jahre
Quelle: KRAFFT (1996)

Mit dem stürmischen Bevölkerungswachstum geht eine beängstigende Umweltbelastung einher: Die erhebliche Luftverschmutzung – zu 72% vom Straßenverkehr herrührend – lässt die Erkrankungen der Atemwege rapide ansteigen – die Rate ist hier 12mal höher als im nationalen Durchschnitt –; der Bedarf an sauberem Trinkwasser kann bei weitem nicht gedeckt werden – der Fehlbedarf wird auf 1.000 Mio. l pro Tag geschätzt –; und der anfallende Müll wird lediglich zu zwei Dritteln entsorgt (KRAFFT, AGGARWAL und WOLF 2003).

Der Wohnungsbau konnte mit dem wachsenden Bedarf bei weitem nicht Schritt halten. Für den Beginn der 1990er Jahre wird ein Fehlbestand von ca. 400.000 Wohnungen angegeben. Entsprechend sind Umfang und Anzahl der illegalen wie halblegalen *squatter*-Siedlungen gewachsen. *Cluster* aus hüttenähnlichen Unterkünften (*jhuggis*) durchziehen das gesamte Stadtgebiet und reichen bis in das landwirtschaftlich genutzte Umland hinein (vgl. BENTINCK 2000; SIVAM 2003). Die meisten von ihnen haben keinerlei Ver- und Entsorgungseinrichtungen. Alle Umsiedlungsversuche hatten nur begrenzten Erfolg, denn die *resettlement colonies* unterliegen aufgrund unkontrollierten Zuzugs und der Entstehung neuer *jhuggi-Cluster* einem schnellen *Degradationsprozess*. Wenige Jahre nach den Umsiedlungen unterscheiden sich häufig die Wohnbedingungen kaum mehr von der Ausgangssituation. Heute sollen in Delhi ca. 50% der Gesamtbevölkerung in über 1.000 Slumsiedlungen und sog. *unauthorized colonies* leben (vgl. JAIN 1996; SIVAM 2003; MISTELBACHER 2005). Ob die Förderung von Entlastungspolen nach dem Prinzip der „*dezentralen Konzentration*“, die Delhi in zwei Ringen umgeben, und die zusätzliche Ausweisung sog. *counter-magnets* in einer Entfernung von ca. 350 km den Bevölkerungsdruck mindern werden, bleibt abzuwarten, ist aber angesichts der Tatsache, dass die Entlastungsorte des ersten Ringes mittlerweile selbst überlastet sind, wenig wahrscheinlich (KRAFFT 1996, S. 108 ff.). Das heutige Delhi beschreibt KRAFFT (2001, S. 125) als amorphe Siedlungsmasse, durchsetzt von Relikten vergangener Größe sowie modernen Geschäftszentren als Statussymbolen der neuen Wirtschaftsordnung. Diese Charakterisierung dürfte auch für die anderen indischen Metropolen mehr oder weniger zutreffen.

7.3.2 Kulturraum mit alter städtischer Tradition und sozialistischer Überformung: Ostasien/China

Stadtgestaltung und innere Gliederung standen im ganzen ostasiatischen Raum stark unter chinesischem Einfluss (vgl. Kap. 4.3). Die Auseinanderentwicklung begann am frühesten in Japan, wo sich die chinesische Tradition schon in den Burgstädten des 15. und 16. Jh. nicht mehr fortsetzte. Die *geomantischen* Regeln sind dabei mehr und mehr von strategischen Gesichtspunkten abgelöst worden (HOFMEISTER 1996, S. 144). Hingegen haben die

Städte Südkoreas und Taiwans erst viel später einen anderen Entwicklungsverlauf genommen, weil sie außerhalb des kommunistischen Einflussbereiches blieben. Stattdessen wurden sie von einer Industrialisierung nach westlichem Muster geprägt und standen länger unter dem Einfluss der *Globalisierung* (vgl. KIM und CHOE 1997 und DEGE 2000 für Seoul; KUO 2000 für Taipeh). Auch das 1997 an die VR China zurückgegebene Hongkong muss in diese Städtegruppe gerechnet werden (SKELDON 1997; BREITUNG 2001). Genauer verfolgt wird hier nur der Entwicklungspfad der chinesischen Stadt, deren Besonderheit in der Überlagerung von vier Entwicklungssträngen zu sehen ist:

- einer alten *städtischen Tradition*, die von *kosmologischen* und *schemanistischen* Vorstellungen geprägt wird und Ausdruck einer feudalen Gesellschaftsordnung ist (vgl. Kap. 4.3);
- einer regional sehr unterschiedlichen, insgesamt aber eher *geringen* Überformung und Ausweitung durch europäische Mächte vorwiegend seit Mitte des 19. Jh.;
- einem starken Einfluss des *sozialistischen Städtebaus* ab 1949 sowie
- den Folgen von wirtschaftlicher Öffnung und Globalisierung.

Einfluss ausländischer Mächte

Die *traditionelle chinesische Stadt* hat sich bis in das 19. Jh. in ihrer Grundstruktur nur wenig verändert. Stadterweiterungen vollzogen sich auf noch ungenutzten Flächen innerhalb des Mauerringes; überdies schritt die Verdichtung fort, z. B. durch Bebauung der inneren Höfe. Letzterer Prozess hält bis in die Gegenwart an (TAUBMANN 1992, S. 122). In einzelnen Distrikten der Innenstädte übersteigt die Bevölkerungsdichte 30.000 Ew./km² (SIT 1995, S. 116).

Außeneinflüsse erfolgten am frühesten, wenn auch nicht sehr weitreichend, durch Portugiesen und Holländer. Portugiesen waren schon Anfang des 16. Jh. bis Kanton vorgedrungen und errichteten 1557 auf einer Halbinsel im *Perlfluss* den Handelsstützpunkt Macao. Zur formellen Abtrennung der Kolonie an Portugal kam es allerdings erst 1887. Viele Gebäude um die zentralen Plätze der Altstadt lassen das portugiesische Erbe bis heute erkennen. Ansonsten wird die ca. 0,5 Mio. Ew. zählende Stadt aufgrund der Flächenknappheit von Hochhausüberbauung und extremen Wohndichten bestimmt. Kurz vor der Jahrtausendwende ist dieser *„letzte europäische Vorposten in Ostasien"* an die VR China zurückgegeben worden (KRAAS 1998).

Noch wesentlich geringer ist der niederländische Einfluss. Er beschränkt sich auf die vorübergehende Kontrolle der Insel *Formosa* (Taiwan) von 1624-1662. Die alte Hauptstadt Tainan im Südwesten der Insel ist eine holländische Gründung. Sehr viel größer sind die Folgewirkungen der japanischen Herrschaft. Während dieser Zeit (1895-1945) ist Taipeh von einer verschlafenen chinesischen Provinzstadt zur modernen Metropole ausgebaut worden. Viele öffentliche Gebäude zeugen von dieser Epoche (WILLIAMS in BRUNN und WILLIAMS 1993, S. 440).

Ein einschneidender Wandel der Stadtstruktur begann nach dem *Vertrag von Nanking* (1842), dem ersten in der Reihe der sog. *ungleichen Verträge*. China musste damals die Insel Hongkong an Großbritannien abtreten und in fünf weiteren Hafenstädten Stützpunkte und Handelsniederlassungen erlauben. Verträge mit anderen europäischen Mächten (u. a. Frankreich, Deutschland) und den USA folgten, sodass 1911 entlang der chinesischen Küste ca. 90 Vertragshäfen bestanden, in denen etwa 300.000 Ausländer lebten. Zur größten ausländischen Niederlassung entwickelte sich Shanghai, das in den 1930er Jahren ca. 60.000 Ausländer zählte (TAGSCHERER 2000, S. 125). Ursprünglich waren die Vertragshäfen und Konzessionsgebiete räumlich von den chinesischen Siedlungen getrennt (Abb. 47). Später

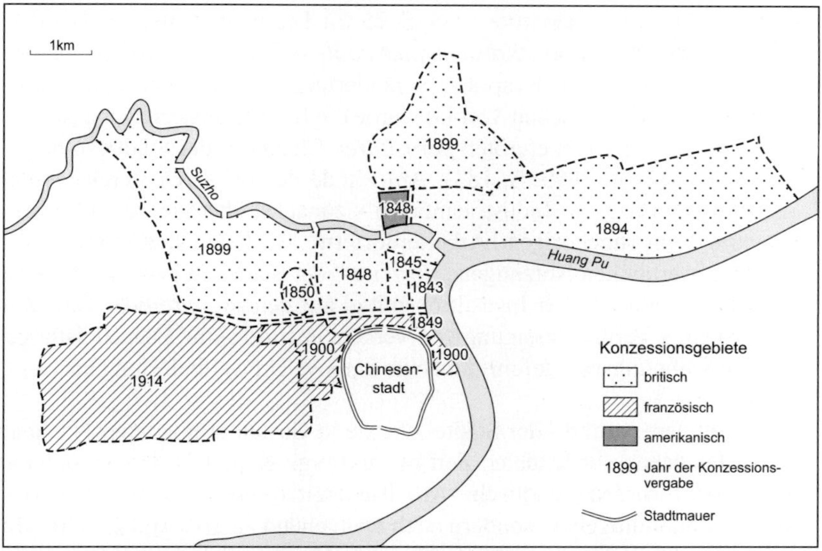

Abb. 47: Chinesenstadt und ausländische Konzessionsgebiete in Shanghai
Quelle: SCHUBERT (2001)

drangen jedoch moderne Industriebetriebe, Banken, Kaufhäuser, Hotels und Wohngebäude in europäischem Stil auch in die chinesischen Altstädte vor (TAUBMANN 1993, S. 423). Rechtlich nahmen die Ausländer eine Sonderstellung ein; sie waren nicht den chinesischen Behörden, sondern den jeweiligen Konsulaten unterstellt, was den halbkolonialen Status der Niederlassungen unterstreicht.

Die wirtschaftlichen Impulse, die von den Vertragshäfen ausgingen, zogen Investitionen wohlhabender Chinesen nach sich. Das wiederum bewirkte einen starken Zustrom verarmter ländlicher Bevölkerungsschichten. Die Städte nahmen daher schnell an Einwohnern zu, allen voran Shanghai, das kurz vor dem Zweiten Weltkrieg etwa die Hälfte des chinesischen Außenhandels abwickelte und auf 4 Mio. Ew. angewachsen war. Als *„Paris des Ostens“* war es eine kosmopolitische Stadt und als Vergnügungszentrum weltberühmt (SCHUBERT 2001, S. 221).

Sozialistische Überformung

Die Städte im Landesinneren wurden von dieser Entwicklungsphase nur verhältnismäßig wenig berührt. Abgesehen von der Mandschurei, die 1931 von Japan besetzt und zu einer Industrieregion umgestaltet wurde, erfolgte der Bruch mit der Vergangenheit erst nach dem politischen Umschwung des Jahres 1949. Die *sozialistische Überformung* und Erweiterung lässt sich wie folgt charakterisieren (SCHINZ 1989, S. 23 ff.; TAUBMANN 1993, S. 423 ff.):

1. Unter dem Schlagwort *„Konsumentenstädte in Produzentenstädte umwandeln“* kam es zu einer rapiden Veränderung der wirtschaftlichen Basis. Gemäß dem sowjetischen Vorbild wurde die Industrialisierung massiv vorangetrieben, um dem ererbten *parasitären* Charakter der Städte zu begegnen (TAUBMANN 1999, S. 183). Am Rande des bebauten Bereiches entstanden großflächige Industrieanlagen – zunächst überwiegend Schwerindustrie – mit zugehörigen „Arbeiterdörfern“. Bis heute sind solche industriell-gewerblichen Nutzungen „Vorreiter“ der Stadterweiterung. Die Konzentration nahezu aller Investitionsmittel auf den sog. *produktiven Sektor* hat zu einer Vernachlässigung von Verkehrsinfrastruktur, Dienstleistungen sowie Wohnungsbau geführt und eine massive Umweltbelastung hervorgerufen.
2. Die zellulare Struktur der Städte, wie sie in Gestalt ummauerter Nachbarschaften schon zur feudalen Zeit bestand (vgl. Kap. 4.3), lebt in anderem Gewand fort. Jede städtische Arbeitseinheit (*danwei*) ist nicht nur von einer Mauer umgeben, sondern auch weitgehend autark, weil sie ihre Mitglieder mit Wohnungen, Einkaufsmöglichkeiten, Schulen, Krankenhäusern etc. versorgt. Einerseits ist dadurch eine gewisse soziale Absicherung gegeben, andererseits ist die soziale Kontrolle scharf, und die Mobilität innerhalb der Stadt wird erschwert oder gänzlich unmöglich gemacht. Erst die ökonomischen Reformen brachten eine Schwächung des *danwei*-Systems (TAUBMANN 1999, S. 188).
3. Der Zwang, möglichst viele Menschen möglichst schnell und kostengünstig mit Wohnungen zu versorgen, ließ keine aufwändige Bebauung zu. Monotone *Plattenbauten*, zunächst vorwiegend vier- bis fünfgeschossig,

später auch höher, von oft minderer Qualität dominieren, wodurch soziale Unterschiede weitgehend nivelliert sind. Vielfach herrscht allerdings eine drangvolle Enge. In einzelnen Stadtvierteln entfallen auf jeden Bewohner nur 3-5 m^2 Fläche. Es ist deshalb kein Wunder, dass *öffentliche Parks* eine wichtige Sozialfunktion der Begegnung und der Erholung haben (WILHELMY 1987, S. 78).

4. Dem zunehmenden Konflikt zwischen intensiver landwirtschaftlicher Nutzung im Umland der Städte und dem Vorrücken von Industrie und städtischer Wohnbebauung versuchte man mit der Anlage von *Satellitenstädten* zu begegnen (vor allem in Shanghai und Peking). Diese waren insbesondere für die Ansiedlung von Schwerindustrien und die Auslagerung stark *emitierender* Industrien aus dem Zentrum vorgesehen (SCHUBERT 2001, S. 253).
5. Große Straßendurchbrüche, breite Achsen, verschwenderische Platzanlagen und die monumentale Heraushebung wichtiger öffentlicher Gebäude kennzeichnen die Umgestaltung des Zentrums. Bewusst sind dabei *Stadtbauelemente*, die an die Feudalzeit erinnern, abgerissen worden, z.T. kam es zur Flächensanierung ganzer Altstädte, die als *uniforme Stadträume* in genormter Plattenbauweise wiedererstanden. Fast überall sind in den 1950er und 1960er Jahren die Stadtmauern niedergerissen worden, um Platz für Ringstraßensysteme zu schaffen. Teilweise erfolgte die *Schleifung* der Mauern auch bereits am Ende der Kaiserzeit, so in Shanghai 1911/12 (TAUBMANN 1992, S. 121). Erst in der Gegenwart ist eine stärkere Bewahrung und Pflege der alten Bausubstanz erkennbar, wenngleich sich dies stärker auf einzelne Gebäude und nicht auf ganze Straßenzüge oder Stadtviertel bezieht. So möchte sich Peking zu den Olympischen Spielen 2008 als *„fortschrittliche Metropole"* präsentieren: Die *historische Altstadt* wird weitgehend abgerissen, um Neubauten, breiten Straßen und Parkanlagen Platz zu machen, und die Bewohner werden auch *gegen ihren Willen* umgesiedelt (*Der Spiegel* 12/2003).

Folgen der Öffnungs- und Reformpolitik

Der seit langem bestehende Gegensatz zwischen den Städten entlang der Küste und im Landesinneren hat sich seit Beginn der Reform- und Öffnungspolitik um 1979/80 weiter verschärft (vgl. den Forschungsüberblick in PANNELL und HU 1995). In den (für ausländische Investitionen) geöffneten Küstenstädten und Sonderwirtschaftszonen entstanden am Rande bestehender Städte sog. *Economic* and *Technological Development Zones (ETDZ)*, oder es wurden gänzlich neue Städte errichtet (z. B. Shenzhen). Ziel war es, ausländisches Kapital anzuziehen; entsprechend attraktiv sollten daher solche Zonen gestaltet werden. Als wesentliche *Strukturelemente* nennt TAUB-

MANN (1993, S. 427): Die Konzentration auf *neue Technologien*, die *funktionale Mischung* von Wohnen, Arbeiten und Versorgen, die *weniger dichte* (Hochhaus-) Bebauung mit ausreichenden *Grünflächen* für Erholungszwecke sowie die *postmoderne Architektur*. Allein drei *ETDZs* sind in den 1980er Jahren in Shanghai als *joint-ventures* mit Firmen aus Hongkong entstanden (WILLIAMS in BRUNN und WILLIAMS 1993, S. 461).

Unter allen großen Städten Chinas hat Shanghai sein Gesicht am nachhaltigsten verändert, nachdem es zur sozialistischen Zeit eher vernachlässigt worden war (FOSTER, LAI und ZHOU 1998; WU 1999 u. 2001; SCHUBERT 2001):

- Das Geschäftszentrum im Altstadtbereich wurde durch das internationale Finanz- und Handelszentrum (auf der Basis der größten Freihandelszone Chinas) in Pudong auf dem östlichen Ufer des *Huangpu* ergänzt. Hochhäuser in postmoderner Architektur um den *Oriental Pearl Tower*, mit 468 m Höhe drittgrößter Fernsehturm der Welt und der höchste in Asien, sind zum neuen Wahrzeichen der Stadt geworden und reichen bis 420 m Höhe (*Jinmao*-Hochhaus).
- Viele alte Stadtteile mussten Wohnhochhäusern mit bis zu 30 Stockwerken weichen. Dadurch konnte die Wohnfläche pro Person von 6,7 m^2 auf 9,7 m^2 (1991-99) vergrößert werden, ist aber im Vergleich zu Europa noch immer außerordentlich gering.
- Mehr und mehr Apartments und Häuser werden *professionals* und anderen gut verdienenden Bevölkerungsgruppen zum Kauf angeboten. Insbesondere junge Frauen, die es sich leisten können, nutzen die Chancen zum Kauf einer eigenen Wohnung, um dadurch auch an Selbstständigkeit zu gewinnen. Dagegen leben Männer wesentlich häufiger bis zur Heirat bei den Eltern (*Newsweek*, 03.06.2002).
- Shanghai ist der bedeutendste Standort ausländischer Industrieunternehmen. So haben u. a. *VW, General Motors, Du Pont* und *IBM* hier investiert. Am rechten Ufer des *Huangpo* entstand ein großes neues Industriegebiet. Zum Teil sind umweltbelastende Betriebe nach hier umgesiedelt worden. Auch das Büroflächenangebot von mittlerweile 2,2 Mio. m^2 richtet sich bevorzugt an ausländische Firmen (*Welt am Sonntag*, 04./05.10.03).
- Die Verkehrsinfrastruktur wurde grundlegend modernisiert. Dafür steht die Eröffnung der U-Bahn (1994), der Bau von *expressways* mit neuen Brücken über und einem Tunnel unter den Huangpu oder auch die aufgeständerte *Inner Ring Road*. Doch ist der Autoverkehr noch immer vergleichsweise gering, wenn auch die Kfz-Zahl von 8.000 (1980) auf 1,5 Mio. in 2004 zugenommen hat und trotz einer *Beschränkung der Neuzulassungen* schnell weiter ansteigen wird.
- Modernste Technik ist hochwillkommen, um das Bild der Rückständigkeit zu korrigieren. So verbindet der *Transrapid* seit 2003 den Flughafen mit

Pudong. Mit dem *New International Exhibition Center,* dem modernsten in Ostasien, rüstet sich die Stadt für die *Weltausstellung* im Jahre 2010.

Strukturmodell

Basierend auf LO (1979) hat TAUBMANN (1992) wesentliche Strukturelemente der *chinesischen Stadt* zusammengefasst (Abb. 48). Das Modell greift weit über

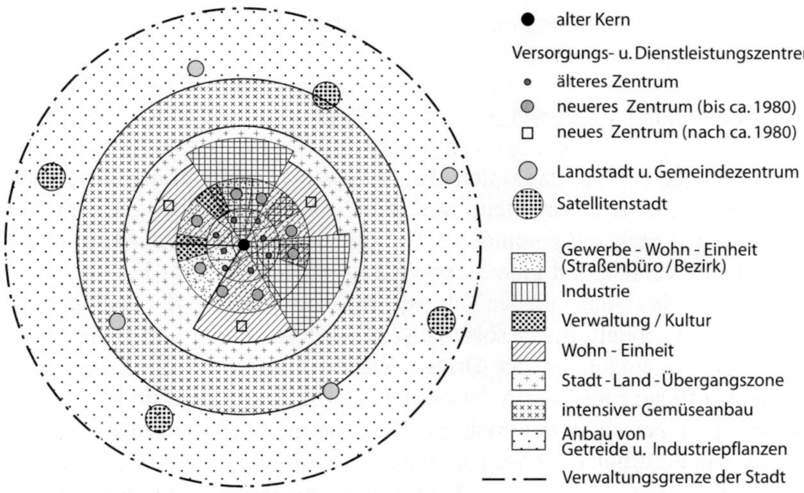

Abb. 48: Modell der chinesischen Stadt
Quelle: TAUBMANN (1993)

die Stadt in ihren administrativen Grenzen hinaus und schließt die *Stadt-Land-Übergangszone* sowie das *ländliche Umland* ein. Auf den ersten Blick wird erkennbar, dass sich die räumliche Erweiterung der Städte noch weniger *axial*, sondern eher *ringförmig* vollzieht. Großwohnanlagen und neue Industriequartiere werden jeweils an neuen *Ringstraßensystemen* errichtet. Dabei steht die relativ klare *Funktionstrennung* in den neuen Erweiterungen einer *Mischung* von Wohnen und Gewerbe in den Bereichen um den alten Kern gegenüber. Eine sozialräumliche Differenzierung ist nur in geringem Maße vorhanden und wirkt nicht strukturbildend. Die *Stadt-Land-Übergangszone* weist eine sehr heterogene Struktur auf: „Vorrückende" großflächige Industrieanlagen mischen sich mit ländlichem Gewerbe, Lagern und Transporteinrichtungen sowie fortbestehender, durch Umweltverschmutzung allerdings stark beeinträchtigter Landwirtschaft. Es ist Ziel der Stadtplanung, den äußeren Ring intensiven Gemüseanbaus möglichst intakt zu halten, um die Selbstversorgung der Städte mit landwirtschaftlichen Produkten nicht zu gefährden. Bewusst sind die *Satellitenstädte* daher am Rande oder außerhalb des „Gemüsegürtels" lokalisiert.

Das Modell spiegelt in erster Linie die Struktur der Städte im Landesinneren wider. In den prosperierenden Regionen der Küstenbereiche, insbesondere in Shanghai, ist vielfach ein Aufbruch der Ringstruktur zu beobachten, und jüngere Entwicklungen vollziehen sich entlang *radialer Verkehrsachsen* (vgl. NING und YAN in PANNELL und HU 1995, S. 577 ff.). In Zukunft ist damit zu rechnen, dass die fortschreitende soziale Differenzierung der Gesellschaft die Raumstruktur der Städte nachhaltig verändern wird (vgl. YEH und WU in PANNELL und HU 1995, S. 540 ff.). Erste Ansätze zeigen sich schon heute und werden von YEH, XU und HU (in PANNELL und HU 1995, S. 611) modellhaft beschrieben.

Das Beispiel Peking (Beijing)

Am Beispiel Pekings lässt sich die Grundstruktur der chinesischen Stadt besonders gut herausarbeiten, weil seine Geschichte über tausend Jahre zurückreicht und sich zumindest im Straßenverlauf und in der Lokalisation wichtiger Gebäude und Plätze *Entwicklungsphasen* früherer Epochen erhalten haben. Als Hauptstadt der Volksrepublik (seit 1949) bildet Peking gleichzeitig einen Modellfall für sozialistische Stadtgestaltung und Überformung unter den Bedingungen der Dritten Welt. Hingegen ist die Überprägung durch westliche Einflüsse in der zweiten Hälfte des 19. und im beginnenden 20. Jh. geringer als in den meisten Küstenorten. Auch die Folgen der wirtschaftlichen Öffnung für Stadtentwicklung und innere Differenzierung sind weniger deutlich sichtbar als in Städten der *Sonderwirtschaftszonen* oder der Handelsmetropole Shanghai. In dieser Hinsicht stellt Peking eher den Normalfall als eine Ausnahme dar.

Innerhalb des heutigen Stadtgebietes liegen mehrere Ansatzpunkte einer städtischen Entwicklung (Abb. 49). Davon haben sich aber lediglich Strukturelemente aus der Zeit der Mongolenherrschaft erhalten. Die Mongolen überrannten zu Beginn des 13. Jh. den Norden Chinas. Ihr Anführer, KHUBILAI KHAN, der Begründer der *Yuan-Dynastie*, errichtete seine Hauptstadt Dadu („Große Hauptstadt") ab 1271 gemäß konfuzianischer Prinzipien. Damit wollte er zugleich seine Herrschaft legitimieren und Kontrolle über die Bürokratie gewinnen (SIT 1995, S. 50). Im Zentrum der Kaiserstadt lag der Palast des Herrschers, die spätere „*Verbotene Stadt*". Beide „Städte" waren von einer Mauer umgeben. Die Außenmauer umschloss eine nahezu quadratische Fläche mit 11 Stadttoren. Der Hauptzugang durch das *Tor des Himmlischen Friedens (Tiananmen)* erfolgte von Süden; im Norden gab es nur zwei Tore. Weitgehend parallele O-W- und N-S-Straßen teilten die Stadt in 54 *„Nachbarschaften"* (TAUBMANN 1992, S. 111). Entsprechend der Wertschätzung der Himmelsrichtungen lagen die beiden Märkte im Norden und Westen der Kaiserstadt.

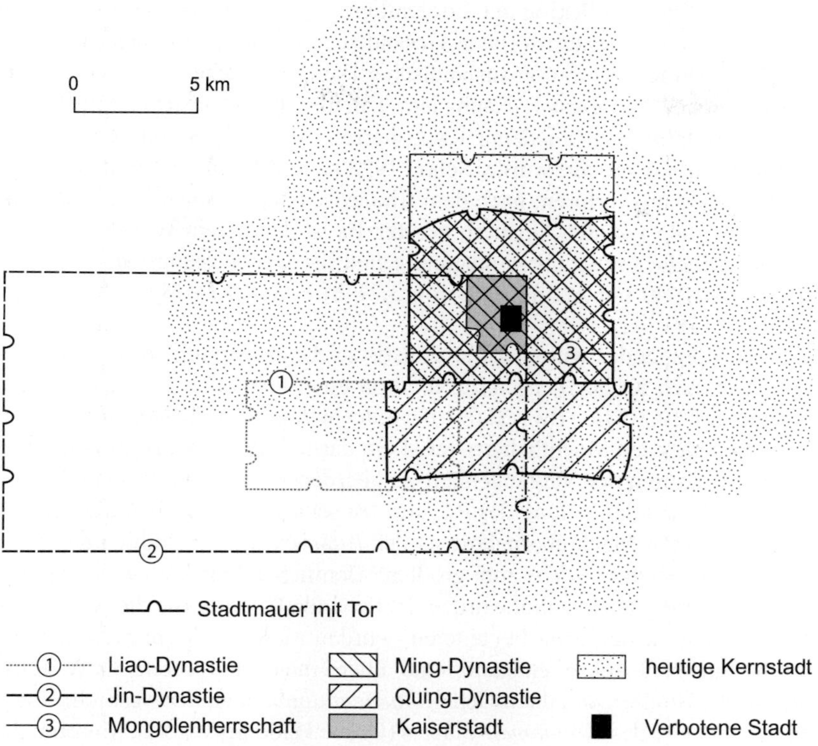

Abb. 49: Ausdehnung des historischen und gegenwärtigen Pekings
Quelle: SKINNER (1977); SIT (1999)

Die äußere Abmessung und der Verlauf der Außenmauer haben sich in den folgenden Epochen mehrfach verändert, wobei die bestehende Stadt in Teilen oder gänzlich zerstört und neu aufgebaut worden ist. Erwähnenswert ist insbesondere die südliche Erweiterung der „Inneren Stadt", der sog. *Tartarenstadt*, durch die „Äußere Stadt", die sog. *Chinesenstadt*, um die Mitte des 16. Jh. (*Ming-Dynastie*; Abb. 49). Hier siedelten sich vor allem Kaufleute und Handwerker an und legten den Grundstock für die spätere Entwicklung des Hauptgeschäftsviertels. Auch wenn die einst weltberühmten Stadtmauern (bis auf diejenige um die *Verbotene Stadt*) nach 1949 geschleift und durch innere Ringstraßen ersetzt worden sind, so ist der klassische Grundriss des chinesischen Stadtmodells bis heute gut zu erkennen, und einzelne Bauten reichen bis ins 15. Jh. zurück.

Anders als viele Küstenstädte hat sich Peking bis weit in das 20. Jh. hinein wenig verändert. Der Einfluss ausländischer Mächte, der die Entwicklung der meisten Küstenstädte in der Periode der ungleichen Verträge so entscheidend bestimmte, blieb in Peking außerordentlich gering und beschränkte sich auf die Schaffung des exterritorialen Gesandtschaftsviertels und der damit einhergehenden Konzentration ausländischer Banken, Kirchen, Schulen usw. im Südosten des *Tiananmen*. Nach dem Fall der *Qing-Dynastie* (1911) war Peking Spielball verschiedener Kriegsherren, bis es 1928 von den Truppen der *Kuomintang* erobert wurde. Schon 1927 hatte Peking die Hauptstadtfunktion an Nanking verloren; nach dem Chinesisch-Japanischen Krieg blieb die Stadt bis 1945 von den Japanern besetzt. Es ist daher kein Wunder, dass die wirtschaftliche Entwicklung stagnierte und die Bevölkerungszahl zwischen 1935 und 1949 nur geringfügig von 3,71 Mio. auf 4,14 Mio. anstieg (SIT 1995, S. 179).

Umso prägender wurde die sozialistische Überformung sowohl im Zentrum als auch an der Peripherie, die von einer schnellen Bevölkerungszunahme auf 10,8 Mio. Ew. (2003) begleitet wurde (UN 2004). Im Zentrum ging es den neuen Machthabern vor allem darum, die Erinnerung an die feudalen Strukturen der Vergangenheit zu überdecken und einen neuen Mittelpunkt als Selbstdarstellung des Regimes zu schaffen. Anlässlich des zehnten Jahrestages der Machtübernahme ist der *Tiananmen*-Platz südlich des *Tores des Himmlischen Friedens* zum größten öffentlichen Platz der Welt erweitert und vollständig umgestaltet worden. Bestehende Mauern, die die N-S-Achse in Richtung Kaiserpalast begleiteten, wurden niedergerissen; als Gegengewicht zur N-S-Achse entstand eine überdimensional breite O-W-Achse (*Changan*-Straße), und die neuen *Monumentalbauten* an der westlichen bzw. östlichen Seite des *Tiananmen*-Platzes (Große Halle des Volkes, Museum der Chinesischen Geschichte und Revolution) repräsentieren den politischen Wandel. Die 1977 errichtete Gedenkstätte für MAO ZEDONG ist bewusst mitten in die N-S-Achse gesetzt worden. Den Bruch mit der Vergangenheit symbolisieren auch das nach Norden gerichtete Eingangstor und die Blickrichtung des toten MAO, der nach Norden schaut – und nicht wie die Kaiser nach Süden (TAUBMANN 1992, S. 123; SIT 1995, S. 245 ff.).

Die Peripherie weist heute eine auffällige *Zellenstruktur* auf. Kam es in den ersten Jahren nach der Machtübernahme durch die kommunistische Partei überwiegend zu einer Außenerweiterung der bebauten, sich gleichzeitig immer mehr verdichtenden Fläche, so sah der Stadtentwicklungsplan von 1958 erstmals die Ausweisung sog. *dispersed constellations* vor (SIT 1995, S. 132 f.). Diese sollten von der Kernstadt durch einen Grüngürtel getrennt sein, um ein unkontrolliertes Flächenwachstum zu verhindern. Die peripheren Stadterweiterungen gruppieren sich insbesondere um den dritten Ring, den Kern bilden in der Regel große Industriekomplexe, wie z. B. das Eisen- und Stahlkombinat *Shijingshan* im Westen der Stadt (SIT 1995, S. 166 ff.), die bis heute die größten Luftverschmutzungsquellen sind (FAN und TAUBMANN 2004, S. 51).

Ebenfalls auf den *Generalplan* von 1958 gehen erste Ideen zum Bau von *Satellitenstädten* nach sowjetischem Vorbild zurück. Ursprünglich waren über 40 derartige Städte geplant, die einerseits eine Entlastung der Kernstadt, andererseits neue industrielle Entwicklungen ermöglichen sollten. Das Konzept der Satellitenstädte ist später mehrfach geändert worden, und nicht alle Vorschläge aus dem Generalplan kamen wirklich zum Tragen (Abb. 50).

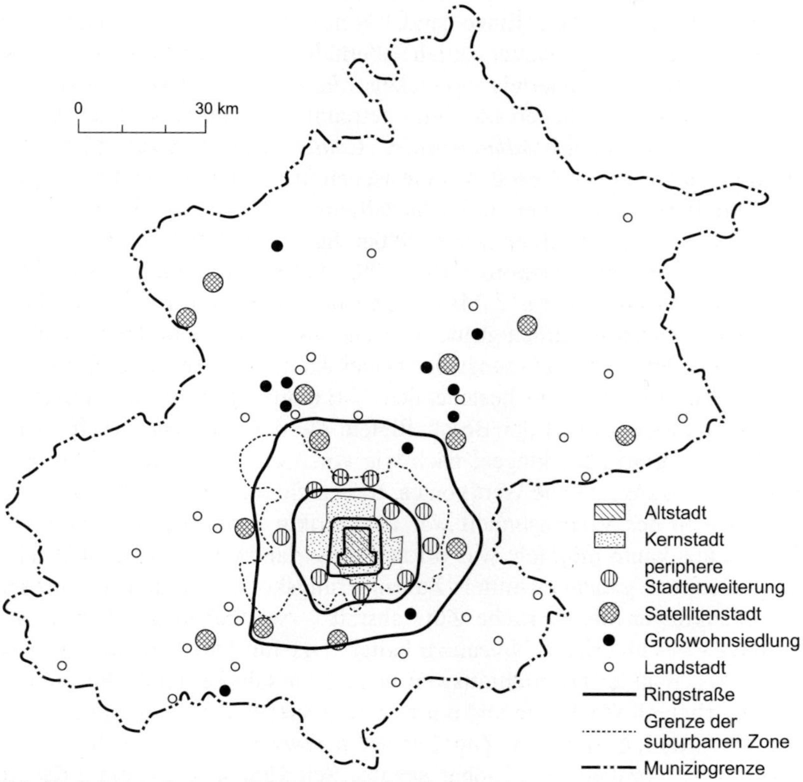

Abb. 50: Raumstruktur von Peking und Umland
Quelle: SIT (1999)

Stattdessen hat man in jüngerer Zeit Erfahrungen mit dem ETDZ-Modell aufgegriffen und vergleichbare Entwicklungen gefördert. So wurde im Nordwesten in unmittelbarem Anschluss an führende Universitäten und Forschungseinrichtungen die *„Beijing New-Tech Industrial Development Zone"* (BEZ) ausgewiesen, die in den 1980er Jahren die größte Konzentration neuer Technologien in ganz China darstellte (WILLIAMS in BRUNN und WILLIAMS 1993, S. 458). Gleichwohl ist die Überprägung der Stadt in Folge der Öffnungspolitik geringer als im Küstenbereich. Im Straßenbild ist es insbesondere die Vielzahl privater Geschäfte und Kleinunternehmer, die den ökonomischen Wandel sichtbar werden lassen und zu einer augenfälligen Verbesserung des Angebots an Waren und Dienstleistungen geführt haben. Seitdem 1995 internationale Handelsunternehmen die Erlaubnis erhielten, Niederlassungen in China zu errichten, stieg deren Zahl schnell an. Innerhalb kurzer Zeit entstanden z. B. allein in Peking 80 Filialen von *McDonald's* (Fan und Taubmann 2004, S. 51). Auch zeichnet sich die Entstehung eines CBD ab, der jedoch nicht an die Einzelhandelskonzentrationen im Altstadtbereich anknüpft, sondern sich weiter östlich außerhalb der zweiten Ringstraße in der Nähe des Botschaftsviertels entwickelt (*Jianguomen*-CBD); Banken und Finanzeinrichtungen liegen allerdings getrennt davon im Westen der Altstadt nördlich des *National Administrative Center* (Zhou 1998). Ebenso ist Peking, wie die anderen großen chinesischen Städte, längst nicht mehr allein eine Stadt der Fußgänger und Fahrradfahrer (Doulet in Boquet 2002, S. 413 ff.). Schon zu Beginn der 1990er Jahre sind jährlich über 100.000 Pkw-Lizenzen vergeben worden (Sit 1995, S. 360); für 2003 wird die Zahl der privaten Pkw mit ca. 2 Mio. angegeben (Fan und Taubmann 2004, S. 51). Gleichzeitig wurden große Anstrengungen unternommen, das öffentliche Verkehrssystem auszubauen. Dabei kam der Erweiterung des seit Beginn der 1980er Jahre bestehenden U-Bahnnetzes höchste Priorität zu. Trotzdem ist der Anteil der Beschäftigten, die den Weg zur Arbeit zu Fuß oder per Fahrrad zurücklegen, nach wie vor hoch, selbst wenn der für die 1980er Jahre angegebene Wert von ca. 67% nicht mehr erreicht wird.

Schon in der Vergangenheit war eine strikte Kontrolle des städtischen Wachstums kaum möglich, was oft zu Lasten landwirtschaftlicher Flächen ging. Dennoch gelang es mittels Zuwanderungskontrollen und Aufenthaltsbeschränkungen die jährliche Zuwachsrate – verglichen mit Dritte-Welt-Städten – auf niedrigem Niveau zu halten. Der für den Zeitraum von 1949 bis 1990 genannte Durchschnittswert von 2,25%/Jahr beruht zu drei Vierteln auf natürlichem Wachstum und nur zu einem Viertel auf Wanderungsgewinnen (Sit 1995, S. 178 ff.). Zur Zeit der *Kulturrevolution* war die Wanderungsbilanz vorübergehend sogar negativ. Seit 1958 existiert ein effektives *Haushaltsmeldesystem*, und der Zuzug in die Städte wurde sehr restriktiv geregelt (Taubmann 1999, S. 184). Offiziell besteht dieses *hukou*-System in modifizierter Form fort, wird aber seit Mitte der 1980er Jahre nicht mehr durchgesetzt (Taubmann 2003). Die Folge davon ist eine immense Zunahme der sog. *floating population* (vgl. Liang 2001). Darunter werden offiziell temporäre Zuwanderer verstanden, die jedoch häufig auf Dauer in der Stadt bleiben und hier regelrechte „Migrantendörfer“ bilden, die teilweise *squatter*ähnliche Strukturen aufweisen (Taubmann 1999, S. 187). Allein in Peking sollen 2,9 Mio. Menschen zur *floating population* gehören. Für ganz China wird diese auf 50 bis über 100 Mio. geschätzt (Taubmann

2003; LIANG und MA 2004) Gleichzeitig werden in den unrentablen Staatsbetrieben vermehrt Arbeitskräfte freigesetzt, sodass Arbeitslosigkeit und – damit einhergehend – auch Obdachlosigkeit zunehmen (CHAN, GU und BREITUNG 2000). Auch die Wohnungs- und Mietreform von 1988, die eine gewisse Mietanpassung vorsieht und den Verkauf vorhandener und neu errichteter Wohnungen erlaubt, wird längerfristig dazu beitragen, dass sich die soziale Segregation verstärken und mehr und mehr zu einem Strukturelement wird. Noch ist jedoch der Kauf einer Wohnung oder gar eines Hauses außerhalb der Reichweite selbst gut verdienender Chinesen (HU und KAPLAN 2001, S. 67). *Sozialraumanalysen* auf der Basis von (älteren) Daten zur Wohnungsausstattung werden zur Zeit noch durch den Gegensatz zwischen dicht bebauten, übervölkerten zentralen Stadtbereichen mit defizitärer Wohnungsausstattung und den Plattensiedlungen sowie Satellitenstädten im Außenbereich mit vergleichsweise günstigerer Wohnsituation bestimmt (vgl. SIT 1999). Höherwertige Wohngebiete und eine Konzentration besser ausgebildeter Bevölkerungsgruppen deuten sich lediglich kleinräumig in *professional complexes* in der Nähe von Universitäten sowie Forschungs- und Technologieeinrichtungen an. Je mehr sich Peking in Richtung einer *global city* entwickelt (SIT 1995, S. 363 ff.), desto stärker wird die Umgestaltung der überkommenen Strukturen sein. Das vermehrte Aufkommen von *gated communities* – vorwiegend im Nordosten der Stadt in Richtung des internationalen Flughafens – ist der sichtbarste Hinweis auf die Entstehung neuer sozialräumlicher Muster (GIROIR in BOQUET 2002; WU und WEBBER 2004).

7.3.3 Kulturräume mit jüngerer städtischer Tradition

Wenn die Kulturräume Südostasien, Lateinamerika und Afrika südlich der Sahara zu einer Gruppe mit jüngerer städtischer Tradition zusammengefasst werden, so bedarf dies einer zusätzlichen Erläuterung, weil die Differenzierung innerhalb dieses Bereiches groß ist. In Südostasien beginnt die städtische Entwicklung, beeinflusst von Indien und China, schon recht früh, teilweise bereits um die Zeitenwende. Aber nur in wenigen der heutigen Metropolen ist eine Verbindung zum historischen Städtewesen erkennbar (vgl. die Karte in MCGEE 1967, S. 35), und viele ehemals bedeutende städtische Zentren leben nur als Ruinenstätten fort. Auch in Lateinamerika gab es vor der kolonialen Eroberung bedeutsame Städte, die Mittelpunkte größerer Reiche waren. Diese wurden jedoch von den Spaniern bewusst zerstört und auf ihren Grundmauern neue Städte als Ausgangspunkte der weiteren Eroberung errichtet, um auch symbolhaft einen geschichtlichen Neuanfang zu setzen. Dagegen sind die Städte in Afrika südlich der Sahara wesentlich jünger und gehen ganz überwiegend erst auf das 19. und beginnende 20. Jh. zurück.

7.3.3.1 Südostasien

Vielfalt kultureller Beeinflussung in vorkolonialer Zeit

Südostasien ist ein Kulturerdteil großer Vielfalt, der sehr früh und nachhaltig durch Außeneinflüsse geprägt wurde. Schon vor der Zeitenwende begann eine von Indien ausgehende Beeinflussung der einheimischen Gesellschaften, die bis heute spürbar geblieben ist. Indische Kaufleute brachten nicht nur Hinduismus und Buddhismus, sondern auch ihre Architektur und Kunst, ihre Literatur und Rechtsauffassung in das festländische Hinterindien und die Inselwelt. Nur wenig später setzte der Gegenstrom der Kultur, Zivilisation und auch des direkten Herrschaftsanspruchs Chinas ein. Einwanderungen – stärker aus China als aus Indien – folgten, beginnend mit dem Vorstoß der Thai-Völker aus Südchina vor etwa einem Jahrtausend bis hin zu den Arbeiterwanderungen im 19. und 20. Jh. Das hat dazu geführt, dass Südostasien ein Raum heterogener ethnischer Struktur ist und neben den einheimischen Völkern überall Inder und Chinesen nennenswerte Bevölkerungsanteile stellen. Nicht zuletzt deshalb wird auch vom *„indo-chinesischen Kulturerdteil"* gesprochen, wobei etwa entlang des unteren Mekong der Grenzsaum zwischen dem Vorwiegen indischer im Westen und chinesischer Kulturlandschaftselemente im Osten verläuft (UHLIG 1988, S. 18 u. 76).

Entsprechend weit in die Vergangenheit zurück reicht die urbane Tradition, die ebenfalls unter dem Einfluss der indischen und chinesischen Kultur steht. Am Beispiel von Surabaya auf Java haben MULTHAUP und SANTOSO (in ERNST 1984, S. 125 ff.) Regelhaftigkeiten der vorkolonialen Stadtgestaltung herausgearbeitet, wie sie in Abwandlungen auch andernorts auftreten. Schon bei der Lagewahl spielten nicht nur natürliche Ressourcen und Möglichkeiten wirtschaftlicher Betätigung (z. B. Wasserversorgung, Flüsse als Transportader, Nassreisanbau, Bewässerungslandwirtschaft) eine Rolle, sondern der Standort wurde auch von den Prinzipien der *geomantischen Harmonie* bestimmt. „Menschenwelt" und „natürliche Welt" sollten in einer harmonischen Beziehung stehen und sich in ein umfassendes Gleichgewichtssystem einordnen. Wie bei vielen chinesischen Städten (vgl. Kap. 4.3) mussten dabei erdmagnetische Kraftfelder, die Lage von Bergen und Gebirgszügen, der Verlauf von Flüssen und Küstenlinien, die Art des Bodens sowie Qualität und Strömung des Grundwassers berücksichtigt werden. Die Stadt selbst wird als *Abbild des Kosmos*, als *Welt im Kleinen* aufgefasst. Vom zentralen Tempelbezirk, der nach dem Vorbild des Götterberges *Meru* auf einem natürlichen oder künstlichen Hügel liegt, führen die Achsen der zeremoniellen Zwecken dienenden Hauptstraßen zu den Toren und Wallgräben, die als Verkörperung des *Weltmeeres* in die mythologische Bedeutung einbezogen werden (UHLIG 1988, S. 200). Bei der Untergliederung des Stadtgebietes kommen sowohl dualistische Prinzipien, wie wir sie aus China kennen, als auch zentral-hierarchische Ordnungsmuster zum Tragen. In Java werden diese strukturbildenden Regeln überlagert von *anthropomorphistischen* Vorstellungen. Die Stadt wird als Abbild des menschlichen Körpers gestaltet und bildet einen viergeteilten *Mikrokosmos*. Die Mitte, der Platz der Seele, ist dabei Zentrum der sakralen und weltlichen Macht. Der Norden ist der Platz des Kopfes, der Repräsentation. Der Süden gilt als Platz der Füße und der Geschlechtsorgane, was auf Abstammung und Verwandtschaft hindeutet; hier werden z. B. die Söhne und Töchter des Herrschers erzogen und ausgebildet, und hier liegen auch die Wohnbereiche der Ausbilder und Betreuer. Osten ist der Ort der rechten Hand, mit der man arbeitet; deshalb befinden sich hier die Wohnviertel von Handwerkern und anderen als weltlich eingestuften Berufsgruppen. Der Westen steht für Kopfarbeit und geistiges Leben; er ist Wohngebiet von höheren Beamten und von Wachposten des Palastes (MULTHAUP und SANTOSO in ERNST 1984, S. 127 f.).

Die meisten der einst bedeutenden Tempel- und Palaststädte bestehen nicht mehr, jedoch zeugen die Ruinen von Palästen, Tempeln, Stadtmauern und Stadttoren bis heute von der weit in die Vergangenheit zurückreichenden städtischen Tradition. Dagegen sind die Profanbauten und insbesondere die um die Städte herumliegenden, tributpflichtigen Dörfer mit ihren Lehm- und Holzbauten längst der tropischen Verwitterung und den Termiten zum Opfer gefallen. Die Beispiele historisch bedeutsamer Städte reichen von *Vyadhapura*, in der Nähe des Scheitelpunktes des Mekong-Deltas gelegen und im 1.Jh. n. Chr. Hauptort des Königreiches Funan (vgl. WHEATLEY 1983, S. 119 ff.) über das nach indischem Vorbild gestalteten *Angkor*, das im 12. Jh. als Hauptstadt des *Khmer*-Reiches seine größte Blütezeit erlebte und damals ca. 300.000 Bewohner beherbergte (KRUG 1949/50; MCGEE 1967, S. 36 ff.), bis zu den Königsstädten des 18. und 19. Jh., wie *Mandalay* (UHRENBACHER 1960) als letzter Sitz der burmanischen und *Hué* der annamitischen (vietnamesischen) Herrscher sowie Bangkok, seit 1782 thailändische Hauptstadt und Königssitz.

Die *islamische Überformung* seit dem 15. Jh. und die Entstehung von *Sultanaten* (z. B. in Malaysia, Brunei, Indonesien) hat die indisch-chinesisch beeinflusste Stadttradition nicht ausgelöscht (RUTZ 1985, S. 75), was u. a. daran liegen mag, dass der südostasiatische Islam toleranter als im Vorderen Orient und auch auf dem indischen Subkontinent war (UHLIG 1988, S. 104).

Die räumliche Struktur der Sultanatssitze ist ebenfalls hierarchisch gegliedert und weist viele Elemente aus vorislamischer Zeit auf. In der Mitte des Systems liegt jetzt der Palast des Sultans (*kraton*). Nach außen schließt sich ein hierarchisch aufgebautes Kreissystem an, bei dem sakrale und profane Ebene eng miteinander verzahnt sind. So umfasst z. B. der zweite Kreis, *negara* genannt, sowohl einen sakralen Kernbereich mit heiliger *Moschee* als auch einen profanen Randbereich mit Sitz des *Großwesirs* (MULTHAUP und SANTOSO in ERNST 1984, S. 129 f.).

Einflusssphäre zahlreicher Kolonialmächte

Sehr viel einschneidender sind Städtesystem und Stadtgestaltung durch europäische *Kolonialmächte* umgestaltet worden. Zum Ersten reicht der koloniale Einfluss in Südostasien besonders weit zurück, zum Zweiten war das Interesse der europäischen Mächte aufgrund des Reichtums an Gewürzen, einem wichtigen Handelsprodukt der damaligen Zeit, besonders groß, und zum Dritten hat eine Vielzahl europäischer Mächte Stützpunkte in Südostasien gegründet, sodass die meisten der großen Metropolen eine unterschiedliche koloniale Vergangenheit haben. In Einzelfällen kam es sogar zu einer Überschichtung verschiedener kolonialer Einflusssphären. So ist der ursprünglich malaiische Fürstensitz Malacca 1410 zunächst vom Islam und dann 1511 von den Portugiesen erobert worden; 1614 fiel die Stadt an die Holländer und 1824 an die Engländer (UHLIG 1988, S. 201). Schon das frühe Malacca war eine kosmopolitische Stadt, auch wenn die Bevölkerung kaum 10.000 Ew. betrug. Vor der Eroberung durch die Portugiesen war es Sitz eines *Sultans*, dessen Palast die Stadt beherrschte. Bengalen, Gujaratis, Tamilen, Araber und Händler aus Sumatra, von der anderen Seite der Meerenge, kontrollierten den Handel (MCGEE1967, S. 40 f.). Diese Struktur ist von den Portugiesen nur unwesentlich verändert worden, sieht man davon ab, dass sie die vorhandenen Befestigungsanlagen übernahmen und erweiterten und formell das Christentum einführten (MCGEE 1967, S. 49 f.).

Die Portugiesen waren nicht nur die ersten, sondern auch die letzten Kolonialherren in Südostasien. Die Reihe ihrer Stützpunkte reichte von Indien über Burma, Siam, Kambodscha bis Timor, dessen östliche Hälfte erst 1976 Teil Indonesiens wurde. Spanien, das nach der Umseglung Südamerikas von Osten her die Philippinen entdeckte und eroberte, beschränkte sich gemäß dem päpstlichen *Schiedsspruch von Tordesillas* (1494) auf diesen Bereich, hat aber sehr viel stärker als das in erster Linie am Handel interessierte Portugal die gesamte Inselwelt in ein einheitliches Verwaltungssystem einbezogen und die katholische *Missionierung* vorangetrieben (REED 1978, S. 11ff.). UHLIG (1988, S. 82) spricht daher von einem *„Außenposten der lateinamerikanischen Zivilisation auf asiatischem Boden"*. Schon aus dem ersten Plan Manilas von 1577 ist der Typ der kolonialspanischen Stadt unschwer ablesbar: *Schachbrettgrundriss, plaza mayor* mit Kathedrale, Palast des Gouverneurs und Rathaus im Zentrum und starke Befestigungsanlagen sind kennzeichnend. Der von innen nach außen abnehmende *Sozialgradient* zeigt sich u. a. darin, dass die Spanier in *intramuros* lebten, während sich die zugewanderten Chinesen und auch die einheimischen *Tagalen* nur außerhalb der Mauern und in ethnisch getrennten Vierteln ansiedeln durften. Erst ab Mitte des 19. Jh. ist diese Struktur aufgebrochen worden, als die Oberschicht mehr und mehr das Gebiet von *intramuros* verließ und am letzten Bogen des *Pasig* vor seiner Einmündung in die *Manila Bay* der Nobel-Vorort *San Miguel* entstand (KOLB 1978, S. 10 ff.). Nach der Vertreibung der Spanier (1898) hat die US-amerikanische Herrschaft zu einer nochmaligen Umprägung in kultureller und wirtschaftlicher Hinsicht geführt (KOLB 1978, S. 18 ff.), die bis heute fortwirkt (SPREITZHOFER und HEINTEL 2001).

Um die Wende zum 17. Jh. ging die Herrschaft auf den Weltmeeren an Holländer und Engländer über, die sich ebenfalls am gewinnbringenden Handel mit Südostasien beteiligen wollten. Teilweise sind die Portugiesen verdrängt, teilweise neue Stützpunkte und Agenturen angelegt worden. Die Niederlande wurden zur Vormacht im insularen Südostasien und gründeten 1619 *Batavia* (heute Jakarta) als Hauptstadt Indonesiens. Die Stadt spielt unter den zahlreichen kolonialzeitlichen Gründungen insofern eine Sonderrolle, als man sie als getreue Nachbildung einer niederländischen Stadt, als *„European transplant"* (MCGEEE 1967, S. 49) anlegte. *Grachten*, begleitet von mehrstöckigen Häusern, bestimmten das Bild. Nicht bedacht bei der Planung war die Lage im tropischen Sumpftiefland, wodurch die Altstadt (*kota*) zum Seuchenherd wurde, und Malaria, Cholera und Typhus unter den niederländischen Siedlern eine große Zahl von Opfern forderten. Anfang des 19. Jh. sind daher die Wälle geschleift und die *Grachten* zugeschüttet worden. Neuere Wohnviertel aus frei stehenden Villen baute man im etwas höheren und trockeneren Vorort „*Weltevreden*" (wohl zufrieden), wo sich heute das Stadtzentrum befindet (Abb. 55, S. 263; MCGEE1967, S. 51; UHLIG 1988, S. 55).

Großbritannien konzentrierte sich stärker auf den festländischen Teil Südostasiens und die Sicherung der *Malacca-Straße*, wobei es zu Rivalitäten mit Frankreich kam. Mit der Gründung Singapurs durch SIR THOMAS STAMFORD RAFFLES (1819) war die britische Kontrolle über die strategisch wichtige Meerenge endgültig gesichert. Feindseligkeiten gegen französische Missionare, die seit Mitte des 17. Jh. in Indochina (Vietnam, Kambodscha, Laos) wirkten, lieferten Frankreich einen Vorwand zum Eingreifen, der 1887 zur Gründung der *„Union de l'Indochine"* als zweites Zentrum des ansonsten stark auf Afrika bezogenen französischen Kolonialreiches führte. Die Franzosen haben die von ihnen beherrschten Städte stark überprägt; insbesondere gilt dies für Hanoi, das als *„Paris de l'Annam"* ein Abbild der französischen Hauptstadt mit breiten Boulevards und monumentalen Repräsentationsbauten werden sollte (MARR 2002; WAIBEL 2003). *Siam* (Thailand) verdankt seiner Lage als *Pufferstaat* zwischen der französischen und der britischen Interessenssphäre (Burma, Malaysia), dass es niemals unter koloniale Herrschaft kam und damit im ansonsten stark kolonialgeformten südostasiatischen Raum eine absolute Ausnahme bildet.

Während der Kolonialzeit hat sich die alte indo-chinesische Beeinflussung Südostasiens in eine demographische Überlagerung gewandelt. Im 17. und 18. Jh. hatten sich neben chinesischen Händlern und Handwerkern auch Zuckerrohr- und Gewürzpflanzer im Umkreis der Städte niedergelassen, die zu Mittlern der späteren „Groß-Einwanderung“ (UHLIG 1988, S. 93) wurden. Die Kolonialverwaltungen förderten die Zuwanderung von Chinesen und (in den unter britischer Herrschaft stehenden Gebieten) auch von Indern vor allem deshalb, weil nur so die für die Anlage von Plantagen und den Abbau von Bodenschätzen in großem Stil notwendigen Arbeitskräfte zu erhalten waren (*Kulisystem*; vgl. POTTS 1988). Namentlich Chinesen wurden zunächst nur für eine begrenzte Zeit angeworben, entschlossen sich vielfach aber zu einem dauerhaften Bleiben. Für alle Einwanderungsgruppen ist typisch, dass sie im Laufe der Zeit von landwirtschaftlichen und bergbaulichen Arbeitskräften in städtische Berufsgruppen wechselten. In vielen Städten ist die Konzentration so hoch, dass sie geschlossene Viertel bilden und den zentralen Geschäftsbereich beherrschen. Genauere Statistiken über den bevölkerungsmäßigen Anteil der einzelnen Fremdgruppen gibt es nicht. Prozentual ist der Anteil der Chinesen in Singapur (77%), Malaysia (26%), Thailand (12%) und den Philippinen (10%) am größten. Die Inder, deren Zahl insgesamt bedeutend geringer ist, konzentrieren sich besonders auf Malaysia (8%) und Singapur (8%; Zahlen nach *Fischer Weltalmanach* 2005). In Kambodscha und Laos bilden traditionell die Vietnamesen ein drittes *fremdethnisches* Element. Die politischen und militärischen Ereignisse der jüngeren Vergangenheit haben hier jedoch zu Veränderungen geführt, die quantitativ nicht genau erfasst sind (vgl. GROßHEIM 2003).

Die Gemeinsamkeiten der südostasiatischen Stadt liegen in ihrer starken externen Beeinflussung und heterogenen ethnischen Struktur, was die Viertelsbildung bis heute bestimmt (LEINBACH und ULACK in BRUNN und WILLIAMS 1993, S. 390). Sehr unterschiedlich sind hingegen die Tiefe der historischen Entwicklung und der Grad der kolonialen Überformung. Das führt MCGEE (1967, S. 65 ff.) zu einer Ausgliederung von drei Typen:

1. Die *„grafted city“* („aufgepfropfte Kolonialstadt“),
2. die *„planned colonial city“*,
3. die *„indigenous colonial city“*.

Stellvertretend für die drei Typen können Rangun, Singapur und Bangkok stehen.

Rangun wird deshalb als *„aufgepfropfte Stadt“* bezeichnet, weil bereits ein Hafen und städtisches Zentrum bestanden, als die Briten sich 1852 hier festsetzten. Gegründet wurde Rangun um die Mitte des 18. Jh. in Anlehnung an einen buddhistischen Schrein. Die Stadt konnte jedoch nur als Hafen und Verwaltungssitz für *Niederburma* eine gewisse Bedeutung erlangen, während die Hauptstadtfunktion zwischen mehreren anderen Städten wechselte.

Zuletzt war das erst 1857 gegründete Mandalay in *Oberburma* Sitz des burmesischen Königs (UHRENBACHER 1960). Mit seiner riesigen quadratischen Graben- und Maueranlage, dem Palast des Herrschers im Zentrum und einer Vielzahl von Tempeln repräsentiert Mandalay weit besser als Rangun den Typ der traditionellen, nach indischen Vorbildern gestalteten Stadt (EGLI 1967, S. 232 f.).

Das Rangun der Kolonialzeit kann man am besten mit indischen Städten vergleichen, bei denen sich vielfach *cantonment* und *civil lines* an bestehende Siedlungen anlagerten (vgl. Kap. 7.3.1.2). Im Falle von Rangun ist die ältere Siedlung aber vollständig in der neu geplanten Stadt mit rechteckigem Grundriss aufgegangen (SPATE und TRUEBLOOD 1942, S. 58; REUBER 2000, S. 143). Der Charakter einer indischen Stadt wird dadurch noch unterstrichen, dass der burmesische Bevölkerungsanteil von 75% (1872) auf nur 31% (1911) absank und derjenige der Inder auf fast 60% anstieg (MCGEE 1967, S. 68). Die Sozialökologie des kolonialzeitlichen Rangun, seit 1866 Hauptstadt ganz *Burmas*, ist durch den Kontrast zwischen den dicht bebauten, teilweise zu *Slums* abgesunkenen Wohnquartieren der einheimischen Bevölkerung am Stadtrand und den aufgelockerten Villenvierteln der Europäer sowie einer Aufspaltung des Geschäftslebens in einen westlich geprägten CBD einerseits und ein *Bazar*-ähnliches Zentrum mit gleichzeitig hohen Wohndichten andererseits bestimmt (SPATE und TRUEBLOOD 1942, S. 61 ff.). Auch heute ist diese Struktur noch präsent, weil sich Rangun sehr viel weniger als andere südostasiatische Städte verändert hat, nicht zuletzt bedingt durch die wenig erfolgreiche Wirtschaftsentwicklung unter sozialistischem Vorzeichen seit 1962 (LEINBACH und ULACK in BRUNN und WILLIAMS1993, S. 397). Erst die vorsichtige wirtschaftliche Öffnung seit Beginn der 1990er Jahre hat zur sichtbaren Umgestaltung des kolonialzeitlichen Stadtzentrums geführt (*shopping center*, Bürohochhäuser; REUBER 2000, S. 145).

Im Falle des 1819 von RAFFLES gegründeten Singapur kann man hingegen nicht von einer Vorläufersiedlung sprechen. Nach Angaben von MCGEE (1967, S. 69) sollen auf der durch die *Jahor Strait* vom Festland getrennten Insel zum damaligen Zeitpunkt 150 Fischerfamilien gewohnt haben. Bei der Planung der Stadt ging RAFFLES von einer multiethnischen Bevölkerung aus, denen jeweils getrennte Wohnquartiere zugedacht waren (Abb. 51): Regierungssitz und Wohnviertel der Europäer auf einer höher gelegenen Fläche zwischen *Rochore* und *Singapore River,* Araber und *Bugis* (mohammedanische Bevölkerung aus Sulawesi) in der Nähe von *Moschee* und Sultanspalast, Chinesen und Inder südlich des *Singapore River* nicht weit von Hafenanlagen, Märkten und dem Geschäftszentrum (HEINEBERG 1986, S. 49 f.; PERRY, KONG und YEOH 1997, S. 26 ff.).

Schon während des 19. Jh. hat Singapur rasch an Bevölkerung zugenommen, wobei das ethnische Übergewicht der Chinesen immer ausgeprägter

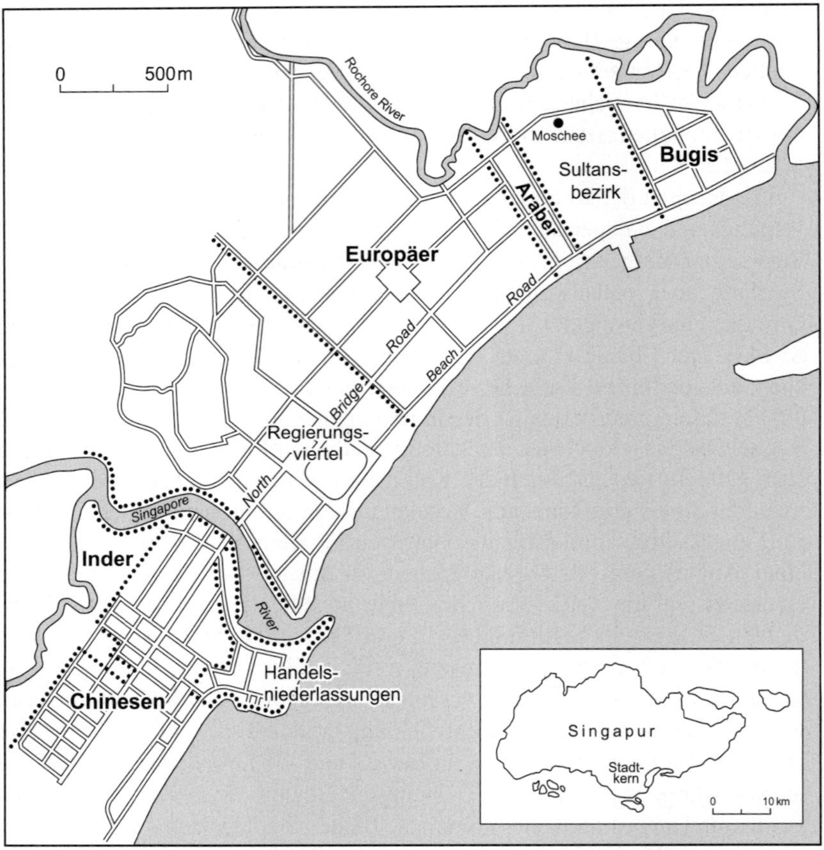

Abb. 51: Singapur zu Beginn des 19. Jh.
Quelle: McGee (1967); Heineberg (1986); Westerholt (1995)

wurde: 1824 waren erst 31%, 1911 dagegen 71% der gut 300.000 Bewohner chinesischer Abstammung (heute knapp 80%). Während der Zeit der starken Zuwanderung von Chinesen war deren *Sexualproportion* mit 14.400 Männern auf 1000 Frauen extrem unausgeglichen (Perry, Kong und Yeoh 1997, S. 31 ff.). Die Stadt ist sehr schnell über die Grenzen des ersten Planes hinausgewachsen, insbesondere wurden die Europäer aus den zentral gelegenen Stadtbereichen verdrängt und zogen in neue, sich östlich anschließende Vororte wie *Tanglin*, wo sie großzügige Villen mit überstehenden Dächern und Veranden als Schutz gegen die Sonneneinstrahlung errichteten. Im Grundsätzlichen hat sich jedoch das ethnische Gefüge bis nach dem Zweiten Weltkrieg nur wenig verändert (vgl. Hodder 1953). Nach der Unabhängigkeit, 1963 zunächst als Teil der Föderation von Malaysia und zwei Jahre später als selbstständiger Staat, begann ein beispielloser wirtschaftlicher Aufstieg (vgl. KÖLLNER und POHL 1998), der nicht nur die Einwohnerzahl auf heute ca. 4,3 Mio. (2003; nach UN 2004) anschwellen ließ, sondern auch zu einer erheblichen Flächenausdehnung und Veränderung der Nutzungsstruktur führte (NEVILLE 1993; Abb. 52, Farbkartenanhang): Ausgedehnte Industrie- und Hafenbereiche z. T. auf Neuland (vorwiegend in Jurong), ein neuer internationaler Flughafen (*Changi Airport* seit 1981), Abriss von *squatter*-Siedlungen, in denen Mitte der 1950er Jahre ca. 27% der Bevölkerung lebten (VAN GRUNSVEN 2000, S. 99), und Bau von *housing estates* und *new towns* in Gestalt von Hochhauskomplexen, radikale Flächensanierung und Umsiedlung im Altstadtbereich, Verlagerung des innerstädtischen Geschäftszentrums in die Hotel- und *shopping center*-Zone um die Achse *Orchard-Tanglin Road* sowie die Entstehung eines Banken- und Finanzzentrums im Bereich des *„Golden Shoe"* an der Mündung des *Singapore River* lassen das koloniale Erbe heute nur noch ganz punktuell sichtbar werden (vgl. WESTERHOLT 1993, S. 329 ff.). Zwar hat man sich mittlerweile entschlossen, Teile der alten *Chinatown* und von *Little India* zu erhalten und die zweigeschossigen *shophouses* nicht abzureißen, sondern zu renovieren (PERRY, KONG und YEOH 1997, S. 266 ff.), damit ist jedoch ein *Bevölkerungsaustausch* verbunden, weil das Viertel aufgrund seiner Nähe zum CBD für Besserverdienende attraktiv ist (*gentrification*). Die alten ethnischen Segregationsmuster bestehen deshalb kaum noch, und neue sollen sich nach dem Willen der Regierung nicht bilden. Deshalb wird bei *public housing projects*, zu denen etwa 90% der Bevölkerung Zugang haben (VAN GRUNSVEN 2000, S. 108), strikt auf die Einhaltung vorher festgelegter *Schwellenwerte* für den Anteil der verschiedenen Ethnien geachtet (NEVILLE 1996, S. 256). *„Singapur ist eine westliche Metropole, die weitgehend mit den traditionellen Strukturen bricht"*, stellte HEINEBERG schon 1986 (S. 65) fest. Inzwischen hat sich dieser Eindruck noch verstärkt: *Raffles City* in der Nähe des alten kolonialzeitlichen *Raffles Hotel*, multifunktionale Komplexe mit *Marinas* auf Neulandgewinnungsflächen oder die erst 1997 vollständig eröffnete *Suntec City*, das größte Einkaufszentrum Singapurs aus fünf Bürotürmen, einem Kongresszentrum und einer *Mall* mit über 250 Geschäften sind Beispiele des kontinuierlichen Wandels, der sich auch in Zukunft mit neuen, spektakulären Projekten fortsetzen wird (BRAUN, KRAAS und SCHÜTTEMEYER 2004, S. 20ff.).

Im Pro-Kopf-Einkommen (2003: 21.230 US$) steht Singapur heute nach Japan und Hongkong an dritter Stelle in Asien und weltweit an 19. Stelle (World Bank 2004); es besitzt nach dem Warenumschlag den größten Hafen der Welt, der Flughafen steht beim internationalen Passagierverkehr zwar nur an 24., beim Frachtverkehr aber an vierter Stelle (*Fischer Weltalmanach* 2005). Das alles unterstreicht die Stellung des *Stadtstaates* als globale Steuerungszentrale (KINDER 2003). Die wohlorganisierte Bürokratie reglementiert selbst das private Leben der Bürger; Singapur ist für seine vielen Verbotsschilder und die konsequente Förderung des *Mass Rapid Transit* (MRT) bei gleichzeitiger Beschränkung der Kfz-Zulassungen und der Zufahrt in die Innenstadt bekannt. Durch straffe Kontrolle der Raumordnung konnte eine Zersiedlung der Insel verhindert werden; trotz Raumenge ist es gelungen, ein „grünes Herz“ als Wasserschutzgebiet sowie Restbestände des tropischen Regenwaldes und der Mangrove entlang der *Jahor-Straße* zu erhalten (Abb. 52, Farbkartenanhang).

Das dritte Beispiel Bangkok ist nie eine Kolonialstadt im engeren Sinne gewesen, gleichwohl wurde die Stadt durch Außeneinflüsse überformt. Die heutige *duale Struktur* mit der *Palaststadt* einerseits und der *Geschäftsstadt* andererseits geht bereits auf das 19. Jh. zurück. König Rama I. gründete 1782 Bangkok als neue Hauptstadt im Mündungsbereich des *Menam*, geschützt im Westen durch den Fluss und im Osten durch einen neu angelegten großen Kanal sowie zusätzlich durch eine Stadtmauer (vgl. zum Folgenden Kraas 1995, S. 6 ff.). Die Palastanlage, Gebäude der königlichen Verwaltung, Tempel (*vats*) und Klöster, in den Randbereichen auch verschiedene Märkte, bestimmten zunächst das Bild der Stadt. Sehr schnell ist Bangkok jedoch über die kleine, befestigte Stadtanlage (ca. 2.000m x 2.600m) hinausgewachsen. Schon um die Mitte des 19. Jh. sollen hier etwa 350.000 Menschen gelebt haben. Ein weit verzweigtes, im Laufe des 19. Jh. ständig ausgebautes System von Kanälen (*khlongs*) diente dem Verkehr und verband die Wohngebiete und Märkte auf beiden Seiten des Flusses miteinander. Das Leben war zum Wasser orientiert und die Wohn-, Geschäfts- und Lagerhäuser in der Regel nur von dort zugänglich. Handel und Schifffahrt bildeten die Grundlage des wirtschaftlichen Aufschwungs, der durch einen Freundschafts- und Handelsvertrag mit Großbritannien (1855) begünstigt und ganz entscheidend von chinesischen Siedlern getragen wurde. Die südöstlich der Altstadt und außerhalb der Mauern gelegene *Chinatown* und benachbarte Bereiche mit überwiegend zweigeschossigen *shophouses* entwickelten sich zum Zentrum des Handels und Geschäftslebens, die ihren Charakter in Teilen bis heute bewahrt haben (Courtine 2001). Anders als in Singapur ist ein *gentrification*-Prozess erst in den Anfängen zu beobachten (Kraas 1995, S. 21). Europäischen Vorbildern der Stadtplanung entsprechend, sind um die Wende vom 19. zum 20. Jh. im Stadtkern viele große Kanäle zugeschüttet und zu Straßen geworden. Ebenso wurden die ehemaligen Befestigungsanlagen geschleift, repräsentative Straßenzüge angelegt und die Verkehrsinfrastruktur durch den Bau der Eisenbahn gestärkt. Wenig betroffen von dieser Überformung blieb das westliche Ufer des *Menam*, wo sich viele *khlongs*, begleitet von Pfahlbauten in traditioneller Bauweise, und z. T. auch die „schwimmenden Märkte“ bis in unsere Tage erhalten haben. Auch das jüngere Flächenwachstum konzentrierte sich vorwiegend auf das Ostufer, während auf der Westseite des Flusses noch ausgedehnte Areale landwirtschaftlich genutzt werden und die Versorgung der Stadt mit Obst und Gemüse sicherstellen. Die trennende Wirkung des Flusses ist mittlerweile aufgrund zahlreicher Brückenbauten nicht mehr so ausgeprägt wie früher.

In den 1960er Jahren erhielt Bangkok dadurch einen Wachstumsschub, dass es zum wichtigsten Versorgungsstützpunkt der Amerikaner während des *Vietnamkrieges* wurde und zu einem auch international bedeutsamen Handels- und Dienstleistungszentrum aufstieg (LEINBACH und ULACK in BRUNN und WILLIAMS 1993, S. 403). Der Zuwanderungsdruck hält bis heute an. Eine Besonderheit stellt die Dominanz junger Mädchen und Frauen bei den Migranten dar. Bangkok ist das „Vergnügungszentrum Südostasiens" und bietet eine Fülle von Arbeitsplätzen in Bars, Massagesalons etc. Allein 7-10% aller weiblichen Erwerbstätigen sollen als Prostituierte arbeiten (HATZ, HUSA und WOHLSCHLÄGL 1993, S. 173 f.). Bangkok, in dem gegenwärtig nach UN-Schätzungen ca. 6,5 Mio. Ew. (2003; nach UN 2004) leben, ist weltweit das beste Beispiel für eine *Primatstadt*, denn in der nächst kleineren Stadt Nakhon Ratchasima leben nur ca. 300.000 Menschen (KRAAS 2003, S. 49). In Bangkok konzentrieren sich nicht nur die höchstrangigen nationalen Verwaltungs- und Planungsbehörden, auch der industrielle Boom, der in den 1960er Jahren mit einer *Importsubstitution* begann und sich seit den 1970er Jahren mehr und mehr auf den Export stützte, hat die Stellung der Hauptstadt gestärkt: Nahezu alle staatlichen *industrial estates* und die größten privaten Industriebetriebe liegen im Großraum Bangkok bzw. östlich im Bereich des *Eastern Seaboard* (KRAAS 1996, S. 91). Hier wie auch in Manila weisen alle Indikatoren auf eine Verstärkung der funktionalen *primacy* im zeitlichen Verlauf hin; *polarization reversal* zeigt sich noch nicht einmal in Ansätzen (BRONGER und STRELOW 1996).

Stadtausdehnung und Stadtumbau der neueren Zeit erfolgen weitgehend ohne lenkende Planung, sondern werden durch Kräfte des privaten Bodenmarktes gesteuert. Die Folge ist ein außerordentlich heterogenes funktions- und sozialräumliches Gefüge, wie es in der schematischen Darstellung von Abb. 53 nur unzureichend zum Ausdruck gebracht werden kann (KRAAS 1995, S. 18): Das historische Zentrum ist zwar nicht länger Königsresidenz (heute nordöstlich der Altstadt), jedoch nach wie vor Zentrum des thailändischen Buddhismus und ein Verwaltungs- und Bildungsschwerpunkt, auch wenn in jüngerer Zeit zahlreiche Dienststellen an die nördliche Peripherie ausgelagert worden sind. Der Altstadt steht eine Konzentration von Bürostandorten, Handelseinrichtungen gehobener Ausstattung, besseren Hotels und Apartment-Hochhäusern (*condominiums*) entlang der *Silom/Sathon* und *Sukhumvit Road* gegenüber. Dieser „neue CBD" beginnt sich jedoch mehr und mehr aufzufasern und räumlich zu verteilen (KRAAS 1996, S. 92 f.). Ebenfalls über das gesamte Stadtgebiet verstreut sind unzählige *Marginalsiedlungen* – SMITH (2001, S. 443) spricht von 1.700 –, die

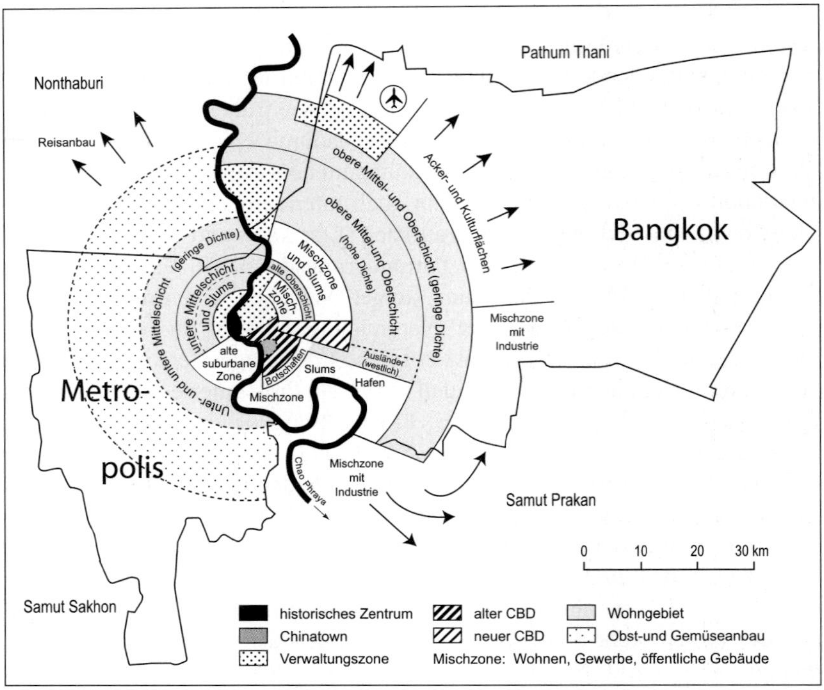

Abb. 53: Funktional- und Sozialraumgliederung Bangkoks
Quelle: Kraas (1996)

nur zum geringen Teil auf Landbesetzungen zurückgehen, sondern überwiegend semilegaler Entstehung sind, indem private Flächen parzellenweise verpachtet werden (Hatz, Husa und Wohlschlägl 1993, S. 171: *„Land Rental"-Slums*). Immer wieder sind einzelne Hüttenviertel abgerissen und die Bewohner umgesiedelt worden, weil sie dem „internationalen Image" der Metropole im Wege stehen, so z. B. um Platz für das anlässlich des Asiatischen Wirtschaftsgipfels 1992 errichtete *Queen Sirikit Convention National Center* zu schaffen (Husa und Wohlschlägl 1997, S. 138). Das an anderer Stelle beschriebene *desakota*-Phänomen (vgl. Kap. 7.2.4) kennzeichnet auch die Peripherie Bangkoks: ein ungeregeltes Nebeneinander von landwirtschaftlicher und industrieller Nutzung sowie unterschiedlichen Typen der Wohnnutzung (Husa und Wohlschlägl 1997, S. 117 f.; Kraas 2004, S. 35). Unter diesen Bedingungen hat die *Freiraumplanung* kaum eine Chance (vgl. Pleumarom 1988), die Infrastruktur ist hoffnungslos überlastet, die Straßen dauerhaft verstopft, weil es erst seit kurzem schienengebundene Verkehrsmittel gibt (*Skytrain* seit Ende 1999, U-Bahn seit Ende 2004), und Luftverschmutzung sowie andere Umweltprobleme gehören zu den schlimmsten der Welt (Kraas 2003, S. 62 ff.).

Strukturmodelle

Die drei im Hinblick auf eine unterschiedliche koloniale Vergangenheit gewählten Fallstudien zeigen die Vielfalt städtischer Entwicklungen in Südostasien auf. Das gilt nicht nur für das historische Erbe, sondern vielleicht in noch stärkerem Maße für die Gegenwart. Über unterschiedlich lange Zeiträume sozialistisch geprägte Städte, zu denen neben Rangun insbesondere Hanoi, *Ho Chi Minh City* (Saigon) und Phnom Penh zählen (MARR 2002; TYNER in BRUNN, WILLIAMS und ZEIGLER 2003, S. 397 ff.; WAIBEL 2003), der Sonderfall der wohl geordneten und staatlich streng kontrollierten Stadtentwicklung in Singapur sowie abgeschwächt auch in Malaysia (PRETZELL 2000; BUNNELL, BARTER und MORSHIDI 2002) und das eher chaotische Städtewachstum nicht nur in Bangkok, sondern auch in den meisten anderen großen Metropolen unterstreichen die Spannweite der Stadttypen. RIMMER und DICK (2000, S. 164ff.) sprechen von *planned* versus *unplanned cities*. KRAAS (2004) differenziert zwischen reglementierter *Stadtplanung*, teilgeplanter *Stadtentwicklung* und steuerungsarmer *Stadtdifferenzierung* und gliedert den transformationsgetragenen Stadtumbau als Sonderfall aus. Trotzdem gibt es verschiedene Versuche, städtische Strukturen in generalisierter, modellhafter Form zu beschreiben. Einen ersten derartigen Vorschlag hat MCGEE (1967, S. 128) gemacht (Abb. 54). Naturgemäß konnte dabei die Phase der schnellen Bevölkerungszunahme und Flächenexpansion, verbunden mit tiefgreifendem Umbau ererbter Strukturen, nur unzureichend berücksichtigt werden. Im Modell erkennbar werden Regelhaftigkeiten der räumlichen Anordnung, die FORD (1993) ein Vierteljahrhundert später, wenn auch ausschließlich mit Bezug auf Indonesien, wieder aufgreift (vgl. PACIONE 2001, S. 205 ff.):

1. Fast alle Metropolen Südostasiens sind *Hafenstädte*; der Handel war schon für die Kolonialmächte der wichtigste Grund für ihre Niederlassung. Nicht immer erfüllen die alten Hafenbereiche bis heute ihre Funktion; der Wandel im Schiffsverkehr hat in der Regel zur Erweiterung oder auch gänzlichen Neuanlage von Hafenarealen geführt, in deren Nähe sich oft größere Industriegebiete befinden, auch wenn sich kleinere und mittlere Betriebe meist noch über das gesamte Stadtgebiet verteilen.
2. Die *Kolonialstadt*, die morphologisch sehr unterschiedlich gestaltet ist und städtebauliche Konzepte der vorherrschenden Macht widerspiegelt, schließt an die Hafenbereiche an. *Vorkoloniale Strukturen*, sofern es sie überhaupt gibt, manifestieren sich ausschließlich in einzelnen Gebäuden (z. B. Fort, Tempel). Heute konzentrieren sich die Verwaltungsfunktionen nur noch teilweise auf dieses Gebiet, viele Dienststellen, Ministerien etc. sind im Laufe der Zeit ausgelagert worden. Die neue *Verwaltungszone* schließt oft Sporteinrichtungen und Parks ein und bildet eine Art *„grüne Lunge"* in den ansonsten dichtbebauten Städten.

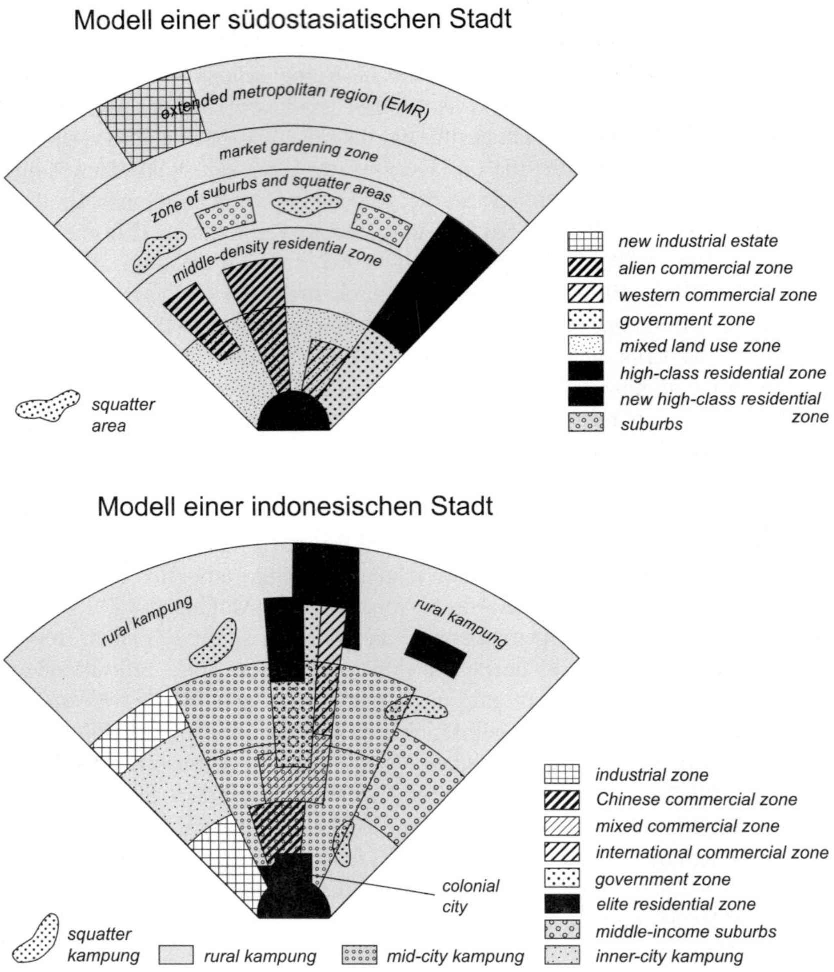

Abb. 54: Modelle der südostasiatischen Stadt
Quelle: McGee (1967); Ford (1993); Pacione (2001)

3. Die ethnische Vielfalt der Stadtbevölkerung und insbesondere der überall mehr oder weniger hohe Anteil von Chinesen und Indern drückt sich in einer ethnischen *Viertelsbildung* aus. Die *Chinatowns* mit ihren *shophouses*, d. h. der Verbindung von Wohnung und Geschäft, haben ihren Charakter weitgehend bewahren können. Nur vereinzelt gibt es Ansätze für einen beginnenden *gentrification*-Prozess.
4. Die Aufspaltung des Geschäftslebens in einen traditionellen und einen westlichen Sektor ist häufig bereits in der Kolonialzeit angelegt worden.

Die *international commercial zone* erstreckt sich entlang von breiten, boulevardartigen Straßen. Die Konzentration von Büroflächen, hochwertigem Einzelhandel und modernen Hotels hebt sich durch eine ausgeprägte Hochhausüberbauung deutlich von den umgebenden Stadtarealen ab. Teilweise treten moderne Apartment-Hochhäuser hinzu, denn aufgrund chaotischer Verkehrsverhältnisse gewinnt innerstädtisches Wohnen an Attraktivität.

5. Die sozio-ökonomische Struktur der Wohngebiete weist nur z. T. ausgeprägte räumliche Muster auf. Am ehesten gilt das noch für die hochwertigen Viertel, die sich sektorenförmig an den westlichen CBD und die neuere Verwaltungszone angliedern. Neuerschließungen erfolgen vereinzelt in Form von *gated communities*. Die *Mittelschichten* waren bis in die jüngere Vergangenheit zahlenmäßig nicht sehr groß – heute zählen vor allem Regierungsbeamte dazu (HEINTEL und SPREITZHOFER 1998, S. 33) – ; der flächenmäßige Anteil von Vororten mittlerer Sozialgruppen ist deshalb recht gering.
6. Die Peripherie wird durch eine Mischung sehr unterschiedlicher Strukturen und Nutzungen bestimmt, was mit dem Begriff *desakota* zusammengefasst wird: Industrie, Landwirtschaft, Handel und Gewerbe sowie Wohnen sind miteinander verzahnt, klare räumliche Strukturen daher nur schwer erkennbar.
7. Für ungeplant entstandene Wohnbereiche unterer Sozialschichten wird in Indonesien, aber auch darüber hinaus vielfach der Sammelbegriff *kampung* (oder *kampong*) gebraucht (*malaiisch*: Dorf, bewohnte Gegend; RUTZ 1985, S. 76). Ursprünglich auf dörfliche Siedlungen bezogen, die vom städtischen Flächenwachstum erreicht und teilweise umgestaltet wurden (*rural kampungs*), werden heute auch *squatter settlements*, seien sie illegaler oder semilegaler Natur (*squatter kampungs*), abgewertete und hochverdichtete Innenstadtbereiche (*inner city kampungs*) und ältere Wohngebiete aus traditionellen Häusern mit geringeren Dichtewerten und besseren Lebensbedingungen (*mid-city kampungs*) hinzugerechnet (KRAUSSE 1978; RUTZ 1985, S. 76 ff.).

Das Beispiel Jakarta

FORD (1993, S. 376) hat betont, dass das von ihm entwickelte Modell der indonesischen Stadt in erster Linie an Jakarta orientiert ist und dies damit begründet, dass die Hauptstadt oft Vorreiter von Entwicklungen und damit auch von räumlichen Strukturen ist, die sich erst im Laufe der Zeit in kleineren und weniger bedeutsamen Städten durchsetzen. Zugleich kann Jakarta auch für andere Metropolen Südostasiens stehen. Der Kontrast zwischen der westlich modernen, international ausgerichteten Stadt mit Hochhäusern, Einkaufszentren, vornehmen Apartment- und Villenvierteln auf der einen Seite und überfüllten, meist ungeplant entstandenen Stadtquartieren, die sich durch *Funktionsmischung* und ethnische *Viertelsbildung* auszeichnen, auf der anderen Seite ist für alle führenden Städte des Kulturraumes kennzeichnend, wobei in Einzelfällen eher die *„Schauseite"* der Stadt den Gesamteindruck bestimmt (Extremfall Singapur), in anderen die internationale Verflechtung und die damit einhergehende *Überformung* des Stadtbildes noch gering sind (insbesondere ehemals *sozialistische Städte*).

Die *Raumstruktur* des heutigen Jakarta wurde schon in der Kolonialzeit angelegt. Seit Mitte des 18.Jh. haben mehr und mehr Europäer das alte *Batavia* verlassen und sich südlich davon um den Koningsplein im Stadtteil *Weltevreden* angesiedelt (Abb. 55). Damit war die weitere Entwicklung der Stadt entlang einer N-S-Achse vorgezeichnet. Der Bedeutungsverlust der Altstadt vergrößerte sich noch dadurch, dass zwischen 1877 und 1886 ein neuer Hafen in *Tanjung Priok*, 10 km weiter östlich, erbaut wurde. Seitdem ist das Gebiet um den alten Hafen nur noch ein „historischer Distrikt" aus älteren Gebäuden und Museen, einem farbenprächtigen Fischmarkt und den Anlegestellen kleinerer Schiffe und Boote (CYBRIWSKY und FORD 2001, S. 202).

Auch das kolonialzeitliche *Batavia* war bereits zweigeteilt in *Europäerstadt* und *kampungs*, wobei die Flächenausdehnung in eher umgekehrtem Verhältnis zur Bevölkerungszahl stand (vgl. Abb. 55). Im Jahre 1900 hatte *Batavia* ungefähr 115.000 Ew., davon deutlich weniger als 10% Europäer und knapp 25% Chinesen (CYBRIWSKY und FORD 2001, S. 202). Die *kampungs* werden als spontan entstandene Siedlungen mit dörflichem Charakter, dichtstehenden, meist einstöckigen Häusern, unhygienischen Bedingungen, einer jugendlichen Bevölkerung und jeweils eigenen politischen und religiösen Strukturen sowie sozialen Organisationen beschrieben. Hier wird teilweise Anbau für den städtischen Markt betrieben, oder es werden handwerkliche Produkte (Matten, Batik) hergestellt, und hier leben auch die meisten der städtischen Arbeitskräfte.

Die Unabhängigkeit Ende 1949 war nicht nur mit der Umbenennung *Batavias* in Jakarta verbunden, womit an die *vorkoloniale Phase* der Stadtentwicklung erinnert wird. *Jayakarta* (=glorreicher Sieg), von den Holländern zu *Jakarta* zusammengezogen, erinnert an die Eroberung der Vorläufersiedlung durch das muslimische Sultanat von *Banten* im Jahre 1527 (CYBRIWSKY und FORD 2001, S. 201). Entscheidender war, dass sich seit der Unabhängigkeit die *duale Struktur* noch verstärkte. Das hängt zum einen mit der extrem schnellen Bevölkerungszunahme zusammen, zum anderen mit dem Bestreben des ersten Präsidenten SUKARNO und auch seines Nachfolgers SUHARTO Jakarta als Symbol von Fortschritt und nationaler Selbstdarstellung zu gestalten. Die starke Zuwanderung in die Hauptstadt findet ihren Ausdruck in jährlichen Wachstumsraten von über 6% in den 1950er Jahren, die sich bis heute zwar vermindert haben, aber mit mehr als 3,5%/Jahr (2000-2005) noch immer sehr hoch sind (UN 2004). Zum Zeitpunkt des ersten Zensus nach der Unabhängigkeit (1961) war nur die Hälfte der Bewohner in der Stadt selbst geboren, die andere Hälfte zugewandert. Um 1970 ist zwar versucht worden, die Migration in die Hauptstadt zu begrenzen, indem diese zur *„closed city"* erklärt wurde, eine effektive Kontrolle war jedoch nicht möglich, sodass sich die Wachstumsraten nur unwesentlich änderten. Die Bevölkerungszahl der Stadtregion stieg von 2,0 Mio. (1955), 6,0 Mio. (1980) auf 12,3 Mio. (2003; nach UN 2004). Eine Verdichtung und Verschlechterung der Lebensbedingungen in den bestehenden *kampungs* und eine unkontrollierte Ausweitung der Siedlungsflächen in Form neuer *squatter kampungs* war eine Folge davon. Schätzungen zufolge sollen heute 60-70% der Bevölkerung in *kampungs* leben. Nahezu alle *kampungs* entstanden als eine Art *squatter settlement*; viele haben jedoch im Laufe der Zeit einen Verdichtungs- und baulichen Konsolidierungsprozess durchlaufen, vor allem nachdem Landtitel vergeben worden sind. Sie verfügen teilweise über geteerte, wenn auch enge Straßen, eine Wasserver- und -entsorgung, Einkaufsmöglichkeiten, Schulen, Krankenhäuser und Moscheen. Dies ist der Eigeninitiative und Selbsthilfe der Bewohner, teilweise in Verbindung mit offiziellen Programmen zur Verbesserung von Bausubstanz und Lebensbedingungen, zu verdanken, die bis auf das Jahr 1969 zurückgehen. In einigen Fällen hat man versucht, innerstädtische *kampungs* abzureißen und die Bewohner umzusiedeln (vgl. SPREITZHOFER und HEINTEL 2000, S. 79 ff.). Die Neubauten, meist vier- oder achtgeschossige Wohnblocks, konnten zum einen quantitativ den Bedarf bei weitem nicht decken, zum anderen überstiegen Miete oder Kauf die Leistungsfähigkeit vieler einkommensschwacher Familien (CYBRIWSKY und FORD 2001, S. 207f.). Überdies gab es Widerstand, weil die Planungen „von oben" und ohne Beteiligung lokaler Entscheidungsträger erfolgten. Jüngere, an der Peripherie gelegene *kampungs* tragen meist noch den Charakter von Hüttenvierteln und weisen nur eine rudimentäre Infrastruktur auf. Noch schlechter sind die Wohnbedingungen in den *rumah liar* (=wilde Ansiedlungen), z. B. in überschwemmungsgefährdetem Gelände, entlang von Kanälen, Eisenbahnstrecken oder unter Brücken. Im statistischen Mittel ist in Jakarta nur etwa die Hälfte der Häuser mit Toiletten und Wasseranschlüssen ausgestattet.

Informell ist nicht nur der Wohnungsbau, sondern auch die Beschäftigung für den größten Teil der Armutsbevölkerung (vgl. SPREITZHOFER und HEINTEL 2000, S. 150 ff.). Das äußert sich darin, dass viele *kampung*-Häuser sowohl als Wohnraum dienen, als auch die Möglichkeit bieten, ein kleines Geschäft, einen Handwerksbetrieb u. a. zu eröffnen. Überdies werden alle Teile der Stadt von Straßenhändlern geradezu „überschwemmt". Insgesamt soll es etwa 270.000 *hawkers* und Betreiber von Garküchen (*warung*) geben. Dies wird von den Behörden eher mit Argwohn betrachtet, die immer wieder versucht haben, den *informellen Sektor* aus prestigeträchtigen Stadtteilen zu vertreiben, wobei es teilweise zu gewaltsamen Auseinandersetzungen gekommen ist. Ähnlichen Schwierigkeiten sind die unzähligen *becak*-Fahrer ausgesetzt. Schon 1988 wurden bestimmte Straßen für *becaks* gesperrt, ohne dass sich das Verbot aber voll durchsetzen ließ (SPREITZHOFER und HEINTEL 1997, S. 162 ff.; LEISCH 2002b). Die wirtschaftliche Krise Ende der 1990er Jahre hat den Druck auf den informellen Arbeitsmarkt verstärkt, zumal viele Bauprojekte, die Ungelernten zuvor eine Beschäftigung geboten hatten, gestoppt oder zurückgestellt wurden.

Schon dem ersten Präsidenten Indonesiens SUKARNO ging es darum, Jakarta als moderne, weltoffene Hauptstadt zu gestalten und gleichzeitig Erinnerungen an die Kolonialzeit auszulöschen, zumindest aber zu verdecken. Hochhäuser, Monumente und breite Boulevards sollten das Gesicht des neuen Jakarta bestimmen. Besonders spektakulär ist der alte niederländische *Koningsplein* (heute *Medam Merdeka*= Freiheitsplatz) umgestaltet worden: in der Mitte das 132 m hohe neue Wahrzeichen der nationalen Gedenkstätte *Monas*, gegenüber die unter SUHARTO erbaute *Istiqlal-Moschee* und in der Nähe, verbunden durch breite Straßen, neue Parlamentsgebäude, andere Regierungsdienststellen, Sporteinrichtungen, Hotels und Einkaufszentren. Vom *Monas*-Gebäude erstreckt sich die Achse der baulichen Umgestaltung und Überprägung sowohl nach Norden in Richtung Altstadt (*kota*) als auch nach Süden, wo sich in einiger Entfernung vom zentralen *Freiheitsplatz* das neue Geschäfts- und Bürozentrum des *Golden Triangle* entwickelt hat. Hier ist Jakarta am internationalsten, nicht nur in Gestalt von *McDonald's* und *Kentucky Fried Chicken, Hard Rock Café*, Restaurants und Clubs in europäischem oder nordamerikanischem Stil, japanischem Kaufhaus, sondern auch ablesbar an den Niederlassungen internationaler Banken und multinationaler Konzerne sowie Hotels der großen internationalen Ketten. Als Folge davon haben sich die Bodenpreise zwischen 1980 und 1997 vervierzigfacht (FIRMAN 1998, S. 238). In Anlehnung an die Verhältnisse in New York wird dieses Gebiet als *„Midtown"* bezeichnet, während *„Downtown"* auf die Altstadt (*kota*) verweist (CYBRIWSKY und FORD 2001, S. 204).

Die vornehmen Wohngebiete mit den prestigeträchtigsten Adressen schließen unmittelbar an den modernen Geschäftsbereich an und dehnen sich sektorenförmig nach außen aus. Teilweise bestehen sie noch aus älteren freistehenden Villen, in denen einst die Holländer, heute reiche Indonesier und Ausländer leben (z. B. *Cikini, Menteng*), teilweise aus neuen Apartment-Hochhäusern (*Kuningan Senayan, Kebayoran Baru*) oder aus größeren, einheitlich geplanten Wohnsiedlungen, wie z. B. das schon 1970 auf einer 720 ha großen, ehemaligen Gummiplantage erbaute *Pondok Indah* südlich *Kebayoran Baru* (vgl. Abb. 55). Heute finden sich solche Komplexe oft weit außerhalb der Kernstadt entlang neuer, z. T. gebührenpflichtiger *freeways*,

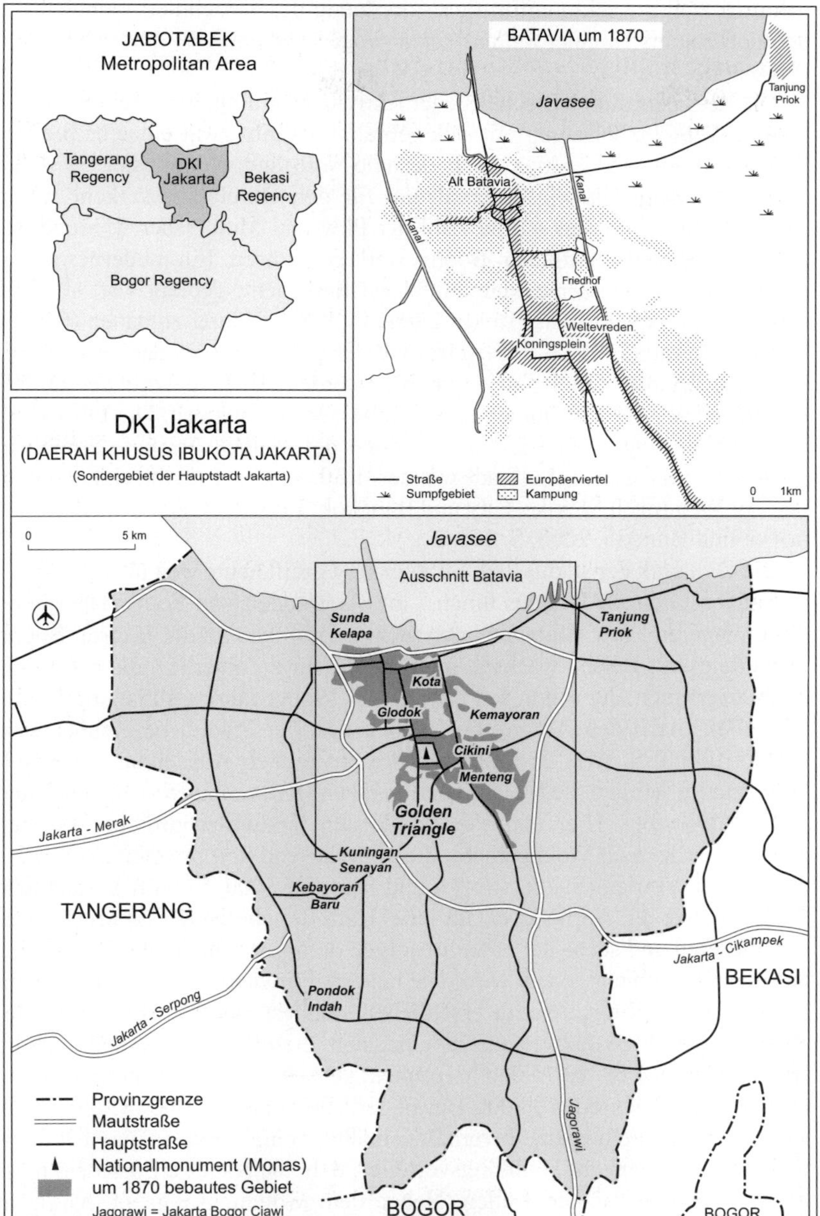

Abb. 55: Raumstruktur von Jakarta
Quelle: CYBRIWSKY und FORD (2001)

wodurch sich die sektorenförmige Anordnung der vornehmen Wohngebiete deutlich zugunsten einer *Zellenstruktur* abgeschwächt hat (CYBRIWSKY und FORD 2001, S. 205).

Die Konzentration wirtschaftlicher Aktivitäten auf die N-S-Achse hat eine enorme Verkehrsbelastung mit sich gebracht. Es gibt zwar einzelne breitere Straßen, diese sind jedoch auch deshalb vollständig überlastet, weil die Straßen in den *kampungs* schmal und für den Durchgangsverkehr wenig geeignet sind. Überdies ist die Zahl der Pkw und Motorräder während des langjährigen wirtschaftlichen Booms stark gewachsen. Ein modernes schienengebundenes Massenverkehrsmittel existiert nicht; geplant war, ab 2001 eine U-Bahn von zunächst 15 km Länge in N-S-Richtung zu bauen (CYBRIWSKY und FORD 2001, S. 205); aufgrund der Finanzkrise ist das Projekt aber auf unbestimmte Zeit hinausgeschoben worden. Bislang wird der ÖPNV ganz überwiegend von Bussen und Minibussen abgewickelt. Die Lärm- und Umweltbelastung ist speziell in der Zone des *Golden Triangle* erheblich. Jakarta ist inzwischen die Stadt mit der dritthöchsten Luftverschmutzungsrate der Welt (nach Mexiko-City und Bangkok; LEISCH 2000, S. 24; SPREITZHOFER und HEINTEL 2000, S. 178 ff.).

Die Dynamik der städtischen Entwicklung greift heute weit über die administrativen Grenzen Jakartas hinaus. Im Stadtmodell von FORD (1993) sind diese jüngeren Entwicklungen noch nicht erfasst. Die Städte Jakarta, Bogor, Tangerang und Bekasi wachsen mehr und mehr zu einem *Agglomerationsraum* zusammen, der schon seit Anfang der 1970er Jahre als Planungsregion Jabotabek (nach den Anfangsbuchstaben der vier Städte) bezeichnet wird (LEISCH 2000, S. 21). Zu Leitlinien der physischen Ausdehnung des Ballungsraumes wurden die Mautstraßen *Jakarta-Merak, Jakarta-Cikampek* und *Jakarta-Jagorawi*. Hier entstehen zu Lasten landwirtschaftlicher Flächen neue Industrie- und Wohngebiete, die überwiegend von privaten *developers* erschlossen werden (SPREITZHOFER und HEINTEL 2000, S. 66 ff.). Staatliche Auflagen, wie die *1:3:6-Regel* (für jedes Haus der oberen Klasse drei Häuser der mittleren und sechs der unteren) sorgen dafür, dass nicht nur für die Mittel- und Oberschicht gebaut wird. Die neueste Entwicklung geht dahin, nicht länger reine Wohngebiete zu erschließen, sondern gänzlich neue (private) *Satellitenstädte* zu entwerfen. In einzelnen dieser selbstständigen Städte leben schon jetzt bis zu 40.000 Menschen; geht es nach den Plänen, so sollen es in Zukunft mehrere 100.000 Bewohner sein (LEISCH 2000, S. 25). Noch weisen diese Satellitenstädte verhältnismäßig wenig Arbeitsplätze auf, weil viele Unternehmen auf „Fühlungsvorteile“, d. h. die Nähe zu Entscheidungsträgern, nicht verzichten wollen. Neben dem Wohnungsangebot, häufig in Form von *gated communities*, gibt es in der Regel Privatschulen, z. T. auch private Universitäten, Einkaufsmöglichkeiten des gehobenen Niveaus und eine Fülle von Sporteinrichtungen. Das Leben in den Satellitenstädten ist auch deswegen erstrebenswert, weil man hier die Verkehrsprobleme der Kernstadt nicht kennt, die Wasserver- und -entsorgung vorbildlich geregelt ist, der Müll sachgerecht entsorgt wird und auch die persönliche Sicherheit mit Hilfe von Absperrungen und Wachpersonal gewährleistet ist (LEISCH 2002a). Eine Lösung der Wachstumsprobleme stellen die *Satellitenstädte* trotzdem nur sehr bedingt dar, weil nach wie vor der größte Teil der Bewohner nach Jakarta zur Arbeit fahren muss und solche „Inseln des Wohlstandes" die räumlichen Disparitäten weiter verstärken.

7.3.3.2 Lateinamerika

Lateinamerika ist ein vergleichsweise homogener Kulturraum, was sich auch in der Stadtstruktur und Stadtentwicklung widerspiegelt. Die *koloniale Überprägung* durch die beiden iberischen Mächte Spanien und Portugal war so stark, dass die indianische Tradition selbst in den Hochkulturregionen weitgehend zurückgedrängt wurde. Für die Städte gilt das in besonderem Maße. Sie wurden von den Kolonialmächten gewissermaßen „aus dem Nichts" gegründet (SOLANO 1986, S. 10 f.) und knüpften in den seltensten Fällen an Vorläufersiedlungen an. Spaniern wie Portugiesen dienten sie zur Absicherung ihrer politischen und wirtschaftlichen Interessen und als Ausgangspunkt der Besitzergreifung eines ausgedehnten Hinterlandes. Selbst in den Zentren der Hochkulturen sind die dort bestehenden Städte (vgl. Kap. 4.4) nicht weiterentwickelt und ausgebaut worden, sondern sie wurden zerstört und unter teilweiser Beibehaltung des Straßenverlaufs neu errichtet. Dadurch sollte der vollständige Bruch mit der Vergangenheit dokumentiert werden. Die bekanntesten Beispiele dafür sind Mexiko-Tenochtitlán (NEWIG 1977) und Cuzco (WURSTER 2000).

Die Kolonialstädte waren in Aufriss und innerer Gliederung verhältnismäßig einheitlich, auch wenn es verbindliche Bauvorschriften erst seit 1573 und selbst das nur für den spanischen Bereich gab. Der weitreichendste Unterschied zwischen Spaniern und Portugiesen betrifft die Standortwahl. Während die Spanier ihre „Haupt"-Städte als Symbol ihrer politischen, militärischen und kirchlichen Macht vor allem dort gründeten, wo sich die Mittelpunkte indianischer Reiche befanden und damit kontinentale Ortslagen bevorzugten, entstanden die bedeutendsten portugiesischen Städte als Handelsniederlassungen und Plantagenzentren entlang der Küste (BÄHR und MERTINS 1995, S. 10 f.).

Einheitlich in ganz Lateinamerika ist auch der vergleichsweise frühe und lange Zeit mit außergewöhnlicher Dynamik ablaufende Verstädterungsprozess. Lateinamerika ist heute der am stärksten „verstädterte" Kontinent der Dritten Welt: 77% der Bevölkerung leben in Städten der verschiedenen Größenordnungen im Vergleich zu jeweils 39% in Asien und Afrika (2003;

UN 2004). Schon im Jahre 1950 übertraf der *Verstädterungsgrad* Lateinamerikas mit 42% den gegenwärtigen Wert von Asien und Afrika. Besonders weit vorangeschritten ist der Verstädterungsprozess in den Ländern des außertropischen Südamerika mit einem Anteilswert der Stadtbewohner von fast 90%, höher noch als in Nord- und Westeuropa oder Nordamerika. Dagegen wohnt in vielen zentralamerikanischen Kleinstaaten nach wie vor mehr als die Hälfte der Bevölkerung auf dem Lande. Die massive Zuwanderung in die Städte hat diese seit den 1920er Jahren stark überformt, sodass die kolonialzeitliche Anlage insbesondere in den Metropolen seit längerem nur noch als Relikt vorhanden ist.

Eine weitere Veränderungswelle zeichnet sich in der Gegenwart ab. Lateinamerika ist weit stärker als die übrigen Entwicklungskontinente mit der Weltwirtschaft verzahnt, und einzelne Metropolen wie Mexiko-Stadt und São Paulo sind zu *global cities* aufgestiegen (Parnreiter 2000; Wehrhahn 2004). Der Anteil Lateinamerikas am weltweiten *Gross National Income* (GNI) bleibt in 2003 mit 5,0% nicht zu weit hinter dem Bevölkerungsanteil (8,5%) zurück und ist sogar noch deutlich größer als derjenige von Afrika südlich der Sahara und Südasien, die zusammen genommen nur auf 3,0% kommen, obwohl diese beiden Regionen die vierfache Bevölkerung zählen (World Bank 2004). Außerdem ist das Pro-Kopf-Einkommen (3260 US $) in Lateinamerika wesentlich höher als im Durchschnitt aller *low and middle income countries* (1280 US $). Der weltweite Globalisierungsprozess hat daher im Positiven wie im Negativen besonders gravierende Auswirkungen und hat auch zu völlig neuen Raummustern in den Städten geführt.

Grundstrukturen der spanischen und portugiesischen Kolonialstadt

Der *Schachbrettgrundriss*, manchmal auch ein rechteckiger Grundriss, mit dem Hauptplatz, der *plaza mayor*, im Zentrum gilt als das bestimmende Merkmal aller kolonialspanischen Stadtgründungen in der *Neuen Welt* (Abb. 56). Die klassische Lehrmeinung, wonach die Schriften des römischen Stadt- und Kriegsbaumeisters Vitruvius dafür als Vorbild dienten (Wilhelmy 1952, S. 76) ist nach neueren Forschungen dahingehend zu modifizieren, dass zumindest für die Frühzeit der Stadtgründungen mehrere städtebaulich-architektonische Vorstellungen, darunter spanische Vorbilder, die angetroffenen Grundrisse der indianischen *Vorläuferstädte* sowie Theorien der italienischen Renaissance, dafür maßgeblich waren (Mertins 1992). Schon mit dem Gründungsakt wurden die unmittelbar an die *plaza* angrenzenden *cuadras* für die wichtigsten Regierungs-, Verwaltungs-, religiösen und militärischen Gebäude reserviert und die übrigen zentral gelegenen Grundstücke an die ranghöchsten der an der Stadtgründung beteiligten *Konquistadoren* vergeben. Diese Aufteilung machte die *plaza* auch zum funktionalen Stadtzentrum und

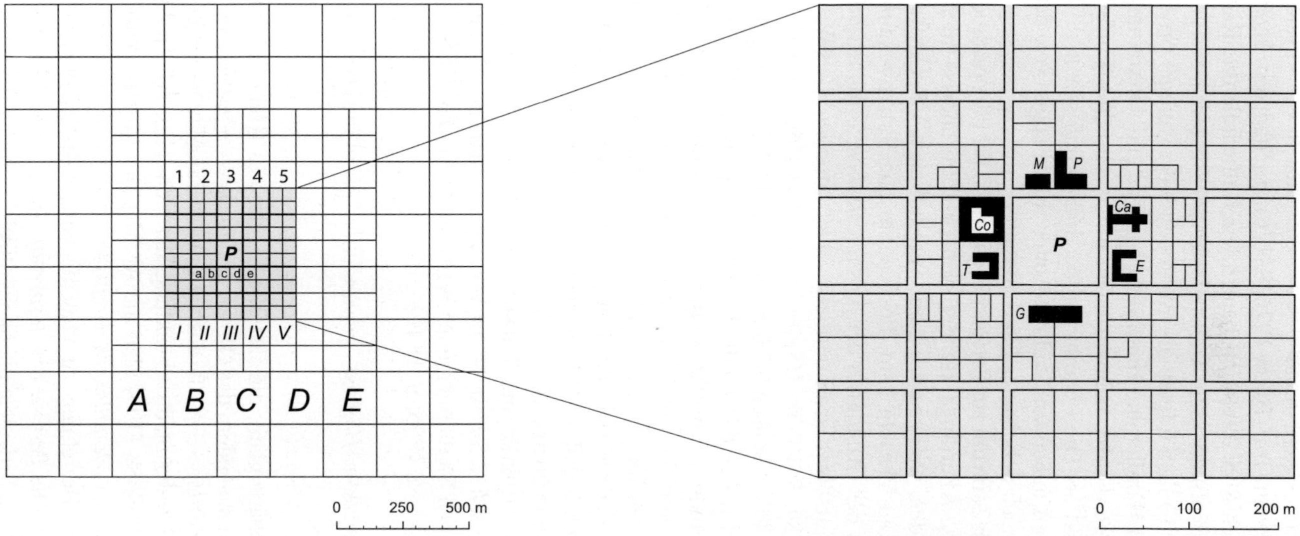

P	*plaza* (zentraler Platz)
1, 2, 3 . . .	*cuadras* (*manzanas cuadradas*), Straßenvierecke (Straßen-/ Baublöcke)
a, b, c . . .	*solares* (vierter Teil einer *cuadra*)
I, II, III . . .	*quintas* (ungeteilte *cuadras*), zunächst als Gärten und Weiden genutzt
A, B, C . . .	*chacras*, landwirtschaftlich genutzt

P	*plaza* (zentraler Platz)
M	*municipalidad* (Rathaus)
G	*gobierno* (Regierung, falls Provinzhauptstadt)
T	*tribunal* (Gericht)
P	*policía* (Polizei)
Ca	*catedral* (Kathedrale, Kirche)
Co	*convento* (Kloster)
E	*escuela* (Schule)

Abb. 56: Idealplan der spanischen Kolonialstadt in Lateinamerika
Quelle: Bähr und Mertins (1995)

bedingte zugleich ein soziales *Kern-Rand-Gefälle*, das auch in der Physiognomie deutlich in Erscheinung trat (Bähr 1976, S. 126): Im Stadtkern lagen die wichtigsten öffentlichen Repräsentationsbauten wie Kathedrale und Rathaus (*cabildo*) und die oft prunkvollen Adelspaläste und Bürgerhäuser der vornehmen Familien. Nach außen folgten die Wohnviertel der weniger privilegierten Angestellten, der Händler und Handwerker. Größe und Ausstattung der meist einstöckigen *Patiohäuser* nahmen dabei mit wachsender Entfernung vom Stadtmittelpunkt ab. Die Lehmhütten der Indios und später z. T. auch der Sklaven lagen am äußersten Stadtrand oder waren sogar von der eigentlichen Stadt durch noch unbebautes Land getrennt.

Der *Sozialgradient* vom Zentrum zur Peripherie galt auch für die portugiesischen Stadtgründungen. Allerdings ist der Schachbrettgrundriss nicht immer streng befolgt worden, weil es dazu keine verbindlichen Vorschriften gab. Vor allem bei neueren Vierteln kam die quadratische Struktur kaum mehr zum Tragen, sodass der Grundgriss der *portugiesischen Kolonialstadt* insgesamt weitaus unregelmäßiger ist als derjenige in *Hispanoamerika* (Wilhelmy und Borsdorf 1984, S. 105 ff.; Bähr und Mertins 1995, S. 16).

Die meisten Kolonialstädte wuchsen bevölkerungs- und flächenmäßig nur sehr langsam. In der Regel wurde das bei der Gründung angelegte Stadtareal (*traza*) bis ins 19. Jh. hinein nicht vollständig bebaut. Das städtische Wachstum vollzog sich vor allem in den Hauptstädten der Vizekönigreiche (Mexiko-Stadt, Lima; später auch noch Bogotá, Buenos Aires) sowie den Hauptstädten der bedeutendsten Provinzen. Jedoch hatten in den 1820er Jahren nur drei Städte, nämlich Mexiko-Stadt, Salvador und Rio de Janeiro, die 100.000 Einwohner-Schwelle überschritten. Viele andere Städte stagnierten, blieben in ihrer Siedlungsstruktur und Bausubstanz monoton und waren *„mehr ländlich als städtisch"*. Selbst heute verkörpern manche kleinen, abseits gelegenen städtischen Siedlungen noch weitgehend den kolonialzeitlichen Typ (Bähr und Mertins 1995, S. 18 ff.).

Stadtentwicklungen unter dem Einfluss gewandelter ökonomischer und demographischer Faktoren

Nicht die politische Unabhängigkeit, die fast alle Länder des Kontinents zu Beginn des 19. Jh. erreichten, sondern das Öffnen der *Bevölkerungsschere* und massive Land-Stadt-Wanderungen, z. T. auch Einwanderungen, bedingten einen markanten Umbruch in der Stadtentwicklung, der nicht ohne Folgen für räumliche Strukturen blieb. Gans (1992) hat die Abfolge der Migrationsformen und ihre Einordnung in das *Modell des demographischen Übergangs* schematisch dargestellt und in Beziehung zu verschiedenen Wirtschaftszyklen gesetzt (vgl. Abb. 7, S. 42). Die Periode des *desarrollo hacia afuera*, die zwischen 1840 und 1880 begann, bedeutete die ökonomische Öffnung der lateinamerikanischen Staaten und ihren Anschluss an die zunächst von Europa gesteuerte Weltwirtschaft (SANDNER 1971, S. 311 ff.). In diese Zeit fällt die große Einwanderungswelle vorzugsweise aus Südeuropa (Italien, Spanien); es ist anzunehmen, dass diese mitverantwortlich für den verhältnismäßig frühen Beginn des *demographischen Übergangs* in Argentinien und Uruguay ist.

Mit der *Weltwirtschaftskrise* trat eine grundlegende Änderung der ökonomischen Rahmenbedingungen ein. Das Interesse der lateinamerikanischen Regierungen richtete sich in der Folgezeit auf die Binnenentwicklung mit Hilfe der importsubstituierenden Industrialisierung (*desarrollo hacia adentro*). Diese Wirtschaftspolitik, verbunden mit einer Aufblähung des staatlichen Verwaltungsapparates, schuf vor allem Arbeitsplätze in den wenigen größeren Verdichtungsräumen, was zu einer Beschleunigung der Land-Stadt gerichteten Wanderungen beigetragen hat. Da sich gleichzeitig die Schere zwischen den Geburten- und Sterberaten weit öffnete, sind während dieser Phase in allen Städten maximale Zuwachsraten zu verzeichnen, wobei der Anteil der Geburtenüberschüsse als *Wachstumskomponente* im zeitlichen Verlauf mehr und mehr zunahm.

Parallel zur raschen Bevölkerungsvermehrung setzte ungefähr seit Anfang der 1950er Jahre eine beschleunigte Flächenexpansion ein. Oft nahm der Flächenverbrauch sogar noch schneller zu als das Bevölkerungswachstum. Das hängt vor allem damit zusammen, dass ein großer Teil der städtischen Flächenausdehnung *informell*, d. h. illegal oder semilegal, erfolgt und diese randstädtischen Hüttenviertel vergleichsweise viel Platz benötigen. Man kann davon ausgehen, dass mindestens die Hälfte der großstädtischen Bausubstanz, in einigen Fällen sogar bis zu 75% informell entstanden sind. Darin sind allerdings auch ältere, mittlerweile längst konsolidierte und *formalisierte*, d. h. offiziell anerkannte Viertel, einbezogen. Einen der spektakulärsten Fälle stellt die Metropole Lima-*Callao* dar, wo bereits 1974 mehr als die Hälfte der Neubauwohnungen auf (informelle) Selbsthilfeaktivitäten der Armen entfielen und die *barriadas* zum dominanten Träger der Stadtentwicklung geworden sind (KROß 1992, S. 154 u. 206).

Lange Zeit erfolgte die flächenhafte Ausdehnung mehr oder weniger kontinuierlich nach außen mit einzelnen Wachstumsspitzen entlang von Eisenbahnlinien oder Ausfallstraßen. Spätestens seit den 1960er Jahren wird dieses Muster von zellenförmigen Erweiterungen an der Peripherie abgelöst, d. h. es besteht zunächst kein flächenmäßiger Zusammenhang zwischen der Kernstadt und den Siedlungserweiterungen im suburbanen Raum. Erst im Verlauf der weiteren Städteexpansion wachsen die verschiedenen *Siedlungskörper* zusammen; gleichzeitig bilden sich jedoch neue Zellen vor der geschlossenen *Siedlungsfront*.

Rasches Bevölkerungs- und Flächenwachstum blieben nicht ohne Einfluss auf die *Sozialökologie* der großen Städte. Das kolonialzeitliche Muster mit dem von innen nach außen gerichteten Sozialgradienten (*reverse* BURGESS-*type*) ist seit Ende des 19. Jh., verstärkt dann aber seit den 1930er Jahren überformt und abgewandelt worden. Seitdem wohnen wohlhabende Familien kaum mehr im Stadtzentrum, und die ärmeren Bevölkerungsgruppen konzentrieren sich nicht länger ausschließlich auf die Peripherie.

Eingeleitet wurden die sozialräumlichen Veränderungen von der sukzessiven Abwanderung der Ober-, später auch der oberen Mittel- und Mittelschicht aus den einst hoch bewerteten Stadtteilen um die zentrale *plaza* in neue, statusadäquate Viertel und deren spätere etappenartige Verlegung in immer zentrumsfernere Stadtbereiche (AMATO 1970; ACHILLES 1989; KÖSTER 1995). Die erste „Etappenstation" der neuen hochrangigen Wohnviertel etablierte sich bis zur Jahrhundertwende in der Regel in landschaftlich und lokalklimatisch begünstigten Berglagen, worauf entsprechende *barrio*-Namen hinweisen, z. B. *Cerro* in Montevideo und Havanna. Ansatzpunkte waren fast ausschließlich bereits bestehende Wochenend- und Ferienhäuser der Oberschicht, die kontinuierlich zu Villenvierteln mit großen Gärten umgewandelt wurden (BÄHR und MERTINS 1995, S. 112).

Die „geschlossene" Abwanderung der Oberschicht aus dem Altstadtbereich setzte frühestens in den 1920er, verstärkt in den 1930er Jahren ein, in den zentralamerikanischen Großstädten z. T. sogar erst nach dem Zweiten Weltkrieg. Zunehmende Umweltbelastungen mannigfacher Art und die einen höheren Ertrag abwerfende Grundstücksnutzung durch Geschäfts- und Büro(hoch)häuser (*Citybildung*) stimulierten die Abwanderung. Außerdem bot sich so die Möglichkeit, jeweils modernen Wohn- und (in jüngerer Zeit) Sicherheitsansprüchen gerecht werdende Wohnungen in infrastrukturell sehr gut erschlossenen Vierteln zu beziehen. Die etappenartige Verlagerung der *barrios altos* erfolgt meist in eine Richtung, wobei sich jedes Viertel durch einen dem jeweiligen Zeitgeschmack entsprechenden Baustil auszeichnet. Die älteren, bis nach dem Zweiten Weltkrieg entstandenen Oberschichtviertel sind meist stark durch die Nachahmung europäischer Baustile gekennzeichnet und können so nach ihren Entstehungsphasen deutlich unterschieden werden. Seit Ende der 1970er/Anfang der 1980er Jahre kommt es vielfach zur baulichen Umgestaltung bestehender Viertel. An die Stelle der Einfamilienhäuser treten Hoch- oder zwei- bis dreigeschossige Häuser mit Luxusapartments. Die Häuser verfügen über Tiefgarage, Wasserreservetank, Notstromaggregat, oft auch über Fitnessräume und ähnliche Einrichtungen sowie über ständig besetzte Rezeptionen und in zunehmendem Maße auch über Videosysteme zur Überwachung. Seit etwa einem Jahrzehnt sind *gated communities (barrios cerrados)* zum bevorzugten Wohnstandort nicht nur der Ober-, sondern auch der Mittelschicht geworden. Derartige Anlagen sind mit Mauern und Zäunen umgeben, mit privat finanzierten Sicherheitssystemen ausgestattet und weisen teilweise eine hochwertige, allerdings nur den Bewohnern vorbehaltene Infrastruktur in Form von Sport- und Freizeitanlagen, z. T. auch von Bildungseinrichtungen auf (MEYER und BÄHR 2001; JANOSCHKA 2002; MEYER-KRIESTEN, PLÖGER und BÄHR 2004).

Mit zunehmender Entfernung der neuen hochrangigen Wohnviertel von der Altstadt wandern auch die entsprechenden Dienstleistungen, die bisher auf das Zentrum konzentriert waren, gleichsam der Ober- und oberen Mittelschicht nach, und es bilden sich auf deren Bedarf ausgerichtete *Subzentren* (MERTINS und MÜLLER 2000). Seit etwa 25 Jahren entstehen vermehrt Einkaufs- und Freizeitzentren „vor“ den jeweiligen Oberschichtvierteln und ziehen einen erheblichen Anstieg der Bodenpreise in ihrer Umgebung nach sich. Richtung und Intensität der Ausdehnung der sozial hochwertigen Viertel werden so nachhaltig beeinflusst.

Die im altstädtischen Kern entstandene, durch ausgeprägte Hochhausüberbauung gekennzeichnete *City* hat dadurch einen erheblichen *Funktionsverlust* hinnehmen müssen. Besonders auffällig ist der „Abstieg“ des alten Zentrums in Panama (SANDNER 1969, S. 32), Lima (KROß 1992, S. 129 f.), Bogotá (MITTENDORF 1984, S. 34 ff.) oder São Paulo (COY 2001, S. 280 ff.), während in Buenos Aires, Montevideo und auch Santiago de Chile die Abwertung weniger stark ausgeprägt ist (vgl. GANS 1990).

Die Verlagerung der sozial hochwertigen Viertel hatte eine bauliche und soziale *Degradierung* der aufgegebenen Wohnstandorte zur Folge. Sofern die verlassenen Wohngebäude nicht abgerissen oder einer anderen Funktion (Geschäfts- oder Büronutzung) zugeführt wurden, sind sie im Allgemeinen aufgeteilt und an untere Einkommensgruppen vermietet worden. Da man in den Erhalt der Bausubstanz kaum noch investierte, war ein erheblicher baulicher Verfall vorbestimmt (*tugurios por proceso*).

Die Übernahme ehemals höherwertiger Wohnviertel durch sozial niedrigere Bevölkerungsgruppen (*Sukzession*) reichte jedoch längst nicht aus, um den wachsenden Wohnungsbedarf dieser Schichten zu decken. Deshalb sind schon in der zweiten Hälfte des 19. Jh., aber auch noch bis in die 1940er Jahre spekulative Bauprojekte durchgeführt worden, wobei die zur Verfügung stehende Fläche von vorn herein durch dichte Bebauung und hohe Belegung maximal genutzt wurde, sodass sich auch bei vergleichsweise niedrigen Mieten noch ein hoher Ertrag errechnete (*tugurios por origen*). Häufig erfolgte dabei die Bebauung entlang von schmalen sackgassenähnlichen Gängen, oder die einfachen, nicht selten fensterlosen Einzimmerwohnungen gruppierten sich um einen oder mehrere Höfe.

Cityausdehnung und Sanierungsmaßnahmen haben die innerstädtischen *Marginalviertel* im Laufe der Zeit immer stärker eingeschränkt; nur in Lima leben in den *tugurios* heute noch ebenso viele Menschen wie vor 50-60 Jahren (CUSTERS 2001). Auch ihre Funktion als erste Auffangstelle von Migranten im Sinne des *Brückenkopfkonzeptes* von TURNER (1968) haben sie mehr und mehr eingebüßt (vgl. Kap. 3.2.2). Trotz hoher Dichtewerte und oftmals prekärer Wohnbedingungen gewannen diese Viertel auf Grund ihrer zentrumsnahen Lage an Attraktivität, und die Mobilität ging zurück.

Obwohl sich staatliche und halbstaatliche Gesellschaften im Rahmen des sog. *sozialen Wohnungsbaus* darum bemühten, auch untere Sozialschichten mit Wohnraum zu versorgen oder ihnen im Rahmen von *site-and-service*-Projekten wenigstens eine Parzelle mit Wasser- und Stromanschluss zur Verfügung zu stellen, wird das rapide, oft unkontrollierte Flächenwachstum der Metropolen seit den 1960er Jahren mehr und mehr von illegalen und semilegalen Hüttenvierteln bestimmt. Diese durchlaufen häufig einen baulichen Konsolidierungsprozess und übernehmen dann die Rolle der innerstädtischen *Marginalviertel* als erste Unterkunft für Neumigranten (Untermiete). Illegale Hüttenviertel (*squatter settlements*) entstehen durch die (meist genau geplante) Besetzung öffentlicher oder privater Ländereien und dem gleichzeitigen Bau einfacher Hütten, um den Besitzanspruch zu demonstrieren; es sind dies die *favelas* in Brasilien, *villas miseria* in Argentinien, *barriadas* in Peru, *callampas* in Chile und *colonias paracaidistas* in Mexiko. Bei den als semilegal bezeichneten *Marginalvierteln* wird eine bestimmte Fläche, die normalerweise nicht oder noch nicht als Bauland ausgewiesen ist, entweder vom Eigentümer selbst oder durch einen von ihm beauftragten *Promoter* parzelliert, und die Grundstücke werden dann verkauft (*fraccionamientos clandestinos*). Oft unterlässt der Verkäufer die Übertragung der Eigentumsrechte in das Grundbuch. Das gilt erst recht für spätere weitere Unterteilungen. Die Käufer fühlen sich jedoch als legale Eigentümer, können auch die Ratenquittungen vorweisen, sind aber bis zur Legalisierung durch die betreffende Gemeinde nur de-facto-Eigentümer. Allerdings ist die Rechtssicherheit weitaus größer als in den illegalen Vierteln, sodass Investitionen in die Konsolidierung der Hütten eher erfolgen, was auch durch die normalerweise etwas bessere ökonomische Situation der Besitzer erleichtert wird. Wenn dieser Prozess über einen längeren Zeitraum „ungestört" verläuft, vollzieht sich neben dem baulichen auch ein wirtschaftlicher und sozialer Wandel, und die Mobilitätsstrukturen verändern sich, wie KRANENBURG (2002) beispielhaft an *El Alto* (La Paz) aufgezeigt hat.

Zwar hat es immer wieder Versuche gegeben, *barrios ilegales* zu beseitigen und die Bewohner zu vertreiben oder umzusiedeln (vgl. z. B. PACHNER 1982, S. 114; KEELING 1996, S. 103 ff.), meistens sind sie jedoch toleriert und im Laufe der Zeit mit technischer und sozialer Infrastruktur versehen worden (vgl. z. B. BUCHHOFER 1982; KILLISCH und DIETZ 2002); allerdings haben die mit einer solchen Aufwertung einhergehenden höheren Belastungen vielfach zu einer Verdrängung besonders armer Haushalte geführt. In jüngerer Zeit wird das *Käuferpotenzial* solcher konsolidierter Hüttenviertel mehr und mehr von der Privatwirtschaft erkannt. So ist in den *barriadas* von Lima zu beobachten, dass auch hier *shopping center* und Vergnügungsviertel mit einer Ballung von Diskotheken, einfachen Hotels, Restaurants und Bars entstehen, was nicht ohne Rückwirkung auf den *informellen Handel* der jeweiligen Viertel bleibt.

Stadtentwicklungsphasen im Modell

Über das *„Modell der lateinamerikanischen Stadt"* ist seit den 1970er Jahren im deutschen Sprachraum viel gearbeitet worden (Bähr 1976; Borsdorf 1976; Mertins 1980; Gormsen 1981). Die damaligen Vorschläge haben auch die internationale Diskussion beeinflusst (vgl. z. B. Ford 1996; Crowley 1998). Es wird hier darauf verzichtet, die verschiedenen Konzepte im Einzelnen vorzustellen; vielmehr wird auf eine zusammenfassende Darstellung von Borsdorf, Bähr und Janoschka (2002) Bezug genommen (Abb. 57), die den gegenwärtigen Erkenntnisstand zusammenfasst und die jüngsten Veränderungen der Stadtstruktur in den Mittelpunkt stellt.

In der ersten *Verstädterungsphase* zwischen 1820 und 1920, die durch eine mehr oder weniger starke Einwanderung aus Europa und die Übernahme europäischer Konzepte des Städtebaus gekennzeichnet ist, deuten sich erste Veränderungen gegenüber dem kolonialzeitlichen Stadtgefüge an. Das sektorale Strukturprinzip hat seinen Ursprung bereits in dieser Phase. Während sich die ersten Erweiterungen der hochwertigen Wohngebiete am Verlauf neu angelegter großzügiger Boulevards (*alameda, prado, paseo*) orientieren, die an die Altstadt anschließen, ordnen sich Großhandel, Handwerk und erste Produktionsbetriebe mit den zugehörigen Wohnvierteln der Arbeiterklasse häufig entlang von Eisenbahnlinien an. Die sektoralen Wachstumsachsen verstärken sich während der zweiten Verstädterungsphase insbesondere seit den 1930er und 1940er Jahren. Dies steht einerseits in Zusammenhang mit den Industrialisierungsbemühungen nach der *Weltwirtschaftskrise* und der Ansiedlung größerer Industriekomplexe entlang der Ausfallachsen (Hauptstraßen, Eisenbahn), andererseits ist zumindest eine sektorale Erweiterung Folge der fortschreitenden Abwanderung der Ober- und später auch der Mittelschicht aus der Altstadt. Diese wird nicht nur durch die Anfänge der *Citybildung*, verbunden mit Hochhausüberbauung, mehr und mehr überformt, auch die bauliche Abwertung der von wohlhabenden Bevölkerungsgruppen verlassenen Wohnbereiche sowie der Bau von *Massenquartieren*, oft in Form von *Gängevierteln*, tragen dazu bei, dass sich der aus der Kolonialzeit ererbte, von innen nach außen gerichtete Sozialgradient jedenfalls sektoral ins Gegenteil verkehrt und sich der Gegensatz zwischen der „reichen" und „armen" Stadt verschärft.

Die *ringförmige Ordnung* im Stadtkern und die sich darüber lagernde *Sektorengliederung* sind seit den 1960er Jahren durch *zellenförmige* Stadterweiterungen ergänzt worden: Auf billig erworbenem Baugrund am Stadtrand errichtete man Viertel des sozialen Wohnungsbaus, die aber den Wohnraum-

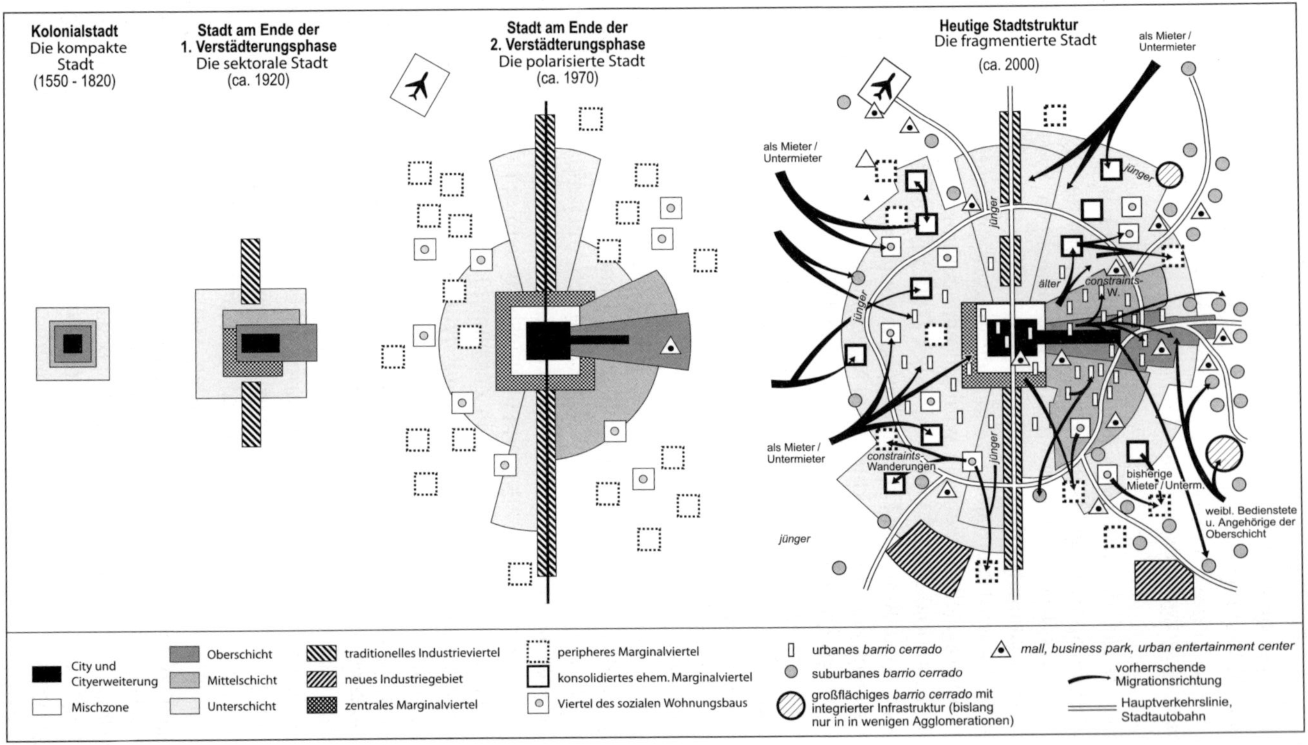

Abb. 57: Modell der Struktur und Entwicklung der lateinamerikanischen Stadt
Quelle: Borsdorf, Bähr und Janoschka (2002); Bähr (2004)

bedarf ärmerer Schichten bei weitem nicht decken konnten, sodass illegale und semilegale Hüttenviertel zum prägenden Element der Peripherie wurden. Migrationsströme vom Land in die Gängeviertel des Zentrums oder in ältere, bereits konsolidierte Hüttenviertel, von dort in neue randstädtische *Marginalsiedlungen* und teilweise von dort im Zuge vertikaler Mobilität in die Viertel des sozialen Wohnungsbaus kennzeichnen die innerstädtische *Mobilitätsdynamik* jener Zeit in idealtypischer Weise. Allerdings konnten immer auch gegenläufige Bewegungen als Folge von Verelendungs- und Verdrängungsprozessen beobachtet werden (vgl. BÄHR 1986; Abb. 11, S. 53).

Die jüngste Phase der Stadtentwicklung ist dadurch gekennzeichnet, dass das linear-sektorale und das zellenhafte Wachstumsprinzip zwar fortbestehen, aber eine andere Qualität erhalten. Die Eisenbahn, Leitlinie des linearen Städtewachstums des 19. Jh., und die wenigen Ausfallstraßen, die, oft als mehrspurige Autobahnen ausgebildet, im 20. Jh. die Rolle der Gleisstränge übernahmen, haben an Bedeutung eingebüßt. Sie konnten mit dem gewachsenen Verkehrsaufkommen nicht Schritt halten und wurden in großem Umfang und oft unter Einbeziehung oder gar unter gänzlicher Trägerschaft privaten Kapitals zu einem *intraurbanen* Schnellstraßennetz ausgebaut. Dies ermöglichte die Beschleunigung des Verkehrs und machte den sub- und periurbanen Raum in der Fläche auch für die Ober- und Mittelschicht attraktiv (MEYER und BÄHR 2001, S. 313). Die Verdichtung des Schnellstraßennetzes bedingte so einerseits den Ausbau der gewachsenen linearen Strukturen, war andererseits aber auch die Voraussetzung dafür, dass sich *nodale* und *fragmentierte Strukturen* herausbildeten, die als das heute bestimmende *Strukturmuster* gelten können. Die zellenhaften Elemente an der Peripherie sind nur noch in wenigen Metropolen überwiegend als randstädtische Hüttenviertel ausgebildet, sie werden ergänzt durch großflächige Infrastrukturvorhaben „auf der grünen Wiese“, nicht nur in Form riesiger *shopping center*, verbunden mit Freizeiteinrichtungen, z. T. auch Bürostandorten, sondern vor allem durch neue privatwirtschaftlich erschlossene Wohngebiete, die als *gated communities* hochsegregierte und sozial homogene „Inseln“ im Stadtgefüge bilden. Diese prägen nicht allein die großen Metropolen (vgl. z. B. PARNREITER 2003, S. 81 ff. für Mexiko-Stadt), sondern in zunehmendem Maße auch mittlere und kleinere Städte (vgl. SCHMIDT 2002, S. 23 f. für Mendoza). Der Wunsch nach mehr Sicherheit, insbesondere für die Kinder, veranlasst viele Menschen, in solche Siedlungen zu ziehen. Die Gefahr vor Kriminalität und Terrorismus wird von Medienberichten zusätzlich geschürt und von Immobilienmaklern als Verkaufsargument ausgenützt. Darüber hinaus bieten die *barrios cerrados* die Möglichkeit, mit Menschen der gleichen Sozialschicht zusammenzuleben und einen bestimmten Lebensstil zu pflegen. In älteren Stadtvierteln wird eine solche „Abschottung“ vielfach auch nachträglich und nicht selten informell vorgenommen.

Fragmentierung als das dominante Prinzip der gegenwärtigen Stadtentwicklung meint eine neue Form der Entmischung von funktionalen und sozialräumlichen Elementen. Prägend für die lateinamerikanische Stadt sind nicht länger großflächige Gegensätze, z. B. zwischen *City* und Wohnbereichen, zwischen der *ciudad rica* und der *ciudad pobre*. Diese Gegensätze lösen sich zu Gunsten kleinräumiger Differenzierungen auf; es entstehen kleinere und größere, oft hermetisch abgeschottete funktions- oder sozialräumliche Einheiten in einer völlig gegensätzlich strukturierten Umgebung, zu der keinerlei soziale und funktionale Beziehungen bestehen.

Das Beispiel São Paulo

Nach den neuesten Schätzungen der UN rangiert der Großraum São Paulo mit 17,9 Mio. Ew. (2003) unter den *Megastädten* der Erde an vierter Stelle (UN 2004). Der Aufstieg der Stadt zum bedeutendsten Wirtschafts- und Finanzzentrum des Kontinents und zur *global city* (WEHRHAHN 2004) mit imposanter Hochhaus-*Skyline* vollzog sich in einem Zeitraum von wenig mehr als hundert Jahren. Zwar ist São Paulo bereits 1554 gegründet worden, blieb aber bis ca. 1870 ein kleines Landstädtchen mit weniger als 30.000 Ew. (WILHELMY und BORSDORF 1985, S. 304 ff.). Erst der Kaffeeboom, verbunden mit einer starken Einwanderung aus Europa, und die nachfolgende Industrialisierung leiteten den stürmischen, sich erst in der Gegenwart abschwächenden Bevölkerungsanstieg ein (BÄHR und WEHRHAHN 1995). Die Wachstumsprobleme lateinamerikanischer Metropolen lassen sich deshalb am Beispiel von São Paulo besonders gut studieren; zugleich zeigen sich einige bemerkenswerte Unterschiede zum spanisch geprägten *Kulturraum*.

Um die Jahrhundertwende war São Paulo nicht nur Zentrum des größten brasilianischen Kaffee-Anbaugebietes, aufgrund der günstigen Verkehrslage und des gesünderen Klimas steuerte die Stadt sehr bald auch den gesamten Kaffeeexport, und die *„Kaffeebarone“* ließen sich an der heute von Hochhäusern gesäumten *Ave. Paulista* unweit des historischen Zentrums nieder.

Ein zweiter Wachstumsschub erfolgte in den 1930er und 1940er Jahren mit den Anfängen der *importsubstituierenden* Industrialisierung. Wie alle lateinamerikanischen Staaten bemühte sich auch Brasilien nach dem Zusammenbruch der exportorientierten Wirtschaft als Folge der Weltwirtschaftskrise, eine eigene Industrie, geschützt von hohen Zollschranken, aufzubauen. Eine Kapitalakkumulation als Folge des Kaffeebooms, die Verfügbarkeit von technischem *know how* und ein gut funktionierendes Handels- und Bankensystem waren entscheidende Gründe dafür, dass sich gerade São Paulo als Standort für eine eigenständige Industrieentwicklung anbot. Bereits 1940 war Rio de Janeiro hinsichtlich des Produktionswertes der Industrie übertroffen und die Schwelle von 1 Mio. Ew. deutlich überschritten. Schon in den 1920er Jahren ist der alte Stadtkern (*centro velho*) weitgehend umgestaltet worden; er entwickelte sich zum Zentrum des Finanzsektors (Abb. 58, S. 280) und zeichnet sich seit langem durch große bauliche Dichte und einen hohen *Vertikalisierungsgrad* aus (COY 2001, S. 280). Gebäude aus der Kolonialzeit findet man nur noch ganz vereinzelt, und auch die Straßen, die anders als im spanischen Lateinamerika einen unregelmäßigen, dem Gelände angepassten Verlauf nehmen, sind mehrfach verbreitert worden und heute größtenteils Fußgängerzonen (WILHELMY und BORSDORF 1985, S. 309 f.). Mit verschiedenen Projekten der Altstadtsanierung und Innenstadterneuerung will man den unverkennbaren Degradierungstendenzen als Folge der Abwanderung hochrangiger Funktionen entgegenwirken (COY 2001, S. 283 ff.).

Der einmal eingeleitete Industrialisierungsprozess wirkte selbstverstärkend, und es war daher kein Wunder, dass São Paulo auch von der vermehrt auf Exporte ausgerichteten Industrialisierungspolitik der Militärregierung seit den 1960er Jahren am stärksten profitierte. Jetzt wurde der Großraum zu einem Magneten des Auslandskapitals und zum führenden brasilianischen Standort im Fahrzeugbau, der elektrischen und pharmazeutischen Industrie (Abb. 58). Viele *multinationale* Konzerne, wie *Mercedes-Benz, Volkswagen, Bosch, Siemens, Olivetti, Firestone* und *Pirelli*, haben Zweigniederlassungen und Fertigungsstätten in São Paulo. Die zunehmende Industrialisierung ging mit einem starken Anstieg der Einwohnerzahlen einher: Schon in den 1970er Jahren waren 10 Mio., Anfang der 1990er Jahre dann 15 Mio. erreicht. Getragen wurde das *demographische Wachstum* zunächst überwiegend von Wanderungen. Insbesondere aus dem „Armenhaus" Brasiliens, dem Nordosten, strömten viele Menschen in den industrialisierten Südosten, vor allem nach São Paulo, weil sie sich einen Arbeitsplatz und bessere Lebensbedingungen erhofften. Am schnellsten nehmen heute allerdings die „neuen Wachstumspole" außerhalb der geschlossen bebauten Fläche an Einwohnern zu (z. B. *Campinas, São José dos Campos*), und hier konzentrieren sich auch die industriellen Neuansiedlungen (WEHRHAHN und BÄHR 2001).

Die außergewöhnlich starke Zuwanderung armer Bevölkerungsschichten einerseits und die zunehmende Konzentration führender Unternehmen des Industrie-, Handels- und Dienstleistungssektors andererseits haben zur Verschärfung der *sozialen Gegensätze* beigetragen (WEHRHAHN 1998 u. 2000): Einer großen verarmten *Unterschicht* steht eine für brasilianische Verhältnisse ebenfalls recht große *Oberschicht* gegenüber: Etwa 20% der Brasilianer mit einem Einkommen von mehr als 10 Mindestlöhnen wohnen in São Paulo (bei einem Bevölkerungsanteil von nur 11%), und der Anteil der Armen ist mit etwas über 20% weniger als halb so groß wie in den großen Städten des Nordostens. In absoluten Zahlen entspricht dies jedoch einer Armutsbevölkerung von ca. 4 Mio. Menschen.

Im Stadtbild manifestiert sich die *soziale Polarisierung* im Gegensatz zwischen den Wohnvierteln der Oberschicht, die nach wie vor überwiegend in Zentrumsnähe liegen, und den verschiedenen Typen der Unterschichtviertel, die heute vor allem die Peripherie bestimmen. Die wohlhabenden Bevölkerungsgruppen wohnen in ihrer Mehrzahl in den sog. *Jardins* (Gärten) im Südwesten des zentralen Kerns. Ein Teil der *Jardins* ist mittlerweile überlagert von hochrangigen Dienstleistungs- und Einzelhandelsbetrieben, und viele Villen sind durch vornehme Apartment-Hochhäuser ersetzt worden. Dennoch ist die Persistenz der Oberschichtwohngebiete und der zumindest teilweise noch sichtbare zentral-periphere *Sozialgradient* (Wilhelmy und Borsdorf 1985, S. 311; Collet Bruna 2000, S. 112) im Vergleich mit anderen lateinamerikanischen Metropolen eher ungewöhnlich. Als Wohnstandort attraktiv sind die *Jardins* bis heute aufgrund ihrer konsequenten Durchgrünung, den relativ großen Grundstücken und Villen sowie dem guten Angebot an Dienstleistungen (Fachärzte, Anwälte, Restaurants, Boutiquen). Auch hochmoderne *shopping center* sind schnell erreichbar, und die qualitativ höherwertigen Arbeitsplätze liegen nach wie vor in der Kernstadt São Paulo. Angesichts verstopfter Straßen sowie eines unzureichend ausgebauten und auf die zentralen Stadtbereiche ausgerichteten U-Bahn-Systems ist räumliche Nähe ein wichtiger Gesichtspunkt bei der Wohnstandortwahl (Wehrhahn 2000, S. 110 f.).

Wenn dennoch einzelne Oberschichtviertel in jüngerer Zeit außerhalb des geschlossenen Siedlungskerns entstanden sind, so hat das in erster Linie mit Sicherheitsproblemen zu tun. *Gated communities* sind auf der *„grünen Wiese“* leichter zu realisieren als innerhalb der geschlossen bebauten Fläche. Seit den 1980er Jahren sind solche Projekte überall in Brasilien auf dem Vormarsch (Caldeira 2000; Souza 2001). Diese *condomínos fechados* spiegeln den zunehmenden Trend zur Selbstsegregation wider. Teilweise handelt es sich um reine Wohngebiete (sowohl in Form von luxuriösen Apartments als auch von Einfamilienhäusern), häufig mit Freizeiteinrichtungen verbunden, teilweise treten ergänzend Einzelhandels-, Büro- und Dienstleistungsfunktionen hinzu, wie im Falle von *Alphaville*, der größten und ältesten *gated community* Lateinamerikas, ca. 30 km vom Zentrum São Paulos entfernt gelegen. *Alphaville* zählt heute ca. 32.000 Bewohner; mehr als 1.000 Personen Wachpersonal sind hier beschäftigt (Murray 2004, S. 148). Die zugangskontrollierten *Enklaven*, zu denen nicht nur *condomínos fechados*, sondern auch *shopping center* und Gewerbeparks zählen, entwickeln sich zu *„exterritorialen Räumen“*, die sich weitgehend der öffentlichen Kontrolle entziehen. Sie sind sichtbarster Ausdruck der kleinräumig fragmentierten Stadt (Coy 2001, S. 283). Nicht selten grenzen gut bewachte Apartment-Hochhäuser unmittelbar an *favelas*, z. B. in Morumbí (Caldeira 2000, S. 244 ff.).

Die andere Seite der sozialräumlichen Stadtgliederung wird von *cortiços* und *favelas* bestimmt. Unter *cortiços* versteht man degradierte Massenunterkünfte in der Innenstadt, während *favela* als Sammelbezeichnung für illegale bzw. halblegale Hüttenviertel verwandt wird. *Cortiços* entstanden in São Paulo bereits während der Industrialisierungsphase zur Unterbringung von Arbeitern und Tagelöhnern. Zu diesem Zweck wurden von der Mittel- und Oberschicht verlassene Wohnungen unterteilt und zimmerweise vermietet. Sanitäreinrichtungen und Küche mussten sich alle auf einem Stockwerk wohnenden Familien teilen. Auch heute soll es in São Paulo noch mehr als 88.000 *cortiços* geben (Santos in Gilbert 1996, S. 233); aufgrund von Verdrängungsprozessen am Stadtrand sind sie in jüngster Zeit wieder stärker gewachsen (Aminde und Ribbeck 2002, S. 50). Auf die zentralen Stadtteile konzentriert sich auch die *população da rua*, d. h. Obdachlose und Straßenkinder.

Den größten Teil der Unterschichtbevölkerung nehmen heute die *favelas* auf. Diese liegen vorwiegend an der Peripherie. Nach groben Schätzungen kann man davon ausgehen, dass etwa ein Viertel der Bewohner des Ballungsraumes in *favelas* lebt. In geringerer Zahl sind *favelas* auch in Innenstadtnähe zu finden, und zwar in der Regel auf Flächen, die eigentlich nicht bebaut werden dürften (Grünanlagen, Grünstreifen an Schnellstraßen, freie Flächen unter Brücken und an steilen Hängen). Die hygienischen Bedingungen, Wasserver- und -entsorgung sowie Lärmbelästigungen sind in diesen Vierteln meist noch erheblich problematischer als in peripheren *favelas*.

In vielen Hüttenvierteln sind im Laufe der Zeit mittels Selbsthilfe (*self-help housing*) die ersten behelfsmäßigen Unterkünfte in Steinhäuser, oft mit zumindest einem Obergeschoss, umgewandelt worden. Insbesondere dann, wenn die Eigentumsverhältnisse an Grund und Boden geklärt sind, ist ein solcher Aufwertungsprozess zu beobachten. Das obere Stockwerk oder Anbauten werden hauptsächlich zur Vermietung genutzt, wodurch neu zuziehende Migranten eine erste Bleibe finden.

Zunehmende Flächenversiegelung, Luft- und Wasserverschmutzung sowie die Abfallproblematik kennzeichnen die ökologischen Probleme der *Megastadt* (Wehrhahn 1994). Das enorme Bevölkerungswachstum ließ die Siedlungsfläche zunächst konzentrisch, später hauptsächlich in O-W-Richtung anwachsen (Abb. 58). Dabei wurden nur Flussniederungen, einzelne gesetzlich geschützte oder aus geologischen Gründen unbebaubare Areale sowie kleinere Parkanlagen ausgespart. Das hängt auch damit zusammen, dass etwa zwei Drittel der Häuser ohne offizielle Baugenehmigung errichtet worden sind.

Der hohe Grad an *Bodenversiegelung* führt dazu, dass jedes Jahr nach Starkregen große Überschwemmungen auftreten, die Wohngebiete gefährden und den Verkehr lahm legen. An Hängen kommt es dann regelmäßig zu Rutschungen, wodurch Häuser zerstört und Menschen verletzt werden oder sogar Todesopfer zu beklagen sind.

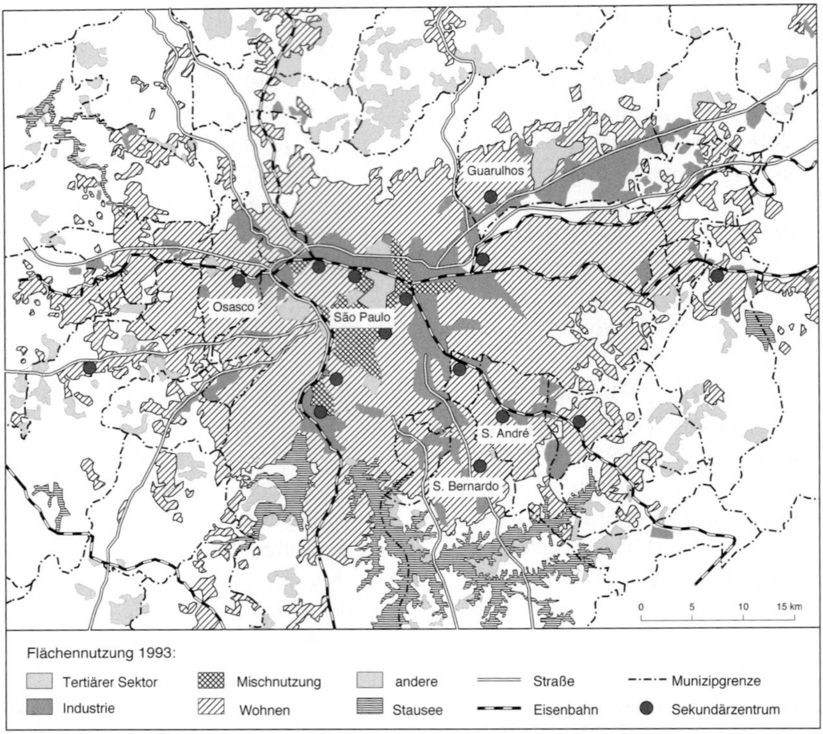

Abb. 58: Flächennutzung im Großraum São Paulo
Quelle: Wehrhahn (2000)

In vielen Stadtteilen ist die Einleitung ungeklärter häuslicher Abwässer in die *Vorfluter* nach wie vor ein ungelöstes Problem. Im engeren Stadtbereich sind nach offiziellen Angaben zwar über 90% der Haushalte an die Kanalisation angeschlossen, was jedoch nicht bedeutet, dass die Abwässer auch geklärt werden.

Dass sich die Luftbelastung zu einem zentralen Umweltproblem entwickelt hat, mit dem die Bewohner São Paulos täglich konfrontiert werden, ist vorwiegend auf die Emissionen des Verkehrs zurückzuführen. Heute verkehren in São Paulo etwa 5 Mio. Kfz, die für die hohe Konzentration an *Kohlenmonoxid* und *Stickoxiden* verantwortlich sind. Auch das täglich wechselnde Fahrverbot nach geraden und ungeraden Nummern hat die Belastung nicht wesentlich vermindert (Aminde und Ribbeck 2002, S. 56). Die dieselbetriebenen Lkws – mangels Umgehungsautobahn muss selbst der Durchgangsverkehr die Stadt queren – und Busse, die den Hauptteil des ÖPNV abwickeln, sorgen zusätzlich für eine Belastung mit Schwefeldioxid und Schwebstäuben. Dass die Industrie anders als z. B. in Mexiko-Stadt nicht der

Hauptverursacher der Luftverschmutzung ist, liegt in erster Linie daran, dass schon seit den 1950er Jahren viele Großbetriebe der Schwer- und Chemieindustrie außerhalb des Ballungsraumes, vornehmlich im 60 km entfernten Großraum *Santos-Cubatão* angesiedelt wurden. Hier ist die Umweltzerstörung teilweise sogar noch weiter fortgeschritten als im Kernraum São Paulo (GUTBERLET 1991)

7.3.3.3 Afrika südlich der Sahara

Afrikanische Städte sind jung; selbst dort, wo Ansätze einer städtischen Entwicklung in die *„voreuropäische Zeit"* zurückreichen, wurden sie in der *kolonialen Epoche* entscheidend *überprägt*. Die meisten Städte entstanden gar erst im Zuge der europäischen Eroberung und kolonialen Aufteilung des Kontinents. Diese *exogene Beeinflussung* wirkt in Baustruktur und sozialräumlicher Gliederung bis heute nach.

Besonderheiten des Verstädterungsprozesses in Afrika südlich der Sahara

Trotz einer raschen Zunahme der Stadtbewohner ist die *Verstädterungsquote* in Afrika südlich der Sahara mit knapp 40% nach wie vor vergleichsweise gering. Noch immer leben fast zwei Drittel der Bevölkerung im ländlichen Raum und sind überwiegend von einer landwirtschaftlichen Beschäftigung abhängig. Auch klaffen *Verstädterung* und *Urbanisierung* im Sinne einer Übernahme städtischer Lebensformen auseinander, sodass häufig von *Ruralisierung* der Städte gesprochen wird (COQUERY-VIDROVITCH 1991, S. 4): Zum einen halten viele Migranten die Kontakte zum heimatlichen Dorf auch nach einer Abwanderung in die Stadt aus ökonomischen und sozialen Gründen aufrecht, oder die Migration erfolgt *„zirkulär"*, wobei der Wohnstandort zwischen Stadt und Land in mehr oder weniger regelmäßigen Abständen gewechselt wird. Zum anderen bietet die Landwirtschaft für viele Stadtbewohner eine zusätzliche Überlebenssicherung: Nahrungsmittel werden als Geschenke oder Ertrag der eigenen Felder bzw. des Viehbestandes in die Stadt gebracht und dort konsumiert, oder in den randstädtischen Siedlungen wird auf kleinen Flächen Anbau betrieben (*plotgardens*), und es werden Kleintiere gehalten, die sowohl zum Eigenbedarf als auch teilweise zur (*informellen*) Vermarktung dienen.

Obwohl auch in anderen Entwicklungskontinenten die Lebensbedingungen in den Städten oft prekär sind und längst nicht alle Bewohner in die städtische Wirtschaft integriert werden konnten, klaffen *Verstädterung* und wirtschaftliches Wachstum in Afrika südlich der Sahara besonders weit auseinander. Nur hier hat es über einen so langen Zeitraum hinweg eine negative Korrelation zwischen *Verstädterung* und Pro-Kopf-Einkommen gegeben

(Weltbank 2000, S. 158). In den gut zwei Jahrzehnten zwischen 1980 und 2003 nahm die städtische Bevölkerung im Durchschnitt um 4,7%/Jahr zu, während das wirtschaftliche Wachstum pro Kopf um 0,6%/Jahr zurückging (World Bank 2004; UN 2004). Dieses ist nicht zuletzt eine Folge von *„falschen Anreizen"* (Weltbank 2000, S. 158). Politische Entscheidungen haben die Verbraucher in der Stadt lange Zeit gegenüber den Produzenten auf dem Lande begünstigt, z. B. durch Preisbindungen für Nahrungsmittel, und die meisten Investitionen in die Infrastruktur sind städtischen Räumen zugute gekommen. Die Lebensbedingungen und wirtschaftlichen Chancen in der Stadt sind deshalb trotz aller Schwierigkeiten meist besser als auf dem Land (vgl. NJOH 2003). Zusätzlich hat die Verschlechterung der persönlichen Sicherheit in vielen ländlichen Räumen die Landflucht beschleunigt. Über Jahre hinweg flüchteten Menschen aufgrund von Bürgerkriegen in die Städte, die vergleichsweise sicher waren. Ebenso sind *Naturkatastrophen* wie Dürreperioden oder Überflutungen häufig letzter Auslöser für ein Verlassen des ländlichen Raumes (POTTS 1995, S. 246 f.).

Die geringe Einbindung Afrikas in die Weltwirtschaft hatte zur Folge, dass von der zunehmenden *Globalisierung* kaum positive Impulse auf die städtische Entwicklung ausgegangen sind (BÄHR 2003). Nur wenige Metropolen sind weltweit vernetzt, während die meisten Städte eher lokal verankert sind und im Extremfall, z. B. wenn die staatliche Ordnung vollständig zusammengebrochen ist, keinerlei überregionale Beziehungen aufweisen. Das *System der globalen Steuerungszentralen* nach FRIEDMANN (1986) enthält nur eine einzige afrikanische Stadt, und zwar Johannesburg, das als *„sekundäre Stadt der Semiperipherie"* eingeordnet wird (vgl. Abb. 3, S. 32); BEAVERSTOCK, TAYLOR und SMITH (1999) zählen Johannesburg – ebenfalls als einzige Stadt in Afrika – zu den *„Gamma World Cities"*. Innerhalb der Städte sind die *„internationalen Räume"* nicht sehr ausgedehnt und zuweilen nur punkthaft vorhanden. Die Masse der Bevölkerung ist an die ökonomische, soziale und räumliche Peripherie abgedrängt. Nach STREN und HALFANI (2001) ist das Ergebnis der *Globalisierung* eine Verschärfung der *„städtischen Krise"*, die wenigstens drei *Dimensionen* aufweist: die *Beschäftigungskrise* (hohe Zuwanderung bei gleichzeitiger Freisetzung von Arbeitskräften), die Krise städtischer *Infrastruktur* und öffentlicher *Basisdienstleistungen* (Wasserver- und -entsorgung, Müllbeseitigung, ÖPNV), die Krise der gebauten und natürlichen *Umwelt* (Ausdehnung von Hüttenvierteln und baulicher Verfall, Luft- und Wasserverschmutzung). Nicht so sehr *„Globalisierung"*, sondern in erster Linie *„Informalisierung"* und *„Marginalisierung"* kennzeichnen die Lebensbedingungen in schwarzafrikanischen Städten (ROGERSON in RAKODI 1997, S. 337 ff.). Diese sind – wie es GANDY (2004) in Bezug auf Lagos überspitzt formuliert – bereits heute *„post-industrielle Städte"* in dem Sinne, dass sie fast alles produzierende

Gewerbe verloren haben. Richtiger wären sie deshalb als *„post-produktive Städte"* zu charakterisieren.

Stadttypen

Grundlegend für die *Typisierung* von Städten in Afrika ist zunächst die Tatsache, dass Afrika kein einheitlicher *„Kulturerdteil"* ist. Die traditionelle Untergliederung Afrikas in einen *nordafrikanisch-orientalischen* und einen *(tropisch-) afrikanischen* Kulturraum mit einer breiten *Übergangszone* wird in Bezug auf die Stadtstruktur von HOFMEISTER (1996) dadurch erweitert, dass Südafrika aufgrund der andersartigen Geschichte und Bevölkerungszusammensetzung, vor allem aber wegen der *Rassentrennungspolitik* als eigenständiger Bereich angesehen wird. Seit den politischen Veränderungen der 1990er Jahre, verbunden mit der Aufgabe des *Apartheid*-Systems, beginnt sich diese Sonderstellung abzuschwächen. Zwar wirkt in der *Post-Apartheid-Stadt* Südafrikas das Erbe der Vergangenheit nach; jedoch unterscheiden sich viele Prozesse und Entwicklungen nicht mehr grundsätzlich von denen in anderen Städten der Region (BÄHR und JÜRGENS 1993).

Sowohl MANSHARD (1977) als auch O'CONNOR (1983) gehen von zwei Extremtypen aus, zwischen denen die meisten Städte typenmäßig liegen. Auf der einen Seite findet sich die *alte afrikanische Stadt*, die meist schon in voreuropäischer Zeit bestand und als Lokalmarkt oder Häuptlingssitz traditionelle Funktionen ausübte, für die europäische Kolonisation des 19. und 20. Jh. aber nur wenig Bedeutung hatte. Auf der anderen Seite steht die junge, meist im 19. oder beginnenden 20. Jh. gegründete *Kolonialstadt*. Zu den alten Städten kann man auch die *„islamisch-orientalische Stadt"* zählen (vgl. Kap. 7.3.1.1). Dabei handelt es sich allerdings nicht um eine „autochthone Stadt", sondern sie ist erst nach der ersten Jahrtausendwende als Folge der islamisch-arabischen Eroberung größerer Gebiete südlich der Sahara entstanden. Besonders weit nach Süden reichte der arabische Einfluss entlang der ostafrikanischen Küste; er war hier auch sehr viel älter. So trafen die Portugiesen, als sie sich seit Ende des 15. Jh. an der Küste Mosambiks festsetzten, auf zahlreiche arabische Handelsposten. Diese sind jedoch entweder aufgegeben worden oder in portugiesischen Neugründungen aufgegangen, sodass sie für die neuere Stadtentwicklung keine Bedeutung mehr hatten.

Wenn zwei Stadttypen innerhalb derselben Stadt nebeneinander treten, spricht O'CONNOR (1983, S. 37 ff.) von der *„dualen Stadt"*. Diese entwickelt sich häufig in Richtung *„Hybridstadt"*, weil sich die klare räumliche Trennung zwischen den einzelnen Typen mehr und mehr verwischt. Als Sonderfall ließen sich noch die in der Nachkolonialzeit angelegten „neuen Hauptstädte" anführen, die z. T. auf der *„grünen Wiese"* (Gaborone), z. T. auch in

Anlehnung an eine bestehende Stadt (Lilongwe) gegründet worden sind (MANSHARD 1986; JÜRGENS und BÄHR 2002, S. 152 ff.).

Autochthone Großsiedlungen, die zumindest nach ihrer Einwohnerzahl als Städte bezeichnet werden können, haben vor allem in Westafrika eine größere Bedeutung. Hier bestanden solche *Siedlungsverdichtungen* bereits vor der islamisch-arabischen Überformung. Kontrovers diskutiert wird allerdings, ob diese auch in funktionaler und struktureller Hinsicht der Stadtdefinition genügen. Wegen ihres hohen Bevölkerungsanteils, der von der Landwirtschaft lebt, ist auch der Begriff *„Agrostadt"* gebräuchlich (SCHMITZ in KAYSER und HETZEL 1973; SILITSHENA 1990). Die *Yoruba-Städte* Westnigerias bilden das vielleicht beste Beispiel für diesen Typ, allen voran Ibadan, das zu Beginn der 1950er Jahre fast eine halbe Million Einwohner zählte und deshalb zugleich als die größte städtische wie auch die größte ländliche Siedlung in Tropisch-Afrika bezeichnet worden ist (MANSHARD 1970, S. 248 f.).

Kennzeichnend für die *Yoruba-Stadt* in vorkolonialer Zeit war eine regellose Anordnung von Gehöften, die ihrerseits aus je vier Giebeldachhütten bestanden und nach außen durch eine Mauer abgeschlossen waren (vgl. MABOGUNJE 1962; HOFFMANN-BURCHADI 1964). Den Mittelpunkt bildete der Palast des *Oba*, des Stadtgründers oder dessen Nachkommen. Auch wenn die Mehrheit der Bevölkerung Bauern war, so zeichneten sich die *Yoruba-Städte* doch durch eine gewisse Arbeitsteiligkeit aus: Marktwesen und Handwerk standen auf einem hohen Niveau. Der Hauptmarktplatz lag gewöhnlich in unmittelbarer Nähe des Palastes; weitere kleinere Märkte verteilten sich über das gesamte Stadtgebiet. Sie dienten in erster Linie dem Warenaustausch zwischen Dörfern und Städten der Umgebung; erst unter kolonialeuropäischem Einfluss haben sich die Handelsbeziehungen räumlich ausgeweitet. Die dritte Basis der *Yoruba-Wirtschaft* war das Handwerk: Eisen- und Silberschmiedekunst, Holz-, Elfenbein- und Kalebassenschnitzerei, Weberei und Färberei, Lederverarbeitung, Perlenherstellung u.a. haben eine lange Tradition. Jedoch bildeten sich – anders als in der islamischen Stadt – keine geschlossenen Viertel heraus; die einzelnen Zweige waren mehr oder weniger regellos über das gesamte Stadtgebiet verstreut. Neben dem nicht unbedeutenden Anteil nichtagrarer Beschäftigungen und der Intensität des Handels spricht nach MABOGUNJE (1962) auch die differenzierte Verwaltung, die durch eine Hierarchie von *chiefs* bestimmt wird, für eine Einordnung der *Yoruba-Siedlungen* als „Städte".

In anderen Teilen Tropisch-Afrikas gibt es kaum Beispiele für autochthone Großsiedlungen. Von O'CONNOR (1983, S. 30 f.) werden noch Addis Abeba, obwohl erst ab 1897 aus einem Heereslager entstanden (KULS 1957), und Kampala, das traditionelle Herrschaftszentrum von Buganda (VORLAUFER 1967), genannt. Ebenso gehören die *Tswana-Städte* im heutigen Botsuana in diese Gruppe (KLIMM 1973). Darüber hinaus hat es in der Vergangenheit weitere Bevölkerungskonzentrationen um einzelne Häuptlingssitze gegeben, und in Einzelfällen, wie den 1868 von CARL MAUCH wiederentdeckten *Ruinen von Groß-Simbabwe*, lässt sich aus Ausgrabungen und archäologischen Funden auf ihre überregionale Bedeutung schließen. Mangels schriftlicher Aufzeichnungen sind unsere Kenntnisse über solche Siedlungen aber nur sehr lückenhaft, zumal wenn keine *Siedlungskontinuität* bis zur Gegenwart besteht.

Alle vorkolonialen Großsiedlungen waren ethnisch verhältnismäßig homogen. Die alteingesessene Bevölkerung lebte im Kern der jeweiligen Stadt, die Wohnbereiche späterer Zuwanderer, selbst wenn sie der gleichen Ethnie entstammten, lagerten sich daran an, und noch weiter nach außen lagen die *fremdethnischen* Viertel. Diese Form der *ethnischen Absonderung* hat vor allem im *Haussa-Gebiet* Nordnigerias eine längere Tradition, weil hier der Kontakt mit „Fremden" als Folge des Karawanenverkehrs schon immer vergleichsweise groß war. Die *Haussa*-Bezeichnung *sabon gari* (= neue Stadt) für *fremdethnische* Viertel ist später auch auf andere Regionen übertragen worden. Die britische Kolonialverwaltung hat dieses System übernommen, um Konflikte zwischen den einzelnen Ethnien zu minimieren (MANSHARD 1977, S. 24 ff.).

Die meisten autochthonen Siedlungen haben sich in der Kolonialzeit zu *dualen Städten* entwickelt oder sind, wie im Falle von Kampala, in der neu entstandenen *Kolonialstadt* aufgegangen. Typischerweise hat die *Kolonialmacht* die vorhandenen Strukturen nur wenig angetastet. Verwaltungseinrichtungen, Krankenhäuser und Schulen wie auch ein mehr oder weniger großes Geschäftszentrum und Wohnungen für Kolonialbeamte und Kaufleute fanden ihren Standort nicht innerhalb, sondern am Rande der gewachsenen Siedlung und waren von dieser häufig durch große Freiflächen getrennt.

Nach O'CONNOR (1983, S. 3) sind Kolonialstädte im Zuge der europäischen Eroberung und Inbesitznahme des Kontinents entstanden und verdanken ihre Gründung ausschließlich den Interessen einer europäischen Kolonialmacht. In ihrer Struktur waren sie in erster Linie von Verwaltungsfunktionen, in Gebieten mit reichen Vorkommen an Bodenschätzen auch von bergbaulichen Aktivitäten geprägt. Als Spezialfall führt O'CONNOR (1983, S. 3) die *„europäische Stadt"* an, die sich nicht nur wie eine Kolonialstadt nach den Interessen der europäischen Kolonialherren entwickelt hat, sondern für Europäer und als Zentrum eines europäischen Siedlungsgebietes angelegt wurde. Eine dauerhafte Ansiedlung von Afrikanern war hier ursprünglich nicht bzw. nur auf Zeit vorgesehen. In diese Gruppe lässt sich auch die *„Apartheid-Stadt"* Südafrikas einordnen, nur war hier die in allen Europäerstädten vorhandene ausgeprägte ethnische Segregation ins Extrem gesteigert und bestand bis 1990 fort (BÄHR und JÜRGENS 1993). Auch in der *Post-Apartheid-Stadt* wirkt dieses historische Erbe fort (JÜRGENS und BÄHR 2002, S. 245 ff.; TOMLINSON u. a. 2003).

Die meisten Städte in Afrika südlich der Sahara sind als historischer Typ Kolonialstädte, selbst wenn die Erstanlage, wie in vielen Hafenstädten, älter ist oder sie in der Nähe einer autochthonen Vorläufersiedlung gegründet wurden. Charakteristisch für alle Kolonialstädte war ihre auffällige Zweiteilung in das Geschäftszentrum und die Wohnviertel der Europäer einerseits (*European city, la ville*) sowie die Wohngebiete der „kolonialen Zwischenschicht" (Inder in Ost-, Levantiner in Westafrika) und der ansässigen oder zugewanderten afrikanischen Bevölkerung andererseits (*African city, la cité*). Zwischen diesen beiden Bereichen verlief ein *cordon sanitaire* aus unbebautem Land, großflächigen Eisenbahnanlagen oder Industrie- und Gewerbegebieten (vgl. WINTERS 1982). Die beengten Wohnverhältnisse in den Afrikanervierteln standen in krassem Gegensatz zu den weitläufigen Wohnbereichen der Europäer (HOFMEISTER 1996, S. 117), auch wenn es im Einzelnen erhebliche Unterschiede gab, was die Qualität der Häuser und Infrastruktureinrichtungen in den *townships* angeht.

Trotz eines erheblichen Flächenwachstums ist diese Grundstruktur in den meisten Städten bis heute erkennbar. Der moderne CBD, der sich aus dem europäischen Geschäfts- und Verwaltungsviertel entwickelt hat, sowie die ehemaligen Wohnbereiche der Europäer nehmen die zentralen Stadtteile ein. Deutlich davon abgesetzt am Stadtrand liegen die teilweise noch zur Kolonialzeit planmäßig errichteten *townships* aus *matchbox*-Häusern. Aus Geldmangel beschränkte sich allerdings bereits in den 1970er und 1980er Jahren die Bautätigkeit für ärmere Bevölkerungsgruppen auf *site-and-service* oder *core-housing schemes* (Parzellen mit individuellem oder gemeinschaftlichem Wasseranschluss bzw. Sanitärraum). Trotzdem konnte schon damals die Entstehung von *squatter settlements* nicht verhindert werden.

Lange Zeit war es Ziel aller Regierungen, im Rahmen von *slum clearence*-Programmen die Hüttenviertel aufzulösen und die Bewohner in einfache Siedlungshäuser umzusiedeln bzw. ihnen eine *site-and-service*-Parzelle zur Verfügung zu stellen. So sind in Dakar zwischen 1972 und 1976 ca. 90.000 Menschen aus zentral gelegenen *bidonvilles* vertrieben worden, und in Abidjan verloren sogar über 100.000 Personen zwischen 1969 und 1973 ihre Wohnung (STREN und HALFANI 2001, S. 470). All diese Aktionen geschahen im Namen von „Modernisierung" und „Beseitigung ungesunder Wohnbedingungen". In Wahrheit konnte aber nur einem kleinen Teil der Vertriebenen eine angemessene Ersatzwohnung zur Verfügung gestellt werden, die meisten anderen waren darauf angewiesen, entweder zur Untermiete unter beengten Verhältnissen eine Bleibe zu finden oder erneut als *squatter* ihr Glück zu versuchen, sei es in illegaler (Landbesetzungen) oder semilegaler Form (ungenehmigte Parzellierungen). Für Lusaka ist bekannt, dass fast die Hälfte der zwischen 1964 und 1973 neu errichteten Wohnungen ohne Genehmigung der Behörden entstanden ist (RAKODI in WILLIAMS 1986, S. 195). In Nairobi belief sich 1971 der Anteil nicht genehmigter Wohnungen am gesamten Bestand auf etwa ein Drittel (LEE-SMITH und LAMBA 2000, S. 261); in anderen Ländern dürfte die Situation nicht wesentlich anders gewesen sein. Von einem Erfolg der Wohnungsbaupolitik für untere Einkommensschichten wird schon dann gesprochen, wenn – wie in Abidjan – der Anteil der *squatter* an der Gesamtbevölkerung zurückgegangen ist (1963: 23%, 1984: 16%), auch wenn das in absoluten Zahlen einer Verdreifachung der in *informellen Behausungen* lebenden Menschen bedeutete (STREN und HALFANI 2001, S. 471).

Informalisierung und Fragmentierung der Städte

Seit Ende der 1980er Jahre hat sich überall die Schere zwischen Wohnungsangebot – und sei es in Form von *site-and-service*-Projekten – und -nachfrage weiter geöffnet, und die Stadtplanung hat ihren Einfluss auf die Siedlungsentwicklung nahezu gänzlich verloren (SCHOLZ 2002). Aufgrund der Wirtschaftskrise sind staatliche Wohnungsbauprogramme stark reduziert oder vollständig eingestellt worden.

Die komplizierten, oft ungeregelten Eigentums- und Nutzungsrechte über das Land an der Peripherie der Städte erleichtern *informelle* Siedlungserweiterungen. Vielfach treten Konflikte zwischen traditionellen Nutzungs- und Vergaberechten, Staatseigentum – in etwa der Hälfte der schwarzafrikanischen Staaten ist in den 1970er und 1980er Jahren das Land weitgehend verstaatlicht worden – und Individualeigentum auf (GOUGH und YANKSON 2000, S. 2486 ff.). Auch legal erworbenes Land ist nicht immer im *Grundbuch* eingetragen, weil die Behörden mit der Registrierung nicht nachkommen. Die Spekulation hat die Bodenpreise häufig in enorme Höhen getrieben, sodass selbst wohlhabendere Haushalte auf den *informellen Bodenmarkt* ausweichen. KOOP (1997) hat für Kumasi (Ghana) beschrieben, dass auch qualitativ höherwertige Häuser teilweise ohne Baugenehmigung und ohne staatliche Anerkennung des Landtitels errichtet werden.

Naturgemäß hängt das Ausmaß von *squatting* und *informeller Bebauung* ganz wesentlich davon ab, inwieweit die Behörden dies dulden. Dort wo die Kontrollen schärfer sind und man nach wie vor mit Vertreibungen rechnen muss – wie in Harare, Nairobi oder Abidjan – wird zumindest die *„Schauseite"* der Stadt ausgespart (zentrale Stadtbereiche, bessere Wohngebiete, Verbindungsstraßen zum Flughafen u. ä.; LEE-SMITH und LAMBA 2000, S. 263; STREN und HALFANI 2001, S. 471 f.). Dagegen läuft der Prozess in Städten, wo eine *laissez-faire*-Haltung dominiert oder die Behörden nicht in der Lage sind, eine wirksame Kontrolle auszuüben, völlig ungehindert ab. Als Extrembeispiel kann Luanda gelten. Die Stadt ist von Zuwanderungs- und Flüchtlingswellen regelrecht überrollt worden. *„The city is no longer urban, the city has become a musseque* (Hüttenviertel)*"*, so beschreiben

AMADO, CRUZ und HAKKERT (1994, S. 118) die Situation nach 1974. Es wird geschätzt, dass ca. drei Viertel der Bewohner in Hüttenvierteln leben, die sowohl aus Landbesetzungen, als auch aus illegalen Parzellierungen hervorgegangen und teilweise extrem verdichtet sind (JENKINS, ROBSON und CAIN 2002). Da die Gefahr der Vertreibung gering ist, werden große Anstrengungen unternommen, die Wohnbedingungen mittels *Selbsthilfe* zu verbessern. Der bauliche Konsolidierungsprozess schreitet daher erstaunlich rasch voran. Nicht wesentlich anders sind die Verhältnisse in Daressalam, wo schätzungsweise 70% der Menschen in informellen Behausungen leben. Nach der Zusage des Staatspräsidenten, die *squatter* nicht zu vertreiben, sondern ihnen eine 99-jährige Pacht der besetzten Grundstücke anzubieten, konnte auch hier die Selbsthilfe zur Verbesserung der Wohnbedingungen mobilisiert werden (*Newsweek*, 27.05.02).

Besonders gut sind die Mechanismen der *informellen Stadterweiterungen* für Kinshasa beschrieben worden (PIERMAY in RAKODI 1997). Schon 1984 erfolgte nur noch eine von 10 Grundstückstransaktionen innerhalb des legalen Systems (NZUZI 1989 S. 43); ob dieses heute überhaupt noch existiert, ist nicht bekannt. „*Bidonvilisation*", wie NZUZI bereits 1989 die jüngste Phase der Stadterweiterung nennt, bedeutet allerdings nicht, dass Land für jeden frei verfügbar ist, denn die traditionellen *chiefs*, die seit dem Niedergang jeglicher staatlicher Autorität ihre alten Landrechte geltend machen, geben Land nur gegen Bezahlung ab und bedienen sich *„parallel authorities"*, um dieses durchzusetzen. Wahrscheinlich ist, dass selbst Land in Staatseigentum – häufig von den Staatsbediensteten selbst – illegal parzelliert und verkauft wird (RAKODI in RAKODI 1997, S. 388; LAMBA 2003).

In den meisten westafrikanischen Städten läuft der beschriebene Stadterweiterungsprozess allenfalls in reduzierter Form ab, weil die Kontrolle über den Grund und Boden größer ist und sich nur wenig Land in Regierungsbesitz befindet, auf dem sich illegale Siedler niederlassen könnten (STREN und HALFANI 2001, S. 472). Als Folge davon ist das räumliche Stadtwachstum begrenzter, stattdessen kommt es zu teilweise außergewöhnlichen Verdichtungen im bereits bebauten Gebiet und damit einhergehendem Verfall und Überlastung der Infrastruktur. DUBRESSON (in RAKODI 1997, S. 274 ff.) bezeichnet Abidjan als *„city of tenants"* und *„city of courtyards"*: Weniger als 20% der Haushalte sind hier Eigentümer oder quasi-Eigentümer der Wohnung. Um einen Hof angeordnete einfachste Ein- bis Zwei-Zimmer-Unterkünfte mit gemeinschaftlicher Wasserzapfstelle im Innenhof, sofern sie überhaupt vorhanden ist, sind als Mietwohnungen üblich; teils sind sie legal, teils auch illegal errichtet worden. Auch in Accra konzentrieren sich mehr als 60% der Bewohner auf heruntergekommene Mietwohnungen ohne *Basisinfrastruktur* (GRANT und YANKSON 2003, S. 71), und in Lagos leben in drei- bis vierstöckigen Gebäuden mit 12 Zimmern pro Stockwerk häufig mehr als 150 Menschen. Der

Durchschnittswert liegt für *Lagos Island* bei 4 Personen pro Raum, in den übrigen Teilen der Stadt zwischen 2,5 und 3 Personen. Trotz der geringen Bebauungshöhe beläuft sich die durchschnittliche Bevölkerungsdichte für die Gesamtstadt auf 20.000 Ew./km² (PEIL in FELDBAUER u. a. 1997, S. 225), teilweise werden sogar 80.000 Ew./km² erreicht (ZEESE 2001, S. 32).

Die „städtische Krise" drückt sich auch darin aus, dass immer weniger Menschen in der Lage sind, sich ein eigenes Haus zu bauen und die staatlichen Bauprogramme mehr oder weniger zum Erliegen gekommen sind. Für Lagos stellt ABIODUN (in RAKODI 1997, S. 218) fest: *„Today only the very rich construct new housing units"*. Der von der Weltbank errechnete Index, bei dem der durchschnittliche Hauspreis zum durchschnittlichen Jahreseinkommen in Beziehung gesetzt wird, ist gerade in afrikanischen Städten besonders hoch: Accra 14,0; Abidjan 14,5 und Monrovia gar 28,0 (World Bank 2004).

Leider fehlen wissenschaftliche Untersuchungen über die jüngere Entwicklung in sog. Oberschichtvierteln. Man weiß lediglich, dass deren Lage innerhalb der Stadt in aller Regel bereits auf die Kolonialzeit zurückgeht und sie sich nach der Unabhängigkeit zu Wohngebieten der neuen Eliten gewandelt haben. So besetzten z. B. die Europäer in Nairobi die naturräumlich-ökologisch hochwertigsten Bereiche im Nordwesten der *City („Upper Nairobi")*, in die nach der Unabhängigkeit gehobene Kreise sowohl der asiatischen als auch der afrikanischen Bevölkerung nachrückten (SEGER 1992, S. 534f.; STACHER in FELDBAUER u. a. 1997, S. 204). Der daraus resultierende Gradient der Wohnstandortqualität hat sich bis heute gehalten (Abb. 59). Hohe Arbeitslo-

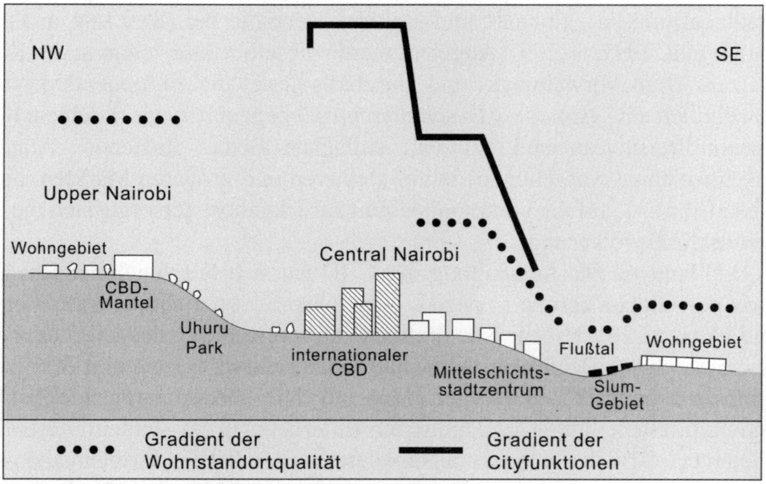

Abb. 59: Gradient der Standortwertigkeit in Nairobi
Quelle: SEGER (1992)

sigkeit, sich verschärfende soziale Disparitäten, Gewalt und Kriminalität als Problemlösungsstrategie haben zur Folge, dass sich die Häuser der Wohlhabenden immer stärker „abschotten" und häufig hinter hohen Mauern verborgen sind. In den vornehmen Wohngebieten aller großen Städte sind bauliche Sicherheitsmaßnahmen bis hin zu Elektrozäunen sowie Alarmanlagen mit entsprechenden Hinweisschildern seit langem weit verbreitet.

Inwieweit *gated communities* die *„Verinselung"* der vornehmen Wohngebiete fördern und diese auch physiognomisch sichtbar machen, ist – abgesehen von Einzelbeobachtungen – weitgehend unbekannt. Gut dokumentiert ist nur das Beispiel Johannesburg, wo *security-parks* prägend für das Bild vieler Außenbereiche geworden sind (LANDMAN 2004). Fast alle Neubauvorhaben, nicht allein für obere, sondern auch für mittlere und sogar untere Sozialschichten, entsprechen dem Typ einer ummauerten und bewachten bzw. durch ein computerisiertes Sicherheitssystem geschützten Siedlung. In älteren Wohngebieten werden *enclosed neighbourhoods* dadurch geschaffen, dass ganze Viertel durch Straßenblockaden vom Durchgangsverkehr abgesperrt und damit sicherer gemacht werden (JÜRGENS und GNAD 2000; GNAD 2002, S. 162 ff.). Es gibt Anzeichen dafür, das sich die verschiedenen ethnischen Gruppen ihre jeweils „eigenen" *gated communities* schaffen und so die Auflösung der Stadt in einzelne „Inseln", die wenig miteinander vernetzt sind, fortschreitet. Angesichts wachsender Unsicherheit und steigender Kriminalität in allen schwarzafrikanischen Metropolen ist es nur eine Frage der Zeit, bis sich das „Vorbild" Johannesburg – wenn auch mit geringerer Bedeutung der ethnischen Komponente – andernorts durchsetzen wird.

Zum Bild der *„fragmentierten Stadt"* trägt auch die Aufspaltung des Stadtzentrums in „globale" und „lokale" Bereiche bei (STACHER in FELDBAUER u. a. 1997, S. 209). Angelegt wurde diese Struktur schon in der Kolonialzeit. Dem Verwaltungs- und Geschäftsviertel der *Europäerstadt* stand gewöhnlich ein *sekundäres Geschäftszentrum* gegenüber, das durch ein niedrigeres Preisniveau und ein dem einfachen Bedarf dienendes Angebot gekennzeichnet war. Hier sowie auf kleineren und größeren Märkten, die in Westafrika z. T. auf die vorkoloniale Zeit zurückgehen, versorgte sich die einheimische Bevölkerung.

Die Tendenz zur Aufspaltung des CBD hat sich mit zunehmendem Einfluss der Globalisierung verstärkt. Am Beispiel von Accra können GRANT und NIJMAN (2002) sogar eine dreifache Differenzierung des CBD nachweisen, die sich seit Beginn der wirtschaftlichen *Liberalisierung* und *Deregulierung* im Jahre 1983 abzeichnet (Abb. 60). Die Niederlassungsmöglichkeit und Kapitalbeteiligung ausländischer Unternehmen ist seitdem wesentlich erleichtert. 80% der in Accra beheimateten ausländischen Firmen haben sich erst nach 1983 angesiedelt (GRANT und NIJMAN 2002, S. 327). Besonders stark sind Finanzdienstleistungen und unternehmensbezogene Dienstleistun-

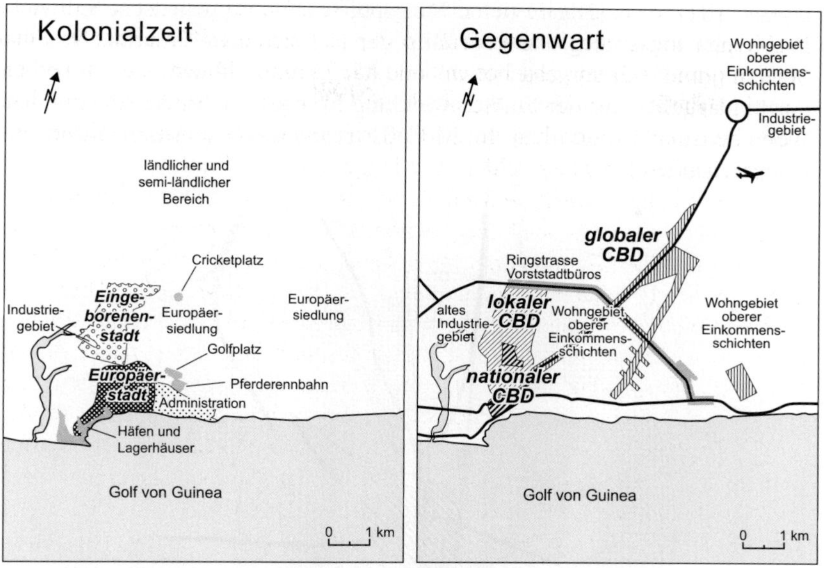

Abb. 60: Schematische Darstellung der CBD-Aufspaltung in Accra
Quelle: GRANT und NIJMAN (2002)

gen vertreten. Diese lassen sich bevorzugt entlang von Ausfallstraßen in Richtung des internationalen Flughafens nieder. Der hier entstehende *„globale CBD"* ergänzt den *„nationalen CBD"* im Bereich der kolonialen *Europäerstadt*, wo die wichtigsten nationalen Unternehmen ihren Sitz haben, und den *„lokalen CBD"* in Central Accra, der *native town* der Kolonialzeit, wo sich nach wie vor Geschäfte, Handwerksbetriebe und Wohnungen mischen.

Ein Sonderfall der Aufspaltung des CBD ist in Johannesburg zu beobachten, wie er selbst in anderen südafrikanischen Städten allenfalls partiell auftritt. Die Entwicklung der *City* geht hier in Richtung eines eher zweitrangigen Geschäfts- und Bürozentrums, begleitet von einer wachsenden Informalisierung des Angebotes. Der internationale CBD, das „neue Herz" Johannesburgs, hat sich im letzten Jahrzehnt nach *Sandton*, im Norden der Stadt, verlagert, wo sich heute nicht nur die Einkaufszentren mit dem höchstwertigen Angebot, sondern auch die prestigeträchtigsten Büroadressen befinden (BEAVON 1998; JÜRGENS und BÄHR 2002, S. 272 ff.).

Stadtmodelle

Ausgangspunkt für die modellhafte Beschreibung wesentlicher Strukturmerkmale der Stadt in Afrika südlich der Sahara ist die Überlegung O'CON-

NORS (1983), dass sich in vielen Metropolen mehrere genetische Entwicklungstypen überlagern und zum Bild der *„Hybridstadt"* führen. Das von MANSHARD (1992) vorgestellte Modell (Abb. 61) knüpft daran an, wobei der idealtypische Ablauf der Stadtentwicklung im ehemals britisch bestimmten Westafrika als Vorbild dient. Im Modell werden wenigstens drei historische Schichten erkennbar:

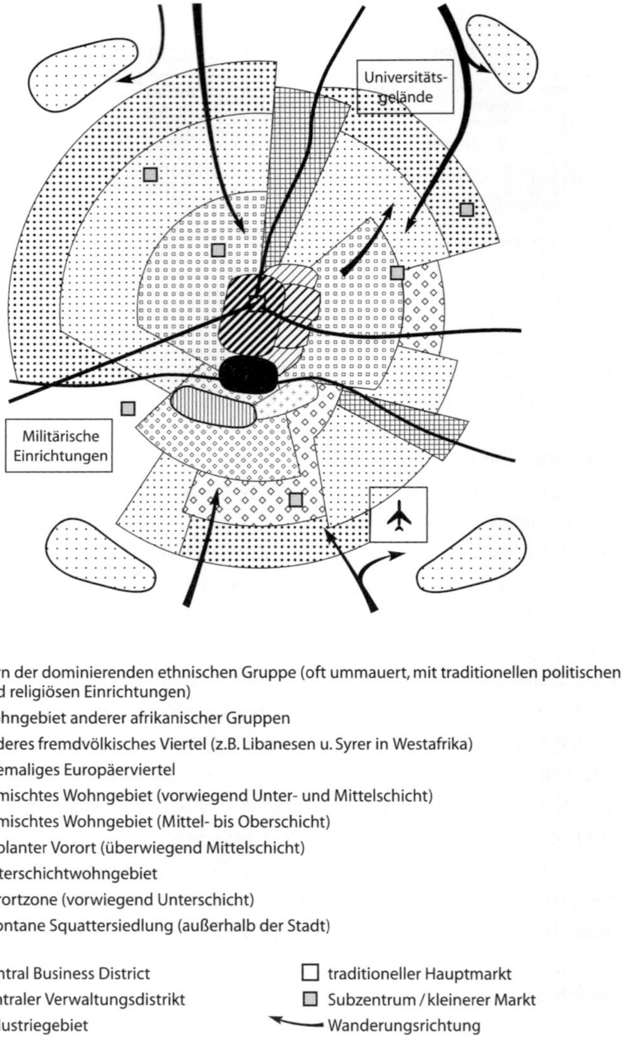

Abb. 61: Modell der tropisch-afrikanischen Stadt
Quelle: MANSHARD (1992)

1. Bereits in *vorkolonialer Zeit* hat es in Westafrika, namentlich im *Yorubaland*, größere *Bevölkerungskonzentrationen* gegeben, die zumindest von der Einwohnerzahl her als *Städte* bezeichnet werden können, auch wenn die Mehrzahl der Bewohner einer agrarwirtschaftlichen Tätigkeit nachging. Diese *traditionelle Stadt* (1a) war gewöhnlich von einer Mauer umgeben und Sitz politischer und religiöser Autoritäten. Zuwanderer anderer ethnischer Abstammung wohnten in *getrennten Vierteln* außerhalb des Mauerringes (1b).
2. Die *einheimische Stadt* wandelte sich Ende des 19. Jh. zur *Kolonialstadt*. Dies geschah weniger durch *Überformung*, sondern durch *Anlagerung* an bestehende Strukturen, wodurch sich der Charakter einer *„dualen Stadt"* herausbildete. Die meisten *Kolonialstädte* und insbesondere die *Europäerstädte* sind allerdings ohne Anlehnung an eine einheimische Vorläufersiedlung gegründet worden, oder diese war nur klein und unbedeutend. Für diesen, in Ost- und Zentralafrika typischen Fall hat VORLAUFER (1973, S. 214) eine modellhafte Darstellung gegeben, wobei ihm Daressalam als Vorbild diente.
3. Das, was später zur *„westlichen City"* zusammenwuchs, bestand ursprünglich aus räumlich getrennten Geschäfts- und Verwaltungsvierteln (2 und 3). Das Angebot der Geschäfte war ausschließlich auf den Bedarf der Europäer ausgerichtet, während sich die einheimische Bevölkerung vorwiegend auf *Märkten* in der *„Altstadt"* (1a) versorgte. Die Wohnviertel der europäischen Verwaltungsbeamten, Repräsentanten von Firmen, Kaufleuten u.a. schlossen sich gewöhnlich an das *Verwaltungsviertel* an (4a). Als *„koloniale Zwischenschicht"* kontrollierten die Libanesen, ähnlich den Indern in Ostafrika, große Teile des Handels (4b). Ebenso verstärkte sich die Zuwanderung anderer Ethnien, sodass die *fremdethnischen* Viertel an Bedeutung gewannen (1b).
4. Die *nachkoloniale Stadtentwicklung* ist in erster Linie durch ein erhebliches Bevölkerungs- und Flächenwachstum gekennzeichnet. Nicht nur dass Wanderungsbeschränkungen nunmehr entfielen, auch das Öffnen der *Bevölkerungsschere* erreichte in dieser Zeit ihren Höhepunkt. Im Zuge der *Afrikanisierung* der Verwaltung wurden zahlreiche neue Arbeitsplätze in staatlichen und halbstaatlichen Institutionen geschaffen. Eine *importsubstituierende* Industrialisierung sollte dafür sorgen, dass vormals importierte Güter im Lande selbst hergestellt wurden und sich daraus weitere Beschäftigungsmöglichkeiten im *formellen Sektor* ergaben. Die neuen Industriegebiete orientieren sich vor allem an Eisenbahnlinien oder Ausfallstraßen (7), auch wenn die dafür vorgesehenen Areale meist nur schwer gefüllt werden konnten. Während die neuen Eliten in die ehemaligen Europäerviertel nachrückten, die sich außerdem nach außen erweiterten (5b), entstanden für die zwar nach wie vor kleine, aber wachsende Mittel-

schicht (insbesondere Staatsangestellte) neue Wohnviertel häufig in genormter Bauweise (5a). Diese griffen später auf den suburbanen Raum über (6a). Das Ziel, auch untere Einkommensgruppen mit angemessenem Wohnraum zu versorgen, konnte aufgrund einer wachsenden Diskrepanz zwischen steigender Nachfrage und beschränkten finanziellen Ressourcen nicht erreicht werden. Ältere Wohnsiedlungen für die ärmere Bevölkerung bestehen meist aus *matchbox houses*, die eine sanitäre Mindestinfrastruktur aufweisen (5a und 6b), später sind die „Wohnlösungen“ immer weiter vereinfacht worden (*core houses, site-and-service schemes*; 6b und 8). Durch die Aufnahme von Untermietern im Hause selbst oder in Anbauten und *backyard shacks* haben sich diese Viertel im Laufe der Zeit stark verdichtet. *Informelle*, häufig illegale Siedlungen, die es bereits zur Kolonialzeit gab, bestimmen seit den 1960er Jahren mehr und mehr das Bild. Anders als im Modell dargestellt, beschränken sie sich nicht länger auf die extreme Peripherie (9). Nur die *„Schauseite“* der Stadt (CBD, gehobene Wohnviertel) ist in der Regel von *squatting* freigehalten worden, bzw. dort entstandene Siedlungen wurden gewaltsam aufgelöst. Auch in der *suburbanen Zone* (8) sind *informelle Wohnlösungen* weit verbreitet. In vielen Städten dominieren hier nicht so sehr Landbesetzungen, sondern die Parzellen werden auf *„informellen Märkten“* erworben, aber ohne behördliche Registrierung und Genehmigung bebaut.

Die langanhaltende wirtschaftliche Krise und der Zwang zur *Strukturanpassung* haben die Städte spätestens seit den 1980er Jahren nochmals *überformt*. Die *„informelle Stadt“*, d. h. informelle Beschäftigung und informelles Wohnen, haben an Bedeutung gewonnen, und die sozialen Gegensätze sind schärfer geworden. Trotz vereinzelter Rückwanderungen setzen sich die Bevölkerungszunahme und auch das flächenhafte Wachstum der Städte fort. Die Regierungen können im Allgemeinen selbst eine Basisinfrastruktur nicht mehr für das gesamte Stadtgebiet vorhalten: Chaotische Verkehrsverhältnisse, mangelhafte Wasserver- und -entsorgung, fehlende Müllbeseitigung und zunehmende Umweltbelastung sind neben der hohen Arbeitslosigkeit, verbunden mit einer Ausdehnung des informellen Sektors, und dem geringen Einkommen Kennzeichen einer „städtischen Krise“, die es in dieser Form in den anderen Entwicklungskontinenten nicht gibt.

Das Beispiel Nairobi

Wie viele afrikanische Metropolen hat Nairobi nur eine kurze Geschichte von gerade einmal 100 Jahren. Die Stadt erlebte in dieser Zeit drei *Transformationen* (LEE-SMITH und LAMBA 2000): die erste in der Gründungszeit, die zweite nach der Unabhängigkeit von 1963 und die dritte seit der Einführung der *Mehrparteien-Demokratie* in 1992 und einer stärkeren Weltmarktöffnung.

Nairobi ist von den Briten als *„Fremdlingsstadt"* (SEGER 1992, S. 528) in einem städtelosen Großraum gegründet worden. Im Jahre 1899 war der Bau der von Mombasa ausgehenden *Ugandabahn* bis in das Gebiet des späteren Nairobi auf 1.600 m über NN vorgedrungen. Hier, an der *Landschaftsgrenze* zwischen dem Randbereich des *Rift Valley* und den ostwärts anschließenden Ebenen der Trockensavannen, hatte die mit dem Eisenbahnbau betraute Gesellschaft ihr Lager eingerichtet, das als Keimzelle der Stadt gelten kann (HECKLAU 1989, S. 205 f.). Die *Massai* nannten den Platz *Enkare Nairobi* (Ort der kalten Wasser; OBUDHO in RAKODI 1997, S. 297). Die 1903 getroffene politische Entscheidung, das klimatisch günstige Hinterland von Nairobi als Siedlungsgebiet für Europäer vorzusehen (*White Highlands*), bewirkte die Verlegung der Kolonialregierung von Mombasa nach Nairobi. Seit 1905 war Nairobi Hauptstadt des britischen Protektorates Ostafrika, Hauptsitz der *Uganda Railway Company*, Warenumschlagplatz für Import- und Exportgüter sowie Versorgungszentrum für die umliegenden „weißen" Farmen. Als typische *„Europäerstadt"* wurde Nairobi für Weiße konzipiert und von Weißen administriert (STACHER in FELDBAUER u. a. 1997, S. 201 f.). Bis 1920 durften Afrikaner in der Stadt keinen Grund und Boden besitzen (LEE-SMITH und LAMBA 2000, S. 252). Ihre Zuwanderung war ebenso wie die von Asiaten reglementiert (*Passgesetz* von 1918). Trotzdem blieb die weiße Bevölkerung immer in der Minderheit, ihr Anteil hat die 10%-Schwelle nie überschritten (STACHER in FELDBAUER u. a. 1997, S. 202).

Die Stadtstruktur der Gründungsphase spiegelt die Dominanz der weißen Minderheit wider (Abb. 62). Verschiedene raumplanerische Maßnahmen hatten eine im doppelten Sinne *duale Raumstruktur* zur Folge. Nicht nur die

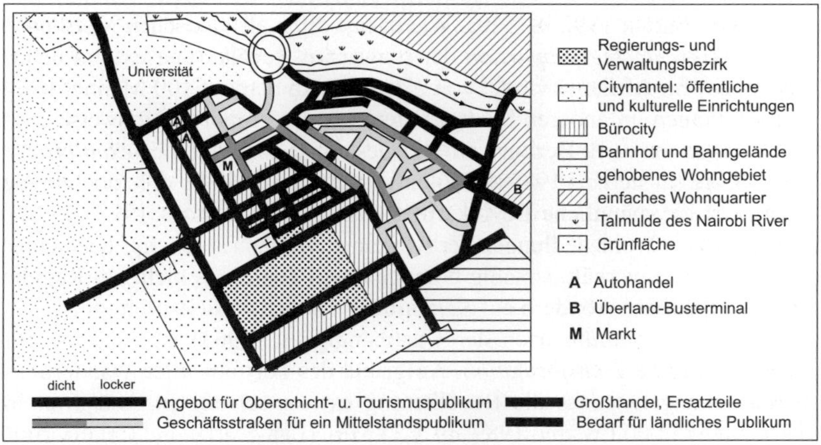

Abb. 62: Funktionale Gliederung des Stadtzentrums von Nairobi
Quelle: SEGER (1992)

Wohngebiete waren nach ethnischen Gesichtspunkten getrennt, ebenso auch die *„ökonomischen Sphären"* (STACHER in FELDBAUER u. a. 1997, S. 201). Dem Bahnhof benachbart wurden die ersten Verwaltungsgebäude errichtet, aus denen sich der Regierungs- und Verwaltungsbezirk entwickelte. Nördlich anschließend entstand das europäische Geschäftsviertel, zunächst entlang der nach Nordwesten führenden Hauptstraße, später in die Nebenstraßen ausgreifend. Östlich und nordöstlich davon lagen indische und afrikanische Handels- und Marktzentren.

Noch deutlicher als das Geschäftsleben waren die Wohngebiete der verschiedenen ethnischen Gruppen räumlich separiert, auch wenn es eine *formelle* Trennung der Wohngebiete nach Rassen nie gab, ja diese 1923 sogar offiziell verboten worden war (VORLAUFER 2001, S. 190). Aufgrund der anspruchsvollen Baustandards in den *low density areas* fielen jedoch Rassen- und Klassengrenzen zusammen. Im grünen, hügeligen Norden und Westen (*„Upper Nairobi"*) wohnten die Beamten der Eisenbahngesellschaft und der Kolonialverwaltung, und hier befand sich auch der Wohnsitz des Gouverneurs. Großzügige Parzellenzuschnitte und ausgedehnte Grünanlagen weisen diesen Bereich noch heute als ehemalige *Europäerstadt* aus. Den Bahnarbeitern aus dem vorderasiatischen Raum wurden Wohngebiete östlich des Bahnhofs zugewiesen; daran anschließend, größtenteils jenseits des *Nairobi River*, in den *Eastlands* siedelte die einheimische Bevölkerung sowohl in legalen stark verdichteten Quartieren als auch – schon damals – in illegalen Hüttenvierteln (STACHER in FELDBAUER u. a. 1997, S. 202).

An der Schwelle zur Unabhängigkeit belief sich die Einwohnerzahl Nairobis auf 267.000 Personen, davon waren 8% Europäer, 33% Asiaten und – nicht zuletzt aufgrund von Zuwanderungsbeschränkungen – „nur" 58% Schwarze (SEGER 1992, S. 529). Wie in fast allen afrikanischen Metropolen war die *Geschlechterproportion* der schwarzen Bevölkerung extrem unausgeglichen: Im Afrikanerviertel von *Eastlands* kamen auf 100 Männer lediglich 44 Frauen, in anderen Stadtgebieten war die Proportion teilweise sogar noch stärker verzerrt. Bezogen auf die Gesamtstadt betrug die *Sexualproportion* 40, sie hat sich bis 1989 auf 76 und 1999 auf 86 erhöht, d. h. noch immer dominiert die männliche Bevölkerung (OBUDHO in RAKODI 1997, S. 303). Die einzelnen Wohnsiedlungen der Afrikaner, vielfach als *estates* bezeichnet, waren ethnisch verhältnismäßig homogen, was allerdings nicht auf Regulierungsmaßnahmen, sondern auf *Kettenwanderungen* zurückzuführen ist.

Die *Transformation* nach der Unabhängigkeit (1963) ist zunächst eine *demographische Transformation*. Aufgrund des Fortfalls aller Wanderungsbeschränkungen wuchs die Bevölkerung extrem schnell an, und zwar bis 1979 auf 827.000 Ew. und 1989 auf 1,33 Mio. (LEE-SMITH und LAMBA 2000, S. 256). Damit einher ging eine *„Afrikanisierung"* dergestalt, dass der Anteil der Asiaten auf 2,7% und derjenige der Weißen auf 1,2% sank (1989). Heute

(2003) wird die Einwohnerzahl der Stadt auf 2,6 Mio. geschätzt (UN 2004). Die ökonomische Bedeutung der beiden Minderheiten ist allerdings noch immer gewichtig: So verfügen die Inder nach wie vor über ausgedehnten Landbesitz und kontrollieren große Teile des Handels (LEE-SMITH und LAMBA 2000, S. 257), auch wenn sie als Folge der *Kenianisierungspolitik* einen Teil ihrer ökonomischen Macht eingebüßt haben und schon in den 1960er Jahren in größerer Zahl das Land verließen. Die Europäer sind nur zu einem geringen Teil Nachkommen der weißen Siedler, sie leben heute eher als Repräsentanten multinationaler Firmen oder Mitarbeiter internationaler Organisationen in Nairobi. Nach einer Auszählung von SIMON (in RAKODI 1997, S. 84 f.) war die kenianische Hauptstadt 1993 der bedeutendste Standort von Sekretariaten internationaler Organisationen in der gesamten *Dritten Welt* (vor Bangkok und Buenos Aires).

Die *ethnische Segregation* hat sich nach der Unabhängigkeit zwar abgeschwächt, die in der Kolonialzeit angelegten *räumlichen Disparitäten* bestehen aber fort (SEGER 1992, S. 531). Das vormalige Wohngebiet der europäischen Bevölkerung hat seinen Charakter weitgehend bewahrt, sieht man davon ab, dass sich in jüngerer Zeit eine gewisse *Tertiärisierung* bemerkbar macht (HECKLAU 1989, S. 211). Nachgerückt sind Angehörige der neu entstandenen afrikanischen Führungsschicht wie auch indische Geschäftsleute. Insgesamt gesehen konzentriert sich die asiatische Bevölkerung aber nach wie vor auf den *City*-Bereich und daran nördlich anschließende Bezirke, selbst wenn zahlenmäßig auch hier die Afrikaner die Mehrheit stellen. Viele Asiaten leben in Mehrzweckgebäuden über oder hinter den Läden, Lagerhäusern oder Werkstätten (HECKLAU 1989, S. 210). Die Wohngebiete der afrikanischen Bevölkerung im Osten des Zentrums haben sich mehr und mehr verdichtet, und *informelle Siedlungserweiterungen* nahmen schnell zu, weil die Neubautätigkeit staatlicher Organisationen bei weitem nicht mit der wachsenden Nachfrage Schritt halten konnte. Auf der Basis von Zahlen für die Jahre 1983-90 schätzt OBUDHO (in RAKODI 1997, S. 317 f.) den jährlichen *Neubaubedarf* auf ca. 20.000 Einheiten; der private und staatliche Sektor haben aber zusammen nur ca. 3.000 Einheiten/Jahr gebaut. Teilweise handelt es sich dabei um *site-and-service*-Projekte, für die internationale Organisationen wie die Weltbank Unterstützung gewährten. Die Zielgruppen konnten aber auch solche Programme nur z. T. erreichen, vielfach sind zahlungskräftigere Interessenten aus der Mittel- und Oberschicht begünstigt worden (STACHER in FELDBAUER u. a. 1997, S. 210), die die mit einfachen Hütten bebauten Parzellen weiter vermietet haben. Auch in den meisten *squatter settlements* zählt nur eine Minderheit zur Gruppe der *owner-occupier; „the squatter is now a tenant"* stellte AMIS schon 1984 fest. Wie stark die informellen Wohnbereiche mittlerweile verdichtet sind, ergibt sich daraus, dass sie zwar nur 6% der für Wohnzwecke genutzten Stadtfläche einnehmen, aber 55% der

Bevölkerung beherbergen (OBUDHO in RAKODI 1997, S. 317). Weitgehend vernachlässigt wurden *squatter upgrading*-Programme. Als Grund dafür vermutet OBUDHO (in RAKODI 1997, S. 319), dass derartige Maßnahmen für die politische Elite zu wenig Prestigegewinn versprachen.

Lange Zeit hat man mit Gewalt versucht, die Ausdehnung von Hüttenvierteln zu verhindern, so hat 1970 eine einzige über mehrere Monate ablaufende *„clean up campaign"* zur Zerstörung von ca. 10.000 Hütten geführt. Weitere Aktionen folgten bis in die Gegenwart (LEE-SMITH und LAMBA 2000, S. 263; OTISO 2002). Insbesondere sollten bessere Wohngebiete und das Stadtzentrum von *squatting* freigehalten werden. Man schätzt, dass trotz derartiger Aktionen zu Beginn der 1970er Jahre ca. ein Drittel der Bewohner Nairobis in informellen Siedlungen lebte, z. B. in *Mathare Valley*, das die überschwemmungsgefährdeten Talmulden des *Mathare*-Flusses einnimmt (LEE-SMITH und LAMBA 2000, S. 261). Für 1995 wird die „*Slum*-Bevölkerung" auf 57-75% geschätzt (OTISO 2002, S. 256).

Die Funktionsgliederung der Innenstadt zeichnet den Gradient der Wohnstandortqualität nach (Abb. 59, S. 289). Sie ist durch eine ausgeprägte *Asymmetrie* der Standortwertigkeit und Aufspaltung in einen *„internationalen CBD"* und ein *„Mittelschichtstadtzentrum"* gekennzeichnet (SEGER 1992, S. 534 f.). Dabei ist die *„Vorderseite"* der Innenstadt mit der wachsenden Front von Bürobauten den bevorzugten Wohngebieten in *Upper Nairobi* zugewandt, während die *„Rückseite"* des Zentrums nahe dem *Nairobi-River* an die Wohnquartiere der ärmeren Bevölkerung angrenzt. Entsprechend gegensätzlich ist die Angebotsstruktur (HECKLAU 1989, S. 209): Gehobenes und hochwertiges Angebot für Oberschichtkunden und das internationale Publikum einerseits und ein auf den alltäglichen und einfachen Bedarf zugeschnittenes Angebot andererseits. Die *Zweipoligkeit* des Geschäftszentrums und die *Entmischung* des Angebots ist in Nairobi stärker als in anderen afrikanischen Städten ausgebildet, weil die *internationale Verflechtung* der Stadt vergleichsweise groß ist und auch der internationale Tourismus noch immer eine gewisse Rolle spielt (SEGER 1992, S. 534).

Die *Transformation* der 1990er Jahre lässt sich politisch mit dem Ende der Ein-Parteien-Herrschaft (1992) und der Ablösung der *Kenya African National Union* (KANU) in den Präsidentschaftswahlen des Jahres 2002 beschreiben. Wirtschaftlich gesehen fällt in den gleichen Zeitabschnitt der Übergang zu mehr Marktwirtschaft und der Zwang zur *Strukturanpassung*. Einerseits hat dadurch die Zahl der sozial Ausgeschlossenen, die außerhalb der *formellen Stadt* leben und arbeiten, stark zugenommen; LEE-SMITH und LAMBA (2000, S. 269) rechnen etwa die Hälfte der Stadtbevölkerung dieser Gruppe zu. Andererseits beginnen die Benachteiligten ihre Forderungen stärker zu artikulieren und nehmen beispielsweise gewaltsame Vertreibungen nicht mehr tatenlos hin. Dabei versichern sie sich häufig der Unterstützung von

Nicht-Regierungsorganisationen (*NGOs*), deren Zahl und Aktivitäten in jüngerer Zeit stark angestiegen sind. Gefordert wird eine „städtische Reform", die das Wohnrecht auch für illegale Siedler, die Bereitstellung einer Basisinfrastruktur in informellen Wohngebieten und die Reform des Bodenrechtes und der Baunormen beinhaltet. Von Regierungsseite sind Programme dieser Art aber bislang stets unterlaufen worden, sodass sich die Entwicklung Nairobis zu einer *fragmentierten Stadt* eher verstärkt als abgeschwächt hat (LEE-SMITH und LAMBA 2000, S. 273).

7.4 Konvergente und divergente Tendenzen der Stadtentwicklung in den Kulturräumen

Kehren wir zum Schluss zu der eingangs aufgeworfenen Fragestellung nach *Konvergenz* und *Divergenz* städtischer Strukturen in den verschiedenen Kulturräumen zurück. Die Diskussion kulturraumspezifischer *Stadttypen und -modelle* hat sowohl Hinweise auf *konvergente* als auch auf *divergente* Entwicklungen erbracht. Deshalb kann die Frage nicht mit einem einfach *ja* oder *nein* beantwortet werden, sondern die Antwort muss differenzierter ausfallen.

In einem ersten Schritt wird deshalb gefragt, inwieweit die *Bestimmungsgründe* der Stadtentwicklung in den einzelnen Kulturräumen Ähnlichkeiten oder Gegensätzlichkeiten zeigen. Eine *Clusteranalyse*, die die kulturräumlichen Stadttypen schrittweise zu Gruppen größtmöglicher Ähnlichkeit zusammenfasst, kann dafür erste Anhaltspunkte geben. Bei der Auswahl der einbezogenen Merkmale wird an die von FASSMANN (Bd. 1, Kap. C. 2.2) gegebene Definition von *„Stadtentwicklung"* angeknüpft. Danach sind unter *Stadtentwicklung* alle zeitlich gebundenen Prozesse zu verstehen, die die physische Struktur einer Stadt in der einen oder anderen Form verändern. Die Analyse dieser Bestimmungsgründe kann sich jedoch nicht nur auf die aktuellen Veränderungen beziehen, sondern muss das „historische Entstehen" einschließen. Für die *Clusteranalyse* der *kulturräumlichen Stadttypen* werden insgesamt *sechs Dimensionen* einbezogen (vgl. Tab. 6). Alle Merkmale werden nicht auf einer Intervall-, sondern lediglich auf einer Ordinalskala zwischen 1 und 4 gemessen. Dies empfiehlt sich nicht nur deshalb, weil genauere Angaben oft schwierig zu erhalten sind, sondern damit wird gleichzeitig der Tatsache Rechnung getragen, dass es auch innerhalb einzelner Kulturräume große Unterschiede der die Stadtentwicklung bestimmenden Faktoren gibt. Die ausgewählten Messwerte sind daher mit einer gewissen Subjektivität behaftet und können nur Tendenzen aufzeigen.

Das *historische Erbe* wird durch *zwei Merkmale* beschrieben, die *Dauer der kontinuierlichen städtischen Entwicklung* und das *Ausmaß der von Europa aus gesteuerten Stadtgründungen*. Damit wird zum Ausdruck gebracht, dass Stadtentwicklung sowohl von *endogenen* Elementen und deren Persistenz

Tab. 6: Merkmale zur historischen und gegenwärtigen Stadtentwicklung und deren Ausprägung in den verschiedenen Kulturräumen

	Westeuropa	Russland/ Osteuropa	Nordamerika	Australien/ Neuseeland	Japan	Orient	Südasien	Lateinamerika	Südostasien	Afrika südlich der Sahara	Ostasien/ China
Dauer der kontinuierlichen städt. Entw. (lang➔kurz)	2	2	3	3	2	1	1	3	3	4	1
Europ. gesteuerte Stadtgründungen (viel➔wenig)	1	1	1	1	4	3	2	2	2	2	4
Wachstumsdynamik d. Bev. (Wachstumsrate d. städt. Bev.) (gering➔hoch)	1	1	2	2	1	4	3	3	3	4	2
Wirtschaftl. Entwicklungsstand (BSP in Kaufkraftparität) (hoch➔niedrig)	1	2	1	1	1	3	3	2	3	4	3
Verbreitung von Technologie (Pkw/1000 Ew.) (hoch➔niedrig)	1	2	1	1	1	3	4	2	3	4	4
Politisch-planerischer Einfluss (Planung➔Informalisierung)	2	1	2	2	2	4	4	3	3	4	1

Quelle: eigener Entwurf

bestimmt wird als auch von *exogenen* Einflüssen. Letztere sind in der Neuzeit ganz wesentlich, wenn auch nicht ausschließlich, von Europa ausgegangen.

Die *„driving forces"* der gegenwärtigen Stadtentwicklung sind nach FASSMANN (Bd. 1, Kap. C. 2.2) Bevölkerung und Gesellschaft, Wirtschaft, Verkehrs- und Bautechnologie sowie Politik und Planung. Alle diese Dimensionen beinhalten – wie auch die historische Dimension – eine Vielzahl von Einzelaspekten. Aus Gründen der Übersichtlichkeit wird im Folgenden für jeden Bereich nur eine *„Leitvariable"* herangezogen.

Die Dimension *„Bevölkerung und Gesellschaft"* beinhaltet nicht nur die Aussage, ob und mit welcher Geschwindigkeit sich eine Bevölkerung zahlenmäßig verändert, sondern schließt die Haushalts- und Familienstruktur, die sozio-ökonomischen Verhältnisse und den Wandel der Lebensstile ein. Eine zu- oder abnehmende Bevölkerung ist jedoch von grundlegender Bedeutung, weil sie darüber entscheidet, ob eine Stadt (auch in der Fläche) wächst oder schrumpft. Damit verbunden sind Fragen des Wohnungsbaus, der Erschließung oder Umnutzung städtischer Flächen oder auch des Infrastrukturausbaus. Während für die meisten der genannten Gesichtspunkte kaum vergleichbare Daten vorliegen, gibt es für die Wachstumsraten der städtischen Bevölkerung recht zuverlässige Schätzungen der UN, die der Einstufung in Tab. 6 zugrunde liegen (vgl. UN 2004).

Die Dimension *„Wirtschaft"* kann sich sowohl auf eine Zustandsbeschreibung beziehen, als auch dynamische Aspekte und strukturelle Veränderungen einschließen. Mit einer wachsenden Wirtschaft sind im Allgemeinen auch neue Beschäftigungsmöglichkeiten verbunden, während eine stagnierende oder rückläufige Wirtschaftsentwicklung zu sozialen Problemen im weitesten Sinne führt. Auch ist es nicht unwichtig, welche Sektoren der Wirtschaft an Bedeutung gewinnen oder verlieren, weil davon jeweils unterschiedliche Bereiche der Stadt betroffen sind. Für eine erste und naturgemäß recht grobe Beschreibung der ökonomischen Rahmenbedingungen reicht jedoch das Merkmal *„Bruttosozialprodukt/Kopf in Kaufkraftparität"* aus (vgl. World Bank 2004b).

Man könnte fragen, ob es überhaupt sinnvoll ist, die Dimension *„Verkehrs- und Bautechnologie"* zur Beschreibung gegenwärtiger Veränderungen heranzuziehen, weil ja – anders als in historischer Perspektive – heute alle Technologien weltweit verfügbar sind, wie sich z. B. darin zeigt, dass der „Wettbewerb" um das höchste Gebäude der Erde nicht in Industrie-, sondern in Schwellenländern ausgetragen wird. Ob und in welchem Ausmaß moderne Bautechnologien zur Anwendung kommen, hängt in erster Linie von wirtschaftlichen (Finanzierbarkeit) und politischen Faktoren (symbolische Bedeutung bestimmter Bauwerke) ab. Nach wie vor höchst unterschiedlich ist aber die Verbreitung moderner Verkehrsmittel: Eine in alle Richtungen nach außen wachsende Stadt wird sich – sieht man von planerischen Eingriffen einmal ab – nur dann einstellen, wenn alle Wege vornehmlich mit dem eigenen Auto zurückgelegt werden; dagegen fördert die Abhängigkeit breiter Bevölkerungsschichten von öffentlichen Verkehrsmitteln eher eine sektorale Ausdehnung, wie es auch in historischer Perspektive der Fall war. Als Maßstab für die mehr oder weniger große Verfügbarkeit moderner Verkehrstechnologie wird deshalb die Variable *„Pkw pro 1.000 Ew."* gewählt (nach Angaben des Statistischen Bundesamtes).

„Politik und Planung" beeinflussen ganz entscheidend die Stadtentwicklung, weil sie den rechtlichen Rahmen setzen und bestimmte Leitbilder fördern. Lange Zeit resultierten großräumige Unterschiede der Planungskonzepte vor allem aus dem Gegensatz zwischen sozialistisch-planwirtschaftlichen und kapitalistisch-marktwirtschaftlichen Gesellschaftssystemen. Seit dem Zusammenbruch der *Sowjetunion* und den politischen Veränderungen in Osteuropa hat sich dieser Gegensatz mehr und mehr verwischt, wird aber noch lange nachwirken, weil sich die *physische Stadtstruktur* nur sehr langsam an einen politischen oder wirtschaftlichen Systemwandel anpasst. Für viele Länder der *Dritten Welt*, wo ein „schwacher Staat" eher die Regel als die Ausnahme ist, hängt die städtische Entwicklung in erster Linie von der Durchsetzungsfähigkeit politisch-normativer Prinzipien ab. Das Ausmaß der *Informalisierung* (Wirtschaft, Wohnungsbau) ist daher ein geeigneter Indikator, um die politisch-planerische Dimension zu beschreiben. Genauere Werte für einzelne Länder und Regionen liegen zwar nicht vor, eine Abstufung nach *vier Kategorien* (Tab. 6) erscheint jedoch vertretbar. Zusätzlich wird die Sonderstellung sozialistischer Gesellschaftssysteme berücksichtigt.

Die *Clusteranalyse* fasst die *kulturräumlichen Stadttypen* (als Punkte im sechsdimensionalen Raum vorstellbar) schrittweise zusammen (Abb. 63).

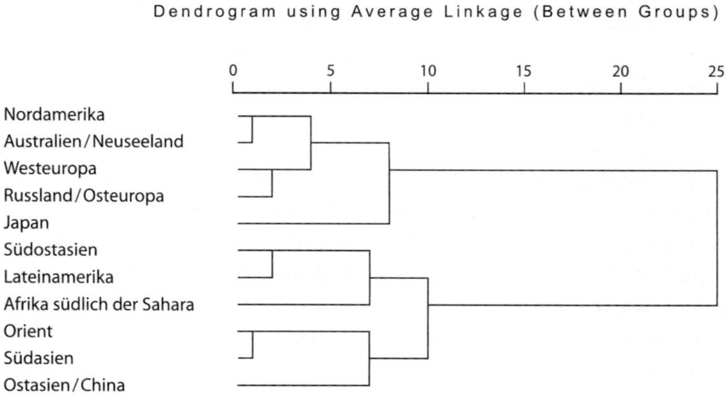

Abb. 63: Clusteranalyse der kulturräumlichen Stadttypen nach Bestimmungsgründungen der Stadtentwicklung
Quelle: eigener Entwurf

Als Ähnlichkeitskriterium wird bei dem gewählten Verfahren die durchschnittliche Distanz zwischen den Gruppen (SPSS: *beverage*) herangezogen. Das Ergebnis der Gruppenbildung ist nicht sonderlich überraschend. Bis zum letzten Schritt bilden Städte in Industrie- und Entwicklungsländern getrennte Gruppen. Das unterstreicht, dass die Bestimmungsgründe der gegenwärtigen Stadtentwicklung in den beiden Gruppen nach wie vor grundverschieden sind. Eine Untersuchung der *„demographischen Profile"* der größten Städte der Erde von CHEN (1996) bestätigt dieses Ergebnis. Die von ihm durchgeführte *Clusteranalyse* ergab eine scharfe Trennung zwischen Städten der Industrie- und Entwicklungsländer. Ausnahmen bilden lediglich Singapur, Havanna und Buenos Aires.

Innerhalb der *Industriestaaten* wird die Sonderstellung der Städte Japans deutlich, die bis zum achten Schritt eine eigene Gruppe bilden. In der Gruppe der Städte in Entwicklungsländern gibt es zwei Sonderfälle, die erst verhältnismäßig spät mit den anderen Teilgruppen vereinigt werden: die Städte Afrikas südlich der Sahara aufgrund ihres „Entwicklungsrückstandes" auch innerhalb der Dritten Welt und die Städte Chinas aufgrund ihres sozialistischen Entwicklungspfades. Somit lässt sich das Ergebnis der statistischen Analyse dahingehend zusammenfassen, dass historisches Erbe und Bestimmungsgründe der gegenwärtigen Stadtentwicklung weltweit nach wie vor außerordentlich verschieden sind, was eine vollständige *Konvergenz* in Richtung eines einheitlichen Typs der *„postindustriellen Stadt"* ausschließt.

Gleichwohl ist damit die Frage nach *Konvergenz* oder *Divergenz* noch nicht vollständig beantwortet, weil in die bisherige Analyse nur Durchschnittswerte und sehr allgemeine Charakterisierungen eingegangen sind. Wenn man die Einflussfaktoren von Stadtentwicklung sozialgruppenspezifisch differenziert, ist zu erwarten, dass sich kleinräumig, wenn auch in quantitativ sehr unterschiedlichem Ausmaß, konvergente Strukturen ergeben. Durchmustert man die vier Bestimmungsgründe von Stadtentwicklungen nochmals und bezieht sich nur auf die führenden Gesellschaftsschichten, so wird man feststellen, dass sowohl demographisch wie wirtschaftlich große Abweichungen zur übrigen Bevölkerung auftreten (z. B. früherer Wandel im *generativen Verhalten*, höhere Kaufkraft). Dies gilt namentlich in den meisten Staaten der Dritten Welt. Auch die Dimension *Technologie* stellt sich für diese Gruppe vollständig anders dar, weil ein privater Pkw üblich ist. Die von der staatlichen Politik und Planung gesetzten Rahmenbedingungen gelten zwar prinzipiell für alle Bevölkerungsschichten, die Wohlhabenden unter ihnen können sie jedoch weit eher durch privatwirtschaftliche Institutionen und Organisationsformen ersetzen und dadurch teilweise auch staatliche Regelungen unterlaufen. Aus diesen Überlegungen lässt sich ableiten, dass es auf kleinräumiger Ebene durchaus *Konvergenzen* geben kann, auch wenn das Gesamtbild sehr unterschiedlich ist.

POTTER (2000), der die Frage nach *Konvergenz* oder *Divergenz* in Bezug auf die karibischen Staaten zu beantworten versucht, stellt einer *„divergence of production“* eine *„convergence of consumption“* gegenüber. Damit will er zum Ausdruck bringen, dass die wirtschaftlichen Rahmenbedingungen in den karibischen Staaten wie auch in der *Dritten Welt* ganz allgemein sich grundlegend von denen der *Industrieländer* unterscheiden. Die *importsubstituierende* Industrialisierung, der die meisten Länder als Entwicklungsmodell gefolgt sind, konnte letztlich den Abstand zu Europa, Nordamerika oder Japan nicht verringern und ist im Zeitalter der *Globalisierung* weitgehend aufgegeben worden. Trotzdem besteht nach wie vor ein Gegensatz zwischen *Fordist production* in der *Dritten* und (überwiegend) *post-Fordist production* in der *Ersten Welt* (POTTER und LLOYD-EVANS 1998, S. 70). Zudem eilte die *demographische Verstädterung* im Allgemeinen der wirtschaftlichen voraus, was zu einer *„Hyperurbanisierung“*, d. h. zu einem im Verhältnis zum wirtschaftlichen Entwicklungsstand zu hohen Verstädterungsgrad führte. Die in die Städte geströmten Massen konnten wirtschaftlich und sozial nur sehr begrenzt integriert werden. Das wesentlich größere Ausmaß an *Informalität* hebt bis heute die Städte der Entwicklungsländer von denen der Industrieländer ab. Innerhalb der Dritten Welt nehmen nach HALL (2002a) die Städte in Afrika südlich der Sahara, auf dem indischen Subkontinent und im Nahen und Mittleren Osten eine Sonderstellung ein und werden als *„cities coping with informal hypergrowth“* charakterisiert. Nicht umsonst werden diese drei Großregionen in der *Clusteranalyse* zu einer Gruppe zusammengefasst und erst im vorletzten Schritt mit den anderen Entwicklungsgroßräumen vereinigt (Abb. 63).

Während die *informelle Wirtschaft*, auf die mittlerweile ca. 50% der Erwerbsbevölkerung entfällt, nur z. T. deutlich sichtbar in Erscheinung tritt (Straßenhandel, Garküchen, Müllsammler etc.), und insbesondere die informelle Produktion größtenteils „versteckt“ in Hinterhöfen, Werkstätten und Fabrikanlagen erfolgt, ist der informelle Wohnungsbau zum physiognomisch wohl prägendsten Merkmal von Städten der Dritten Welt geworden. Nach BÄHR und MERTINS (2000, S. 20) leben mindestens 50%, in einigen Ländern Afrikas und Asiens mindestens 60% der städtischen Bevölkerung in mehr oder weniger konsolidierten Hüttenvierteln der verschiedenen Typen, seien sie aus Landbesetzungen, nicht-genehmigten Parzellierungen oder Einfachstlösungen des sog. sozialen Wohnungsbaus (*site-and-service*) hervorgegangen.

Auch die ökologischen Schäden und Umweltprobleme erreichen in den Städten der *Dritten Welt* eine ganz andere Dimension als in denjenigen der Industrieländer. Das ist einmal darauf zurückzuführen, dass der Ausbau der physischen Infrastruktur (vor allem Wasserver- und -entsorgung, Müllbeseitigung) mit dem gewaltigen Flächenwachstum der Städte nicht mithalten konnte, zum anderen liegt es daran, dass man bei Industrieemissionen auf die Festlegung von Grenzwerten lange Zeit verzichten zu können glaubte bzw. eine effektive Kontrolle sich als unmöglich erwies. Für die besonders gravierende Luftverschmutzung spielt zusätzlich eine Rolle, dass Busse und private Pkw die bei weitem wichtigsten Transportmittel bilden, während schienengebundene Systeme entweder überhaupt nicht vorhanden sind oder ihr Ausbau weit hinter den Erfordernissen zurückgeblieben ist.

Aufgrund der völlig anderen Rahmenbedingungen haben sich die Städte der Entwicklungsländer – von ganz wenigen Ausnahme abgesehen – nicht zu industriellen (modernen) Städten entwickelt, sondern sie haben allenfalls einzelne Elemente übernommen, teilweise in Form *bipolarer Strukturen*, teilweise in *Überlagerung* und *Überformung* gewachsener Strukturen. Wenn als ein Kennzeichen der modernen Stadt herausgestellt worden ist (vgl. Tab. 5, S. 124), dass es nur ein dominierendes kommerzielles Zentrum und – damit verknüpft – ein davon ausgehender kontinuierlicher Abfall der Lagerenten gibt (Wood 2003, S. 134), so gilt dies für die Städte der Entwicklungsländer allenfalls mit Einschränkungen. Vielfach hat sich die *Citybildung*, meist von Hochhausüberbauung begleitet, nicht im Altstadtbereich vollzogen, sodass traditionelles und modernes Geschäftszentrum scharf getrennt sind. Beispiele für diesen Typ sind sowohl Städte mit einer längeren historischen Tradition, wo sich im Zuge der kolonialen Eroberung oder auch unabhängig davon *Neustädte* angliederten, die zu Ausgangspunkten der *Citybildung* wurden (z. B. Orient, Südasien). Es kommt aber auch der umgekehrt gelagerte Fall vor, dass sich an koloniale Neugründungen *indigene Viertel* anlagerten und dann, wie vielfach in Afrika südlich der Sahara, sich der „ältere“ Stadtbereich zur *City* entwickelte. Aber auch dort, wo, wie z. B. in Lateinamerika, die *Citybildung* vom Altstadtkern ausging, ist es später zu einer mehr oder weniger stark ausgeprägten sozialgruppenspezifischen Zweiteilung der *Cityfunktionen* gekommen mit Geschäfts- und Dienstleistungszentren in den neuen Oberschichtvierteln, die auf den gehobenen und höchsten Bedarf eingestellt sind, einerseits sowie „Abstieg“ der Altstadt und Ausrichtung auf untere Einkommensgruppen andererseits.

Auch das zweite Merkmal der modernen Stadt, die Herausbildung homogener funktionaler Bereiche, ist in den meisten Städten der *Dritten Welt* nicht erfüllt. So sind Wohnen und Arbeiten vielfach nicht getrennt. Nicht nur das Geschäftsleben mischt sich häufig mit der Wohnfunktion (z. B. Typ des *shophouses* in vielen Städten Südostasiens), auch handwerkliche und industrielle Produktion finden häufig in Verbindung mit Wohnen statt. Homogen und scharf gegeneinander abgegrenzt sind seit jeher die Wohngebiete der verschiedenen Sozialschichten. Wohl lebt der zentral-periphere Sozialgradient, wie er die präindustrielle Stadt kennzeichnete, nur noch in kleineren Städten oder als Relikt fort, doch ist dieser durch ein sektorales Muster ersetzt worden, das die *„Stadt der Reichen"* von der *„Stadt der Armen"* trennt. Die Flächenanteile dieser beiden *„Großsektoren"* können allerdings sehr verschieden sein. Auch ist der Wandel vom *reverse Burgess-type* zum *Burgess-type* weniger eindeutig als in den US-amerikanischen Städten, wo das Modell entwickelt worden ist. Es trifft allenfalls für die sozial hochwertigen Wohnbereiche zu, die sich sektoral immer weiter nach außen verlagert haben und die auch vom Baustil her europäische, später in erster Linie nordamerikanische Einflüsse verraten. Im Zuge von *Invasions-* und *Sukzessionsprozessen* sind die Innenstadt nahe gelegenen Oberschichtviertel häufig sozial abgewertet worden. Abweichend vom BURGESS-Modell wohnt aber die Masse der städtischen Armutsbevölkerung ebenfalls an der Peripherie. Zwar gibt es Ausnahmen von dieser Regelhaftigkeit, wie insbesondere die innerstädtischen, teilweise *Slum*charakter tragenden *Marginalviertel*, diese haben jedoch im Allgemeinen eine quantitativ untergeordnete Bedeutung.

Die Unterschiede zwischen den einzelnen, der *Dritten Welt* zuzuordnenden Kulturräumen werden aber nicht nur durch die sehr verschiedene Ausprägung der Bestimmungsfaktoren gegenwärtiger Stadtentwicklung hervorgerufen, ein zweites Unterscheidungskriterium liegt im historischen Erbe. Nicht umsonst werden gleich zu Beginn der *Cluster*bildung die Städte des Orients und Südasiens einerseits sowie Lateinamerikas und Südostasiens andererseits zu Gruppen zusammengefasst. Im ersteren Fall reichen die Altstädte größtenteils weit in die Vergangenheit zurück und verkörpern bis heute die Persistenz ererbter Strukturen, im zweiten Fall sind die Altstädte nicht nur jünger, sondern auch wesentlich stärker überformt worden. Wenn man daher die Frage nach den *kulturräumlichen Besonderheiten* vorwiegend auf die *Altstädte* bezieht, wie es z.B. WIRTH (2001) für die Städte des Orients getan hat, so wird man zu wesentlich eindeutigeren Aussagen kommen, als wenn man die *Gesamtstadt* in den Blick nimmt. Auch EHLERS (1993, S. 39) räumt ein, dass die Stadt des islamischen Orients *„Teil eines allgemeinen, für Entwicklungsländer typischen Urbanisierungsprozesses"* geworden ist und dadurch *„das individuelle und historische Erbe kulturraumspezifischer Charakteristika längst überwuchert oder gar verdrängt"* wurde; und MEYER (2003, S. 82 ff.) versteht das *„Modell der orientalischen Stadt"* ausschließlich als historischen Stadttypus, der in den Altstädten noch in rudimentärer Form anzutreffen ist. Überspitzt könnte man in Verallgemeinerung der für den Orient herausgearbeiteten Befunde sagen, die Unterschiedlichkeit der Stadtstrukturen resultiert aus der Überlagerung von historischer Tradition, die sich in den Altstädten am besten widerspiegelt, und sozio-ökonomischen Rahmenbedingungen, die den jüngeren Stadtteilen ihr Gepräge geben.

Auf dem Weg zur *postindustriellen (postmodernen) Stadt* sind die Städte in den verschiedenen Kulturräumen unterschiedlich weit fortgeschritten, jedoch gibt es zumindest partiell Entwicklungen, die weltweit verbreitet sind.

Dies meint POTTER (2000), wenn er der *„divergence in production"* eine *„convergence in consumption"* gegenüberstellt. Konsummuster und Lebensstile gleichen sich immer mehr an. In der Regel geht dieser Prozess von den wohlhabenderen Bevölkerungsgruppen aus, greift aber später, propagiert von den Massenmedien und der Werbung, auch auf andere Sozialschichten über. Daraus resultieren Veränderungen der Stadtstruktur und die weltweite Verbreitung von einzelnen Elementen der postmodernen Stadt (Tab. 5), die insgesamt die *These der „vielfach geteilten Stadt"* (vgl. Kap. 1.2.2) und der *„new spatial order"* als Folge der *Globalisierung* (MARCUSE und VAN KEMPEN 2000) bestätigen. Dies sind:

1. Die *monozentrische Struktur* der Städte ist schon seit längerem in *Auflösung* begriffen. Nur in Europa hat das gewachsene Zentrum seine Stellung im städtischen Gefüge weitgehend behaupten können. In vielen anderen Regionen ist es schon früh zu einer sozialgruppenspezifischen Aufspaltung der zentralen Geschäftsbereiche gekommen. Dieser Prozess setzt sich überall fort, und die *shopping malls* und *urban entertainment centers* im suburbanen Raum gewinnen an Bedeutung. Diese sind auf unterschiedliche Sozialschichten ausgerichtet. So gibt es Zentren, in denen sich das hochpreisliche Angebot konzentriert, aber auch solche, die auf Käuferschichten mit geringerem Einkommen ausgerichtet sind. Beispielsweise ist in Lima vor kurzem ein moderner *shopping*-Komplex unmittelbar angrenzend an einen ausgedehnten *barriada*-Bereich entstanden (MEYER-KRIESTEN, PLÖGER und BÄHR 2004). Hier werden zwar vorwiegend Waren unteren und mittleren Preisniveaus angeboten, die bekannten *fast food*-Ketten fehlen aber auch hier nicht, was mit dem Begriff der *„McDonaldisierung"* umschrieben wird. Namentlich in Nordamerika, in Ansätzen aber auch in anderen Regionen entwickeln sich einzelne dieser *shopping malls* zu *edge cities*, d.h. große Bürokomplexe und Apartmentblocks treten hinzu (GARREAU 1991). Bevorzugt liegen diese an Kreuzungen von Stadtautobahnen oder auch in der Nähe von Flughäfen. Zumindest in Nordamerika übertrifft ihre Wirtschaftskraft vielfach das traditionelle Zentrum. Nicht mehr einige wenige, sondern eine Vielzahl von Zentren unterschiedlicher Größe und Ausrichtung charakterisieren somit mehr und mehr die Stadtstruktur in vielen Regionen der Erde (*„Heteropolis"*). Die Hochhauskulisse dieser neuen Zentren gleicht sich auch in den Ländern des Südens immer mehr den Vorbildern des Nordens an. Funktional sind sie jedoch von den Steuerungszentralen der eigentlichen *global cities* abhängig (COY und KRAAS 2003, S. 37). SCHOLZ (2002, S. 7) bezeichnet daher diese *„Vorposten der Gobalisierung"* als *„globalisierte Orte"*.
2. Die *Polarisierung* zwischen den „Gewinnern" und „Verlierern" der *Globalisierung* schreitet fort und spiegelt sich in der Raumstruktur der Städte wider (WOOD 2003, S. 136). Von Armut gekennzeichnete Räume stehen

mehr oder weniger ausgedehnte *Wohlstandsbereiche* gegenüber. Dieses *Mosaik* kehrt weltweit wieder, allerdings ist die flächenhafte Ausdehnung der einzelnen Zonen höchst verschieden, und auch die Lage der Armutsbereiche innerhalb der Stadt weicht voneinander ab. Während z.B. in Westeuropa sowie Australien/Neuseeland die *Armutsinseln* mehr punkt- als flächenhaft auftreten, sind sie in Nordamerika als dem „Vorreiter" postmoderner Entwicklungen schon wesentlich ausgedehnter. Neuesten Schätzungen zufolge leben in den USA ca. 18,1 Mio. Menschen in stark heruntergekommenen Stadtvierteln; das sind immerhin 6,4% der Bevölkerung (2000), und die Tendenz ist steigend. Das Bild vom *„Meer der Armen"*, in das einige wenige *„Wohlstandsinseln"* eingestreut sind, trifft aber nur für die ärmsten Länder der Erde zu. Der Prototyp dieser Stadtstruktur findet sich hauptsächlich in Afrika südlich der Sahara. Während hier wie auch in anderen Entwicklungskontinenten insbesondere die Peripherie von Armutsbevölkerung bestimmt wird, konzentrieren sich die benachteiligten Bevölkerungsgruppen in den *Industrieländern* eher auf zentralere Stadtteile.

3. Es hängt mit den *zunehmenden sozialen Gegensätzen* zusammen, dass überall auf der Welt die „Einhegungen" in Form von *gated communities* zunehmen. Nur in Westeuropa, Australien/Neuseeland und Japan sind sie noch kaum verbreitet, und auch in Asien ist ihre Zahl geringer als in anderen Entwicklungskontinenten (Coy und Kraas 2003, S. 37). Gewöhnlich waren es zunächst die wohlhabenderen Gesellschaftsschichten, die sich in dieser Form *„abkapselten"*. Nachahmungen, gesteuert von Immobilienmaklern und Bauwirtschaft, haben zur *sozialen Diffusion* dieses Wohnstils beigetragen. In älteren Wohnbereichen ist es häufig zu nachträglichen Abschottungen in Form von Straßensperren oder Wachpersonal gekommen. Mit oder ohne offizielle Genehmigung erfolgt auf diese Weise eine *Aneignung* des öffentlichen Raumes zu privaten Zwecken. Furcht vor *Kriminalität* ist ganz sicher eine Triebkraft für den weltweiten Siegeszug der *gated communities*. Dabei ist es häufig eher ein durch Medienberichte noch verstärktes Gefühl von zunehmender Unsicherheit als real gestiegene Kriminalität, das viele Menschen veranlasst, in eine abgesicherte Wohnumgebung zu ziehen. Solchen *security communities* werden *lifestyle communities* gegenübergestellt. Damit wird zum Ausdruck gebracht, dass die Motive für die *„Selbstsegregation"* auch darin zu sehen sind, dass man hier einen bestimmten *Lebensstil* verwirklichen und mit gleichgesinnten Personen zusammenleben kann. *Gated communities* entstehen häufig vor der geschlossen bebauten Stadt, sofern die Erreichbarkeit aufgrund verkehrlicher Erschließung (z.B. Stadtautobahnbau) gegeben ist. Weil die „Homogenität nach innen" für die Bewohner wichtiger ist als eine homogene Nachbarschaft, finden sich *gated communities* auch inmitten völlig anders

strukturierter Stadtviertel. Das großflächige *sozio-ökonomische* Muster der Stadtstruktur, wie es z.B. mit den *sozialökologischen* Modellen beschrieben wird, hebt sich deshalb mehr und mehr auf und wird durch das Bild der *„fragmentierten Stadt"* oder *„Stadt der Inseln"* ersetzt.

Die Ausführungen haben gezeigt, dass eine einzige und abschließende Antwort auf die Frage nach *Konvergenz* oder *Divergenz* städtischer Strukturen nicht möglich ist. Die Antwort muss eher Konvergenz *und* Divergenz lauten. Kulturraumspezifische Strukturen leben vor allem in den Altstädten fort, diese werden überlagert von Strukturen, die aus den höchst unterschiedlichen ökonomischen Rahmenbedingungen resultieren und ihren sichtbarsten Ausdruck in der Ausdehnung der Armutsbereiche, der informellen Wirtschaft und des informellen Bauens finden. Ein drittes Muster ergibt sich daraus, dass einzelne Elemente der postmodernen Stadt weltweit verbreitet und auch einheitlich gestaltet sind. Die Ausbreitung bestimmter Lebensstile und Konsummuster erfolgt dabei weitgehend unabhängig vom wirtschaftlichen Entwicklungsstand einzelner Länder und Regionen. Aus der Überlagerung dieser *drei Dimensionen* – historisches Erbe, wirtschaftliche Gegebenheiten sowie Konsummuster und Lebensstile – resultieren unterschiedliche *Raummuster*. Diese sind innerhalb der einzelnen Kulturräume zumindest ähnlich und rechtfertigen es, auch weiterhin von *kulturräumlichen Stadttypen* zu sprechen.

Literatur

1. Aufsätze, die in Schriftenreihen erschienen sind, werden in abgekürzter Form zitiert (ohne Herausgeber und Titel des Sammelwerkes).
2. Untertitel werden nur angegeben, wenn sie zum Verständnis des Inhalts notwendig sind.
3. Bei mehr als einem Verlagsort wird nur der erste genannt.
4. Abkürzungen:

Annals = Annals of the Association of American Geographers

Geogr. J. = The Geographical Journal

Geogr. Rev. = The Geographical Review

GH = Geographica Helvetica

GR = Geographische Rundschau

GS = Geographie und Schule

GZ = Geographische Zeitschrift

PG = Praxis Geographie

PGM = Petermanns Geographische Mitteilungen

Allgemeine Literatur

ABEL, W. (1935): Agrarkrisen und Agrarkonjunktur in Mitteleuropa vom 13. bis zum 19. Jahrhundert. Berlin.

ABEL, W. (1943): Die Wüstungen des ausgehenden Mittelalters. Jena.

ALONSO, W. (1964): Location and land use. Cambridge/Mass.

ALTROCK, U; BODENSCHATZ, H. und POST, C. (2003): Auf der Suche nach der sozialistischen Stadt 1929-1935. RaumPlanung 111, S. 251-256.

ATTESLANDER, P. und HAMM, B. (Hrsg.) (1974): Materialien zur Siedlungssoziologie. Köln.

BÄHR, J. (1977): Zur Entwicklung der Faktorökologie mit dem Beispiel einer sozialräumlichen Strukturanalyse der Stadt Mannheim. In: Mannheimer Geogr. Arb. 1, S. 121-163.

BÄHR, J. (1986): Innerstädtische Wanderungsbewegungen unterer Sozialschichten und peripheres Wachstum lateinamerikanischer Metropolen (mit Beispielen aus Santiago de Chile und Lima). In: Eichstätter Beiträge 18, S. 143-177.

BÄHR, J. (2003): Stadtentwicklung in Afrika südlich der Sahara unter dem Einfluss der Globalisierung. In: Bayreuther Kontaktstudium Geographie 2, S. 139-171.

BÄHR, J. (2004): Bevölkerungsgeographie. 4. Aufl. Stuttgart (=UTB 1249).

BÄHR, J.; JENTSCH, C. und KULS, W. (1992): Bevölkerungsgeographie. Berlin (=Lehrbuch der Allgemeinen Geographie 9).

BÄHR, J. und MERTINS, G. (1995): Die lateinamerikanische Großstadt. Darmstadt (=Erträge der Forschung 288).

BÄHR, J. und MERTINS, G. (2000): Marginalviertel in Großstädten der Dritten Welt. GR 52 (7/8), S. 19-26.

BÄHR, J. und WEHRHAHN, R. (1995): Polarization Reversal in der Entwicklung brasilianischer Metropolen? Erdkunde 49 (3), S. 213-231.

BATHELT, H. und GLUCKLER, J. (2002): Wirtschaftsgeographie. Stuttgart.

BEAVERSTOCK, J. V.; TAYLOR, P. J. und SMITH, R. G. (1999): A roster of world cities. Cities 16 (6), S. 445-458.

BEGG, I. (1999): Cities and competitiveness. Urban Studies 36 (5-6), S. 795-809.

BENEVOLO, L. (1983): Die Geschichte der Stadt. Frankfurt/M.

BERRY, B. J. L. (1960): An inductive approach to the regionalization of economic development. Chicago, S. 78-107 (=University of Chicago. Department of Geogr. Research Paper 62).

BERRY, B. J. L. (1973): The human consequences of urbanization. London.

BERRY, B. J. L. (Hrsg.) (1976): Urbanization and counterurbanization. Beverly Hills/Cal. (=Urban Affairs Annual Review 11).

BERRY, B. und HORTON, F. (1970): Geographic perspectives on urban systems. Englewood Cliffs/N. J.

BERRY, B. J. L.; SIMMONS, J. W. und TENNANT, R. J. (1963): Urban population densities. Geogr. Rev. 53 (3), S. 389-405.

BLENCK, J. (1977): Die Städte Indiens. In: BLENCK, J.; BRONGER, D. und UHLIG, H. (Hrsg.): Südasien. Frankfurt/M., S. 145-162 (=Fischer Länderkunde 2).

BLOTEVOGEL, H. H. (2001): Die Metropolregionen in der Raumordnungspolitik Deutschlands: ein neues strategisches Raumbild? GH 56 (3), S. 157-168.

BLOTEVOGEL, H. H. (2003): "Neue Kulturgeographie": Entwicklung, Dimensionen und Risiken einer kulturalistischen Humangeographie. Ber. z. dt. Landeskunde 77, S. 7-34.

BOECKLER, M. und LINDNER, P. (2000): Jüngere Tendenzen im Umgang mit Kultur und Region in der Wirtschafts- und Sozialgeographie. In: Schriften des Zentralinstituts für Regionalforschung der Univ. Erlangen-Nürnberg 36, S. 105-128.

BOHLE, H.-G. (1986): Politische und ökonomische Aspekte der Religionsgeographie: das Beispiel mittelalterlicher südindischer Tempelgründungs- und Ritualpolitik. In: BÜTTNER, M. u. a. (Hrsg.): Religion und Siedlungsraum. Berlin, S. 105-125 (=Geographia Religionum 2).

BRATZEL, P. und MÜLLER, H. (1979): Regionalisierung der Erde nach dem Entwicklungsstand der Länder. GR 31 (4), S. 131-136.

BROCKERHOFF, M. P. (2000): An urbanizing world. Washington, D.C. (=Population Bulletin 55, 3).

BRONGER, D. (1995): Welches ist die größte Stadt der Erde? Zur Problematik der Bevölkerungszahl von Metropolen. GR 47 (6), S. 380-384.

BRONGER, D. (1997): Megastädte: eine Welt? GS 9 (110), S. 2-10 u. Glossar S. 45.

BRONGER, D. (2004): Metropolen, Megastädte, Global Cities: die Metropolisierung der Erde. Darmstadt.

BRÜCKNER, H. (2003): Uruk: a geographic and palaeo-ecologic perspective on a famous ancient city in Mesopotamia. Geoöko 24, S. 229-248.

BRUNN, S. D. und WILLIAMS, J. F. (Hrsg.) (1993): Cities of the world. 2. Aufl. New York.

BRUNN, S. D.; WILLIAMS, J. F. und ZEIGLER, D. J. (Hrsg.) (2003): Cities of the World. 3. Aufl. Lanham/Maryland.

BURGESS, E. (1924): The growth of the city. Publications, American Sociological Society 18, S. 85-97.

BURKE, P. (1975): Some reflections on the pre-industrial city. Urban History Yearbook, S. 13-19.

BUTZIN, B. (1986): Zentrum und Peripherie im Wandel: Erscheinungsformen und Determinanten der „Counterurbanization" in Nordeuropa und Kanada. Paderborn (=Münstersche Geogr. Arb. 23).

CAPELLE, T. (1985): Zur Existenzgrundlage und Dauer stadtartiger Siedlungen der Wikingerzeit. In: STOOB, H. (Hrsg.) (1985): Die Stadt. Köln, S. 113-123.

CARTER, H. (1983): An introduction to urban historical geography. London.

CARTER, H. (1995): The study of urban geography. London.

CASTELLS, M. (1991): Die zweigeteilte Stadt: Arm und Reich in den Städten Lateinamerikas, der USA und Europas. In: SCHABERT, T. (Hrsg.): Die Welt der Stadt. München, S. 199-216.

CHANG, S.-D. (1970): Some observations on the morphology of Chinese walled cities. Annals 60 (1), S. 63-91.

CHEN, X. (1996): The demographic profiles of the world's largest cities. Cities 13 (3), S. 165-174.

CHRISTALLER, W. (1933): Die zentralen Orte in Süddeutschland. Jena.

COY, M. und KRAAS, F. (2003): Probleme der Urbanisierung in den Entwicklungsländern. PGM 147 (1), S. 32-41.

CULLINANE, S. und CULLINANE, K. (2003): City profile Hong Kong. Cities 20 (4), S. 279-288.

DAVIS, K. (1965): The urbanization of the human population. Scientific American 213 (3), S. 41-53.

DEGE, E. (1984): Geomantische Raumwahrnehmung und Stadtplanung in Ost-Asien. 44. Dt. Geographentag Münster 1983. Tagungsber. u. wiss. Abh. Stuttgart, S. 268-281.

DENECKE, D. (1980): Sozialtopographie und sozialräumliche Gliederung der spätmittelalterlichen Stadt. In: FLECKENSTEIN, J. und STACKMANN, K. (Hrsg.): Über Bürger, Stadt und städtische Literatur im Spätmittelalter. Göttingen, S. 161-202.

DICKMANN, J.-A. (2002): Pompeji: antiker Stadtraum und moderne Rezeption. Praxis Geschichte 14 (3), S. 6-12.

DRIVER, F. und GILBERT, D. (Hrsg.) (1999): Imperial cities. Manchester.

DUTT, A. K. u. a. (1994): City forms of China and India in global perspective. In: DUTT, A. K. u. a. (Hrsg.): The Asian city. Dordrecht, S. 25-52.

EBERHARD, W. (1956): Data on the structure of the Chinese city in the pre-industrial period. Econ. Dev. and Cultural Change 4, S. 253-268.

EGLI, E. (1959): Geschichte des Städtebaues. Bd. 1: Die alte Welt. Erlenbach.

EGLI, E. (1962): Geschichte des Städtebaues. Bd. 2: Das Mittelalter. Erlenbach.

EHLERS, E. (1993): Die Stadt des Islamischen Orients: Modell und Wirklichkeit. GR 45 (1), S. 32-39.

EHLERS, E. (1996): Kulturkreise – Kulturerdteile – Clash of Civilizations: Plädoyer für eine gegenwartsbezogene Kulturgeographie. GR 48 (6), S. 338-344.

ENNEN, E. (1987): Die europäische Stadt des Mittelalters. 4. Aufl. Göttingen.

ERNST, R.W. (Hrsg.) (1984): Stadt in Afrika, Asien und Lateinamerika. Berlin.

ESCHER, E. (1982): Grundeigentumsstruktur und Grundstücksmobilität in Taza/ Marokko. Mitt. Fränk. Geogr. Ges. 27/28, S. 455-581.

FASSMANN, H. (2004): Stadtgeographie I: Allgemeine Stadtgeographie. Braunschweig (=Das Geographische Seminar).

FEHL, G. (2000): Gartenstadt und Bandstadt. Die alte Stadt 27 (1), S. 48-67.

FISCHER, K.; JANSEN, M und PIEPER, J. (1987): Architektur des indischen Subkontinents. Darmstadt.

FLIERL, B. (1991): Stadtgestaltung in der ehemaligen DDR als Staatspolitik. In: MARCUSE, P. und STAUFENBIEL, F. (Hrsg.): Wohnen und Stadtpolitik im Umbruch: Perspektiven der Stadterneuerung nach 40 Jahren DDR. Berlin, S. 49-65.

FOURASTIE, J. (1954): Die große Hoffnung des 20. Jahrhunderts. Köln.

FREY, W. H. und ZIMMER, Z. (2001): Defining the city. In: PADISON, R. (Hrsg.): Handbook of urban studies. London, S. 14-35.

FRIEDMANN, J. (1986): The world city hypothesis. Development and Change 17 (1), S. 69-83.

FRIEDRICHS, J. (1981): Stadtanalyse: soziale und räumliche Organisation der Gesellschaft. 2. Aufl. Opladen.

FRIEDRICHS, J. und ROHR, H.-G. VON (1975): Ein Konzept der Suburbanisierung. Akademie f. Raumf. u. Landespl. Forschungs- und Sitzungsber. 102, S. 25-37.

FRILLING, H. und MISCHER, O. (1996): Hausmüllentsorgung in Hamburg von 1886-1960. In: MACHULE, D. u. a. (Hrsg.): Macht Stadt krank? Hamburg, S. 213-230.

FRITZSCHE, B. (1977): Grundstückspreise als Determinanten städtischer Strukturen: Bern im 19. Jahrhundert. Ztschr. für Stadtgeschichte, Stadtsoziologie und Denkmalpflege 4, S. 36-54.

GAEBE, W. (1987): Verdichtungsräume. Stuttgart (=Teubner Studienbücher der Geogr.).

GAEBE, W. (2004): Urbane Räume. Stuttgart (=UTB 2511).

GAEDKE, D. (1999): „Eine schlechte Wohnung aber tötet wie Opium": zur sozialen Situation in Berlin um 1880. Praxis Geschichte 12 (4), S. 42-45.

GANS, P. (1992): Phasen der wirtschaftlichen Entwicklung und ihre Auswirkungen auf das Großstadtwachstum in Lateinamerika. In: REINHARD, W. und WALDMANN, P. (Hrsg.): Nord und Süd in Amerika. Bd. 1. Freiburg/Br., S. 212-224.

GARREAU, J. (1991): Edge city: life on the new frontier. New York.

GERHARD, U. (2004): Global Cities: Anmerkungen zu einem aktuellen Forschungsfeld. GR 56 (4), S. 4-10.

GIESE, E. (1985): Klassifikation der Länder der Erde nach ihrem Entwicklungsstand. GR 37 (4), S. 164-175.

GILMAN, R. (1996): The changing patterns of community. In: In context – a quarterly of humane sustainable culture (http.//www. context.org/ICLIB/IC01/Gilman2.htm.)

GLASZE, G. u. a. (2003): Bewachte Wohnkomplexe in Europa. GH 58 (4).

GOTHE, K. (2000): Ludwigsburg in Baden-Württemberg: eine barocke Mittelstadt in einem Ballungszentrum. Die alte Stadt 27 (4), S. 300-315.

GRAUL, J. (1983): Siebethsburg: von der „Colonie" zum Stadtteil. In: Sparkasse der Stadt Wilhelmshaven (Hrsg.): 600 Jahre Sibetsburg. Wilhelmshaven, S. 60-88.

GUTSCHOW, N. und SIEVERTS, T. (Hrsg.) (1977): Stadt und Ritual. Darmstadt (=Beiträge und Studienmaterialien der Fachgruppe Stadt 11).

HAGGETT, P. (2004): Geographie: eine globale Synthese. Stuttgart.

HALL, P. (1966): The world cities. London.

HALL, P. (2002a): Die europäische Stadt, 2025: Dilemmata und Lösungen der Zukunft. 53. Dt. Geographentag Leipzig 2001. Tagungsber. u. wiss. Abh. Leipzig, S. 42-56.

HALL, P. (2002b): Christaller for a global age: redrawing the urban hierarchy. 53. Dt. Geographentag Leipzig 2001. Tagungsber. u. wiss. Abh. Leipzig, S. 110-128.

HAHN, B. (2002): Neuzeitliche Planstädte. In: Institut für Länderkunde, Leipzig (Hrsg.): Nationalatlas Bundesrepublik Deutschland. Bd. 5: Dörfer und Städte. Heidelberg, S. 86-87.

HARLANDER, T. (2000): Leitbild soziale Mischung: vom „empfehlenswerten Durcheinanderwohnen" zu „gated communities". Die alte Stadt 27 (2), S. 97-113.

HARLANDER, T. und FEHL, G. (Hrsg.) (1986): Hitlers sozialer Wohnungsbau 1940-1945. Hamburg.

HARRIS, C. und ULLMAN, E. (1945): The nature of cities. Annals of the American Academy of Political Science 242, S. 7-17.

HARTMANN, R. u. a. (1986): Theorien zur Stadtentwicklung. Oldenburg (=Geographische Hochschulmanuskripte 12).

HASSENPFLUG, D. (2000): Die europäische Stadt als Erinnerung, Leitbild und Fiktion. In: HASSENPFLUG, D. (Hrsg.): Die europäische Stadt. Münster, S. 11-47 (=Region – Nation – Europa 4).

HAUSER, S. (1992): „Reinlichkeit, Ordnung und Schönheit“: zur Diskussion über Kanalisation im 19. Jahrhundert. Die alte Stadt 19 (4), S. 292-312.

HAWLEY, A. H. (1971): Urban society: an ecological approach. New York.

HEINEBERG, H. (2001): Grundriß Allgemeine Geographie: Stadtgeographie. 2. Aufl. Paderborn (=UTB 2166).

HELBRECHT, I. (1997): Stadt und Lebensstil. Die Erde 128(1), S. 3-16.

HEMBERGER, A. (2000): Alexandria: auf der Suche nach der hellenistischen Stadt. Praxis Geschichte 13 (4), S. 52-54.

HERBERT, D. und THOMAS, C. (1997): Cities in space: city as place. London.

HESSE, M. und SCHMITZ, S. (1998): Stadtentwicklung im Zeichen von „Auflösung“ und Nachhaltigkeit. Informationen zur Raumentwicklung (7/8), S. 435-453.

HILGER, M.-E. (1984): Umweltprobleme als Alltagserfahrung in der frühneuzeitlichen Stadt? Die alte Stadt 11, S. 112-138.

HILL, T. (2000): Bremens Umlands- und Außenbeziehungen im Mittelalter (13.-15. Jahrhundert). Kiel (Habil.).

HOFMEISTER, B. (1994): Von Mohenjo-Daro bis Islamabad: der Schachbrettgrundriss in seiner 5000jährigen globalen Verbreitung. In: Mainzer Geogr. Studien 40, S. 45-72.

HOFMEISTER, B. (1996): Die Stadtstruktur: ihre Ausprägung in den verschiedenen Kulturräumen der Erde. 3. Aufl. Darmstadt (=Erträge der Forschung 132).

HOLZNER, L. (1967): World regions in urban geography. Annals 57 (4), S. 704-712.

HOLZNER, L. (1981): Die kultur-genetische Forschungsrichtung in der Stadtgeographie. Die Erde 112 (3/4), S. 173-184.

HOTZAN, J. (1997): dtv-Atlas Stadt. 2. Aufl. München.

HOYT, H. (1939): The structure and growth of residential neighborhoods in American cities. Washington, D.C.

http://www.susas.de/hanse.htm: Susas Netzwerk für Wissensweitergabe: Geschichte Mittelalter: Die deutsche Hanse (15 Seiten) (Stand 20.02.2002).

HÜBINGER, W. (1999): Prekärer Wohlstand: spaltet eine Wohlstandsschwelle die Gesellschaft? Politik und Zeitgeschichte 49 (18), S. 18-26.

HUGO, G.; CHAMPION, A. und LATTES, A. (2003): Towards a new conceptualization of settlements for demography. Population and Development Review 29 (2), S. 277-297.

HUNTINGTON, S. P. (1993): The clash of civilizations? Foreign Affairs 73 (3), S. 22-49.

HUNTINGTON, S. P. (1996): Der Kampf der Kulturen: the clash of civilizations. München.

JABLONKA, P. (2001): Eine Stadtmauer aus Holz. In: Archäologisches Landesmuseum Baden-Württemberg u. a. (Hrsg.): Troia: Traum und Wirklichkeit. Stuttgart, S. 391-394.

JEFFERSON, M. (1939): The law of the primate city. Geogr. Rev. 29 (2), S. 226-232.

JOHANEK, P. (Hrsg.) (1997): Stadtgrundriß und Stadtentwicklung: Forschungen zur Entstehung mitteleuropäischer Städte. Köln.

JOHNSTON, R. J. (1972): Towards a general model of intra-urban residential patterns. Progress in Geogr. 4 (2), S. 84-124.

JOSWIG, W. (1994): Marga: die erste deutsche Gartenstadt. Cottbus.

JUNGHANNS, G. (1995): Eisenhüttenstadt bleibt Stahlstandort. PG 25 (10), S. 16-19.

KEMPER, F.- J. (1985): Die Bedeutung des Lebenszykluskonzepts für die Analyse intraregionaler Wanderungen. In: Colloquium Geographicum 18, S. 180-212.

KENYON, K. (1957): Digging up Jericho. London.

KEYSER, E. (1953): Die Bevölkerung der deutschen Städte. In: BRANDT, A. VON und KOPPE, W. (Hrsg.): Städtewesen und Bürgertum als geschichtliche Kräfte. Lübeck, S. 25-36.

KINDER, H. und HILGEMANN, W. (2000): dtv-Atlas Weltgeschichte. München.

KIRK, W. (1978): Town and country planning in ancient India according to Kautilya`s Arthasastra. Scottish Geogr. Magazine 94 (2), S. 67-75.

KLOHN, W. (1999): Hugenottensiedlungen in Hessen-Kassel. PG 29 (5), S. 12-15.

KNOX, P. (1987) Urban social geography. 2. Aufl. New York.

KNOX, P. L. (1995): World cities and the organization of global space. In: JOHNSTON, R. J.; TAYLOR, P. J. und WATTS, M. J. (Hrsg.): Geographies of global change. Oxford, S. 232-247.

KNOX, P. L. und MARSTON, S. A. (2001): Humangeographie. Heidelberg.

KOLB, A. (1962): Die Geographie und die Kulturerdteile. In: Hermann von Wißmann-Festschrift. Tübingen, S. 42-49.

KORBMACHER, C. (1994): Vom Bauen und Wohnen in einer mittelalterlichen Stadt. Praxis Geschichte 7 (2), S. 14-17.

KORFF, R. (1993): Die Megastadt: Zivilisation oder Barbarei? In: FELDBAUER, P. u. a. (Hrsg.): Megastädte. Wien, S. 19-39 (=Beiträge zur Historischen Sozialkunde 2).

KORFMANN, M. (2001a): Der prähistorische Siedlungshügel Hisarlik. In: Archäologisches Landesmuseum Baden-Württemberg u. a. (Hrsg.): Troia: Traum und Wirklichkeit. Stuttgart, S. 347-354.

KORFMANN, M. (2001b): Die Troianische Hochkultur (Troia VI und VIIa). In: Archäologisches Landesmuseum Baden-Württemberg u. a. (Hrsg.): Troia: Traum und Wirklichkeit. Stuttgart, S. 395-406.

KORFMANN, M. (2001c): Troia als Drehscheibe des Handels im 2. und 3. vorchristlichen Jahrtausend. In: Archäologisches Landesmuseum Baden-Württemberg u. a. (Hrsg.): Troia: Traum und Wirklichkeit. Stuttgart, S. 355-368.

KRÄTKE, S. (1995): Stadt – Raum – Ökonomie: Einführung in aktuelle Problemfelder der Stadtökonomie und Wirtschaftsgeographie. Basel (=Stadtforschung aktuell 53).

KRÄTKE, S. (2002): Urbanität heute: Stadtkulturen, Lebensstile und Lifestyle-Produzenten im Kontext der Globalisierung. 53. Dt. Geographentag Leipzig 2001. Tagungsber. u. wiss. Abh. Leipzig, S. 224-235.

KRAFFT, T. (1999): Von Shâhjâhânâbâd zu Old Delhi: Zur Persistenz islamischer Strukturelemente in der nordindischen Stadt. St. Augustin (=Bonner Geogr. Abh. 100).

KREMB, K. (1999): Aus dem Boden gestampft: Wachstum einer Residenzstadt: das Beispiel Karlsruhe. Praxis Geschichte 12 (4), S. 37-40.

KREUTZMANN, H. (1997): Kulturelle Plattentektonik im globalen Dickicht: zum Erklärungswert alter und neuer Kulturraumkonzepte. Internat. Schulbuchforschung 4 (19), S. 413-423.

KRÖNERT, W. (1979): Entwicklungsformen städtischer Mietwohnungen. Die alte Stadt 6, S. 349-376.

LAFRENZ, J. (1987): Planung der Neugestaltung von Hamburg 1933-1945. In: HEINEBERG, H. (Hrsg.): Innerstädtische Differenzierung und Prozesse im 19. und 20. Jahrhundert. Köln, S. 385-437.

LAUX, H.-D. (1984): Dimensionen und Determinanten der Bevölkerungsentwicklung preußischer Städte in der Periode der Hochindustrialisierung. In: RAUSCH, W. (Hrsg.): Die Städte Mitteleuropas im 20. Jh. Linz, S. 87-112 (=Beiträge zur Geschichte der Städte Mitteleuropas 8).

LE GOFF, J. (1970): Kultur des europäischen Mittelalters. München.

LEISER, W. (1985): Städtische Zentralität im agrarisch-feudalen Umfeld. In: SCHULZE, H. K. (Hrsg.): Städtisches Um- und Hinterland in vorindustrieller Zeit. Köln, S. 1-20.

LICHTENBERGER, E. (1989): Stadtentwicklung in Europa und Nordamerika: kritische Anmerkungen zur Konvergenztheorie. In: Bochumer Geogr. Arb. 50, S. 113-129.

MACHALKER-FELSER, R. (1979): Stadt und Umland im Herrschafts- und Wirtschaftsgefüge des Spätmittelalters. Die alte Stadt 6, S. 329-347.

MARCUSE, P. (1989): „Dual city": a muddy metaphor for a quartered city. Internat. Journal of Urban and Regional Research 13 (4), S. 697-708.

MARCUSE, P. und KEMPEN, R. VAN (Hrsg.) (2000): Globalizing cities: a new spatial order? Oxford.

MCDADE, B. (1997): Industry, business enterprises, and entrepreneurship in the development process. In: ARYEETEY-ATTOH, S. (Hrsg.): Geography of sub-Saharan Africa. Prentice Hall/N. J., S. 325-344.

MCKENZIE, R. (1926): The scope of human ecology. Publications of the American Sociological Association 20, S. 141-154.

MELLAART, J. (1967): Catal Hüyük: Stadt aus der Steinzeit. Bergisch Gladbach.

MENZEL, U. (1992): Das Ende der Dritten Welt und das Scheitern der großen Theorie. Frankfurt/M. (=Edition Suhrkamp 1718).

MESSNER, D. (2003): Schwellenländerdiskurse seit den 70er-Jahren. GS 143, S. 3-9.

MEYER, F. (2003): Die „islamisch-orientalische Stadt": noch immer ein eigenständiger kulturgenetischer Stadttyp? In: Bayreuther Kontaktstudium Geographie 2, S. 63-88.

MEYER-KRIESTEN, K.; PLÖGER, J. und BÄHR, J. (2004):Wandel der Stadtstruktur in Lateinamerika. GR 56 (6), S. 30-36.

MONHEIM, R. (1969): Die Agrostadt im Siedlungsgefüge Mittelsiziliens. Bonn (=Bonner Geogr. Abh. 41).

MULLER, P. O. (1986): Transportation and urban growth: the shaping of the American metropolis. Focus 36 (2), S. 8-17.

MÜLLER, U. (2002): Räumliche Konzentration und Dekonzentration von Bevölkerung und Wirtschaftsstandorten im Großraum von Buenos Aires. PGM 146 (5), S. 8-15.

MUMFORD, L. (1973): The city in history. Harmondsworth.

NARR, K. (1985): Älteste stadtartige Anlagen. In: STOOB, H. (Hrsg.) (1985): Die Stadt. Köln, S. 1-36.

NEWIG, J. (1977): Der Schachbrettgrundriß der Stadt México: antikes Vorbild oder indianische Tradition? PGM 121 (4), S. 253-263.

NEWIG, J. (1986): Drei Welten oder eine Welt: Die Kulturerdteile. GR 38 (5), S. 262-267.

OTT, T. (2004): Are Canadian cities becoming more American? Zeitschrift für Kanada-Studien 24 (1), S. 162-175.

PACIONE, M. (2001a): Urban geography: a global perspective. London.

PACIONE, M. (2001b): Modelling cities. Geography 86 (2-4), S. 97-119, 189-209 u. 275-286.

PEKARY, T. (1985): Die Stadt der griechisch-römischen Antike. In: STOOB, H. (Hrsg.): Die Stadt. Köln, S. 81-98.

PIEPER, J. (1977): Die Anglo-indische Station oder die Kolonialisierung des Götterberges. Bonn (=Veröff. Seminar zur Orient. Kunstgesch. an der Univ. Bonn, Reihe B: Antiquitates Orientales 1).

PLANITZ, H. (1997): Die deutsche Stadt im Mittelalter. Wiesbaden (Lizenzausgabe der 5. Aufl.).

PLOETZ – Der Große Ploetz (2000): Die Daten-Enzyklopädie der Weltgeschichte. 32. Aufl. Freiburg/Br.

POPP, H. (2002): Stadtgründungsphasen und Stadtgröße. In: Institut für Länderkunde, Leipzig (Hrsg.): Nationalatlas Bundesrepublik Deutschland. Bd. 5: Dörfer und Städte. Heidelberg, S. 80-81.

POPP, H. (2003): Kulturwelten, Kulturerdteile, Kulturkreise: zur Beschäftigung der Geographie mit einer Gliederung der Erde auf kultureller Grundlage. In: Bayreuther Kontaktstudium Geographie 2, S. 19-42.

POST, F.-J. (2001): Europäische Kolonialstädte in vergleichender Perspektive. In: GRÜNDER, H. und JOHANEK, P. (Hrsg.): Kolonialstädte: europäische Enklaven oder Schmelztiegel der Kulturen? Münster S. 1-25 (=Europa – Übersee. Historische Studien 9).

POTTER, R. B. (2000): Global change and Caribbean urbanisation in global convergence and global divergence. In: POTTER, R. B. (Hrsg.): The urban Caribbean in an era of global change. Aldershot, S. 49-75.

POTTER, R. B. und LLOYD-EVANS, S. (1998): The city in the developing world. Harlow.

PRIEBS, A. (2002): Suburbanisierung und Verwaltungsgrenzen. Informationen zur modernen Stadtgeschichte (2), S. 13-17.

RADEMACHER, C. (2002): Kaifeng: in der größten Stadt der Welt. Geo Epoche (8), S. 48-61.

REBITZER, D. W. (1995): Internationale Steuerungszentralen: die führenden Städte im System der Weltwirtschaft. Erlangen (=Nürnberger Wirtschafts- und Sozialgeogr. Arb. 49).

REINHARD, E. (1992): Karlsruhe: Entwicklung und Funktionen. GR 44 (5), S. 274-280.

REUBER, P. und WOLKERSDORFER, G. (2002): Clash of Civilizations aus Sicht der kritischen Geopolitik. GR 54 (7/8), S. 24-28.

ROBISON, R. und GOODMAN, D. (Hrsg.) (1996): The new rich in Asia. London.

ROSTOW, W. W. (1971): The stages of economic growth. 2. Aufl. Cambridge.

RUFIN, J.-C. (1993): Das Reich und die neuen Barbaren. Berlin.

ROY, A. K. (1978): History of Jaipur City. New Delhi.

SASSEN, S. (1994): Cities in a world economy. London.

SCHÄFERS, B. (1977): Phasen der Stadtbildung und Verstädterung. Ztschr. für Stadtgeschichte, Stadtsoziologie und Denkmalpflege 4, S. 243-268.

SCHEFFLER, J. (2003): Lateinamerika: ein Kulturerdteil? In: Passauer Kontaktstudium Erdkunde 7, S. 9-18.

SCHLINGLOFF, D. (1969): Die altindische Stadt. Mainz (=Akad. d. Wiss. u. d. Lit., Abh. der geistes- und sozialwiss. Klasse 5).

SCHMIEDER, O. (1962): Die Neue Welt. Teil 1: Mittel- und Südamerika. Heidelberg.

SCHMITTHENNER, H. (1930): Die chinesische Stadt. In: PASSARGE, S. (Hrsg.): Stadtlandschaften der Erde. Hamburg, S. 85-108.

SCHNACKERS, B. (2003): Rom: eine Millionenstadt der Antike. Geographie heute 24 (207), S. 26-27.

SCHNORE, L. F. (1965): On the spatial structure of cities in the two Americas. In: HAUSER, P.M. und SCHNORE, L.F. (Hrsg): The study of urbanization. New York, S. 347-398.

SCHÖLLER, P. (1985): Die Großstadt des 19. Jahrhunderts: ein Umbruch der Stadtgeschichte. In: STOOB, H. (Hrsg.) (1985): Die Stadt. Köln, S. 275-313.

SCHOLZ, F. (2002): Die Theorie der „fragmentierten Entwicklung“. GR 54 (10), S. 6-11.

SCHUBERT, D. (1998): „Heil aus Ziegelsteinen“: Aufstieg und Fall der Nachbarschaftsidee. Die alte Stadt 25 (2), S. 141-173.

SHEVKY, E. und BELL, W. (1955): Social area analysis. Stanford/Cal.

SHORT, J. u. a. (1996): The dirty little secret of world cities research: data problems in comparative analysis. Internat. Journal of Urban and Regional Research 20 (4), S. 697-717.

SIEDENTOP, S. und KAUSCH, S. (2004): Die räumliche Struktur des Flächenverbrauchs in Deutschland. Raumf. u. Raumordnung (1), S. 36-49.

SJOBERG, G. (1965): The preindustrial city. New York.

SKINNER, W. (Hrsg.) (1977): The city in late imperial China. Stanford/Cal.

SODEN, W. VON (1985): Tempelstadt und Metropolis im Alten Orient. In: STOOB, H. (Hrsg.) (1985): Die Stadt. Köln, S. 37-79.

SOJA, E. (1995): Postmodern urbanism and the six restructurings of Los Angeles. In: WATSON, S. und GOBSON, K. (Hrsg.): Postmodern cities and spaces. Oxford, S. 125-137.

SOJA, E. (2000): Postmetropolis: critical studies of cities and regions. Oxford.

SOUTHALL, A. (1998): The city in time and space. Cambridge.

SPENCER, J. und THOMAS, W. (1978): Introducing cultural geography. 2. Aufl. New York.

STEINBACH, J. (1991): Wirtschaftlicher und sozialer Entwicklungsstand in den Staaten der Erde. Mitt. Österr. Geogr. Ges. 133, S. 69-108.

STEWIG, R. (1983): Die Stadt in Industrie- und Entwicklungsländern. Paderborn (=UTB 1247).

STOCK, R. (1995): Africa south of the Sahara. New York.

STÖBER, G. und KREUTZMANN, H. (2001): Zum Gebrauchswert von „Kulturräumen". Kritische Geographie 14, S. 214-230.

STOOB, H. (Hrsg.) (1985): Die Stadt. Köln.

STUART, G. (2003): Teotihuacán: Amerikas erste Metropole. National Geographic (1), S. 102-133.

TAUBMANN, W. (1992): The Chinese city. In: Colloqium Geographicum 22, S. 108-131.

TAUBMANN, W. (1993): Die chinesische Stadt. GR 45 (7/8), S. 420-428.

TAYLOR, P. J. u. a. (2001): A new mapping of the world for the new millennium. Geogr. J. 167 (3), S. 213-222.

THIES, J. (1978): Nationalsozialistische Städteplanung: „Die Führerstädte". Die alte Stadt 5, S. 23-38.

THILO, T. (1977): Klassische chinesische Baukunst. Leipzig.

THÜRY, G. (2001): Müll und Marmorsäulen: Siedlungshygiene in der römischen Antike. Mainz.

TIEPOLO, M. (1996): City profile Brazzaville. Cities 13 (2), S. 117-124.

TIETZE, W. (Hrsg.) (1968-72): Westermann Lexikon der Geographie (Stichwörter Athen u. Rom). Braunschweig.

TREWARTHA, G. T. (1952): Chinese cities: origins and functions. Annals 42 (1), S. 69-93.

TURNER, I. (1968): Housing priorities, settlement patterns, and urban development in modernizing countries. Journal Amer. Inst. of Planners 34 (6), S. 354-363.

UN-Habitat (2003): The challenge of slums. Nairobi.

United Nations (UN) (2001): The components of urban growth in developing countries. New York.

United Nations (UN) (2002): Demographic yearbook 2000. New York.

United Nations (UN) (2004): World urbanization prospects: the 2003 revision. New York.

United Nations Development Programme (UNDP) (2004): Cultural liberty in today's diverse world. Genf (=Human development report 2004).

VAVRA, E. (1994): „Macht Stadtluft frei?“: von der Ansiedlung zur mittelalterlichen Stadt. Praxis Geschichte 7 (2), S. 6-12.

VOLMERIG, R. (1986): Friedrichstadt in Schleswig-Holstein. Die Heimat 93, S. 285-296.

WEGNER, M. (1985): Zur Topographie von Stadtanlagen der Griechischen und Römischen Antike. In: STOOB, H. (Hrsg.): Die Stadt. Köln, S. 99-112.

WEHRHAHN, R. (2000): Zur Peripherie postmoderner Metropolen: Periurbanisierung, Fragmentierung und Polarisierung, untersucht am Beispiel Madrid. Erdkunde 54 (3), S. 221-237.

WEINMANN, R. (2000): Architektur und Ideologie im Nationalsozialismus: die Entwürfe von Hans Freese für eine Neugestaltung der Heidelberger Westvorstadt. HGG-Journal 15, S. 184-198.

WHITE, P. (1984): The West European city. London.

WIEGAND, C.-C. (2000): Urban development in Germany: perspectives for the future. GeoJournal 50, S. 5-15.

WILHELMY, H. (1981): Welt und Umwelt der Maya. München.

WIRTH, E. (1968): Strukturwandlungen und Entwicklungstendenzen der orientalischen Stadt. Erdkunde 22 (2), S. 101-128.

WIRTH, E. (2001): Die orientalische Stadt im islamischen Vorderasien und Nordafrika. 2 Bde. 2. Aufl. Mainz.

WOLKERSDORFER, G. (2001): Politische Geographie und Geopolitik zwischen Moderne und Postmoderne. Heidelberg (=Heidelberger Geogr. Arb. 111).

WOOD, G. (2003): Die postmoderne Stadt: Neue Formen der Urbanität im Übergang vom zweiten ins dritte Jahrtausend. In: GEBHARDT, H.; REUBER, P. und WOLKERSDORFER, G. (Hrsg.): Kulturgeographie. Heidelberg, S. 131-147.

World Bank (2004a): World development indicators 2004. Washington, D.C.

World Bank (2004b): A better investment for everyone. New York (=World development report 2005).

WORTMANN, W. (1989): Hafenstädte des 19. Jahrhunderts: Bremerhaven, Wilhelmshaven. In: WORTMANN, W. (Hrsg.): Deutsche Stadtgründungen der Neuzeit. Wiesbaden, S. 109-119.

WU, L. (1986): A brief history of ancient Chinese city planning. Kassel (=Urbs et regio, Sonderband 38).

WURSTER, W. (2000): Cuzco in zwei Welten: Hauptstadt der Inka und spanische Kolonialstadt. Antike Welt 31 (2), S. 141-155.

ZEHNER, K. (2001): Stadtgeographie. Gotha (=Perthes Geographie Kolleg).

ZELINSKY, W. (1973): The cultural geography of the United States. Englewood Cliffs/N. J.

ZÖLITZ, R. (1987): Die Schleswiger Landenge im historischen Profil. In: BÄHR, J. und KORTUM, G. (Hrsg.): Schleswig-Holstein. Berlin, S. 113-132 (=Sammlung Geographischer Führer 15).

Europa (Kap. 7.2.1 und 7.2.2)

ANTONIOU, J. (1994): Städte gestern & heute. Köln.

ARING, J. und HERFERT, G. (2001): Neue Muster der Wohnsuburbanisierung. In: BRAKE, K. u. a. (Hrsg.): Suburbanisierung in Deutschland. Opladen, S. 43-56.

BALL, M. und SUNDERLAND, D. (2001): An economic history of London 1800-1914. London.

BEHRING, K. und HELBRECHT, I. (2002): Wohneigentum in Europa. Stuttgart.

BRADE, I. und SCHULZE, M. (2003): Die russischen Städte im Umbruch. GR 55 (12), S. 34-40.

BRAKE, K. u. a. (Hrsg.) (2001): Suburbanisierung in Deutschland. Opladen.

BRUNN, S. D.; WILLIAMS, J. F. und ZEIGLER, D. J. (Hrsg.) (2003): Cities of the world. 3. Aufl. Lanham/Maryland.

BURDACK, J.; DÖVÉNYI, Z. und KOVÁCS, Z. (2004): Am Rand von Budapest. PGM 148 (3), S. 30-39.

BURDACK, J. und HERFERT, G. (1998): Neue Entwicklungen an der Peripherie europäischer Großstädte. Europa Regional 6 (2), S. 26-44.

CARTER, H. (1995): The study of urban geography. 4. Aufl. London.

CLOUT, H. (Hrsg.) (1978): Changing London. Slough.

FRIEDRICH, K. (2000): Gentrifizierung: theoretische Ansätze und Anwendung auf Städte in den neuen Ländern. GR 52 (7/8), S. 34-39.

GLASZE, G. u. a. (2003): Bewachte Wohnkomplexe in Europa. GH 58 (4).

HÄUßERMANN, H. (1997): Von der sozialistischen zur kapitalistischen Stadt. In: Münchener Geogr. Hefte 76, S. 21-31.

HÄUßERMANN, H. (2001): Die europäische Stadt. Leviathan 29 (2), S. 237-255.

HÄUßERMANN, H. und SIEBEL, W. (Hrsg.) (1993): Festivalisierung der Stadtpolitik: Stadtentwicklung durch große Projekte (=Leviathan Sonderheft 13).

HALLER, C. (2002): Leerstand im Plattenbau: eine Herausforderung für den Stadtumbauprozess in den neuen Ländern. Jahrbuch Stadterneuerung, S. 131-148.

HAMILTON, F. E. I. (1979): The socialist city. Chichester.

HAMNETT, C. (2003): Gentrification and the middle-class remaking of inner London, 1961-2001. Urban Studies 40 (12), S. 2401-2426.

HAVERSATH, J.-B. (1997): Zwischen Skylla und Charybdis: Probleme der Staatenbildung und Raumentwicklung in Nordgriechenland. In: Passauer Schriften zur Geogr. 15, S. 63-74.

HEBBERT, M. (1998): London. Chichester (=World Cities Series).

HEINEBERG, H. (1997): Großbritannien. Gotha (=Perthes Länderprofile).

HEINRITZ, G. und LICHTENBERGER, E. (Hrsg.) (1984): The take-off of suburbia and the crisis of the central city. Stuttgart (= Erdkundliches Wissen 76).

HERFERT, G. (1996): Wohnsuburbanisierung in Verdichtungsräumen der neuen Bundesländer. Europa Regional 4 (1), S. 32-46.

HERFERT, G. (1998): Stadt-Umland-Wanderungen in den 90er Jahren. Informationen zur Raumentwicklung (11/12), S. 763-776.

HOYLER, M. (2004): London und Frankfurt als Weltstädte. GR 56 (4), S. 26-31.

HUBER, W. (1999): Fast jedes Jahr ein neues Moskau. Stadtbauwelt 90 (12), S. 620-628.

IOFFE, G. und NEFEDOVA, T. (1998): Environs of Russian cities: a case study of Moscow. Europe-Asia Studies 50 (8), S. 1325-1356.

JESSEN, J. (2000): Amerikanische Stadt – Europäische Stadt. In: HASSENPFLUG, D. (Hrsg.): Die europäische Stadt. Münster, S. 197-215.

JÜRGENS, U. (1998): Einzelhandel in den Neuen Bundesländern. Kiel (=Kieler Geogr. Schr. 98).

KARGER, A. (1965): Moskau. GR 17 (12), S. 479-498.

KESTELOOT, C.; WEESEP, J. VAN und WHITE, P. (Hrsg.) (1997): Minorities in West European cities. Tijdschrift voor Econ. en Soc. Geografie 88(2).

KNOX, P. und MARSTON, S. (2001): Humangeographie. Heidelberg (=Spektrum Lehrbuch).

KOLOSSOV, V.; VENDINA, O. und O'LOUGHLIN, J. (2002): Moscow as an emergent world city. Eurasian Geography and Economics 43 (3), S. 170-196.

KORBY, W. (2002): Raumwirksamkeit des sozialen Wandels: die „Neuen Russen" und ihr Lebensstil. PG 32 (1), S. 18-20.

LEISTER, I. (1970): Wachstum und Erneuerung britischer Industriegroßstädte. Wien (=Schr. d. Komm. f. Raumf. d. Österr. Akad. d. Wiss. 2).

LENTZ, S. (2000): Die Transformation des Stadtzentrums von Moskau. GR 52 (7-8), S. 11-18.

LENTZ, S. und LINDNER, P. (2003): Privatisierung des öffentlichen Raumes: soziale Segregation und geschlossene Wohnviertel Moskaus. GR 55 (12), S. 50-57.

LEUPOLT, B. (1988): Entwicklung und Struktur von Moskau, Hauptstadt der UdSSR. Geographische Berichte 33 (4), S. 217-232.

LICHTENBERGER, E. (1972): Die europäische Stadt: Wesen, Modell, Probleme. Ber. z. Raumf. und Raumpl. 16 (1), S. 3-25.

LICHTENBERGER, E. (1998): Stadtgeographie 1. Stuttgart (=Teubner Studienbücher der Geogr.).

LICHTENBERGER, E. (2002): Die Stadt: von der Polis zur Metropolis. Darmstadt.

MEYER, K. (2001): Entwicklung und Struktur der Städte in Castilla y León (Spanien). Passau (=Passauer Schriften zur Geogr. 17).

MITSCHERLICH, A. (1965): Die Unwirtlichkeit unserer Städte. Frankfurt/M.

MONHEIM, R. (1980): Fußgängerbereiche und Fußgängerverkehr in Stadtzentren in der Bundesrepublik Deutschland (=Bonner Geogr. Abh. 64).

MONHEIM, R. (2000): Fußgängerbereiche in deutschen Innenstädten. GR 52 (7/8), S. 40-46.

OTT, T. (1997): Erfurt im Transformationsprozeß der Städte in den neuen Ländern. Erfurt (=Erfurter Geogr. Studien 6).

PEZ, P. (2000): Verkehrsberuhigung in Stadtzentren. Archiv für Kommunalwissenschaften 39(1), S. 117-145.

POPP, H. (2004): Die deutsche Stadt: gibt es die überhaupt (noch)? Bayreuth (unveröff. Manuskript).

PRIEBS, A. (1998): Hafen und Stadt: Nutzungswandel und Revitalisierung alter Häfen als Herausforderung für Stadtentwicklung und Stadtgeographie. GZ 86(1), S. 16-30.

PÜTZ, R. (1998): Einzelhandel im Transformationsprozeß: das Spannungsfeld von lokaler Regulierung und Internationalisierung am Beispiel Polen. Passau (=Geographische Handelsforschung 1).

RILEY, R.; NIZNIK, A. und BURDACK, J. (1999): Łódź: Transformation einer altindustriellen Stadt in der postsozialistischen Periode. Europa Regional 7 (1), S. 22-32.

RONNEBERGER, K.; LANZ, S. und JAHN, W. (1999): Die Stadt als Beute. Bonn (=Dietz-Taschenbuch 83).

ROWLAND, R. (2000): Urbanization in Ukraine during the 1990s. Post-Soviet Geography and Economics 41 (3), S. 183-216.

SABELBERG, E. (1984): Regionale Stadttypen in Italien. Wiesbaden (=Erdkundliches Wissen 66).

SAILER-FLIEGE, U. (1998): Die Suburbanisierung der Bevölkerung als Element raumstruktureller Dynamik in Mittelthüringen. Ztschr. für Wirtschaftsgeogr. 42 (2), S. 97-116.

SCHUBERT, D. (2001): Mythos „europäische Stadt". Die alte Stadt 28 (4), S. 270-290.

SIEVERTS, T. (1997): Zwischenstadt. Wiesbaden.

STADELBAUER, J. (1989): Die Entwicklung von Moskau zur Weltmetropole. Mitt. Österr. Geogr. Ges. 131, S. 189-228.

STADELBAUER, J. (1996): Moskau: postsozialistische Megastadt im Transformationsprozeß. GR 48 (2), S. 113-119.

STADELBAUER, J. (2002a): Postsozialistische Stadtentwicklung in der GUS im Licht der Transformation. GS 136, S. 3-9.

STADELBAUER, J. (2002b): Moskau: Hauptstadt einer Rest-Weltmacht. In: SCHNEIDER-SLIWA, R. (Hrsg.): Städte im Umbruch. Berlin, S. 131-153.

STEWIG, R. (1983): Die Stadt in Industrie- und Entwicklungsländern. Paderborn (=UTB 1247).

United Nations (UN) (2004): World urbanization prospects: the 2003 revision. New York.

VENDINA, O. (2002): Social polarization and ethnic segregation in Moscow. Eurasian Geography and Economics 43 (3), S. 216-243.

WENDINA, O. und BRADE, I. (1996): Der Immobilienmarkt in Moskau: Grundtendenzen der 90er Jahre. Europa Regional 4 (2), S. 17-28.

WHITE, P. (1984): The West European city. London.

WIEßNER, R. (2002): Budapest: die ungarische Hauptstadt im Transformationsprozess. GS 136, S. 24-28.

Nordamerika (Kap. 7.2.3.1)

ABU-LUGHOD, J. (1999): New York, Chicago, Los Angeles: America´s global cities. Minneapolis.

ALLEN, J. und TURNER, E. (1996): Ethnic diversity and segregation in the new Los Angeles. In: ROSEMAN, C.; LAUX, H.D. und THIEME, G. (Hrsg.): EthniCity: geographical perspectives on ethnic change in modern cities. Lanham/Maryland, S. 1-29.

BAUDER, H. und SHARPE, B. (2002): Residential segregation of visible minorities in Canada´s gateway cities. Canadian Geographer 46 (3), S. 204-222.

BECKER, H. (1981): Kollektive Gründungen von Goldgräber-Städten um die Wende zum 20. Jahrhundert in Alaska. Die alte Stadt 8, S. 1-12.

BLAKELEY, E. und SNYDER, M. (1997): Fortress America: gated communities in the United States. Washington, D.C.

BODENSCHATZ, H. (2000): New Urbanism: die Neuerfindung der amerikanischen Stadt. StadtBauwelt 91 (12), S. 22-31.

BODENSCHATZ, H. und KEGLER, H. (2000): Städtebaureform auf Amerikanisch: Projekte des New Urbanism. StadtBauwelt 91 (12), S. 42-59.

BRONGER, D. (2001): New York: Disparitäten im innerurbanen Raum. GS 133, S. 31-37.

BRUNN, S. und WILLIAMS, J. (Hrsg.) (1993): Cities of the world. 2. Aufl. New York.

CONZEN, M. (1983): Amerikanische Städte im Wandel. GR 35 (4), S. 142-150.

DAVIS, M. (1992): City of quartz. New York.

DAVIS, M. (1999): Ökologie der Angst. München.

DEAR, M. (2005): Die Los Angeles School of Urbanism. GR 57 (1), S. 30-36.

FORD, L. (1994): Cities and buildings: skyscrapers, skid rows, and suburbs. London.

FRANTZ, K. (2001): Gated Communities in Metro-Phoenix (Arizona). GR 53 (1), S. 12-18.

FRÖHLICH, H. (2004): „Learning from Los Angeles“: Gedanken zur postmodernen Stadtforschung. PGM 148 (1), S. 50-53.

GAMERITH, W. (1999): Weltmetropole New York City. GR 51 (4), S. 196-202.

GARREAU, J. (1991): Edge city: life on the new frontier. New York.

GOSS, J. (1993): The „magic of the mall": an analysis of form, function, and meaning in the contemporary retail built environment. Annals 83 (1), S. 18-47.

HAHN, B. (1992): Winterstädte: Planung für den Winter in kanadischen Großstädten. Augsburg (=Beiträge zur Kanadistik 2).

HAHN, B. (2002): 50 Jahre Shopping Center in den USA. Passau.

HAHN, B. (2004): New York, Chicago, Los Angeles: Global Cities im Wettbewerb. GR 56 (4), S. 12-18.

HAHN, R. (1990): USA. Stuttgart (=Klett Länderprofile).

HAHN, R. (2002): USA. Gotha (=Perthes Länderprofile).

HELBRECHT, I. (1996): Stadtstrukturen in Kanada und den USA im Vergleich. Erdkunde 50 (3), S. 238-251.

HILLMANN, F. (1998): Zuwanderung und ethnische Arbeitsmärkte in New York. GR 50 (3), S. 157-162.

HOFMEISTER, B. (1992): The North American city. In: Colloquium Geographicum 22, S. 54-64.

HOLZNER, L. (1996): Stadtland USA: die Kulturlandschaft des American Way of Life. Gotha (=PGM, Ergänzungsheft 291).

HOWENSTINE, E. (1996): Ethnic change and segregation in Chicago. In: ROSEMAN, C.; LAUX, H.D. und THIEME, G. (Hrsg.): EthniCity: geographical perspectives on ethnic change in modern cities. Lanham/ Maryland, S. 31-49.

http://www.usc.edu/isd/archives/cityinstress/medical/part11.html

ILS (1999): Integrierte Stadtteilerneuerung und Bewohneraktivierung in den USA. Dort¬mund (=ILS-Schriften 142).

KAISER, M. (1999): Wo die Armut abgerissen wird. Die ZEIT vom 15.04.1999, S. 17-21.

KLOHN, W. (1998): Die US-amerikanische Stadt im Wandel. Ztschr. für den Erdkundeunterricht (4), S. 202-208.

KNAUF, D. (1998): New York: immigrant city. PG 28 (7/8), S. 61-65.

KOWINSKI, W. (1985): The malling of America. New York.

LACAYO, R. (1998): Suburban legend William Levitt. Time Magazine 152 (23), S. 94-98.

LAUX, H.-D. und THIEME, G. (1992): Jenseits des Schmelztiegels: die asiatische Einwanderung in die USA und das Beispiel der Koreaner in Los Angeles. Die Erde 123 (3), S. 191-205.

LEE, D. (1995): Koreatown and Korean small firms in Los Angeles. Professional Geographer 47 (2), S. 184-195.

LENZ, K. (1996): Multikulturalismus in Kanada. GR 48 (4), S. 240-246.

LI, W. (1998): Los Angeles´s Chinese ethnoburb: from ethnic service center to global economy outpost. Urban Geography 19 (6), S. 502-517.

LICHTENBERGER, E. (2002a): Wozu braucht die Gesellschaft die Stadt? 53. Dt. Geographentag Leipzig 2001. Tagungsber. u. wiss. Abh. Leipzig, S. 32-42.

LICHTENBERGER, E. (2002b): Die Stadt: von der Polis zur Metropolis. Darmstadt.

MARCUSE, P. (1997): The enclave, the citadel, and the ghetto. Urban Affairs Review 33 (2), S. 228-264.

MATUSCHEWSKI, A. (2005): Revitalisierung innerstädtischer Slums und Ghettos in New York? GR 57 (1), S.14-21.

MCCARTHY, J. (1999): Chicago: a case study of social exclusion and city regeneration. Cities 16 (5), S. 323-331.

METZGER, C. (2000): New York. Köln.

MIDDLETON, D. (1997): Celebration, Florida. Urban Land 56 (2), S. 32-36 u. 54.

MIYARES, I. (1998): „Little Odessa": Brighton Beach, Brooklyn. Urban Geography 19 (6), S. 518-530.

MORTON, M. (2002): The suburban ideal and suburban realities: Cleveland Heights, Ohio, 1860-2001. Journal of Urban History 28 (6), S. 671-698.

MÜLLER, W. und ROHR-ZÄNKER, R. (1995): Neue Zentren in den Verdichtungsräumen der USA. Raumf. u. Raumordnung 53 (6), S. 436-443.

OTT, T. (2004): Are Canadian cities becoming more American? Ztschr. für Kanada-Studien 24 (1), S. 162-175.

PRIES, M. (2001): Wiederentdeckung der Downtown New York/Lower Manhattan. GR 53 (1), S. 26-32.

PRIES, M. (2005): New York City und der 11. September – drei Jahre danach. GR 57 (1), S. 4-12.

SCHNEIDER, M. und PHELAN, T. (1993): Black suburbanization in the 1980s. Demography 30 (2), S. 269-279.

SCHNEIDER-SLIWA, R. (1996a): „Hyper-Ghettos" in amerikanischen Großstädten. GZ 84 (1), S. 27-42.

SCHNEIDER-SLIWA, R. (1996b): Kernstadtverfall und Modelle der Erneuerung in den USA. Berlin.

SEABROOK, J. (2003): Der Turmbau zu New York. Arch+ 164/165, S. 32-39.

SMITH, N. (1996): The new urban frontier. London.

SOBEK, W. und REHLE, N. (2003): Hochhäuser nach dem 11. September. Arch+ 164/165, S. 52-53.

SOJA, E. (2000): Postmetropolis: critical studies of cities and regions. Oxford.

STERN, R. u. a. (1997): New York 1960. Köln.

STEWIG, R. (1983): Die Stadt in Industrie- und Entwicklungsländern. Paderborn (=UTB 1247).

The Bronx on the web (2002): http://www2.nypl.org/home/branch/bronx/index.cfm

THIEME, G. und LAUX, H.-D. (1995): Soziale und ethnische Konflikte im Restrukturierungsprozess: die Unruhen vom Frühjahr 1992 in Los Angeles. Erdkunde 49 (4), S. 315-334.

THIEME, G. und LAUX, H.-D. (1996): Los Angeles: Prototyp einer Weltstadt an der Schwelle zum 21. Jahrhundert. GR 48 (2), S. 82-88.

TIETZE, W. (Hrsg.) (1968-72): Westermann Lexikon der Geographie. Braunschweig.

United Nations (UN) (2004): World urbanization prospects: the 2003 revision. New York.

VOIGTS, E. (1976): Die Vereinigten Staaten von Amerika. Bonn (=Informationen zur Politischen Bildung 156).

WACQUANT, L. (1998): Drei irreführende Prämissen bei der Untersuchung der amerikanischen Ghettos. In: HEITMEYER, W. u. a. (Hrsg.): Die Krise der Städte. Frankfurt/M., S. 194-210.

WARF, B. (2000): New York: the Big Apple in the 1990s. Geoforum 31 (4), S. 487-499.

WEHRHEIM, J. (1999): Gated Communities: Sicherheit und Separation in den USA. RaumPlanung 87, S. 248-253.

WEITZ, J. (1994): Die nordamerikanische Stadt: Genese, Struktur und aktuelle Entwicklungstendenzen. GS 89, S. 13-24.

WIKTORIN, D. (2001): New York City: Januskopf einer Global City. PG 31 (10), S. 21-26.

WIRTH, L. (1928): The ghetto. Chicago

YEATES, M. (1998): The North American city. 5. Aufl. New York.

ZEHNER, K. (2001): Stadtgeographie. Gotha (=Perthes Geographie Kolleg).

ZHOU Y. (1998): How do places matter? A comparative study of Chinese ethnic economies in Los Angeles and New York City. Urban Geography 19 (6), S. 531-553.

ZOLNIK, E. (2004): The North American City revisited: urban quality of life in Canada and the United States. Urban Geography 25 (3),S. 217-240.

ZUKIN, S. (1982): Loft living as „historic compromise" in the urban core: the New York experience. Internat. Journal of Urban and Regional Research 6 (2), S. 256-267

Australien/Neuseeland (Kap. 7.2.3.2)

BADCOCK, B. (2000): The imprint of the post-fordist transition on Australian cities. In: MARCUSE, P. und KEMPEN, R. VAN (Hrsg.): Globalizing cities: a new spatial order? Oxford, S. 211-227.

BLUMBERG, K. (2003): New Zealand cities: planning for urban sustainability in a 'green clean' country? In: Münstersche Geogr. Arb. 46, S. 155-164.

BRAUN, B. (1995): Suburbia in Australien: funktionaler und struktureller Wandel der Vorstädte australischer Metropolen. GR 47 (11), S. 660-667.

BRAUN, B. (1996): Neue Cities australischer Metropolen: die Entstehung multifunktionaler Vorortzentren als Folge der Suburbanisierung. Bonn (=Bonner Geogr. Abh. 94).

BRAUN, B. (2002): Zentrenentwicklung im internationalen Vergleich: Nordamerika – Australien – Europa. 53. Dt. Geographentag Leipzig 2001. Tagungsber. u. wiss. Abh. Leipzig, S. 195-209.

BRAUN, B.; GROTZ, R. und SCHÜTTEMEYER, A. (2001): Von der flächenhaften zur verdichteten Stadt: Ansätze der nachhaltigen Stadtentwicklung in Sydney. PGM 145 (5), S. 56-65.

BRAUN, B.; KRAAS, F. und SCHÜTTEMEYER, A. (2004): Sydney und Singapur: divergierende Entwicklungs- und Steuerungsstrategien im urbanen Konkurrenzgefüge. Ztschr. für Wirtschaftsgeogr. 48 (3/4), S. 251-268.

BRAUN, B. und SCHÜTTEMEYER, A. (2001): Sydney. In: BECKEL, L. (Hrsg.): Megacities. Salzburg, S.194-197.

BRUNN, S. D. und WILLIAMS, J. F. (Hrsg.) (1993): Cities of the world. 2. Aufl. New York.

BURNLEY, I. H. (2002): Evolution of Chinese settlement geographies in Sydney, Australia. Urban Geography 23 (4), S. 365-387.

CONNELL, J. (Hrsg.) (2000): Sydney: the emergence of a world city. Oxford.

DAVISON, G. (1995): Australia: the first suburban nation? Journal of Urban History 22 (1), S 40-74.

Forster, C. (2004). Australien Cities. Oxford.

GROTZ, R. (1987): Jüngere Veränderungen im Inneren der Agglomeration Sydney. Erdkunde 41 (4), S. 311-325.

GROTZ, R. (1995): Einwanderung nach Australien im Wandel. GR 47 (11), S. 626-632

HOFMEISTER, B. (1982): Die Stadt in Australien und USA: ein Vergleich ihrer Strukturen. Mitt. Geogr. Ges. Hamburg 72, S. 3-35.

HOFMEISTER, B. (1988): Australia and its urban centers. Berlin (=Urbanisierung der Erde 6).

HOFMEISTER, B. (1995): Städtewesen. In: LÖFFLER, E. und GROTZ, R.: Australien. Darmstadt, S. 317-367 (=Wiss. Länderkunden 40).

HOFMEISTER, B. (1996): Die Stadtstruktur: ihre Ausprägung in den verschiedenen Kulturräumen der Erde. 3. Aufl. Darmstadt (=Erträge der Forschung 132).

JOHNSTON, R.; FORREST, J. und POULSEN, M. (2001). Sydney's ethnic geography. Australian Geographer 32 (2), S. 149-162.

JOHNSTON, R.; POULSEN, M. und FORREST, J. (2002): Fragmented urban spaces? Ethnic residential areas in New Zealand cities, 1996. New Zealand Geographer 58 (2), S. 30-44.

LAMPING, H. (1999): Australien. 2. Aufl. Gotha (=Perthes Länderprofile).

PFISTER, N.; FREESTONE, R. und MURPHY, P. (2000): Polycentricity or dispersion? Changes in center employment in metropolitan Sydney, 1981 to 1996. Urban Geography 21 (5), S. 428-442.

POULSEN, M. F. und JOHNSTON, R. J. (2000): The ghetto model and ethnic concentration in Australian cities. Urban Geography 21 (1), S. 26-44.

ROFE, M. W. (2000): Gentrification within Australia´s problem city: inner Newcastle as a zone of residential transition. Australian Geographical Studies 38 (1), S. 54-70.

SCHÜTTEMEYER, A. (2005a): Verdichtete Siedlungsstrukturen in Sydney. St. Augustin (=Bonner Geogr. Abh. 113).

SCHÜTTEMEYER, A. (2005b): Einwanderungsland Australien: das Beispiel der Asiaten. GR 57 (5), S. 54-59

SCHÜTTEMEYER, A. und GROTZ, R. (2002): VERKEHRte STADT: Wirkungen von Siedlungsstrukturen auf das Verkehrsverhalten in Sydney. In: 53. Dt. Geographentag Leipzig 2001. Tagungsber. u. wiss. Abh. Leipzig, S. 518-530.

United Nations (UN) (2004): World urbanization prospects: the 2003 revision. New York.

United Nations Development Programme (UNDP) (2004): Cultural liberty in today's diverse world. Genf (=Human development report 2004).

World Bank (2004): A better investment for everyone. New York (=World development report 2005).

Japan (Kap. 7.2.4)

BOGNAR, B. (1997): Tokyo. Chichester (=World Cities Series).

BONGENAAR A. (2001): Corporate governance and public private partnership: the case of Japan. Utrecht (=Nederlandse Geografische Studies 282).

BRUNN, S. D. und WILLIAMS, J. F. (1993): Cities of the world. 2. Aufl. New York.

CYBRIWSKY, R. (1998): Tokyo: the Shogun's city at the twenty-first century. 2. Aufl. Cichester (=World Cities Series).

EDGINGTON, D. W. (2000): City profile Osaka. Cities 17 (4), S. 305- 318.

EICHHORN, M. (1996): Pendlerverkehr in Tokyo. Bonn (=Bonner Japanforschungen 17).

FELDHOFF, T. (1998): Pendelverkehr und Massenschnellverkehrsmittel im Ballungsraum Tôkyô. Baden-Baden (=Schriftenreihe zur Ostasienforschung 8).

FELDHOFF, T. (2002): Japans Flughafenstandorte im Wettbewerb. GR 54 (6), S. 28-35.

FLÜCHTER, W. (1997): Megastadt Tôkyô: „Monster“ oder „Modell“? GS 110, S. 30-38.

FLÜCHTER, W. (2000): Tôkyô vor dem nächsten Erdbeben: Ballungsrisiken und Stadtplanung im Zeichen des Katastrophenschutzes. GR 52 (7/8), S. 54-61.

FLÜCHTER, W. (2001): „Pendlerhölle“ zwischen Last und Lust: Mega-Metropole Tôkyô. PG 31 (10), S. 38-42.

FLÜCHTER, W. (2002): Eine neue Hauptstadt für Japan? GR 54 (6), S. 36-43.

GUTSCHOW, N. (1976): Die japanische Burgstadt. Paderborn (=Bochumer Geogr. Arb. 24).

HALL, J. W. (1968): The castle town and Japan´s modern urbanization. In: HALL, J. W. und JANSEN, M. B. (Hrsg.): Studies in the institutional history of early modern Japan. Princeton/N. J., S. 169-188.

HEIN, C. und ISHIDA, Y. (1998): Japanische Stadtplanung und ihre deutschen Wurzeln. Die alte Stadt 25 (3), S. 189-211.

HOFMEISTER, B. (1996): Die Stadtstruktur: ihre Ausprägung in den verschiedenen Kulturräumen der Erde. 3. Aufl. Darmstadt (=Erträge der Forschung 132).

HOHN, U. (2000): Stadtplanung in Japan. Dortmund.

HOHN, U. (2001): Osaka. In: BECKEL, L. (Hrsg.): Megacities. Salzburg, S. 162-167.

HOHN, U. (2002a): Renaissance innerstädtischen Wohnens in Tôkyô: Trend zur Reurbanisierung. GR 54 (6), S. 4-11.

HOHN, U. (2002b): Ökonomischer und stadtstruktureller Wandel in der Global City Tôkyô.. Ztschr. für Wirtschaftsgeogr. 46 (3/4), S. 228-245.

HOHN, U. und HOHN, A. (2000): Stadtentwicklung an der Waterfront der Bucht von Tôkyô. GR 52 (6), S. 48-55.

KARAN, P. P. und STAPLETON, K. (Hrsg.) (1998): The Japanese city. Lexington/ Kentucky.

LÜTZELER, R. (2002): Ausländische Zuwanderer in Japan: Multikultur in einer „homogenen" Gesellschaft. GR 54 (6), S. 12-17.

MEUSBURGER, P. (2000): Tokio: die Stadt des Shoguns, der Katastrophen und der Zukunftsvisionen. HGG-Journal 15, S. 59-81.

NEUMANN, J. (2001): Tokio: Global City des Fernen Ostens. Mensch Raum Journal, Herbst/Winter 2001, S. 7-9.

SASAKI, H. (1992): Raumordnungsprobleme im Großraum Tokyo. PG 22 (12), S. 20-24.

SASSEN, S. (1991): The global city: New York, London, Tokyo. Princeton/ N. J.

SCHÖLLER, P. (1962): Wachstum und Wandlungen japanischer Stadtregionen. Die Erde 93 (3), S. 202-234.

SCHÖLLER, P. (1969): Ein Jahrhundert Stadtentwicklung in Japan. In: Colloquium Geographicum 10, S. 13-57.

SCHÖLLER, P. (1976): Unterirdischer Zentrenausbau in japanischen Städten. Erdkunde 30 (2), S. 108-125.

TAKEUCHI, Y. (2000): The Tokyo region. In: SIMMONDS, R. und HACK, G. (Hrsg.): Global city regions. London, S. 149-162.

SORENSEN, A. (2003): Building world city Tokyo. Annals of Regional Science 37 (3), S. 519-531.

United Nations (UN) (2004): World urbanization prospects: the 2003 revision. New York.

VOGT, S. (2002): Bürgerbeteiligung an der Stadtplanung in Tôkyô. GR 54 (6), S. 50-53.

WALEY, P. (2000): Tokyo: patterns of familiarity and partitions of difference. In: MARCUSE, P. und KEMPEN, R. VAN (Hrsg.): Globalizing cities: a new spatial order? Oxford, S. 127-157.

Orient (Kap. 7.3.1.1)

ABU-LUGHOD, J. L. (1980): Rabat: urban apartheid in Morocco. Princeton/N. J.

BOBEK, H. (1959): Die Hauptstufen der Gesellschafts- und Wirtschaftsentfaltung in geographischer Sicht. Die Erde 90 (3), S. 259-298.

BONINE, M. E. (1980): Yazd and its hinterland: a central place system of dominance in the central Iranian plateau. Marburg/L. (=Marburger Geogr. Schr. 83).

BONINE, M.E. und CORDES, R. (1983): Oil Urbanization: zum Entwicklungsprozeß eines neuen Typs orientalischer Städte. GR 35 (9), S. 461-466.

BRAUN, C. (1974): Teheran, Marrakesch und Madrid: ihre Wasserversorgung mit Hilfe von Qanaten. (=Bonner Geogr. Abh. 52).

BRIK, N. (1996): Jerusalem: Einflüsse einer ethnisch-differenzierenden Ideologie auf die Stadtentwicklung. Augsburg (=Angewandte Sozialgeographie 33).

DETTMANN, K. (1969): Islamische und westliche Elemente im heutigen Damaskus. GR 21 (2), S. 64-68.

DETTMANN, K. (1970): Zur inneren Differenzierung der islamisch-orientalischen Stadt: ein Vergleich von Städten in der Levante und im Nordwesten des indischen Subkontinents. 37. Dt. Geographentag Kiel 1969. Tagungsber. u. wiss. Abh. Wiesbaden, S. 488-497.

EHLERS, E. (1978): Rentenkapitalismus und Stadtentwicklung im islamischen Orient. Beispiel: Iran. Erdkunde 32 (2), S. 124-142.

EHLERS, E. (1980): Iran: Grundzüge einer geographischen Landeskunde. Darmstadt (=Wiss. Länderkunden 18).

EHLERS, E. (1993): Die Stadt des Islamischen Orients: Modell und Wirklichkeit. GR 45 (1), S. 32-39.

EHLERS, E. und KRAFFT, T. (Hrsg.) (1993): Shâhjahânabâd/Old Delhi: tradition and colonial change. Stuttgart (=Erdkundliches Wissen 111).

EHLERS, E. und MOMENI, M. (1989): Religiöse Stiftungen und Stadtentwicklung: das Beispiel Taft/Zentraliran. Erdkunde 43 (1), S. 16-26.

EHLERS, E. und MOMENI, M. (2002): Religion und Stadtentwicklung im Islam: das Beispiel Teheran/Iran. Erdkunde 56 (3), S. 286-309.

ESCHER, E. (1982): Grundeigentumsstruktur und Grundstücksmobilität in Taza/ Marokko. Mitt. Fränk. Geogr. Ges. 27/28, S. 455-581.

ESCHER, A.; PETERMANN, S. und CLOS, B. (2001): Gentrification in der Medina von Marrakesch. GR 53 (6), S. 24-31.

GAUBE, H. und WIRTH, E. (1984): Aleppo: historische und geographische Beiträge zur baulichen Gestaltung, zur sozialen Organisation und zur wirtschaftlichen Dynamik einer vorderasiatischen Fernhandelsmetropole. 2 Bde. Wiesbaden (=Beihefte zum TAVO B 58).

GEBHARDT, H. und SCHMID, H. (1999): Beirut: Zerstörung und Wiederaufbau nach dem Bürgerkrieg. GR 51 (4), S. 210-217.

GERTEL, J. (2002): Globalisierung und Metropolisierung: Kairos neue Unsicherheiten. GR 54 (10), S. 32-39.

GIESE, E. (1980): Aufbau, Entwicklung und Genese der islamisch-orientalischen Stadt in Sowjetmittelasien. Erdkunde 34 (1), S. 46-60.

GLASZE, G. und ALKHAYYAL, A. (2002): Gated housing estates in the Arab world: case studies in Lebanon and Riyadh, Saudi Arabia. Environment and Planning B 29 (3), S. 321-336.

HAHN, H. (1964/65): Die Stadt Kabul (Afghanistan) und ihr Umland. 2 Bde. Bonn (=Bonner Geogr. Abh. 34 u. 35).

HAHN, H. (1972): Wachstumsabläufe in einer orientalischen Stadt am Beispiel von Kabul/Afghanistan. Erdkunde 26 (1), S. 16-32.

HELLER, W. (1989): Bevölkerungsaustausch in der Altstadt von Istanbul. Die Erde 120 (1), S. 51-68.

HELLER, W. und GERDES, D. (1991): Stadtumbau in Istanbul: zur Verlagerung von Betrieben des Großhandels, des Handwerks und der Industrie vom „Goldenen Horn" seit 1980. Ztschr. für Wirtschaftsgeogr. 35 (1), S. 24-36.

HOHFELD, V. (1984): Gecekondus: Dörfer am Rande türkischer Städte? GR 36 (9), S. 444-450.

HOFMEISTER, B. (1996): Die Stadtstruktur: ihre Ausprägung in den verschiedenen Kulturräumen der Erde. 3. Aufl. Darmstadt (=Erträge der Forschung 132).

KOPP, H. und WIRTH, E. (1990): Beiträge zur Stadtgeographie von Sana'a. Wiesbaden (=Beihefte zum TAVO B 95).

LAVERGNE, M. und DUMORTIER, B. (2000): Dubai: von der Wüstenstadt zur Stadt in der Wüste. GR 52 (9), S. 46-51.

MADANIPOUR, A. (1998): Teheran: the making of a metropolis. Chichester (=World Cities Series).

MEYER, F. (2003): Die „islamisch-orientalische Stadt": noch immer ein eigenständiger kulturgenetischer Stadttyp? In: Bayreuther Kontaktstudium Geographie 2, S. 63-88.

MEYER, G. (1990): Wirtschaftlicher und sozialer Strukturwandel in der Altstadt von Kairo. Erdkunde 44 (2), S. 93-110.

MEYER, G. (Hrsg.) (2004): Die Arabische Welt im Spiegel der Kulturgeographie. Mainz (=Veröff. d. Zentrums z. Erforschung der Arabischen Welt 1).

NEWMAN, D. (2002): Politische Geographie einer ewigen Stadt: ethnisch-territoriale Teilung im „vereinten" Jerusalem. In: SCHNEIDER-SLIWA, R. (Hrsg.): Städte im Umbruch. Berlin, S. 47-71.

PACIONE, M. (2001): The internal structure of cities in the Third World. Geography 86 (3), S. 189-209.

PFAFFENBACH, C. (1992): Alltag in Damaskus: Die „Räumlichen Handlungsmuster" der Bewohner der Altstadtviertel. Erlangen (=Erlanger Geogr. Arb. 52).

PIEPER, J. (1977): Die Anglo-indische Station oder die Kolonialisierung des Götterberges. Bonn (=Veröff. Seminar zur Orient. Kunstgesch. an der Univ. Bonn, Reihe B: Antiquitates Orientales 1).

RITTER, G. (1972): Landflucht und Städtewachstum in der Türkei. Erdkunde 26 (3), S. 177-196.

RUPPERT, H. (1968): Die Geschäftsviertel Beiruts. GR 21 (2), S. 69-73.

SABBACH, J. (1993): Jerusalem: Stadt dreier Religionen. GR 45 (1), S. 50-57.

SCHMID, H. (2002): Der Wiederaufbau des Beiruter Stadtzentrums. Heidelberg (=Heidelberger Geogr. Arb. 114).

SCHOLZ, F. (1990): Muscat, Sultanat Oman: geographische Skizze einer einmaligen arabischen Stadt. 2 Bde. Berlin.

SCHWEIZER, G. (1990): Die Stadt im Islamischen Orient. In: EHLERS, E. u. a. (Hrsg.): Der Islamische Orient. Köln, S. 196-251.

SEGER, M. (1975): Strukturelemente der Stadt Teheran und das Modell der modernen orientalischen Stadt. Erdkunde 29 (1), S. 21-38.

SEGER, M. (1979): Zum Dualismus der Struktur orientalischer Städte: das Beispiel Teheran. Mitt. Österr. Geogr. Ges. 121, S. 129-159.

SEGER, M. (1997): Teheran von Schah zu Schia: metropolitane Entwicklung unter gegensätzlichen Rahmenbedingungen. In: FELDBAUER, P. u.a. (Hrsg.): Mega-Cities. Frankfurt/M., S. 233-257 (=Historische Sozialkunde 12).

SEGER, M. und PALENCSAR, F. (1999): Istanbul: Primate City zwischen den Welten? GR 51 (10), S. 562-569.

SEGER, M. und PALENCSAR, F. (2003): Istanbul: der Weg zurück zur Weltstadt. PGM 147 (4), S. 74-83.

ŞEN, E. (1972): Die Entwicklung der Wohngebiete der Stadt Ankara: ein Beitrag zum Gecekondu-Problem. GZ 60 (1), S. 25-39.

STANDL, H. (1994): Der Industrieraum Istanbul. Bamberg (=Bamberger Geogr. Schr. 14).

STEWIG, R. (1966): Bemerkungen zur Entstehung des orientalischen Sackgassengrundrisses am Beispiel der Stadt Istanbul. Mitt. Österr. Geogr. Ges. 108, S. 25-47.

STEWIG, R. (2000): Entstehung der Industriegesellschaft in der Türkei. Teil 3: Entwicklung seit 1980. Kiel (=Kieler Geogr. Schr. 102).

STÖBER, G. (1986): Habous Public in Marokko: zur wirtschaftlichen Bedeutung religiöser Stiftungen im 20. Jahrhundert. Marburg/L. (=Marburger Geogr. Schr. 104).

STÖBER, G. (1995): Modelle in Wissenschaft und Unterricht: das Beispiel „der orientalisch-islamischen Stadt". Internat. Schulbuchforschung 17 (3), S. 283-298.

STOKES, C. J. (1962): A theory of slums. Land Economics 38 (2), S. 187-197.

United Nations (UN) (2004): World urbanization prospects: the 2003 revision. New York.

UZUN, C. N. (2001): Gentrification in Istanbul. Utrecht (=Nederlandse Geografische Studies 285).

WAGNER, H.-G. (1996): Die Altstadt von Tunis: Funktionswandel von Handwerk und Handel 1968-1995. PGM 140 (5/6), S. 343-365.

WIEBE, D. (1978): Stadtstruktur und kulturgeographischer Wandel in Kandahar und Südafghanistan. Kiel (=Kieler Geogr. Schr. 48).

WIRTH, E. (1954): Die Lehmhüttensiedlungen der Stadt Bagdad. Erdkunde 8 (4), S. 309-316.

WIRTH, E. (1973): Die Beziehungen der orientalisch-islamischen Stadt zum umgebenden Lande: ein Beitrag zur Theorie des Rentenkapitalismus. In: Erdkundliches Wissen 33, S. 323-333.

WIRTH, E. (1974/75): Zum Problem des Bazars (suq, carsi). Der Islam 51, S. 203-260 u. 52, S. 6-46.

WIRTH, E. (1988): Dubai: ein modernes städtisches Handels- und Dienstleistungszentrum am Arabisch-Persischen Golf. Erlangen (=Erlanger Geogr. Arb. 48).

WIRTH, E. (1997): Kontinuität und Wandel der orientalischen Stadt. In: WILHELM, G. (Hrsg.): Die orientalische Stadt. Saarbrücken, S. 1-44.

WIRTH, E. (2001): Die orientalische Stadt im islamischen Vorderasien und Nordafrika. 2 Bde. 2. Aufl. Mainz.

YOUSRY, M. und ATTA, T.A.A. (1997): The challenge of urban growth in Cairo. In: RAKODI, C. (1997): The urban challenge in Africa. Tokyo, S. 111-149.

Südasien (Kap. 7.3.1.2)

BENTINCK, J. V. (2000): Unruly urbanisation on Delhi's fringe. Utrecht (=Nederlandse Geografische Studies 270).

BLENCK, J. (1974): Slums und Slumsanierung in Indien: erläutert am Beispiel von Jamshedpur, Jaipur und Madras. 39. Dt. Geographentag Kassel 1973. Tagungsber. u. wiss. Abh. Wiesbaden, S. 310-337.

BLENCK, J. (1977): Die Städte Indiens. In: BLENCK, J.; BRONGER, D. und UHLIG, H. (Hrsg.): Südasien. Frankfurt/M., S. 145-162 (=Fischer Länderkunde 2).

BRONGER, D. (1996): Indien: größte Demokratie der Welt zwischen Kastenwesen und Armut. Gotha (=Perthes Länderprofile).

BRUNN, S. D. und WILLIAMS, J. F. (Hrsg.) (1993): Cities of the world. 2. Aufl. New York.

BRUNN, S. D.; WILLIAMS, J. F. und ZEIGLER, D. (Hrsg.) (2003): Cities of the world. 3. Aufl. Lanham/Maryland.

CHAKRAVORTY, S. (2000): From colonial city to globalizing city? The far-from-complete spatial transformation of Calcutta. In: MARCUSE, P. und KEMPEN, R. VAN (Hrsg.): Globalizing cities: a new spatial order? Oxford, S. 56-77.

DETTMANN, K. (1974): Islamabad (Pakistan): Plan und Wirklichkeit. Die Erde 105 (3/4), S. 224-243.

DITTRICH, C. (2003): Bangalore: Polarisierung und Fragmentierung in Indiens Hightech-Kapitale. GR 55 (10), S. 40-45.

DUPONT, V. (2004): Socio-spatial differentiation and residential segregation in Delhi: a question of scale? Geoforum 35 (2), S. 157-175.

DUTT, A. K. u. a. (Hrsg.) (1994): The Asian city: processes of development, characteristics and planning. Dordrecht.

GANS, P. und TYAGI, V. (1999): Regionale Unterschiede in der Bevölkerungsentwicklung Indiens. GR 51 (3), S. 103-110.

GUTSCHOW, N. und SIEVERTS, T. (Hrsg.) (1977): Stadt und Ritual. Darmstadt. (=Beiträge und Studienmaterialien der Fachgruppe Stadt 11).

HOFMEISTER, B. (1996): Die Stadtstruktur: ihre Ausprägung in den verschiedenen Kulturräumen der Erde. 3. Aufl. Darmstadt (=Erträge der Forschung 132).

JAIN, A. K. (1996): The Indian megacity and economic reforms. New Delhi.

JOHNSON, B. L. C. (1979): India: resources and development. London.

KRAFFT, T. (1996): Delhi: Von Indraprastha zur Hauptstadt Indiens. GR 48 (2), S. 104-112.

KRAFFT, T. (1999): Von Shâhjâhânâbâd zu Old Delhi: zur Persistenz islamischer Strukturelemente in der nordindischen Stadt. St. Augustin (=Bonner Geogr. Abh. 100).

KRAFFT, T. (2001): Delhi. In: BECKEL, L. (Hrsg.): Megacities. Salzburg, S. 120-125.

KRAFFT, T.; AGGARWAL, S. und WOLF, T. (2003): Environmental degradation and health risks in Delhi. IHDP-Update 03/2003, S. 11-13.

KREUTZMANN, H. (1992): Anspruch und Realität einer geplanten Hauptstadt: Islamabad in Pakistan. Erdkunde 46 (1), S. 26-39.

MISTELBACHER, J. (2004): Wohnstandort und innerstädtische Wanderungsbewegungen unterer Sozialschichten in der indischen Megastadt Delhi. In: Materialien zur Bevölkerungswissenschaft 112, S. 113-129.

MISTELBACHER, J. (2005): Urbanisierungsdynamik in Indien: das Beispiel Delhi. GR 57 (10), S. 20-29.

NISSEL, H. (1977): Bombay: Untersuchungen zur Struktur und Dynamik einer indischen Metropole. Berlin (=Berliner Geogr. Studien 1).

NISSEL, H. (1997): Megastadt Bombay – Global City Mumbai? In:FELDBAUER, P. u.a. (Hrsg.): Mega-Cities. Frankfurt/M., S. 95-111 (=Historische Sozialkunde 12).

NISSEL, H. (2001): Auswirkungen von Globalisierung und New Economic Policy im urbanen System Indiens. Mitt. Österr. Geogr. Ges. 143, S. 63-90.

NISSEL, H. (2004): Mumbai: Megacity im Spannungsfeld globaler, nationaler und lokaler Interessen. GR 56 (4), S. 55-60.

PIEPER, J. (1977): Die Anglo-indische Station oder die Kolonialisierung des Götterberges. Bonn (=Veröff. Seminar zur Orient. Kunstgesch. an der Univ. Bonn, Reihe B: Antiquitates Orientales 1).

SCHENK, H. (1986): Residential immobility in urban India. Geogr. Rev., 76 (2), S. 184-194.

SCHOLZ, F. (2003): Die Megacity Karachi: ein „globalisierter Ort". GR 55 (11), S. 20-26.

SCHOLZ, F.; FEUCHTE, B. und SCHÄFER, K. (2001): Dhaka/Bangladesh: Stadtstruktur und Lebensqualität an einem globalen Ort. GR 53 (12), S. 56-64.

SAW, A. (2003): Planning and local economies in Navi Mumbai: processes of growth and governance. Urban Geography 24 (1), S. 2-15.

SIVAM, A. (2003): Housing supply in Delhi. Cities 20 (2), S. 135-141.

SMAILES, A. E. (1969): The Indian city: a descriptive model. GZ 57 (3), S. 177-190.

STANG, F. (1983): Chandigarh: Idee und Wirklichkeit einer geplanten Stadt in Indien. GR 35 (9), S. 418-424.

STANG, F. (1993): Calcutta: eine Metropole in der Krise. Köln (=Problemräume der Welt 15).

STANG, F. (2002): Indien. Darmstadt (=Wiss. Länderkunden).

TRETTIN, L. (2002): Abfallwirtschaft und informeller Sektor in der City of Calcutta. Bochum (=Bochumer Geogr. Arb. 69).

TRETTIN, L. und CHAKRABORTY, S. C. (2001): Calcutta/Kolkata: Perspektiven einer indischen Metropole im 21. Jh. GR 53 (7/8), S. 56-63.

United Nations (UN) (2004): World urbanization prospects: the 2003 revision. New York.

Ostasien/China (Kap. 7.3.2)

BOQUET, Y. (2002) (Hrsg.): Les grandes villes chinoises. Bulletin de l'Association de Géographes Français 79(4), S. 371-436.

BREITUNG, W. (2001): Hongkong und der Integrationsprozess: räumliche Strukturen und planerische Konzepte in Hongkong. Basel (=Basler Beiträge zur Geographie 48).

BRUNN, S. D. und WILLIAMS, J. F. (1993): Cities of the world. 2. Aufl. New York.

CHAN, R.; GU, C. und BREITUNG, W. (2000): Immigration, neue Armut und Segregation in Peking. GH 55 (1), S. 13-22.

DEGE, E. (2000): Seoul: von der Metropole zur Metropolregion. GR 52 (7/8), S. 4-10.

FAN, J. und TAUBMANN, W. (2004): Beijing: Chinas Regierungssitz auf dem Weg zur Weltstadt. GR 56 (4), S. 47-54.

FOSTER, H. D.; LAI, D. C. und ZHOU, N. (1998): The dragon´s head: Shanghai, China´s emerging megacity. Victoria/BC (=Canadian Western Geographical Series 34).

HOFMEISTER, B. (1996): Die Stadtstruktur: ihre Ausprägung in den verschiedenen Kulturräumen der Erde. 3. Aufl. Darmstadt (=Erträge der Forschung 132).

HU, X. und KAPLAN, D. H. (2001): The emergence of affluence in Beijing: residential social stratification in China's capital city. Urban Geography 22 (1), S. 54-77.

KIM, J. und CHOE, S.-C. (1997): Seoul: the making of a metropolis. Chichester (=World Cities Series).

KRAAS, F. (1998): Macau: koloniales Relikt vor der Übergabe an China. GR 50 (6), S. 369-375.

KUO, N.-H. (2000): The Taipei region. In: SIMMONDS, R. und HACK, G. (Hrsg.): Global city regions. London, S. 135-148.

LIANG, Z. (2001): The age of migration in China. Population and Development Review 27 (3), S. 499-524.

LIANG, Z. und MA, Z. (2004). China's floating population: new evidence from 2000 census. Population and Development Review 30 (3), S. 467-488.

LO, C. P. (1979): Spatial forms and land use patterns of modern Chinese cities. In: LEE, N. und LEUNG, C. (Hrsg.): China: development and challenge, Bd. 2. Hong Kong, S. 233-258.

PANNELL, C. W. und HU, X. (Hrsg.) (1995): Chinese cities and urbanization. Urban Geography 16 (6 u. 7). Special Issues.

SCHINZ, A. (1989): Cities in China. Berlin (=Urbanisierung der Erde 7).

SCHUBERT, D. (2001): Shanghai: „Stadt über dem Meer". In: Hamburger Geogr. Studien 49, S. 213-252.

SIT, V. F. S. (1995): Beijing: the nature and planning of a Chinese capital city. Chichester (=World Cities Series).

SIT, V. F. S. (1999): Social areas in Beijing. Geografiska Annaler B 81 (4), S. 203-221.

SKELDON, R. (1997): Hong Kong: colonial city to global city to provincial city ? Cities 14 (5), S. 265-271.

SKINNER, W. (Hrsg.) (1977): The city in late imperial China. Stanford/Cal.

TAGSCHERER, U. (2000): Shanghai: Chinas Tor zur Welt – Tor der Welt zu China. HGG-Journal 15, S. 119-135.

TAUBMANN, W. (1992): The Chinese city. In: Colloqium Geographicum 22, S. 108-131.

TAUBMANN, W. (1993): Die chinesische Stadt. GR 45 (7/8), S. 420-428.

TAUBMANN, W. (1999): Stadtentwicklung in der Volksrepublik China. Raumf. u. Raumordnung 57 (2/3), S. 182-190.

TAUBMANN, W. (2003): Binnenwanderungen in der Volksrepublik China. GR 55 (6), S. 46-53.

United Nations (UN) (2004): World urbanization prospects: the 2003 revision. New York.

WILHELMY, H. (1987): Die chinesische Stadt im Wandel. In: Erdkundliches Wissen 88, S. 68-90.

WU, F. und WEBBER, K. (2004): The rise of „foreign gated communities" in Beijing. Cities 21 (3), S. 203-213.

WU, W. (1999): City profile Shanghai. Cities 16 (3), S. 207-216.

WU, W. (2001): Shanghai. In: BECKEL, L. (Hrsg.): Megacities. Salzburg, S. 174-179.

ZHOU, Y. (1998): Beijing and the development of dual central business districts. Geogr. Rev. 88 (3), S. 429-436.

Südostasien (Kap. 7.3.3.1)

BRAUN, B.; KRAAS, F. und SCHÜTTE-MEYER, A. (2004): Sydney und Singapur: divergierende Entwicklungs- und Steuerungsstrategien im urbanen Konkurrenzgefüge. Ztschr. für Wirtschaftsgeogr. 48 (3/4), S. 251-268.

BRONGER, D. und STRELOW, M. (1996): Manila – Bangkok – Seoul: Regionalentwicklung und Raumwirtschaftspolitik in den Philippinen, Thailand und Südkorea. Hamburg (=Mitt. d. Inst. f. Asienforschung Hamburg 272).

BRUNN, S. D. und WILLIAMS, J. F. (1993): Cities of the world. 2. Aufl. New York.

BRUNN, S. D.; WILLIAMS, J. F. und ZEIGLER, D. J. (Hrsg.). (2003): Cities of the world. 3. Aufl. Lanham/Maryland.

BUNNELL, T.; BARTER, P. A. und MORSHIDI, S. (2002): City profile Kuala Lumpur metropolitan area. Cities 19 (5), S. 357-370.

COURTINE, P. (2001): La restructuration d'un espace urbain du Sud-Est Asiatique: la chinatown de Bangkok-Thailande. Les Cahiers d'Outre-Mer 54 (214), S. 137-156.

CYBRIWSKY, R. und FORD, L.R. (2001): City profile Jakarta. Cities 18 (3), S. 199-210.

EGLI, E. (1967): Geschichte des Städtebaues. 3. Bd.: Die neue Zeit. Zürich.

ERNST, R. W. (Hrsg.) (1984): Stadt in Afrika, Asien und Lateinamerika. Berlin.

FIRMAN, T. (1998): The restructuring of Jakarta metropolitan area: a „global city" in Asia. Cities 15 (4), S. 229-243.

FORD, L. (1993): A model of Indonesian city structure. Geogr. Rev. 83 (4), S. 374-396.

GROẞHEIM, M. (2003): Das festländische Südostasien: eine multi-ethnische Region. GR 55 (1), S. 46-50.

GRUNSVEN, L. VAN (2000): Singapore: the changing residential landscape in a winner city. In: MARCUSE, P. und KEMPEN, R. VAN (Hrsg.): Globalizing cities: a new spatial order? Oxford, S. 95-126.

HATZ, G.; HUSA, K. und WOHLSCHLÄGL, H. (1993): Bangkok Metropolis: eine Megastadt in Südostasien zwischen Boom und Krise. In: FELDBAUER, P. u. a. (Hrsg.): Megastädte. Wien, S. 149-189 (=Beiträge zur Historischen Sozialkunde 2).

HEINEBERG, H. (1986): Singapur: vom britischen kolonialen Stützpunkt zum aufstrebenden „chinesischen" Stadtstaat. Die Erde 117 (1), S. 47-67.

HEINTEL, M. und SREIZHOFER, G. (1998): Jakarta: Megastadt im Spannungsfeld nationaler Verhaftung und globaler Integration. Asien 66 (1), S. 23-41.

HODDER, B. W. (1953): Racial groupings in Singapore. Malayan Journal of Tropical Geography 1, S. 25-36.

HUSA, K. und WOHLSCHLÄGL, H. (1997): „Booming Bangkog": eine Megastadt in Südostasien im Spannungsfeld von Metropolisierung und Globalisierung. In: FELDBAUER, P. u. a. Mega-Cities. Frankfurt/M., S. 113-150 (=Historische Sozialkunde 12).

KINDER, S. (2003): Singapur: Global Cities im System weltweiter Verflechtungen. GS 25 (141), S. 19-25.

KÖLLNER, P. und POHL, M. (1998): Singapur: ein „Unternehmensstaat" in Südostasien. GR 50 (6), S. 362-368.

KOLB, A. (1978): Groß-Manila: die Individualität einer tropischen Millionenstadt. Hamburg (=Hamburger Geogr. Studien 34).

KRAAS, F. (1995): Bangkok: Probleme einer Megastadt in den Tropen Südostasiens. Köln (=Problemräume der Welt 16).

KRAAS, F. (1996): Bangkok: ungeplante Megastadtentwicklung durch Wirtschaftsboom und soziokulturelle Persistenzen. GR 48 (2), S. 89-96.

KRAAS, F. (2003): Entwicklungsprobleme und Regierbarkeit des Großraums Bangkok. In: Tübinger Geogr. Studien 137, S. 47-77.

KRAAS, F. (2004): Aktuelle Urbanisierungsprozesse in Südostasien. GH 59 (1), S. 30-43.

KRAUSSE, G. H. (1978): Intra-urban variation in kampung settlements of Jakarta. Journal of Tropical Geography 46, S. 11-26.

KRUG, H.-J. (1949/50): Angkor: eine Stätte alt-hinterindischer Kultur. Die Erde 1 (2), S. 163-169.

LEISCH, H. (2000): Entwicklungsprobleme der Megastadt Jakarta. GR 52 (4), S. 21-27.

LEISCH, H. (2002a): Gated communities in Indonesia. Cities 19 (5), S. 341-350.

LEISCH, H. (2002b): Fahrradrikschas in Jakarta. PG 32 (5), S. 8-12.

MARR, R. (2002): Hanoi und Ho Chi Minh Stadt: der Leidensweg zweier Städte. In: SCHNEIDER-SLIWA, R. (Hrsg.): Städte im Umbruch. Berlin, S. 287-335.

MCGEE, T. G. (1967): The southeast Asian city: a social geography of the primate cities of southeast Asia. London.

NEVILLE, W. (1993): The impact of economic development on land functions in Singapore. Geoforum 24 (2), S. 143-163.

NEVILLE, W. (1996): Singapore: ethnic diversity in an interventionist milieu. In: ROSEMAN, C.; LAUX, H. D. und THIEME, G. (Hrsg.): EthniCity: geographical perspectives on ethnic change in modern cities. Lanham/Maryland, S.251-281.

PACIONE, M. (2001): The internal structure of cities in the Third World. Geography 86 (3), S. 189-209.

PERRY, M.; KONG, L. und YEOH, B. (1997): Singapore: a development city state. Chichester (=World Cities Series).

PLEUMAROM, N. (1988): Soziale, ökologische und ästhetische Aspekte der Freiraumplanung in Bangkok. Kassel (=Urbs et regio 47).

POTTS, L. (1988): Weltmarkt für Arbeitskraft. Hamburg.

PRETZELL, K.-A. (2000): Cybercity, Putrajaya und die Zukunft der malaysischen Gigantomanie. GR 52 (4), S. 56-58.

REED, R. (1978): Colonial Manila: the context of hispanic urbanism and process of morphogenesis. Berkeley/Cal. (=University of California Publications in Geography 22).

REUBER, P. (2000): Bangkok, Rangoon und Vientiane: drei südostasiatische Metropolen im Vergleich. HGG-Joural 15, S. 137-153.

RIMMER, P. J. und DICK, H. (2000): To plan or not to plan: Southeast Asian cities tackle transport, communications and land use. In: YUSUF, S.; WU, W. und EVENETT, S. (Hrsg.): Local dynamics in an era of globalisation. New York, S. 164-168.

RUTZ, W. (1985): Die Städte Indonesiens: Städte und andere nicht-landwirtschaftliche Siedlungen, ihre Entwicklung und gegenwärtige Stellung in Verwaltung und Wirtschaft. Berlin (=Urbanisierung der Erde, 4).

SMITH, D. W. (2001): Cities in pacific Asia. In: PADDISON, R. (Hrsg.): Handbook of urban studies. London, S. 419-450.

SPATE, O. H. K. und TRUEBLOOD, L. W. (1942): Rangoon: a study in urban geography. Geogr. Rev. 32 (1), S. 56-73.

SPREITZHOFER, G. und HEINTEL, M. (1997): Jakarta: der „Big Apple" Südostasiens? In: FELDBAUER, P. u. a. (Hrsg.): Mega-Cities S. 151-175. Frankfurt/M. (=Historische Sozialkunde 12).

SPREITZHOFER, G. und HEINTEL, M. (2000): Metro-Jakarta: zwischen Nasi und Nike. Frankfurt/M.

SPREITZHOFER, G. und HEINTEL, M. (2001): Metro Manila: Megastadt als Spielball postfeudaler Zwänge, neokolonialer Interessen und globaler Vernetzungen. Mitt. Österr. Geogr. Ges. 143, S. 35-62.

UHLIG, H. (1988): Südostasien. Frankfurt/M. (=Fischer Länderkunde 3).

UHRENBACHER, W. (1960): Mandalay: Stadt der birmanischen Könige und der Pagoden. Kosmos 56 (12), S. 537-543.

United Nations (UN) (2004): World urbanization prospects: the 2003 revision. New York.

WAIBEL, M. (2003): Die Altstadt von Hanoi: ein Abbild urbaner Transformationsprozesse. GR 55 (1), S. 32-38.

WESTERHOLT, R. (1995): Der Stadtstaat Singapur: struktureller Wandel und Konzepte der Stadterneuerung. Mitt. Geogr. Ges. Hamburg, 85, S. 293-383.

WHEATLEY, P. (1983): Nâgara and commandery: origins of the southeast Asian urban traditions. Chicago (=University of Chicago. Department of Geogr. Research Paper 207/208).

World Bank (2004): A better investment for everyone. New York (=World Development Report 2005)

Lateinamerika (Kap. 7.3.3.2)

ACHILLES, G. W. (1989): Strukturwandel und Bewertung sozial hochrangiger Wohnviertel in Rio de Janeiro. Tübingen (=Tübinger Geogr. Studien 104).

AMATO, P. W. (1970): Elitism and settlement patterns in the Latin American city. Journal Amer. Inst. of Planners 36, S. 96-105.

AMINDE, H.-J. und RIBBECK, E. (Hrsg.) (2002): Themenheft Mexiko-Stadt und São Paulo. Stadtbauwelt 93 (36).

BÄHR, J. (1976): Neuere Entwicklungstendenzen lateinamerikanischer Großstädte. GR 28 (4), S. 125-133.

BÄHR, J. (1986): Innerstädtische Wanderungsbewegungen unterer Sozialschichten und peripheres Wachstum lateinamerikanischer Metropolen (mit Beispielen aus Santiago de Chile und Lima). In: Eichstätter Beiträge 18, S. 143-177.

BÄHR. J. und MERTINS, G. (1995): Die lateinamerikanische Großstadt. Darmstadt (=Erträge der Forschung 288).

BÄHR, J. und WEHRHAHN, R. (1995): Polarization Reversal in der Entwicklung brasilianischer Metropolen? Erdkunde 49 (3), S. 213-231.

BORSDORF, A. (1976): Valdivia und Osorno: Strukturelle Disparitäten in chilenischen Mittelstädten. Tübingen (=Tübinger Geogr. Studien 69).

BORSDORF, A.; BÄHR, J. und JANOSCHKA, M. (2002): Die Dynamik stadtstrukturellen Wandels in Lateinamerika im Modell der lateinamerikanischen Stadt. GH 57 (4), S. 300-310.

BUCHHOFER, E. (1982): Stadtplanung am Rande der Agglomeration von Mexiko-Stadt: der Fall Nezahualcóyotl. GZ 70 (1), S. 1-34.

CALDEIRA, T. P. R. (2000): City of walls: crime, segregation and citizenship in São Paulo. Berkeley/Cal.

COLLET BRUNER, G. (2000): The São Paulo region. In: SIMMONDS, R. und HACK, G. (Hrsg.): Global city regions. London, S. 107-119.

COY, M. (2001): São Paulo: Entwicklungstrends einer brasilianischen Megastadt. GH 56 (4), S. 274-288.

CROWLEY, W. K. (1998): Modelling the Latin American city. Geogr. Rev. 88 (1), S. 127-130.

CUSTERS, G. (2001): Inner-city rental housing in Lima. Cities 18 (4), S. 249-258.

FORD, L. R. (1996): A new and improved model of Latin American city structure. Geogr. Rev. 86 (3), S. 437-440.

GANS, P. (1990): Die Innenstädte von Buenos Aires und Montevideo: Dynamik und Nutzungsstruktur, Wohnbedingungen und informeller Sektor. 2 Bde. Kiel (=Kieler Geogr. Schr. 77).

GANS, P. (1992): Phasen der wirtschaftlichen Entwicklung und ihre Auswirkungen auf das Großstadtwachstum in Lateinamerika. In: REINHARD, W. und WALDMANN, P. (Hrsg.): Nord und Süd in Amerika. Bd. 1. Freiburg/Br., S. 212-224.

GILBERT, A. (Hrsg.) (1996): The mega-city in Latin America. Tokyo.

GORMSEN, E. (1981): Die Städte in Spanisch-Amerika: ein zeit-räumliches Entwicklungsmodell der letzten hundert Jahre. Erdkunde 35 (4), S. 290-303.

GUTBERLET, J. (1991): Industrieproduktion und Umweltzerstörung im Wirtschaftsraum Cubatão/São Paulo (Brasilien). Tübingen (=Tübinger Geogr. Studien 106).

Janoschka, M. (2002): Wohlstand hinter Mauern: private Urbanisierungen in Buenos Aires. Wien (=ISR-Forschungsberichte 28).

Keeling, D. J. (1996): Buenos Aires: global dreams, local crisis. Chichester (=World Cities Series).

Killisch, W. und Dietz, J. (2002): Sanierung von Favelas in Rio de Janeiro. GR 54 (3), S. 47-50.

Köster, G. (1995): Bevölkerungsstruktur, Migrationsverhalten und Integration der Bewohner von Mittel- und Oberschichtvierteln in der lateinamerikanischen Stadt: das Beispiel La Paz (Bolivien). Aachen (=Aachener Geogr. Arb. 30).

Kranenburg, R. H. (2002): Buurtconsolidatie en urbane transformatie in El Alto: Een longitudinal onderzoek naar veranderingsprocessen in de voormalige periferie van La Paz, Bolivia. Utrecht (=Nederlandse Geografische Studies 295).

Kroß, E. (1992): Die Barriadas von Lima: Stadtentwicklungsprozesse in einer lateinamerikanischen Metropole. Paderborn (=Bochumer Geogr. Arb. 55).

Mertins, G. (1980): Typen inner- und randstädtischer Elendsviertel in Großstädten des andinen Südamerika. In: Lateinamerika Studien 7, S. 269-295.

Mertins, G. (1992): Entstehungsparameter und Strukturmuster der hispanoamerikanischen Stadt. In: Reinhard, W. und Waldmann, P. (Hrsg.): Nord und Süd in Amerika. Bd. 1. Freiburg/Br., S. 176-193.

Mertins, G. und Müller, J. M. (2000): Die Verlagerung hochrangiger Dienstleistungen aus der Innenstadt von Bogotá/Kolumbien. Erdkunde 54 (3), S. 189-197.

Meyer, K. und Bähr, J. (2001): Condominios in Greater Santiago de Chile and their impact on the urban structure. Die Erde 132 (3), S. 293-321.

Meyer-Kriesten, K.; Plöger, J. und Bähr, J. (2004): Wandel der Stadtstrukturen in Lateinamerika. GR 56 (6). S. 30-36.

Mittendorff, R. (1984): Das Zentrum von Bogotá: Kennzeichen, Wandlungen und Verlagerungstendenzen des tertiären Sektors. Saarbrücken (=Sozialwiss. Studien zu internat. Problemen 89).

Murray, M. J. (2004): The spatial dynamics of postmodern urbanism: social polarisation and fragmentation in São Paulo and Johannesburg. Journal of Contemporary African Studies 22 (2), S. 139-164.

Newig, J. (1977): Der Schachbrettgrundriß der Stadt México: antikes Vorbild oder indianische Tradition? PGM 121 (4), S. 253-263.

Pachner, H. (1982): Hüttenviertel und Hochhausquartiere als Typen neuer Siedlungszellen der venezolanischen Stadt. Stuttgart (=Stuttgarter Geogr. Studien 99).

Parnreiter, C. (2000): Globalisierung und Megastädte: Reflexionen am Beispiel Mexico Citys. Mitt. Österr. Geogr. Ges. 142, S. 215-238.

Parnreiter, C. (2003): Entwicklungstendenzen lateinamerikanischer Metropolen im Zeitalter der Globalisierung. Mitt. Österr. Geogr. Ges. 145, S. 63-94.

Sandner, G. (1969): Die Hauptstädte Zentralamerikas: Wachstumsprobleme, Gestaltwandel, Sozialgefüge. Heidelberg.

Sandner, G. (1971): Die Hauptphasen der wirtschaftlichen Entwicklung in Lateinamerika und ihre Beziehung zur Raumerschließung. In: Hamburger Geogr. Studien 24, S. 311-334.

Schmidt, M. (2002): Transformationsprozesse in der Organisation der Stadt und Oase von Mendoza (Argentinien). PGM 146 (5), S. 18-25.

Solano, F. de (Hrsg.) (1986): Historia y futuro de la ciudad iberoamericana. Madrid.

Souza, M. L. de (2001): Metropolitan deconcentration, sociopolitical fragmentation and extended suburbanisation: Brazilian urbanisation in the 1980s and 1990s. Geoforum 32 (4), S. 437-447.

TURNER, I. (1968): Housing priorities, settlement patterns, and urban development in modernizing countries. Journal Amer. Inst. of Planners 34 (6), S. 354-363.

United Nations (UN) (2004): World urbanization prospects: the 2003 revision. New York.

WEHRHAHN, R. (1994): São Paulo: Umweltprobleme einer Megastadt. GR 46 (6), S. 359-366.

WEHRHAHN, R. (1998): Urbanisierung und Stadtentwicklung in Brasilien. GR 50 (11), S. 656-663.

WEHRHAHN, R. (2000): Megastadt São Paulo: Lebensverhältnisse und Umweltbedingungen. HGG-Journal 15, S. 105-118.

WEHRHAHN, R. (2004): Global Cities in Lateinamerika? GR 56 (4), S. 40-46.

WEHRHAHN, R. und BÄHR, J. (2001): Industrielle Polarisation und Dekonzentration in São Paulo: Sind die Grenzen des Wachstums erreicht? Ztschr. für Wirtschaftsgeogr. 45 (1), S. 31-53.

WILHELMY, H. (1952): Südamerika im Spiegel seiner Städte. Hamburg.

WILHELMY, H. und BORSDORF, A. (1984): Die Städte Südamerikas. Teil 1: Wesen und Wandel. Berlin (=Urbanisierung der Erde 3/1).

WILHELMY, H. und BORSDORF, A. (1985): Die Städte Südamerikas. Teil 2: die urbanen Zentren und ihre Regionen. Berlin (=Urbanisierung der Erde 3/2).

World Bank (2004): A better investment for everyone. New York (=World Development Report 2005)

WURSTER, W. W. (2000): Cuzco in zwei Welten: Hauptstadt der Inka und spanische Kolonialstadt. Antike Welt 31 (2), S. 141-155.

Afrika südlich der Sahara (Kap. 7.3.3.3)

AMADO, F. R.; CRUZ, F. und HAKKERT, R. (1994): Angola. In: TARVER, J. D. (Hrsg.): Urbanization in Africa. Westport/Conn., S. 105-124.

BÄHR, J. (2003): Stadtentwicklung in Afrika südlich der Sahara unter dem Einfluss der Globalisierung. In: Bayreuther Kontaktstudium Geographie 2, S. 139-171.

BÄHR, J. und JÜRGENS, U. (1993): Die südafrikanische Stadt: von der Spät-Apartheid- zur Post-Apartheid-Stadt. GR 45 (7/8), S. 410-419.

BEAVERSTOCK, J. V.; TAYLOR, P. J. und SMITH, R. G. (1999): A roster of world cities. Cities 16 (6), S. 445-458.

BEAVON, K. (1998): Nearer my mall to thee: the decline of the Johannesburg Central Business District and the emergence of the neo-apartheid city. Johannesburg (=University of the Witwatersrand. Institute for Advanced Social Research. Seminar Paper 442).

COQUERY-VIDROVITCH, C. (1991): The process of urbanization in Africa: from the origins to the beginning of independence. African Studies Review 34 (1), S. 1-98.

FELDBAUER, P. u. a. (Hrsg.) (1997): Mega-Cities: die Metropolen des Südens zwischen Globalisierung und Fragmentierung. Frankfurt/M. (=Historische Sozialkunde 12).

FRIEDMANN, J. (1986): The world city hypothesis. Development and Change 17 (1), S. 69-83.

GANDY, M. (2004): Lagos trotz Koolhaas. Stadtbauwelt 95 (48), S. 20-31.

GNAD, M. (2002): Desegregation und neue Segregation in Johannesburg nach dem Ende der Apartheid. Kiel (=Kieler Geogr. Schr. 105).

GOUGH, K. V. und YANKSON, P. W. K. (2000): Land markets in African cities: the case of peri-urban Accra, Ghana. Urban Studies 37 (13), S. 2485-2500.

GRANT, R. und NIJMAN, J. (2002): Globalization and the corporate geography of cities in the less-developed world. Annals 92 (2), S. 320-340.

GRANT, R. und YANKSON, P. (2003): City profile Accra. Cities 20 (1), S. 65-74.

HECKLAU, H. (1989): Ostafrika (Kenya, Tanzania, Uganda). Darmstadt (=Wiss. Länderkunden 33).

HOFFMANN-BURCHADI, H. (1964): Die Yoruba-Städte in Südwest-Nigerien. Erdkunde 43 (3), S. 206-235.

HOFMEISTER, B. (1996): Die Stadtstruktur: ihre Ausprägung in den verschiedenen Teilen der Erde. Darmstadt (=Erträge der Forschung 132).

JENKINS, P.; ROBSON, P. und CAIN, A. (2002): City profile Luanda. Cities 19 (2), S. 139-150.

JÜRGENS, U. und BÄHR, J. (2002): Das Südliche Afrika. Gotha (=Perthes Regionalprofile).

JÜRGENS, U. und GNAD, M. (2000): Gated Communities in Südafrika: Untersuchungen im Großraum Johannesburg. Erdkunde 54 (3), S. 198-207.

KAYSER, K. und HETZEL, W. (Hrsg.) (1973): Städte-Märkte-Zentren: Beiträge zur vergleichenden stadtgeographischen Forschung in Afrika. Köln (=Kölner Geogr. Arb., Sonderfolge Beiträge zur Länderkunde Afrikas 5).

KLIMM, E. (1973): Maun: Entwicklung und Struktur einer „Tswanastadt“. In: Kölner Geogr. Arb., Sonderfolge 5, S. 119-153.

KOOP, K. (1997): Einfluß des staatlichen Bodenmanagements auf die Stadtrandentwicklung in Kumasi, Ghana. Die Erde 128 (4), S. 293-309.

KULS, W. (1957): Addis Abeba: Entstehung und Entwicklung der äthiopischen Hauptstadt. Paideuma 6, S. 318-325.

LAMBA, D. (2003): An African story: public land grabbing in Kenya. Habitat Debate 9 (4), S. 17.

LANDMAN, K. (2004): Gated communities in South Africa. Town Planning Review 75 (2), S. 151-172.

LEE-SMITH, D. und LAMBA, D. (2000): Social transformation in a postcolonial city: the case of Nairobi. In: POLESE, M. und STREN, R. (Hrsg.): The social sustainability of cities. Toronto, S. 250-279.

MABOGUNJE, A. L. (1962): Yoruba towns. Ibadan.

MANSHARD, W. (1970): Afrika - südlich der Sahara. Frankfurt/M. (=Fischer Länderkunde 5).

MANSHARD, W. (1977): Die Städte des tropischen Afrika. Berlin (=Urbanisierung der Erde 1).

MANSHARD, W. (1986): Die neuen Hauptstädte Tropisch-Afrikas. Ztschr. für Wirtschaftsgeogr. 30 (3/4), S. 1-13.

MANSHARD, W. (1992): The cities of tropical Africa. In: Colloquium Geographicum 22, S. 76-88.

NJOH, A. J. (2003): Urbanization and development in Sub-Saharan Africa. Cities 20 (3), S. 167-174.

NZUZI, L. (1989): Kinshasa: explosion et „bidonvilisation“ d'une capitale. Acta Geographica 80, S. 42-56.

O'CONNOR, A. (1983): The African city. London.

OTISO, K. M. (2002): Forced evictions in Kenyan cities. Singapore Journal of Tropical Geography 23 (3), S. 252-267.

POTTS, D. (1995): Shall we go home? Increasing urban poverty in African cities and migration processes. Geogr. J. 161 (3), S. 245-264.

RAKODI, C. (Hrsg.) (1997): The urban challenge in Africa. Tokyo.

SCHOLZ, W. (2002): Stadtplanung in Afrika. Raumplanung 101, S. 77-81.

SEGER, M. (1992): Nairobi: Struktur und Funktion einer postkolonialen Primate City. GR 44 (9), S. 528-535.

SILITSHENA, R. (1990): The Tswana agrotown and rural economy in Botswana. In: BAKER, J. (Hrsg.): Small town Africa: studies in rural urban interaction. Uppsala, S. 35-50.

STREN, R. und HALFANI, M. (2001): The cities of Sub-Saharan Africa: from dependency to marginality. In: PADDISON, R. (Hrsg.): Handbook of urban studies. London, S. 466-485.

TOMLINSON, R. u. a. (Hrsg.) (2003): Emerging Johannesburg: perspectives on the postapartheid city. New York.

United Nations (Hrsg.) (2004): World urbanization prospects: the 2003 revision. New York.

VORLAUFER, K. (1967): Physiognomie, Struktur und Funktion Groß-Kampalas. Frankfurt/M.

VORLAUFER, K. (1973): Dar Es Salaam: Bevölkerung und Raum einer afrikanischen Großstadt unter dem Einfluß von Urbanisierungs- und Mobilitätsprozessen. Hamburg (=Hamburger Beiträge zur Afrika-Kunde 15).

VORLAUFER, K. (2001): Kolonialstädte in Ostafrika. In: GRÜNDER, H. und JOHANEK, P. (Hrsg.): Kolonialstädte: europäische Enklaven oder Schmelztiegel der Kulturen? Münster. S. 145-201 (=Europa – Übersee. Historische Studien 9).

Weltbank (Hrsg.) (2000): Globalisierung und Lokalisierung: neue Wege im entwicklungspolitischen Denken. Frankfurt/M. (=Weltentwicklungsbericht 1999/2000).

WILLIAMS, G. J. (Hrsg.) (1986): Lusaka and its environs. Lusaka.

WINTERS, C. (1982): Urban morphogenesis in francophone Black Africa. Geogr. Rev. 72 (2), S. 139-154.

World Bank (Hrsg.) (2004): World development indicators 2004. Washington, D.C.

ZEESE, R. (2001): Lagos: Überleben am Rande der Lagune. PG 31 (10), S. 32-37.

Register

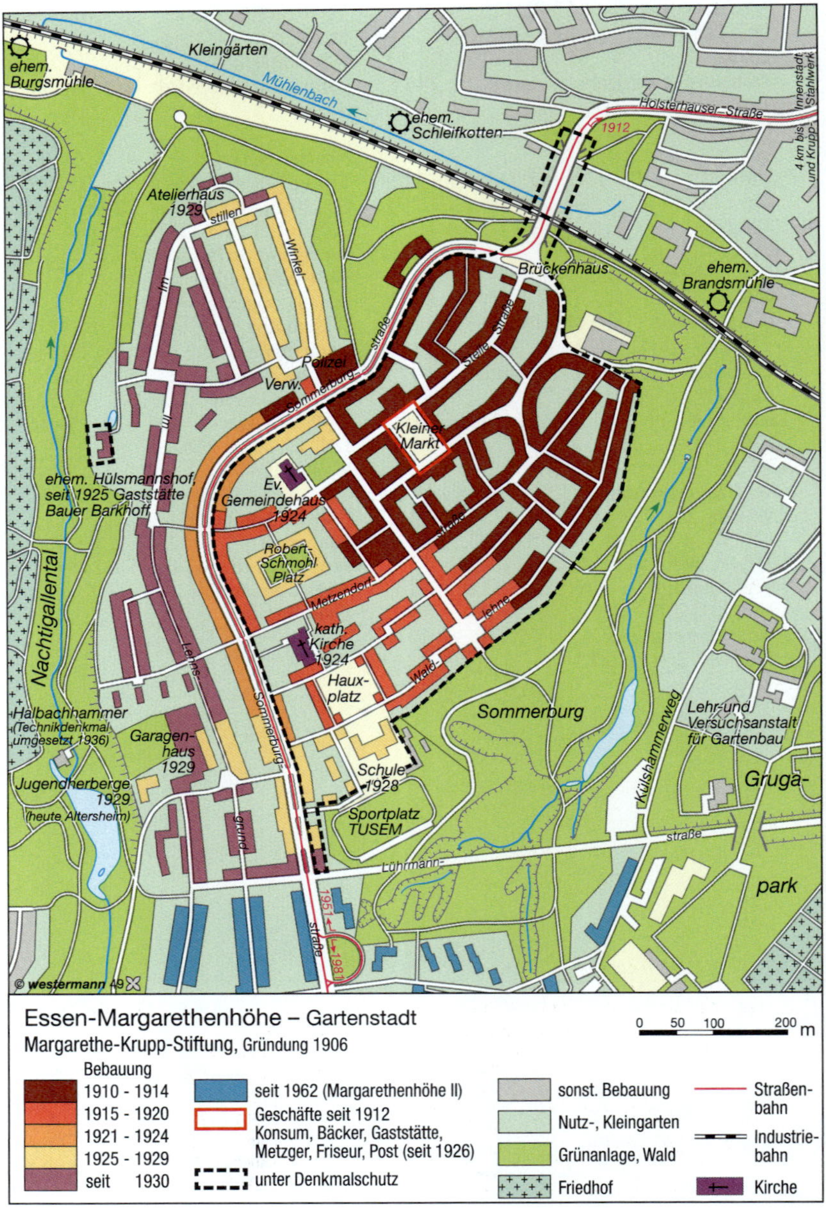

Abb. 24: Die Gartenstadt Essen-Margarethenhöhe
Quelle: Diercke Weltatlas, 5. akt. Aufl., Braunschweig 2002, S. 68

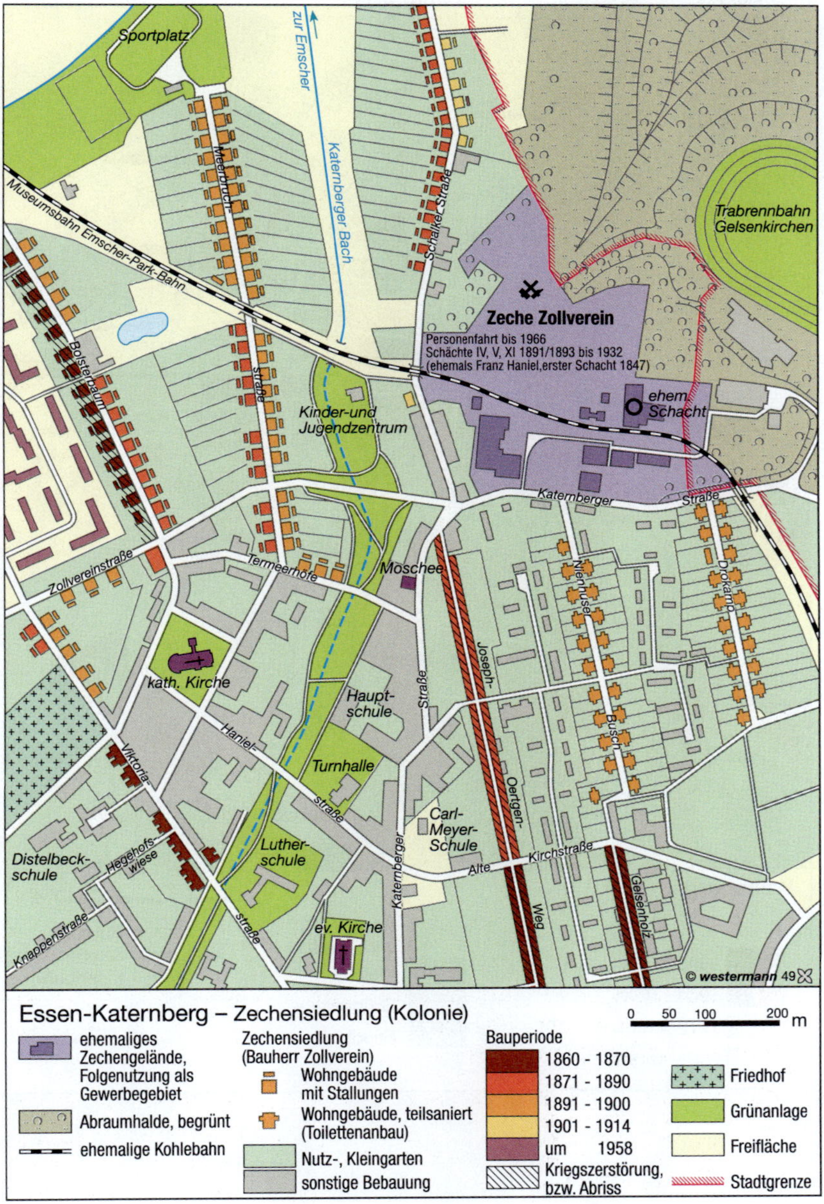

Abb. 25: Die Zechenkolonie Essen-Katernberg
Quelle: Diercke Weltatlas, 5. akt. Auflage, Braunschweig 2002, S. 68

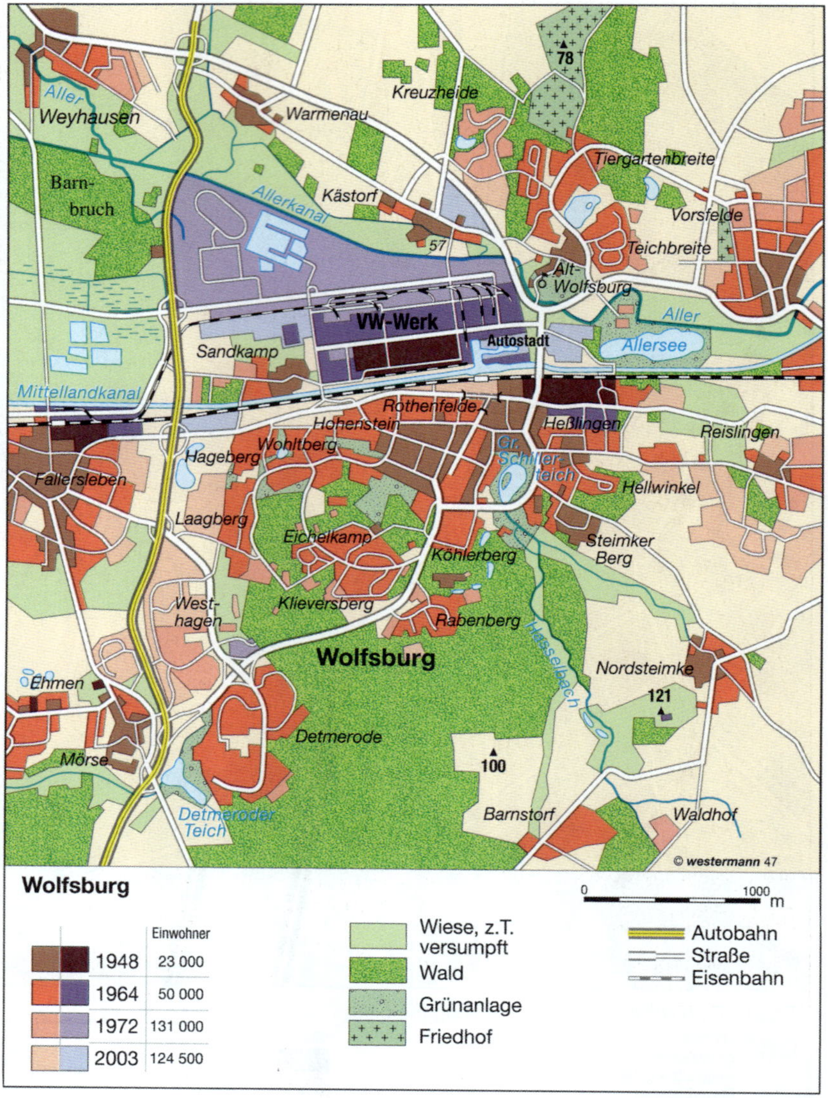

Abb. 27: Wolfsburg als Beispiel einer nationalsozialistischen Stadtplanung
Quelle: Diercke Weltatlas, 5. akt. Auflage, Braunschweig 2002, S. 15

Abb. 32: Funktionale Struktur der inneren Stadt von Moskau
Quelle: Diercke Weltatlas, 5. akt. Auflage, Braunschweig 2002, S. 154

Abb. 36: Konzentration von Afroamerikanern und Latinos in New York
Quelle: Diercke Weltatlas, 5. akt. Auflage, Braunschweig 2002, S. 197

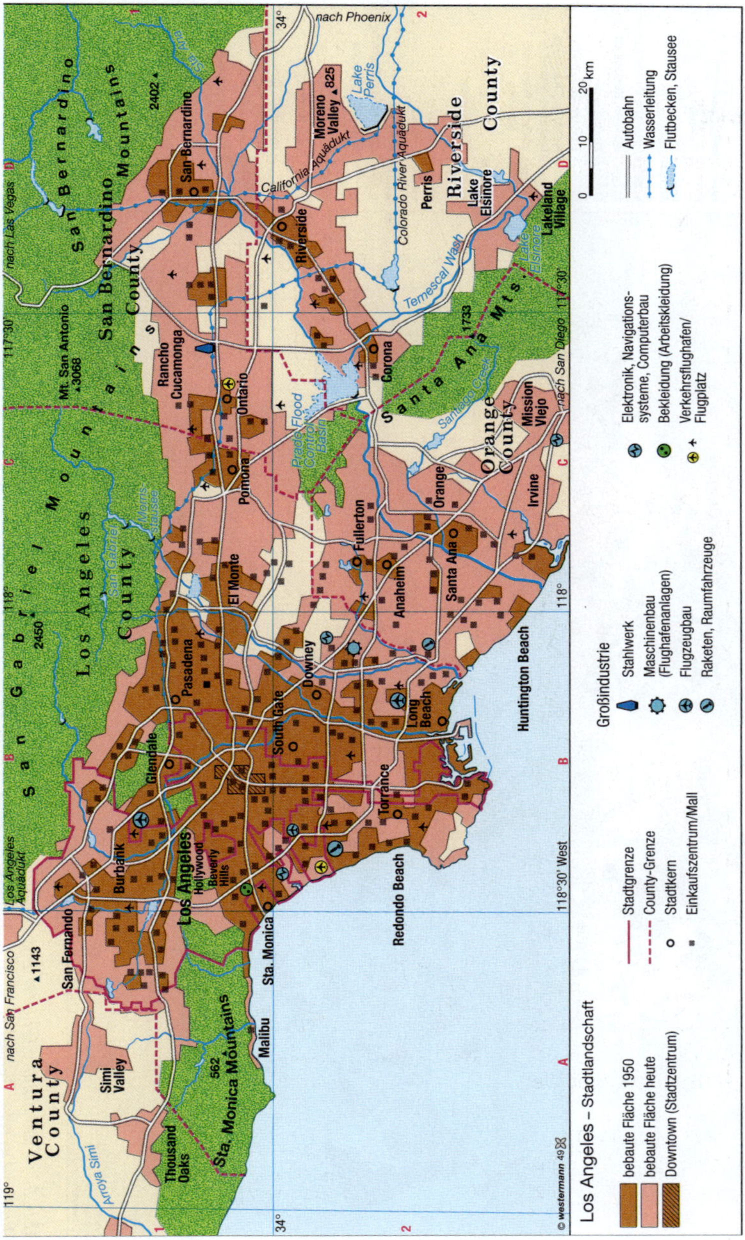

Abb. 37: Stadtlandschaft Los Angeles
Quelle: Diercke Weltatlas, 5. akt. Auflage, Braunschweig 2002, S. 199

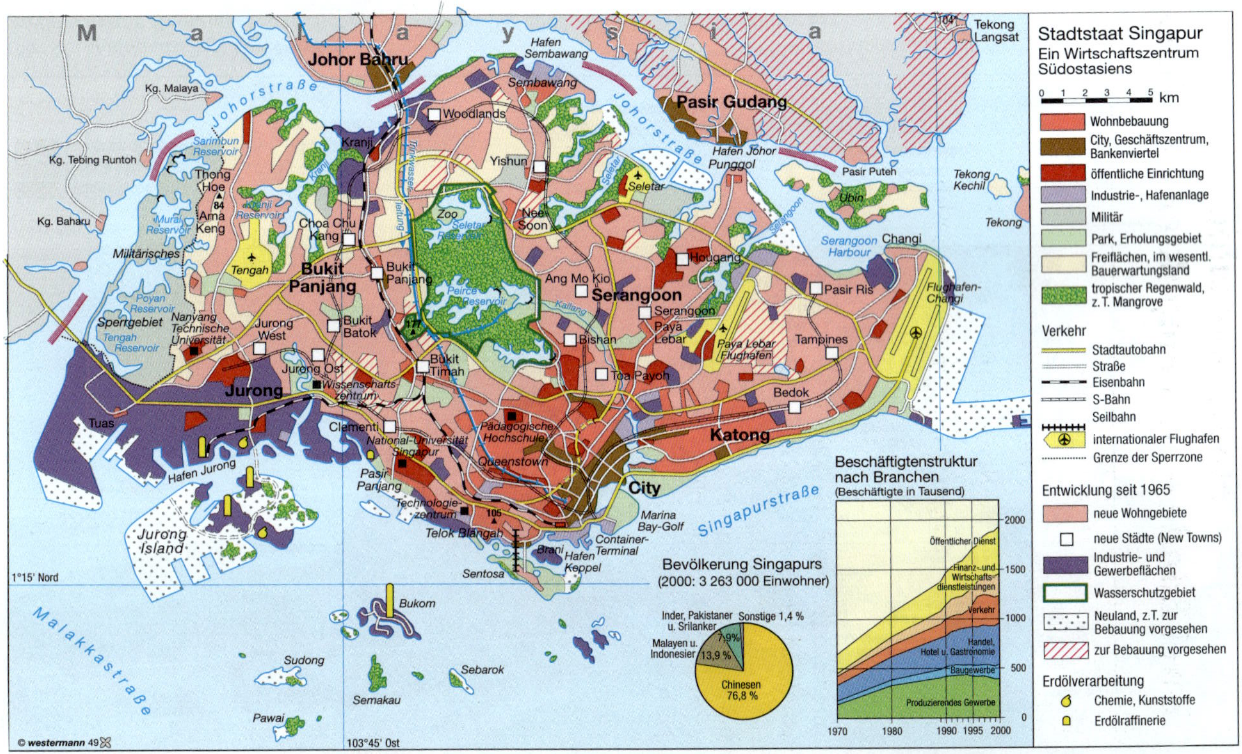

Abb. 52: Funktionale Gliederung des Stadtstaates Singapur
Quelle: Diercke Weltatlas, 5. akt. Auflage, Braunschweig 2002, S. 165

Stadtgeographie
Zwei Bände – ein kompakter Überblick

Heinz Fassmann

Stadtgeographie I

Allgemeine Stadtgeographie

Warum benötigt unsere Gesellschaft die Stadt? Welche Ordnungsprinzipien strukturieren die Stadt? Welche stadtplanerischen und gesellschaftspolitischen Herausforderungen muss die Stadt in Zukunft lösen? Anhand von unmittelbar beobachtbaren gesellschaftlichen Phänomenen liefert der Band einen umfassenden Überblick über Theorie und Modellbildung in der geographischen Stadtforschung.

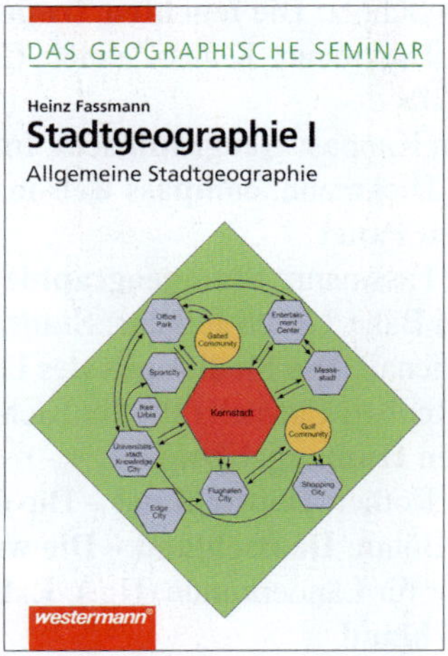

240 Seiten
ISBN: 3-14-16 0291-3
Preis: 21,00 Euro

www.westermann.de

Das Geographische Seminar

Rainer Duttmann / Rainer Glawion / Herbert Popp / Rita Schneider-Sliwa (Hrsg.)

Wissenschaftlicher Anspruch – verständliche Darstellung

Lieferbares Programm Okt. 2005

16 0284	Wilhelm Lauer, Jörg Bendix: **Klimatologie**
16 0294	Hartmut Leser: **Geomorphologie**
16 0281	Bernhard Eitel: **Bodengeographie**
16 0295	Lothar Finke: **Landschaftsökologie**
16 0282	Hans Jürgen Klink: **Vegetationsgeographie**
16 0279	Friedrich Wilhelm: **Hydrogeographie**
16 0311	Christoph Wüthrich, Dietbert Thannheiser: **Die Polargebiete**
16 0312	Uwe Treter: **Die borealen Waldländer**
16 0315	Berthold Hornetz, Ralph Jätzold: **Savannen-, Steppen- und Wüstenzonen**
16 0318	Ulrich Scholz: **Die feuchten Tropen**
16 0338	Frank Dickmann, Klaus Zehner: **Computerkartographie und GIS**
16 0339	Martin Kappas: **Geographische Informationssysteme**
16 0340	Frank Dickmann: **compass web-mapping und web-gis**
16 0352	**GIS im Paket**
16 0291	Heinz Fassmann: **Stadtgeographie I**
16 0292	Jürgen Bähr, Ulrich Jürgens: **Stadtgeographie II**
16 0283	Cay Lienau: **Die Siedlungen des ländlichen Raums**
16 0342	Paul Reuber, Carmella Pfaffenbach: **Methoden der empirischen Humangeographie**
16 0326	Klaus Rother: **Deutschland – Die östliche Mitte**
16 0327	Hans Böhm: **Deutschland – Die westliche Mitte**
16 0329	Institut für Länderkunde (Hg.): **Exkursionsführer Mitteldeutschland**
16 0309	Gisbert Rinschede: **Religionsgeographie**